자원오행 성명학
字源五行 姓名學
제6판

누구나 손쉽게 좋은 이름을 지을 수 있는

제6판

字源五行

자원오행 성명학

직업학박사 春光 김기승 지음

2024년 6월 11일 최신 개정
대법원 선정 **인명용 한자 9,389자** 완벽 수록

다산글방

서문

좋은 이름을 가지고 산다는 것은 참 기쁜 일이다. 세상에 태어나 이름을 국가기관에 신고함으로써 법적으로 한 인간의 존재가 시작된다. 그리고 이름은 다른 사람과의 구별을 하게 되는 또 하나의 소중한 자신이다.

우리의 조상들은 웃어른들의 이름을 함부로 부르지 못하였을 정도로 성명에 대한 소중함을 강조해 왔다. 그리고 수백 년 전부터 한자가 가진 오행, 즉 자원오행(字源五行)을 매우 중요하게 인식하고 적용하여 왔다. 그 예로 각 성씨(姓氏)의 족보에 나타난 세대 간 항렬자(行列字)를 보면 대부분 자원오행을 상생으로 정하였음을 확인하게 된다.

한자(漢字)는 기(氣)와 질(質)로 이루어진 자연의 형상을 보고 만들어진 상형문자(象形文字)라는 점에서 자(字)가 가지고 있는 자연의 오행기운을 상생시켜 후손들의 번성을 기원한 선조들의 지혜에 감탄하지 않을 수 없었다. 일찍이 이러한 점을 인식한 필자는 성명학적 적용에 대한 한자의 자원오행의 연구를 20여 년 전부터 시작하였다. 그리고 2002년 대법원이 지정한 인명용 한자를 모두 자원오행을 분류 적용하여 『성공하는 이름짓기 사전』을 출간하였다. 집필할 당시 동양서적에서 출간된 〈五行漢字典〉 외에 일반 성명학 저술서들에는 자원오행이 제대로 수록된 책이 없었다.

이후 수차례 대법원의 추가한자를 수록하며 수정·보완하여 왔던 바 십수 년이 지난 현재 한국 작명학계에 자원오행이 보편적으로 활용되고 있음은 나름대로 기쁜 일이다. 하지만 이름에 적용되는 한자와 자원오행이 왜 중요한지를 분명하게 알지 못하는 경우를 많이 보아왔다.

늘 안타깝게 생각하다 2014년 처음으로 〈자원오행성명학〉을 출판하였고, 2015.1.1. 대법원 인명용 한자가 대폭 추가되어 〈개정판〉을 출간하였고, 2017년 이론 및 실질적인 활용도를 높이기 위해 〈개정증보판〉을 출간하였으며, 2018.12.27. 대법원 인명용 한자 137자가 추가되어 〈2019 개정판〉을 펴냈으며, 2022년 부족한 부분을 수정하여 〈제5판〉을 펴냈고, 2024.6.11. 대법원 인명용 한자가 1,070자나 대폭 추가된 것을 계기로 추가한자는 물론 다시 부족한 부분을 점검하여 〈제6판(2024)〉을 펴내게 되었다.

본서를 통해 자원오행의 활용가치와 중요성 또한 바르게 알리고자 하는 바이다. 다음은 본문에 수록된 자원오행의 중요성에 대한 내용이다.

[자원오행의 중요성]

에모토 마사루의 저서 〈물은 답을 알고 있다〉에서 좋은 소리, 기쁜 단어를 들려줬을 때 아름다운 파장이 일어났고, 나쁜 소리, 욕설이나 흉한 단어를 들려줬을 때는 그렇지 않았다는 연구결과와 생명과학자들이 식물에 아름다운 음악을 들려주었을 때 성장속도가 빨랐다는 연구결과를 기억해보자.

이는 한글의 자음과 모음의 오행 자체가 좋은 소리나 흉한 소리가 아니라는 것이다. 예컨대, ㅅ과 ㅈ은 金발음이다. '사랑해'는 좋은 뜻이나 '사기꾼', '소름 끼친다'는 무서운 뜻이다. '좋아'는 좋은 뜻이나 '죽여'는 무서운 뜻이다. 또한 ㄱ과 ㅋ은 木 발음이다. '감사'나 '고급'은 좋은 뜻이나 '고통', '광기' 등은 나쁜 뜻이다. 이렇듯이 발음이 어떠한 단어를 만들어 사용하는 것이 중요할 뿐, 자음의 발음 자체에 기운이 담겨져 전달된다는 것은 밝혀진 사실도 없고 동의(同意)되지 않는 점이 있다.

또한 수(水)나 수(洙)는 발음오행은 金이나 한자의 자원오행은 水이다. 금(錦)이나 경(鏡)은 발음으로 木이나 한자의 자원오행은 金이며 한자가 가진 그 의미를 담아 발음을 표현하고 전달하는 것이다.

예컨대 '나 수가 필요해'라고 발음했을 때, 듣는 사람에게 무엇이 필요하다고 전달되었을까? 은어로 정해 놓지 않는 한 정확히 알 수 없을 것이다. 그러나 다음의 한자를 보자.

수(水)자를 넣으면 물[水기운]이 필요한 것을 알 수 있다.
수(燧)자를 넣으면 횃불[火기운]이 필요하다는 것이고,
수(銖)자를 넣으면 저울[金기운]이 필요하다는 것이고,
수(峀)자를 넣으면 산[土기운]이 필요하다는 것이고,
수(樹)자를 넣으면 나무[木기운]가 필요하다는 것을 알게 된다는 것이다.

또한 'ㄱ'의 발음오행은 木이다. '경'이라고 소리를 냈다면 무슨 의미와 기운이 전달되고 있을까? 다음의 사례를 보자.

경(檠)자를 넣으면 나무틀을 말하니 '경'의 발음에는 木기운이,
경(炅)자를 넣으면 빛과 열을 말하니 '경'의 발음에는 火기운이,
경(境)자를 넣으면 장소 땅을 말하니 '경'의 발음에는 土기운이,
경(鏡)자를 넣으면 동판거울을 말하니 '경'의 발음에는 金기운이,
경(涇)자를 넣으면 물흐름을 말하니 '경'의 발음에는 水기운의 뜻과 기운이 담겨 전달된다.

이처럼 한자의 뜻과 맞물려 있는 자원오행의 한자를 부여해 놓고 불러줬을 때 그 의미와 기운이 전달될 수 있다. 이는 방송국에서 현장을 컬러로 촬영하여 공중파로 날려 보낸 전파가 TV로 수신될 때, 촬영현장에 있었던 산은 산으로, 강은 강으로, 사람은 사람으로, 불은 불로 나오며 붉은색은 붉게, 파란색은 파랗게 나오는 이치와 같은 것이다.

우리의 한글이 세계적으로 훌륭한 문자임은 틀림없는 사실이다. 그러나 한자문화에서 한글이 만들어진 원리에 따라 자음과 모음이 조합되어 '동, 석, 우, 강, 태 등……' 이와 같이 독립된 글자가 만들어지고 소리나는 것으로는 그 뜻이나 기운을 알 수 없고 전하기도 어렵다.

즉, 이름은 '좋아', '죽어', '사랑해', '싫어' 등 하나의 단어가 만들어져 의미를 전달하는 한글의 표현방식이 적용되지 않는다는 것이다. 다시 말해서 성명(姓名)은 뜻과 의미를 담은 단어가 되어 전달되는 것이 아닌, '이순신', '홍길동'과 같이 독립된 글자들이 모여 고유명사(固有名詞)가 만들어지는 것이다. 그러므로 홍길동(洪吉童)이나 홍길동(洪桔烔)과 같이 글자의 자의(字意)와 자의에 포함된 자원오행(字源五行)이 중요하다는 것을 알 수 있다.

결론적으로 방송국에서 촬영한 영상을 TV에 보내는 전파가 소리오행과 같고 현장의 모습인 영상화면은 자원오행과 같다는 것이다. 즉, 소리오행은 방송국 전파처럼 듣는 이에게 전달하는 파장에너지로 매우 중요한 것이고, 한자의 뜻과 맞물려 있는 자원오행은 방송화면처럼 어떤 내용과 색깔이 소리의 파장에 들어가 전달되는 것이다.

전파가 끊기면 화면이 안 나오고, 방송화면이 밝거나 어둡거나와 내용이 슬프면 슬픈 감정이, 기쁘면 기쁜 감정이 드는 것처럼, 소리의 전달과정에 한자의 의미와 맞물려 있는 자원오행의 에너지를 보충하여 줄 경우 성명학이 갖는 핵심 포인트인 사주의 부족한 기운을 매력 있게 보충한다는 것이다.

이와 같은 자원오행의 진정한 활용가치를 피력하고자 하는 것이 본 〈자원오행 성명학〉을 집필한 주된 이유이며, 또한 세종대왕께서 창제한 우리의 훌륭한 한글이 대한민국 국민들의 이름 짓기에 있어서 편견과 제약 없이 올바르게 활용되기를 바라는 것이다.

즉, 훈민정음 운해본이나 해례본으로 나뉘어 한글의 절반에 가깝게는 상극이 된다는 이유로 작명에 적용을 하지 못하는 것은 문제가 아닐 수 없다. 이는 한글을 창제한 세종대왕의 뜻이 아님을 필자는 감히 단언하는 바이며, 개선해 나가야 할 숙제이다.

앞으로 필자와 같은 뜻을 가진 독자 여러분들이 더욱 많은 연구에 힘써주시기 바란다.

이 책은 누구나 손수 작명이 가능할 수 있도록 작명법을 체계적으로 쉽게 설명하여 놓았다. 소중한 아이의 이름을 손수 짓고자 하는 엄마 아빠들과 개명이나 작명이 필요한 독자 여러분들은 본 책의 작명순서를 따라만 해도 이름을 지을 수 있으니 좋은 길잡이가 될 것이다.

특히 상호나 회사명, 브랜드명을 작명할 때 참고해야 하는 중요한 사항들을 일목요연하게 제시해 놓은 것은 이 책만의 특별한 장점이라 할 수 있다.

아울러 성명학의 역사와 이론체계를 상세히 기술하였으므로 성명학을 공부하는 사람들과 전문가들도 일독의 가치가 충분하며, 가장 최근까지 추가된 '대법원 지정 인명용 한자'를 모두 수록하였으므로 성명학 한자사전으로서의 역할도 가능하게 되었다.

甲辰年 김기승

차례

제1장

성명학의 기원과 역사

1. 이름의 의미와 사상

1) 이름의 의미

성명(姓名)은 성씨(姓氏)와 성자 뒤에 따라 붙는 명(名)을 말한다. 예컨대 홍(洪)은 성씨이고 길동(吉童)은 명이다. 명(名)이 한글로 이름이다. 우리는 편리상 성과 명을 통합하여 이름이 무엇이냐고 묻고 홍길동이라고 대답한다.

동서양을 막론하고 사람은 누구나 성(姓)과 이름을 가지게 된다. 뿌리와 전통을 중요시하는 동양(東洋)에서는 성(姓) 다음에 이름자를 붙이고 있으며, 서양(西洋)에서는 반대로 이름자 다음에 성(姓)을 붙이는 차이가 있다.

이름은 단순하게 품사(品詞)로 보면 명사(名詞)이다. 그리고 명사 중에서도 어느 특정한 것을 지칭할 때 그것을 고유명사(固有名詞)라고 일컫는다. 즉, 사람이나 물건, 지역, 위치 등을 표현하고자 할 때 붙여진 이름은 그것의 표현을 듣는 상대방으로 하여금 그 대상에 대한 대부분의 요소들, 즉 성격(性格), 형태(形態), 용도(用度), 역사성(歷史性) 등을 인식하고 다른 대상들과 구분을 짓게 된다는 것이다.

그리고 이름은 언어학(言語學) 측면과도 깊은 연관성을 가지게 되므로 이름의 역사는 매우 장구(長久)할 것이며 단순하게 발전된 것이 아님을 알 수 있다.

문자(文字)의 의의로 살펴본 이름의 의의

문자(文字)의 역사

동굴 벽화(프랑스의 2만 년 전 벽화), 조개껍데기, 새끼줄 엮기(마디 수나 길이, 색), 점토 판본(점토가 많은 메소포타미아 유역), 갑골문자(甲骨文字)(주역), 쇠붙이에 쓴 기록의 여러 역사들이 있지만 문자를 구체적으로 사용한 것은 갑골문자에서 그 흔적을 찾아볼 수 있다.

문자(文字)의 의미

고대에는 문자가 신(神)과 통(通)하는 큰 의미가 있는 것으로 생각하였고 그래서 '부적(符籍)'의 중요한 역할이 기원되었으며 이름도 그 정도의 의미를 가진다.

그처럼 언어학과 맞물려 이름의 체계가 발전되어오며 시대에 맞는 작명법들이 형성되거나 개발되어 왔으며 그것들이 일구어낸 학문을 성명학(姓名學)이라고 하는 것이다. 우리나라의 성명학의 발전과정에 대한 그 역사적 배경은 앞으로 공부하는 과정에서 논하기로 한다.

– 이름(name)을 짓는 이론 및 방법을 성명학(姓名學)이라고 한다.
– 이름을 짓는 사람을 작명사(作名師) 또는 작명가(作名家)라고 한다.
– 작명사·작명가[명사] : 사람, 상점, 회사 등의 이름을 지어 주는 일을
　　　　　　　　　　　직업으로 하는 사람

2) 이름의 사상

작명가들은 사람의 이름과 운명은 불가분리성(不可分離性)의 관계가 있다고 주장하고 있다. 그것은 이름을 기복(祈福)에 연관짓고자 하는 의도가 많기 때문이다. 즉, 이름에 대한 축복(祝福)을 기원하는 순수하고 숭고한 정신이 깃들어 있다는 것이다.

고대에는 문자(文字)에 혼(魂)이 깃들어 신(神)과 통(通)한다고 믿어왔다. 그러므로 인간은 자신에게 닥칠 액운의 소멸이나 행운을 신에게 전달 소통하기 위한 방법으로 부적(符籍)을 써서 기원한 것이기도 하다.

우리나라 역사상 도교(道敎 : Taoism)의 정령사상(精靈思想)이 한국에 영향을 미쳤고 조선시대까지 성명(姓名)에는 생명이나 정령이 깃들어 있다고 생각하여 부모의 이름을 함부로 사용하지 않았다는 것도 이를 입증하게 된다.

즉, 자식을 낳아 3개월이 되면 이름을 지어 사당(祠堂)에 고하였으며, 부모의 이름을 직접 부르거나 어른들의 이름을 함부로 부르는 것을 피하고, 존함(尊啣)이라고 하거나 함자(銜字)라고 이름을 존중한 것이다.

3) 이름의 중요성

일찍이 종교계나 각 선현들께서도 이름의 중요성을 언급하였다. 유가(儒家)에서는 "명체불이(名體不二)"라 하여 이름이 곧 몸이요, 몸이 곧 이름이라 했다. 유학자 주자(朱子)는 "유명천추(遺名千秋)"라 하여 이름은 영원히 살아남게 된다 하였고, 중국의 대학자 구양수(歐陽修)는 "호사유피 인사유명(虎死留皮 人死留名)" 범은 죽어서 가죽을 남기고 사람은 죽어서 이름을 남긴다는 말을 남겼다.

공자(孔子)께서는 "명불정즉 언불순, 언불순즉 사불성(名不正則 言不順, 言不順則 事不成)"이라 하여 이름이 바르지 못하면 말이 순하지 아니하고, 말이 순하지 아니하면 일을 이루지 못한다고 하였다. 즉, "정명순행(正名順行)"이라 하여 이름이 바르면 모든 일이 순조롭다는 것이다.

또한 "인명난백년(人命難百年) 양명천추광(揚名千秋光)"이라 하여 사람의 생명은 백년을 살기 어려운데 좋은 이름은 천년을 빛난다라는 말이 있다.

예로부터 사람들은 자신의 소중한 이름을 자랑스럽게 보존하려고 했으니 이름을 더럽히면 오명(汚名)이라 하고, 칭찬과 자랑할 수 있게 되면 이름을 기린다는 뜻으로 명예(名譽)라고 한 것이다.

이와 같이 살펴보듯 결국 이름이란 과거나 과학사회의 현시대까지 자신의 명예(名譽)에 기인된 기복(祈福)의 의미로 이해할 수 있다.

한편 시대적 언어의 발달형태에 따라 이름이 주는 상징과 표현적 의미가 변천되어가는 과정이 지속되고 있음을 이해해야 한다. 즉, 이름은 문명의 발달 속도와 문화적 유행(流行)에 따라서 자신의 독창적 이미지가 부각되는 동시에, 이름이 자신의 운명에 좋은 역할을 할 수 있기를 기대한다는 것이다.

[좋을 대로 하시오]

옛날 어느 고을에 한 가난한 선비가 있었다.

그는 여러 차례 출세의 기회를 노렸으나 번번이 실패를 하게 되어 한담의 세월을 보내던 중, 어느 지방에 용하다는 점술인이 있다는 소리를 듣게 되었다. 선비는 귀가 번쩍 뜨여 생각 끝에 전 재산을 팔아서 그 용하다고 소문난 점술인을 찾아갔다.

"어찌 오셨소?"

"예, 저는 이러저러하여 번번이 출세의 기회를 놓치게 되어 한이 맺혔습니다. 선생께서 용하다는 소문을 듣고 이렇게 전 재산을 털어 천리를 한걸음에 달려왔습니다!"

그러자 점술인은 눈을 지긋이 감고 혼자 중얼거리면서 이윽고 입을 열었다.

"으음…! 출세라? 그렇다면 당신 이름을 조월대로 바꾸고 조선 천지에 널리 알리시오!"

선비는 점술인 말대로 '조월대'로 이름을 바꾸고 엿장수 행세를 하며 전국을 돌아다녔고, 어린 아이들을 볼 때마다 엿을 나눠주면서 "맛있게 먹어라, 내 이름은 조월대다!" 하였다.

봄이 가고 여름이 오고 다시 가을이 오고 가며 겨울이 오는 세월이 흘러갔다. 이즈음 조정에서는 좌의정이 노환으로 별세하여 그 자리가 비게 되었고, 신하들은 임금에게 주청을 올렸다.

"상감마마, 좌의정 자리를 어찌하오리까?"

임금은 잠시 생각을 하다 특별한 인물이 안 떠오르자, "대신들 좋을 대로 하시오!" 하고 퇴청해 버렸다.

신하들은 이구동성으로 "대신 조월대를!" 하고 외쳤다.

신하들은 모두 조월대를 알고 있었다. 자손들이 늘 조월대를 말했으니….

조정 대신들은 상감마마의 말을 별세한 좌의정 '대신 조월대로 하라'는 것으로 들었으니 그는 결국 좌의정에 오르게 되었다.

2. 성명·성명학의 발전사

1) 성씨(姓氏)의 유래 및 종류

성(姓)자는 여자 여(女)자와 낳을 생(生)자가 합쳐진 글자다. 이는 여자가 낳은 것이라는 뜻이다. 씨족사회에서 혈연을 중심으로 모여 살아왔으며 원시시대에서는 남자는 먹이를 구하는 사냥을 하였고 여자는 아이를 낳고 기르는 것을 담당했다. 그와 같이 모계혈연을 중심으로 살다가 후에 부계사회가 형성되었다.

『백호통(白虎通)』에서는 "사람이 성(姓)을 갖는 이유로서 사랑과 은혜를 존숭(尊崇)하고 친척 간에 사랑을 두텁게 하고 금수(禽獸)와 다르게 서로 혼인을 맺지 않음으로써 인맥을 변별하기 위함이다"라고 하였다.

세계에서 제일 먼저 성(姓)을 사용한 것은 한자를 발명한 중국(中國)이며, 처음에는 그들이 거주하는 지역, 산, 강 등을 성(姓)으로 삼았다.

천자(天子)가 사성(賜姓)한 예로 신농씨(神農氏)의 어머니가 강수(姜水)에 있었으므로 강(姜)씨라 하고 황제(黃帝)의 어머니가 희수(姬水)에 있었으므로 성을 희(姬)씨로, 순(舜)의 어머니가 요허(姚虛)에 있으므로 성을 요(姚)씨로 한 것은 이것을 실증한다.

씨(氏)는 같은 성(姓)을 가진 종족이 점차 그 수가 불어나서 여러 지역으로 흩어져 살게 됨에 따라, 새로이 거주하는 지역의 종족을 나타내는 개념이 생기게 되었는데 이로써 생겨난 것이 씨(氏)이다. 하나의 성(姓)에서 갈라진 지파(支派)가 자신들을 구별 짓는 새로운 칭호를 만들어 사용한 것이다. 씨(氏)는 핏줄이 아니라 땅과 연계되어 있는 개념으로 한국의 본(本)과 유사하다. 한국의 성(姓)은 본(本)을 필수요소로 하여 각 성(姓)마다 하나이상의 본관(本貫)이 있고, 성이 같더라도 본이 다르면 동족으로 보지 않는 것이 일반적이다.

강태공을 여상(呂尙)이라고도 하는 것은 그의 조상이 여(呂)땅에 봉해졌기 때문이었다. 즉, 강태공의 성은 강(姜)이요, 씨는 여(呂)이었다. 지금도 백씨(伯氏), 중씨(仲氏), 계씨(季氏)라는 말들은 이러한 씨를 호칭으로 사용한 흔적이 남아있는 것이다. 씨는 신분의 귀천을 분별하였기 때문에 귀한 자에게만 씨가 있었다. 이러한 중국의 성과 씨의 구별은 하(夏), 은(殷), 주(周) 시대와 춘추전국 시대까지는 나타났으나 그 이후로는 희미해졌다. 여지는 성(姓)을 사용하고 남자는 씨(氏)를 사용하다가 후대에 둘이 합쳐져 성씨(姓氏)가 되었다.

우리나라에서 성(姓)은 중국의 한자문화가 유입된 뒤인 삼국시대부터 사용한 것으로 추정된다. 성(姓)은 천강성(天降姓), 토성(土姓), 사성(賜姓), 래성(來姓) 등으로 분류된다. 천강성(天降姓)은 신라시대의 박혁거세(朴赫居世)와 고구려의 주몽(朱蒙), 가락국의 수로왕(首露王)이 천(天)에서 내렸다는 특별한 의미로 왕을 신성하게 여기는 데서 유래된 것이다. 토성(土姓)은 정(鄭), 최(崔), 손(孫), 이(李), 배(裵) 등 토착민(土着民)들의 성씨이고, 사성(賜姓)은 왕(王)이 직접 하사한 성씨로 고려시대 왕건은 고려를 건국 후 지방호족들을 세력으로 유입하고자 왕씨성을 많이 하사한 기록이 있다. 래성(來姓)은 중국(中國), 일본(日本), 러시아, 베트남 등의 외국에서 한국에 귀화(歸化)하여 이루어진 성씨이다.

2) 명(名)의 유래

명(名)은 성씨에 붙는 이름을 말하며 명(名)자는 저녁 석(夕)과 입 구(口)자가 합쳐서 이루어진다. 저녁은 해가 져 어둠이 시작되고 입구는 소리 냄을 뜻하니 어두워 모습을 구분할 수 없어도 입으로 소리 내어 불러서 각각을 구분할 수 있도록 하는 것이다. 즉, 이름(名)이란 어두워 보이지 않아도 소리로 불러서 구분한다는 것으로 이름을 쓰게 된 근본적인 이유이다.

명(名)에 대한 또 다른 설은 名의 윗부분 夕(저녁 석)을 제사 때 사용하는 고기로 보았다. 고기를 뜻하는 肉(고기 육)이 변으로 사용하면 月(달 월)변과 유사하게 변하여 쓰이고 이것이 夕으로 표시된 것이며, 名의 아랫부분 口(입 구)는 축문을 담는 그릇을 뜻하여, 즉 名은 제사를 지내는 모습, 고기를 바치고 축문을 외우는 모습을 그대로 그려 놓은 한자라는 것이다.

축문을 외우는 모습과 이름이 무슨 관계가 있는가? 옛날 사람들은 아이를 길러 그 아이가 일정한 나이가 되면 씨족원으로서 이름을 부여하고 조상과 신령에게 보고하였다. 이름은 신령에게 승인받은 후에야 비로소 불릴 수 있었다. 음성으로 불리는 혹은 글로 쓰인 이름은 곧 그 사람의 또 하나의 실체이며 그 이름의 언어에는 특별한 힘이 담겨 있다고 믿었다. 언어로 표현된 것이 현실에 그대로 반영될 것이라는 언어의 주술적 힘을 믿었던 것이 이름의 시작이었으며, 이름을 부여하는 것은 한 사람을 형상화하는 하나의 의식이었던 셈이다.

공자(孔子)의 정명(正名)사상은 "君君, 臣臣, 父父, 子子"(군군, 신신, 부부, 자자)라는 문장과 "觚不觚, 觚哉! 觚哉!"(고불고, 고재! 고재!)라는 문장으로 대표된다. 하나는 임금은 임금답고 신하는 신하답고 아버지는 아버지답고 자식은 자식답게 되는 것이다는 말이며, 다른 하나는 모난 술잔이 모나지 않으면 그것이 모난 술잔이겠는가! 라는 말이다. 넌센스 퀴즈 같은 말들이지만 바른 이름이란 모든 명(名)에는 그 명에 어울리는 실(實)이 갖추어져 있어야 한다는 뜻으로 개념에 대하여 부합하는 실제를 갖춰야 한다는 덕목을 뜻함과 동시에 이름이 바르게 부여되어야 바른 삶과 실제를 지닐 수 있다는 의미를 갖는 사상이다.

3) 성명(姓名)과 호칭의 종류

예로부터 누군가를 지칭하는 형태에는 성명(姓名)과 호칭(呼稱)이 있다. 성명은 이름이라고 하지만 호칭은 이름 외에 부르는 명칭을 말한다. 예컨대 태명은 세상에 나오기 전의 호칭이며, 관명(冠名)은 호적에 등록하는 본명이고, 호(號)는 누구나 쉽게 부를 수 있는 명칭이다. 그 모든 사례는 다음과 같다.

① 태명(胎名) : 아기가 태어나기 전 뱃속에 있을 때 붙여주는 이름
② 아명(兒名) : 태어나서 제일 먼저 부르는 이름이다. 과거에는 태어난 후 생존율이 낮기 때문에 천하게 불러 주는 것이 관례였다. 즉, 너무 귀하게 불러주면 하늘이 시기해서 목숨을 앗아갈 수도 있다는 생각에서였다. 천명위복(賤名爲福) 사상이라 한다.

③ **관명**(冠名) : 본명. 장성해서 그 집안의 항렬자에 따라 짓는 이름으로 호적에 올리는 이름이다. 생후 일정기간이 지나 아기의 생존이 명확해진 뒤에 짓게 된다. 조선시대 민적부에 올리는 이름이다.

④ **자**(字) : 혼인한 후에 본이름 대신 부르는 이름으로 남자는 20세, 여자는 15세가 되면 성인식에 해당하는 관례(冠禮)와 계례(笄禮)란 의식을 치렀다. 남자에게는 어른의 의복을 입히고 모자인 관(官)을 씌우고 여자에게는 비녀를 꽂아 성년이 되었음을 사회적으로 알리는 절차였다. 그 배경은 경명사상(敬名思想)으로 성인(成人)의 이름을 함부로 부르는 것을 꺼려 누구나 부를 수 있는 호칭이 필요했던 것이다.

⑤ **호**(號) : 명(名)과 자(字) 외에 누구나 쉽게 부를 수 있도록 짓는 것을 말한다.

⑥ **당호**(堂號) : 그 집이나 별채의 주인을 나타내는 호칭.

⑦ **택호**(宅號) : 어떤 이름이 있는 사람이 주거하는 가옥의 위치를 그 사람의 호로 부르는 호칭.

⑧ **별호**(別號) : 그 사람의 용모와 성격 및 특징을 따서 별명처럼 부르는 호칭.

⑨ **시호**(諡號) : 벼슬을 한 사람이나 관직을 하던 선비들이 죽은 뒤에 공적에 따라 왕으로부터 부여받은 호칭. 그 예로 이순신 장군의 시호는 충무공(忠武公)이다.

⑩ **법명**(法名) : 불법을 공부하거나 불가에 귀의하여 승려가 된 사람들에게 속명(俗名)대신 지어주는 호칭. 넓은 의미로 호(號)에 해당한다.

⑪ **아호**(雅號) : 문인·예술가들이 우아하게 부르는 호칭. 호(號)와 같은 개념.

⑫ **필명**(筆名) : 글을 쓴 사람의 이름이라는 의미의 호칭.

⑬ **예명**(藝名) : 예술가 및 예능인들의 별칭.

대표적인 예로 이율곡 선생의 아명(兒名)은 현룡(見龍)이고 관명(冠名)은 이(珥)며, 자(字)는 숙헌(叔獻), 아호는 율곡(栗谷)이고, 시호(諡號)는 문성(文成)이다.

그러나 위와 같은 과거 성명의 종류는 문명과 문화의 급속한 발달로 현대에서 모두 적용하지 않게 되었다.

4) 성명학의 시원

동양의 성명학자들은 누구나 성명학의 시원(始原)을 역학(易學) 등의 동양철학에서부터라고 인식하고 있다. 그리고 성경의 창세기 1장 5절에 "빛을 낮이라 칭하시고 어둠을 밤이라 칭하시니라, 저녁이 되며 아침이 되니 이는 첫 날이니라"는 구절 등을 빌어 우주 만물의 시작에 있어서 이미 하느님이 빛과 밤을 칭하였으므로 빛과 밤이라는 명사를 작명하였기에 최초의 작명가는 하느님이라는 크리스찬들의 의견이 있다. 언제나 학문연구 범주의 시각과 주장은 동서(東西)가 같을 수는 없는 것이다.

노자(老子)는 "이름이 없음은 천지(天地)의 시원(始原)이요, 이름이 있음은 만물의 모체(母體)라 하였고, 무릇 만물은 명(名)에 따라 각각 다르다고 한 중국 전국시대 조나라의 사상가 공손룡(公孫龍) 등의 명(名)을 논한 자들이 있었다. 그러나 송(宋)대 소강절(邵康節)의 팔괘작명법과, 만육오(萬育吾)의 삼명통회(三命通會)에 오음간명법(五音看名法)이 있는 것으로 보아 동양(東洋)에서 성명학 체계를 갖추기 시작한 것은 중국 송(宋)나라 때부터로 추정된다. 조선시대 월정(月汀) 윤수(尹壽)의 추리작명법이 문헌으로 남아 있고, 육효(六爻)작명법도 전해지고 있다고 하나 조선 말에서야 천민까지도 성과 이름을 갖게 되었으므로 조선시대는 이름의 중요성은 강조되었다고 보지만 실제 체계를 갖춘 작명법의 연구흔적이나 문헌은 미약하다.

앞에서도 밝혔듯이 성명학의 발전은 언어(言語)의 발달과 맞물려 있음을 이해해야 한다. 즉, 인류의 시원에서부터 현대에 이르기까지 언어와 문화적 특성의 발달에 기인되어 성명학은 여러 형태의 시작과 작명법이 파생되어 왔으므로 그 학문적 시원의 전통성을 명쾌하게 논하기는 애매한 상황이다.

5) 우리나라 성명의 역사

① 삼국시대

우리나라의 경우, 삼국시대 고구려에서는 건국 시조인 주몽이 국호를 고구려라고 했기 때문에 고(高)씨라고 하였다. 주몽은 충신들에게 극(克)씨, 중실(仲室)씨, 소실(小室)씨를 사성(賜姓)하였다고 전해 내려온다.

백제는 삼국사기나 삼국유사에 의하면 시조 온조(溫祚)가 부여계통에서 나왔다 하여 성을 부여(扶餘)씨라고 하였으나 중국의 후한서, 삼국지, 진서에는 왕명이 기록되어 있는데 모두 성을 쓰지 않고 이름만 기록되어 있으며, 진서, 송서 등의 기록에는 근초고왕(13대)부터 위덕왕(27대)까지는 여(餘)씨로 표시하다가 무왕(29대)부터 부여(扶餘)씨로 기록하였다.

신라는 박(朴), 석(昔), 김(金) 삼성의 전설이 전해 오며, 유리왕 9년(32)에 육부(六部)의 촌장에게 각각 이(李), 정(鄭), 손(孫), 최(崔), 배(裵), 설(薛)씨의 성(姓)을 사성(賜姓)하였다고 전해 내려오고 있다.

이와 같이 삼국은 고대 부족국가 시대부터 성을 쓴 것처럼 기록되어 있으나, 7세기 이전 건립된 신라 진흥왕의 네 곳의 순수비, 신라 진지왕 3년에 건립된 것으로 추정되는 무술오작비, 진평왕 시대에 건립된 경주 남산의 신성비 등의 비문에 나타나 있는 내용을 볼 때 인명에 성(姓)을 사용한 사람은 나타나지 않고 촌명(村名)과 이름만 쓴 것을 보면 우리 선조는 성보다 본(촌명)을 먼저 썼다고 볼 수 있다.

② 고려시대

고려시대 초기부터 귀족 관료들은 성(姓)을 사용했다. 고려 태조 왕건이 개국 공신들과 지방 토호(土豪)세력들을 통합 관장하기 위하여 전국의 군(郡)현 개편작업과 함께 성을 하사하면서 우리나라 성씨의 체계가 확립되었다. 고려 문종9년(1055)에 성(姓)이 없는 사람은 과거에 급제할 수 없다는 법령(法令)을 내렸으며 이것은 우리나라의 성이 보편화되어 일반 민중이 성을 쓰게 되는 계기가 되었다고 말해주는 역사적 근거가 된다.

③ 조선시대

조선시대 말에는 1909년 새로운 민적법(民籍法)이 시행되면서 노비와 천민계급까지도 성을 가지게 되었다. 민적법은 어느 누구라도 성과 본을 가질 수 있도록 한 법으로서, 민적법이 시행되면서 우리나라 국민 모두가 성을 취득하게 되었던 것이다.

이때를 기회로 성이 없던 사람에게 본인의 희망에 따라 호적을 담당한 지방 관리들이 마음대로 성을 지어 주기도 하고, 머슴의 경우 자기 주인의 성과 본관을 따르기도 하였을 뿐만 아니라 명문집안의 성씨를 모방하여 성을 정하였다.

④ 현대

우리나라 성(姓)은 약 250개가 있고 본관은 3,000여 개가 있었으나 국제화 시대가 되면서 귀화(歸化)한 사람들이 많아 새로 생긴 성(姓)이 늘어나면서 성씨는 약 340여 개가 되었다.

일제강점기와 그 이후 60년대까지도 '명자', '순자' 등 일본식의 작명법에 영향을 많이 받았으나 차츰 한국식의 이름으로 작명을 하게 되었고, 80년대 들어서는 순수 한글이름 짓기가 유행하였다. 그러나 한글이름은 한자가 부여되지 않아 중복되는 현상이 두드러지는 단점이 드러나게 되어 2000년대 들어서 한글이름을 다시 한자를 부여하는 이름으로 개명하는 사례가 많았고, 현재는 한글에 한자를 부여하는 작명이 보편화되었다.

6) 현대 이름의 구분

현대사회(現代社會)에서의 성명학의 활용은 매우 편리하고 실제적이며 작명을 하는 구분을 정리하면 **인명**(人名), **품명**(品名), **사명**(社名)으로 구분할 수 있다.

- 인명은 개인의 호칭구별과 이미지를 부여하고
- 품명은 상품의 형태적 가치를 부각시키며
- 사명은 업종의 이념과 정서를 부여하여 모두 인지적 구별의 효과를 높이는 데 목적이 있게 된다.

① 인명(人名) – 태명, 신생아명, 아호, 예명

인명은 호적에 신고하여 등록한 이름이다. 그러나 넓게 사람에게 붙이는 이름과 호칭을 모두 인명이라 할 수 있다.

- 태명(胎名) : 아이가 엄마 뱃속에 있을 때 불러주는 이름
- 신생아명(新生兒名) : 태어나서 호적에 출생신고 하고자 하는 이름
- 아호(雅號) : 문인이나 예술가들이 우아하게 부르는 호칭
- 예명(藝名) : 연예인·예술가들이 이미지를 고려해 본명 외에 부르는 이름

② 품명(品名) – 건물명, 상품명(BRAND)

모든 물건이나 상품의 명칭과 이름을 말한다.

- 상품명 예 : 딱풀, 대일밴드, 산타페, 벤츠 등
- 건물명 예 : 청와대, 조영빌딩, 삼일빌딩, 에스케이 뷰, 힐스테이트 등

③ 사명(社名) – 상호, 법인상호

상호는 일반 상점의 이름 등을 말하는 것이다.

- 상호 예 : 전주비빔밥, 호남식당, 맛나 칼국수, 조은문구, 우리내과의원

법인상호는 주식회사 등의 법인을 구성하며 법원에 등기해야하는 것을 말하며 관할 법원에 동일한 상호는 추가로 등재되지 않으므로 반드시 상호검색을 하여 작명해야 한다.

- 법인회사명 예 : 주식회사 삼성전자, 주식회사 현대자동차 등
- 비영리법인명 예 : 사단법인 한국작명가 협회 등

* 지명(地名) – 마을이나 지방, 지역, 산천 등의 이름

지명은 지역이나 마을의 전통문화, 토속, 민속, 풍습이나 지세지형, 전래되는 여러 가지 사유에 따라 붙여져 왔다. 2014년 1월 1일자로 우리나라 전 국토에는 도로명이 부여되었고 도로명 주소사용이 전면실시되었다. (작명 대상은 아님.)

3. 족보 및 돌림자

1) 족보의 의미

족보(族譜)는 한 가문의 대대(代代)의 혈통 관계를 기록한 책이다. 일족의 계보(系譜), 가보(家譜), 가승(家乘), 보첩(譜牒), 씨보(氏譜)라고도 하는데 성씨와 관련하여 빼놓을 수 없는 자료의 하나로 나와 집안의 뿌리를 알 수 있는 한 집안의 역사책이다. 족보는 혈연의 역사로서 족보가 없는 사람을 "근본이 없는 사람"으로 천하게 여기기도 했다.

우리 조상들은 족보를 집안의 보물처럼 소중히 간직하고 경건한 마음으로 살아계신 조상을 대하듯 하였으며 자신의 목숨보다도 소중하게 지켜왔다. 그러나 해방 후의 서양화와 지금의 핵가족 제도가 되면서 족보에 대한 중요성이 점점 망각되고 봉건사상의 유물로만 생각하는 경향이 많다. 그런 한편 인터넷의 확산으로 일부에서는 뿌리에 대한 중요성과 나의 조상에 대한 관심도가 높아졌다.

2) 우리나라 족보의 역사

우리나라의 족보는 고려왕실의 계통을 기록한 것으로 고려 의종(18대) 때 김관의(金寬毅)가 지은 『왕대종록(王代宗錄)』이 처음이다. 조선시대에는 사대부 집안에서 사적으로 간행되기 시작하였으나 1476년(조선 성종 7년)

의 『안동권씨 성화보』가 체계적인 족보 형태를 갖춘 최초의 족보이다. 이후 1565년(조선 명종 20년)에는 『문화유씨 가정보』가 혈족 전부를 망라하여 간행되면서 족보 편찬에 대한 열의가 부각되기 시작했다.

3) 족보의 종류

족보 종류	내 용
대동보 (大同譜)	같은 시조 아래에 각각 다른 계파와 본관을 가지고있는 씨족을 함께 수록하여 만든 족보.
족보 (族譜)	본관을 단위로 같은 씨족의 세계를 수록한 족보책으로, 한 가문의 역사와 집안의 계통을 수록한 족보.
세보 (世譜)	한 종파 또는 그 이상이 같이 수록되어 있거나, 한 종파만 수록된 것을 말하며 동보(同譜), 합보(合譜)라고도 한다.
파보 (派譜)	시조로부터 시작하여 한 종파만의 이름과 벼슬, 업적 등을 수록한 족보
가승보 (家乘譜)	본인을 중심으로 수록하되, 시조로부터 자기의 윗대와 아랫대에 이르기까지의 이름과 업적, 전설, 사적을 기록한 책으로 족보 편찬의 기본이 된다.
계보 (系譜)	한 가문의 혈통관계를 표시하기 위하여 이름자만을 계통적으로 나타낸 도표로서, 한 씨족 전체 또는 한 부분만을 수록한 족보.
가보 (家譜)	자기 일가의 직계에 한하여 발췌한 족보.
만성보 (萬姓譜)	만성대동보(萬姓大同譜)라고도 하며, 국내 모든 성씨의 족보에서 큰 줄기를 추려내어 모아놓은 책으로 모든 족보의 사전 구실을 한다.

4) 항렬자 발원과 의미

항렬자(行列字)를 사용하는 선조들의 마음에는 어떤 뜻이 담겨져 있었을까?

그것은 씨족사회(氏族社會)라는 공동체 문화에서 기인된 것으로 이해된다. 돌림자를 사용함으로써 세대(世代)를 구별하고 자연의 순환상생 이치를 부여하여 자손(子孫)의 번성을 기원하였음을 알 수 있다.

봄이 가면 여름이 오고 여름이 가면 가을이 오고, 가을이 깊어 겨울이 오고 겨울이 지나면 봄이 오는 이치는 영원불멸의 이치이다. 이런 불멸(不滅)의 이치를 자손대대로 이어지기를 바라는 숭고한 정신이 항렬자와 돌림자 안에 담겨져 있는 것이다. 대개는 오행의 순서인 목(木)-화(火)-토(土)-금(金)-수(水)의 자원오행(字源五行)을 적용하였다. 그러나 집안의 가풍에 따라 숫자로 정하기도 하였으며 육십갑자 천간의 순서나 지지의 순서를 따르기도 하였다. 이는 모두 같은 이치로 볼 수 있는 것으로 씨족들의 항렬자를 살펴보면 다음과 같다.

① 경주 김(金)씨의 항렬 순 【자원오행】

자원 오행	火	土	金	水	木	火	土	金	水	木
한자	熙	基	鎔	浩	東	燮	載	銖	泉	集
한글	희	기	용	호	동	섭	재	수	천	집

② 영암 박(朴)씨 항렬 순 【자원오행】

자원오행	火	土	金	水	木	火	土	金	水	木
한자	烈	壽	錫	泳	植	熙	培	鎭	永	椿
한글	열	수	석	영	식	희	배	진	영	춘

③ 경주 최(崔)씨 항렬 순 【자원오행】

자원오행	金	水	木	火	土	金	水	木	火	土
한자	鎭	澈	植	炳	奎	鍾	洛	東	燮	遠
한글	진	철	식	병	규	종	락	동	섭	원

④ 안동 권(權)씨 항렬 순 【숫자】

숫자	一	二	三	四	五	六	七	八	九	十
한자	一	元	全	澤	書	溟	七	駿	旭	甲
한글	일	원	전	택	서	명	칠	준	욱	갑

⑤ 반남 박(朴)씨 항렬 순 【숫자】

숫자	一	二	三	四	五	六	七	八	九	十
한자	雨	天	春	憲	吾	章	虎	謙	旭	平
한글	우	천	춘	헌	오	장	호	겸	욱	평

⑥ 한양 조(趙)씨 항렬 순 【천간】

천간	甲	乙	丙	丁	戊	己	庚	辛	壬	癸
한자	種	元	炳	行	誠	熙	慶	新	廷	揆
한글	종	원	병	행	성	희	경	신	정	규

⑦ 연안 이(李)씨 항렬 순 【지지】

지지	子	丑	寅	卯	辰	巳	午	未	申	酉	戌	亥
한자	教	肅	演	卿	振	冕	南	東	載	猷	成	遠
한글	교	숙	연	경	진	면	남	동	재	유	성	원

이와 같이 자원오행(字源五行)의 상생이나 수(數)의 연속성과 천간(天干) 과 십이지(十二支)의 순으로 모든 원리는 계속 끊임없이 이어지는 원리를 적용한 것이다.

[참고]

우리의 선대는 항렬자를 적용하여 이름 짓는 것을 당연시 여겼다. 그러나 현대 는 과거 항렬자를 중시하는 사상이 희박해졌고 개인의 독창성이 중요하게 부각 됨에 따라 항렬자를 적용하여 작명하는 예는 소수에 불과하다.

5) 촌수(寸數)

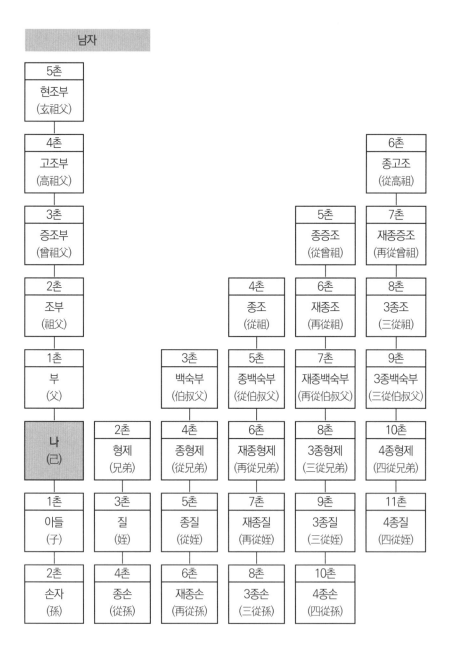

남자

5촌 현조부 (玄祖父)					
4촌 고조부 (高祖父)					6촌 종고조 (從高祖)
3촌 증조부 (曾祖父)				5촌 종증조 (從曾祖)	7촌 재종증조 (再從曾祖)
2촌 조부 (祖父)			4촌 종조 (從祖)	6촌 재종조 (再從祖)	8촌 3종조 (三從祖)
1촌 부 (父)		3촌 백숙부 (伯叔父)	5촌 종백숙부 (從伯叔父)	7촌 재종백숙부 (再從伯叔父)	9촌 3종백숙부 (三從伯叔父)
나 (己)	2촌 형제 (兄弟)	4촌 종형제 (從兄弟)	6촌 재종형제 (再從兄弟)	8촌 3종형제 (三從兄弟)	10촌 4종형제 (四從兄弟)
1촌 아들 (子)	3촌 질 (姪)	5촌 종질 (從姪)	7촌 재종질 (再從姪)	9촌 3종질 (三從姪)	11촌 4종질 (四從姪)
2촌 손자 (孫)	4촌 종손 (從孫)	6촌 재종손 (再從孫)	8촌 3종손 (三從孫)	10촌 4종손 (四從孫)	

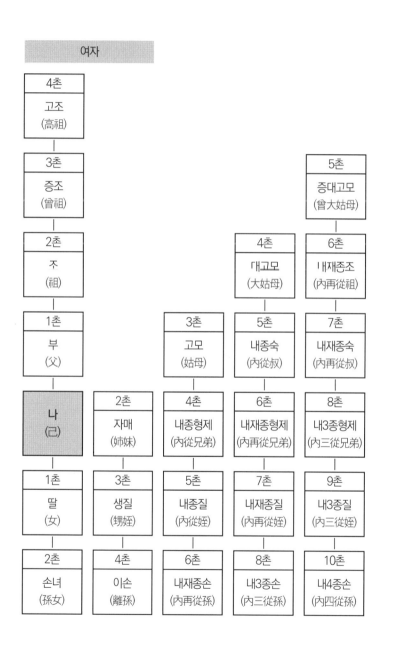

여자

4촌 고조 (高祖)					
3촌 증조 (曾祖)					5촌 증대고모 (曾大姑母)
2촌 조 (祖)			4촌 대고모 (大姑母)		6촌 내재종조 (內再從祖)
1촌 부 (父)		3촌 고모 (姑母)	5촌 내종숙 (內從叔)		7촌 내재종숙 (內再從叔)
나 (己)	2촌 자매 (姉妹)	4촌 내종형제 (內從兄弟)	6촌 내재종형제 (內再從兄弟)		8촌 내3종형제 (內三從兄弟)
1촌 딸 (女)	3촌 생질 (甥姪)	5촌 내종질 (內從姪)	7촌 내재종질 (內再從姪)		9촌 내3종질 (內三從姪)
2촌 손녀 (孫女)	4촌 이손 (離孫)	6촌 내재종손 (內再從孫)	8촌 내3종손 (內三從孫)		10촌 내4종손 (內四從孫)

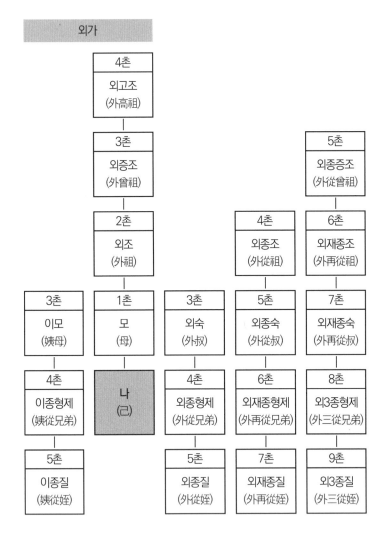

외가

				5촌 외종증조 (外從曾祖)
4촌 외고조 (外高祖)				
3촌 외증조 (外曾祖)				
2촌 외조 (外祖)		4촌 외종조 (外從祖)	6촌 외재종조 (外再從祖)

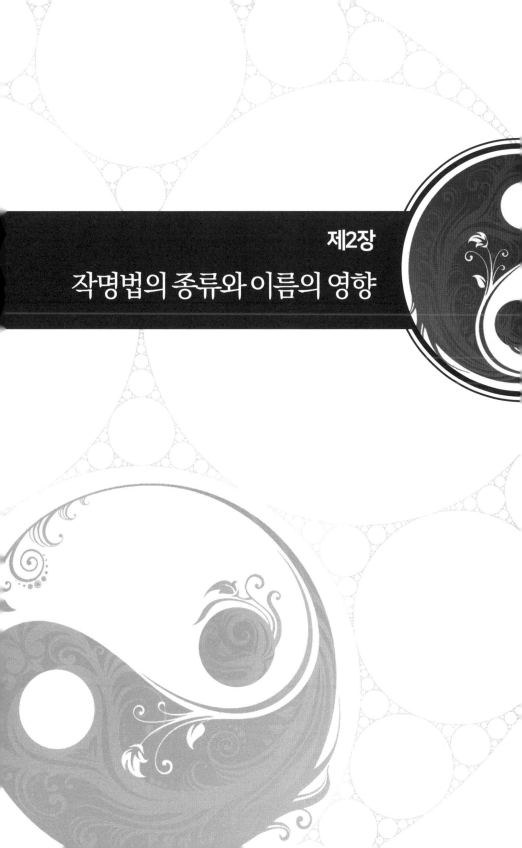

제2장
작명법의 종류와 이름의 영향

1. 작명법의 고찰과 종류

1) 작명법의 고찰

성명학의 종류는 각기 구분하는 관점의 차이는 있으나 모두 종합하여 보면 수리성명, 음양성명학, 용신성명학, 측자파자성명학, 성격성명학, 오행성명학, 육효성명학, 주역성명학, 소리성명학 등이 있다. 그리고 수리조직, 삼원오행, 한글발음오행, 자원오행 등 작명가들에 따라 이러한 이론들 중에 취사선택하여 작명에 활용하고 있는 것이 대부분이다.

성명학이라는 범주에서 작명법의 종류는 무려 10여 종류가 넘는다. 성명학이 음양오행의 발달과 함께 전통적으로 발달되어 영향을 미친 작명법도 있으나 언어의 발달과 시대적 활용에 따라 개인이 독창적으로 개발한 주관적인 작명법도 많다는 것을 간과하지 않을 수 없다.

실로 작명법의 실효성이 입증되기에는 난해하여 무엇이 옳다 그르다 할 수 없으나, 본 저술에서는 개인의 이론이거나 중복된 이론, 독특한 이론은 배제하는 것을 원칙으로 한다. 그리고 어느 한 가지 방법론에 치우치지 않고 폭넓고 자유로운 작명이 가능하도록 가장 현실적이고 합리적인 작명법을 적용하여 좋은 이름을 창작하는 것이 목적이다.

요약하면, 성명학은 하도낙서(河圖洛書)의 수리(數理)론과 음양오행(陰陽五行)이론, 사주명리(四柱命理)이론이 주요 근간이라고 볼 수 있다. 하도낙서의 수리론과 음양오행론은 그 역사가 장구하니 우리 한글창제의 역사가 500년이고 보면 한자와 한글의 융합적 작명술은 그 역사가 길지 않음을 직감하게 된다. 그리고 조선 후기에야 민적법이 단행되어 천민(賤民)들도 성씨를 갖게 되었으니 더더욱 고려할 부분이다.

현재 작명가들이 모두 통일된 작명법을 사용하지 않고 제각각의 작명학술을 펼치고 있음으로써 불협화음이 일어나고 있다. 이는 곧 작명가들이 고객들에게 불신을 받게 되는 안타까운 이유이다. 즉, 작명고객들이 A라는 작명소에서 이름을 지은 다음 B작명소에 가서 감명을 하였을 때 작명법의 다름으로 좋지 않은 이름이라는 감명이 나오게 된다는 것이다. 또한 작명학술을 공부하는 사람들조차 어느 방법이 옳은 것인지에 혼란을 겪는 것도 현실이다. 결국 모두 자기가 스스로 현명하게 판단해야 할 몫이 되고 있다.

2) 작명법의 종류

성명학의 근간은 수리(數理)론과 음양오행(陰陽五行)이론, 사주명리(四柱命理)이론이며 그러한 커다란 근간에 따라서 세부적인 작명술이 추가되어 성립된다. 객관적이든 주관적이든 성립된 성명학에 적용되는 작명법들을 간략하게 살펴보기로 한다. 참고로 아래와 같이 다양한 작명법들은 실상 다분히 중복되거나 복합성을 가지고 있다. 즉, 발음(소리), 수리, 오행, 음양, 용신, 자원오행 등이 부분적으로 중복적용되어진다.

① **수리성명학** : 한자의 획수를 계산하여 81수리의 조견표에 비교하여 길(吉) 수리를 이름의 석자 조합에 배합하여 원(元)·형(亨)·이(利)·정(貞)의 수리4격에 배합하여 길흉을 풀어가는 방법을 말한다. 사주를 대입하지 않아도 이름자에 부여된 수리의 길흉으로 길흉 판단이 가능하다.

② **오행성명학** : 이름의 발음오행, 수리오행, 자원오행 등으로 상생과 상극 비화의 원리를 조합하고 해석하는 방법으로 이름을 작명하는 방법.

③ **음양성명학** : 성명의 한자획수를 계산하여 1·3·5·7·9 홀수는 양(陽), 2·4·6·8·10 짝수는 음(陰)이고 이름자에 음양을 고루 배합하여 조화가 이루어지도록 하는 작명 방법.

④ **용신성명학** : 타고난 사주팔자(四柱八字)에 필요한 오행을 구하고 발음오행(發音五行)이나 자원오행(字源五行)을 보충하여 성명을 작명하는 방법. 1·2는 목(木), 3·4는 화(火), 5·6은 토(土), 7·8은 금(金), 9·10은 수(水)로 수리를 오행으로 환산하여 적용한다.

⑤ **측자파자성명학** : 성명에 부여되는 글자 한자 한자를 측자(測字)하거나 파자(破字)해 나가면서 길흉을 판단하는 방법.

⑥ **성격성명학** : 비견, 겁재, 식신, 상관, 편재, 정재, 편관, 정관, 편인, 정인의 10가지 십성의 유형을 음과 양으로 나누어 20가지 유형의

운명을 분류하고 이에 따라 작명하는 방법.

⑦ **주역성명학** : 주역의 육십사괘(六十四卦)를 활용하여 성명의 획수를 주역의 八卦인 건(乾), 손(巽), 감(坎), 간(艮), 곤(坤), 진(震), 이(離), 태(兌)로 바꾸고 이것을 다시 64괘로 바꾸어 운명을 풀어가는 방법.

⑧ **육효성명학** : 순간적인 점의 직관에 의하여 육효(六爻)인 청룡(靑龍), 주작(朱雀), 구진(句陳), 등사(螣蛇), 백호(白虎), 현무(玄武) 등의 육수를 가지고 이름을 작명하는 방법.

⑨ **소리성명학** : 한글 소리오행 기준으로 이름자 간 상생을 맞추는 방법
 - 태어난 해를 기준으로 하며 출생년도의 年干과 年支를 기준 삼아 작명을 한다.
 - 한문이 필요 없고 한글 소리로만 작명을 한다.
 - 年柱에 대입한 한글발음의 상생상극과 한글획수의 홀짝(양·음)에 따라 십성을 부여하고 길흉을 가름하는 이론이다.

⑩ **자원오행성명학** : 일반적인 수리·오행 및 수리4격 구성을 수용하고 한글발음오행의 상생을 수용하며, 사주의 용신(用神) 및 부족한 오행(五行)의 에너지를 보충하기 어려운 한글발음의 단점을 이름에 적용되는 한자의 자원오행(字源五行)으로 보충하는 작명법이다. (필자가 사용하는 작명방법)

[참고]

위 작명법 외에도 개인이 만들어낸 작명방법은 무수히 많다. 좋은 이름을 짓기 위한 긍정적인 면도 있으나, 객관적 근거가 없이 개인의 인기를 위한 포퓰리즘 현상에 불과한 경우가 대부분이다.

2. 인간과 이름의 영향

1) 정령사상과의 관련성

원시종교는 애니미즘(animism), 토테미즘(Totemism), 샤머니즘(shamanism)으로 정리되는데, 애니미즘은 무생물계에도 영혼(靈魂)이 있다고 믿는 믿음이며, 토테미즘은 동식물과 같은 자연대상물이 인간과 신비적 관계 또는 친족관계라고 생각하는 믿음에 근거한 복합적인 관념이나 의식이다. 샤머니즘은 신과 인간 사이에 존재하는 샤먼이 인간의 치유자로 제사를 주관하고 영혼을 저승으로 인도하는 등 인간과 신 사이에 존재하는 능력자로 인정하는 믿음이다.

여기에서 애니미즘을 통하여 이름도 그 사람에게 유기적인 영향을 준다는 생각이 과거에서부터 존재하였음을 유추해 볼 수 있다. 자연계의 모든 사물이 의식과 지식을 지니고 인간과 교류를 하고 있으며, 인간이 모르는 초자연적인 지능을 보유하고 있고, 여기에서 이름도 하나의 독립된 에너지를 가지고 우리 인간에게 영향을 주고 있다고 생각하는 도교의 정령사상(精靈思想)과 같은 것이다.

2) 사람에게 미치는 이름의 영향

① 작은 것이 더 소중하다 : 우리의 몸에 1%의 물이 부족하면 갈증을 느

끼게 되고 5%가 부족한 상태에 이르면 혼수상태에 이른다. 이름이 주는 영향은 작지만 그 작은 것이 갈증을 없애준다거나 혼수상태에 이르지 않게 한다면 작지만 너무나 큰 것이고 위대한 것이다.

② 영혼에게 들려주는 고유의 음향 : 하느님을 배신하여 쫓겨난 천사가 담당했던 분야가 음악이었다고 한다. 그러므로 음악이나 소리는 우리들의 영혼을 감동시키거나 타락시킬 수도 있다. 보이지 않는 곳에서 유리 깨지는 소리가 들리면 어금니가 시리다. 아름다운 음악이 들려오면 고요한 영혼이 즐거워한다. 이름은 자신의 영혼에게 일평생 들려주는 고유의 음향효과이다.

③ 이름에서 표출되는 의미 : 이름 작명은 첫째로 상형문자(象形文字)로서 가지는 그 글자자체의 오행이 있고, 부를 때 소리로서 표출되는 소리오행으로 구성되어 음양오행이 파장되며 철학적 근간을 이루는 사주와의 관련성이 중요하다.

④ 이름은 무형의 氣이다 : 모든 우주 만물 안에는 주어진 의미가 담겨 있고 음(陰)과 양(陽)의 다이내믹한 관계 속에서 무궁한 진리를 창출해 낸다. 이름 안에도 자연의 형상을 본 따서 만든 한자의 자원오행(字源五行)의 기(氣)가 음(音)이라는 소리에 담겨 움직이는 에너지가 있다. 눈으로 볼 수 있는 사물들은 색깔과 모양, 감촉 등을 통해 기를 읽어낼 수 있지만 눈으로 볼 수 없는 사랑, 믿음, 의리, 공기, 바람, 소리 등과 같은 무형의 것들은 감정과 느낌으로 감지할 수 있듯이 이름도 그 이름자만이 가진 자연적 에너지와 기를 지니고 있다. 그러므로 사주에서 불의 기운이 부족한 사람에게는 따스하고 밝은

이미지의 이름을 불러주고 물의 기운이 왕한 사람에게는 축축함을 덜어줄 수 있는 따뜻한 오행의 기가 담긴 이름을 불러준다면 영혼과 육신이 더욱 풍요롭고 윤택해질 것은 자명하다.

3) 기를 보충하는 의미로서의 이름

the LORD God formed the man from the dust of the ground and breathed into his nostrils the breath of life, and the man became a living being

[여호와 하나님이 흙으로 사람을 지으시고 생기를 그 코에 불어 넣으시니 사람이 생령이 된지라 – 창세기 2장 7절]

인간은 생기(生氣) 제품이다. TV는 전기(電氣)가 필요한 전기 제품이다. 인간은 위의 성경 구절에서 살펴볼 수 있듯이 신이 창조하시고 신이 가진 능력을 이용하여 생기를 불어 넣어 완성한 생기제품이다. 그리고 인간이야말로 전 우주에서 가장 복잡한 시스템(system)을 지닌 존재이다. 손가락 하나를 움직여도 대뇌에서 명령을 내린 후에 뉴런이라는 신경세포가 전기자극으로 명령을 전달하여 몸이 움직이는 그야말로 생기로서 움직여지는 존재다. 눈에 보이지 않는 것을 마음으로 볼 수 있으며, 신과 영혼과 그리고 유일하게 문화를 형성할 수 있는 존재가 되었다.

또한 출생 시에 오행의 기가 들어와 주어 인간의 생기를 구체적으로 오행의 기로써 채웠다. 그러므로 이 오행의 기, 즉 오기 중에서 부족한 것을 인위적으로 채워줄 수 있는 것 중의 한 가지가 성명학으로서 이름에 함유된 오행의 기로써 그 사람에게 부족한 1%를 채워 보다 완성된 생기를 갖게 돕는 것에 성명학의 의미를 찾을 수 있는 것이다.

4) 이름과 뇌(腦)의 관계

인간은 출생과 동시에 육신과 영혼이 자신의 이름을 가지고 삶을 시작한다. 그러므로 이름은 내 영혼과 육신을 대표하는 또 다른 나다.

　– 나를 대표하는 이름이 정말 운명에 영향을 줄 수 있을까?
　– 영향을 줄 수 있다는 가정에서 어떻게 과학적인 설명이 될 수 있을까?

그것은 과학자들이 연구한 사례를 통하여 설명이 가능하다. 이미 많은 생명과학자들의 연구에 의하면 식물에게 클래식 음악을 들려줬을 때 성장속도가 빨랐다는 연구결과를 내어놓았다. 그리고 에모토 마사루의 저서 〈물은 답을 알고 있다〉에서는 물에게 기분 좋은 소리를 들려줬을 때는 아름다운 형태를 띠었고, 험악한 소리를 들려줬을 때는 형태를 잃는 파장이 나타난 것을 보여주고 있음이 입증되어 세계를 놀라게 하였다.

그렇다면 두 가지로 볼 수 있다. 하나는 수분이 70%나 되는 우리 인간의 몸은 소리에 영향을 받는다는 것과 또 하나는 뇌(腦)의 기억(記憶)이다.
즉, 우리의 뇌(腦)는 좌뇌와 우뇌가 있다. 좌뇌는 언어와 문자 등을 통하여 정보(情報)를 받아들이고, 우뇌는 에너지를 통하여 정보를 받아들인다. 또한 심장에는 에너지를 직관하는 심뇌(心腦)가 있어서 심장도 소리나 상황을 기억하게 된다.

예컨대, 어려서 특정한 소리에 놀란 기억이 있는 사람은 그 소리가 들릴 때면 갑자기 심장이 쿵쿵 뛰거나 숨이 가빠지거나 한다. 이것은 심장이 소리를 기억하고 있기 때문이다.

그와 같이 세상의 모든 소리와 특히 자신을 호명(呼名)하는 이름의 소리는 수분이 많은 유아기 시절 뇌와 심뇌가 기억하게 되고 그 기억에 의해서 반응하게 된다는 것이다. 만약 자신이 타고난 선천적 에너지와 기억된 이름의 에너지가 충돌하면 좋지 않은 반응을 하게 되어 성격이나 정서에 영향을 주어 운이 좋은 방향으로 가지 못한다는 가정이 성립된다. 그리고 타고난 선천적 에너지와 이름의 후천적 에너지가 잘 보충되어진다면 좋은 반응을 하게 되어 이름으로 도움을 받게 된다는 보이지 않는 차이를 설명할 수 있는 것이다.

그렇다면 과연 자신에게 좋은 기억을 하게 되는 이름은 무엇이냐는 것이다. 그것을 우리는 동양학의 근간으로 삼고 있는 음양오행의 에너지에서 찾고 있는 것이다.

이미 출생 당시 우주의 에너지를 받아 체내에 기억된 선천적인 오행분포의 기(氣)를 사주로 표현하여 운명의 길흉을 논하게 된다. 그러므로 그 사주의 선천적 오행분포에 길(吉)한 작용을 보탤 수 있는 후천적 에너지가 담긴 이름이 좋은 이름인 것으로 본다.

즉, 성명(姓名)에 적용되는 오행분포가 조화롭게 사주를 도울 수 있는 노력의 과정이 성명학이다. 나를 불러주는 존재가 있어야만 내가 존재할 수 있듯이 나를 불러주는 상대가 아름답고 밝은 마음으로 나를 불러준다면 내 영혼은 보다 풍요로워지고 삶 자체도 좋아질 수 있다. 내 영혼은 이름의 느낌을 감지하게 되므로 나에게 좋은 기운을 가진 이름이 불릴 때 행복한 운명의 주체가 될 수 있다고 믿는 것이 가장 중요하다.

5) 이름이 평생 영향 미친다

여자이름의 남자아이는 '비행'/
남자이름 여자아이는 '수학·과학' 선호

아이의 이름이 평생 행동이나 기호에 영향을 미치는 것으로 나타났다. 여자이름을 가진 남자아이는 비행을 더 많이 저질렀고, 남자이름을 가진 여자아이는 수학과 과학을 보통보다 더 좋아했다. 이름의 '음감(音感)'이 자의식에 미치는 영향을 무시할 수 없다는 것이다.

미국의 과학전문 사이트인 라이브사이언스는 13일 미 노스웨스턴대학 데이비드 피글리오 교수 등 관련 전문가들의 논문들을 소개하며 이 같이 보도했다. 한 논문에 따르면 '애슐리', '셰논' 등 여자이름을 가진 초등학생 남자아이는 '브라이언' 등 전통적인 남자이름을 가진 남자아이보다 학교에서 비행을 더 많이 저질렀다. 피글리오 교수는 "이들이 6학년이 되고, 같은 이름을 가진 여자 급우가 있을 경우 비행의 정도는 더 커졌다"고 말했다. 급우들의 놀림이 자의식에 영향을 미쳤거나, 또 남성성을 과시하기 위해 비행을 더 많이 저지른다고 볼 수도 있다.

딸이 수학, 과학 분야에 두각을 나타내길 바란다면 남자이름이나 중성적인 이름을 붙여주는 게 좋을 것 같다. 2005년 피글리오 교수의 연구결과에 따르면, '카일라', '이사벨라'와 같은 여성적인 이름을 가진 여자아이는 여성적인 면에 대한 선호도가 거의 100%였다. 반면 '테일러', '메디슨', '알렉시스' 등의 이름을 가진 여자아이는 보통보다 두 배는 더 남자아이들과 어울리길 좋아했고, 남자아이들이 좋아하는 것에 대한 기호를 보였다.

여성성이 강조된 이름의 여자아이는 이후 전공을 인문학으로 택하는 경우가 많았지만, 남성적인 이름의 여자아이는 과학이나 수학을 전공으로 택하는 경우가 많았다. 피글리오 교수는 "부모가 딸에게 남성적인 이름을 붙여주면서 남성적인 기호로 키우겠다는 생각을 가졌고 그에 따른 결과일 수도 있다"고 말했다.

또 특이한 이름을 짓기를 좋아하는 경향이 커져가고 있지만, 경계해야 할 사항도 있다. 자신의 이름을 싫어하고 다른 사람들도 그 이름을 이상하게 여기는 경우, 자신감이 떨어져 사회 적응도가 낮아진다고 한다. 특히 발음은 평범하지만 철자 중 일부만 독특하게 이름을 지으면, 아이의 읽기·쓰기 능력에 악영향을 미칠 수 있다. 피글리오 교수는 "제니퍼라는 이름의 첫 글자를 일반적인 'J'가 아닌 'G'로 지었다고 치자, 선생님이 '너의 이름 철자가 맞냐'고 자꾸 물어볼 것이고 그럼 아이의 자신감이 떨어지게 된다"고 말했다. [이진희 기자, 한국일보 2010.6.25]

3. 개명(改名)

1) 개명의 사유

개명을 하게 되는 이유 중에는 여러 가지가 있겠으나 자신의 운명을 개선해보고자 하는 노력에서라는 것이 가장 많다는 결과가 나왔다. 그만큼 이름에 대한 기대가 크다는 것과 가장 직접적으로 영향을 받는다고 생각하는 것으로 이해될 수 있다.

① 이름이 특이하거나 나쁜 의미를 담고 있어서 스트레스를 받는 경우, ② 복을 부르는 좋은 이름을 갖고 싶을 때 개명을 한다. ③ 특히 과거를 지우고 새출발 할 즈음 이름을 바꾸는 경우가 많다. 이러한 현상을 지우개 현상이라고 부른다. 자신이 과거의 이름으로 인해서 세인들에게 알려지는 것이 싫다던가, 과거의 자기를 지우고 싶어서 개명하는 사례가 바로 그것이다.

그러나 개명만으로 자신의 운명을 모두 바꿀 수 있다는 기대는 위험할 수 있으므로 신중하게 생각하여 결정해야 하지만, 자신이 현재 사용하고 있는 이름에 대하여 스스로 만족스럽지 못하거나 놀림감이 되거나 할 때 등과 특별한 이미지 개선이 필요할 경우 개명하는 것은 바람직할 것이다.

2) 개명의 절차

과거에는 개명신청을 할 경우 법원에서 개명해야 할 분명한 이유가 있어야 개명허가가 받아들여졌으나 2005년부터 행복추구권이 적용되면서 법원은 개명허가를 해주지 않아야 될 이유가 없다면 허가를 해주게 되었다. 그 후 우리나라 국민은 연간 약 16만 명이 개명을 신청하고 있으며 대부분 개명허가가 받아들여지고 있다.

개명 절차

① 본인이 새로 개명할 이름을 결정

② 주소지 관할 법원 호적계(민원실)에서 인우보증서, 개명신청서 등 개명 시 필요한 서류를 받아서 작성

③ 이름을 개명하게 된 사유서와 편지, 메일, 영수증, 친구들의 증인용 사인서, 회사 동료들의 증인 등 개명하여 사용한다는 일종의 보증서로 형식에 구애받지 말고 많이 준비

④ 이름 풀이서 등을 복사하여 첨부(첨부하지 않아도 되지만 차후에 보정명령이 날 수도 있음. 아래 준비서류 목록 중 7번 기타자료 참조)

⑤ 위 서류가 모두 준비되면 본인이 직접 관할 법원 호적계로 신청 또는 법무사 및 변호사 위탁 신청

⑥ 신청 후 약 50일 정도 소요되며 허가 여부(개명허가 판결문)를 등기로 통보받음

⑦ 허가서를 가지고 관할 주민자치센터(동사무소) 제출 일주일 후 개명 완료

준비서류 목록

① 개명허가 신청서 – 법원호적계에 비치

② 기본증명서, 가족관계증명서 각 1통 – 주민센터(2008년 호적법폐지에 따름)

③ 주민등록등본 1통 – 주민센터

④ 인우보증서 - 법원호적계에 비치, 필수 서류는 아니나 첨부하면 좋음. 현재 개명하여 사용중이라는 보증서로 주변 지인 2명 보증 - 친척 가능

⑤ 인우보증인 주민등록등본 각 1통 - 보증인 부재 시 필요 없음

⑥ 개명신청사유서 - 개명 사유를 형식에 구애 없이 일목요연하게 직접 작성

⑦ 기타자료 - 본명, 이름감명서, 우편물, 명함, 메일 등 형식에 구애 없이 많이 준비 (필수서류는 아니나 첨부하면 좋음, 없으면 안 해도 됨)

⑧ 반드시 복사해서 제출 - 서류반환 안됨

⑨ 신원증명서(범죄확인서) - 경찰서에서 발행(미성년자 불필요)

3) 성경에서 본 개명의 예

성경에서도 개명의 예가 나오는데 바로 믿음의 조상인 아브라함의 예다. **아브라함의 본명은 아브람이었다.**

아브람이 본토 친척 아비의 집을 떠나서 가나안으로 들어갔을 때 **하나님이 그의 믿음됨을 인정하고 내린 이름이 바로 아브라함이다.**

아브라함의 뜻은 열국의 아비로서 아브라함의 족보에 예수가 탄생하게 되는 영광이 주어지게 된다. 아브람의 이름으로는 이스라엘의 믿음의 조상으로서의 명을 감당하기 어려웠으므로 아브라함으로 개명을 해주면서 그 후손의 장래까지 약속해 주었다.

이후 아브라함의 아내인 **사래를 사라로 개명했다.** 사라는 열국의 어미로서 그 당시 사라는 구십 세가 되었지만 자손이 없었으나 **사래에서 사라로 개명한 뒤 이삭을 얻었고 열국의 어미로서 삶을 시작하게 된 것이다.**

(창세기 17장)

그 외에도 성경에는 **야곱을 이스라엘로, 사울을 바울로 개명한 예가 나오는데** 이들은 개명을 한 뒤 그들의 삶이 크게 바뀌었으며 성공적이며 후세에 기억될 만한 이름들로 남게 된 것이다.

구약성경(舊約聖經)「말라기」4장 6절에 "그(엘리야)가 아비의 마음을 자녀에게로 돌이키게 하고 자녀들의 마음을 그들의 아비에게로 돌이키게 하리라……"고 했듯이, 기독교 탄생 이전 조상(祖上)들의 구원(救援)과 연관이 있으며 조상과 뿌리에 대한 부분을 부인하지 않았다.

이름의 중요성은 어느 민족이나 크게 다르지 않다. 이름이란 조상과 나와의 연계성을 대표해주는 것이며 뿌리의 중요성을 일깨워주는 수단이기 때문이다. 미국 서부에 위치한 록키산맥에는 전 세계에서 수집된 족보를 마이크로필름에 담아 수장(收藏)시켜 놓았다고 한다.

제3장
성명학과 음양·오행·수리

1. 성명학과 음양오행

1) 음양오행의 이해

삼라만상에 존재하는 모든 유형, 무형, 생명, 비생명체까지도 기(氣)와 질(質)로 존재하고 모두 음양오행(陰陽五行)의 속성을 가지고 있다.

예컨대 어둠은 음(陰)이고 밝음은 양(陽)이며, 동적(動的)인 것은 양이고 정적(靜的)인 것은 음이다. 열(熱)한 것은 양이고 냉(冷)한 것은 음이며, 솟은 것은 양이고 움푹한 것은 음이다. 그러므로 음양의 조화라 함은 한쪽으로 치우쳐 너무 밝거나 어둡지 않아야 하고, 너무 덥거나 냉하지 말아야 하며, 너무 솟구쳐 있거나 움푹하지 않아야 한다는 것이다.

오행(五行)은 木·火·土·金·水의 다섯 가지 에너지로서 質과 氣로서 존재하고 유행(流行)한다. 오행은 오기(五氣)로써 서로 상생(相生)하고 상극(相剋)하며 비화(比化)한다. 오행의 조화라 함은 지나치게 극(剋)하거나 설(洩)하지 않아야 하고, 막히거나 뭉치지 않아야 하며 상호간 상생하는 원만함이 있어야 한다.

木 인(仁)으로 성품은 인자하고 계절은 봄이며, 방위는 동방(東方)이다. 색은 청색(靑色)이고 아침으로, 시작과 곧게 번창하는 기상(氣象)이 있다.

火 예(禮)로 성품은 예의와 명랑하고 계절은 여름이며, 방위는 남방(南方)이다. 색은 적색(赤色)이며, 낮을 대표하며, 태양(太陽)과 같으며 겉은 강렬하지만 그 속에 음(陰)이 있어 그 체(體)가 내암(內暗)하다.

土 신(信)으로 성품은 신용이 있고, 사계절(四季節)에 있고, 방위는 중앙(中央)이다. 색은 황색(黃色)이며, 木, 火, 金, 水 사물(四物)을 암장(暗藏)하고 있으니 허(虛)와 실(實)을 겸(兼)하며 그 속은 매우 조화롭다.

金 의(義)로서 성품은 의리와 결단성이 있으며, 계절은 가을이고, 방위는 서방(西方)이다. 색은 백색(白色)이며 저녁이다. 서방의 소음(小陰)이나 속에 양(陽)이 있어 청강(淸剛)하다.

水 지(智)로서 성품은 슬기롭고 계획성이 탁월하며, 계절은 겨울이고 방위는 북방(北方)이다. 색은 흑색(黑色)이며 밤이다. 水는 만물에 평등하며 북방(北方)의 음(陰)이 극(極)하여 한기(寒氣)에서 수(水)가 생(生)하였으니 수(水)는 태극(太極)에 속하며 음(陰)이면서 양(陽)을 내포하고 있다.

<오행배속도>

구분	木	火	土	金	水
십간	甲乙	丙丁	戊己	庚辛	壬癸
십이지	寅卯	巳午	辰戌丑未	申酉	亥子
속성	仁(인정)	禮(예의)	信(신용)	義(의리)	智(지혜)
색	청색	적색	황색	백색	흑색
계절	봄	여름	환절기	가을	겨울
하루	아침	점심	오후	저녁	한밤중
방위	동방	남방	중앙	서방	북방
신체	신경계	순환계	소화계	뼈조직계	혈액계
오장	간장	심장	비장	폐장	신장
육부	쓸개	소장·삼초	위	대장	방광
얼굴	눈	시력	입	코	귀
맛	신맛	쓴맛	단맛	매운맛	짠맛
직업	교육·의학	연예·예능	농공·생산	군경·금융	경제·경영
인생	소년기	청년기	중년기	장년기	노년기
세계	극동	적도 부근	중국·인도	유럽·미국	북구·러시아
기운	風(풍)	熱(열)	濕(습)	燥(조)	寒(한)
오행성	곡직	염상	가색	종혁	윤하
발음	ㄱㅋ	ㄴㄷㄹㅌ	ㅇㅎ	ㅅㅈㅊ	ㅁㅂㅍ
입속	맛보기	혀	입술	치아	침
오음	牙音(아음)	舌音(설음)	候音(후음)	齒音(치음)	脣音(순음)
후천수	3·8	2·7	5·10	4·9	1·6
천간수	1·2	3·4	5·6	7·8	9·10

〈오행의 상생과 상극〉

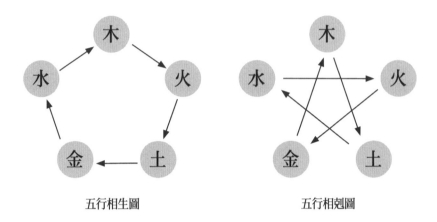

五行相生圖   五行相剋圖

오행의 상생(相生)

오행의 상생(相生)은 봄, 여름, 가을, 겨울의 자연적 공전이 끊임없이 이어지는 과정과 같으며 이런 자연의 법칙은 음양과 조화를 이루어 다시 오행의 에너지로서 생명창조의 생(生)과 멸(滅)의 법칙을 무한히 순환하고 반복하게 된다. 상생(相生)은 나를 희생하여 생(生)하게 하는 친화력(親和力)이라 할 수 있다.

오행의 상극(相剋)

상극(相剋)은 상생(相生)과 반대로 침범하고 위반, 투쟁하며 분해, 파괴해 생사(生死)를 결단시키려는 성격이 있다. 그러므로 작명에서는 오행의 상극 배열을 피하게 된다.

2) 성명학에 적용되는 음양오행

성명학에서의 음양(陰陽)과 오행(五行)은 수리(數理)의 음양오행, 문자(文字)의 음양오행, 출생 계절(季節)의 음양오행 등의 조화(造化)를 적용하게 된다.

어떤 사람 이름이 음(陰)으로만 구성되어 있다면 그는 남자라도 근본이 여성스럽고 여리고 섬세하며 의존적인 요소가 있게 될 수 있다. 반대로 양(陽)으로만 구성되어 있다면 독립적이고 산만하며 급속한 체질을 부여 받는 신호음이 될 것이니 음양과 오행이 고루 배합되어야만 좋은 이름의 기본이 갖춰지게 되는 것이다.

만물(萬物)의 영장인 인간이 음양오행(陰陽五行)의 변화를 일평생 자신의 영육을 대표하는 이름에 응용하고 있는 지혜는 과학의 활용범주라고 할 수 있다.

현재 성명학에 보편적으로 적용되는 음양오행은 다음 4가지가 가장 기본이 되고 있다.

- 발음의 음양오행 → 한글자음 발음오행
- 수리의 음양오행 → 원형이정 수리4격
- 수리의 음양배합 → 음수(짝수), 양수(홀수)
- 한자의 음양오행 → 한자고유 자원오행

2. 발음오행

1) 발음오행의 원리

발음(發音)오행은 소리오행, 음령(音靈)오행, 음향(音響)오행, 음파(音波)오행, 구강(口腔)오행, 파동(波動)성명 등 다양한 명칭으로 표현된다. 그러나 모두 입으로 소리를 내어 부르는 데에 오행을 부여한 것이다.

한글의 발음오행 목(木)은 가·카 발음, 화(火)는 나·다·라·타 발음 토(土)는 아·하 발음, 금(金)은 사·자·차 발음, 수(水)는 마·바·파 발음으로 구별했다. 작명을 하면서 한글발음을 상생시키는 배열을 하거나 소리의 파장을 이용하는 작명법이다. 성명(姓名)의 글자들이 서로 상생하는 발음으로 조합되면 길하고 상극되는 발음으로 구성되면 흉하다는 원칙을 적용하는 것에는 동일하다.

〈한글자음 소리음양〉

오행	자음	발음	음성	오행수
木	ㄱ, ㅋ	아음(牙音)	어금닛소리	1, 2
火	ㄴ, ㄷ, ㄹ, ㅌ	설음(舌音)	혓소리	3, 4
土	ㅇ, ㅎ	후음(喉音)	목구멍소리	5, 6
金	ㅅ, ㅈ, ㅊ	치음(齒音)	잇소리	7, 8
水	ㅁ, ㅂ, ㅍ	순음(脣音)	입술소리	9, 10

〈한글모음 소리음양〉

음성	ㅓ.ㅕ.ㅜ.ㅠ	어둡고 신중 - 내성적
양성	ㅏ.ㅑ.ㅗ.ㅛ	밝고 명랑 - 외향적
중성	ㅡ.ㅣ	구분 없음 - 중용적

모음의 음은 깊게 울리고 다소 탁한 음(音)으로 표현된다. (음성모음)

모음의 양은 밖에서 울리고 밝은 음(音)의 느낌을 준다. (양성모음)

성씨로부터 이름자들 간의 조화를 이루어 발음의 구분이 분명하게 표현될 수 있어야 한다.

현재 한국의 작명학계에서 발음오행은 두 가지로 사용되고 있다. 그 이유는 다음과 같다. 훈민정음은 1446년 세종 28년 반포되었다. 그러나 우리나라는 1750년(영조 26년) 신경준(申景濬)이 『훈민정음운해(訓民正音韻解)』에서 발음오행과 예전부터 우리나라(東方)에는 훈민정음 창제 이전부터 민간인이 쓰던 이두어(吏讀語)라는 문자가 있었던 것과, 훈민정음 창제 당시 그 학문적 배경이 되었던 성리학의 해석에서 나오게 되었다는 운해본의 발음오행을 우리의 조상들과 우리는 모두 성명학에 적용해 왔다. 그 후 200년이 지난 1940년 7월 훈민정음 해례본(解例本)이 경북 안동 진성 이씨(眞城李氏) 주촌종택(周村宗宅)에서 발견되었고 이를 연구하는 과정에서 훈민정음 창제원리에 따르면 후음(喉音)과 순음(脣音)의 자음이 다음표와 같이 바뀌어져 있다고 밝혀졌다.

오행	자음(운해본)	발음	자음(해례본)	발음	오행수
木	ㄱ, ㅋ	아음(牙音)	ㄱ, ㅋ	아음(牙音)	1·2
火	ㄴ, ㄷ, ㄹ, ㅌ	설음(舌音)	ㄴ, ㄷ, ㄹ, ㅌ	설음(舌音)	3·4
土	ㅇ, ㅎ	후음(喉音)	ㅁ, ㅂ, ㅍ	순음(脣音)	5·6
金	ㅅ, ㅈ, ㅊ	치음(齒音)	ㅅ, ㅈ, ㅊ	치음(齒音)	7·8
水	ㅁ, ㅂ, ㅍ	순음(脣音)	ㅇ, ㅎ	후음(喉音)	9·10

훈민정음 창제원리가 밝혀진 해례본의 내용을 필자는 당연히 존중한다. 그러나 조선 영조시대부터 260년 이상 운해본의 발음오행에 따라 작명을 해왔던 우리나라 작명문화의 체계에 혼란이 야기되고 있다. 즉, 현재 국민들의 이름은 대부분 운해본의 발음오행기준으로 작명되어 있는 것이 현실이다. 그리고 아직도 거의 90% 이상에 이르는 대부분 작명가들이 260년 동안 이어와 관습법(慣習法)이 된 운해본 기준의 작명을 하고 있다.

이러한 발음오행 작명체계의 문제가 해결되기 위해서는 결국 또 많은 시간이 흘러 역사로 기록되어야 할 것이다. 우리는 논쟁의 빌미를 만들 필요가 없다. 작명가들은 각자 인연이 된 방법을 선택하여 잘 활용하면 된다. 그 발음의 적용 방법이 무엇이든 여러 가지 노력에 따라 좋은 이름을 지을 수 있기 때문이다.

앞으로 우리나라 작명문화에 가장 중요한 것은 현재 운해본이든 해례본 기준이든 간에 과연 작명법으로 한글발음 적용방법이 얼마나 합리적이고 타당한가에 대한 새로운 논의가 이루어져야 한다는 것이 필자의 주장이다.

[발음오행의 소고]

한글은 세계적으로 훌륭한 글자이다. 그러나 이름을 짓는 데 있어서 한글발음오행의 적용은 하나의 정서일 뿐, 운명의 길흉작용에 전혀 영향을 주지 못한다. 솔직히 필자는 한글발음 상생상극 적용은 엄청난 모순이라고 문제를 제기하는 바이다. 정말 좋은 이름을 짓기 위해서는 대법원에서 공지한 여러 가지 규칙을 잘 지키고, 한자의 활용법을 준수하며, 발음의 정확성, 이름의 이미지 등을 충분히 습득하고 실천하는 것이 더욱 중요하다.

운해본 기준이건 해례본 기준이건 발음오행으로는 정말 오행의 기가 응축되어 질로 형상화된 자연의 오행에너지를 부여할 수 있다는 것은 불가능하다고 생각한다. 왜인지는 이 책 89쪽의 자원오행편을 참고하기 바란다.

그리고 운해본과 해례본 중 어떤 것을 적용해도 우리 국민의 이름은 한글 사용에 절름발이가 된다. 즉 우리 국민들의 이름에 우리의 언어인 한글을 모두 활용할 수 없다는 커다란 모순을 낳고 있다. 이는 진정 한글을 잘못사용하고 있는 것이다. 아래 하나의 예를 들어보겠다.

예) 운해본   이(李)씨는 발음이 ±다. 그렇다면 이름 중간자에 ±와 극하는 木(ㄱ, ㅋ) 발음과 水(ㅁ, ㅂ, ㅍ) 발음은 전 국민의 이름에 영원히 적용할 수 없게 된다.

이수영, 이지아, 이준서, 이동규 등의 이름은 가능한데
이규진, 이경규, 이만기, 이민우 등의 이름은 대한민국에서 볼 수 없다는 것과 같다.

예) 해례본   이(李)씨는 발음이 水다. 그렇다면 이름 중간자에 水와 극하는 火(ㄴ, ㄷ, ㄹ, ㅌ) 발음과 ±(ㅁ, ㅂ, ㅍ) 발음은 전 국민의 이름에 영원히 적용할 수 없게 된다.

이진우, 이상민, 이기태, 이규리 등의 이름은 가능한데
이태우, 이나영, 이민우, 이보민 등의 이름은 대한민국에서 볼 수 없다는 것과 같다.

李씨 성 하나의 예일 뿐지만, 대한민국의 모든 성씨가 위와 같은 반쪽 한글을 적용하여 작명하고 있는 것이다. 세종대왕은 한글을 창제하고 모든 백성이 편리하게 사용하라고 했다. 그러한 뜻을 발음오행상생을 적용한다는 이유로 한글의 반쪽만 적용하는 현재의 작명방법이 과연 옳은 것인가?
필자 개인의 생각을 앞세워 당장 거대한 작명 문화를 뒤바꿀 수 없으니, 앞으로 우리 작명가들은 발음오행에 전혀 구애받지 않고 한글이 모두 존중되는 작명을 할 수 있어야 한다는 것이 필자의 소신이다.

변화의 모든 것은 시간과 역사에 맡기고 본 책에서는 운해본 기준의 발음오행과 자원오행 중심의 작명원리를 설명할 것이다.

「성명학 이론의 타당성과 관한 실증적 연구」, 공주대학교 박사학위 논문, 김형일(2014)에서는 624명을 대상으로 훈민정음 '운해본' 소리오행과 훈민정음 '해례본' 기준의 소리오행을 모두 적용하여 통계 분석하였으나 두 가지 모두 운명에 전혀 영향을 미치지 않는 것으로 나타났음을 밝혔다.

『훈민정음 한글발음의 성명학 적용 문제점 고찰 및 대안 제시에 관한 연구』, 국제뇌교육종합대학원대학교 박사학위논문, 이종훈(2017)에서 "대법원 인명용 한자들에 발음오행을 적용하면 두 글자 이름만의 경우 약 40%, 성씨까지 포함한 이름을 보면 약 60%까지 사용할 수 없는 이름들이 나오게 된다. 이것은 발음오행 작명이 한글의 활용과 발전을 저해하는 대단히 불합리한 행위라는 것을 보여준다."는 연구결과를 발표하였다.

2) 발음오행의 상생·상극·비화 도표

오행	자음 상생 배열조합 (길하다)							
木 [ㄱ, ㅋ]	木火土	木水金	木木火	木火火	木水水	木木水	木火木	木水木
火 [ㄴ, ㄷ, ㄹ, ㅌ]	火土金	火木水	火火土	火土土	火木木	火火木	火土火	火木火
土 [ㅇ, ㅎ]	土金水	土火木	土土金	土金金	土火火	土土火	土金土	土火土
金 [ㅅ, ㅈ, ㅊ]	金水木	金土火	金金水	金水金	金土土	金金土	金土金	金水金
水 [ㅁ, ㅂ, ㅍ]	水木火	水金土	水水木	水木木	水金金	水水金	水金水	水木水

오행	자음 상극 배열조합 (흉하다)							
木 [ㄱ, ㅋ]	木土水	木金火	木木土	木土土	木金金	木木金	木土木	木金木
火 [ㄴ, ㄷ, ㄹ, ㅌ]	火金木	火水土	火火金	火金金	火水水	火火水	火金火	火水火
土 [ㅇ, ㅎ]	土水火	土水金	土土水	土水水	土木木	土土木	土水土	土木土
金 [ㅅ, ㅈ, ㅊ]	金木土	金火水	金金木	金木木	金火火	金金火	金木金	金火金
水 [ㅁ, ㅂ, ㅍ]	水火金	水土木	水水火	水火火	水土土	水水土	水火水	水土水

자음 비화 배열조합 (길·흉 중복)					
오행	木 [ㄱ, ㅋ]	火 [ㄴ, ㄷ, ㄹ, ㅌ]	土 [ㅇ, ㅎ]	金 [ㅅ, ㅈ, ㅊ]	水 [ㅁ, ㅂ, ㅍ]
비화	木木木	火火火	土土土	金金金	水水水

이름자의 첫 차음의 첫소리는 '초성(初聲)'이라고 하며, 글자에 받침의 자음을 '종성(終聲)'이라고 한다. 이름자간 자음의 초성을 상생시켜 작명하는 방법이 기본이 된다. 또한 이름자간 초성과 종성을 상생시키는 방법도 있다.

〈상생이름의 예(초성기준)〉

李 城 旻	金 倍 成
이 성 민	김 배 성
土 → 金 → 水	木 ← 水 ← 金

〈상극이름의 예(초성기준)〉

趙 東 珉	金 奎 哲
조 동 민	김 규 철
金극火극水	木 = 木극金

〈종성과 초성의 상생적용 예〉

金 哲 秀	尹 架 斌
김 철 수	윤 가 빈
김(木)과 철(金)이 초성이 상극이나 김의 종성 ㅁ(수) 철의 초성 ㅊ(금) 김의 종성이 철의 초성을 상생시킨다.	윤(土)과 가(木)는 초성이 상극이나 윤의 종성 ㄴ(화) 가의 초성 ㄱ(목) 윤의 종성이 가의 초성을 상생시킨다.

3) 발음오행 감명사례

발음오행을 상생되게 배열하여 작명하는 것은 좋은 기운을 전달하는 의미로 길하게 보고 있다. 실제 작명을 하고 난 후 발음이 상생이 안 될 경우 좋은 이름이란 감명을 못 받게 된다. 그래서 부득이한 경우가 아니라면 일반적인 통념상 발음을 상생되게 작명하는 것이 바람직하다. 그러나 필자의 주장은 발음오행의 상생이 절대적이지는 않다는 것이다. 그 이유는 아래 사례에서 확인할 수 있다.

① 역대대통령 이름의 사례

발음상극	발음상생
윤보선 [토수금 – 발음 상극] 최규화 [금목토 – 발음 상극] 전두환 [금화토 – 발음 상극] 김영삼 [목토금 – 발음 상극] 김대중 [목화금 – 발음 상극] 노무현 [화수토 – 발음 상극] 이명박 [토수수 – 발음 상극] 박근혜 [수목토 – 발음 상극]	이승만 [토금수 – 발음 상생] 박정희 [수금토 – 발음 상생] 노태우 [화화토 – 발음 상생]

* 위에서 보듯 상극 이름이 8명이고 상생이름은 3명이다.

② 기업인 이름의 사례

발음상극	발음상생
이병철 [토수금 - 발음상극] 이건희 [토목토 - 발음상극] 정몽헌 [금수토 - 발음상극] 김우중 [목토금 - 발음상극] 구자철 [목금금 - 발음상극] 박삼구 [수금목 - 발음상극] 신격호 [금목토 - 발음상극] 박용호 [수토토 - 발음상극]	이승연 [토금토 - 발음상생] 정주영 [금금토 - 발음상생] 현정은 [토금토 - 발음상생] 이재용 [토금토 - 발음상생]

　　이러한 결과는 작명에 제약을 많이 주는 발음오행 적용에 대하여 깊은 생각을 하게 된다. 실제 작명가들이 발음을 중요시하고 있으나 단어가 만들어져 의미가 전달되지 않는 상태로 발음에 오행의 기운(에너지)이 포함되어 있는지에 대하여는 검증된 사실이 없다는 것이다. 실제 통계적으로 나타나지 않는 것을 문제시하는 것에 학자로서 문제제기하는 것은 학문의 발전을 위해 필요한 것이다. 과거와 다르게 21세기는 다양성과 창조가 중요하다는 것을 생각해보자.

　　즉, 좋은 이름 작명의 조건에서 최우선되어야 하는 것이 시대를 반영한 세련되고, 음감이 정확하고, 부르기 좋고 듣기 좋은 것이 우선이다. 그리고 그 기저에 전통적 한문이름에 사용된 자원오행(字源五行)을 통해 대부분의 한자들이 가지고 있는 자연의 형상을 본떠 만들어진 한자의 뜻을 이름에 담아내는 것이 중요하다.

3. 수리오행

1) 수리의 음양오행

수리(數理)의 음양은 1, 3, 5, 7, 9는 양이고, 2, 4, 6, 8, 0은 음이다. 그리고 수리오행은 체(體)와 용(用)으로 구분하게 된다.

하도(河圖)에 나타난 생성(生成)수의 배열은 水 - 1·6, 火 - 2·7 , 木 - 3·8, 金 - 4·9, 土 - 5·10 은 불변의 체(體)가 되며 후천수라 부른다. 지구의 공전과 자전에 따라 사계절이 순환하게 되는 질서에 따라 배열하는 천간오행은 용(用)으로서 木 - 1·2(甲乙), 火 - 3·4(丙丁), 土 - 5·6(戊己), 金 - 7·8(庚辛), 水 - 9·10(壬癸)로 천간의 오행과 음양이 배정되며 천간수를 이룬다. 현재 이렇게 배정되어진 천간수를 작명에 적용하고 있는 것이다.

성명학에서 수리의 음양과 오행은 아래 표와 같이 천간수를 기준으로 한다.

甲	乙	丙	丁	戊	己	庚	辛	壬	癸
1	2	3	4	5	6	7	8	9	10
양	음	양	음	양	음	양	음	양	음
木		火		土		金		水	

2) 기본수(基本數)

1 수(數)의 기본이며 처음 수이다. 즉 기수(寄數)라 할 수 있는데 양의 속성을 지녔다. 51수는 반흉반길의 수리이며 나머지는 시작, 조화, 생명, 출발, 독립, 남성적인 특성을 의미한다. 1, 11, 21, 31, 41, 61, 71, 81 등의 수를 말한다.

2 우수(偶數)에 해당한다. 땅을 뜻하는 수이며 음(陰)의 속성을 지녔고 음과 양으로 분리되면서 만들어진 수이므로 2는 분리, 변동의 의미가 있다. 32수와 52수를 제외한 수리는 유약, 수동성, 의존, 여성적인 특성을 지녔으며 2, 12, 22, 42, 62, 72 등의 수를 말한다.

3 기본수인 1이 3에 이르러 생명을 구성하는 작용을 하게 되었으므로 신장(伸長)을 뜻하기도 한다. 음과 양이 배합되어 조화를 이루었기 때문에 형성의 수라고도 한다. 43수와 53수를 제외한 수리는 안정, 완성, 풍족의 특성을 지닌다. 3, 13, 23, 33, 63, 73등의 수를 말한다.

4 2가 신장된 수다. 4는 생명을 형성하기 위해 분파작용을 하며 음수이며 미정수(未定數)라고도 한다. 24수를 제외한 수리는 분립, 파괴, 불화, 분산(分散)등의 뜻을 내포하고 있으며 4, 14, 34, 44, 54, 64, 74 등의 수를 말한다.

5 기수(寄數)이자 천수(天數)이며 속으로 음의 속성을 지닌 수이다. 생명운동의 주체가 되고 모든 수리는 정립, 안정, 성취 등의 의미를 지닌 수이다. 5, 15, 25, 35, 45, 55, 65, 75 등의 수를 말한다.

6 5와 대치되는 의미가 있다. 5가 양수(陽數)이며 동적이라면 6은 음수(陰數)이며 소극적이며 정적이다. 긴장감과 대칭, 겨루기 등의 기운이 내포되어 있고 6, 16수를 제외한 수리는 긴장과 대립을 의미하는 운명적 암시를 지니고 있다. 26, 36, 46, 56, 66, 76 등의 수를 말한다.

7 강한 독립적인 의미를 암시하고 있다. 홀로 서기를 말하므로 강인한 정신력의 상징으로 여긴다. 27수를 제외한 수리는 번성과 출세를 암시한다. 7, 17, 37, 47, 57, 67, 77 등의 수를 말한다.

8 우수(偶數)인 음(陰)의 수이다. 기본수인 8을 발달격(發達格)이라 하는 것은 음기가 극에 달하여 양기로 변하면서 태동과 변혁의 움직임을 보이기 때문이다. 28, 78수를 제외한 수리는 발달과 자수성가의 암시를 지니고 있다. 8, 18, 38, 48, 58, 68 등의 수를 말한다.

9 3의 3배수로서 홀수이며 양의 속성을 지녔다. 끝의 의미가 있으므로 완성과 도달, 성취와 은퇴, 안락, 휴식 등의 의미를 지니고 있다. 9는 궁박, 19는 고난, 29는 성공, 39는 안락, 49는 은퇴, 59는 실망, 69는 정지, 79는 종극의 암시가 있다.

10 짝수로 우수(偶數)이며 음(陰)의 속성을 지녔다. 기본수의 마지막이므로 극(極)의 수이기도 하다. 따라서 우주만물이 태어나 자라고 꽉 차게 되면 다시 무의 상태로 되돌아간다는 이치를 담고 있는 수이다. 0의 수에 속하는 10, 20, 30, 40, 50, 60, 70, 80 등의 숫자는 허무와 공허함을 암시한다.

3) 81수리(數理)

성명학에 수리의 길흉으로 적용되고 있는 81수리는 낙서(洛書)를 기본으로 하여 이루어졌다.

81수는 채원정(蔡元定 : 1135~1198)의 저술서 황극경세지요(皇極經世指要)를 바탕으로 그의 아들 채침(蔡沈 : 1167~1230)이 상수학(象數學)을 계승하여 만든 홍범황극(洪範皇極)에서 나오는데 채침은 〈주역〉의 8x8=64의 방법에서 낙서(洛書)를 기본으로 9x9=81의 수리체계를 구성하였다.

채침의 홍범황극에 나오는 81수원도는 1에서부터 81까지 연결된 것이 아니라 9와 9의 교착수로 이루어진 81개의 수를 말하므로 10단의 10~90까지가 빠져 있다. 그런데 일본 성명학자 구마사키 겐오(熊崎健翁 : 웅기건옹)가 10수를 넣고 차례대로 배열하다 보니 홍범황극(洪範皇極)의 81수리와는 길흉의 배열이 차이를 보이고 있는 실정이다. 그러므로 81수리는 그 근거가 취약하다고 할 수 있다. 그러나 현재 한·중·일 3국이 공통적으로 81수리를 작명에 적용하여 사용하고 있으므로 필자는 작명이란 언어와 문명의 발달에 따라서 그리고 인구의 증가가 더해지며 필요에 의하여 산발적으로 형성된 것으로 보는 관점에서 81수리를 활용하고 있다.

결국 좋은 이름을 짓기 위해서는 주관적 이론이나 근간이 미약한 방법, 또 복잡한 방법이 아니라 사주에 필요한 오행의 보충이 중요하고 시대적 이미지를 고려한 세련미와 발음이 정확하여 듣기 좋고 부르기 좋은 이름이 선행기준이 되어야 한다.

〈81수리의 길흉 표〉

1 o	2 x	3 o	4 x	5 o	6 o	7 o	8 o	9 x
10 x	11 o	12 x	13 o	14 x	15 o	16 o	17 o	18 o
19 x	20 x	21 o	22 x	23 o	24 o	25 o	26 x	27 x
28 x	29 o	30 x	31 o	32 o	33 o	34 x	35 o	36 x
37 o	38 o	39 o	40 x	41 o	42 x	43 x	44 x	45 o
46 x	47 o	48 o	49 x	50 x	51 △	52 o	53 x	54 x
55 x	56 x	57 o	58 o	59 x	60 x	61 o	62 x	63 o
64 x	65 o	66 x	67 o	68 o	69 x	70 x	71 o	72 x
73 o	74 x	75 o	76 x	77 x	78 x	79 x	80 x	81 o

[참고] 〈제12장 81수리해설〉에서 길흉(吉凶) 설명 확인

4. 성명학 수리와 원형이정(元亨利貞)

1) 이름과 수리음양 배열

〈음양의 성질〉

음양	성질	구분
陰	여성적, 어둡다, 차갑다, 느리다, 소극적, 의존적, 수동적, 섬세	2, 4, 6, 8, 10 짝수에 해당
陽	남성적, 활동적, 밝다, 강렬, 곧음, 적극적, 독립적, 리더십, 구체적	1, 3, 5, 7, 9 홀수에 해당

〈음양의 배열〉

구분	균형된 음양의 배열 – 吉(길)	순음/순양의 배열 – 凶(흉)
이름이 3자인 경우	양양음 ○○● 양음음 ○●● 음음양 ●●○ 양음양 ○●○ 음양양 ●○○ 음양음 ●○●	양양양 ○○○ 음음음 ●●●
이름이 2자인 경우	음　양 ●　○ 양　음 ○　●	음　음 ●　● 양　양 ○　○

이름이 4자인 경우	양양양음 ○○○● 양음음음 ○●●● 양음음양 ○●●○ 음음음양 ●●●○ 양양음음 ○○●● 양음양음 ○●○● 양음양양 ○●○○ 음음양양 ●●○○ 음양양양 ●○○○ 음양양음 ●○○● 음양음양 ●○●○ 음양음음 ●○●●	양양양양 ○○○○ 음음음음 ●●●●

〈수리음양이 잘 배합된 이름의 예〉

성명	金	玟	采
획수	8	9	8
음양	짝수 (음)	홀수 (양)	짝수 (음)

성명	朱	芮	談
획수	6	10	15
음양	짝수 (음)	짝수 (음)	홀수 (양)

〈수리음양이 잘못 배합된 이름의 예〉

성명	朴	原	植
획수	6	10	12
음양	짝수 (음)	짝수 (음)	짝수 (음)

성명	鄭	奎	泳
획수	19	9	9
음양	홀수 (양)	홀수 (양)	홀수 (양)

2) 삼원오행(三元五行) 수리적용 [古法, 일본식]

삼원오행은 천·인·지(天·人·地)의 삼재(三才)에 비유하여 천격(天格), 인격(人格), 지격(地格)으로 정하는 것을 말한다. 고대 삼재사상(三才思想)과 명리학 고법에 해당하는 삼명학(三命學)에서 그 기원을 찾을 수 있다. 성씨의 획수를 천격(天格)으로 삼고 성씨와 이름 중간자의 합한 획수를 인격(人格), 이름 중간자와 끝 자의 합한 획수를 지격(地格)으로 정하여 삼자(三字)의 수리오행이 상생되는 것을 말한다. 한편 성씨에 1수를 추가로 붙이고 외격(外格)과 총격(總格)을 함께 살피는 일본식 작명법이 있다.

金 俊 碩	천격 8 = 金	李 受 定	천격 7 = 金
8 8 14	인격 16 = 土 지격 22 = 木	7 8 8	인격 15 = 土 지격 16 = 土
김 준 석	(상극)	이 수 정	(상생)

참고로 삼원오행을 조합하여 이름을 작명할 경우 성씨에 따라 작명의 폭이 매우 좁아지게 된다. 하나의 성씨에 다양한 이름을 지을 수가 없으니 같은 이름을 반복하여 제공하는 현상이 나타나고 있으므로 필자는 적용하지 않고 있다.

또한 성씨의 천격에 1을 더하는 가성수(假成數)를 붙여 삼원을 정하여 작명하는 것은 일본의 구마사키 겐오(熊崎健翁 : 웅기건옹)라는 성명학자가 창안하여 일본식으로 사용하는 것이니 우리 작명법과도 맞지 않다.

3) 원형이정(元亨利貞) 수리4격

원형이정(元亨利貞)에 대한 논의는 〈주역〉에서 시작하여 공자를 포함한 많은 학자들에 의해 해석되고 정의되어 왔다. 근본적으로 만물이 시작하고, 성장하고, 이루고, 완성하는 천지의 4덕인 원형이정(元亨利貞)을 본받아 인의예지(仁義禮智)를 사람이 지켜야 할 인륜의 4덕으로 삼았다. 즉 사람이 지켜야 할 인륜 도덕은 천지자연의 법칙을 본받아 천도에 어그러짐이 없도록 하고자 했다.

성명의 획수를 따져서 길흉을 판단하는 수리성명학에 관한 대표적인 고전(古典) 문헌은 앞서도 언급하였던 송(宋)나라 채침(蔡沈)의 홍범황극(洪範皇極)과 그 책에 수록된 81수원도(八十一數元圖)이다. 획수에 근거해서 좋고 나쁨을 논하게 된 것도 이 저술에서 비롯된 것으로 추정된다.

이렇듯 사람의 성과 이름자의 획수를 원형이정의 4가지 격(格)으로 산출하여 운명 상의 작용을 알아보는 것이 원형이정 수리4격 작명법이다. 이 방법은 현대의 수리성명학 중에서 가장 광범위하게 사용되고 있다.

중용(中庸)에서는 원(元)·형(亨)·이(利)·정(貞)의 원리를 천지 우주의 창조 원리로 설명한다. 원형이정(元亨利貞) 안에는 사람의 인성과 성품이 자연의 순리에 따라 자연스럽게 길러져야 함을 말하고 있다. 또한 사계(四季)의 순환이며, 인의예지(仁義禮智)의 덕을 갖추고 동물들과 구별되어 사람답게 살아가는 본질적인 도덕성(道德性)이 담겨져 있다.

원격 (元格)	• 이름의 끝자와 중간자를 합한 수(數) • 1세~20세까지. 유년과 초년의 운명을 지배한다. • 성장과정, 성격형성, 체력, 자녀, 손아랫사람 등의 운을 지배 • 원(元)은 봄에 속하며 만물의 시초로서 인(仁)이 되어 사람들과 상관관계를 맺고 어질게 인의 도리를 기르는 것을 말한다.
형격 (亨格)	• 성(姓)과 이름 중간자를 합한 수(數) • 21~40세까지. 청·장년의 운에 가장 중요하게 영향을 미친다. • 성격(性格), 직업(職業), 재운(財運), 성공(成功) 등 자기운을 지배 • 형(亨)은 여름에 속하며 만물이 자라나서 예(禮)가 되는 것을 일컫는다. 사람들과 상하좌우로 형통하여 서로 협력하여 화목한 조화를 이루는 품성을 기르는 것을 말한다.
이격 (利格)	• 성(姓)과 이름 끝자를 합한 수(數) • 41세~60세까지. 중·장년의 운을 지배한다. • 대인관계, 인덕(人德), 사회생활, 가족 및 부부운 등을 지배 • 이(利)는 가을에 속하며 만물이 이루어져 의(義)가 되는데 서로의 협력과 조화로움 속에서 결실을 이루어낸다.
정격 (貞格)	• 성(姓)과 이름 중간자와 끝자 모두를 합한 수(數) • 61세~이후. 중년이후 말년까지의 운을 지배한다. • 대인관계, 소질, 환경, 의지, 노력, 인생 총운을 지배 • 정(貞)은 겨울에 속하며 만물이 거두어져 지(智)가 되는데 결실은 바르고 아름답게 성숙되어져야 한다는 의미를 내포하고 있다.

원·형·이·정격의 연령대를 대입하여 이름이 미치는 운명의 길흉을 참고하지만 실제는 이름 전체가 운명 전체에 영향을 미치는 것으로 판단하여야 한다.

4) 수리4격의 적용 사례

① 1자 성에 2자 이름 – 안정후

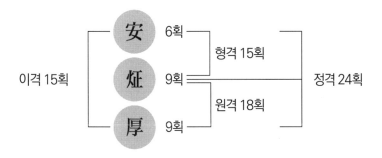

원격	18획	발전격(發展格) 진취발전지상(進取發展之象)	형격	15획	통솔격(統率格) 만물통합지상(萬物統合之象)
이격	15획	통솔격(統率格) 만물통합지상(萬物統合之象)	정격	24획	입신격(立身格) 등천축재지상(登天蓄財之象)

② 1자 성에 외자 이름 – 이훈

원격	10획	공허격(空虛格) 만사허무지상(萬事虛無之象)	형격	17획	건창격(健暢格) 만사통달지상(萬事通達之象)
이격	7획	독립격(獨立格) 강건전진지상(剛健前進之象)	정격	17획	건창격(健暢格) 만사통달지상(萬事通達之象)

③ 2자 성에 2자 이름 – 남궁현태

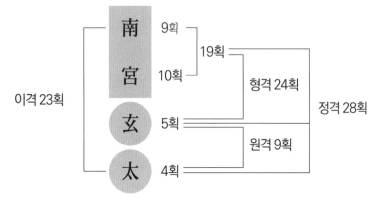

원격	9획	궁박격(窮迫格) 대재무용지상(大材無用之象)	형격	24획	입신격(立身格) 등천축재지상(登天蓄財之象)
이격	23획	융창격(隆昌格) 행복공명지상(幸福功名之象)	정격	28획	파란격(波亂格) 일엽편주지상(一葉片舟之象)

④ 2자 성에 외자 이름 – 황보민

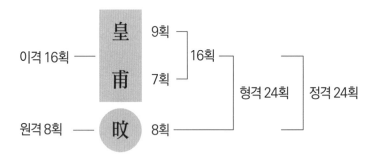

원격	8획	개척격(開拓格) 자력발전지상(自力發展之象)	형격	24획	입신격(立身格) 등천축재지상(登天蓄財之象)
이격	16획	덕망격(德望格) 온후유덕지상(溫厚有德之象)	정격	24획	입신격(立身格) 등천축재지상(登天蓄財之象)

⑤ 1자 성에 3자 이름 – 김도은성

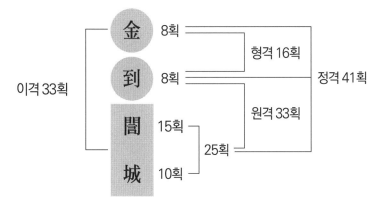

원격	33획	왕성격(旺盛格) 욱일승천지상(旭日昇天之象)	형격	16획	덕망격(德望格) 온후유덕지상(溫厚有德之象)
이격	33획	왕성격(旺盛格) 욱일승천지상(旭日昇天之象)	정격	53획	불화격(不和格) 불화쟁론지상(不和爭論之象)

⑥ 2자 성에 3자 이름 – 남궁민정아

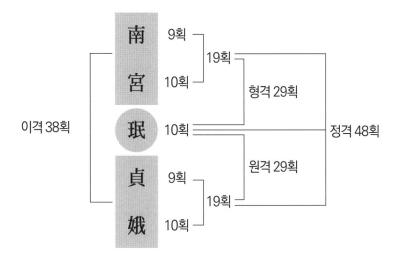

원격	29획	성공격(成功格) 신록유실지상(新綠有實之象)	형격	29획	성공격(成功格) 신록유실지상(新綠有實之象)
이격	38획	복록격(福綠格) 학사입신지상(學士立身之象)	정격	53획	불화격(不和格) 불화쟁론지상(不和爭論之象)

[참고] 〈9장 성씨별 좋은 수리배열〉을 참고하여 수리4격에 맞는 배열을 선택

5. 자원오행(字源五行)

1) 자원오행이란

한자에도 음양과 오행이 있다. 글자가 가지고 있는 고유의 오행을 말한다. 우리나라는 한글과 함께 한자를 적용하여 뜻을 나타내는 한자문화권에 속해 있다. 한글 발음에 한자를 부여하는 이름을 사용하고 있는 만큼, 한자가 가지고 있는 본질적인 자연의 기운이 내포된 자원오행(字源五行)은 매우 중요하다.

즉, 한자는 대부분 자연의 형상을 보고 만들어졌으며 이를 상형문자(象形文字)라고 한다. 자연은 기(氣)와 질(質)로서 木·火·土·金·水 오행의 속성으로 구분하게 된다. 예컨대 일(日)은 태양을 의미하며 호(昊)자는 하늘에 태양이 있다는 뜻이며 현(晛)자는 햇살이 비춘다는 뜻이고 아울러 현(炫), 준(焌), 찬(燦) 등은 빛나다는 뜻으로 모두 火기운이다. 수(水)는 물을 의미하며 해(海)는 바다를, 강(江)은 강물을 나타내고 준(浚), 찬(潔), 연(淵) 등은 물을 나타내는 뜻이니 모두 수(水)기운이다. 이와 같은 것을 한자가 자연의 형상(상형문자)과 기운을 가지고 있는 것을 자원오행이라고 한다.

자원오행은 글자의 부수에 따라 정하고 부수가 木·火·土·金·水 오행이 아닌 글자인 경우에는 본질적인 의미를 파악하여 정한다.

작명대상자에게 발음이나 수리 등을 길하게 조합하고 사주에 보충해야 할 오행의 기운을 잘 가지고 있는 한자를 선택하여 배합하는 것이 가장 훌륭한 작명학술이라 할 것이다.

오행	자원오행 한자의 예
木	수(樹), 동(棟), 재(材), 삼(森), 완(梡), 식(植), 진(榛), 정(柾), 근(根), 송(宋) 등
火	찬(燦), 요(曜), 경(炅), 민(旻), 로(爐), 윤(昀), 소(昭), 준(晙), 섭(燮), 환(煥) 등
土	준(埈), 원(垣), 성(城), 지(地), 은(垠), 배(培), 대(垈), 규(圭), 동(垌), 우(堣) 등
金	금(錦), 명(銘), 진(鎭), 석(錫), 동(銅), 은(銀), 호(鎬), 종(鐘), 록(錄), 수(銖) 등
水	민(潣), 천(川), 수(洙), 진(津), 원(源), 법(法), 영(泳), 철(澈), 윤(潤), 소(沼) 등

자원오행은 이름자간 상생을 적용하지 않는다

　　본 자원오행성명학에서는 원형이정의 4격 배열과 발음오행은 상생(相生)을 목적으로 하며, 작명대상자에게 보충할 오행은 자원오행(字源五行)을 적용한다. 그리고 자원오행은 이름자들 간 상생을 적용하지 않는다. 예컨대 자원오행은 자연에서 흙[土]과 나무[木]가, 바위[金]와 나무[木]가, 산[土]과 강물[水]이, 바다[水]와 태양[火]이 어우러져 그 자체로 조화를 이루고 있는 형상이므로 상생을 적용하는 것은 그 의미를 왜곡하는 것이다.

즉, 사주에 金과 木, 또는 水와 火가 절실하게 보충되어야 한다면 어찌 상생을 적용하여 보충하겠는가? 필자가 자원오행을 중심으로 성명학 교육을 오래도록 하였던 바 잘못 파생이 되어 자원오행의 상생을 적용하는 것은 식자우환(識字憂患)에 불과한 것이다.

2) 자원오행과 음양오행

기본적으로 금수(金水)의 기운을 가진 자(字)는 음(陰)이고, 목화(木火)의 기운을 가진 자(字)는 양(陽)이다. 그리고 한자의 뜻이 높다는 뜻과 따듯하거나 빛나다는 뜻을 가진 자(字)는 양이며, 낮다는 뜻과 시원하거나 차다는 뜻을 가진 자(字)는 음이다. 오행이 음과 양으로 구분되듯 자원오행 한자도 다시 오행별로 음과 양의 글자로 구분할 수 있다. 자원오행 한자가 작거나 낮은 뜻이면 음의 오행으로 볼 수 있고, 큰 것과 높다는 뜻을 가진 자는 양으로 구분한다.

작명에 적용할 때는 자원오행을 구분하여 사주에 필요한 오행이 보충되도록 적용하는 것은 기본이다. 다만 사주가 부족한 기운이 상당히 치우칠 경우는 음과 양의 한자를 구별하여 적용하는 것이 유리하다.

모든 한자가 음양이 명확하게 구별되어 있지 않고 이미 자원오행을 활용하는 만큼 음양의 기운을 반드시 구별해야 하는 것은 아나나 한자의 특징을 최대한 활용하는 차원에서 참고하면 좋을 것이다.

木	陰木	풀 초(艸), 종이 지(紙), 뿌리 근(根), 풀날 예(芮) 등
	陽木	숲 림(林), 용마루 동(棟), 대들보 량(樑), 동녘 동(東) 등
火	陰火	달 월(月), 등잔 등(燈), 연기낄 연(煙), 석양 빛 훈(曛) 등
	陽火	날 일(日), 하늘 호(昊), 해살 현(晛), 햇볕 광(昿) 등
土	陰土	땅 지(地), 북돋을 배(培), 진흙 도(塗), 터 기(基) 등
	陽土	뫼 산(山), 성곽 성(城), 높을 요(堯), 담 원(垣) 등
金	陰金	옥돌 옥(玉), 비단 금(錦), 저울 수(銖), 솥귀 현(鉉) 등
	陽金	호경 호(鎬), 클 석(碩), 쇠북 종(鍾), 은 은(銀) 등
水	陰水	못 지(池), 얕은 물 정(淀), 우물 정(井), 얕을 천(淺) 등
	陽水	바다 해(海), 강물 강(江), 깊을·칠 준(濬), 바다 양(洋) 등

3) 자원오행의 중요성

에모토 마사루의 저서 〈물은 답을 알고 있다〉에서 좋은 소리, 기쁜 단어를 들려줬을 때 아름다운 파장이 일어났고, 나쁜 소리, 욕설이나 흉한 단어를 들려줬을 때는 그렇지 않았다는 연구결과와 생명과학자들이 식물에 아름다운 음악을 들려주었을 때 성장속도가 빨랐다는 연구결과를 기억해보자.

이는 한글의 자음과 모음의 오행 자체가 좋은 소리나 흉한 소리가 아니라는 것이다. 예컨대, ㅅ과 ㅈ은 金 발음이다. '사랑해'는 좋은 뜻이나 '사기꾼', '소름 끼친다'는 무서운 뜻이다. '좋아'는 좋은 뜻이나 '죽여'는 무서운 뜻이다. 또한 ㄱ과 ㅋ은 木 발음이다. '감사'나 '고급'은 좋은 뜻이나 '고통'과 '광기' 등은 나쁜 뜻이다. 발음이 어떠한 단어를 만들어 사용하는 것이 중요할 뿐, 자음의 발음 자체에 기운이 담겨져 전달된다는 것은 밝혀진 사실도 없고 동의(同意)되지 않는 점이 있다.

또한, 수(水)나 수(洙)는 발음오행은 金이나 한자의 자원오행은 水이다. 금(錦)이나 경(鏡)은 발음으로 木이나 한자의 자원오행은 金이며 한자가 가진 그 의미를 담아 발음은 표현하고 전달하는 것이다.

예컨대, '나 수가 필요해'라고 발음했을 때, 듣는 사람에게 무엇이 필요하다고 전달되었을까? 은어로 정해 놓지 않는 한 정확히 알 수 없을 것이다. 그러나 다음의 한자를 보자.

'수(水)'자를 넣으면 물[水기운]이 필요한 것을 알 수 있다.
'수(燧)'자를 넣으면 횃불[火기운]이 필요하다는 것이고,
'수(銖)'자를 넣으면 저울[金기운]이 필요하다는 것이고,
'수(峀)'자를 넣으면 산[土기운]이 필요하다는 것이고,
'수(樹)'자를 넣으면 나무[木기운]가 필요하다는 것을 알게 된다.

또한 'ㄱ'의 발음오행은 木이다. '경'이라고 소리를 냈다면 무슨 의미와 기운이 전달되고 있을까? 다음의 사례를 보자.

'**경(檠)**'자를 넣으면 나무틀을 말하니 '경'의 발음에는 木기운이,

'**경(炅)**'자를 넣으면 빛과 열을 말하니 '경'의 발음에는 火기운이,

'**경(境)**'자를 넣으면 장소 땅을 말하니 '경'의 발음에는 土기운이,

'**경(鏡)**'자를 넣으면 동판거울을 말하니 '경'의 발음에는 金기운이,

'**경(淫)**'자를 넣으면 물흐름을 말하니 '경'의 발음에는 水기운의 뜻과

기운이 담겨 전달된다.

이처럼 한자의 뜻과 맞물려 있는 자원오행의 한자를 부여해 놓고 불러 줬을 때 그 의미와 기운이 전달될 수 있다. 이는 방송국에서 현장을 컬러로 촬영하여 공중파로 날려 보낸 전파가 TV로 수신될 때, 촬영현장에 있었던 산은 산으로, 강은 강으로 사람은 사람으로, 불은 불로 나오며 붉은색은 붉게, 파란색은 파랗게 나오는 이치와 같은 것이다.

우리의 한글이 세계적으로 훌륭한 문자임은 틀림없는 사실이다. 그러나 한자문화에서 한글이 만들어진 원리에 따라 자음과 모음이 조합되어 동, 석, 우, 강, 태 등…… 이와 같이 독립된 글자가 만들어지고 소리나는 것으로는 그 뜻이나 기운을 알 수 없고 전하기도 어렵다.

즉, 이름은 '좋아', '죽어', '사랑해', '싫어' 등 하나의 단어가 만들어져 의미를 전달하는 한글의 표현방식이 적용되지 않는다는 것이다. 다시 말해서 성명(姓名)은 뜻과 의미를 담은 단어가 되어 전달되는 것이 아닌, '이순신', '홍길동' 등 독립된 글자들이 모여 고유명사(固有名詞)가 만들어지는 것이다. 그러므로 홍길동(洪吉童)이나 홍길동(洪桔烔)과 같이 글자의

자의(字意)와 자의에 포함된 자원오행(字源五行)이 중요하다는 것을 알 수 있다.

결론적으로 방송국에서 촬영한 영상을 TV에 보내는 전파가 소리오행과 같고 현장의 모습인 영상화면은 자원오행과 같다는 것이다. 즉, 소리오행은 방송국 전파처럼 듣는 이에게 전달하는 파장에너지로 매우 중요한 것이고, 한자의 뜻과 맞물려 있는 자원오행은 방송화면처럼 어떤 내용과 색깔이 소리의 파장에 들어가 전달되는 것이다.

전파가 끊기면 화면이 안 나오고, 방송화면이 밝거나 어둡거나와 내용이 슬프면 슬픈 감정이, 기쁘면 기쁜 감정이 드는 것처럼, 소리의 전달과정에 한자의 의미와 맞물려 있는 자원오행의 에너지를 보충하여 줄 경우 성명학이 갖는 핵심 포인트인 사주의 부족한 기운을 매력 있게 보충한다는 것이다.

제4장

사주구성과 보충오행

1. 사주구성법

작명할 때 사주와의 음양오행 배속 관계를 분석하기 위해서는 사주를 구성할 수 있어야 한다. 누구나 만세력을 보고 쉽게 구성할 수 있으며 참고로 그 사주구성법을 설명해 보겠다.

사주는 연월일시(年月日時)의 네 기둥을 말하는 것인데 태어난 연(年)의 간지(干支)를 연주(年柱)라 한다. 간지(干支)는 천간(天干)과 지지(地支)를 조합한 것을 지칭하는 말이다.

天干은 甲·乙·丙·丁·戊·己·庚·辛·壬·癸의 십간(十干)이라고도 한다. 지지는 子·丑·寅·卯·辰·巳·午·未·申·酉·戌·亥의 십이지(十二支)라고 한다.

10천간과 12지지가 '甲子·乙丑·丙寅·丁卯 …… 癸亥' 하는 식으로 짝을 이루게 되며 육십갑자(六十甲子)를 이룬다.

이 육십갑자를 출생 연·월·일·시에 배치하여 네 기둥으로 이루어지는 것을 사주(四柱)라고 한다. 사주의 네 기둥에는 근묘화실(根·苗·花·實)의 뿌리[=조상], 싹[=부모형제], 꽃[=자신과 배우자], 열매[=자식]의 근본이 있고 거기에 따른 왕쇠강약(旺·衰·强·弱), 생극제화(生·剋·制·化)의 원리에 의

하여 그 뿌리가 잘 내렸는가? 싹[苗]은 잘 자라는가? 꽃[花]은 아름답게 필 것인가? 열매[實]는 어느 정도의 결실이 되는가를 판단하는 것이다.

時柱	日柱	月柱	年柱	四柱
실	화	묘	근	근묘화실
자식	자신, 배우자	부모, 형제	조상	육친
56세 이후	36세~55세	16세~35세	1세~15세	연령
정격	이격	형격	원격	격
후세	현세	금세	전생	전 · 후생
겨울	가을	여름	봄	계절

1) 연주 세우는 법

연주는 태어난 해의 간지를 말하는 것으로 육십갑자의 하나가 된다. 2001년에 태어났으면 그 해의 육십갑자 신사(辛巳)가 되며 2002년에 태어났으면, 임오(壬午)가 된다. 연주를 세울 때는 음력(陰曆) 새해 1월 1日을 기준하지 않고 입춘(立春) 절기(節氣)가 기준이 된다. 예를 들어 음력 1990년 1월 3일 태어났다면 그해의 연주가 경오(庚午)이지만, 입춘이 1월 9일 11시14분에 들어왔으니 그 입춘일, 입춘시간 이전은 전년의 기사(己巳)의 연주를 사용한다.

어떤 경우에는 음력으로 해가 바뀌지 않은 12월에 입춘이 들기도 하는데 그 역시 입춘이 지나면 새해의 연주를 사용하면 되는 것이다.

예를 또 하나 들어보자. 음력 1987년 12월 18일은 1987년의 연간지정묘(丁卯) 12월의 월간지 계축(癸丑) 일간지 경인(庚寅)으로 구성되어야 마땅할 듯 싶다. 그러나 이미 1987년 12월 17일 23시43분에 1988년의 입춘이 시작되므로 1987년이지만 1988년의 간지인 무진(戊辰)이 되고 월은 갑인(甲寅)이 되며 일간지는 똑같이 경인(庚寅)이 된다. 연주를 정할 때 무엇보다 입춘절기에 따라서 년간지(年干支)가 다르게 된다는 것을 숙지하기 바란다.

<육십갑자>

갑甲 인寅	갑甲 진辰	갑甲 오午	갑甲 신申	갑甲 술戌	갑甲 자子
을乙 묘卯	을乙 사巳	을乙 미未	을乙 유酉	을乙 해亥	을乙 축丑
병丙 진辰	병丙 오午	병丙 신申	병丙 술戌	병丙 자子	병丙 인寅
정丁 사巳	정丁 미未	정丁 유酉	정丁 해亥	정丁 축丑	정丁 묘卯
무戊 오午	무戊 신申	무戊 술戌	무戊 자子	무戊 인寅	무戊 진辰
기己 미未	기己 유酉	기己 해亥	기己 축丑	기己 묘卯	기己 사巳
경庚 신申	경庚 술戌	경庚 자子	경庚 인寅	경庚 진辰	경庚 오午
신辛 유酉	신辛 해亥	신辛 축丑	신辛 묘卯	신辛 사巳	신辛 미未
임壬 술戌	임壬 자子	임壬 인寅	임壬 진辰	임壬 오午	임壬 신申
계癸 해亥	계癸 축丑	계癸 묘卯	계癸 사巳	계癸 미未	계癸 유酉

2) 월주 세우는 법

월주(月柱)는 연주(年柱)를 세우고 난 후 태어난 해의 월간지를 정하는 것으로 만세력(萬歲曆)을 찾아 기록(記錄)하면 된다. 월지는 월령(月令)이라고도 하는데, 그만큼 사주 내에서 작용하는 비중이 크다고 볼 수 있다.

월주(月柱)를 세우는 데도 절기(節氣)를 사용하므로 주의해야 한다. 1990년 음력 2월 3일이라면 날짜로는 2월에 들어왔지만 경칩(驚蟄)이 2월 10일이므로 그 이전에는 1월의 무인(戊寅)의 월건(月建)을 쓰면 된다. 또 연간을 통해 월간을 알 수 있다. 이미 월지는 정해지므로 월간을 쉽게 알 수 있다면 많은 도움이 된다. 그 방법은 천간 합을 알면 월간을 알 수 있다.

〈천간오행과 천간 합 탄생오행의 관계〉

천간	甲	乙	丙	丁	戊	己	庚	辛	壬	癸
천간오행	木	木	火	火	土	土	金	金	水	水

천간 합	甲己合	乙庚合	丙辛合	丁壬合	戊癸合
탄생오행	土	金	水	木	火

甲己合-土 이며 土를 生하는 丙火가 1월의 천간으로 丙寅 月부터
乙庚合-金 이며 金을 生하는 戊土가 1월의 천간으로 戊寅 月부터
丙辛合-水 이며 水를 生하는 庚金이 1월의 천간으로 庚寅 月부터

丁壬合-木 이며 木을 生하는 壬水가 1월의 천간으로 壬寅 月부터
戊癸合-火 이며 火를 生하는 甲木이 1월의 천간으로 甲寅 月부터

이렇게 월간의 시작을 알고 육십갑자를 순행(順行)하여 대입하면 갑기
년(甲己年)일때 병인(丙寅), 정묘(丁卯), 무진(戊辰)으로 3월이 무진(戊辰) 월인
것을 알 수 있으니 암기(暗記)하여 사용하면 좋고, 또 아래 절기 도표를 참
고해 쉽게 월주를 세울 수 있다.

〈절기도표〉

월(月)	年干 節入	甲·己年	乙·庚年	丙·辛年	丁·壬年	戊·癸年
1月	입춘(立春)	丙寅	戊寅	庚寅	壬寅	甲寅
2月	경칩(驚蟄)	丁卯	己卯	辛卯	癸卯	乙卯
3月	청명(淸明)	戊辰	庚辰	壬辰	甲辰	丙辰
4月	입하(立夏)	己巳	辛巳	癸巳	乙巳	丁巳
5月	망종(芒種)	庚午	壬午	甲午	丙午	戊午
6月	소서(小暑)	辛未	癸未	乙未	丁未	己未
7月	입추(立秋)	壬申	甲申	丙申	戊申	庚申
8月	백로(白露)	癸酉	乙酉	丁酉	己酉	辛酉
9月	한로(寒露)	甲戌	丙戌	戊戌	庚戌	壬戌
10月	입동(立冬)	乙亥	丁亥	己亥	辛亥	癸亥
11月	대설(大雪)	丙子	戊子	庚子	壬子	甲子
12月	소한(小寒)	丁丑	己丑	辛丑	癸丑	乙丑

3) 일주 세우는 법

일주(日柱), 즉 출생일을 정하는 법은 누구나 만세력을 보면 간단히 정할 수 있다. 출생한 날의 일진(日辰)이 그 사람의 일주(日柱)가 되는 것이다. 일주도 육십갑자 중의 하나이며 자신과 배우자의 배속(配屬)이다. 이 일주를 중심으로 사주 내에 있는 다른 글자들과 대입해 운명을 추론(推論)하게 된다.

4) 시주 세우는 법

시주(時柱)는 태어난 시간으로 정하게 되는데 두 시간마다 육십갑자가 배속되며 子時, 丑時, 寅時, 卯時, 辰時, 巳時, 午時, 未時, 申時, 酉時, 戌時, 亥時로 24시간이 순서대로 정해지고 매일 반복된다. 시간(時干)은 일간(日干)에 의해서 다르게 정해지게 되니 아래 도표를 보라.

12지지가 24시간 중에서 각각 2시간씩 배열되어 있다.

子時	오후 11시 30분 ~ 오전 1시 30분
丑時	오전 1시 30분 ~ 오전 3시 30분
寅時	오전 3시 30분 ~ 오전 5시 30분
卯時	오전 5시 30분 ~ 오전 7시 30분

辰時	오전 7시 30분 ~ 오전 9시 30분
巳時	오전 9시 30분 ~ 오전 11시 30분
午時	오전 11시 30분 ~ 오후 1시 30분
未時	오후 1시 30분 ~ 오후 3시 30분
申時	오후 3시 30분 ~ 오후 5시 30분
酉時	오후 5시 30분 ~ 오후 7시 30분
戌時	오후 7시 30분 ~ 오후 9시 30분
亥時	오후 9시 30분 ~ 오후 11시 30분

시간 日干	23:30 ~ 01:30	01:30 ~ 03:30	03:30 ~ 05:30	05:30 ~ 07:30	07:30 ~ 09:30	09:30 ~ 11:30	11:30 ~ 13:30	13:30 ~ 15:30	15:30 ~ 17:30	17:30 ~ 19:30	19:30 ~ 21:30	21:30 ~ 23:30
甲己	甲子	乙丑	丙寅	丁卯	戊辰	己巳	庚午	辛未	壬申	癸酉	甲戌	乙亥
乙庚	丙子	丁丑	戊寅	己卯	庚辰	辛巳	壬午	癸未	甲申	乙酉	丙戌	丁亥
丙辛	戊子	己丑	庚寅	辛卯	壬辰	癸巳	甲午	乙未	丙申	丁酉	戊戌	己亥
丁壬	庚子	辛丑	壬寅	癸卯	甲辰	乙巳	丙午	丁未	戊申	己酉	庚戌	辛亥
戊癸	壬子	癸丑	甲寅	乙卯	丙辰	丁巳	戊午	己未	庚申	辛酉	壬戌	癸亥

시간(時干)만큼은 만세력(萬歲曆)에서 찾을 수가 없으니 일간(日干)의 관계로 알 수 있는 이치를 암기(暗記)하면 편리하다.

이렇게 해서 연주(年柱)를 세우고 월주(月柱)와 일주(日柱)를 세운 다음 시주(時柱)를 세우면 사주가 구성된다. 그것이 바로 사주팔자(四柱八字)가 되는 것이고, 그 사주팔자는 자신의 운명적인 인생 청사진이라고 할 수 있다. 생년·월·일·시를 대입해 사주를 구성하면 되는 것이며 만세력을 보면 정확하게 사주를 산출해 사주 네 기둥을 세울 수가 있다. 또 그것이 번거로우면 전문가에게 자문을 요청하면 된다.

〈사주구성 예〉

양력 2002년 3월 1일 낮 12시 출생한 남아(男兒)의 사주를 구해보면 다음과 같다.

時	日	月	年
戊	戊	壬	壬
午	辰	寅	午
土	土	水	水
火	土	木	火

이렇게 구성된 사주에서 음양과 오행을 구별하고 분석하여 보충해야 할 오행이 무엇인가를 정확히 알면 되는 것이다.

2. 음양오행 판단법

사주 분석의 기본원리는 십천간(十天干)과 십이지지(十二地支)에 속한 음양 오행의 변화와 작용을 파악하는 것이다. 사주는 십천간과 십이지지가 짝이 되도록 세우는 것이다. 이때 십천간 십이지지가 지닌 음양오행의 속성을 알아야 작명을 할 수 있다.

1) 십천간과 음양오행

십천간은 십간(十干)이라고도 하며 하늘을 상징한다.

천간	甲乙	丙丁	戊己	庚辛	壬癸
음양	양 음	양 음	양 음	양 음	양 음
오행	木木	火火	土土	金金	水水

2) 십이지지와 음양오행

십이지지는 십이지(十二支)라고도 하며 땅을 상징한다.

십이지지	子	丑	寅卯	辰	巳午	未	申酉	戌	亥
음양	양	음	양음	양	음양	음	양음	양	음
오행	水	土	木木	土	火火	土	金金	土	水

〈오행의 해설〉

천간·지지	음양오행	오행의 해설
甲·寅	양-木	곧고 바른 나무 같으며 앞장서고 인자한 마음이다.
乙·卯	음-木	작은 나무로 화초 같으며 잘 타고 오르는 덩굴 같다.
丙·午	양-火	명랑하고 태양과 같으며 빠르고 밝고 봉사적이다.
丁·巳	음-火	어둠에서 빛이 나며 작은 불이지만 인내심이 있다.
戊·辰·戌	양-土	넓은 대지와 같고, 중심적이며 신용을 중시한다.
己·丑·未	음-土	초원과 같으며 환경 적응이 잘되고 이기적인 면이 있다.
庚·申	양-金	강철을 의미하며 적극적이고 의지가 굳고 강하다.
辛·酉	음-金	금과 같으며 섬세하고 주장이 강하고 깨끗하다.
壬·子	양-水	강물과 바다 같으며 정열적이고 실천적이다.
癸·亥	음-水	시냇물과 이슬비 같으며 온화.다정하고 여리다.

3) 오행 상호간 작용력

위에서 천간과 짝을 이루어 육십갑자가 이루어지고, 또 사주도 육십갑자를 통해 연·월·일·시 네 기둥으로 세워지며 그 천간과 지지에 음양이 있고 오행이 속해 있는 것을 알게 되었다. 그 오행은 상호간의 같은 오행

[비화], 희생과 도움[상생], 싸우고 분열[상극]하는 것으로 밀접한 작용력이 있으므로, 사주가 구성되면 내 몸과 같은 일간을 기준으로 해서 이처럼 오행 상호간 작용력을 대입해보면 도움이 되는 오행과 안 되는 오행을 구별할 수 있다.

① 일간(日干) 木의 상대성 작용

木-木[비화]은 상호간 협력하는 관계로서 그 힘이 왕성하다.

木-火[상생]는 木의 힘이 소진되고 火는 그 힘이 왕성해진다.

木-土[상극]는 木의 힘이 소모되고 土는 그 힘이 심약해진다.

木-金[상극]은 木의 힘이 심약해지고 金은 그 힘이 소모된다.

木-水[상생]는 木의 힘이 왕성해지고 水는 그 힘이 소진된다.

② 일간(日干) 火의 상대성 작용

火-木[상생]은 火의 힘이 왕성해지고 木은 그 힘이 소진된다.

火-火[비화]는 상호간 협력하는 관계로서 그 힘이 왕성하다.

火-土[상생]는 火의 힘이 소진되며 土는 그 힘이 왕성해진다.

火-金[상극]은 火의 힘이 소모되고 金은 그 힘이 심약해진다.

火-水[상극]는 火의 힘이 심약해지고 水는 그 힘이 소모된다.

③ 일간(日干) 土의 상대성 작용

土-木[상극]은 土의 힘이 심약해지고 木은 그 힘이 소모된다.

土-火[상생]는 土의 힘이 왕성해지고 火는 그 힘이 소진된다.

土-土[비화]는 상호간 협력하는 관계로서 그 힘이 왕성하다.

土-金[상생]은 土의 힘이 소진되며 金은 그 힘이 왕성해진다.

土-水[상극]는 土의 힘이 소모되며 水는 그 힘이 심약해진다.

④ 일간(日干) 金의 상대성 작용

金-木[상극]은 金의 힘이 소모되며 木은 그 힘이 심약해진다.

金-火[상극]는 金의 힘이 심약해지고 火는 그 힘이 소모된다.

金-土[상생]는 金의 힘이 왕성해지고 土는 그 힘이 소진된다.

金-金[비화]은 상호간 협력하는 관계로서 그 힘이 왕성하다.

金-水[상생]는 金의 힘이 소진되고 水는 그 힘이 왕성해진다.

⑤ 일간(日干) 水의 상대성 작용

水-木[상생]은 水의 힘이 소진되고 木은 그 힘이 왕성해진다.

水-火[상극]은 水의 힘이 소모되며 火는 그 힘이 심약해진다.

水-土[상극]는 水의 힘이 심약해지고 土는 그 힘이 소모된다.

水-金[상생]는 水의 힘이 왕성해지고 金은 그 힘이 소진된다.

水-水[비화]은 상호간 협력하는 관계로서 그 힘이 왕성하다.

4) 사주의 음양오행 판단

대상자의 출생 연월일시를 따져 사주를 구성한다.

2002년 2월 15일(양력) 오후 4시에 출생한 남자아이의 사주를 세워보면 다음과 같다.

```
時 日 月 年
壬 甲 壬 壬  ← 천간(干)
申 寅 寅 午  ← 지지(支)
```

이렇게 세워진 사주를 두고 지지의 음양오행을 구별하면 오행의 과부족(過不足)을 쉽게 판단할 수 있다. 천간 壬은 양-水, 지지 午는 양-火, 지지 寅은 양-木, 천간 甲은 양-木, 지지 申은 양-金이니 다시 한 번 정리해보면 다음과 같다.

- 사주의 여덟 글자가 모두 양으로 이루어져 있다.
- 木-3개, 火-1개, 土-0개, 金-1개, 水-3개이다.
- 甲木 일간을 돕는 오행은 5개가 있고 돕지 않는 오행이 2개로써 사주는 일간이 강함을 알 수 있다.

즉, 위 사주는 나무[木]와 물[水]이 너무 많아서 신태왕(身太旺)하다. 식물이란 너무 너무 습하고 가지가 왕성하면 결실이 나쁘게 된다. 그래서 과실수도 가지치기를 하는 것이고, 배추 등의 채소도 솎아주는 것이다.

사주에 木이 너무 강하니 金을 보충해 木의 기운을 억제하고(金剋木), 水가 많아서 木을 너무 잘 자라게 하니 木水를 억제하고 사주에 없는 土를 보충하면 오행이 상생 순환하게 된다.

이렇게 사주의 음양오행을 분석하면 작명(作名)을 할 때 이름자에 보충해야 할 음양과 오행을 알 수 있게 된다.

　위와 같이 사주를 구성하는 방법은 각자 시간을 투자해서 습득해야 하지만 작명에 필요한 오행을 알아내는 데 다음과 같이 정보를 활용하여 쉽게 해결할 수도 있다.

① 여러 명리관련 카페에 게시판의 문답코너를 이용하거나 명리상담소나 명리를 아는 사람들에게 답을 구하면 된다.

② 스마트폰 어플에서 만세력을 다운받아 생년월일시를 넣으면 오행의 판단이 가능하다.

3. 오행보충 방법 및 사례

① 사주의 강약(强弱)을 구별하여 용신(用神)오행을 보충한다.

② 사주 내에 없는 오행을 보충한다.

③ 사주 내에 오행이 상전(相戰)하고 있을 경우 통관(通關) 오행을 보충한다.

④ 사주가 조열(燥熱)할 때는 금수(金水)를 보충한다.

⑤ 사주가 한랭(寒冷)할 때는 목화(木火)를 보충한다.

위 조건들을 종합적으로 분석하여 가장 적당한 오행을 보충하면 된다.

• 양력 2013년 11월 26일 午時 출생

사주	보충할 오행
時 日 月 年 甲 丙 癸 癸 午 申 亥 巳	용신 오행 - 木 없는 오행 - 土
全 址 栗 (전 지 율)	

• 양력 2000년 7월 10일 辰時 출생

사주	보충할 오행
時 日 月 年 戊 己 癸 庚 辰 巳 未 辰	약한 오행 - 水 없는 오행 - 木
許汀材(허정재)	

• 양력 2014년 3월 1일생 辰時 출생

사주	보충할 오행
時 日 月 年 壬 辛 丙 甲 辰 未 寅 子	용신 오행 - 土 약한 오행 - 金
朴垠銖(박은수)	

• 양력 2013년 3월 19일 寅時 출생

사주	보충할 오행
時 日 月 年 丙 甲 乙 癸 寅 申 卯 巳	용신 오행 - 火 없는 오행 - 土
趙晛城(조현성)	

- 양력 1976년 6월 12일 子時 출생

사주	보충할 오행
時 日 月 年 丙 乙 甲 丙 子 未 午 辰	용신 오행 - 水 없는 오행 - 金
金珉溉(김민재)	

- 양력 2011년 12월 24일 子時 출생

사주	보충할 오행
時 日 月 年 壬 癸 庚 辛 子 丑 子 卯	용신 오행 - 木 없는 오행 - 火
李采炫(이채현)	

- 양력 2016년 3월 24일 申時 출생

사주	보충할 오행
時 日 月 年 甲 乙 辛 丙 申 巳 卯 申	용신 오행 - 水 없는 오행 - 土
金渡峻(김도준)	

4. 이름과 건강관계

1) 오행과 인체질병

이름이 건강(健康)에 영향을 미치는 관계가 있을까? 이미 앞에서 설명을 했듯이 우주의 수많은 에너지가 우리의 뇌(腦)와 심뇌(心惱) 그리고 70%가 수분(水分)으로 형성되어 있는 인체(人體)에 영향을 준다. 우주의 에너지는 초끈이론으로 설명되듯 진동과 소리 등이며, 또 정령사상(精靈思想)으로 설명되는 사물(事物)들조차 인간이 모를 의식(意識)과 지능(知能)을 가지고 소통(疏通)한다는 것이다. 그렇다면 이름이란 문자(文字)와 소리의 에너지가 수분(水分)이 가득한 생명체인 인체에 영향을 줄 수 있다는 것으로 모든 원리는 하나이다.

〈오행건강배속도〉

오행(五行)	목(木)	화(火)	토(土)	금(金)	수(水)
인체질병	간장질환	심장질환	비장질환	폐장질환	시장질환
	쓸개질환	소장질환	위장질환	호흡질환	방광질환
	신경계통	눈병질환	복부질환	대장질환	혈액이상
	두통질환	편두질환	피부질환	근골질환	자궁질환
	얼굴질환	고혈압증	당뇨질환	사지질환	생식질환

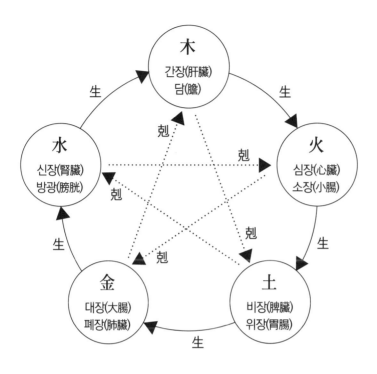

2) 이름과 심성(心性)관계

- 사주(四柱)에 木이 피해를 당하고, 이름에서 또 극(剋)하면 인정(人情)
  이 없고 신경이 약해지며 끈기가 없고 심성(心性)이 예민하며 짜증을
  잘 낸다.

- 사주(四柱)에 火가 피해를 당하고, 이름에서도 극(剋)하면, 예의(禮義)
  가 없고 변덕이 심하며 겁이 많고 잘 놀라며 소심하고 심장이 약하
  여 큰일을 하지 못한다.

- 사주(四柱)에 土가 피해를 당하고, 이름에서도 극(剋)하면, 신용(信用)이 없고 근심과 걱정을 많이 하며 불신하고 쉰 소리를 잘하고 소화가 안 된다.

- 사주(四柱)에 金이 피해를 당하고, 이름에서도 극(剋)하면, 의리(義理)가 없고 자격지심이 많으며 우유부단하고 공허감과 비애를 느낀다.

- 사주(四柱)에 水가 피해를 당하고, 이름에서도 극(剋)하면, 지혜(知慧)가 없고 공포감을 느끼고 기획력이 없고 생각이 어리석으며 두려움을 갖게 된다.

사례) 상극을 가중시키는 이름

사주	時 日 月 年 辛 壬 戊 庚 丑 申 寅 申	이름	崔 珉 錫 (최 민 석)
		자원오행	土 金 金
		발음오행	金 水 金

위 사주는 壬水 일간이 자신을 생해주는 金기운이 너무 많아서 寅木으로 설기해야 한다. 그러나 申金이 寅을 沖剋을 하게 되어 설기를 못하게 되자 건강이 좋지 않은데, 이름에 金기운이 강한 옥돌 민(珉)자와 주석 석(錫)자가 들어가 사주의 木기운을 극하니 설상가상이 되었다.

3) 이름과 스트레스 관계

오행은 건강과도 밀접한 관계가 있으며 스트레스와도 관련이 깊다. 현대사회의 대부분의 질병원인을 스트레스로 꼽고 있는 것은 스트레스는 정신과 신경에 영향을 주게 되어 호르몬작용에 문제가 되기 때문이다. 이름을 지을 때 건강관계도 참고하게 된다.

- 사주일간이 木인데 일간과 같은 木[비겁]이 사주에 많으면 다혈질적이고 스트레스를 많이 받는다. 이때는 金으로 극(剋)하던가 火로 설기(洩氣)하여야 한다.

- 사주일간이 火인데 일간과 같은 火[비겁]이 많으면 다혈질적이고 스트레스를 많이 받는다. 이때는 水로 극(剋)하던가 土로 설기해야 한다.

- 사주일간이 土인데 일간과 같은 土[비겁]이 많으면 다혈질적이고 스트레스를 많이 받는다. 이때는 木으로 극(剋)하거나 金으로 설기(洩氣)해야 한다.

- 사주일간이 金인데 일간과 같은 金[비겁] 많으면 다혈질적이고 스트레스를 많이 받는다. 이때는 火로 극(剋)하던가 水로 설기해야 한다.

- 사주일간이 水인데 일간과 같은 水[비겁]이 많으면 다혈질적이고 스트레스를 많이 받는다. 이때는 土로 극(剋)하던가 木으로 설기해야 한다.

사례) 스트레스가 가중되는 이름

사주	時 日 月 年 己 乙 丁 己 卯 卯 卯 酉	이 름	林 楨 泫 (임 정 현)
		자원오행	木 木 水
		발음오행	土 金 土

위 사주는 일간과 같은 오행이 많아 성격이 조급하고 욱하는 성격이다. 이름자에 木을 약하게 하는 金기운이나 火기운이 보충되어야 한다. 그러나 이름에 광나무 정(楨)자가 들어가서 더욱 木기운이 강하게 되어 스트레스를 잘 받는다.

4) 이름과 건강관계

① 사주에 약한 오행을 이름에서 극하면

四柱에 木이 弱한데 金을 넣으면 金剋木의 피해로 간장기능이 나빠진다.

四柱에 火가 弱한데 水를 넣으면 水剋火의 피해로 심장기능이 나빠진다.

四柱에 土가 弱한데 木을 넣으면 木剋土의 피해로 위장기능이 나빠진다.

四柱에 金이 弱한데 火를 넣으면 火剋金의 피해로 폐장기능이 나빠진다.

四柱에 水가 弱한데 土를 넣으면 土剋水의 피해로 신장기능이 나빠진다.

사례) 건강 운을 돕지 못하는 이름

사주	時 日 月 年 辛 乙 甲 己 巳 未 戌 酉	이름	朴 燦 昊 (박 찬 호)
		자원오행	木 火 火
		발음오행	水 金 土

위 사주는 乙木 일간이 土가 왕하고 木과 水기운이 태약하여 신약한 사주다. 왕한 土를 제하는 木과 水가 절실하니 水·木이 보충되어야 하는 조건이 되었다.

또한 木이 약해 신경이 예민하고 편도가 약하여 잘 붓고 간장이 허약하고 신장에 염증이 생기게 되며 자주 신열(身熱)이 나는 등 고생하고 있는 사람이다.

설상가상으로 이름 또한 朴燦昊는 火기운이 너무 강하여 건강을 해롭게 하고 있다. 만일 이름에 水木의 기운이 보충되었다면 건강운을 보충하는 기운이 된다.

② 사주에서 부족한 오행을 이름에서 보충하면

四柱에 木이 弱한데 이름에 水木을 넣어주면 신장과 간장이 건강해진다.
四柱에 火가 弱한데 이름에 木火를 넣어주면 신경과 심장이 건강해진다.
四柱에 土가 弱한데 이름에 火土를 넣어주면 심장과 위장이 건강해진다.
四柱에 金이 弱한데 이름에 土金을 넣어주면 위장과 기관지가 건강해진다.
四柱에 水가 弱한데 이름에 金水를 넣어주면 폐장과 신장이 건강해진다.

사례) 건강 운이 보충되는 이름

사주	時 日 月 年 丁 癸 壬 己 巳 酉 申 巳	이름	李　柾　炫 (이　정　현)
		자원오행	木　木　火
		발음오행	土　金　土

　이 사주의 주인공은 癸水일간이 득령하고 좌하 酉金의 득지하였으며 巳申合水, 巳酉合金의 뜻으로 신강사주다. 사주에 木이 없고 金과 火가 상전하니 木의 질병이 오게 되는데 신경이 예민하고 신경성으로 늘 편두통이 있으며 간(肝)이 약하고 편도선이 자주 붓는 사람이다.

　그러나 이름에서 나무바를 정(柾)자를 사용하여 木기운을 보충하고 빛날 현(炫)자를 사용하여 火기운을 보충하니 이름을 부를 때마다 木火기운이 뇌(腦)와 인체(人體)에 전달되어 자신의 결함을 보완해주는 역할을 하게 되니 건강이 좋아지게 되는 매우 좋은 이름의 작용을 하고 있다.

5. 출산택일에 대하여

　수술분만을 제왕절개라고도 한다. 제왕절개(帝王切開)의 어원이 탄생한 배경을 보면, 로마의 황제 율리우스 카이사르(Julius Ceasar, 기원전 100-44)는 자연분만의 출생이 아닌, 모체의 복부절개를 통하여 출생한 후 제왕이 되었는데 이것이 유래되어 복부절개수술 분만에 붙여진 의학용어가 제왕절개술(Caesarean section)인 것이다.

　출산일시를 선택하여 출산하는 것에 수없이 많은 질문이 쏟아져 왔고 지금도 많은 질문을 받고 있는 것이 사실이다. 이 질문에는 아주 단순하게 생각할 필요가 있다.

　사주가 맞는 이유의 원초적인 사실은 아기가 출생시점에 우주의 에너지[기]를 받아들여 몸과 뇌와 심뇌 등에 기억시킨 정보가 있기 때문이라고 이미 밝혔다.

　그 정보를 분석하고 해석하는 방법이 인간의 진화와 문명의 발달에 따라 서양에서는 점성술 등으로, 동양에서는 사주명리학 등으로 각각 발전되어 온 것이다.

　동양의 사주는 태어난 출생연월일시라는 fact(사실)가 중요하다. 출생시간을 모르거나 잘못 알고 있을 때 사주상담의 적중률은 상당한 오차가 발생할 가능성이 크다. 그러므로 명리학자들은 사주를 감정하는 과정에서 출생 시간의 정확성에 촉각을 세우는 것이다.

결국 출생연월일시로 구성되는 사주는, 어떤 방법으로 출산하였는지가 아닌 출생연월일시에 따라 사주를 구성할 수 있는, 언제 태어났는가의 시간적 문제이다. 그리고 어디서 태어났는가의 장소를 참고하게 된다는 것이다.

그렇다고 아이를 순산할 수 있는데 일부러 수술분만을 강요하는 것은 바람직하지 않을 수도 있다. 자연분만도 얼마든지 훌륭한 사주가 구성될 수 있고 출산택일을 하여도 여러 가지 이유로 타이밍을 놓치는 경우가 있다는 것을 간과하지 않아야 한다.

다만 어차피 수술분만을 할 경우라면 기왕 좋은 에너지를 받고 태어날 수 있도록 노력하는 하나의 방법인 것이다.

필자는 "순천자(順天者) 존(存)이요, 역천자(逆天者) 망(亡)이라"는 의미를 언제나 긍정한다. 그러나 어떠한 상황이 주어졌을 때 행복한 삶을 원하는 인간애(人間愛)의 노력행위는 진정한 순리이지 결코 역행이 아님을 아울러 말하고 싶다.

제5장

작명과 한자의 활용법

1. 대법원 인명용 한자

1) 인명용 한자 지정

이름에 한자(漢字)를 적용하여 작명하는 과정에서 과거에는 이름에 사용하는 한자(漢字) 적용에 제한이 없었으나 일부 한자의 무분별한 사용으로 행정상 혼란이 일어나는 것을 방지하기 위하여 대법원은 1991년 4월 1일자로 인명용(人名用) 한자(漢字)를 지정하여 사용하게 하였다.

이후 출생자들에게는 지정된 한자적용을 의무화하였고 대법원이 지정한 한자가 적용되지 않은 이름의 출생신고는 받아들이지 않게 되었다.

인명용 한자 제정 이전에 이미 성명을 가진 전 국민들에게는 적용되지 않았으나, 다만 개명신청을 할 때는 예외 없이 적용되고 있다.

인명용 한자는 1991년 4월 1일 최초 2,731자가 지정되었으나 그 후 수차례 추가되어왔고, 최근에는 2024년 6월 11일에 1,070자가 추가되어 2024년 현재 총 9,389자가 되었다.

참고로 이름은 한자가 부여되지 않은 순수 한글이름과 한글이름에 한자를 부여하는 이름으로 구별된다. 과거 대부분 한자이름을 작명하여 오다가 80년대 전후로 순수 우리말 이름 짓기가 유행되었다. 많은 사람들이 한글이름을 사용하게 되었으나 한글이름만으로 개인의 구별이 어렵게 되자 다시 한자를 부여하는 추세로 전환되어 현재는 한글에 한자를 부여하는 한자이름을 짓는 경우가 대부분이다.

2) 작명규정 제한

① 대법원이 지적한 주의사항을 살펴보면 우선 이름은 한글 또는 '통상 사용되는 한자'로 짓되 한글과 한자를 혼용할 수 없다.

② 동일한 호적에 있는 가족과 같은 이름을 사용해서는 안 된다.

③ 성을 제외하고 5자를 넘는 이름도 받아들여지지 않는다.

④ 상용한자에 있는 '악(惡)'이나 '사(死)' 등과 같이 사회 통념상 인명으로 사용하기 부적절한 한자도 사용할 수 없다.

⑤ '실수'로 인명용 한자의 범위를 벗어난 한자가 포함된 출생신고서가 수리됐더라도 이를 발견한 호적공무원은 한자를 사용하는 외국인과의 결혼 등 예외적인 사유가 아니면 간이직권정정 절차를 통해 직권으로 이름을 한글로 고치고 신고인에게 통지할 수 있다.

⑥ 호적예규의 제정 및 개정 - 호적상 한자 성의 표기 변천

시기	기재방법	기재례
1994.8.31.이전	한자만 기재	柳一男
1994.9.1.~ 1996.10.24.	한자와 한글 병기 (두음법칙 적용 여부 불분명)	柳一男 (류일남 또는 유일남)
1996.10.25.~현재	한자와 한글 병기 (두음법칙 적용)	柳一男(유일남)
2006.6.12. 판결	문화 유씨 '유'씨에서 '류'씨로 정정소송 승소.	柳一男 (류일남 또는 유일남)

두음법칙의 적용 대상 성(姓)은 李, 林, 柳, 劉, 陸, 梁, 羅, 呂, 廉, 盧, 龍 등 우리나라 인구의 23%에 해당한다.

3) 대법원 규정

① 한자는 이 표에 지정된 발음으로만 사용할 수 있다. 그러나 첫소리 [初聲]가 "ㄴ"또는 "ㄹ"인 한자는 각각 소리 나는 바에 따라 "ㅇ" 또는 "ㄴ"으로 사용할 수 있다

② 인명용 한자 중에 동자(同字)·속자(俗字)·약자(略字)의 경우 대법원 규칙으로 인정한 한자는 사용할 수 있다.

③ '示'변과 '礻'변, '艸'변과 '艹'변은 서로 바꾸어 쓸 수 있다.
   예) 福 = 福, 蘭＝蘭

◎ 대법원이 작명에 허용한 동자이음자(同字異音字)의 예

한자표기	한글	한자	한글
金秀寧	김수녕, 김수영	姜禮連	강례연, 강예련
趙成侖	조성륜, 조성윤	蘇莉眞	소리진, 소이진
李成倫	이성륜, 이성윤	崔惠連	최혜련, 최혜연
朴基伶	박기령, 박기영	朱永度	주영도, 주영탁

更	다시 갱/고칠 경	奈	어찌 내/나	度	법 도/헤아릴 탁
兩	둘 량/양	梁	들보 량/양	亮	밝을 량/양
車	수레 거/차	柰	벗 내/나	樂	즐길 락/요
量	헤아릴 양/량	糧	양식 량/양	倆	공교할 양/량
金	성 김/금	紐	맺을 뉴/유	良	어질 량/양
凉	서늘할 량/양	諒	믿을 량/양	樑	들보 량/양
力	힘 력/역	麗	고울 려/여	呂	성 려/여
易	바꿀 역/쉬울 이	鍊	단련할 련/연	戀	사모할 련/연
禮	예도 례/예	僚	동관 료/요	流	흐를 류/유
劉	성 류/유	侖	뭉치 륜/윤	律	법 률/율
裏	속 리/이	隣	이웃 린/인	曆	책력 력/역
廬	생각 려/여	侶	짝 여/려	連	연할 련/연
憐	사랑할 련/연	蓮	연밥 연/련	料	헤아릴 료/요

龍	용 용/룡	類	같을 유/류	倫	차례 윤/륜
崙	산이름 윤/륜	栗	밤 율/률	俚	속될 이/리
什	열사람 십/집	旅	나그네 여/려	勵	힘쓸 려/여
歷	지날 역/력	鍊	익힐 련/연	聯	이을 련/연
例	견줄 예/례	了	마칠 료/요	留	머무를 유/류
琉	유리돌 유/류	輪	바퀴 윤/륜	綸	벼리 윤/륜
率	헤아릴 율/률	莉	꽃 리/이	伶	영리할 영/령

◎ 대법원이 작명에 허용한 동자(同字), 속자(俗子), 약자(略字)의 예

감	鑑	鑒	무	無	无	성	晟	晠	장	莊	庄	초	草	艸
강	強	强	미	彌	弥	수	修	脩	장	墻	牆	총	聰	聡
개	個	箇	배	杯	盃	수	穗	穂	점	點	点	충	沖	冲
개	蓋	盖	배	裵	裴	수	壽	寿	정	靜	静	충	蟲	虫
검	劍	劒	백	柏	栢	실	實	実	주	遒	逎	풍	豐	豊
고	考	攷	번	飜	翻	아	兒	児	진	晉	晋	하	廈	厦
관	館	舘	병	幷	并	아	亞	亜	진	瑨	瑁	학	學	学
광	廣	広	병	竝	並	안	鴈	雁	진	眞	真	항	恒	恆
교	敎	教	병	昞	昺	암	巖	岩	집	潗	潗	현	顯	顕

국	國	国	보	寶	宝	연	煙	烟	찬	贊	賛	혜	惠	恵
긍	亙	亘	봉	峯	峰	염	艶	艶	찬	讚	讃	화	畫	画
년	年	秊	비	祕	秘	영	榮	栄	참	慚	慙	확	確	碻
덕	德	悳	삽	揷	挿	예	叡	睿	책	册	冊	활	闊	濶
래	來	来	상	牀	床	위	衞	衛	청	晴	晴	회	繪	絵
례	禮	礼	서	敍	叙	이	彛	彝	청	清	清	효	效	効
룡	龍	竜	서	棲	栖	자	姊	姉	청	靑	青	훈	勳	勛
리	裏	裡	서	壻	婿	잠	潛	潜	청	請	請			勲

Ⓐ 李 采 榮 이채영

Ⓑ 李 采 栄 이채영 – 栄은 榮의 약자(略字)

• 이채영은 Ⓐ와 Ⓑ의 한자로 신고할 수 있다.

Ⓐ 朴 成 勳 박성훈

Ⓑ 朴 成 勛 박성훈 – 勛은 勳의 고자(古字)

Ⓒ 朴 成 勲 박성훈 – 勲은 勳의 속자(俗字)

• 박성훈은 Ⓐ와 Ⓑ와 Ⓒ의 한자로 신고할 수 있다.

Ⓐ 金 寶 永 김보영

Ⓑ 金 宝 永 김보영 – 宝는 寶의 속자(俗字)

• 김보영은 Ⓐ와 Ⓑ의 한자로 신고할 수 있다.

Ⓐ 李 允 晟 이윤성

Ⓑ 李 允 賊 이윤성 – 賊은 晟과 동자(同字)

• 이윤성은 Ⓐ와 Ⓑ의 한자로 신고할 수 있다.

Ⓐ 河 正 倫 하정윤

Ⓑ 河 正 倫 하정륜 – 륜(倫)은 윤(倫)과 동자(同字)

• 倫은 Ⓐ의 하정윤과 Ⓑ의 하정륜으로 신고할 수 있다.

Ⓐ 金 起 伶 김기령

Ⓑ 金 起 伶 김기영 – 령(伶)과 영(伶)은 동자(同字)

• 伶은 Ⓐ의 김기령과 Ⓑ의 김기영으로 신고할 수 있다.

Ⓐ 金 成 福 김성복

Ⓑ 金 成 福 김성복 – 복은 福과 福

• 김성복은 Ⓐ와 Ⓑ의 한자로 신고할 수 있다.

Ⓐ 趙 惠 蘭 조혜란 '⺿'변

Ⓑ 趙 惠 蘭 조혜란 '⺿'변 – 蘭과 蘭

• 조혜란은 Ⓐ와 Ⓑ의 한자로 신고할 수 있다.

대법원에서 작명에 허용한 한자 중에서 동자(同字)는 필요에 따라 활용하는 데 문제는 없으나 속자(俗字), 약자(略字) 혹은 고자(古字)는 가급적 이름에 사용하지 않는 것이 좋으며, 대법원 인명용 한자 9,389자 중 일반적인 컴퓨터 프로그램에서 기록할 수 없는 수십여 개의 한자 역시 가급적 작명에 사용하지 않는 것이 대상자의 실생활에 도움이 된다고 생각한다.

2. 한자 획수 계산법

1) 한자 획수의 종류

한자에는 필획(筆劃)과 곡획(曲劃), 원획(元劃)이 있다. 필획은 글자를 쓰는 획수를 말하는 것이고, 곡획은 글자를 써나가는 방향이 바뀔 때마다 한 획으로 계산하여 획수를 정하는 것이다. 원획은 한자의 부수(部數)에서 생략된 획수를 모두 계산하는 것을 말한다. 단, 부수 외에는 필획을 적용한다(예: 물이름 영(渶)은 필획 12획이다. 그러나 글자 앞의 수(氵)변을 4획으로 계산하여 13획이다. 그 외 초(艹)두변은 필획을 적용하고 원획으로 계산하지 않는다).

즉, 을(乙)자는 필획(筆劃)과 원획(元劃)으로는 1획이나 곡획(曲劃)으로 4획이다. 현(泫)자는 쓰는 필획(筆劃)으로 8획이다. 그러나 삼수변(氵: 3획)은 수(水 : 4획)와 같으므로 1획이 추가되어 원획(元劃)은 9획이 되는 것이다.

성명학자마다 다소 견해가 달라서 필획을 선택하여 적용하기도 하나 현재 대부분은 원획을 적용하고 있다. 곡획은 거의 사용하고 있지 않으며, 필획은 단지 쓰는 과정에 편리성을 추구한 것이다.

성명학에서 원획을 중요시하는 것은 고대부터 문자에 정신이 깃들어 있다고 했으니 한자의 원획(元劃)에는 정신(精神)이 깃들어 있다고 보는 이유다. 즉 정신이 깃든 원획은 획수(劃數)의 근원적인 토대에서 발원되므로 본 작명법에서는 원획(元劃)을 기준하여 사용한다.

2) 원획 계산법

필획	원획	부수명	획수
氵	水	삼수변	4
忄	心	심방변	4
扌	手	손수변	4
月	肉	살육변	6
艹	艸	초두밑	6
辶	辵	책받침	7
罒	网	그물망	6
犭	犬	개사슴록	4
王	玉	구슬옥변	5
礻	示	보일시변	5
衤	衣	옷의변	6
阝(右)	邑	우부방	7
阝(左)	阜	좌부방	8
耂	老	늙을노밑	6

- 현(泫)자는 8획이지만 9획으로 보며 [水 = 4획]
- 정(情)자는 11획이지만 12획으로 보며 [心 = 4획]
- 서(瑞)자는 13획이지만 14획으로 보며 [玉 = 5획]
- 육(育)자는 8획이지만 10획으로 보며 [肉 = 6획]
- 부(扶)자는 7획이지만 8획으로 보며 [手 = 4획]
- 유(裕)자는 12획이지만 13획으로 보며 [衣 = 6획]
- 도(都)자는 12획이지만 16획으로 보며 [邑 = 7획]
- 영(英)자는 9획이지만 11획으로 본다. [艸 = 6획]

[참고] 한자의 획수는 저변에 중요하게 적용되고 있으나 획수계산법은 대법원이 규정하고 있지 않다. 한자옥편에는 모두 필획(筆劃)의 획수(劃數)가 기록되어 있고, 현재 인터넷 포털사이트 한사사전 등의 모든 한자사전에도 필획(筆劃)으로 계산된 획수가 기록되어 있다. 오직 성명학 서적에만 인명용(人名用) 한자(漢字)를 원획(元劃)을 계산하여 기록해 놓았다.

〈선천 고유획수〉

숫자	一	二	三	四	五	六	七	八	九	十	百	千	萬
획수	1	2	3	4	5	6	7	8	9	10	6	3	15

1~10까지의 숫자는 선천적 고유획수로서 그 수(數)를 나타내는 수가 곧 자(字)의 획수가 된다. 예를 들어 설명하면 一(일)은 1획이지만 六(육)은 6획이 된다. 十(십)은 2획으로 보는 게 아니라 기본수인 10획으로 계산한다. 그러나 백(百)은 한자의 획수 6획으로 보며 천(千) 역시 한자의 획수인 3획으로 계산한다.

이름	김 영 칠	이 성 구	지 성 호	주 예 원
한자	金 泳 七	李 珹 九	池 性 浩	朱 芮 援
필획	8 8 2	7 11 2	6 8 10	6 8 12
원획	8 9 7	7 12 9	7 9 11	6 10 13

3. 불용한자(不用漢字)

1) 불용한자의 종류

불용(不用)한자는 크게 세 가지 형태로 구분할 수 있다. 첫째, 뜻이 나쁘고 흉해서 이름에 사용할 수 없는 불용(不用)의 경우이다. 둘째, 뜻은 나쁘지 않으나 이름자로 사용하면 흉(凶)한 작용이 생기게 된다는 불길(不吉)로 치부한 한자들이다. 셋째, 곤충이나 짐승, 동물명에 해당하는 자, 사람의 인체에 해당하는 자 등이다. 그 밖에는 혼동할 수 있거나 착각하기 쉬운 글자를 사용하는 예 등이다.

① 자(字)의 뜻이 흉한 한자.
    김상범(金傷犯) – 상할 상(傷), 범할 범(犯)

② 곤충이나 날짐승, 동물의 명에 해당되는 한자.
    이조은(李鳥銀) – 새 조(鳥)
    김노마(金老馬) – 늙을 노(老), 말 마(馬)

③ 사람의 신체명칭에 해당되는 한자.
    이지수 李指手 – 손가락 지(指) 손수(手)

④ 두 가지 음으로 착오가 유발될 수 있는 한자.
    차(車) – 거(車) / 金(김) – 金(금)
    예) 文車奉 문거봉 & 문차봉 / 李金用 이금용 & 이김용

⑤ 발음과 뜻의 구별을 착각하기 쉬운 글자

龍(용) - 龍(룡) / 見(현) - 見(견)

예) 徐智龍 서지룡으로 사용하면 서지용으로 착각

예) 劉見浩 유견호로 사용하면 유현호로 착각

2) 글자의 뜻이 흉한 한자

작명(作名)에 쓰는 한자는 대법원에서 지정한 인명용 한자 중에서도 뜻이 흉(凶)한 한자와 또는 음(音)이 불길한 의미를 연상하게 하는 字들은 피해야 한다.

〈뜻이 나쁜 불용한자〉

傾 기울 경	奴 종 노	魂 넋 혼	雜 섞일 잡	片 조각 편
渴 목마를 갈	泥 진흙 니	凶 흉할 흉	爭 다툴 쟁	鳴 울 명
缺 깨질 결	逃 도망할 도	慾 욕심낼 욕	針 바늘 침	腐 썩을 부
寡 과부 과	掠 노략질할 략	怨 원망할 원	愁 근심 수	否 아닐 부
愧 부끄러울 괴	漏 샐 루	誘 꾈 유	殉 순장 순	非 아닐 비
姦 간사할 간	奪 빼앗길 탈	違 어길 위	傷 상할 상	廢 폐할 폐
苦 괴로울 고	耽 즐길 탐	泣 울 읍	消 사라질 소	被 입을 피
欺 속일 기	痛 아플 통	惡 악할 악	削 깎을 삭	迫 핍박할 박
哭 울 곡	投 던질 투	殃 재앙 앙	損 덜 손	伐 칠 벌
坑 빠질 갱	怒 성낼 노	血 피 혈	止 그칠 지	負 짐질 부
驚 놀랄 경	斷 끊을 단	患 근심 환	懲 징계할 징	佛 부처 불
戈 창 과	毒 독할 독	荒 거칠 황	喪 복입을 상	風 바람 풍

壞 무너질 괴	裂 찢어질 렬	黑 검을 흑	散 흩어질 산	睨 곁눈질할 예
隔 막힐 격	墮 떨어질 타	辱 욕될 욕	縮 모자랄 축	背 등 배
枯 마를 고	濁 물흐릴 탁	僞 거짓 위	沈 잠길 침	秘 신비로울 비
驥 천리마 기	怠 게으를 태	陰 그늘 음	衰 쇠약할 쇠	北 북녘 북
恐 두려울 공	退 물러갈 퇴	畏 두려워할 외	塵 티끌 진	波 물결 파
減 감할 감	難 어려울 난	疑 의심할 의	焦 그을릴 초	慙 부끄러울 참
競 다툴 경	惱 번뇌할 뇌	哀 슬플 애	征 칠 정	禍 재화 화
怪 괴이할 괴	盜 도적 도	抑 누를 억	戰 싸움 전	鬪 싸움 투
拘 개 구	亂 어지러울 난	壓 누를 압	絶 끊을 절	貧 가난할 빈
犬 개 견	腦 머리골 뇌	嗚 슬플 오	折 꺾을 절	藏 감출 장
孤 외로울 고	刃 칼날 인	厄 재앙 액	占 점칠 점	險 험할 험
飢 주릴 기	害 해할 해	疫 염병 역	卑 낮을 비	汰 씻을 태
岐 험할 기	刑 형벌 형	誤 그르칠 오	氷 얼음 빙	病 병 병
窺 엿볼 규	毁 헐 훼	傲 거만할 오	敗 패할 패	障 막힐 장
棄 버릴 기	迂 굽을 우	弱 약할 약	灣 오랑캐 만	割 벨 할
忌 꺼릴 기	淫 음탕할 음	錯 어긋날 착	盲 소경 맹	貪 탐할 탐
鬼 귀신 귀	搖 흔들 요	債 빚질 채	犯 범할 범	刺 찌를 자
淚 눈물 루	餓 주릴 아	襲 엄습할 습	婢 여종 비	罷 마칠 파
歎 탄식할 탄	肛 똥구멍 항	疱 천연두 포	譃 거짓말할 후	등등 ……

3) 불길문자의 문제점

불길문자(不吉文字)는 뜻이 흉(凶)하여 이름에 사용할 수 없는 한자와는 달리 뜻이 흉하지 않은 좋은 뜻을 내포한 한자들도 포함하여 작명가들 사이에서 불길하니 작명(作名)에 사용하면 안된다고 암묵적으로 합의된 한자를 말한다. 그 이유와 출처를 연구하여 보았으나 이유와 근거가 없다.

단지 과거 우리나라의 일제감정기와 6·25사변을 겪으면서 가난과 이산 (離散)의 고통을 감당하는 과정에서 측자(測字)파자(破字)로 점(占)을 치는 등의 측자파자 성명학의 영향에서 파생된 것으로 이해된다.

필자는 어떤 출처나 근거가 뚜렷하지 않은 상태에서 무조건 사용하면 큰 불행을 당하는 것처럼 설명하는 것은 한자의 활용에 매우 큰 오류를 범할 수 있다고 지적하고 싶다. 그러므로 글자의 뜻이 흉한 한자와 별개로 불길문자는 적용할 이유가 없다는 것을 분명하게 밝혀 둔다.

그러한 폐단을 없애기 위하여 작명을 함에 있어 불길문자로 지정해 놓은 한자들의 사례를 모아 수록한다.

〈불길문자(不吉漢字) 사례표〉

ㄱ	甲(갑), 慶(경), 光(광), 國(국), 貴(귀), 琴(금), 錦(금), 龜(구), 菊(국), 吉(길), 可(가), 强(강), 乾(건), 犬(견), 久(구), 君(군), 斤(근), 金(금).
ㄴ	男(남), 南(남), 女(녀), 年(년).
ㄷ	德(덕), 桃(도), 乭(돌), 冬(동), 東(동), 童(동).
ㄹ	蘭(란), 露(로), 鹿(록), 龍(룡), 了(료), 立(립).
ㅁ	馬(마), 梅(매), 滿(만), 末(미), 明(명), 美(미).

ㅂ	福(복), 分(분), 富(부), 鳳(봉), 紛(분), 卯(묘), 文(문), 培(배), 佛(불), 飛(비).
ㅅ	山(산), 上(상), 霜(상), 仙(선), 雪(설), 星(성), 笑(소), 松(송), 壽(수), 淑(숙), 順(순), 勝(승), 新(신), 實(실), 四(사), 絲(사), 石(석), 心(심), 申(신), 市(시), 時(시), 巳(사), 信(신), 常(상), 盛(성), 成(성), 昭(소).
ㅇ	愛(애), 榮(영), 禮(예), 完(완), 龍(용), 雲(운), 月(월), 銀(은), 伊(이), 寅(인), 仁(인), 日(일), 一(일), 安(안), 羊(양), 榮(영), 勇(용), 午(오), 玉(옥), 王(왕), 雨(우), 元(원), 猿(원), 孺(유), 酉(유), 留(유), 義(의), 益(익).
ㅈ	子(자), 長(장), 貞(정), 晶(정), 竹(죽), 地(지), 眞(진), 珍(진), 點(점), 枝(지), 重(중), 精(정), 政(정), 芝(지), 鳥(조), 辰(진), 進(진).
ㅊ	天(천), 千(천), 川(천), 鐵(철), 春(춘), 初(초), 秋(추), 忠(충), 草(초), 出(출), 翠(취), 七(칠), 淸(청), 丑(축), 治(치).
ㅌ	泰(태), 態(태).
ㅍ	平(평), 風(풍), 豊(풍).
ㅎ	夏(하), 鶴(학), 海(해), 虎(호), 紅(홍), 花(화), 孝(효), 幸(행), 香(향), 玄(현), 好(호), 喜(희), 姬(희), 亥(해), 行(행), 皇(황) .

4) 불길문자 문제점의 사례

① 李 堵 榮 (성씨 이, 담 도, 영화로울 영)

사주	불길한자와 보충할 오행
時 日 月 年 辛 壬 戊 丁 亥 子 申 卯	불길한자 : 榮 (영화 영) 보충되어야 할 오행 : 木 火

이 사주의 주인공은 水의 성분으로 태어났다. 사주에 水가 범람하는 것이 문제다. 土로 水를 막고 水를 설기하여 火를 도와주어야 하니 木·火·土가 보충되어야 한다. 이름자에 堵(담장 도)는 土기운이며 榮(영화 영)은 木火로 이루어져 사주의 주인공에 매우 좋은 작용을 하는 한자다.

② 趙 允 海 (성씨 조, 진실로 윤, 바다 해)

사주	불길한자와 보충할 오행
時 日 月 年 癸 甲 丁 戊 酉 午 巳 寅	불길한자 : (바다 해) 보충되어야 할 오행 : 水 金

위 사주의 주인공은 木의 성분으로 태어났으나 화세(火勢)가 치열하여 문제다. 사주 내의 火를 제하고 일간을 생해줄 水金이 보충되어야 한다.

이름자에 海(바다 해)는 사주의 주인공에게 필요한 水를 보충해 줌으로써 매우 좋은 한자가 된다.

③ 실제인물 사례

이명박(李明博)

전 대통령의 이름 중 밝을 명(明)은 인덕이 없으며 구설이 따르고 질병이 있다는 불길문자로 분류되어 있다.

반기문(潘基文)

유엔사무총장 이름 중 문(文)자도 불길문자로 분류되어 있다.

김덕룡(金德龍)

김덕룡 전 정무장관 및 국회의원 이름 중 덕(德)자는 불길 문자로 분류되어 있다.

이희호(李姬鎬)

김대중 대통령 영부인 이희호 여사의 희(姬)자는 불길문자로 분류되어 있다.

김영란(金英蘭)

여성으로 대법관을 지내고 "김영란법"을 만든 인물이다. 난초 란(蘭)자는 변덕이 심하고 배우자 덕이 없다는 불길문자이다.

이상화(李相花)

올림픽을 2연패한 스케이트 이상화선수다. 꽃 화(花)자는 화류계 여성이 된다는 불길문자이다.

이원태(李元泰)

금호고속과 대한통운 사장을 역임하고 금호아시아나그룹 부회장과 고문을 지냈다. 으뜸 원(元)자가 불길문자로 분류되어 있다.

일부 사례를 들었으나 이 외에도 성공한 사람들 이름에는 수없이 많은 불길문자 들이 포함되어 있으니 모두 이얼령비얼령일 뿐 전혀 근거가 없는 것이다.

제6장

이름 창작의 조건

좋은 이름으로 성공운을 돕기 위해서는 작명을 할 때 지켜야 하는 여러 가지 조건이 있다.

1. 자의(字意)를 구별하여 사용한다

춘추좌씨전(春秋左氏傳)에서는 자식의 이름을 지을 때는 육불(六不)이라 하여 국명(國名), 관명(官名), 산천명(山川名), 병명(病名), 기물명(器物名), 일월명(日月名) 등으로 짓지 않았다고 한다.

또한 사람은 만물의 영장이므로 곤충(昆蟲)이나 동물(動物)의 이름을 사람의 이름자로 사용하지 않으며, 사람의 신체부위에 해당하는 명칭도 이름자에 사용하지 않는다. 그리고 한자의 뜻이 흉(凶)한 자는 이름에 사용하지 않는다.

〈사례〉

許朝鮮 허 조 선 [국명]　　　高日本 고 일 본 [국명]

韓九廳 한 구 청 [관청 청]　　李宗頭 이 종 두 [머리 두]

趙胃庵 조 위 암 [밥통 위]　　金龍虎 김 용 호 [용 용, 범 호]

李鳥恩 이 조 은 [새 조]　　　金老馬 김 노 마 [늙을 노, 말 마]

百頭山 백 두 산 [산천 명]　　　李漢江 이 한 강 [산천 명]

2. 장자와 차자의 한자를 구분한다

장자는 가(可) 차자는 불(不)	클 대(大), 으뜸 원(元), 한 일(一), 처음 초(初), 클 태(泰), 윗 상(上), 완전할 완(完), 높을 고(高), 맏 맹(孟), 거느릴 령(領), 먼저 선(先), 하늘 천(天), 머리 수(首), 긴 장(長), 용마루 동(棟) 등
차자는 가(可) 장자는 불(不)	작을 소(小), 적을 소(少), 버금 중(仲), 아우 제(弟), 아래 하(下), 손자 손(孫), 저물 모(暮), 저녁 석(夕), 뒤 후(後), 낮을 저(低), 땅 지(地), 꼬리 미(尾) 등

한자의 뜻이 아무리 좋아도 첫째 자녀와 둘째 자녀가 피해야 할 글자가 있다. 클 태(泰) 등을 형제(兄弟)나 자매(姉妹)가 같이 사용하는 것은 문제가 없다. 그러나 동생만 클 태(泰), 큰 대(大)를 사용하게 되면 동생이 첫째 자녀를 앞질러 더욱 크게 된다는 암시가 있어 불길한 명이 되는 것이다. 따라서 자녀의 이름을 지을 때는 자녀간의 서열에 따른 적합한 글자를 사용하는 것이 좋다.

형제 사례 1) - X

형(兄) : 朴承暮 박 승 모 [끝 자 : 저물 모]

제(弟) : 朴泰俊 박 태 준 [중간자 : 클 태]

형제 사례 2] - X

형(兄) : 金起凡 김 기 범

제(弟) : 金起領 김 기 령 [끝 자 : 거느릴 령]

형제 사례 3] - O

형(兄) : 李泰宇 이 태 우 [중간자 : 클 태]

제(弟) : 李泰珍 이 태 진 [중간자 : 클 태]

자매 사례 1] - X

자(姉) : 趙美玉 조 미 옥

매(妹) : 趙美先 조 미 선 [끝 자 : 먼저 선]

자매 사례 2] - X

자(姉) : 尹下定 윤 하 정 [중간자 : 아래 하]

매(妹) : 尹少希 윤 소 희

자매 사례 3] - O

자(姉) : 河少榮 하 소 영 [중간자 : 적을 소]

매(妹) : 河少美 하 소 미 [중간자 : 적을 소]

3. 동자이음자 사용에 주의한다

동자이음자(同字異音字)는 대법원에서 이름에 쓸 수 있도록 허용했으므로 적용하여 작명해도 호적에 올릴 수 있고 잘못된 것은 아니다. 그러나 사회적 통념상 자칫 하나의 한자가 두 가지 음(音)으로 발음되어 이름이 갖는 구별에 혼란을 야기시킬 수 있는 것은 바람직하지 않다. 자(字)에 따라서 사용해도 무방한 이음(異音)이 있는가 하면 어떤 자(字)는 혼란을 겪는 경우가 있으니 적용에 신중하여야 할 것이다.

〈동자이음의 예〉

李收寧 (이 수 녕 : 이 수 영)
녕(寧)과 영(寧)의 이음으로 발음되는 것을 주의해야 함

宋在倫 (송 재 륜 : 송 재 윤)
륜(倫)과 윤(倫)의 이음으로 발음되는 것을 주의해야 함

金基伶 (김 기 령 : 김 기 영)
령(伶)과 영(伶)의 이음으로 발음되는 것을 주의해야 함

4. 어조사 사용을 주의한다

한자에는 어조사(語助辭)로 사용하는 한자가 있다. 어조사는 이름에 사용을 금하고 있지는 않으나 어조사는 고유의 독립적인 뜻을 가지고 있지 않은 한자가 있으므로 선별하여 사용해야 한다.

이제 금(今), 어찌 내(奈), 바 소(所), 에게(에서) 어(於), 줄 여(與), 또 야(也), 어조사 야(耶), 행할 우(于), 말미암을 유(由), 어조사 의(矣), 으로써 이(以), 저 이(伊), 말 이을 이(而), 스스로 자(自), 놈 자(者), 하도다 재(哉), 다만 지(只), 갈 지(之), 이 차(此), 법 칙(則), 어조사 호(乎) 등

이(李) 나(奈) 연(沇)
李奈沇(이나연)의 중간자가 어찌 나(奈)와 어찌 내(奈)로 표현되는 어조사이며 또한 동자이음자이다.

서(徐) 유(由) 정(定)
徐由定(서유정)의 중간자 말미암을 유(由)는 어조사로서 이름자로 사용하기에 좋다고 볼 수 없다.

5. 놀림감과 이미지를 고려한다

1) 이름과 이미지

아무리 한자(漢字)의 뜻과 수리(數理)가 좋고 사주와도 잘 부합되어 있다고 해도 발음이 주는 어감이 나쁘고 놀림감이 된다면 결코 좋은 이름이 못된다. 다시 말해서 이름을 부르는 사람이나 듣는 사람으로 하여금 어감과 느낌이 좋아야 좋은 이름이 되는 것이다.

〈놀림감이 되는 이름의 예〉

高 大 爐(고대로) : 그대로 있으라는 놀림감이다.

蘇 定 子(소정자) : 동물 소의 정자를 말하는 느낌이다.

李 構 碩(이구석) : 이구석 저구석으로 놀림감이 된다.

周 前 子(주전자) : 주전자라는 뜻으로 놀림감이 된다.

梁 在 基(양재기) : 양은그릇, 양재기라는 놀림의 이름이 된다.

趙 眞 娥(조진아) : 조씨 성에는 망쳤다는 의미로 받아들여진다.

高 長 植(고장식) : 고장나는 법을 느끼게 하는 이름이다.

許 旁 具(허방구) : 방귀를 연상하게 한다.

林 信 熔(임신용) : 임신하는 용품으로 들린다.

吳 昌 順(오창순) : 번창한다는 뜻이지만 어딘가 천박한 느낌을 준다.

金 昌 女(김창녀) : 빈천하고 흉한 생각을 일으키게 한다.

金 治 國(김치국) : 평생 놀림을 받게 되는 이름이다.

趙 辰 亨(조진형) : 속된말로 '망친다'라는 이미지가 연상된다.

이름자에 쓰는 글자가 뜻이 좋고, 발음이 명랑하고, 세련된 이미지를 가진다면 그 무엇보다 좋은 이름이다. 그러나 이름의 발음이 어렵고 뜻과 이미지가 상대방에게 좋지 않게 연상되는 이름이라면 결정적이고 중요한 순간에 큰 일을 그르치게 될 가능성은 크다.

예컨대, 이석두(李碩斗), 주병신(朱炳信)은 한자의 뜻은 좋으나 이미지로 볼 때 머리가 나쁘다거나 병신 같다는 이미지를 상대방이 느끼게 되므로 자신의 이미지를 손상시킨다. 취업면접이나 이성교제 및 대인관계가 빈번한 업무, 고객서비스 업무 등에서 자칫 상대방에게 놀림감이 되어 신뢰 문제가 발생할 수도 있다.

2) 연예인 이름과 이미지

많은 연예인들이 예명(藝名)을 사용하는 것도 이런 의미에서 기인된 것이다. 과거에는 좋은 이미지의 예명을 썼는데, 현대는 더욱 적극적인 예명을 쓰는 것을 볼 수 있다. 사례를 보자.

전지현의 본명은 왕지현이다. 하정우의 본명은 김성훈으로 성까지 예명으로 바꾸어 사용한다. 원빈의 본명은 김도진이고 현빈의 본명은 김태평이다. 장혁의 본명은 정용준이며, 지성의 본명은 곽태근이다.

모두 예명이 더 주인공 같은 느낌과 세련되고 멋있음을 느낀다.

남자배우 송강호, 이정재, 정우성, 설경구, 박신양, 권상우 등과 여자배우 이보영, 송혜교, 김혜수, 송윤아, 고소영 등은 본명이 자신들의 이미지를 잘 살리고 있다.

이름은 자기 존중의 시작이며 인생이 이름에 담긴 뜻과 의미처럼 잘 살게 되기를 바라는 소망이 담겨 있다. 그러므로 이름은 무엇보다 뜻과 의미가 좋아서 자신의 이름을 부르는 타인에게 좋은 이미지를 주어야 한다. 그것이 사람들 속에 사는 동안 이름으로 행복해질 수 있는 가장 첫 번째이다.

6. 월지와 일지에 따라 피해야 할 한자

출생사주의 기운을 타고난 선천운이라 한다. 살아가며 사용하는 이름은 후천적으로서 사주의 선천적 작용을 여러 가지로 돕기 위한 방법이 작명의 목적이다. 그러므로 사주의 체용(體用)에 중요한 작용을 하는 월지와 일지의 글자와 충(沖)하는 한자가 이름에 들어가는 것은 피하는 게 좋다.

작명대상자의 월지와 일지기준

이름에 사용한 자(字)가 출생사주의 월지와 일지를 충(沖)하지 않아야 하는 이유가 있다. 월지는 자신의 태어난 기운이 있는 곳으로 부모와 가정, 직업의 문제이고 가치관과 성정이 머무는 곳이다. 일지는 나의 배우자이자 나의 정서와 의식이다. 그리고 항상 현재 상태이며 가장 소중한 것이 머무는 곳이기 때문이다.

월·일지가 子일 때 – 午字 적용불리

월·일지가 丑일 때 – 未字 적용불리

월·일지가 寅일 때 – 申字 적용불리

월·일지가 卯일 때 – 酉字 적용불리

월·일지가 辰일 때 – 戌字 적용불리

월·일지가 巳일 때 – 亥字 적용불리

월·일지가 午일 때 – 子字 적용불리

월·일지가 未일 때 – 丑字 적용불리

월·일지가 申일 때 – 寅字 적용불리

월·일지가 酉일 때 – 卯字 적용불리

월·일지가 戌일 때 – 辰字 적용불리

월·일지가 亥일 때 – 巳字 적용불리

〈사례〉

사주	적용불가 한자
時 日 月 年 丁 癸 壬 己 巳 卯 申 巳	- 월지가 申이므로 寅字 불리 - 일지가 卯이므로 酉字 불리

사주	적용불가 한자
時 日 月 年 甲 丁 甲 癸 辰 丑 寅 巳	- 월지가 寅이므로 申字 불리 - 일지가 丑이므로 未字 불리

사주	적용불가 한자
時 日 月 年 庚 戊 甲 丙 申 戌 午 辰	- 월지가 午이므로 子字 불리 - 일지가 戌이므로 辰字 불리

사주	적용불가 한자
時 日 月 年 戊 庚 辛 甲 寅 子 未 子	- 월지가 未이므로 丑字 불리 - 일지가 子이므로 午字 불리

사주	적용불가 한자
時 日 月 年 壬 己 乙 庚 申 巳 酉 子	- 월지가 酉이므로 卯字 불리 - 일지가 巳이므로 亥字 불리

7. 선천운(사주)을 돕는 이름

부르기 좋고 세련된 이미지의 이름이나 미래지향적이고 발전적인 이름들 모두 좋은 이름이 될 수 있다. 그러나 가장 중요한 것은 지어진 이름이 타고난 사주와 잘 배합이 되는가 하는 것이다. 이름과 사주의 관계는 불가분의 관계이므로 서로를 떼어놓고서는 작명의 원리를 설명할 수 없다.

좋은 이름은 사주와 잘 배합이 되는 이름을 맞춰서 짓는 이름이다. 따라서 사주의 구성을 잘 살피고 오행의 구성상 부족한 기의 흐름을 먼저 밝혀내어 이름자에 사용하는 글자가 사주상 부족한 기운을 생(生)해주는 관계로 이름을 지어야만 좋은 이름이 될 수 있다.

그리고 음(陰)과 양(陽)의 조화(造化)는 우주의 조화이며 중요한 원리이다. 이 둘의 조화가 잘 이루어지지 않은 이름은 일평생을 절뚝발이 걸음을 하면서 살아야 하는 불편함을 무릅써야 할 것이다. 음은 정적이며 여성적이고 소극적인 속성이 있고 양은 동적이며 남성적이며 적극적이다. 이름에 음과 양의 조화가 순조롭고 음과 양 어느 한쪽으로 치우치지 않게 구성이 된다면 좋은 이름이 될 수 있다.

남자의 몸에서 여성의 호르몬이 있고 여성의 몸에도 남성의 호르몬이 존재하는 것은 음양이란 분리되어야 하는 것이 아니고 서로 교류하고 존속되어야 하는 필연적인 관계이니 이름에도 이 음양이 결여되면 안 되는 이치라 할 수 있다.

선천 운	보충의 예	이름에 적용할 한자
여름출생	水가 필요	천(泉), 준(濬), 현(泫), 수(洙), 윤(潤) 등
겨울출생	火가 필요	대(昊), 경(炅), 준(焌), 윤(昀), 승(昇) 등
가을출생	木이 필요	주(株), 정(楨), 진(楴), 송(松), 동(東) 등
봄 출생	金이 필요	민(鈱), 석(錫), 명(銘), 민(珉), 철(鐵) 등

8. 복잡한 한자와 연음을 피한다

이름은 나를 타인과 구분하기 위하여 사용하게 된다. 그러나 이름자에 사용하는 한자는 너무 획수가 많거나 쓰기가 복잡하여 여러 가지로 사용하기가 불편한 자는 피하는 것이 좋다. 또한 성씨와 같은 자를 연이어 사용하지 않는다.

- 서(徐)지(誌)울(鬱)

  10획, 14획, 29획 총 53획이며 울(鬱)자는 너무 복잡해서 쉽게 사용하기 어렵다.

- 소(蘇)경(慶)희(曦)

22획, 15획, 20획으로 총 57획이 되며 한자가 모두 복잡하여 쉽게 쓰기 어렵다.

- 윤(尹)윤(允)아(我)

  '윤아'의 이름만 부를 때는 문제가 없으나 성씨 윤과 이름 윤자가 연이어 윤윤아로 발음되어 변별성이 떨어지므로 사용하지 않는 게 좋다.

- 장(張)윤(尹)장(張)

  모두 성씨의 한자 장(張)과 윤(尹)으로만 구성되어 있다. 성씨의 한자를 배열하여 놓은 느낌을 준다.

- 김(金)금(金)희(姬)

  성씨의 김(金)과 이름자의 금(金)자가 한글발음은 다르나 한자가 동일하므로 사용하지 않아야 한다.

9. 부수의 중복배열을 주의한다

이름에 동일할 부수(部數)가 연이어 나란히 들어가는 것은 같은 에너지가 중복되는 것과 모양으로도 보기가 좋지 않다. 이 또한 작명법상 반드시 안 된다는 것보다는 이름에 조화를 맞추는 것으로 이해해야 한다.

- 조(趙)현(眴)영(暎)

  '조현영'의 이름자 현(眴)영(暎)에 모두 날일(日)변이 나란히 들어갔다. 날일(日)은 태양의 기운이다. 한 이름에 태양이 두 개가 있는 것으로 비록 작명대상자의 사주에 화(火)기운의 보충이 필요해도 좋지 않다. 만약 이름에 화(火)기운을 많이 보충해야 할 때 '조(趙)현(眴)영(煐)'으로 짓는다면 영(煐)자에는 불화(火)변을 넣어주는 것이 좋다는 것이다.

- 나(羅)현(炫)영(煐)

  '나현영'은 이름자에 모두 불 화(火)변이 들어가 있다.

- 지(池)수(洙)현(泫)

  '지수현'은 성씨를 포함하여 모두 물 수(氵)변이 들어가 있다.

- 김(金)은(銀)진(鎭)

  '김은진'은 성씨를 포함하여 모두 쇠 금(金)변이 들어가 있다.

- 박(朴)지(枝)환(桓)

  '박지환'은 성씨를 포함하여 모두 나무목(木)변이 들어가 있다.

- 이(李)성(城)원(垣)

  '이성원'은 이름자에 흙토(土)변이 연이어 들어갔다.

- 신(辛)정(婝)희(姬)

  '신정희'는 이름자에 여자여(女)변이 연이어 들어가 있다.

10. 성과 수리격의 배합

성명(姓名)이란 성과 이름이다. 성씨는 조상을 나타내며 선대의 기운이 대대로 내려오는 것이다. 중간자는 나를 나타내며 위로는 성씨에 효도하고 아래로는 자손을 보살피는 것이다. 이름의 끝자는 자손을 나타내며 자손의 기운이 나와 형통하여 가정의 평화를 이루는 것이다. 이것을 天, 地, 人 삼재법이라고 한다.

성명학에서는 81수의 길흉을 성과 이름자의 획수에 적용하여 수리4격을 구성하고 성씨와 이름자 상호간 길수(吉數)조합, 발음(發音), 한자(漢字)의 적용이 좋고 매끄러우면 좋은 이름이 된다. 이것을 중용의 원(元), 형(亨), 이(利), 정(貞)으로 이름에 적용하는 것이다. 그러나 수리4격이 흉하거나 발음과 한자의 뜻이 불길하면 좋은 이름이 못된다.

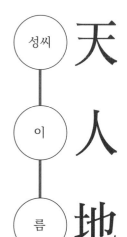

| 성씨 | 天 | 성씨는 영원히 변할 수 없는 근본(根本)이요, 뿌리다. 선천적으로 끊임없이 조상(祖上)의 명(命)과 업(業)이 이어지는 천기(天氣)라 할 수 있다. 모든 작명 학술은 성씨의 근본에서 시작된다. |

중간자와 성씨의 상생(相生)이 잘 되고, 수리가 좋고, 훌륭한 격(格)이 되면 천기(天氣)를 받아 부모의 사랑을 받고 효도를 하며 재물이 풍족하고 가정이 화목하며 사회에서 성공운이 길하다.

이름 끝자로 중간자, 성씨와 상생(相生)이 잘 되고, 음양(陰陽)의 배합이 좋으며 사주와의 부합(扶合)이 훌륭하면 성정이 아름답고 인덕이 많아 부귀공명하게 되며 자손이 번창하고 성공하게 된다.

- 조(趙)은(恩)성(晟)

  14·10·11획으로 원격21획, 형격24획, 이격25획, 정격35획으로 수리 4격이 모두 길하다. 발음오행은 金·土·金으로 길하다. 은혜 은자와 밝을 성으로 은혜롭고 밝다는 의미로 성과 수리가 조화로운 이름이다.

- 김(金)구(狗)범(犯)

  '김구범'은 이름자 중간에 개 구(狗)라는 동물 자를 사용했다. 또한 끝자에 범할 범(犯)을 사용했다. 사나운 개가 위로 조상은 범하고 아래로는 자손을 범한다는 의미로 가정사가 좋지 못할 수 있다.

- 백(白)상(相)천(天)

  '백상천'은 이름 끝자에 하늘 천(天)을 사용해서 나를 지칭하는 서로 상(相)이 선대보다 자손을 하늘로 보게 되니 효도하지 않을 명이다.

여성과 수리구성의 소고

작명학의 수리 구성에서 매우 민감하게 다뤄지는 것이 특히 여성에게 있어서의 수리구성이다. 81수리 길흉 구성상으로는 흉한 수리가 아님에도 불구하고 아래 수리는 피하여 왔다.

① 여자 : 21, 23, 32, 33, 39의 수리는 흉하다.

② 23, 33, 39 등은 남녀 불문하고 중복을 피해야 한다.

그러나 과거 여성들이 널뛰기를 해서 울타리 밖의 세상을 구경하던 시대와 여성이 강하면 집안꼴이 엉망이 된다고 하던 시대는 지났다. 현대는 여성대통령이 나오고 장관과 판검사는 물론 경찰서장과 사관학교도 여성의 입학이 허용되었다. 교사도 여성이 비율이 높아졌고, 능력 있는 여성가장이 늘어가고 있는 현실에서 논할 가치를 상실한 것으로 판단된다.

실제 여러 여성이 위 획수의 이름을 가지고도 사회적으로 성공하고 가정도 잘 꾸려가는 예가 많다. 이 시대 여성들의 인권과 사회 활동을 비추어 중복사용이 되지 않는다면 아무 문제가 없다는 것이다.

11. 수리·발음·자원오행의 조화

자원오행 성명학에서 사용하는 중요한 작명 기본원리는 '한글자음 발음오행의 상생', '원형이정 수리4격의 배열', '한자고유 자원오행의 보충'이라는 3대 원칙을 기본으로 하고 있다. 아래 사례에서 발음, 수리, 자원오행의 조화가 잘 이루어진 작명사례를 살필 수 있다. 다만 발음오행에 있어서 글자의 첫 발음인 자음의 오행으로 이름자간 상생을 시키는 것을 기본으로 하고 있으나 이름자의 받침이 되는 종성도 자음이기 때문에 2차적으로 이름자 간 앞 글자 종성과 뒷 글자 초성의 상생을 배합하여 작명할 수 있다. 발음오행에 있어서는 조금 더 자유롭게 생각하고 시대에 부합되는 세련된 이미지와 발음의 정확성 등 전체적인 조화가 이루어지도록 작명한다.

◎ 작명대상자 사주에 보충될 오행이 木火일 경우

	발음오행	자원오행	수리배열
이(李)	土	木	양(7획)
승(昇)	金	火	음(8획)
환(桓)	土	木	음(10획)
	▼	▼	▼
	상생 吉	木火 보충	吉

이승환(李昇桓)은

① 한글발음오행이 상생되었다.

② 수리4격이 길격으로 구성되었다.

③ 사주에서 필요로 하는 자원오행 木火가 잘 보충되었다.

④ 이름자의 소리가 정확하게 발음된다.

⑤ 昇(해돋을 승)과 桓(굳셀 환)은 한자의 뜻이 좋다.

◎ 종성으로 상생시킨 작명 예

	발음오행	자원오행	수리배열
박(朴)	水	木	음(6획)
동(棟)	火	木	음(12획)
현(晛)	土	火	양(11획)
	▼	▼	▼
	종성상생 吉	木火 보충	吉

박동현(朴棟晛)은

① 발음오행 초성은 박(水)과 동(火)이 水火로 상극이나 박의 종성(ㄱ : 木)과 동(ㄷ : 火)의 초성이 상생되었다.

② 수리4격이 길격으로 구성되었다.

③ 사주에서 필요로 하는 자원오행 木火가 잘 보충되었다.

④ 이름자의 소리가 정확하게 발음된다.

⑤ 棟(용마루 동)과 晛(햇살 현)은 자의(字意)가 좋다.

제7장

작명법의 실제

앞에서 단원별로 작명(作名)에 관한 방법과 체계를 서술하였으며 본 장에서는 그 기본적 원리들을 인용(引用)하고 적용(適用)하여 창작(創作)을 해보기로 한다.

작명이란 한정된 한자 내에서 그 사주에 보충되어야 하는 음양오행(陰陽五行)을 이름 글자에 활용하는 기술이라 할 수 있는 것이므로 단순히 보면 무척 쉬운 것 같으나 실상 작명에 임(臨)하면 작명에 대한 전문 지식이 없이는 힘든 작업임을 알 수 있다.

학자들마다 발음오행, 수리오행, 삼원오행, 자원오행, 주역작명법, 소리성명 등의 활용과 중요시하는 포인트(Point)가 다른 작명법을 쓰고 있으나 무엇이 옳다 그르다 할 수는 없다. 그것은 작명을 의뢰하는 고객이 판단할 몫이 된다. 그러나 앞에서 언급했듯이 한글로는 자음과 모음이 결합된 글자의 음(音)이 아닌 글자가 조합되어 의미가 부여되는 단어(單語)로써만이 뜻이 전달될 수 있다. 즉, '바다'라고 하면 물을 연상케 하고 그 소리가 전달되는 느낌은 水이다. 한글로 '동연'이란 이름을 부르면 발음은 구별은 되나 의미를 부여한 단어가 아니기에 뜻과 오행의 에너지는 구분이 안 된다. 그렇다고 사주에 火가 필요할 경우 한글로 '덥다, 따듯하다, 햇살, 태양'으로 木이 필요하면 '나무', 金이 필요하면 '강철, 철분', 水가 필요하면 '강물, 바다, 시내' 이렇게만 이름을 지을 수 있을까?

그러나 동연(東淵)이라는 한자를 부여한 후 동연(東淵)아 하고 부르면 목(木)기운과 연못 연(淵)의 수(水)기운이 이름의 주인공인 동연이라는 발음에 따라가 동연이의 뇌(腦)와 신경(神經)에 자연의 기(氣)가 전달될 수 있다는 점이다. 하여 필자는 수리4격과 한글발음, 자(字)의 본래 속성인 자원오행(字源五行)을 중요시하여 작명하고 그 사주의 운을 돕는 창작에 주력하는 것이다.

1. 기본 작명법의 순서

1) 사주의 보충오행을 분석한다

예) 2001년 12월 6일 (양력) 오후 4시 30분 출생 (男)

사주	대운
時 日 月 年 庚 癸 己 辛 申 卯 亥 巳	60 50 40 30 20 10 癸 甲 乙 丙 丁 戊 巳 午 未 申 酉 戌

이 사주의 주인공은 癸水 일간으로 水가 왕한 亥月(해월)에 출생하고 년주 辛金과 시주 庚申 金으로 자신을 돕는 오행이 4개로 일간의 수기(水氣)가 너무 강해졌다. 또한 金水기운이 가득하여 한기(寒氣)가 많다. 그러므

로 사주에 필요한 오행은 한습(寒濕)한 기운을 녹이는 火기운이 보충되어야 하고 火를 돕는 木기운이 필요하다.

▶ 이름에 火기운과 木기운이 보충되어야 한다.

2) 성(姓)씨를 분류한다

① 작명대상자 성씨 구분
오행과 획수의 구별이 필수적으로 먼저 이루어져야 한다.
- 성 씨 : 서(徐)
- 획 수 : 10획
- 발음오행 : 金
- 자원오행 : 火 (성씨의 자원오행은 선택이 아니다.)

② 항렬자 사용여부를 확인한다.

③ 장자와 차자로 구별하여 한자의 사용 시 참고해야 한다.

3) 발음오행을 배열한다

참고할 것은 사주에 부족한 오행을 보충할 때 발음오행(發音五行) 자체를 보충하기에는 매우 역부족일 경우가 많다는 것이다. 즉, 성씨가 金발음인데 이름에 木·火가 보충되어야 한다면 모두 성씨와 상극(相剋)되고 있어 어찌 보충할 것인가? 뿐만 아니라 세련된 발음의 이름이 많지 않게 된다. 그러므로 발음오행은 상생(相生)을 목적으로 하고 실제 사주를 보충할 수 있는 오행의 기운은 자(字)가 가지고 있는 자원오행(字源五行)으로 보충하는 것이 좋은 이름이 될 수 있다.

서(徐)의 발음오행 – 金에 발음 상생배열

① 金 + 土 + 火   ② 金 + 水 + 木
③ 金 + 土 + 土   ④ 金 + 金 + 土
⑤ 金 + 土 + 金   ⑥ 金 + 水 + 金
⑦ 金 + 水 + 水   ⑧ 金 + 金 + 水

위와 같이 발음오행 상생배열 중 작명대상자 사주에 木·火가 필요하니 ①번 金 + 土 + 火 배열이 일단 발음오행으로는 가장 좋다고 본다. 만약 성씨 발음오행이 木이면 [木·火·土], 火이면 [火·木·木], 土이면 [土·火·木] 이렇게 배열되었을 것이다.

4) 좋은 수리4격을 배열한다

성씨 서(徐) 10획에 좋은 수리격의 조합

10	10	10	10	10	10	10	10	10	10	10	10	10	10	10
1	5	1	6	1	7	1	14	1	22	3		3	5	3	8
5	1	6	1	7	1	14	1	22	1	3		5	3	8	3

10	10	10	10	10	10	10	10	10	10	10	10	10	10	10	10
3	22	5	6	5	8	6	7	6	15	6	19	6	23	7	8
22	3	6	5	8	5	7	6	15	6	19	6	23	6	8	7

10	10	10	10	10	10	10	10	10	10	10	10	10	10	10	10
7	14	7	22	8	13	8	15	8	21	8	23	11	14	13	22
14	7	22	7	13	8	15	8	21	8	23	8	14	11	22	13

- 위 수리배열 중에 먼저 10, 8, 7 격 하나를 적용하여 보자

5) 발음·획수에 따른 한자선택을 한다

이 책의 제11장 [획수별 자원오행 한자사전]에서 8획에 土(ㅇ, ㅎ)발음과 7획에 火(ㄴ, ㄷ, ㄹ, ㅌ)발음 중에 자원오행이 木과 火기운을 갖고 있는 한자 중 이름자에 사용하기 좋은 자만을 선택하여 아래 표처럼 기록한다.

성 씨	서	중간자	끝자
발음오행	金	土(ㅇ.ㅎ)	火(ㄴ.ㄷ.ㄹ.ㅌ)
획수선택	10	8	7
작명 (作名)	서 (徐)	법식 예(例), 대낮 오(晤), 햇빛 윤(昀), 하늘 호(昊), 수풀 임(林), 건널 항(杭)	햇빛 대(旲), 붉을 동(彤), 영리할 령(伶), 기쁠 태(兌) 의지할 탁(托)

이와 같이 한자를 찾아 배열한 다음 서(徐)씨와 어울리는 발음으로 이름을 조합하여 작명한다. 발음이 어색하거나 불편한 조합은 취하지 않는다.

위에서 사용하기 가능한 이름을 선택하여 조합하면 다음과 같다.

서(徐)예(例)령(伶) / 서(徐)예(例)동(彤) / 서(徐)윤(昀)탁(托)
서(徐)윤(昀)태(兌) / 서(徐)호(昊)탁(托) / 서(徐)호(昊)태(兌)

위 이름은 사주에 목화(木火)기운을 보충하기 위한 한글발음오행을 최대한 존중하고 자원오행을 겸하여 선택한 이름들이다.

6) 최종 이름을 선택한다

이름과 획수	음양	발음오행	자원오행	원형이정4격
서(徐) 10획 윤(昀) 8획 태(兌) 7획	음 음 양	金 土 火	火 火 火	정격 = 25획 길격 이격 = 17획 길격 형격 = 18획 길격 원격 = 15획 길격

2. 발음·획수·자원오행 기본작명

1) 木·火 보충의 작명사례

서(徐)씨의 수리배열 10, 11, 14획을 선택. 이때 발음오행은 金·金·土로 상생시키고, 자원오행에 초점을 맞추어 작명을 해보자.

이 책의 11장 [획수별 자원오행 한자사전]에서 11획에 金(ㅅ, ㅈ, ㅊ) 발음과 14획에 土(ㅇ, ㅎ) 발음 중에 자원오행이 木과 火기운을 갖고 있으며, 이름자에 사용하기 좋은 자만을 선택하여 아래 표처럼 기록한다.

성 씨	서	중간자	끝자
발음오행	金	金(ㅅ, ㅈ, ㅊ)	土(ㅇ, ㅎ)
획수선택	10	11	14
작명 한자선택	서(徐)	밝을 성(晟), 빛날 준(晙), 불 땔 준(焌), 채색 채(彩) -------------------- 나무 재(梓), 기둥 정(桯)	영화 영(榮), 복 우(禑), 목나무 용(榕) -------------------- 노란모양 운(熉), 녹일 용(熔), 빛날 혁(赫), 불기운 훈(熏), 빛날 희(熙)
자원오행	火	木火기운의 한자선택	木火기운의 한자선택

- 선택한 한자의 발음과 어감 등을 고려해 좋은 이름이 되게 조합한다.
- 이름자에 자원오행을 화목(火木), 목화(木火)으로 고르게 배열한다.
- 위 표에 한자를 조합하여 이름을 작명하면 다음과 같다.

서(徐)성(晟)용(榕) / 서(徐)성(晟)우(禑) / 서(徐)준(晙)영(榮)

서(徐)준(晙)우(禑) / 서(徐)준(晙)용(榕) / 서(徐)채(彩)영(榮)

서(徐)재(梓)윤(煐) / 서(徐)재(梓)용(熔) / 서(徐)재(梓)혁(赫)

서(徐)재(梓)훈(熏) / 서(徐)재(梓)희(熙) / 서(徐)정(桯)윤(煐)

서(徐)정(桯)혁(赫) / 서(徐)정(桯)훈(熏) / 서(徐)정(桯)희(熙)

이와 같이 발음오행을 상생시키고 자원오행을 보충하는 작명은 이름도 세련되고 보충오행의 木·火기운을 충분히 넣어줄 수 있는 매우 커다란 장점이 있다.

위 이름들의 수리구성과 해설은 모두 다음과 같다.

〈수리해설〉

원격 : 초년운[25획] 안강격(安康格) - 순풍발전지상(順風發展之象) 大吉격

형격 : 청년운[21획] 두령격(頭領格) - 만인앙시지상(萬人仰視之象) 大吉격

이격 : 중년운[24획] 입신격(立身格) - 등천축재지상(登天蓄財之象) 大吉격

정격 : 말년운[35획] 태평격(泰平格) - 만물평화지상(萬物平和之象) 大吉격

2) 金·水 보충의 작명사례

작명대상자의 사주에 보충할 오행 金·水일때, 역시 발음오행은 상생시키고, 자원오행에 초점을 맞추어 작명을 해보자.

이 책의 11장 [획수별 자원오행 한자사전]에서 11획에 金(ㅅ, ㅈ, ㅊ) 발음과 14획에 土(ㅇ, ㅎ) 발음 중 자원오행이 金과 水기운을 갖고 있으며 이름자에 사용하기 좋은 자만을 선택하여 아래 표처럼 기록한다.

성 씨	서	중간자	끝자
발음오행	金	金(ㅅ, ㅈ, ㅊ)	土(ㅇ, ㅎ)
획수선택	10	11	14
작명 한자선택	서 (徐)	옥돌 선(珗), 비녀 채(釵), 귀고리 충(琓), 낚시 조(釣), 팔찌 천(釧), ------------------ 건널 섭(涉), 깊을 준(浚), 곧을 정(涏)	물소리 은(溵), 근원 원(源), 물흐를 용(溶), 물깊을 윤(潤), 넘칠 일(溢), ------------------ 옥빛 영(瑛), 옥돌 우(瑀), 숫돌 하(碬), 은 은(銀)
자원오행	火	金水기운의 한자선택	金水기운의 한자선택

- 선택한 한자의 발음과 어감 등을 고려해 좋은 이름이 되게 조합한다.
- 이름자에 자원오행을 금수(金水)와 수금(水金)으로 고르게 배열한다.
- 성별에 따라 이름을 분류하여 사용한다.

[여자이름]

서(徐)정(涏)은(銀) / 서(徐)정(涏)하(碬) / 서(徐)조(釣)윤(贇)
서(徐)채(釵)원(源) / 서(徐)채(釵)윤(贇) / 서(徐)채(釵)은(澱)

[남자이름]

서(徐)준(浚)영(瑛) / 서(徐)준(浚)우(瑀) / 서(徐)준(浚)하(碬)
서(徐)정(涏)우(瑀) / 서(徐)조(釣)일(溢) / 서(徐)조(釣)원(源)
서(徐)천(釧)용(溶) / 서(徐)충(琉)일(溢) / 서(徐)준(浚)일(溢)

위 이름들은 사주에 필요한 金水의 기운을 자원오행이 훌륭하게 보충하였으며 성공하는 이름 작명법의 기준을 모두 잘 갖췄다.

위 작명사례 1)과 2)는 모두 같은 서(徐)씨의 이름을 발음 金·金·土와 수리배열 10, 11, 14획을 적용하여 작명한 예다. 한 사람은 木火가 필요하였고 한 사람은 金水가 필요하였으나 자원오행을 적용함으로써 각각 선천운을 훌륭하게 돕는 이름을 창작하게 된 것이다.

3) 水·火 보충 작명사례

만약 작명대상자의 사주에 상극(相剋)되는 오행을 보충하게 될 경우다. 즉 水와 火를 보충해야 할 경우, 火와 金을 보충할 경우, 金과 木을 보충해야 할 경우, 木과 土를 보충할 경우, 土와 水를 보충할 경우가 있다고 하

자. 이때 한글발음은 상극이 되어 적용이 불가능하다. 그러나 발음을 상생시키고 자원오행을 보충하여 작명한다면 훌륭하게 해결할 수 있다.

이점 또한 자원오행성명학이 주는 매력 있는 작명법임을 알 수 있다. 아래 이(李)씨 성으로 사례를 들어보겠다.

이(李)씨 성에 수리배열 7, 11, 14 발음오행은 土·金·土 상생배열이다. 사주에 보충할 오행은 水와 火이다. 위 서(徐)씨 사례와 마찬가지로 자원오행에 초점을 맞추어 작명을 해보자.

이 책 11장 [획수별 자원오행 한자사전]에서 11획에 金(ㅅ, ㅈ, ㅊ)발음과 14획에 土(ㅇ, ㅎ)발음 중에 자원오행이 水와 火기운을 갖고 있는 한자 중 이름에 사용할 수 있는 자만을 선택하여 아래 표처럼 분리하여 기록한다.

성 씨	이	중간자	끝자
발음오행	土	金(ㅅ, ㅈ, ㅊ)	土(ㅇ, ㅎ)
획수선택	7	11	14
작명 한자선택	이 (李)	밝을 성(晟), 샛별 신(晨), 낮 주(晝), 밝을 준(晙) -------------------- 건널 섭(涉), 곧을 정(涏), 깊을 준(浚)	물흐를 용(溶), 근원 원(源), 물소리 은(溵), 넘칠 일(溢), -------------------- 환할 엽(爗), 녹일 용(熔), 노란모양 운(煇), 역말 일(馹), 빛날 혁(赫), 등불 형(熒), 불기운 훈(熏), 빛날 희(熙)
자원오행	木	火水기운의 한자선택	水火기운의 한자선택

- 선택한 한자의 발음과 어감 등을 고려해 좋은 이름이 되게 조합한다.
- 이름자에 자원오행을 수화(水火)와 화수(火水)로 고르게 배열한다.
- 성별에 따라 이름을 분류하여 사용한다.

[이름2자에 자원오행 火·水배열 보충]

이(李)성(晟)용(溶) / 이(李)성(晟)원(源) / 이(李)성(晟)은(澱)

이(李)주(晝)원(源) / 이(李)주(晝)은(澱) / 이(李)주(晝)일(溢)

이(李)준(晙)용(溶) / 이(李)준(晙)원(源) / 이(李)준(晙)일(溢)

[이름2자에 자원오행 水·火배열 보충]

이(李)정(涏)엽(燁) / 이(李)정(涏)윤(熤) / 이(李)정(涏)일(馹)

이(李)정(涏)혁(赫) / 이(李)정(涏)훈(熏) / 이(李)정(涏)희(熙)

이(李)준(浚)엽(燁) / 이(李)준(浚)용(熔) / 이(李)준(浚)일(馹)

이(李)준(浚)혁(赫) / 이(李)준(浚)형(熒) / 이(李)준(浚)형(熒)

위 이름들은 먼저 수리배열이 7, 11, 14획으로 원격25획(길격), 형격18획(길격), 이격21획(길격), 정격32획(길격)으로 작명되었고, 또한 한글 발음 오행이 土金土로 상생되고 있으며 사주에 보충해야 하는 오행 水와 火가 자원오행으로 훌륭하게 보충되었다.

4) 木·土 보충의 작명사례

작명대상자 성씨 전(全)씨, 여아(女兒), 사주에 보충할 오행은 木와 土이
다. 수리배열 6, 7, 10을 선택하였다. 발음오행은 金·金·土 상생배열이다.

이 책의 11장 [획수별 자원오행 한자사전]에서 7획에 金(ㅅ, ㅈ, ㅊ) 발
음과 10획에 土(ㅇ, ㅎ) 발음 중에 자원오행이 木와 土기운을 갖고 있으
며, 여아(女兒)이름에 쓰기 좋은 자들을 선택하여 아래 표처럼 분리 기록
한다.

성 씨	전	중간자	끝자
발음오행	金	金(ㅅ, ㅈ, ㅊ)	土(ㅇ, ㅎ)
획수선택	6	7	10
작명 한자선택	전 (全)	평상 상(床), 차례 서(序), 송나라 송(宋), 재목 재(材), 빼어날 수(秀) ------------------ 높을 소(卲), 봉우리 잠(岑), 밭두둑 정(町), 터 지(址)	아름다울 아(娥), 재 현(峴), 고울 연(娟), 바를 완(垸) ------------------ 싹 아(芽), 안석 안(案), 곡식 유(䄂), 밤 율(栗).
자원오행	土	木과 土기운의 한자선택	木과 土기운의 한자선택

- 선택한 한자의 발음과 어감 등을 고려해 좋은 이름이 되게 조합한다.
- 이름자에 자원오행을 木土와 土木으로 고르게 배열한다.
- 여아(女兒)에게 어울리는 이름만을 선택하여 조합한다.

전(全)상(床)아(娥) / 전(全)서(序)현(峴) / 전(全)송(宋)아(娥)

전(全)송(宋)연(娟) / 전(全)재(材)연(娟) / 전(全)수(秀)연(娟)

전(全)소(邵)유(袖) / 전(全)소(邵)율(栗) / 전(全)지(址)아(芽)

전(全)지(址)안(案) / 전(全)지(址)유(袖) / 전(全)지(址)율(栗)

위 이름들은 먼저 수리배열이 6·7·10획으로 원격17획(길격), 형격13
획(길격), 이격16획(길격), 정격23획(길격)으로 작명되었고, 또한 한글 발음
오행이 金·金·土로 상생되고 있으며 사주에 보충해야 하는 오행 木과 土
가 자원오행으로 훌륭하게 보충되었다.

3. 초성과 종성의 상생배열 이름

앞에서도 설명한 바 있듯이 한글발음오행의 상생은 자음(子音)의 발음
오행을 상생시키는 것이다. 그러나 자음은 글자의 첫 자에만 들어가는 것
이 아닌 받침으로도 사용되고 있다. 그러므로 글자들 간의 앞 글자 종성
과 뒷 글자 초성 자음이 상생된다면 좋은 이름이 될 수 있다는 것이다. 이
는 이름 작명에서 다양성을 확보하기 위해서 적용이 타당하며 필요한 작
명법이 된다. 만일 초성으로만 이름을 상생시켜 좋은 이름이 나오지 않을
경우 다음과 같이 종성과 초성을 상생시켜 작명하는 방법을 적용하면 된
다. 초성 상생이 이루어진 글자는 유지하고 초성 상생이 이루어지지 않는
글자는 앞 글자 종성과 뒷 글자 초성을 상생시켜 발음이 순행하도록 맞추
는 방법도 가능하다.

① 성씨와 중간자의 사례

한자이름	金 俊 成	사주에 필요한 자원오행의 한자를 선택한다.
한글이름	김 준 성	성과 중간자가 상극, 중간자와 끝 자는 비화(吉)
발음오행	木 극 金 = 金	김과 준의 초성 자음발음오행이 木·金으로 상극
종성·초성	김의 종성 ㅁ(水) 준의 초성 ㅈ(金)	김의 종성과 준의 초성이 水·金으로 상생되었다.

② 중간자와 끝 자의 사례

한자이름	安 洞 秀	사주에 필요한 자원오행의 한자를 선택한다.
한글이름	안 동 수	성과 중간자는 상생(吉), 중간자와 끝 자는 상극
발음오행	土 생 火 극 金	동과 수의 초성 자음발음오행이 火·金으로 상극
종성·초성	동의 종성 ㅇ(土) 수의 초성 ㅅ(金)	동의 종성과 수의 초성이 土·金으로 상생되었다.

4. 자원오행 중심의 작명

그동안 작명가들은 운해본의 원리에 따른 발음오행을 적용하였고, 해례본이 밝혀지면서 해례본의 원리에 따른 발음오행을 적용하기도 한다. 전술하였듯이 이는 우리의 역사적 문제이고 또 훈민정음 창제원리가 작명에 적용하는 기준을 말한 것이 아니기 때문에 옳고 그름이 아닌 선택의 문제이다.

필자는 우리의 언어인 한글은 어디서든 편견과 제약 없이 활용되는 것이 옳다고 생각한다. 훈민정음 창제원리는 그야말로 원리일 뿐인 것이다.

다시 말해서 운해본이든 해례본이든 국민들이 이름을 지을 때 발음오행을 상생시켜야 하며 상극되는 작명을 해서는 안 된다는 내용은 그 어디에서도 찾아볼 수 없다.

안타까운 것은 아이에게 직접 이름을 지어주는 부모들은 한글을 자유롭게 적용하고 있는데, 작명가들은 한글 발음오행을 적용함으로써 편견과 제약된 작명결과의 이름만을 제공하게 된다는 점을 분명하게 지적하고 싶다. 그리고 앞으로 작명업종에서 이러한 한글 활용에 대한 모순의 문제가 논의되고 해소되길 진정으로 기대하는 바이다.

한글발음에 대한 편견과 제약 없이 자유롭게 활용하면서 작명대상자의 사주에 부족한 오행을 보충하는 자원오행 작명법으로 이름을 창작하여 보자.

1) 木·水 보충의 자원오행 작명사례

김(金)씨의 수리배열 8, 10, 15획을 선택. 이때 발음오행은 자유롭게 하고 자원오행에 초점을 맞추어 작명을 해보자.

이 책 11장 [획수별 자원오행 한자사전]에서 10획의 모든 한자 중 木과 水기운을 가진 자, 그리고 15획의 한자 중 역시 木과 水기운을 갖고 있으며, 이름자에 사용하기 좋은 자만을 선택하여 아래 표처럼 기록한다.

성 씨	김	중간자	끝자
발음오행		적용 안함	적용 안함
획수선택	8	10	15
작명 한자선택	김 (金)	학교 교(校), 오동나무 동(桐), 밤 율(栗), 씨 인(芢), 굳셀 환(桓), 뽕나무 상(桑), 깃들 서(栖), 그루 주(株), 버섯 지(芝), 진나라 진(秦) ------------------- 고을 동(洞), 흐를 원(洹), 강이름 유(洧), 물가 은(垠), 씻을 세(洗), 물가 수(洙), 나루 진(津), 명수 명(洺)	하늘 건(漧), 펼 연(演), 한수 한(漢), 물가 호(滸), 흐를 시(漦), 물이름 장(漳), 물이름 재(渽), 찰 만(滿), 뜰 범(汸), 뜰 표(漂) ------------------- 나무 규(槻), 정돈할 라(摞), 목나무 용(槦), 실 선(線), 클 준(儁), 모일 진(稹), 입을 민(緡), 표할 표(標)
자원오행	金	木과 水기운의 한자선택	水와 木기운의 한자선택

- 선택한 한자의 발음과 어감 등을 고려해 좋은 이름이 되게 조합한다.

- 자원오행을 水木, 木水로 고르게 배열한다.

- 위 표의 한자를 조합하여 이름을 작명하면 다음과 같다.

[木·水 배열 보충]

김(金)교(校)연(演) / 김(金)동(桐)연(演) / 김(金)동(桐)한(漢)

김(金)동(桐)호(滸) / 김(金)동(桐)범(洮) / 김(金)인(茵)호(滸)

김(金)인(茵)재(溨) / 김(金)인(茵)범(洮) / 김(金)상(相)호(滸)

김(金)상(相)연(演) / 김(金)서(栖)연(演) / 김(金)서(栖)범(洮)

김(金)주(株)호(滸) / 김(金)주(株)연(演) / 김(金)주(株)한(漢)

김(金)지(芝)연(演) / 김(金)지(芝)한(漢) / 김(金)지(芝)호(滸)

김(金)지(芝)범(洮) / 김(金)진(秦)호(滸) / 김(金)진(秦)표(漂)

[水·木 배열 보충]

김(金)동(洞)규(槻) / 김(金)동(洞)주(葰) / 김(金)동(洞)진(稹)

김(金)동(洞)민(緡) / 김(金)원(洹)주(葰) / 김(金)유(洧)진(稹)

김(金)유(洧)민(緡) / 김(金)은(溵)규(槻) / 김(金)유(洧)라(㰈)

김(金)은(溵)진(稹) / 김(金)은(溵)표(標) / 김(金)은(溵)선(線)

김(金)세(洗)주(葰) / 김(金)세(洗)진(稹) / 김(金)세(洗)민(緡)

김(金)세(洗)라(㰈) / 김(金)수(洙)라(㰈) / 김(金)수(洙)진(稹)

김(金)진(津)선(線) / 김(金)명(洺)주(葰) / 김(金)명(洺)진(稹)

2) 火·金 보충의 자원오행 작명사례

윤(尹)씨의 수리배열 4, 12, 13획을 선택. 이때 발음오행은 적용하지 않고 자원오행에 초점을 맞추어 작명을 해보자.

이 책 11장 [획수별 자원오행 한자사전]에서 12획과 13획의 한자 중 자원오행이 火와 金기운을 갖고 있으며 이름자에 사용하기 좋은 자만을 선택하여 아래 표처럼 기록한다.

성 씨	윤	중간자	끝자
발음오행		적용 안함	적용 안함
획수선택	4	12	13
작명 한자선택	윤 (尹)	경치 경(景), 밝을 탁(晫), 밝을 서(晷), 밝을 석(晰), 밝을 정(晶), -------------------- 다스릴 이(理), 바위 아(硪), 유리 유(琉), 패옥 현(琄), 하례할 하(賀), 옥돌 수(琇)	깊을 림(琳), 보배 진(鉁), 옥돌이름 무(珷), 옥돌 민(瑉), -------------------- 쇠불릴 연(煉), 빛날 영(煐), 빛날 희(熙), 더위서(暑), 빛날 미(煝)
자원오행	水	火과 金기운의 한자선택	金과 火기운의 한자선택

- 선택한 한자의 발음과 어감 등을 고려해 좋은 이름이 되게 조합한다.
- 자원오행을 火金, 金火로 고르게 배열한다.

– 위 표의 한자를 조합하여 이름을 작명하면 다음과 같다.

[火·金 배열 보충]

윤(尹)경(景)림(碄) / 윤(尹)경(景)진(鉁) / 윤(尹)경(景)민(琝)
윤(尹)서(燅)림(碄) / 윤(尹)서(燅)진(鉁) / 윤(尹)석(晰)진(鉁)
윤(尹)석(晰)민(琝) / 윤(尹)정(晶)림(碄) / 윤(尹)정(晶)민(琝)

[金·火 배열 보충]

윤(尹)이(理)연(煉) / 윤(尹)이(理)영(煐) / 윤(尹)아(碨)연(煉)
윤(尹)아(碨)영(煐) / 윤(尹)아(碨)미(媚) / 윤(尹)현(琄)서(暑)
윤(尹)현(琄)영(煐) / 윤(尹)현(琄)희(熙) / 윤(尹)하(賀)연(煉)
윤(尹)하(賀)영(煐) / 윤(尹)하(賀)미(媚) / 윤(尹)수(琇)연(煉)
윤(尹)수(琇)영(煐) / 윤(尹)수(琇)미(媚) / 윤(尹)수(琇)희(熙)

이와 같이 한글발음을 편협하게 사용하지 않고 자원오행을 중심으로 작명하였을 경우 매우 다양한 이름을 창작할 수 있다. 이는 차별화와 고유성 부여, 그리고 개개인의 독창성이라는 작명의 본질을 한층 돋보이게 한다.

5. 건강하고 성공하는 이름

좋은 이름이 되기 위해서는 그 첫째가 발음이 명확해야 하고 어감이 좋아야 한다. 나아가 이름에 적용하는 한자가 흉하지 않아야 하며 놀림감이 되지 않아야 하고 시대에 맞는 이미지가 부여되어야 한다. 그런 조건에 자신의 선천운을 돕는 자원오행의 에너지가 보충되어야 한다. 성공하는 이름을 짓기 위한 아래 아홉 가지의 항목을 참고하여 이름을 창작하면 된다.

좋은 이름의 긍정 마인드

① 자음과 모음의 조화를 이루게 한다.

② 발음이 정확하여 단정하게 한다.

③ 놀림감과 이미지를 고려한다.

④ 동자이음자 사용을 주의한다.

⑤ 맏이와 차자의 한자 사용에 유의한다.

⑥ 뜻이 흉(凶)한 한자는 피한다.

⑦ 어조사 및 복잡한 한자는 제외한다.

⑧ 획수의 음양을 구별하여 사용한다.

⑨ 선천운을 돕는 자원오행을 활용한다.

앞의 작명사례에서 나온 이름들의 일부를 보면 아래와 같이 모두 어감이 명확하고 이름의 이미지가 세련되었다고 볼 수 있다.

木火보충 사례	金水보충 사례	水火보충 사례
서(徐)준(晙)영(榮)	서(徐)정(泟)우(瑀)	이(李)성(晟)원(源)
서(徐)재(梓)훈(熏)	서(徐)채(釵)원(源)	이(李)정(泟)훈(熏)
서(徐)준(晙)희(熙)	서(徐)조(釣)윤(潚)	이(李)주(晝)원(源)
서(徐)채(彩)원(愿)	서(徐)준(浚)하(碬)	이(李)준(浚)혁(赫)
木土보충 사례	초성과 종성 사례	자원오행 중심 사례
전(全)소(卲)유(柚)	① 성씨와 중간자 사례	김(金)세(洗)라(攞)
전(全)지(址)안(案)	김(金)준(俊)성(成)	김(金)교(校)연(演)
전(全)상(床)아(娥)	② 중간자와 끝자 사례	윤(尹)하(賀)영(煐)
전(全)지(址)율(栗)	안(安)동(洞)수(秀)	윤(尹)아(硪)미(媚)

좋은 이름은 건강도 좋아진다.

좋은 이름은 성격도 좋아진다.

좋은 이름은 얼굴도 예뻐진다.

좋은 이름은 학업운도 좋아진다.

좋은 이름은 이성운도 좋아진다.

좋은 이름은 재물운도 좋아진다.

좋은 이름은 직장운도 좋아진다.

좋은 이름은 행복한 인생이다.

성공하는 이름 작명은 한 인간의 존엄성을 영원히 지켜주는 위대한 창작이다!

앞의 작명사례에서 보듯 발음오행 적용을 떠나 자원오행(字源五行)의 선택은 한글의 자유로운 적용에 따라 세련된 이름이 될 수 있으며 사주에 필요한 오행을 훌륭히 보충하는 동시에 시대적 이미지를 겸비하게 되어 주인공의 성공운을 돕는다.

6. 쌍둥이 작명의 사례

1) 쌍둥이 작명 방법

과거와 달리 의술이 발달하여 불임(不姙) 문제에 인공수정이나 시험관 아기 등의 방법을 적용함에 따라 쌍둥이가 많아지게 되었다. 그렇다면 쌍둥이의 작명은 어떻게 할까? 성명학에서 쌍둥이에 대한 작명법은 몇 가지 전래되는 방법이 있을 뿐 원칙적으로 정해진 것은 없다. 성명학자들마다 각자 옳다고 생각하는 작명법을 사용하고 있는 것이 현실이다. 참고할것은 일란성이나 이란성을 별도로 구별하여 사주를 구성하지는 않는다는 것이다. 필자가 타당하다고 생각하는 쌍둥이 작명법은 다음과 같다.

① 출생사주가 같은 시진(時辰)이 될 경우, 하나의 사주를 구성하고 木火가 필요하면 두 아이 모두 木火를 적용하여 작명하는 방법.(세쌍둥이도 가능)
② 그러나 첫째와 둘째가 태어난 시진이 다르면 각자의 사주에 따라 필요한 오행을 구하여 작명한다.
③ 출생사주가 같은 시진(時辰)이 될 경우, 하나의 사주를 구성하고 사주의 간지를 육합으로 임의 분리하여 동생의 사주를 구성한 다음 각각 보충오행을 적용하여 작명하는 방법.(쌍둥이만 가능)

위와 같이 몇 가지 예가 있으나 무엇이 옳고 그르다 할 수 없다. 필자의 경우는 2명의 쌍태아일 경우 ③번의 육합으로 분리하여 적용하는 방법을 선택하고 있다.

2) 쌍둥이 이름의 작명 사례

① 하나의 사주를 같이 적용하는 예

• 2002년 3월 14일 07시 출생(일란성 쌍둥이 형제)

사주 구성	보충오행	순서	이름		
時 日 月 年 辛 辛 癸 壬 卯 巳 卯 午	土·金	첫째	이 은 석 李 垠 錫 7 9 16		
		둘째	이 은 성 李 銀 城 7 14 10		

위와 같이 하나의 사주로 돌림처럼 발음은 같게 하고 한자로 자원오행을 각각 土金을 보충하는 예다.

※ 이란성일 경우도 사주구성은 달라지지 않는다. 세쌍둥이일 경우도 시간이 다르지 않다면 같이 적용한다. 다만 이름만은 남녀를 구별할 수 있게 작명해야 한다.

② 시간을 달리하는 예

• 2002년 3월 14일 07시 출생(일란성 쌍둥이 형제)

사주 구성	보충오행	순서	이름
時 日 月 年 辛 辛 癸 壬 卯 巳 卯 午	土·金	첫째	이 은 석 李 垠 錫 7 9 16
時 日 月 年 (壬) 辛 癸 壬 (辰) 巳 卯 午	土·火	둘째	이 은 승 李 垠 昇 7 9 8

위 사례처럼 동생의 사주를 다음 시간의 간지로 배정하고 보충해야 할 오행을 달리 적용하여 작명하는 예이다.

역시 이란성일 경우도 사주구성은 동일하게 적용한다. 세쌍둥이일 경우 시진이 다르지 않다면 그다음 시간(癸巳)을 적용하게 된다. 다만 이름만은 남녀를 구별할 수 있게 작명해야 한다.

③ 육합으로 배열하는 예

우선 쌍태아의 경우 첫아이의 시간에 맞춰 사주를 구성하고 동생은 육합으로 분리하여 오행을 다르게 적용한다.

사주 구성	보충오행	순서	이름		
時 日 月 年 丙 甲 癸 壬 寅 戌 巳 午	金·水	첫째	김 민 재 金 珉 渽 8 10 13		
時 日 月 年 辛 己 戊 丁 亥 卯 申 未	火	둘째	김 민 찬 金 旼 燦 8 8 17		

쌍둥이는 한 모태(母胎)에서 같이 있다가 출산 후 분리되었으므로 사주를 구성하여 육합(六合)으로 분리해서 보는 방법이다.

※ 마찬가지로 이란성일 경우도 사주구성은 동일하게 적용하고, 이름은 남녀를 구별하여 작명해야 한다.

쌍둥이 작명법에 대한 결론을 누구나 쉽게 낼 수는 없을 것이다. 참고하여 합리적으로 활용하기 바란다. 필자의 경우 쌍둥이 작명을 육합으로 적용하는 분명한 이유가 있다. 즉 쌍둥이는 분명 삶의 여정에서 성격, 학업, 재물, 배우자, 건강 등 삶의 여러 가지가 다르게 나타난다는 것이다. 그리고 쌍둥이로 태어난 사람들의 사주를 분석하였을 때 육합으로 감정하는 것이 가장 적중률이 높았음을 경험하였기 때문이다. 그러나 이 방법도 2명이 태어난 쌍둥이에게만 적용이 가능하고 세쌍둥이에게는 적용할 수 없는 문제가 있다.

제8장

아호·상호·상품명 짓기

1. 아호 짓기

1) 아호(雅號)란?

아호의 어원의 의미는 우아하게 부르는 호칭을 말한다. 호(號)라고도 하며 주로 문인·예술인이 많이 사용하고 또 정치인·정계인 등 유명 인사들이나 독특한 업종에 종사하는 사람들이 이름 대신 많이 사용한다.

성명(姓名)은 법적등록을 통하여 자신의 존재를 인정받고 대표하는 것이지만, 아호는 자신의 본명 외에 또 다른 호칭으로 자신을 타인에게 표현하거나 불리어지는 것이므로 법적신고의 의무나 대표성을 가지지는 않는다. 그러므로 아호는 이름 작명과 다르게 자유롭게 창작하게 된다.

즉, 아호는 자신의 별칭으로서 인생의 여정에 비춰주는 달빛이나 별빛과 같고, 때론 가로등이나 등대와 같은 것이라고 볼 수 있다.

2) 아호를 갖게 되는 이유

아호(雅號)를 갖게 되는 이유는 여러 가지가 있다. 그러나 대부분 어느 한 분야에서 업적을 이루거나 사회적으로 인정받는 활약이 있었을 때 아호를 사용하는 것이 가장 많다. 서가(書家)풍의 직업과 예술적(藝術的), 문학적(文學的), 철학적(哲學的)인 일과 사고를 가진 사람들도 아호를 좋아한다. 자신의 본명보다는 아호를 사용할 때 지성적(知性的)으로 느껴지거나 품위가 있게 보일 수 있으니 철학적이고 영적(靈的)인 학문을 접한 이들은 아호 갖는 것을 당연시하기도 한다.

아호는 스승으로부터 하사받거나, 동고동락했던 교우로부터 뜻을 기리는 글자를 받기도 하며, 자신의 의지나 정서를 아호로 정하기도 하며, 출생지역이나 성공과 인연이 된 장소의 지명(地名) 등을 아호로 삼기도 한다. 또 취미, 추억, 직업 등과 성공을 기리는 염원의 메시지 등 자신에게 중요한 의미를 부여하여 자작(自作)하기도 한다.

3) 아호 작명 참고사항

자신의 인생에서 중요한 의미는 광범위하다. 그렇다 하더라도 아래의 사항을 참고하여 아호를 짓는 것이 바람직하다. 물론 그 참고하는 것들이 나쁜 기억이 아닌 자신의 인생을 축복받을 수 있게 한 곳이거나 추억의 것이거나 발전적인 의미가 있어야 할 것이다.

그리고 아호는 이름 작명과 다르게 자신에게 주는 의미와 뜻이 중요하며, 자(字)가 가진 자원오행이나 뜻의 기운이 자신의 사주를 보충해 줄 수 있다면 더욱 좋다. 즉, 자유로움 속에서 가장 중요한 것은 자신의 사주에 좋은 기운을 줄 수 있는 뜻과 암시가 있어야 한다.

– 아호는 인명용 한자와는 무관하므로 한자 사용에 제한이 없다.

– 불용이나 불길문자라고 지칭하는 한자의 제약을 받지 않는다.

– 아호는 글자 간의 획수나 획수 오행의 길흉을 적용하지 않는다.

– 발음오행이나 자원오행의 상생을 맞추지 않는다.

– 글자를 파자(破字)하여 길흉을 논하지 않는다.

4) 아호의 창작

〈아호를 지을 때 참고할 사항〉

출생지역 사례	지명, 마을이름, 강, 산, 바위, 전설 등
거처나 장소	거처의 특징, 고장의 유래, 특산물 등
기원하는 뜻	한자어, 좌우명, 좋아하는 글귀, 이름자 등
소장품·애장품	여러 가지 물건, 가보, 그림, 도자기 등
인생의 추억	여행지, 장소, 길, 나무, 들판, 사람 등
개운과 정서	사주에 필요한 오행의 의미를 부여, 한자, 뜻

① 태어난 지역을 호(號)로 삼는 예

- 김영삼(金泳三) 전 대통령은 거제도에서 출생하였고, 부산에서 정
치인으로서 출발하였으므로 거제도의 거(巨)자와 부산의 산(山)자
를 딴 거산(巨山)이란 아호(雅號)를 썼다.

- 故 김대중(金大中) 전 대통령은 전남 신안군 하의면 후광(後廣)리 출
생으로 후광(後廣)이란 아호를 썼다.

- 현대창업주 고(故) 정주영 회장은 강원도 통천군 아산(峨山)고을에서 태어나 아호(雅號)를 아산(峨山)으로 한 것이다.

② 거처하는 장소를 호(號)로 삼는 예

- 이이(李珥)는 밤나무가 많은 지방에 살아 아호를 율곡(栗谷)이라 했다.
- 이지함은 마포 나루터 부근 토굴에서 생활하였기에 토정(土亭)이란 아호를 썼다.
- 故 이승만 전 대통령은 우수현 남쪽에서 태어나 우남(雩南)이라는 아호를 썼다.

③ 기원하는 뜻을 담아 호(號)로 삼는 예

- 이율곡의 모친 신(申)씨는 중국 주나라의 성군 문왕(文王)의 어머니 태임(太任)의 훌륭함을 스승으로 삼겠다는 결심을 담아 스스로 사임당(師任堂)이라는 아호를 사용했다.
- 태평양화학 서성환 회장은 화장품을 중시하는 뜻으로 장원(粧源)이라 했다.

④ 주변 환경을 아호(雅號)로 삼는 예

- 시인 이활(李活)은 수옥당시 수인번호가 264번이었다. 수옥생활의 고통을 평생 잊지 않기 위하여 이육사(李陸史)라는 아호를 썼다.
- 국어학자 이희승(李熙昇)은 자신을 조약돌에 비유하여 아호를 일석(一石)이라 하였다.
- 한국일보 창업주 장기영은 언론은 수백 가지 생각이 필요하므로 아호를 백상(百想)이라 썼다.

⑤ 아끼는 애완소장품을 아호로 삼는 예.

- 추사 김정희는 호가 100개가 넘으며 자신의 독창적인 붓글씨의 서체가 아호에 붙어 오늘날의 추사체가 되었다.
- 시인 박영종(박목월)은 푸른 나무와 밝은 달을 유난히 좋아하여 아호를 목월(木月)로 썼다.
- 초대 법무부장관을 지낸 이인은 산을 좋아하여 아호를 애산(愛山)으로 했다.

5) 아호사례

역대 대통령 아호

이승만(李承晩 : 초대, 2대, 3대)
 우남(雩南) - 서울 우수현의 남쪽에서 태어나 성장한 것을 기림

윤보선(尹潽善 : 4대)
 해위(海葦) - 넓은 바다와 바람에 꺾이지 않는 갈대의 유연함을 의미

박정희(朴正熙 : 5, 6, 7, 8, 9대)
 중수(中樹) - 나무는 흔들림 없이 중심을 잡고 서있어야 한다는 의미.

최규하(崔圭夏 : 10대)
 현석(玄石) - 하늘아래 겸손하고 신중한 사람이고자 하는 의미.

전두환(全斗煥 : 11, 12)

　일해(日海) - 태양이 드리운 빛나는 바다로 커다란 포부를 의미

노태우(盧泰愚 : 13대)

　용당(庸堂) - 쓰임이 있는 사람이 거주하는 집이란 의미

김영삼(金泳三 : 14대)

　거산(巨山) - 커다란 산처럼 큰 뜻을 이루고 변함이 없다는 의미

　거제도에서 태어나 부산에서 성장하여 한 글자씩 따옴

김대중(金大中 : 15대)

　후광(後廣) - 처음보다는 뒤로 갈수록 넓다는 의미

　출생지인 하의면 후광리의 후광을 아호로 사용

노무현(盧武鉉 : 16대)

　아호 없음.

이명박(李明博 : 17대)

　일송(一松)·청계(靑溪) - 절개 있는 소나무. 멈추지 않는 푸른 시냇물

6) 역사 속 인물들의 아호사례

강세황(姜世晃)-표암(豹菴) : 조선 후기 문인화가
강희맹(姜希孟)-사숙재(私淑齋) : 조선 초기 문신
강희안(姜希顔)-인재(仁齋) : 조선 초기 문신·서화가

곽재우(郭再祐)-망우당(忘憂堂) : 조선 중기 학자·무신(임진왜란 의병장)

관우(關羽)-운장(雲長) : 중국 후한말 무장

길재(吉再)-야은(冶隱) : 성리학자, 계급사회 철폐주장

김동인(金東仁)-금동(琴童) : 일제감정기 대한민국 소설가

김만중(金萬重)-서포(書鋪) : 조선 중기 문신

김병연(金炳淵)-난고(難苦) : 조선 후기 방랑시인(김삿갓)

김부식(金富軾)-뇌천(雷川) : 고려 유학자·역사가(삼국사기 편찬)

김수장(金壽長)-노가재(老歌齋) : 조선 문인 시조작가(해동가요 편찬)

김수흥(金壽興)-퇴우당(退憂堂) : 조선 숙종 때의 문신

김시습(金時習)-매월당(梅月堂) : 조선 전기 문인(절개의 학자)

김안로(金安老)-희락당(喜樂堂) : 조선 중기 문신

김옥균(金玉均)-고균(古筠), 고우(膏雨) : 조선 후기 정치가(갑신정변 주도)

김자점(金自點)-낙서(洛書) : 조선 중기 문신(간신)

김정호(金正浩)-고산자(古山子) : 조선 후기 지리학자

김정희(金正喜)-완당(阮堂)·추사(秋史) : 조선 후기 문신(서예 추사체)

김종서(金宗瑞)-절재(節齋) : 조선 초기 문신·장군(계유정란에 희생)

김좌진(金佐鎭)-백야(白冶) : 독립운동가(만주 무장독립군의 총사령관)

김창업(金昌業)-노가재(老稼齋) : 조선 후기 문인·화가

김홍도(金弘道)-단원(檀園) : 조선 후기 대표적인 화가

김홍집(金弘集)-도원(道園) : 구한말 정치가(갑신·갑오기 개화정책 주도)

남효온(南孝溫)-추강(秋江) : 조선 전기 문신

문익점(文益漸)-삼우당(三憂堂)·일신(日新) : 고려말 문신

박문수(朴文秀)-기은(耆隱) : 조선 후기 문신(암행어사로 활동)

박연(朴堧)-난계(蘭溪) : 조선 초기 문신·음악가

박영효(朴泳孝)-현현거사(玄玄居士) : 구한말 정치가·개화사상가

박인량(朴仁亮)-소화(小華) : 고려 전기 문신

박인로(朴仁老)-노계(蘆溪) : 조선 중기 문인

박종화(朴鍾和)-월탄(月灘) : 시인·소설가·문학평론가

박지원(朴趾源)-연암(燕巖) : 조선 후기 문신·학자

방정환(方定煥)-소파(小波) : 아동문학가

성삼문(成三問)-매죽헌(梅竹軒) : 조선 전기 문신(사육신)

양주동(梁柱東)-무애(无涯) : 시인·문학평론가·국문학자

유길준(兪吉濬)-구당(矩堂) : 구한말 개화사상가

유치환(柳致環)-청마(靑馬) : 근대 시인·교육가

이성계(李成桂)-송헌(松軒) : 조선 건국자이며 1대 왕(고려말 무관)

유성용(柳成龍)-서애(西厓) : 조선 중기 문신

이인로(李仁老)-쌍명재(雙明齋) : 고려 중기 무신집권기의 문인

이제마(李齊馬)-동무(東武) : 조선 후기 한의학자(사상의학 창시자)

이이(李珥)-율곡(栗谷) : 조선 중기 문신·학자

이중환(李重煥)-청담(淸潭) : 조선 후기 실학자

이지함(李之菡)-토정(土亭) : 조선 중기 학자·기인(토정비결저자)

이황(李滉)-퇴계(退溪) : 조선 중기 문신·성리학자

장승업(張承業)-오원(吾園) : 조선 말기 화가

전영택(田榮澤)-늘봄·추호(秋湖) : 소설가·목사

정도전(鄭道傳)-삼봉(三峯) : 조선 개국공신

정몽주(鄭夢周)-포은(圃隱) : 성리학 시조, 고려충신

정인보(鄭寅普)-위당(爲堂) : 시조시인·한학자·교육자·언론인

정인지(鄭麟趾)-학역재(學易齋) : 조선 초기 문신·학자

조봉암(曺奉岩)-죽산(竹山) : 독립운동가·정치가

조광조(趙光祖)-정암(靜庵) : 조선 전기 학자·정치가

주세붕(周世鵬)-신재(愼齋) : 조선 중기 문신·성리학자

주시경(周時經)-학신(學愼) : 국어학자·국어운동가·교육자

지석영(池錫永)-송촌(松村) : 구한말 의사·문신·국어학자

최익현(崔益鉉)-면암(勉庵) : 구한말 유학자·애국지사.

한명회(韓明澮)-압구정(狎鷗亭) : 조선 전기 문신

황보인(皇甫仁)-지봉(芝奉) : 조선 전기 문신

7) 예명(藝名)

예명(藝名)은 미술, 음악, 연극, 영화, 가수, 희극 등 예능인들이 본명 대신 직업과 이미지에 맞춰 사용하는 이름이다. 즉 세련된 느낌의 이름이 주는 플러스요인을 통하여 자신의 이미지가 돋보이고 기억되기를 바라는 것이다.

실제 많은 연예인들은 예명을 사용하여 자신의 이미지를 세련되게 연출하였고 팬들에게 기억시켜왔다. 이러한 것은 예명이란 이름을 통하여 자신의 성공을 기원한 노력이라고 볼 수 있는 것이다. 그러니 이름은 참 그 역할과 의미가 크다 할 수 있다.

아래 사례의 연예인들은 자신의 세련된 예명으로부터 노력의 결과가 부합되어 성공하여 유명해진 경우이다.

탤런트, 영화배우 예명 사례

최지우-최미향	전지현-왕지현	김규리-김문선	신성일-강신영
주진모-박진태	심혜진-심상군	이보희-조영숙	송승헌-송승복
최불암-최영한	금보라-손미자	윤다훈-남광우	남궁원-홍경일
강석우-강만홍	정혜선-정영자	옥소리-옥보경	윤정희-손미자
황신혜-황정만	노주현-노운영	하정우-김성훈	신민아-양민아
한채영-김지영	하지원-전혜림	한가인-김현주	박솔미-박혜정
손예진-손언진	소이현-조우정	송지효-천성임	박시후-박평호
채정안-장정안	한예슬-김예슬이	문 희-이순임	주 현-주일춘
이 본-이본숙	원 빈-김도진	장 혁-정용준	현 빈-김태평
채 림-박채림	김 청-김청희	공 유-공지철	

개그맨 예명 사례

송 해-송복희	이주일-정주일	임하룡-임한용	남보원-김덕용
이영자-이유미	이휘재-이영재	김구라-김현동	옥동자-정종철
오재미-오재희	양배추-조세호	허 참-이상용	

가수 예명 사례

나훈아-최홍기	패티김-김혜자	설운도-이영춘	태진아-조방헌
정수라-정은숙	김민우-김상진	김지애-동길영	인순이-김인순
혜은희-김승주	심수봉-심민경	방실이-방영순	김수희-김희수
이은하-이효순	서태지-정현철	이하늘-이근배	탁재훈-배성우
남 진-김남진	현 미-김명선	나 미-김명복	현 철-김상수
진 주-주 진	하 하-하동훈	이 적-이동준	거 미-박지연
양 파-이은진	소 향-김소향	강 타-안칠현	전 진-박충재

아이유-이지은　　JK-김동욱　　　싸이-박재상　　비-정지훈

타블로-이선웅　　리 아-김재원　　토니안-안승호　　별-김고은

T-윤미래　　　　박화요비-박미영　세븐-최동욱　　탑-김승현

지드래곤-권지용

마릴린 먼로-노머진 베이커　　　오마샤리프-마이클 샬후브

제임스 딘-제임스 바이런　　　　알 파치노-알프레드 파치노

찰스 브론슨-찰스 브친스키　　　나스타샤 킨스키-나스타샤 나크친스키

8) 아호짓기 실습

앞의 강의에서 아호 짓기에 대하여 충분히 이해를 하였을 것이다. 역사 속의 인물들이 사용한 아호를 보면 모두 깊은 의미와 뜻이 담겨져 있음을 보게 된다. 한자의 획수와 발음의 상생, 불용한자 등을 일체 적용하지 않았으며, 아호를 갖게 되는 의미와 뜻이 중요한 것을 알 수 있다. 그러므로 아호는 감명대상도 아니고 감명기준도 없으며 감명할 수도 없다.

아호 작명 사례

춘광(春光) : 봄빛의 따사로움과 희망을 의미.(필자의 아호)

해천(海泉) : 샘처럼 솟아난 물이 넓은 바다를 이룬다는 뜻의 아호.

동천(東川) : 유년시절 동쪽으로 강이 흘러간 기억이 아름답다는 의미.

단원(旦原) : 변함없이 떠오르는 아침의 태양과 같으리라는 의미.

소양(素暘) : 희고 깨끗한 신념으로 세상에 빛이 되라는 의미.

연하(硯河) : 먹을 갈아 마르지 않는 강물처럼 학문에 임하라는 의미.

양지(暘志) : 떠오르는 태양의 기운을 받아 뜻을 펼치라는 의미.

중산(重山) : 언행을 무겁게 한다는 의미.

유로(有路) : 언제나 길이 있다와 새로운 길을 만들라는 의미.

삼정(森亭) : 나무숲의 정자에서 학문을 하고 수양한다는 의미.

망월(望月) : 달을 보고 평생 이루지 못한 사랑을 그리워한다는 의미.

도학(盜學) : 학문을 훔친다는 뜻으로 학문적 각오가 깃든 의미.

해담(楷談) : 매사에 본받을 수 있는 말이 되도록 하라는 의미.

서강(瑞江) : 강물의 지혜로 상서로움에 이르라는 의미.

문공(文供) : 학문으로 공을 이루라는 의미.

시선(蓍鍌) : 많은 사람들에게 좋은 역할이 되라는 의미.

현암(泫岩) : 바위에서 지혜가 솟으라는 의미.

미담(粹談) : 두루두루 좋은 말을 하라는 의미.

월강(伋杠) : 겸손하게 뜻을 세우라는 의미.

인강(認江) : 앎을 강물처럼 펼치라는 의미.

소석(沼潟) : 개펄의 많은 자원을 활용하라는 의미

초정(招灯) : 열정을 불러 뜻을 이루라는 의미

시경(視炅) : 밝은 세상을 보라는 의미

2. 상호·회사명 짓기

1) 상호(商號)란?

일반적으로 상호(商號)라 함은 사명(社名)으로서 영업을 목적으로 세무서에 신고한 사업자등록증에 기재된 업소의 명칭(名稱)을 말하는 것이다. 영업을 위한 상호 중에는 세무서에 신고한 일반 상호명과 법원의 등기소에 법인으로 등록한 법인(法人)명으로 구분할 수 있다.

즉, 영업을 하기 위하여 붙여진 명칭으로 상호나 회사명은 같은 의미로 통용되지만 상호는 법인으로 등록되지 않은 점포 등을 일컫고, 법인으로 등록된 상호를 법인회사명이라고 일컫는다.

일반상호는 상호자체가 법적인 고유성을 갖지 않으므로 중복하여 사용이 가능하며, 법인 상호는 법적으로 고유한 권리가 주어지므로 지역관할 법원 내에서는 중복되어 등록할 수 없다는 것이 다르다. 상호나 회사명을 작명할 때는 이 부분을 반드시 숙지하고 있어야 한다.

2) 상호 작명의 고려사항

상호나 회사명은 사회성이 강하여 대외적인 독창성과 독립성을 가미시켜야 하기 때문에 상당한 창의(創意)·창작력(創作力)이 요구된다. 비록 상호를 작명하는 기준이 성명학적으로 규정되어 있는 것은 아니나 상호는 회사의 정서가 깃들어야 한다. 그리고 취급하는 업종과 상품의 가치를 동시에 표현할 수 있어야 하는 보이지 않는 기준이 있게 된다. 즉, 사업규모에 따라 회사의 정서를 상호에 담기도 하고, 상품이 곧 사업의 브랜드가 되기도 하니 그러한 특성을 살리는 작명을 해야 할 것이다.

그리고 사업주의 사주에 도움을 주는 오행기운이 암시적으로 보충된다면 금상첨화(錦上添花)가 될 것이다. 상호는 사업의 성패에 따라서 상호 자체가 브랜드 가치가 되고 지적 재산이 될 수 있다.

상호를 창작하기 위해서 일반적으로 참고해야 할 것들은 다음과 같다.

① 상호의 업종이 가장 먼저 고려되어야 한다.

즉, 무역업인지, 음식점인지, 유통회사인지, 숙박업인지 등에 따라 상호의 이미지를 연출하게 되기 때문이다.

② 영업장소의 지역적 환경적 문화를 참고한다.

즉, 도심 속, 대학가, 지방도로가, 해안가 등에 따라 어울리는 상호를 고려해야 하기 때문이다.

③ 취급하는 상품을 고려해야 한다.

즉, 음식점이라고 해도 국수, 한식, 일식, 된장찌개, 비빔밥, 매운탕, 피자 등등의 전문성을 돋보이게 창작하는 것도 중요하기 때문이다.

④ 시대성과 시간성을 고려해야 한다.

사업자가 취급하는 상품이 시대성(時代性)을 갖는다면 고객들에게

시대성을 상기시켜 주는 상호가 유용하기 때문이다. 예컨대 학창시절 도시락의 추억을 고려한 음식점이라면 '추억의 도시락'이라는 상호가 가능하다는 것이다.

또한 시간성(時間性)을 갖는 물품을 취급하는데 '전통○○'이라고 할 경우 과거라는 시대성이 있어서 어울리지 않는다는 것이다. 예컨대 '뉴○○', '햇살○○' 등으로 시간성을 느끼게 해야 한다.

⑤ 유동성을 고려해야 한다.

회사의 특징과 상품이 부동산 같은 고정된 상품인지 유동상품인지와 또 해외 판매를 하는지, 전국유통을 하는지, 지역 내 판매만 하는지, 배달을 전문으로 하는지와 진열상품인지 등을 구별하여 특성에 맞게 상호의 이미지를 살려야 한다.

⑥ 뇌(腦)가 잘 기억하는 독창성이 있어야 한다.

사명(社名)은 독창성을 살려줄 필요가 다분하다. 우리의 뇌는 독창적인 의미와 발음을 잘 기억하게 된다. 상호나 상품명을 대중에게 쉽게 기억시키는 것은 오랜 기간 홍보효과를 가지게 될 수 있기 때문이다.

즉, 시대가 요구하는 감각적 느낌이 있어야 하고, 대표상품을 연상시킬 수 있어야 하며, 시대성과 시간성이 적절해야 하고, 쉽게 기억될 수 있는 독창성이 있어야 하며, 사업주의 운을 도와주는 에너지가 느껴져야 한다.

3) 창작언어의 사용

상호를 창작할 때 사용하는 언어나 단어는 다양하다. 그리고 지명이나 강, 바다, 지명, 도시, 행성 명을 사용하기도 하고 순수 한글단어를 활용하기도 하고, 한자 및 외국어단어를 사용하기도 한다. 그리고 한글 및 외국어의 단어를 어울리도록 합성어를 만들어 창작하기도 한다. 방언이나 추상명사, 의태어, 의성어를 사용하기도 하며 다양성의 사회를 반영하고 있다.

- 순수한글 사용 : 알찬세무회계사, 가고파, 사러가, 머리방 등
- 한자 사용 : 삼성(三星), 현대(現代), 휴(休) 등
- 외국어 사용 : 아시아나, 리치라인, 글로벌사이버, 블랙스톤 등
- 바다·강이름 사용 : 한탄강(매운탕), 청해수산, 태평양(화장품) 등
- 산·지명 사용 : 남산지물포, 설악추어탕, 전주비빔밥, 춘천닭갈비 등
- 행성이름 사용 : 태양(이발), 금성(출판사), 화성상사 등
- 도시이름 사용 : 뉴욕카페, 서울식당, 북경(중화요리) 등
- 방언사용 : 각 지방의 정감이 있거나 톡 튀는 사투리를 상호로 묘사
- 추상명사 : 구체적인 형태가 없이 미루어 생각하는 개념을 나타내는 명사. 예) 카페 좋은 꿈, 사랑주점, 자유공간, 평화 등
- 합성어(合成語) : 두 개 이상의 실질 형태소가 모여 새로운 뜻을 가진 한 단어가 된 말. 예) 고소미(고소하고 맛있다), 리치라인(부와 연결된다는 의미)
- 의태어(擬態語) : 사람이나 사물의 모양 또는 움직임 따위를 흉내 내 만

든 말. 예) 빙글빙글(주점), 까끄리뽀끄리(미장원), 몽실몽실(이불)

- 의성어(擬聲語) : 사물의 소리를 흉내 낸 말. 예) 찰칵스튜디오, 졸졸유치원,

팡팡노래방 등

4) 상호 작명 사례

① 퓨전음식점 사례

사주비공개 (남자)	- 업 종 : 퓨전음식점 - 사업주에 좋은 오행 : 金 - 매운 맛과 이미지에 중점

위 사업주는 젊은층을 대상으로 퓨전음식점을 창업하기 위해 일반상호명을 의뢰하였다. 사주를 분석한 결과 金기운이 보충되어야 운이 좋아지고 사업이 발전하게 된다. 그러므로 퓨전음식점은 金기운의 매운맛으로 특징을 살리는 것이 좋다.

매쿠미

- 매쿠미는 매콤하고 구수하고 맛있다는 의미를 담은 합성어다.
- 매쿠미는 어감이 실제 매운맛, 구수함, 맛있음을 연상하게 해준다.
- 매쿠미는 뇌(腦)에 기억이 잘되는 단어의 발음이다.

- 젊은 세대들에게 호감이 갈 수 있는 독창성이 살아있다.

② 부동산 중개업 사례

사주비공개 (남자)	- 업 종 : 부동산 중개업 - 사업주에 좋은 오행 : 土 - 신용에 중점

위 사업주는 교직에 근무하다가 정년퇴직을 하고 부동산 중개업을 하고자 상호를 의뢰하였다. 사업주가 연령대가 있으므로 기업형 중개업소가 아닌 동네 부동산 성격으로 운영될 것을 감안하여야 한다.

사업주의 사주에는 토(土)가 보충되어야 운이 좋아지고 사업운도 좋다. 그러므로 교직 경력과도 일치하고 토(土)의 장점인 신용을 부각시키는 게 좋다.

알찬부동산중개사

- 알찬부동산은 '알차다' 내용이 충실하고 실속 있다는 의미를 담은 한 글단어를 활용했다.
- 알찬부동산은 손해가 없고 신용과 실속 있다는 느낌을 준다.
- 알찬부동산은 뇌(腦)에 잘 기억되는 발음과 어감이다.
- 고객들에게 알찬 부동산거래라는 매력을 줄 수 있다.

③ 한정식 음식점 사례

사주비공개 (남자)	- 업 종 : 한정식 - 사업주에 좋은 오행 : 金 - 이미지에 중점

위 사업주는 젊은 시절 강남에서 미용실을 운영하다 정리하고 천안시 동남구에 땅을 분양받아 한정식 집을 개업하면서 상호작명을 의뢰하였다.

사업주의 사주를 분석한 결과 金기운이 보충되어야 운이 좋아지고 사업운도 좋다.

그러므로 한정식 분위기에 세련미를 부여하는 동시에 金기운이 암시적 작용을 하는 창작이 필요하다.

미채원 味砦園

- 미채원은 맛 미(味), 울타리 채(砦), 동산 원(園)으로 동산의 울타리 안에 맛있는 집이라는 의미이다.
- 미채원(味砦園)은 사업주에 필요한 암시적 에너지(채 砦 : 자원오행 金)가 보충되고 있다.
- 미채원은 한 번만 들어도 아름다운 이미지가 뇌(腦)에 잘 기억된다.
- 한정식의 업종을 세련되게 표현해주며 국제적인 뜻도 겸비했다.

④ 의류판매점의 사례

사주비공개 (여자)	- 업 종 : 의류판매점 - 사업주에 좋은 오행 : 火 - 이미지에 중점

위 사업주는 중년 여성으로 중국 흑룡강성에서 의류판매점을 개업하면서 상호작명을 의뢰하였다. 사업주의 사주를 분석한 결과 火기운이 보충되어야 운이 좋아지고 사업운도 좋다. 그러므로 火의 화려함과 미적인 의미를 암시적으로 표현되는 창작이 필요하다.

예쁘제

- 예쁘제는 자신이 예쁘지 않느냐고 뽐내며 물어보는 영남지역 방언이다.
- 예쁘제는 미모를 들어내는 화려한 화기운의 작용의 에너지가 있다.
- 예쁘제는 한 번만 들어도 뇌(腦)에 잘 기억되는 발음과 어감이다.
- 소비자가 호감갈 수 있는 의류 판매업에 잘 어울리는 상호이다.

5) 법인회사명

법인상호도 일반상호와 같은 방법을 적용하여 창작하면 된다. 그러나 법인상호는 상호가 법적인 고유권한을 갖게 되므로 중복사용을 허용하지 않는다는 것을 기억해야한다. 그러므로 법인회사명을 작명할 때는 반드시 관할 법원에 법인상호검색을 하여 동일한 상호가 먼저 등기가 되어있는지를 확인하여야 한다. 〈대한민국 법원 인터넷등기소(http://www.iros.go.kr)〉에서 확인할 수 있다.

① 법인 상호명 사례 – 유통회사

사주비공개 (남자)	- 업 종 : 유통판매업 - 사업주에 좋은 오행 : 火 - 의미에 중점

위 사업주는 중년의 여성으로 유통판매업을 시작하며 상호작명을 의뢰했다. 사업주의 사주를 분석한 결과 화(火)기운이 보충되어야 운이 좋아지고 사업운도 좋다. 그러므로 유통이라는 사람들과의 연결이 매우 중요하다는 것을 부각시켜야 한다.

주식회사 유라인 You line

- 주) 유라인(you line)은 '당신과 선이 있다'는 의미로 영어단어를 활용했다.
- 주) 유라인은 사람과 이어지는 유통판매의 정서가 배어 있다.

- 주) 유라인은 뇌(腦)에 잘 기억되는 발음과 어감이다.
- 고객들에게 당신과의 선이 있다는 친근감으로 호감을 유발한다.
- 관할 법원에 법인상호검색을 하여 중복되는 상호가 없었다.

② 법인 상호명 사례 – 자동화기계

사주비공개 (남자)	- 업 종 : 자동화기계 제작 - 사업주에 좋은 오행 : 火 - 정서와 의미에 중점

위 사업주는 중년의 남성으로 전기분야의 자동화 시스템 사업을 하는 사람으로 기존의 상호를 법인화하면서 상호작명을 의뢰했다.

사업주의 사주를 분석한 결과 화토(火土)기운이 보충되어야 사업운이 좋아진다. 그러므로 火土기운을 암시적으로 보충하는 동시에 자동화라는 사업의 특징적 이미지가 부여되는 이름을 창작하여야 한다.

주식회사 시운 時運

- 주) 시운(時運)은 '때 시(時), 돌 운(運)'으로 한글과 한자를 활용했다.
- 주) 시운(時運)은 '멈추지 않고 돌다'는 자동화 시스템을 특징으로 하는 기업정서가 배어 있다.
- 주) 시운(時運)은 자동화의 쉽다는 어감을 유발하여 뇌(腦)에 잘 기억

된다.

- 거래처에게 운이 함께 발현된다는 암시적인 작용을 하고 있다.

- 관할 법원에 법인상호검색을 하여 중복되는 상호가 없었다.

③ 법인 상호명 사례 – 호텔

사주비공개 (남자·여자 동업)	- 업 종 : 호텔숙박업 - 사업주에 좋은 오행 : 土 - 국제 감각과 에너지보충에 중점

위 사업주는 중년의 남성과 여성으로서 국제교류가 빈번한 도시에 호텔을 창업하며 상호작명을 의뢰했다. 사업주 두 명의 사주를 분석한 결과 토(土)기운이 보충되어야 사업 운이 좋아진다. 그러므로 土의 에너지를 보충하는 동시에 국제화 도시에서 창업하는 만큼 국제화 감각을 살리는 이름을 창작하여야 한다.

호텔 세도나 Hotel Sedona

- 호텔 세도나(sedona)는 미국 아리조나주에 있는 붉은 바위산으로 지명을 활용하였다.

- 호텔 세도나(sedona)는 세계에서 가장 기가 센 곳으로 알려져 있는 기(氣)의 도시로 알려져 있으므로 호텔업의 이미지를 암시적으로 살려

준다.

- 호텔 세도나(sedona)는 뇌(腦)에 잘 기억되는 어감과 발음이다.

- 흔하지 않은 독창적인 이름이며 국제적 감각이 부여 되었다.

- 관할 법원에 법인상호검색을 하여 중복되는 상호가 없었다.

3. 상품명 짓기

1) 상품명(商品名)이란?

상품명이란 그 상품의 기능성, 가치성, 차별성을 포함한 다른 상품과 구분지어 부를 수 있도록 한 명칭이라고 할 수 있다. 상품은 물품이라고 해도 판매할 수 있는 것을 말한다. 팔지 않는 비매품은 상품의 효력이 없으며 상품은 이동할 수 있는 유동성 상품이 있고 이동할 수 없는 부동성 상품이 있으며, 소모성 상품이 있다. 그리고 유동성이나 부동성, 소비성 등 모든 것은 상품이나 존재하는 기간이 다르다.

• 유동성상품 : 형태나 고유성의 존속적 가치가 있으며 넓은 의미로 이동하는 모든 상품을 말한다. 승용차는 유동성 상품이고 '벤츠', '아우디', '제네시스', '소렌토', '산타페', '그랜저' 등은 상품명이다. 또한 스마트폰이나 컴퓨터, 의복, 가방 등도 유동성이며 동시에 형태를 보관할 수 있으나 소모품이기도 하다.

• 부동성상품 : 부동산이나 건물 등을 말한다. 형태나 고유성의 존속적 가치가 있는 상품이다. 즉, 아파트를 분양하는 것은 상품을 파는 것으로 아파트가 상품이 되는 것이며 그 아파트 이름이 상품명이 된다. 예컨대 현대건설의 '힐스테이트', 대림의 'e편한세상' 등이 그것이다. 아울러 매매가 가능한 대지, 주택, 별장, 빌딩이나 건물, 공원조각품 등이다.

• **소모성상품** : 물품으로서의 형태나 고유성이 존속적 가치가 아닌 상품을 말한다. 예컨대 휘발유나 물, 가스, 쌀, 과일 등 상품으로 판매하지 않아도 일정기간이 지나면 상품으로서의 존재가치가 사라지는 형태 등은 소모성의 상품들이다.

그리고 상품에 표시하여 붙여놓은 것이 라벨(label)이다. 라벨은 상표나 상품명 따위를 인쇄하여 상품에 붙여 놓은 종이나 헝겊 조각을 말한다.

2) 상품명 창작의 조건

상품이란 첫 번째 희소가치가 있어야 한다. 그리고 그에 어울리는 상품명이 붙여져야 하는 것이다. 상품의 가치는 제품을 만드는 사람들의 몫이지만 그에 어울리는 이름을 붙여주는 작업은 브랜드작명전문가의 도움이 필요할 것이다. 하지만 상품의 기능과 활용성 등의 본질을 충분히 이해하지 못하면 좋은 상품명을 짓기가 쉽지 않다.

상품이 훌륭해도 상품명이 부적합하면 소비자들의 구매욕이 현저히 떨어지는 결과를 초래하게 된다. 그러므로 상품의 기능과 소비대상자 층의 함수관계를 분석하여 상품의 장점이 충분히 부각될 수 있는 어감과 뇌에 기억되기 쉬운 작명을 하는 것이 필수이다. 어감이 좋고 세련되고 잘 기억될 만한 요소를 지닌 독창적인 상품명은 상품의 가치를 한층 돋보이게 해서 소비자의 구매욕을 자극한다.

- 상품명은 상호명의 창작기준과 대부분 일치한다.

- 유동성인지 부동성인지 소비성인지의 특징을 참고해야 한다.

- 상품의 기능성을 이해하여야 한다.

- 상품의 소비대상을 분석하여야 한다.

- 시대가 요구하는 감각적 느낌을 주어야 한다.

- 상품의 장점을 연상시킬 수 있어야 한다.

- 시대성과 시간성이 고려되어야 한다.

업종	구분	상품명
아파트	부동성	e편한세상, 힐스테이트, 에스케이뷰 등
부동산	부동성	분양대지, 주택, 하영빌딩, 상가 등
가전·통신	유동성	애니콜, 갤럭시S4, 삼성TV, 다본다 등
자동차	유동성	벤츠, 아우디, 제네시스, 소렌토, 그랜저 등
도서	유동성	토지(박경리), 자원오행성명학(김기승) 등
약품	소모성	아락실, 아스피린, 우루사, 대일밴드 등
음료	소모성	코카콜라, 칠성사이다, 남양우유 등
주류	소모성	참이슬, 처음처럼, 카스, 발렌타인 등

3) 브랜드와 상표

① 브랜드(Brand)

특정한 제품 및 서비스를 다른 것과 구별하기 위하여 사용하는 이름
이나 기호, 도안, 디자인 등을 통틀어 이르는 말이다. 이름과 같이 단어로

표현되는 것은 브랜드명이라 하고 기호, 디자인, 레터링 등을 브랜드 마크라고 한다. 이를 통칭하여 브랜드라고 부른다.

- 브랜드력 : 어떤 상품의 명칭이나 기호, 디자인 등이 같은 종류의 다른 상품과 비교해서 가지는 경쟁력.
- 브랜드화 : 어떤 제품이 다른 제품과 구별되는 명칭, 기호, 디자인 등을 가지게 되는 상황.
- 브랜드가치 : 어떤 상품이나 기호, 도안이 지니고 있는 값어치나 쓸모의 중요성.

② 상표(商標)

사업자가 자신의 상품을 다른 상품과 구별하거나 그 고유성을 나타내기 위해서 드러내는 기호나 문자, 도형 따위의 표를 말한다. 브랜드명, 브랜드 마크 가운데에서 그 배타적 사용이 법적으로 보증되어 있는 것을 상표라고 한다.

상표가 개인의 창작물로서 고유권한을 갖기 위해서는 우리나라 상표법에 따라 표장(기호, 문자, 도형, 입체적 형상 또는 이들의 결합과 거기에 색채를 결합한 것)에 대하여 특허청에 상표등록 신청을 하고 상표 혹은 서비스표 등록증을 받아야 권리가 보장된다.

4) 지식재산권

지식재산권(知識財産權 : Intellectual Property Rights)이란 특허권·상표권·영업권·기술 등 무형의 자산과 이러한 자산을 운영하는 연구개발·창의력·노하우·경영진의 관리능력·기업의 이미지 등을 의미한다.

세계지식재산권기구(WIPO) 설립조약 제2조 8항에는 문학·예술 및 과학적 저작물, 실연자의 실연, 음반 및 방송, 인간 노력에 의한 모든 분야에서의 발명, 과학적 발견, 디자인, 상표, 서비스표, 상호 및 기타의 명칭, 부정경쟁으로부터의 보호 등에 관련된 권리와 그 밖에 산업, 과학, 문학 또는 예술분야의 지적활동에서 발생하는 모든 권리를 포함한다고 명시하고 있다.

즉, 지식재산권이란 인간의 정신적인 창작에 의한 산물을 권리화한 무체적 재산권을 의미한다. 지식재산권의 대상으로는 기술, 디자인, 표장, 컴퓨터프로그램, 미술, 음악 등 인간이 새롭게 만든 창작물이라면 거의 모두 포함되며, 더욱 더 그 범위는 확대되고 있다.

이와 같은 지식재산에 권리를 부여한 경우를 '지식재산권'이라고 통칭하며, '지식재산권'은 그 특성에 따라 ① 산업재산권 ② 저작권 ③ 신지식재산권으로 분류되고 있다.

① 산업재산권(産業財産權, Industrial Property)

특허청에서 운용하는 각 개별법에 따라 다시 '특허권', '실용신안권',

'디자인권', '상표권'으로 분류되며 기업의 산업활동과 관련한 지적재산권을 의미한다.

여기서, 특허권, 실용신안권은 자연법칙을 이용한 기술적 사상으로 새로운 기술내용으로 고도한지 여부의 차이이며, 그리고 디자인권은 새로운 산업상 디자인을 공보를 통하여 산업사회에 공개하는 대가로 발명자에게 부여되는 독점적 권리이며, 상표권은 상인이나 서비스업자가 사용하는 상표(서비스표)를 독점적으로 사용할 수 있는 권리를 의미한다.

■ 특허 등록 : 특허로 등록 받기 위해서는 특허청에 정한 방식에 맞춰 출원하고, 또 출원 당시에 일반인에게 알려지지 않아야 하며(신규성), 과거의 기술로부터의 발전성이 인정되어야 하며(진보성), 산업상 이용 가능성이 있어야 한다.(특허법 제29조 특허요건)

- 특허법상의 발명이란 : 자연법칙을 이용한 기술적 사상의 창작으로서 고도한 것을 말함.
- 발명이 아닌 것 : 계산법, 작도법, 암호작성방법, 컴퓨터프로그램(리스트) 자체, 최면술, 과세방법, 영구기관 무한동력에 관한 발명 등.

② 저작권(著作權, Copyright)

인간의 사상 또는 감정을 표현한 창작물인 저작물에 대한 배타적·독점적 권리를 말하며, 크게 '저작인격권'과 '저작재산권'으로 분류한다.

이러한 저작물에는 소설·시·논문·강연·연술(演述)·각본·음악·연극·무용·회화·서예·도안(圖案)·조각·공예·건축물·사진·영상(映像)·도형(圖形)·

컴퓨터프로그램 등이 있다. 여기에 더하여 원저작물을 번역·편곡·변형·각색·영상제작 등의 방법으로 작성한 창작물(이를 2차적 저작물이라 한다)과 편집물로서 그 소재(素材)의 선택 또는 배열이 창작성이 있는 것(이를 편집 저작물이라 한다)도 독자적 저작물이다.

■ 저작인격권(著作人格權)은 저작권의 주체와 분리할 수 없는 인격적 이익의 향수를 내용으로 하는 권리로서 저작재산권(著作財産權)과 구별된다. 이는 공표권(公表權), 성명표시권(姓名表示權), 동일성유지권(同一性維持權) 등으로 구성된다.

공표권은 그 저작물을 공표하거나 공표하지 아니할 것을 결정할 권리이다. 성명표시권은 저작물의 원작품이나 그 복제물(複製物) 또는 저작물의 공표에 있어서 그의 실명(實名) 또는 이명(異名)을 표시할 권리이다. 동일성유지권은 저작물의 내용·형식 및 제호(題號)의 동일성을 유지할 권리이다.

이러한 저작인격권은 그 권리의 성질상 당연히 저작자 일신(一身)에 전속(專屬)하므로 양도나 상속의 대상이 될 수 없다. 또한, 저작자가 사망한 후에라도 그의 저작물을 이용하는 자는 그 저작인격권의 침해가 될 행위를 해서는 안 된다. 공동저작물의 저작인격권은 저작자 전원의 합의에 의해서만 행사할 수 있다.

■ 저작재산권(著作財産權)은 경제적 가치가 있는 이익의 향수를 내용으로 하는 권리이다. 이는 복제권(複製權)·공연권(公演權)·방송권(放送權)·전시권(展示權)·배포권(配布權)·2차적 저작물 등의 작성권으로 구성된다.

그러나 다음과 같은 경우에는 저작재산권의 행사가 제한된다. ① 재판절차 등에서의 복제, ② 학교교육목적 등에의 이용, ③ 시사보도를 위한 이용, ④ 공표된 저작물의 인용(引用), ⑤ 영리를 목적으로 하지 않는 공연·방송, ⑥ 사적 이용(私的利用)을 위한 복제, ⑦ 도서관 등에서의 복제, ⑧ 시험문제로서의 복제, ⑨ 점자(點字)에 의한 복제, ⑩ 방송사업자의 일시적 녹음(錄音)·녹화(錄畵), ⑪ 미술저작물 등의 전시 또는 복제, ⑫ 번역 등에 의한 이용, ⑬ 출처의 명시 등의 경우에는 각각의 경우의 합당한 요건(要件)에 따라 저작자의 허락 없이 이용하는 것이 인정된다.

저작재산권은 원칙적으로 저작자가 생존하는 동안과 사망 후 70년간 존속한다. 공동저작물의 저작재산권은 최후에 사망한 저작자의 사망 후 70년간 존속한다. 무명(無名) 또는 널리 알려지지 아니한 이명(異名)이 표시된 저작물의 경우에는 공표된 때부터 70년간 존속한다. 단체명의저작물(團體名義著作物)의 경우에도 공표한 때부터 70년간 존속한다.

③ 신지식재산권(新知識財産權, New Intellectual Property Right)

특허권, 저작권 등의 전통적인 지식재산권 범주로는 보호가 어려운 컴퓨터 프로그램, 유전자조작동식물, 반도체설계, 인터넷, 캐릭터산업 등과 관련된 지식재산권을 신지식재산권이라 한다.

정보기술 등 첨단기술의 급속한 발달로 인해 전통적인 지식재산권, 즉 산업재산권과 저작권으로 보호가 어렵거나 상당한 논란을 유발하는 신기술이 등장하게 되었다. 이러한 새로운 분야의 지식재산들을 "신지식재산권(New Intellectual Property Right)"이라 부른다.

신지식재산권은 크게 컴퓨터 프로그램, 인공지능, 데이터베이스와 같은 "산업저작권", 반도체집적회로 배치설계, 생명공학과 같은 "첨단산업재산권" 및 영업비밀, 멀티미디어와 같은 "정보재산권"으로 분류되며, 이외에도 만화영화 등의 주인공을 각종 상품에 이용하여 판매할 수 있는 캐릭터, 독특한 색채와 형태를 가진 콜라병, 트럭의 외관과 같은 독특한 물품의 이미지인 Trade Dress, 프랜차이징 등도 신지식재산권의 일종으로 포함되기도 한다.

위와 같은 지식재산권은 각 법률에 따라 권리부여 절차와 권리의 인정 범위가 결정되며, 통상적으로 산업재산권은 국가기관인 특허청에서 관리하며, 저작권 등은 국가기관인 문화체육관광부에서 관리하고 있다.

제9장
성씨별 좋은 수리 배열

2획 성씨

乃(내) 卜(복) 又(우) 丁(정)

2	2	2	2	2	2	2	2	2	2	2	2	2	2	2	2
1	5	1	14	1	22	3	12	4	9	4	11	4	19	5	6
5	1	14	1	22	1	12	3	9	4	11	4	19	4	6	5

2	2	2	2	2	2	2	2	2	2	2	2	2	2	2	2
5	11	5	16	6	9	6	15	6	23	9	14	9	22	11	22
11	5	16	5	9	6	15	6	23	6	14	9	22	9	22	11

2	2	2	2	2	2	2	2	2	2	2	2	2	2
13	16	13	22	14	15	14	19	14	21	15	16	16	19
16	13	22	13	15	14	19	14	21	14	16	15	19	16

3획 성씨

干(간) 弓(궁) 大(대) 凡(범) 山(산) 也(야) 于(우) 千(천)

3	3	3	3	3	3	3	3	3	3	3	3	3	3	3
2	13	3	10	3	12	3	18	4	4	14	5	8	5	10
13	2	10	3	12	3	18	3	4	14	4	8	5	10	5

3	3	3	3	3	3	3	3	3	3	3	3	3	3	3	3
5	13	8	10	8	13	8	21	10	22	12	20	13	22	14	15
13	5	10	8	13	8	21	8	22	10	20	12	22	13	15	14

3	3	3	3	3	3	3	3
14	18	14	21	15	20	18	20
18	14	21	14	20	15	20	18

4획 성씨

介(개) 孔(공) 公(공) 仇(구) 今(금) 毛(모) 木(목) 文(문) 方(방)
卞(변) 夫(부) 午(오) 王(왕) 牛(우) 尹(윤) 允(윤) 元(원) 仁(인)
才(재) 天(천) 太(태) 巴(파) 片(편)

4	4	4	4	4	4	4	4	4	4	4	4	4	4	4	4
2	9	3	4	3	14	4	7	4	9	4	13	4	17	4	21
9	2	4	3	14	3	7	4	9	4	13	4	17	4	21	4

4	4	4	4	4	4	4	4	4	4	4	4	4	4	4	4
7	14	9	12	9	20	11	14	11	20	12	13	12	17	12	19
14	7	12	9	20	9	14	11	20	11	13	12	17	12	19	12

4	4	4	4	4	4	4	4	4	4	4	4	4	4	4	4
12	21	13	20	14	17	17	20	14	19	19	20	12	25	14	27
21	12	20	13	17	14	20	17	19	14	20	19	25	12	27	14

5획 성씨

甘(감) 丘(구) 功(공) 白(백) 氷(빙) 史(사) 石(석) 召(소) 申(신)
玉(옥) 田(전) 占(점) 左(좌) 台(태) 平(평) 包(포) 皮(피) 玄(현)
弘(홍) 乙支(을지)

5	5	5	5	5	5	5	5	5	5	5	5	5	5	5	5
1	10	2	6	2	11	2	16	3	8	3	10	6	10	6	12
10	1	6	2	11	2	16	2	8	3	10	3	10	6	12	6

5	5	5	5	5	5	5	5	5	5	5	5	5	5
6	18	8	8	10	8	16	8	24	12	12	20	13	20
18	6	8	10	8	16	8	24	8	12	20	12	20	13

5
16
16

6획 성씨

光(광) 曲(곡) 圭(규) 吉(길) 老(노) 牟(모) 米(미) 朴(박) 百(백)
西(서) 先(선) 安(안) 伊(이) 印(인) 任(임) 在(재) 全(전) 朱(주)

6	6	6	6	6	6	6	6	6	6	6	6	6	6	6	6
1	10	2	5	2	9	2	15	2	23	5	10	5	12	5	18
10	1	5	2	9	2	15	2	23	2	10	5	12	5	18	5

6	6	6	6	6	6	6	6	6	6	6	6	6	6	6
5	26	7	10	7	11	7	18	7	25	9	9	23	9	26
26	5	10	7	11	7	18	7	25	7	9	23	9	26	9

6	6	6	6	6	6	6	6	6	6	6	6	6	6	6	6
10	15	10	19	10	23	11	12	11	18	12	17	12	19	12	23
15	10	19	10	23	10	12	11	18	11	17	12	19	12	23	12

6	6	6	6	6	6
15	17	15	18	17	18
17	15	18	15	18	17

7획 성씨

江(강) 君(군) 杜(두) 呂(려) 李(리) 甫(보) 成(성) 宋(송) 辛(신)
良(양) 汝(여) 余(여) 呂(여) 延(연) 吳(오) 位(위) 李(이) 佐(좌)
廷(정) 池(지) 車(차) 初(초) 判(판) 何(하) 孝(효)

7	7	7	7	7	7	7	7	7	7	7	7	7	7	7
1	10	1	16	1	24	4	4	14	6	10	6	11	6	18
10	1	16	1	24	1	4	14	4	10	6	11	6	18	6

7	7	7	7	7	7	7	7	7	7	7	7	7	7	7
8	8	9	8	10	8	16	8	17	8	24	9	16	9	22
8	9	8	10	8	16	8	17	8	24	8	16	9	22	9

7	7	7	7	7	7	7	7	7	7	7	7	7	7
10	14	10	22	11	14	14	17	14	18	16	22	17	24
14	10	22	10	14	11	17	14	18	14	22	16	24	17

8획 성씨

京(경) 庚(경) 季(계) 奇(기) 金(김) 空(공) 具(구) 奈(내) 林(림) 孟(맹) 明(명)
門(문) 房(방) 奉(봉) 舍(사) 尙(상) 昔(석) 松(송) 昇(승) 承(승) 沈(심) 岳(악)
夜(야) 林(임) 長(장) 宗(종) 周(주) 知(지) 昌(창) 采(채) 卓(탁) 和(화)

8	8	8	8	8	8	8	8	8	8	8	8	8	8	8	8
3	5	3	10	3	13	3	21	5	8	5	10	5	16	5	24
5	3	10	3	13	3	21	3	8	5	10	5	16	5	24	5

8	8	8	8	8	8	8	8	8	8	8	8	8	8	8	8
7	8	7	9	7	10	7	16	7	17	7	24	8	9	8	13
8	7	9	7	10	7	16	7	17	7	24	7	9	8	13	8

8	8	8	8	8	8	8	8	8	8	8	8	8	8	8	8
8	15	8	17	8	21	9	15	9	16	10	13	10	15	10	21
15	8	17	8	21	8	15	9	16	9	13	10	15	10	21	10

8	8	8	8	8	8	8	8
13	16	15	16	16	17	16	21
16	13	16	15	17	16	21	16

9획 성씨

姜(강) 南(남) 奈(내) 段(단) 柳(류) 思(사) 宣(선) 星(성) 施(시) 信(신)
彦(언) 要(요) 禹(우) 韋(위) 兪(유) 柳(유) 貞(정) 俊(준) 肖(초) 秋(추)
泰(태) 扁(편) 表(표) 河(하) 咸(함) 後(후)

9	9	9	9	9	9	9	9	9	9	9	9	9	9	9
2	4	2	6	2	14	4	4	12	4	20	6	9	6	23
4	2	6	2	14	2	4	12	4	20	4	9	6	23	6

9	9	9	9	9	9	9	9	9	9	9	9	9	9	9
7	8	7	16	7	22	8	8	15	8	16	9	14	9	20
8	7	16	7	22	7	8	15	8	16	8	14	9	20	9

9	9	9	9	9	9	9	9	9	9	9	9	9
9	23	12	12	20	14	15	15	23	15	24	16	16	22
23	9	12	20	12	15	14	23	15	24	15	16	22	16

剛(강) 桂(계) 高(고) 骨(골) 俱(구) 宮(궁) 起(기) 唐(당) 馬(마) 芳(방)

徐(서) 席(석) 素(소) 孫(손) 洙(수) 乘(승) 柴(시) 芮(예) 袁(원) 殷(은)

曹(조) 秦(진) 眞(진) 晉(진) 倉(창) 夏(하) 洪(홍) 花(화) 桓(환) 候(후)

10	10	10	10	10	10	10	10	10	10	10	10	10	10
1	5	1	6	1	7	1	14	1	22	3		3	5
5	1	6	1	7	1	14	1	22	1	3		5	3

10	10
3	8
8	3

10	10	10	10	10	10	10	10	10	10	10	10	10	10	10	10
3	22	5	6	5	8	6	7	6	15	6	19	6	23	7	8
22	3	6	5	8	5	7	6	15	6	19	6	23	6	8	7

10	10	10	10	10	10	10	10	10	10	10	10	10	10	10	10
7	14	7	22	8	13	8	15	8	21	8	23	11	14	13	22
14	7	22	7	13	8	15	8	21	8	23	8	14	11	22	13

10	10	10	10	10	10	10	10	10
14	15	14	21	15	22	15	23	19
15	14	21	14	22	15	23	15	19

康(강) 堅(견) 乾(건) 國(국) 梁(량) 麻(마) 梅(매) 班(반) 邦(방)

彬(빈) 常(상) 卨(설) 梁(양) 魚(어) 御(어) 尉(위) 異(이) 張(장)

章(장) 將(장) 珠(주) 崔(최) 票(표) 海(해) 許(허) 胡(호) 扈(호)

11	11	11	11	11	11	11	11	11	11	11	11	11	11	11	11
2	4	2	5	2	22	4	14	4	20	6	7	6	12	6	18
4	2	5	2	22	2	14	4	20	4	7	6	12	6	18	6

11	11	11	11	11	11	11	11	11
7	14	10	14	12	13	24	20	27
14	7	14	10	12	24	13	27	20

12획 성씨

强(강) 景(경) 邱(구) 閔(민) 森(삼) 善(선) 邵(소) 淳(순) 舜(순) 筍(순) 順(순)
勝(승) 雁(안) 堯(요) 雲(운) 庾(유) 壹(일) 程(정) 曾(증) 智(지) 彭(팽) 馮(풍)
弼(필) 賀(하) 黃(황) 大室(대실) 東方(동방) 小室(소실) 以先(이선)

12	12	12	12	12	12	12	12	12	12	12	12	12	12	12
1	4	1	12	1	20		3	3	20	4	9	4	13	4	17
4	1	12	1	20	1		3	20	3	9	4	13	4	17	4

12	12	12	12	12	12	12	12	12	12	12	12	12	12	12	12
4	19	4	21	5	6	5	12	5	20	6	11	6	17	6	19
19	4	21	4	6	5	12	5	20	5	11	6	17	6	19	6

12	12	12	12	12	12	12	12	12	12	12	12	12	12	12	12
6	23	9	12	9	20	9	26	11	12	12	13	12	17	12	21
23	6	12	9	20	9	26	9	12	11	13	12	17	12	21	12

12	12	12	12	12	12
12	23	13	20	19	20
23	12	20	13	20	19

13획 성씨

賈(가) 敬(경) 琴(금) 路(노) 頓(돈) 廉(렴) 睦(목) 新(신) 阿(아) 楊(양)
廉(염) 雍(옹) 郁(욱) 蔣(장) 楚(초) 椿(춘) 湯(탕) 司空(사공) 令孤(영고)

13	13	13	13	13	13	13	13	13	13	13	13	13	13	13
2	3	2	16	2	22	3	8	3	22	4	4	12	4	20
3	2	16	2	22	2	8	3	22	3	4	12	4	20	4

13	13	13	13	13	13	13	13	13	13	13	13	13
5	20	8	8	10	8	16	8	24	10	22	11	24	12
20	5	8	10	8	16	8	24	8	22	10	24	11	12

13	13	13	13	13	13	13	13	13
12	20	16	16	19	16	22	18	20	22	26
20	12	16	19	16	22	16	20	18	26	22

14획 성씨

菊(국) 箕(기) 端(단) 裵(배) 鳳(봉) 嘗(상) 碩(석) 愼(신) 實(실) 連(연)

榮(영) 溫(온) 慈(자) 齊(제) 趙(조) 菜(채) 華(화) 公孫(공손) 西門(서문)

14	14	14	14	14	14	14	14	14	14	14	14	14	14	14	14
1	10	1	17	1	23	2	9	2	15	2	19	2	21	2	23
10	1	17	1	23	1	9	2	15	2	19	2	21	2	23	2

14	14	14	14	14	14	14	14	14	14	14	14	14	14	14	14
3	4	3	15	3	18	3	21	4	7	4	11	4	17	4	19
4	3	15	3	18	3	21	3	7	4	11	4	17	4	19	4

14	14	14	14	14	14	14	14	14	14	14	14	14	14	14
7	10	7	11	7	17	7	18	7	24	9	9	15	9	24
10	7	11	7	17	7	18	7	24	7	9	15	9	24	9

14	14	14	14	14	14	14	14	14	14	14	14
10	11	10	15	10	23	15	18	17	18	18	19
11	10	15	10	23	10	18	15	18	17	19	18

15획 성씨

價(가) 葛(갈) 慶(경) 郭(곽) 廣(광) 歐(구) 魯(노) 德(덕) 董(동) 劉(류)

滿(만) 墨(묵) 葉(엽) 劉(유) 標(표) 漢(한) 司馬(사마)

15	15	15	15	15	15	15	15	15	15	15	15	15	15	15	15
1	2	1	16	1	22	2	4	2	6	2	14	2	16	2	22
2	1	16	1	22	1	4	2	6	2	14	2	16	2	22	2

15	15	15	15	15	15	15	15	15	15	15	15	15	15	15
3	14	3	20	6	10	6	17	6	18	8	8	9	8	10
14	3	20	3	10	6	17	6	18	6	8	9	8	10	8

15	15	15	15	15	15	15	15	15	15	15	15	15	15	15	15
8	16	9	14	9	17	9	23	10	14	10	22	10	23	14	18
16	8	14	9	17	9	23	9	14	10	22	10	23	10	18	14

15	15	15	15	15	15	15
14	23	16	16	17	17	20
23	14	16	17	16	20	17

16획 성씨

橋(교) 盧(노) 潭(담) 道(도) 陶(도) 盧(로) 龍(룡) 陸(륙) 潘(반) 燕(연)
豫(예) 龍(용) 陸(육) 陰(음) 錢(전) 諸(제) 陳(진) 皇甫(황보)

16	16	16	16	16	16	16	16	16	16	16	16	16	16	16	16
1	7	1	16	1	22	2	5	2	13	2	15	2	19	2	21
7	1	16	1	22	1	5	2	13	2	15	2	19	2	21	2

16	16	16	16	16	16	16	16	16	16	16	16	16	16	16	16
2	23	5	8	5	16	7	8	7	9	7	16	7	22	8	9
23	2	8	5	16	5	8	7	9	7	16	7	22	7	9	8

16	16	16	16	16	16	16	16	16	16	16	16	16	16	16	16
8	13	8	15	8	17	8	21	9	16	9	23	13	16	13	19
13	8	15	8	17	8	21	8	16	9	23	9	16	13	19	13

16	16	16	16	16	16	16	16	16	16	16	16
13	22	15	16	15	17	16	19	19	22	23	28
22	13	16	15	17	15	19	16	22	19	28	23

17획 성씨

鞠(국) 獨(독) 謝(사) 鮮(선) 遜(손) 陽(양) 襄(양) 蓮(연) 蔣(장) 蔡(채)
燭(촉) 澤(택) 韓(한) 鄕(향)

17	17	17	17	17	17	17	17	17	17	17	17	17	17	17
1	4	1	6	1	14	1	15	1	16	1	20	4	4	12
4	1	6	1	14	1	15	1	16	1	20	1	4	12	4

17	17	17	17	17	17	17	17	17	17	17	17	17	17	17
4	20	6	12	6	15	6	18	7	8	7	14	7	24	8
20	4	12	6	15	6	18	6	8	7	14	7	24	7	8

17	17	17	17	17	17	17	17	17
8	16	12	14	21	15	16	15	20
16	8	12	21	14	16	15	20	15

18획 성씨

瞿(구) 歸(귀) 顔(안) 魏(위) 戰(전) 鎬(호)

18		18	18	18	18	18	18	18	18	18	18	18	18	18	18
3		3	14	3	20	5	6	6	7	6	11	6	15	6	17
3		14	13	20	3	6	5	7	6	11	6	15	6	17	6

18	18	18	18	18	18	18	18
7	14	13	20	14	15	14	19
14	7	20	13	15	14	19	14

19획 성씨

關(관) 南宮(남궁) 譚(담) 龐(방) 薛(설) 鄭(정) 再會(재회)

19	19	19	19	19	19	19	19	19	19	19	19	19	19	19	19
2	4	2	14	2	16	4	12	4	14	6	10	6	12	10	19
4	2	14	2	16	2	12	4	14	4	10	6	12	6	19	10

19	19	19	19	19	19	19	19	19	19	19		19	19	19	19
12	20	13	16	13	20	14	18	14	19	16		16	22	19	20
20	12	16	13	20	13	18	14	19	14	16		22	16	20	19

20획 성씨

羅(나) 羅(라) 釋(석) 鮮于(선우) 嚴(엄) 鐘(종)

20	20	20	20	20	20	20	20	20	20	20	20	20	20	20	20
1	4	1	12	1	17	3	12	3	15	3	18	4	9	4	11
4	1	12	1	17	1	12	3	15	3	18	3	9	4	11	4

20	20	20	20	20	20	20	20	20	20	20		20	20	20	20
4	13	4	17	4	21	5	12	5	13	9		9	12	12	13
13	4	17	4	21	4	12	5	13	5	9		12	9	13	12

20	20	20	20	20	20	20	20	20	20	20
12	19	13	18	13	19	15	17	17	21	19
19	12	18	13	19	13	17	15	21	17	19

21획 성씨

顧(고) 藤(등) 鶴(학)

21	21	21	21	21	21	21	21	21	21	21	21	21	21	21	21
2	4	2	6	2	9	2	14	2	16	3	8	3	14	3	24
4	2	6	2	9	2	14	2	16	2	8	3	14	3	24	3

21	21	21	21	21	21	21	21	21	21	21	21	21	21	21
4	4	12	4	14	4	20	6	10	6	11	6	12	6	18
4	12	4	14	4	20	4	10	6	11	6	12	6	18	6

21	21	21	21	21	21	21	21	21	21	21	21
8	8	9	8	10	8	16	10	14	12	14	17	17	20
8	9	8	10	8	16	8	14	10	12	17	14	20	17

22획 성씨

鑑(감) 簞(곽) 權(권) 邊(변) 蘇(소) 襲(습) 蘊(온) 隱(은) 負鼎(부정)

22	22	22	22	22	22	22	22	22	22	22	22	22	22	22	22
1	10	1	15	1	16	2	9	2	11	2	15	2	21	3	10
10	1	15	1	16	1	9	2	11	2	15	2	21	2	10	3

22	22	22	22	22	22	22	22	22	22	22	22	22	22	22	22
3	13	7	9	7	10	7	16	9	16	10	13	13	16	16	19
13	3	9	7	10	7	16	7	16	9	13	10	16	13	19	16

25획 성씨

獨孤(독고) 明臨(명임)

25	25	25	25	25	25	25	25	25	25	25	25
4	4	6	4	12	4	19	4	23	6	6	7	6	8
4	6	4	12	4	19	4	23	4	6	7	6	8	6

25	25	26	26	25	25	25	25	25	25	25	25	25	25	25
6	10	6	14	6	16	6	17	7	16	10	13	12	20	16
10	6	14	6	16	6	17	6	16	7	13	10	20	12	16

31획 성씨

諸葛(제갈)

31	31	31	31	31	31	31	31	31	31	31	31	31	31	31
1	6	1	16	1	20	2	4	2	6	2	14	4	4	17
6	1	16	1	20	1	4	2	6	2	14	2	4	17	4

31	31	31	31	31	31	31	31	31	31	31	31	31	31
4	20	6	10	7	10	7	14	8	16	16	21	17	20
20	4	10	6	10	7	14	7	8	16	21	16	20	17

제10장
【人名用】종합 한자사전

일러두기

* 이 책의 [인명용] 종합 한자사전은 대법원에서 지정한 인명용 한자만을 수록하였다. 【2024.6.11. 기준 9,389자】

* 여기에 수록된 한자는 되도록 대법원에서 지정한 글자체를 그대로 사용하였으나, 글자체가 지원되지 않는 경우 부득이하게 비슷한 글자체를 사용하였다.

* 인명용 한자는 원칙적으로 대법원에서 지정한 발음으로만 사용할 수 있다. 그러나 첫소리[初聲]가 "ㄴ"또는 "ㄹ"인 한자는 각각 소리 나는 바에 따라 "ㅇ" 또는 "ㄴ"으로 사용할 수 있다. 【連 = '연' 또는 '련' / 老 = '로' 또는 '노' 】

* 위의 규칙에 따라 한자의 발음을 변경할 경우 '발음오행'은 변경한 실제 발음에 따른다. 【'연'의 발음오행 = '土' / '련'의 발음오행 = '火'】

* 인명용 한자 중 동자(同字)·속자(俗字)·약자(略字)의 경우 대법원 규칙으로 인정한 한자만 사용할 수 있다.

* '示'변과 'ネ'변, '艹'변과 '⺾'변은 서로 바꾸어 쓸 수 있다. 【福 = 福, 蘭=蘭】

발음	한자	뜻	부수	자원오행	획수	발음	한자	뜻	부수	자원오행	획수
가	加	더할	力	水	5	가	舸	큰배	舟	木	11
	佳	아름다울	人	火	8		迦	물 이름	水	水	9
	架	시렁, 세울	木	木	9		珈	머리꾸미개	金	金	10
	可	옳을	口	水	5		柯	가지, 자루	木	木	9
	哿	옳을, 좋을	口	水	10		檟	개오동나무	木	木	17
	家	집	宀	木	10		榎	개오동나무	木	木	14
	嘉	아름다울	口	水	14		笳	갈잎피리	竹	木	11
	嫁	고울, 곱다	女	土	12		假	거짓, 임시	人	火	11
	街	거리	行	火	12		嫁	시집갈, 떠넘길	女	土	13
	暇	틈, 겨를	日	火	13		駕	멍에, 수레	馬	火	15
	賈	姓, 값	貝	金	13		迦	부처 이름, 막을	辶	土	12
	稼	심을, 농사	禾	木	15		伽	절	人	火	7
	珂	마노, 옥이름	玉	金	10		椵	나무 이름	木	木	13
	茄	연줄기, 연	艸	木	11		岢	산 이름	山	土	8
	哥	노래	口	水	10		溈	늪이름, 강 이름	水	水	13
	跏	책상다리할	足	土	12		舸	배말뚝	爿	木	9
	袈	가사, 승려의 옷	衣	木	11		蒍	늪이름, 강 이름	艸	木	14
	軻	수레, 사람 이름	車	火	12		呵	꾸짖을, 웃을	口	水	8
	枷	도리깨	木	木	9		痂	헌데딱지, 옴	疒	水	10
	歌	노래, 읊을	欠	金	14		苛	매울, 사나울	艸	木	11
	徦	이를, 다다르다	彳	火	12		訶	꾸짖을, 야단할	言	金	12
	價	姓, 값, 가치	人	火	15		坷	평탄하지 않을	土	土	8
	嘏	클	口	水	14		斝	술잔	斗	火	12

발음	한자	뜻	부수	자원오행	획수	발음	한자	뜻	부수	자원오행	획수
가	耞	도리깨	耒	木	11		間	사이, 때	門	木	12
	葭	갈대	艸	木	15		看	볼, 지킬	目	木	9
	謌	노래	言	金	17		刊	책펴낼, 깎을	刀	金	5
각	各	각각, 시각	口	水	6		幹	줄기, 몸	干	木	13
	角	뿔, 견줄	角	木	7		干	姓, 방패, 줄기	干	木	3
	閣	집, 누각	門	木	14		肝	간, 충정	肉	水	9
	覺	깨달을, 터득할	見	火	20		簡	대쪽, 편지	竹	木	18
	刻	새길	刀	金	8		侃	강직할, 화락할	人	火	8
	珏	쌍옥	玉	金	10		杆	몽둥이 (桿의 本字)	木	木	7
	恪	삼갈, 정성	心	火	10		桿	몽둥이 (杆의 俗字)	木	木	11
	慤	성실할 (愨의 俗字)	心	火	16		竿	낚싯대, 장대	竹	木	9
	愨	성실할 (慤의 本字)	心	火	14	간	揀	가려낼, 구별할	手	木	13
	隺	고상할, 오를	隹	火	10		諫	고칠, 충고할	言	金	16
	催	사람 이름	人	火	12		玕	옥돌	玉	金	8
	擱	놓을	手	木	18		慳	아낄	心	火	15
	桷	서까래	木	木	11		榦	줄기	木	木	14
	殼	껍질, 씨	殳	金	12		秆	볏짚	禾	木	8
	脚	다리, 정강이	肉	水	13		迁	구할	辵	土	10
	却	물리칠, 그칠	卩	木	7		矸	산돌	石	金	8
	卻	물리칠	卩	木	9		栞	깎을, 도표	木	木	10
	咯	울, 트림	口	水	9		澗	산골물	水	水	16
	垎	메마를	土	土	10		懇	정성, 간절할	心	火	17
	推	두드릴	手	木	14		艮	괘 이름, 그칠	艮	土	6

발음	한자	뜻	부수	자원오행	획수	발음	한자	뜻	부수	자원오행	획수
간	墾	개간할, 다스릴	土	土	16	갈	蝎	나무좀	虫	木	15
	柬	가릴, 분간	木	木	9		噶	맹세할	口	水	16
	磵	산골물	石	金	17		楬	푯말	木	木	13
	稈	짚, 볏짚	禾	木	12		秸	짚	禾	木	11
	偘	굳셀	人	火	11		羯	불깐 양	羊	土	15
	茛	미나리아재비	艸	木	12		蠍	전갈	虫	水	19
	衎	즐길	行	火	9		渴	목마를, 급할	水	水	13
	澗	물 빨리 흐를	水	水	11		嶱	산 험할	山	土	16
	赶	쫓을	走	火	10		曷	어찌, 언제	曰	火	9
	齦	깨물	齒	金	21		喝	더위 먹을	口	水	12
	忓	방해할	心	火	7	감	感	느낄, 감동할	心	火	13
	姦	간사할, 거짓	女	土	9		敢	굳셀, 용감할	攴	金	12
	奸	범할, 간통할	女	土	6		鑑	姓, 거울, 성찰할 (鑒과 同字)	金	金	22
	艱	어려울, 괴로워할	艮	土	17		鑒	거울, 성찰할 (鑑과 同字)	金	金	22
	癎	간기, 경풍 (癇의 略字)	疒	水	17		甘	姓, 달, 상쾌할	甘	土	5
	癇	간기, 경풍 (癎의 本字)	疒	水	17		玪	옥 이름	玉	金	9
갈	硈	견고할	石	金	11		瑊	옥돌	玉	金	14
	鞨	가죽신, 두건	革	金	18		減	덜, 줄일	水	水	13
	葛	姓, 칡, 넝쿨	艸	木	15		監	볼, 보살필	皿	金	14
	乫	땅 이름	乙	木	6		勘	헤아릴, 조사할	力	土	11
	碣	비, 돌을 세울	石	金	14		堪	견딜, 뛰어날	土	土	12
	竭	다할, 물마를	立	金	14		瞰	내려다볼, 멀리볼	目	木	17
	褐	털옷, 베옷	衣	木	15		嵌	산이 깊을	山	土	12

발음	한자	뜻	부수	자원오행	획수	발음	한자	뜻	부수	자원오행	획수
감	柑	감자나무, 재갈	木	木	9	감	歛	서운할	欠	火	12
	橄	감람나무	木	木	16	갑	甲	첫째 천간, 껍질	田	木	5
	紺	감색, 밤물	糸	木	11		鉀	갑옷	金	金	13
	邯	땅 이름, 강 이름	邑	土	12		岬	산허리, 산골짜기	山	土	8
	淦	물 이름	水	水	12		閘	물문, 수문	門	木	13
	澉	싱거울	水	水	16		匣	작은 상자	匚	木	7
	酣	흥겨울	酉	金	12		胛	어깨	肉	水	11
	鹻	소금기	鹵	水	21	강	江	姓, 강, 큰내	水	水	7
	龕	감실	龍	土	22		講	강론할, 익힐	言	金	17
	弇	사람 이름	廾	木	9		強	姓, 굳셀, 강할 (强의 本字)	弓	金	11
	憨	어리석을	心	火	16		强	굳셀 (强의 俗字)	弓	金	12
	撼	흔들	手	木	17		康	姓, 평안할, 즐거울	广	木	11
	歛	줄	欠	火	17		姜	姓, 굳셀	女	土	9
감	泔	뜨물	水	水	9		剛	姓, 굳셀, 강철	刀	金	10
	矙	엿볼	目	木	25		鋼	강철, 강쇠 (鏗과 同字)	金	金	16
	轗	가기 힘들	車	火	20		鏗	강철 (鋼과 同字)	金	金	18
	憾	한할, 서운해 할	心	火	17		嫌	편안할	女	土	14
	戡	칠, 평정할	戈	金	13		踤	세울, 머뭇거릴	足	土	13
	坎	구덩이, 험할	土	土	7		綱	벼리, 법	糸	木	14
	疳	감질, 감병	疒	水	10		杠	깃대, 다리	木	木	7
	坩	도가니	土	土	8		茳	천궁모종	艸	木	11
	埳	구덩이	土	土	11		顜	밝을	頁	火	19
	嵁	울퉁불퉁할	山	土	12		玒	옥 이름	玉	金	8

발음	한자	뜻	부수	자원오행	회수	발음	한자	뜻	부수	자원오행	회수
강	鏹	돈, 돈꿰미 (鏹의 俗字)	金	金	19	강	羫	양 갈빗대	羊	土	14
	鏹	돈, 돈꿰미 (鏹의 本字)	金	金	20		豇	광저기	豆	木	10
	堈	언덕, 항아리	土	土	11		韁	고삐	革	金	22
	橿	나무 이름, 굳센 모양	木	木	17		舡	배	舟	木	9
	彊	굳셀, 힘센 활	弓	金	16		薑	생강	艸	木	19
	糠	겨, 쌀겨	米	木	17		襁	포대기 (襁과 同字)	衣	木	17
	絳	진홍색	糸	木	12		襁	포대기 (襁과 同字)	衣	木	18
	羌	종족 이름, 굳셀	羊	土	8		鱇	아귀	魚	水	22
	悾	정성	心	火	12		慷	강개할, 슬퍼할	心	火	15
	岡	산등성이, 언덕 (崗의 本子)	山	土	8		腔	속이 빌	肉	水	14
	崗	산등성이 (岡의 俗子)	山	土	11		僵	넘어질	人	火	15
	降	내릴, (항) 항복할	阜	土	14		畖	지경, 갈피, 밭길	田	土	9
	畺	지경	田	土	13		摑	들어올릴, 쳐들	手	木	12
	疆	지경, 끝	田	土	19		棡	가로대, 떡갈나무	木	木	12
	僵	어리석을	人	火	12		漮	빌, 없을	水	水	15
	壃	지경	土	土	16		焵	칼날, 달굴	火	火	12
	忼	강개할	心	火	8		谹	골짜기 이름	谷	水	10
	扛	마주 들	手	木	7	개	改	고칠, 바꿀	攴	金	7
	殭	굳어질	歹	水	17		皆	다, 함께	白	火	9
	矼	징검다리	石	金	8		個	낱, 단위 (箇와 同字)	人	火	10
	穅	겨	禾	木	16		箇	낱, 단위 (個와 同字)	竹	木	14
	繈	포대기	糸	木	17		開	열, 개척할	門	木	12
	罡	북두성	网	木	11		价	착할, 클	人	火	6

발음	한자	뜻	부수	자원오행	획수	발음	한자	뜻	부수	자원오행	획수
개	介	姓, 끼일, 갑옷	人	火	4	개	芥	티끌, 먼지	艸	木	10
	玠	큰 홀	玉	金	9		槩	대개, 대강	木	木	15
	凱	즐길, 함성	几	木	12		磕	돌 부딪치는 소리	石	金	15
	愷	즐거울, 편안할	心	火	14		闓	열	門	木	18
	剴	알맞을	刀	金	12		豈	어찌, 개가	豆	水	10
	瞪	밝을, 비출	目	木	15	객	客	손님, 나그네	宀	木	9
	暟	비출, 아름다울	日	火	14		喀	토할	口	水	12
	勘	힘쓸	力	土	11	갱	粳	메벼	米	木	13
	忋	믿을	心	火	7		羹	국, 땅이름	羊	土	19
	匃	빌	勹	金	5		硜	돌소리	石	金	12
	揩	닦을	手	木	13		賡	이을	貝	金	15
개	槩	평미레	木	木	15		鏗	금옥 소리	金	金	19
	漑	물댈, 씻을	水	水	15		更	다시, 고칠	日	火	7
	摡	씻을, 닦을	手	木	15		坑	구덩이, 빠질	土	土	7
	塏	높고 건조할	土	土	13	갹	醵	술잔치, 추렴할	酉	金	20
	鎧	갑옷, 무장할	金	金	18	거	車	수레, 수레바퀴	車	火	7
	慨	분개할, 슬퍼할	心	火	15		擧	들, 오를	手	木	18
	蓋	덮을, 대개 (盖의 本字)	艸	木	16		巨	클, 많을	工	火	5
	盖	덮을 (蓋의 俗字)	皿	水	11		鉅	강할, 클	金	金	13
	溍	출렁출렁 흐를	水	水	13		炬	횃불, 태울	火	火	9
	衸	옷폭	衣	木	10		居	살, 있을	尸	木	8
	懫	성낼, 가득할	心	火	14		拒	막을, 방어할	手	木	9
	痎	옴, 학질	疒	水	9		據	의지할, 증거	手	木	17

발음	한자	뜻	부수	자원오행	획수	발음	한자	뜻	부수	자원오행	획수
거	岠	큰산, 도달할	山	土	8	거	距	떨어질, 클	足	土	12
	渠	개천, 클	水	水	13		遽	급할, 두려울	辶	土	20
	据	일할, 의거할	手	木	12		踞	웅크릴, 걸터앉을	足	土	15
	抾	잡을, 손에 쥘	手	木	9		去	갈, 버릴	厶	水	5
	佉	물리칠, 떨칠	人	火	7		祛	쫓을, 보낼	示	木	10
	歫	막을, 저지할	止	土	9		倨	거만할, 멍할	人	火	10
	鋸	톱, 톱질할	金	金	16		腒	날짐승 포	肉	水	14
	駏	버새	馬	火	15	건	虔	정성, 공경할	虍	木	10
	呿	벌릴	口	水	8		健	건강할, 튼튼할	人	火	11
	昛	밝을	日	火	9		攓	서로 도울	手	木	14
	秬	검은 기장	禾	木	10		建	세울, 일으킬 (建과 同字)	廴	木	9
	姖	산이름	女	土	8		建	세울 (建과 同字)	辶	土	13
	柜	느티나무	木	木	9		乾	姓, 하늘, 마를 (漧의 本字)	乙	金	11
	欅	느티나무	木	木	22		漧	하늘, 마를 (乾의 古字)	水	水	15
	筥	둥구미	竹	木	13		乹	하늘, 마를 (乾의 俗字)	乙	金	9
	籧	대자리	竹	木	23		鶱	훨훨 날	鳥	火	21
	胠	겨드랑이	肉	水	11		件	사건, 구별할	人	火	6
	苣	상추	艹	木	11		巾	수건, 덮을	巾	木	3
	莒	감자	艹	木	13		楗	문빗장, 방죽	木	木	13
	蕖	연꽃	艹	木	18		鍵	열쇠, 빗장	金	金	17
	蘧	패랭이꽃	艹	木	23		搴	빼낼, 올릴	手	木	14
	袪	소매	衣	木	11		攐	뽑을, 걷어 올릴	手	木	21
	裾	자락	衣	木	14		褰	걷어올릴	衣	木	16

발음	한자	뜻	부수	자원오행	획수	발음	한자	뜻	부수	자원오행	획수
건	囝	아이	口	水	6	검	劒	칼, 찌를 (劍의 本字)	刀	金	16
	湕	물 이름	水	水	13		瞼	눈꺼풀	目	木	18
	踺	밟을	足	土	16		鈐	비녀장	金	金	12
	愆	허물, 과실	心	火	12		黔	검을, 그을릴	黑	水	16
	腱	힘줄	肉	水	15		撿	검사할	手	木	17
	騫	이지러질, 손상할	馬	火	20		茮	가시연	艸	木	10
	蹇	절, 멈출	足	土	17	겁	怯	겁낼, 무서워할	心	火	9
	揵	멜	手	木	13		迲	갈	辵	土	14
	犍	불친소	牛	土	13		劫	위협할, 빼앗을	力	水	7
	睷	눈으로 셀	目	木	14		刦	겁탈할	刀	金	7
	謇	떠듬거릴	言	金	17		刧	겁탈할	刀	金	7
	鞬	동개	革	金	18		抾	협박할	手	木	9
걸	傑	뛰어날, 클 (杰의 本字)	人	火	12	게	憩	쉴, 휴식할	心	火	16
	杰	뛰어날, 클 (傑의 俗字)	火	火	8		揭	높이들, 올릴	手	木	13
	嵥	높을	山	土	13		偈	쉴, 군셀모양	人	火	11
	桀	홰, 뛰어날	木	木	10	격	格	격식, 바로잡을	木	木	10
	乞	빌, 구할	乙	木	3		闃	고요할	門	木	17
	乥	걸	乙	木	6		搹	쥘, 잡아쥘	手	木	14
	朅	갈	曰	火	14		激	과격할, 흐를	水	水	17
	榤	홰	木	木	14		隔	막을, 멀	阜	土	18
검	儉	검소할, 적을	人	火	15		檄	격문, 편지	木	木	17
	檢	검사할, 교정할	木	木	17		膈	흉격, 종틀	肉	水	16
	劍	칼, 찌를 (劒의 俗字)	刀	金	15		覡	박수, 남자무당	見	火	14

발음	한자	뜻	부수	자원오행	획수	발음	한자	뜻	부수	자원오행	획수
격	挌	칠	手	木	10	견	鰹	가물치	魚	水	22
	毃	부딪칠	殳	金	14		犬	개	犬	土	4
	骼	뼈	骨	金	16		繭	고치	糸	木	18
	鬲	막을	鬲	土	10		譴	꾸짖을, 허물	言	金	21
	鴃	때까치	鳥	火	15		肩	어깨, 견딜	肉	水	10
	擊	부딪칠, 방해될	手	木	17		狷	성급할	犬	土	12
견	堅	姓, 군을, 튼튼할	土	土	11		詃	꾈, 속일	言	金	12
	蠲	밝을	虫	水	23	결	結	맺을, 마칠	糸	木	12
	甄	질그릇, 가마	瓦	土	14		決	결단할, 터질	水	水	8
	見	볼, 뵈일	見	火	7		潔	깨끗할, 바를 (潔의 本字)	水	水	16
	絹	비단, 명주	糸	木	13		潔	깨끗할, 바를 (潔의 俗字)	氵	水	14
	遣	보낼, 파견할	辶	土	17		挈	깨끗할, 바를 (潔와 同字)	水	水	10
	牽	당길, 거느릴	牛	土	11		焆	불빛	火	火	11
	掔	끌, 몰	手	木	13		迼	뛸	辶	土	13
	鵑	두견새, 접동새	鳥	火	18		玦	패옥	玉	金	9
	畎	밭도랑	田	土	9		鍥	새길 (鐭와 同字)	金	金	17
	筧	대 홈통	竹	木	13		鐭	새길 (鍥와 同字)	金	金	18
	縳	명주	糸	木	17		娎	맺을	女	土	9
	繾	곡진할	糸	木	20		炔	불타기 시작할 (계)	火	火	8
	汧	강이름, 연못	水	水	7		関	문닫을	門	木	17
	湕	강이름, 도랑	水	水	11		缺	이지러질, 모자랄	缶	土	10
	鄄	땅이름	邑	土	16		訣	이별할, 작별할	言	金	11
	羂	올무	网	木	19		抉	도려낼, 폭로할	手	木	8

발음	한자	뜻	부수	자원오행	획수	발음	한자	뜻	부수	자원오행	획수
결	觖	서운해할	角	木	11	경	敬	姓, 공경할, 훈계할	攴	金	13
겸	兼	겸할, 쌓을	八	金	10		慶	姓, 경사, 칙할	心	火	15
	謙	겸손할, 공손할	言	金	17		謷	똑똑할, 확실할	言	金	14
	嗛	겸손할	口	水	13		檠	도지개, 등경대 (檠과 同字)	木	木	17
	岒	산이 작고 높을	山	土	7		橄	도지개, 등경대 (檠과 同字)	木	木	17
	嶮	산높을	山	土	13		磬	경쇠, 다할	石	金	16
	縑	합사 비단	糸	木	16		境	지경, 장소	土	土	14
	蒹	갈대	艸	木	16		竟	다할, 마칠	立	金	11
	黔	얕은 금향빛	黑	水	17		徑	지름길, 곧을	彳	火	10
	楗	문설주	木	木	14		痙	힘줄 당길	疒	水	12
	鎌	낫, 모서리	金	金	18		卿	姓, 벼슬 (卿과 同字)	卩	木	12
	傔	시중들	人	火	12		卿	벼슬 (卿과 同字)	卩	木	12
	拑	입다물	手	木	9		硬	굳을, 단단할	石	金	12
	歉	흉년 들	欠	火	14		倞	굳셀, 다툴	人	火	10
	鼸	두더지	鼠	木	23		傹	겨룰, 굳셀	人	火	13
	慊	흐뭇하지 않을	心	火	14		剠	자자할, 묵형할	刀	金	10
	箝	끼울, 재갈먹일	竹	木	14		俓	지름길, 곧을	人	火	9
	鉗	칼	金	金	13		坰	들, 땅이름	土	土	8
경	京	姓, 서울, 클 (京과 同字)	亠	土	8		耿	빛날, 비출	耳	火	10
	京	서울 (京과 同字)	亠	土	9		炅	姓, 빛날, 깨끗할	火	火	8
	景	姓, 볕, 경치 (暻의 本字)	日	火	12		烱	빛날, 밝을	火	火	11
	暻	경치 (景의 俗字)	日	火	16		煛	불, 햇빛	火	火	13
	經	경서, 경영할	糸	木	13		璄	옥빛 (璄과 同字)	玉	金	17

발음	한자	뜻	부수	자원오행	획수	발음	한자	뜻	부수	자원오행	획수
경	璄	옥빛 (璟과 同字)	玉	金	16	경	憬	깨달을, 그리워할	心	火	16
	淫	찰	氵	水	9		挭	대개, 깨우칠	手	木	11
	璥	경옥	玉	金	18		綆	끌어죌	糸	木	11
	淫	통할, 흐름	水	水	11		瓊	옥, 주사위	玉	金	20
	熲	빛날, 불빛	火	火	15		璚	옥 이름, 붉은옥	玉	金	16
	勍	셀, 강할	力	金	10		幜	비단	巾	木	15
	冂	멀	冂	火	2		擎	높이들, 높을	手	木	17
	冋	빛날, 밝을 (冏과 同字)	冂	火	7		熲	따뜻할, 데울	火	火	11
	囧	빛날, 밝을 (冏과 同字)	口	水	7		輕	가벼울, 모자랄	車	火	14
	莖	줄기, 근본	艸	木	13		鏡	거울, 비출	金	金	19
	勁	힘, 굳셀	力	金	9		畊	밭 갈	田	土	9
	憼	공경할, 갖출	心	火	17		綆	두레박줄	糸	木	13
	巠	지하수	巛	水	7		埂	구덩이, 둑	土	土	10
	暻	밝을	日	火	17		擏	들, 경계할	手	木	17
	熲	밝을	火	火	16		桱	나무 이름, 책상	木	木	11
	庚	姓, 일곱째 천간, 나이	广	金	8		藑	어저귀, 아욱풀	木	木	18
	鞕	단단할, 강할	革	金	16		浭	흐를, 물 이름	水	水	11
	耕	밭갈, 평평하게 할	耒	土	10		褧	홑옷	衣	木	16
	頃	밭이랑, 요사이	頁	火	11		纇	홑옷	糸	木	17
	鯨	고래, 쳐들	魚	水	19		駉	살질	馬	火	15
	更	고칠, 개선할	日	火	7		漀	그릇에 물 따를	水	水	15
	鶊	꾀꼬리	鳥	火	19		硻	돌 두드리는 소리	石	金	13
	梗	대강, 가시나무	木	木	11		苘	어저귀, 모싯대	艸	木	11

발음	한자	뜻	부수	자원오행	획수	발음	한자	뜻	부수	자원오행	획수
경	蔓	순채, 메	艸	木	20	경	泂	싸늘할, 찰	氵	水	9
	郠	고을 이름	邑	土	14		潁	거를	水	水	15
	鶊	새 이름	鳥	火	18	계	癸	열째 천간, 헤아릴	癶	水	9
	麖	큰사슴, 고라니	鹿	土	19		季	姓, 끝, 막내	子	水	8
	鯁	생선 뼈	魚	水	18		界	지경, 경계 (堺와 同字)	田	土	9
	黥	자자할	黑	水	20		堺	경계 (界와 同字)	土	土	12
	脛	정강이	肉	水	13		計	셈할, 계획	言	金	9
	頸	목줄기	頁	火	16		溪	시내, 산골짜기	水	水	14
	儆	경계할, 위급할	人	火	15		鷄	닭, 가금 (雞와 同字)	鳥	火	21
	逕	좁은길, 지름길	辶	土	14		雞	닭 (鷄와 同字)	隹	火	18
	警	경계할, 방어할	言	金	20		系	이을, 실마리	糸	木	7
	驚	놀랄, 두려울	馬	火	23		係	걸릴, 이을	人	火	9
	傾	기울, 누울	人	火	13		桂	姓, 월계수	木	木	10
	競	겨룰, 나아갈	立	金	20		啓	가르칠, 인도할	口	水	11
	剄	목벨	刀	金	9		階	섬돌, 계단	阜	土	17
	哽	목멜	口	水	10		炷	화덕, 밝을	火	火	10
	悙	근심할	心	火	13		繼	이을, 계통	糸	木	20
	扃	문빗장	戶	木	9		契	맺을, 약속	大	木	9
	煢	근심할	火	火	12		屆	이를, 다다를	尸	木	8
	煢	외로울	火	火	13		稽	머무를, 쌓을	禾	木	15
	競	다툴	立	金	22		洎	물 부을, 적실	水	水	10
	罄	빌	缶	土	17		灃	우물, 샘 솟을	水	水	21
	謦	기침	言	金	18		唘	샛별	口	水	7

발음	한자	뜻	부수	자원오행	획수	발음	한자	뜻	부수	자원오행	획수
계	谿	시내 (磎와 同字)	谷	水	17	고	杲	밝을, 높을	木	木	8
	磎	시내 (谿와 同字)	石	金	15		皐	고할, 언덕 (皋와 同字)	白	水	11
	嵠	시내, 시냇물	山	土	13		皋	고할, 언덕 (皐와 同字)	白	金	10
	溪	물 이름	水	水	14		姻	연모할, 그리워할	女	土	11
	堦	섬돌	土	土	12		睾	못, 늪	目	木	14
	瘈	미칠	疒	水	14		沽	팔, 매매할	水	水	9
	禊	계제사	示	木	14		膏	살찔, 기름진 땅	肉	水	14
	綮	발 고운 비단	糸	木	14		菰	줄, 진고	艸	木	11
	縘	맬	糸	木	16		菇	줄풀	艸	木	14
	罽	물고기 그물	网	木	17		誥	고할	言	金	14
	薊	삽주	艸	木	19		賈	장사	貝	金	13
	髻	상투	髟	火	16		羔	새끼양, 흑양	羊	土	10
	悸	두근거릴	心	火	12		古	옛, 오랠	口	水	5
	棨	창	木	木	12		故	옛, 원래	攴	金	9
	昋	성씨	日	火	8		苦	쓸, 괴로울	艸	木	11
	戒	경계할, 삼가다	戈	金	7		考	상고할, 밝힐 (攷의 本字)	老	土	8
	械	형틀, 기구	木	木	11		攷	상고할 (考의 古字)	攴	土	6
	誡	경계할, 훈계할	言	金	14		枯	마를, 수척할	木	木	9
	繫	맬, 죄수	糸	木	19		姑	시어머니, 아직	女	土	8
	挈	새길, 끊을	手	木	11		庫	곳집, 창고	广	木	10
고	固	굳을, 단단할	口	水	8		稿	볏짚, 원고	禾	木	15
	高	姓, 높을	高	火	10		顧	姓, 돌아볼, 관찰할	頁	火	21
	告	알릴, 고할	口	水	7		叩	두드릴, 물어볼	口	水	5

발음	한자	뜻	부수	자원오행	획수	발음	한자	뜻	부수	자원오행	획수
	敲	두드릴, 회초리	攴	金	14		觚	술잔	角	木	12
	暠	휠, 밝을	日	火	14		詁	주낼	言	金	12
	皷	북, 두드릴 (鼓와 同字)	鼓	金	13		郜	나라 이름	邑	土	14
	鼓	북, 두드릴 (鼓와 同字)	鼓	金	13		酤	계명주	酉	金	12
	夰	놓을, 기	大	木	5		鈷	다리미	金	金	13
	峼	섬, 산 이름	山	土	11		靠	기댈	非	木	15
	槹	만연할, 나무 이름	木	木	16		鴣	자고	鳥	火	16
	雇	품살, 새 이름	隹	火	12		槀	마를	木	木	14
	估	값	人	火	7		藁	마를	艸	木	20
	涸	얼	氵	水	10		槁	마를	木	木	14
	刳	가를	刀	金	8		痼	고질	疒	水	13
고	栲	북나무	木	木	10	고	呱	울	口	水	8
	櫜	활집	木	木	19		孤	외로울, 고아	子	水	8
	牯	암소	牛	土	9		尻	꽁무니, 자리잡을	尸	水	5
	盬	염지	皿	土	18		拷	칠, 빼앗을	手	木	10
	鶻	작은 비둘기	鳥	火	23		股	넓적다리	肉	水	10
	稾	볏짚	禾	木	12		蠱	독, 벌레	虫	水	23
	箍	테	竹	木	14		袴	바지, 사타구니	衣	木	12
	篙	상앗대	竹	木	16		辜	허물	辛	金	12
	糕	떡	米	木	16		錮	땜질할, 가둘	金	金	16
	罟	그물	网	木	10		瞽	소경	目	木	18
	翶	날	羽	火	18		羖	검은 암양	羊	土	10
	胯	사타구니	肉	水	12	곡	谷	골짜기, 좁은 길	谷	水	7

발음	한자	뜻	부수	자원오행	획수	발음	한자	뜻	부수	자원오행	획수
곡	曲	굽을, 휠	日	土	6	곤	鯤	고니, 물고기 알	魚	水	19
	穀	곡식, 기를	禾	木	15		堃	땅	土	土	11
	峜	산모양, 산이름	山	土	10		崐	산이름	山	土	11
	哭	울, 노래할	口	水	10		悃	정성	心	火	11
	斛	휘, 헤아릴	斗	火	11		捆	두드릴	手	木	11
	鵠	고니, 흴	鳥	火	18		緄	띠	糸	木	14
	梏	쇠고랑, 묶을	木	木	11		裩	걷어 올릴	衣	木	13
	嚳	고할	口	水	20		褌	잠방이	衣	木	15
	槲	떡갈나무	木	木	15		閫	문지방	門	木	15
	縠	주름비단	糸	木	16		髡	머리 깎을	髟	火	13
	觳	뿔잔	角	木	17		鵾	댓닭	鳥	火	19
	轂	바퀴통	車	火	17		鶤	봉황	鳥	火	20
곤	｜	뚫을, 세울	｜	木	1		齫	이 솟아날	齒	金	22
	璭	광낼	玉	金	17		困	괴로울, 부족할	口	水	7
	坤	땅, 괘 이름	土	土	8		棍	몽둥이, 곤장	木	木	12
	琨	옥돌, 패옥	玉	金	13	골	骨	姓, 뼈, 강직할	骨	金	10
	昆	형, 맏	日	火	8		汩	골몰할, 다스릴	水	水	8
	崑	산이름	山	土	11		淈	골몰할, 다스릴	水	水	8
	錕	구리, 붉은 쇠	金	金	16		滑	어지러울	水	水	14
	梱	문지방, 두드릴	木	木	11		搰	팔	手	木	14
	滾	흐를, 샘솟을	水	水	15		榾	등걸	木	木	14
	袞	곤룡포 (裒과 同字)	衣	木	12		鶻	송골매	鳥	火	21
	裒	곤룡포 (袞과 同字)	衣	木	11	공	工	장인, 공교할	工	火	3

발음	한자	뜻	부수	자원오행	획수	발음	한자	뜻	부수	자원오행	획수
공	功	姓, 일, 공로	力	木	5	공	贛	줄	貝	金	24
	共	함께, 한가시	八	金	6		跫	발자국 소리	足	土	13
	公	姓, 귀, 공변될	八	金	4		釭	살촉	金	金	11
	孔	姓, 구멍	子	水	4		槓	지렛대	木	木	14
	供	이바지할, 공손할	人	火	8		攻	칠, 공격할	攴	金	7
	恭	공손할, 조심할	心	火	10		恐	두려울, 협박할	心	火	10
	貢	바칠, 천거할	貝	金	10	곶	串	곶, 익힐, 꿸	丨	金	7
	廾	받들, 바칠	廾	木	3	과	果	과실, 이룰	木	木	8
	珙	큰옥, 옥 이름	玉	金	11		課	매길, 고시	言	金	15
	拱	당길, 고할	手	木	10		科	과정, 과거	禾	木	9
	䂗	날아올, 이를	羽	火	9		跨	타넘을, 건너갈	足	土	13
	蚣	지네	虫	水	10		鍋	냄비, 대통	金	金	17
	鞏	묶을	革	金	15		顆	낟알, 흙덩이	頁	火	17
	龏	공손할, 받들	龍	土	22		過	지날, 초월할	辵	土	16
	空	姓, 빌, 없을	穴	水	8		婐	아름다울, 뽐낼	女	土	9
	控	고할, 아뢸	手	木	12		敤	연마할, 갈	攴	金	12
	倥	어리석을	人	火	10		瓜	姓, 오이, 참외	瓜	木	5
	崆	산 이름	山	土	11		誇	자랑할, 자만할	言	金	13
	灡	강 이름	水	水	28		寡	적을, 과부	宀	木	14
	栱	두공	木	木	10		菓	과일, 과자	艸	木	14
	箜	공후	竹	木	14		侉	자랑할	人	火	8
	蛩	메뚜기	虫	水	12		堝	도가니(쇠를 녹이는 그릇)	土	土	12
	蜙	귀뚜라미	虫	水	12		夥	많을	夕	水	14

발음	한자	뜻	부수	자원오행	획수	빌음	한자	뜻	부수	자원오행	획수
과	夸	자랑할	大	木	6	관	冠	姓, 갓, 벗	冖	木	9
	稞	보리	禾	木	13		寬	너그러울, 넓을 (寬의 本字)	宀	木	15
	窠	보금자리	穴	水	13		寬	너그러울, 넓을 (寬의 俗字)	宀	木	13
	裹	쌀	衣	木	14		款	정성, 사랑	欠	金	12
	踝	복사뼈	足	土	15		琯	옥피리, 옥돌	玉	金	13
	銙	대구	金	金	14		菅	난초, 등골나무	艸	木	14
	騍	암말	馬	火	18		串	익힐, 꿸	丨	金	7
	猓	긴꼬리원숭이	犬	木	12		罐	두레박	缶	土	24
	蝌	올챙이	虫	水	15		貫	꿰뚫을, 적중할	貝	金	11
	戈	창, 전쟁	戈	金	4		慣	버릇, 익숙할	心	火	15
	撾	칠	手	木	17		灌	물댈, 따를	水	水	22
곽	郭	姓, 성곽, 둘레	邑	土	15		瓘	옥 이름	玉	金	23
	廓	둘레, 클	广	木	14		梡	도마, 장작	木	木	11
	槨	덧널, 궤	木	木	15		關	姓, 빗장, 잠글	門	木	19
	藿	姓, 콩잎, 쥐눈이콩	艸	木	22		錧	쟁기, 비녀장	金	金	16
	椁	덧널	木	木	12		倌	수레 모는 사람	人	火	10
	癨	곽란	疒	水	21		鱹	사람 이름	魚	水	29
	霍	빠를	雨	水	16		輨	줏대	車	火	15
	鞹	무두질한 가죽	革	金	20		卝	쌍상투	丨	木	5
	钁	괭이, 큰 호미	金	金	28		爟	봉화	火	火	22
관	官	벼슬, 관청	宀	木	8		盥	대야	皿	水	16
	觀	볼, 드러낼	見	火	25		祼	강신제	示	木	13
	管	주관할, 피리	竹	木	14		窾	빌	穴	水	17

발음	한자	뜻	부수	자원오행	획수	발음	한자	뜻	부수	자원오행	획수
관	筦	다스릴	竹	木	13		炚	빛날 (光과 同字)	火	火	8
	綰	얽을	竹	木	14		廣	姓, 넓을 (広의 本字)	广	木	15
	鑵	두레박	金	金	26		広	넓을 (廣의 略字)	广	木	5
	雚	황새	隹	火	18		姽	아름다울, 환할	女	土	9
	顴	광대뼈	頁	火	27		僙	위엄스러울	人	火	14
	髖	허리뼈	骨	金	25		撗	채울, 가득할	手	木	16
	鸛	황새	鳥	火	29		侊	클, 성할	人	火	8
	館	객사, 관청 (舘의 本字)	食	水	17		鑛	쇳돌, 광석	金	金	23
	舘	객사, 관청 (館의 俗字)	舌	水	16		硄	돌소리, 광택돌	石	金	11
	涫	끓을, 대야	水	水	12		洸	姓, 물솟을, 성낼	水	水	10
	棺	널, 입관할	木	木	12		珖	옥피리, 옥 이름	玉	金	11
괄	括	묶을, 단속할	手	木	10	광	桄	광랑나무	木	木	10
	适	빠를, 신속할	辵	土	13		匡	바를, 구제할	匚	土	6
	刮	깎을, 갈	刀	金	8		曠	밝을, 황야	日	火	19
	恝	걱정 없을	心	火	10		磺	돌소리	石	金	17
	佸	이를	人	火	8		筐	광주리	竹	木	12
	栝	노송나무	木	木	10		壙	들판, 공허할	土	土	18
	筈	오늬	竹	木	12		框	문테	木	木	10
	聒	떠들썩할	耳	火	12		爌	불빛 환할	火	火	19
	髺	묶을	髟	火	16		絖	고운솜	糸	木	12
	鴰	재두루미	鳥	火	17		纊	솜	糸	木	21
광	光	姓, 빛날, 경치 (炚과 同字)	儿	火	6		茪	초결명	艸	木	12
	炛	빛날 (光과 同字)	火	火	8		垙	길, 갈림길	土	土	9

발음	한자	뜻	부수	자원오행	획수	발음	한자	뜻	부수	자원오행	획수
광	洸	땅 이름	水	水	10	괴	媿	부끄러울	女	土	13
	礦	쇳돌, 거칠	石	金	20		廥	여물광	广	木	16
	銧	라듐	金	金	14		瑰	구슬 이름	玉	金	15
	狂	미칠	犬	土	8		瓌	구슬 이름	玉	金	17
	懬	빌, 공허할	心	火	19		蒯	황모	艸	木	16
	胱	방광	肉	水	12		襘	띠매듭	衣	木	19
	恇	겁낼	心	火	10		怪	기이할, 도깨비	心	火	9
	獷	사나울	犬	土	19		壞	무너질	土	土	19
	誆	속일	言	金	13		拐	속일, 꾀일	手	木	9
	誑	속일	言	金	14		乖	어그러질	丿	火	8
괘	掛	걸, 걸어놓을	手	木	12	괵	馘	귀 벨	首	水	17
	卦	걸, 매달	卜	木	8	굉	宏	클, 광대할	宀	木	7
	絓	걸릴, 매달	糸	木	12		吰	말 잘할	口	水	9
	罫	줄, 거리낄	罓	木	14		紘	갓끈, 밧줄	糸	木	10
	挂	걸	手	木	10		肱	팔뚝	肉	水	10
	罣	걸	网	木	12		轟	울릴, 천둥소리	車	火	21
	詿	그르칠	言	金	13		鍠	종고 소리	金	金	18
	咼	입 비뚤어질	口	水	9		浤	용솟음할	水	水	11
괴	傀	클, 좋을	人	火	12		觥	뿔잔	角	木	13
	魁	으뜸, 우두머리	鬼	火	14		訇	큰소리	言	金	9
	槐	홰나무	木	木	14		閎	마을문	門	木	12
	塊	흙덩어리	土	土	13	교	交	사귈, 서로	亠	火	6
	愧	부끄러워할, 탓할	心	火	14		佼	예쁠, 업신여길	人	火	8

발음	한자	뜻	부수	자원오행	획수	발음	한자	뜻	부수	자원오행	획수
	姣	예쁠, 깨끗할	女	土	9		鄗	(호)땅 이름	邑	土	17
	嶠	우뚝 솟을	山	土	14		嶠	높을, 산길	山	土	15
	曒	밝을, 환할	日	火	17		攪	어지러울, 뒤섞을	手	木	24
	皦	깨끗할, 밝을	白	金	18		橋	姓, 다리, 강할	木	木	16
	校	학교, 교정할	木	木	10		撟	들	手	木	16
	敎	가르칠, 본받을 (教의 本字)	攴	金	11		晈	달빛	日	火	10
	教	가르칠 (教의 俗字)	攴	金	11		暞	밝을	日	火	14
	燆	불꽃, 뜨거울	火	火	16		嬌	사람 이름	女	土	16
	郊	성밖, 교외	邑	土	13		玹	옥 산통	玉	金	11
	較	견줄, 비교할	車	火	13		穚	벼 이삭 팰	禾	木	17
	巧	공교할, 예쁠	工	火	5		鄥	고을 이름	邑	土	18
	恔	쾌할, 유쾌할	心	火	10		榷	외나무다리	木	木	14
교	矯	바로잡을	失	金	17	교	磽	메마른 땅	石	金	17
	僑	높을, 거처	人	火	14		窖	움	穴	水	12
	喬	높을, 솟을	口	水	12		趬	재빠를	走	火	19
	嬌	아리따울, 맵시	女	土	15		蹻	발돋움할	足	土	19
	膠	아교, 굳을	肉	水	17		鉸	가위	金	金	14
	咬	새소리	口	水	9		骹	발회목	骨	金	16
	晈	달빛, 햇빛	白	金	11		鵁	해오라기	鳥	火	17
	翹	꼬리, 날개	羽	火	18		蛟	상어, 교룡	虫	水	12
	蕎	메밀, 풀	艸	木	18		噭	부르짖을	口	水	16
	轎	가마	車	金	19		憍	교만할	心	火	16
	餃	경단	食	水	15		鮫	상어, 교룡	魚	水	17

발음	한자	뜻	부수	자원오행	획수	발음	한자	뜻	부수	자원오행	획수
교	驕	교만할, 무례할	馬	火	22	구	舊	옛, 오랠	臼	土	18
	狡	교활할, 간교할	犬	土	10		區	구역, 나눌	匸	土	11
	絞	목맬, 꼴	糸	木	12		驅	달릴, 몰아낼	馬	火	21
	嘐	닭 울	口	水	14		鷗	갈매기	鳥	火	22
	噭	웃는 소리	口	水	14		苟	진실로, 다만	艸	木	11
	嚙	깨물	口	水	18		拘	잡을, 거리낄	手	木	9
	齩	깨물	齒	金	21		狗	개, 강아지	犬	土	9
구	求	구할, 청할	水	水	7		懼	놀랄, 위태로울	心	火	22
	救	도울, 구원할	攴	金	11		龜	거북, 나라 이름 (龜와 同字)	龜	水	16
	具	姓, 갖출, 온전할	八	金	8		龜	거북, 나라 이름 (龜와 同字)	龜	水	18
	玽	옥돌	玉	金	10		矩	곱자, 법	矢	金	10
	俱	姓, 함께, 갖출	人	火	10		銶	끌	金	金	15
	構	얽을, 지을	木	木	14		溝	도랑, 개천	水	水	14
	球	지구, 공	玉	金	12		購	살, 화해할	貝	金	17
	丘	姓, 높을, 언덕 (坵의 本字)	一	土	5		鳩	비둘기, 모을	鳥	火	13
	坵	높을, 언덕 (丘의 俗字)	土	土	8		軀	몸, 신체	身	水	18
	玖	옥돌, 아홉	玉	金	8		枸	구기자, 레몬	木	木	9
	邱	姓, 언덕, 땅이름	邑	土	12		嘔	노래할	口	水	14
	九	아홉, 많을	乙	水	9		絿	급할, 구할	糸	木	13
	口	입, 구멍	口	水	3		摳	걷을, 들어올릴	手	木	15
	究	궁리할, 다할	穴	水	7		臼	절구질할	臼	土	6
	久	오랠, 기다릴	丿	水	3		舅	시아버지	臼	土	13
	句	글귀, 굽을	口	水	5		衢	네거리, 도로	行	火	24

발음	한자	뜻	부수	자원오행	획수	발음	한자	뜻	부수	자원오행	획수
구	謳	노래할, 읊조릴	言	金	18	구	坸	때	土	土	8
	逑	짝, 배우자	辵	土	12		姤	만날	女	土	9
	鉤	갈고리, 낫	金	金	13		媾	화친할	女	土	13
	柩	널, 나무상자	木	木	9		勼	모을	勹	金	4
	毬	공, 둥근물체	毛	木	11		夠	모을, 많을	夕	水	11
	灸	뜸, 뜸질할	火	火	7		嫗	할머니	女	土	14
	瞿	姓, 볼, 놀라서볼	目	木	18		屨	신	尸	木	17
	俅	공손할	人	火	9		岣	산꼭대기	山	土	8
	傴	구부릴	人	火	13		彀	당길	弓	木	13
	糗	볶은쌀	米	木	16		戵	창	戈	金	22
	蒟	구장	艸	木	16		扣	두드릴	手	金	7
	裘	갖옷	衣	木	13		捄	담을	手	木	11
	覯	만날	見	火	17		搆	얽을	手	木	14
	遘	만날	辵	土	17		昫	따뜻할	日	火	9
	釦	금테 두를	金	金	11		枓	모날	木	木	14
	擢	잎 무성할, 퍼질	手	木	22		漚	담글	水	水	15
	韝	깍지	韋	金	19		璆	아름다운옥	玉	金	16
	韭	부추	韭	木	9		竘	다듬을, 꾸밀	立	金	10
	冓	짤	冂	木	10		煹	불 들을, 횃불	火	火	14
	劬	수고로울	力	金	7		甌	사발	瓦	金	16
	匶	널	匚	土	20		佝	나라 이름, 사람 이름	人	火	7
	厹	세모창	厶	金	4		姁	여자 이름	女	土	8
	叴	소리 높일	口	水	5		欨	정자 이름	谷	水	9

발음	한자	뜻	부수	자원오행	획수	발음	한자	뜻	부수	자원오행	획수
구	杭	산사나무	木	木	6	구	嶇	험할, 괴로워할	山	土	14
	梂	도토리받침	木	木	11		仇	姓, 원수	人	火	4
	椇	헛개나무	木	木	12		勾	굽을, 갈고리	勹	金	4
	濯	물 이름	水	水	22		咎	허물, 재앙	口	水	8
	痀	곱사등이	疒	水	10		歐	姓, 토할, 뱉을	欠	火	15
	癯	여윌	疒	水	23		毆	때릴, 구타할	殳	金	15
	窶	가난할	穴	水	16		佝	곱사등이	人	火	7
	篝	배롱	竹	木	16		疚	고질병	疒	水	8
	朐	멍에	肉	水	11	국	局	판, 판국	尸	木	7
	蚯	지렁이	虫	水	11		鞠	姓, 공, 궁할	革	金	17
	詬	꾸짖을	言	金	13		國	姓, 나라, 고향 (国의 本字)	口	水	11
	鬮	제비	鬥	金	26		国	나라, 고향 (國의 俗字)	口	水	8
	鷇	새 새끼	鳥	火	21		菊	姓, 국화, 대국	艸	木	14
	鸜	구관조	鳥	火	29		箹	대의 뿌리	竹	木	14
	耇	늙을, 늙은이 (耉와 同字)	老	土	11		陶	가득찰, 기를	阜	土	16
	耉	늙을, 늙은이 (耇와 同字)	老	土	11		麴	누룩, 술	麥	木	19
	耇	늙을	老	土	9		匊	움킬	勹	金	8
	駒	망아지, 말	馬	火	15		掬	움킬	手	木	12
	垢	때, 티끌	土	土	9		跼	구부릴	足	土	14
	颶	구풍, 폭풍	風	木	17		揭	들것, 붙잡을	手	木	11
	廐	마구간 (廏의 本字)	广	木	14		趜	곤궁할	走	火	15
	廏	마구간 (廐의 俗字)	广	木	14		麯	누룩	麥	水	17
	寇	도둑, 원수	宀	木	11		椈	징, 동철	木	木	11

발음	한자	뜻	부수	자원오행	획수	발음	한자	뜻	부수	자원오행	획수
국	椈	노송나무	木	木	12	굴	倔	고집 셀	人	火	10
	淈	일룩거릴	水	水	12		崛	우뚝 솟을	山	土	11
	輂	수레, 마차	車	火	13		淈	흐릴	水	水	12
	鋦	꺽쇠	金	金	15		詘	굽힐	言	金	12
	鞠	국문할, 다할	革	金	18	궁	弓	姓, 활, 궁술	弓	火	3
군	君	姓, 임금, 주권자	口	水	7		躬	몸, 자신	身	水	10
	郡	고을, 관청	邑	土	14		宮	姓, 집, 담	宀	木	10
	珺	아름다운 옥	玉	金	12		窮	다할, 궁할	穴	水	15
	軍	군사, 진칠	車	火	9		芎	궁궁이, 천궁	艸	木	9
	宭	여럿이 살	宀	木	10		穹	하늘, 막다름	穴	水	8
	群	무리, 떼	羊	土	13		躳	몸(신체)	身	火	14
	涒	클, 토할	水	水	11	권	權	姓, 권세, 저울 (權의 本字)	木	木	22
	裙	치마, 속옷	衣	木	13		権	권세, 저울 (權의 俗字)	木	木	15
	捃	주울	手	木	11		勸	권할, 도울	力	土	20
	攈	주울	手	木	20		券	문서, 확실할	刀	土	8
	桾	고욤나무	木	木	11		婘	예쁠, 아름다울	女	土	11
	皸	틀	皮	金	14		眷	돌아볼, 그리워할	目	木	11
	窘	막힐, 궁해질	穴	水	12		卷	책, 접을	卩	木	8
굴	泏	물 건널	水	水	9		捲	걷을, 힘쓸	手	木	12
	屈	굽을, 다할	尸	土	8		港	물돌아흐를	水	水	12
	窟	움, 굴	穴	水	13		惓	삼갈	心	火	12
	堀	굴, 땅굴팔	土	土	11		棬	나무그릇	木	木	12
	掘	팔, 파낼	手	木	13		睠	돌볼	目	火	13

발음	한자	뜻	부수	자원오행	획수	발음	한자	뜻	부수	자원오행	획수
권	綣	정다울	糸	木	14	궤	簋	제기 이름	竹	木	17
	蜷	구부릴	虫	水	14		繢	수놓을	糸	木	18
	拳	주먹, 힘쓸	手	木	10		闠	성시 바깥문	門	木	20
	圈	우리, 감방	囗	水	11		餽	보낼	食	水	19
	錈	쇠 굽을	金	金	16		麂	큰 노루	鹿	土	13
	倦	게으를, 피로할	人	火	10		潰	무너질, 성낼	水	水	16
	勧	게으를	力	金	10		詭	속일, 기만할	言	金	13
	券	게으를, 고달플	力	土	8		饋	먹일, 대접할	木	水	21
궐	厥	그것, 다할	厂	土	12		佹	괴이할	人	火	8
	闕	대궐, 문	門	木	18		劂	새김칼	刀	金	14
	蕨	고사리, 고비	艸	木	18		憒	심란할	心	火	16
	蹶	넘어질, 엎어질	足	土	19		跪	꿇어앉을	足	土	13
	獗	사납게 날뛸	犬	土	16	귀	貴	귀할, 소중할	貝	金	12
궤	軌	길, 궤도	車	火	9		歸	姓, 돌아갈, 시집갈	止	土	18
	机	책상, 나무 이름	木	木	6		撌	당길	手	木	16
	櫃	함, 궤	木	木	18		鑎	가래쇠	金	金	14
	几	안석	几	金	2		句	구절, 구	口	水	5
	匱	다할	匚	木	14		鬼	귀신, 도깨비	鬼	火	10
	撅	옷 걸을	手	木	16		龜	나라 이름, 거북 (龜와 同字)	龜	水	16
	樻	나무 이름	木	木	16		龜	나라 이름, 거북 (龜와 同字)	龜	水	18
	氿	샘	水	水	6		晷	그림자, 햇빛	日	火	12
	鐀	다할, 상자	金	金	20	규	規	모범, 규범	見	火	11
	攱	실을	支	土	9		閨	규수, 여자	門	木	14

발음	한자	뜻	부수	자원오행	획수	발음	한자	뜻	부수	자원오행	획수
	圭	姓, 홀, 모서리	土	土	6		樛	휠	木	木	15
	奎	별 이름, 가랑이	大	土	9		潙	강 이름	水	水	16
	珪	서옥, 이름	玉	金	11		鄈	땅 이름	邑	土	16
	邽	고을 이름, 보옥	邑	土	13		跬	반걸음	足	土	13
	揆	헤아릴, 법	手	木	13		鮭	복어	魚	水	22
	嫢	가는허리, 그림쇠	女	土	14		闚	엿볼	門	木	19
	逵	큰길, 거리	辵	土	15	규	頯	머리 들	頁	火	13
	葵	해바라기	艸	木	15		頄	광대뼈	首	水	11
	赳	용감할, 재능	走	土	9		竅	엿볼, 볼	穴	水	16
	騤	말 건강할	馬	火	19		刲	찌를	刀	金	8
	叫	부르짖을, 울	口	水	5		巋	가파를	山	土	21
규	槻	물푸레나무	木	木	15		睽	사팔눈	目	火	14
	硅	규소, 깨뜨릴	石	金	11		虯	규룡	虫	水	8
	竅	구멍, 통할	穴	水	18		均	고를, 평평할	土	土	7
	糾	끌어모을, 거둘 (紏와 同字)	糸	木	8		鈞	고를, 가락	金	金	12
	紏	끌어모을, 거둘 (糾와 同字)	糸	木	7		畇	일굴, 개간	田	土	9
	湀	물 솟을, 흐를	水	水	13		菌	버섯, 세균	艸	木	14
	菫	딸기	艸	木	12	균	勻	적을, 흩어질 (勻의 本字)	勹	金	4
	煃	불꽃	火	火	13		匀	적을, 흩어질 (勻의 俗字)	勹	金	4
	嫢	성씨	女	土	15		筠	대나무	竹	木	13
	暌	어길	日	火	13		覘	크게 볼	見	火	14
	楑	망치, 헤아릴	木	木	13		龜	터질 (龜과 同字)	龜	水	16
	楏	호미자루	木	木	13		龜	터질 (龜과 同字)	龜	水	18

발음	한자	뜻	부수	자원오행	획수
균	袀	군복	衣	木	10
	囷	곳집	口	水	8
	麕	노루	鹿	土	18
귤	橘	귤나무, 귤	木	木	16
극	極	다할, 극진할	木	木	13
	[illegible]	극진할, 다할	木	木	11
	克	이길, 능할	儿	木	7
	劇	심할, 연극	刀	金	15
	剋	이길, 능할	刀	金	9
	隙	틈, 여가	阜	土	18
	戟	창	戈	金	12
	棘	가시나무	木	金	12
	亟	빠를	二	金	9
	尅	이길	寸	土	10
	屐	나막신	尸	水	10
	郄	틈	邑	土	13
	根	뿌리, 근본	木	木	10
근	漌	맑을, 적실	水	水	15
	近	가까울, 닮을	辵	土	11
	勤	부지런할, 일	力	土	13
	嫤	고울, 아름다울	女	土	14
	劤	강할, 힘셀	力	水	6
	筋	힘줄, 기운	竹	木	12
근	槿	무궁화	木	木	15
	瑾	아름다운옥	玉	金	16
	懃	은근할, 일에 힘쓸	心	火	17
	伒	도울	人	火	6
	釿	도끼	金	金	12
	芹	미나리	艸	木	10
	菫	진흙, 제비꽃	艸	木	14
	堇	진흙, 조금	土	土	11
	覲	뵐, 볼	見	火	18
	斤	姓, 도끼, 벨	斤	金	4
	僅	겨우, 조금	人	火	13
	墐	매흙질할, 묻을	土	土	14
	饉	흉년들	食	水	20
	巹	술잔	己	土	9
	廑	겨우	广	木	13
	觔	힘줄	角	木	9
	跟	발꿈치	足	土	13
	靳	가슴걸이	革	金	13
	謹	삼갈, 엄할	言	金	18
	慬	근심할	心	火	15
글	契	부족 이름	大	木	9
	劼	뜻	力	金	6
금	昑	밝을	日	火	8

발음	한자	뜻	부수	자원오행	획수	발음	한자	뜻	부수	자원오행	획수
금	金	쇠, 돈, 황금	金	金	8	급	給	넉넉할, 더할	糸	木	12
	今	姓, 이제, 이에	人	火	4		級	등급, 순서	糸	木	10
	錦	비단, 아름다울	金	金	16		及	미칠, 이름	又	水	4
	愓	이익될, 날카로울	心	火	12		岌	높을	山	土	7
	朌	거둘	肉	水	10		皀	고소할	白	金	7
	庈	사람 이름	广	木	7		礏	산이 우뚝 솟을	石	金	18
	聆	소리	耳	火	10		笈	책상자	竹	木	10
	伶	풍류 이름	人	火	6		桳	길마, 안장	木	木	11
	琴	姓, 거문고	玉	金	13		急	급할, 빠를	心	火	9
	衾	이불, 침구	衣	木	10		汲	길을, 분주할	水	水	8
	襟	옷깃, 가슴	衣	木	19		伋	속일, 인명	人	火	6
	檎	능금나무	木	木	17		扱	미칠, 이를	手	木	8
	芩	풀 이름	艸	木	10		圾	위태할	土	土	7
	衿	옷깃	衣	木	10		芨	말오줌나무	艸	木	10
	嶔	높고 험할	山	土	15	긍	肯	옳을, 여길	肉	水	10
	笒	첨대	竹	木	10		亘	걸칠, 펼 (亙의 俗字)	瓦	火	6
	黅	누른빛	黃	土	16		亙	걸칠, 펼 (亘의 本字)	二	火	6
	禽	날짐승, 새	内	火	13		伈	자랑할	人	火	6
	禁	금할, 꺼릴	示	木	13		兢	삼갈, 두려워할	儿	水	14
	妗	외숙모, 방정맞을	女	土	7		矜	자랑할, 가엾게 여길	矛	金	9
	擒	사로잡을, 생포할	手	木	17		殑	까무러칠	歹	水	11
	唫	입 다물	口	水	11	기	企	꾀할, 바랄	人	火	6
	噤	입 다물	口	水	16		祺	복, 행복	示	木	16

발음	한자	뜻	부수	자원오행	획수	발음	한자	뜻	부수	자원오행	획수
기	婍	고울	女	土	11	기	技	재주, 묘기	手	木	8
	剞	이길	刀	金	10		祁	성할, 클	示	木	8
	攲	실을	支	土	9		紀	벼리, 실마리	糸	木	9
	掑	단단히 잡을	手	木	12		奇	姓, 기이할	大	土	8
	嗜	즐길, 좋아할	口	水	13		檵	오리나무	木	木	14
	棋	바둑, 장기 (碁와 同字)	木	木	12		嶬	높을	山	土	15
	碁	바둑, 장기 (棋와 同字)	石	金	13		惎	공경할	心	火	8
	淇	강 이름	水	水	12		稘	돌, 일주년	禾	木	13
	琪	옥 이름	玉	金	13		畿	경기, 지경	田	土	15
	玘	패옥, 노리개	玉	金	8		飢	주릴, 기아	食	水	11
	杞	버들, 나무 이름	木	木	7		器	그릇, 쓰일	口	水	16
	暣	볕기운	日	火	14		機	틀, 기계	木	木	16
	沂	물 이름	水	水	8		璣	옥, 꾸미개	玉	金	16
	圻	경기, 지경	土	土	7		祺	복, 즐거움	示	木	13
	己	자기, 몸	己	土	3		麒	기린	鹿	土	19
	記	기록할, 적을	言	金	10		埼	언덕머리	土	土	11
	起	姓, 일어날, 시작할	走	火	10		崎	험할, 산길	山	土	11
	其	그, 어조사	八	金	8		琦	클, 옥	玉	金	13
	期	기약, 정할	月	水	12		綺	비단, 아름다울	糸	木	14
	基	터, 기초	土	土	11		錡	솥, 가마	金	金	16
	氣	기운, 공기	气	水	10		箕	姓, 키, 별 이름	竹	木	14
	气	기운	气	水	4		岐	갈림길	山	土	7
	伎	재주, 기술	人	火	6		旗	기, 표지	方	木	14

발음	한자	뜻	부수	자원오행	획수	발음	한자	뜻	부수	자원오행	획수
기	豈	어찌, 바랄	豆	水	10	기	暨	함께	日	火	16
	錤	호미	金	金	16		棊	바둑	木	木	12
	璣	구슬, 거울	玉	金	17		歧	갈림길	止	土	8
	璣	구슬, 거울	玉	金	20		炁	기운	灬	火	8
	穖	갈	耒	木	18		禨	조짐	示	木	17
	愭	공손할	心	火	14		綦	연둣빛 비단	糸	木	14
	掎	끌	手	木	12		綨	연둣빛	糸	木	14
	汽	김, 증기	水	水	8		羈	굴레	网	木	23
	譏	나무랄, 원망할	言	金	19		胏	도마	肉	水	10
	冀	바랄, 원할	八	土	16		芰	마름	艸	木	10
	驥	천리마	馬	火	27		芪	단너삼	艸	木	10
	幾	기미, 조짐	幺	火	12		蘄	풀 이름	艸	木	22
	旣	이미, 처음부터	无	水	11		虁	조심할 (夔와 同字)	艸	木	26
	騏	천리마, 얼룩말	馬	火	18		夔	조심할 (虁와 同字)	夂	土	20
	磯	물가, 자갈밭	石	金	17		起	키, 나라 이름	己	土	11
	朞	돌, 1주년	月	火	12		丌	책상, 받침	一	木	3
	畸	떼기밭	田	土	13		俱	탈, 가면	人	火	10
	祇	마침, 다만	示	水	9		箕	대나무	竹	木	17
	羇	굴레, 재갈	网	火	25		萁	콩깍지	艸	木	14
	剞	새김칼	刀	金	10		騎	기병, 말탈	馬	火	18
	屺	민둥산	山	土	6		耆	늙은이, 어른	老	土	10
	庋	시렁	广	木	7		蜝	방게	虫	水	14
	旂	붉은 기	方	土	10		猉	강아지	犬	土	12

발음	한자	뜻	부수	자원오행	획수	발음	한지	뜻	부수	자원오행	획수
	蟣	서캐	虫	水	18		佶	건장할, 바를	人	火	8
	覬	바랄	見	火	17		咭	웃는 모양	口	水	9
	跂	육발이	足	土	11		桔	도라지	木	木	10
	隑	사다리	阜	土	18	길	姞	姓, 삼갈	女	土	9
	頎	헌걸찰	頁	火	13		拮	일할, 겨룰	手	木	10
	鬐	갈기	髟	火	20		蛣	장구벌레	虫	水	12
	鰭	지느러미	魚	水	21		趌	성내 달릴	走	火	13
	祈	빌, 고할	示	木	9	김	金	姓, 쇠, 돈	金	金	8
	妓	기생	女	土	7	김끽	喫	마실, 먹을	口	水	12
	肌	근육, 신체	肉	水	8		娜	아리따울, 모양	女	土	10
기	饑	굶주릴, 흉년	食	水	21		柰	어찌, 능금나무	木	木	9
	儝	취하여 춤추는 모양	人	火	14		那	姓, 어찌, 나라 이름	邑	土	11
	忌	꺼릴, 증오할	心	火	7		棚	나무 이름	木	木	11
	欺	속일, 업신여길	欠	金	12		糯	찰벼	米	木	20
	寄	부칠, 위탁할	宀	木	11		稬	찰벼	禾	木	14
	棄	버릴, 폐할	木	木	12	나	誽	붙잡을, 당길	言	金	13
	墍	맥질할	土	土	14		夥	많을	夕	水	10
	弃	버릴	廾	木	7		挪	옮길, 유용	手	木	11
	忮	해칠	心	火	8		奈	어찌, 나락	大	木	8
	攲	기울	支	土	12		儺	공손한 모양	人	火	21
	諆	속일	言	金	15		橠	나무 무성할	木	木	16
긴	緊	감길, 오그라질	糸	木	14		喇	나팔, 말할	口	水	12
길	吉	姓, 길할	口	水	6		旇	깃발 날릴	方	土	12

발음	한자	뜻	부수	자원오행	획수	발음	한자	뜻	부수	자원오행	획수
나	說	떠볼	言	金	15	남	暔	나라 이름	日	火	13
	哪	역귀 쫓는 소리	口	水	10		楠	녹나무	木	木	13
	胯	성질, 살찔	肉	水	12		湳	강이름	水	水	13
	拏	붙잡을, 비빌	手	木	9		枏	녹나무	木	木	8
	挐	붙잡을, 비빌	手	木	10		喃	재잘거릴	口	水	12
	拿	붙잡을, 사로잡을	手	木	10		諵	수다스러울	言	金	16
	懦	나약할, 무력할	心	火	18	납	納	바칠, 수확할	糸	木	10
낙	諾	대답할, 승낙할	言	金	16		衲	옷 수선할	衣	木	10
난	煖	따뜻할	火	火	13	낭	娘	아가씨,어머니	女	土	10
	暖	따뜻할	日	火	13		囊	주머니	口	水	22
	偄	연약할	人	火	11		曩	접때, 앞서	日	火	21
	煗	따뜻할	火	火	13	내	內	안, 들일	入	木	4
	赧	얼굴 붉힐	赤	火	12		乃	姓, 곧, 이에	丿	金	2
	餪	풀보기 잔치	食	水	18		奈	어찌, 어찌할	大	木	8
	難	어려울, 근심	隹	火	19		耐	견딜, 감당할	而	水	9
날	捺	누를, 찍을	手	木	12		柰	姓, 능금나무, 어찌	木	木	9
	捏	이길, 반죽할	手	木	11		奶	젖, 유모	女	土	5
남	南	姓, 남녘	十	火	9		嬭	젖, 기를	女	土	17
	男	사내, 아들	田	土	7		迺	이에, 곧	辵	土	13
	偳	사내, 남자	人	火	9		鼐	가마솥	鼎	火	15
	娚	오라비, 재잘거릴	女	土	10	녀	女	여자, 너	女	土	3
	婻	예쁠, 퉁퉁할	女	土	12	녁	怒	허출할, 시장기	心	火	12
	揇	잡을	手	木	13	년	年	해, 나이 (秊의 本字)	干	木	6

발음	한자	뜻	부수	자원오행	획수	발음	한자	뜻	부수	자원오행	획수
년	秊	해, 나이 (年의 俗字)	禾	木	8		笯	새장	竹	木	11
	撚	비틀	手	木	16		怒	성낼, 화낼	心	火	9
	碾	맷돌	石	金	15		奴	종, 포로	女	土	5
녈	涅	(열) 개흙	水	水	11	노	呶	지껄일	口	水	8
념	恬	편안할, 조용할	心	火	10		猱	원숭이	犬	土	13
	拈	집어들	手	木	9		臑	팔꿈치	肉	水	20
	念	생각할, 욀	心	火	8		駑	둔할, 미련할	馬	火	15
	捻	비틀, 비꼴	手	木	12		農	농사, 농업	辰	土	13
녑	惗	(엽) 사랑할	心	火	12		濃	무성할, 짙을	水	水	17
녕	寧	편안할, 어찌 (甯과 同字)	宀	火	14		儂	나	人	火	15
	寍	편안할 (寧과 同字)	宀	火	13	농	噥	소곤거릴	口	水	16
	甯	편안할	用	水	12		穠	꽃나무 무성할	禾	木	18
	佞	(영) 아첨할	人	火	7		醲	진한 술	酉	金	20
	獰	모질, 흉악할	犬	土	18		膿	고름, 짓무를	肉	水	19
	儜	괴로워할	人	火	16	날	貀	앞발 없는 짐승	豸	水	12
	嚀	간곡할	口	水	17		腦	뇌, 정신	肉	水	15
	濘	진창	水	水	18	뇌	惱	괴로워할	心	火	13
노	努	힘쓸	力	土	7		餒	주릴, 굶길	食	水	16
	謳	기뻐할	言	金	14		尿	오줌	尸	水	7
	弩	쇠뇌	弓	火	8		嫋	예쁠	女	土	13
	瑙	마노	玉	金	14	뇨	淖	진흙	水	水	12
	孥	자식	子	水	8		鐃	징	金	金	20
	猺	산 이름	山	土	10		鬧	시끄러울	鬥	金	14

발음	한자	뜻	부수	자원오행	획수	발음	한자	뜻	부수	자원오행	획수
뇨	撓	어지러울, 휠	手	木	16	니	柅	무성할, 살필	木	木	9
	嬈	희롱할	女	土	17		瀰	치렁치렁할, 많을	水	水	18
누	耨	김맬	耒	土	16		膩	기름질, 살찔	肉	水	18
	呶	젖먹일	口	水	11		呢	소곤거릴	口	水	8
	檽	나무 이름	木	木	18		怩	부끄러워할	心	火	9
눈	嫩	어릴, 예쁠	女	土	14		祢	아비 사당	示	木	10
	訥	말더듬을	言	金	11		禰	아비 사당	示	木	19
눌	呐	말더듬을	口	水	7		妮	(이) 여자종	女	土	8
	肭	살찔	肉	水	10	닉	匿	숨을, 숨길	匸	水	11
	袽	옷 부드러울	衣	木	10		溺	빠질, 잠길	水	水	14
	妞	아가씨	女	土	7	닐	昵	친할	日	火	9
	沑	물결	水	水	8		暱	친할	日	火	15
뉴	紐	姓, 끈, 맬	糸	水	10	다	多	많을, 넓을 (夛의 俗字)	夕	水	6
	鈕	姓, 단추	金	金	12		夛	많을 (多의 俗字)	夕	水	6
	杻	감탕나무	木	木	8		爹	아비, 웃어른	父	木	10
	忸	익힐, 부끄러워할	心	火	8		窧	깊은 모양	穴	水	12
뉵	衄	코피	血	水	10		茶	차	艸	木	12
늘	竻	(얼) 땅 이름	乙	木	9		樣	차나무	木	木	15
능	能	능할, 재주	肉	水	12		釪	관대할, 풍부할 (차)	大	木	24
니	泥	진흙, 흐릴	水	水	9		鄲	나라 이름 (단)	邑	土	19
	尼	여승, 비구니	尸	水	5		觰	뿔 밑동	角	木	16
	馜	(이) 진한 향기	香	木	14		荼	마름	艸	木	12
	愵	(이) 마음 좋을	心	火	16	단	旦	아침, 밤 세울	日	火	5

발음	한자	뜻	부수	자원오행	획수	발음	한자	뜻	부수	자원오행	획수
단	丹	붉을, 정성스러울	丶	火	4	단	段	姓, 구분, 조각	殳	金	9
	但	다만, 무릇	人	火	7		椴	자작나무	木	木	13
	單	姓, 하나, 오직	口	水	12		溥	이슬많을	水	水	15
	煓	빛날, 성할	火	火	13		癉	앓을	疒	水	17
	端	姓, 바를, 곧을	立	金	14		耑	시초	而	水	9
	壇	제터, 뜰	土	土	16		袒	어깨 벗을	肉	水	11
	檀	박달나무 (檀과 同字)	木	木	17		腶	약포	肉	水	15
	檀	박달나무 (檀과 同字)	木	木	17		蜑	오랑캐 이름	虫	水	13
	團	둥글, 모일	口	水	14		蛋	새알	虫	水	11
	緞	비단	糸	木	15		僤	적을, 작을	人	火	11
	瑖	옥돌	玉	金	14		剸	벨, 단정할	刀	金	11
	砃	흰돌	石	金	9		袒	웃통벗을	衣	木	11
	鍛	쇠불릴, 숫돌	金	金	17		斷	끊을, 근절할	斤	金	18
	亶	믿음	亠	土	13		慱	근심할	心	火	15
	胆	밝을	日	火	9	달	達	통달할, 깨달을	辶	土	16
	燀	뜨거울	火	火	16		撻	매질할	手	木	17
	担	떨칠, 올릴	手	木	9		澾	미끄러울	水	水	17
	彖	판단할	彐	火	9		妲	여자 이름	女	土	8
	竱	같을	立	金	16		闥	문	門	木	21
	湍	여울, 급류	水	水	13		靼	다룸가죽	革	金	14
	簞	대광주리	竹	木	18		韃	종족 이름	革	金	22
	鄲	나라 이름	邑	土	19		獺	수달	犬	土	20
	短	짧을, 적을	矢	金	12		疸	황달	疒	水	10

발음	한자	뜻	부수	자원오행	획수	발음	한자	뜻	부수	자원오행	획수
달	怛	슬플	心	火	9	담	壜	항아리	土	土	19
	橽	물샐, 박달나무	木	木	17		毯	담요	毛	火	12
	炟	불붙을, 다래	火	火	9		禫	담제	示	木	17
	羍	어린 양	羊	土	9		罎	항아리	缶	土	22
담	憺	편안할	心	火	17		薝	치자나무	艸	木	19
	談	말씀, 언론	言	金	15		郯	나라 이름	邑	土	15
	倓	고요할	人	火	10		黭	검을	黑	水	21
	潭	姓, 깊을, 물가	水	水	16		黵	문신할	黑	水	25
	譚	姓, 이야기, 완만할	言	金	19		坍	무너질	土	土	7
	澹	담백할, 조용할	水	水	17		曇	흐릴, 구름끼낄	日	火	16
	啿	넉넉할	口	水	12		膽	쓸개, 담력	肉	水	19
	埮	평평한 땅	土	土	11		痰	가래, 천식	疒	水	13
	炎	(염)아름다울	火	火	8		噉	가득 삼킬	口	水	15
	憻	탈, 편안할	心	火	12		啗	먹일	口	水	11
	湛	즐길, 탐닉할	水	水	13		噏	먹을, 씹을	口	水	15
	緂	선명할	糸	木	14		啖	먹을, 탐할	口	水	11
	薼	지모	艸	木	18		耼	귓바퀴 없을	耳	火	11
	淡	맑을, 싱거울	水	水	12	답	畓	논	田	土	9
	擔	멜, 책임질	手	木	17		答	대답할, 맞출	竹	木	12
	覃	미칠, 퍼질	襾	金	12		踏	밟을, 디딜	足	土	15
	錟	창, 찌를	金	金	16		沓	유창할, 합할	水	水	8
	儋	멜	人	火	15		遝	뒤섞일, 미칠	辵	土	17
	墰	술단지	土	土	15	당	堂	집, 평평할	土	土	11

발음	한자	뜻	부수	자원오행	획수	발음	한자	뜻	부수	자원오행	획수
당	當	당할, 적합할	田	土	13	당	襠	잠방이	衣	木	19
	曭	밝을	白	金	25		餳	엿	食	水	18
	爣	밝을	火	火	24		餹	엿	食	水	19
	唐	姓, 당나라, 허풍	口	水	10		戇	어리석을, 외고집	心	火	28
	黨	무리, 바를	黑	水	20		蟷	사마귀	虫	水	17
	塘	못, 방죽	土	土	13		撞	칠, 두드릴	手	木	16
	幢	기, 휘장	巾	木	15	대	坮	집터, 밭	土	土	8
	棠	팥배나무, 해당화	木	木	12		玳	대모	玉	金	10
	糖	사탕, 엿	米	木	16		旲	햇빛	日	火	7
	鐺	쇠사슬, 종고소리	金	金	21		岱	대산, 클	山	土	8
	倘	빼어날	人	火	10		大	姓, 클, 넓을	大	木	3
	儻	뛰어날	人	火	22		代	대신, 시대	人	火	5
	讜	곧은 말	言	金	27		待	기다릴, 갖출	彳	火	9
	鏜	종고 소리	金	金	19		對	대답할, 상대	寸	木	14
	搪	뻗을	手	木	14		帶	띠, 찰, 장식	巾	木	11
	檔	의자	木	木	17		臺	돈대, 관청 (坮의 古字)	至	土	14
	溏	진창	水	水	14		坮	돈대 (臺의 古字)	土	土	8
	瑭	옥 이름	玉	金	15		旲	해가 돋을	日	火	13
	鄺	마을, 땅 이름	邑	土	15		曃	무성할	日	火	18
	瑞	귀고리 옥	玉	金	18		袋	자루, 부대	衣	木	11
	瞠	바라볼	目	火	16		戴	느낄, 생각할	戈	金	17
	磄	밑바닥	石	金	18		擡	들어올릴 (抬의 本字)	手	木	18
	螳	사마귀	虫	水	19		抬	들어올릴 (擡의 俗字)	手	木	9

발음	한자	뜻	부수	자원오행	획수	발음	한자	뜻	부수	자원오행	획수
대	黛	눈썹 먹, 여자의 눈썹	黑	水	17	도	堵	담장, 주거	土	土	12
	貸	빌릴, 갚을	貝	金	12		塗	진흙, 바를	土	土	13
	隊	무리	阜	土	17		棹	노, 키	木	木	12
	檯	나무 이름	木	木	18		導	이끌, 인도할	寸	木	16
	柋	나무 이름	木	木	8		裪	복, 행복	示	木	13
	儓	하인	人	火	16		鍍	쇳덩이	金	金	16
	汰	일을, 씻을	水	水	7		夲	나아갈	大	木	5
	柋	누에시렁	木	木	9		稌	찰벼	禾	木	12
	碓	방아	石	金	13		禱	빌, 기원	示	木	19
	鐓	창고달	金	金	20		鍍	도금할	金	金	17
	觟	뿔심, 몹쓸	角	木	15		櫂	노, 상앗대	木	木	18
	懟	원망할	心	火	18		淘	일, 씻을	水	水	12
댁	宅	댁, 집	宀	木	6		滔	물넘칠	水	水	14
덕	悳	姓, 덕, 선행 (德의 本字)	彳	火	15		睹	볼, 분별할	目	木	14
	德	덕, 선행 (德의 俗字)	彳	火	14		萄	포도, 풀 이름	艸	木	14
	悳	덕, 선행 (德의 俗字)	心	火	12		覩	볼	見	火	16
	悳	클, 덕	心	火	12		賭	걸, 노름	貝	金	16
	橞	더기, 평평한 땅	木	木	16		韜	감출, 갈무리할	韋	金	19
도	到	이를, 주밀할	刀	金	8		道	姓, 길, 이치 (衜와 同字)	辵	土	16
	度	법, 제도	广	木	9		衟	姓, 길, 이치 (道와 同字)	口	水	16
	徒	무리, 동아리	彳	火	10		島	섬 (嶋와 同字)	山	土	10
	渡	건널, 통할	水	水	13		嶋	섬 (島와 同字)	山	土	14
	途	길, 도로	辵	土	14		桃	복숭아, 앵도	木	木	10

발음	한자	뜻	부수	자원오행	획수	발음	한자	뜻	부수	자원오행	획수
도	都	姓, 도읍, 서울	邑	土	16	도	菟	호랑이	艹	木	14
	圖	그림, 꾀할	口	水	14		酴	술밑	酉	金	14
	陶	姓, 질그릇, 옹기장이	阜	土	16		闍	망루	門	木	17
	稻	姓, 벼, 땅이름	禾	木	15		晤	새벽	日	火	13
	掉	흔들, 바로잡을	手	木	12		椔	개오동나무	木	木	12
	蹈	밟을, 실천할	足	土	17		峹	산 이름	山	土	10
	馟	향내날	香	木	16		捈	궁굴릴	手	木	11
	屠	잡을, 무찌를	尸	水	12		荼	씀바귀	艹	木	13
	濤	물결, 씻을	水	水	18		鞀	노도, 소고	革	金	14
	燾	비출, 덮을	木	火	18		鞱	감출	革	金	19
	跳	밟을	足	土	13		饕	탐할	食	水	22
	堵	성채	土	土	17		悼	슬퍼할, 떨	心	火	12
	弢	활집	弓	火	8		搗	찧을, 두드릴	手	木	14
	慆	기뻐할	心	火	14		倒	넘어질, 거꾸로	人	火	10
	嘟	칭찬할	口	水	15		刀	칼, 작은 배	刀	金	2
	瑫	옥 이름	玉	金	15		庩	가라앉은 집	广	木	10
	搯	가릴, 끄집어낼	手	木	12		挑	휠, 굽을	手	木	10
	謟	꺼낼	手	木	14		逃	달아날, 숨을	辶	土	13
	擣	찧을	手	木	18		盜	훔칠, 도둑질	皿	金	12
	檮	등걸	木	木	18		叨	탐낼	口	水	5
	洮	씻을	水	水	10		忉	근심할	心	火	6
	涂	칠할	水	水	11	독	讀	읽을, 풍류	言	金	22
	鼗	땡땡이, 소고	鼓	金	19		篤	도타울, 굳을	竹	木	16

발음	한자	뜻	부수	자원오행	획수	발음	한자	뜻	부수	자원오행	획수
독	督	살펴볼, 거느릴	目	木	13	돌	乭	돌, 사람 이름	乙	金	6
	纛	둑, 소꼬리	糸	木	25		突	갑자기, 부딪힐	穴	水	9
	牘	편지, 나뭇조각	片	木	19		咄	꾸짖을	口	水	8
	櫝	함, 궤	木	木	19		堗	굴뚝	土	土	12
	犢	송아지	牛	土	19	동	東	姓, 동녘	木	木	8
	瀆	도랑, 하수도	水	水	19		桐	오동나무	木	木	10
	禿	대머리, 벗어질	禾	木	7		彤	붉을	彡	火	7
	獨	姓, 홀로, 외로울	犬	土	17		烔	더울, 불사를	火	火	10
	毒	독, 해칠	母	土	8		董	姓, 바를, 동독할	艸	木	15
	黷	더럽힐	黑	水	27		姛	곧을, 바를	女	土	9
돈	敦	姓, 도타울	攴	金	12		仝	한가지, 모을 (仝의 本字)	口	水	6
	惇	도타울, 인정 많을	心	火	12		仝	한가지, 모을 (同의 古字)	人	火	5
	暾	아침 해 돋을	日	火	16		洞	골짜기, 동굴	水	水	10
	燉	불빛, 이글거릴	火	火	16		垌	항아리	土	土	9
	墩	돈대, 흙더미	土	土	15		童	아이, 어리석을	立	金	12
	旽	밝을, 친밀할	日	火	8		動	움직일, 자주	力	水	11
	焞	어스레할, 성할	火	火	12		銅	구리	金	金	14
	頓	姓, 조아릴, 깨질	頁	火	13		棟	마룻대, 용마루	木	木	12
	弴	활	弓	火	11		潼	강 이름	水	水	16
	潡	큰물	水	水	16		曈	해뜰	日	火	16
	躉	거룻배	足	土	20		橦	나무 이름, 북소리	木	木	16
	沌	어두울	水	水	8		勭	자랄, 움직일	力	金	16
	豚	돼지, 복어	豕	水	11		朣	달떠오를, 흐릴	月	水	16

발음	한자	뜻	부수	자원오행	획수	발음	한지	뜻	부수	자원오행	획수
	蝀	무지개	虫	水	14		硐	갈, 숫돌	石	金	11
	憧	그리워할, 그리움	心	火	16		稦	벼 무성할	禾	木	11
	冬	겨울	冫	水	5		絧	베 이름	糸	木	12
	侗	정성	人	火	8	동	蕫	채소 이름	艸	木	14
	僮	아이	人	火	14		鉖	낚싯바늘	金	金	13
	峒	산 이름	山	土	9		凍	얼을, 추울	冫	水	10
	涷	소나기	水	水	12		疼	아플, 욱신거릴	疒	水	10
	艟	배	舟	木	18		斗	말, 별 이름	斗	火	4
	苳	겨우살이	艸	木	11		豆	콩, 제기	豆	木	7
	茼	쑥갓	艸	木	12		枓	두공, 기둥머리	木	木	8
	蕫	황모, 연뿌리	艸	木	18		頭	머리, 두목	頁	火	16
	瞳	눈동자	目	木	17		阧	물문, 수문	阜	土	12
동	胴	창자	肉	水	12		杜	姓, 아가위, 막을	木	木	7
	哃	큰소리칠	口	水	9	두	荳	콩	艸	木	13
	峝	굴, 동굴	穴	水	11		讀	구절, (독) 읽을	言	金	22
	絧	붉을	赤	火	13		逗	머무를, 무덤	辵	土	14
	倲	어리석을	人	火	10		兜	투구, 쓰개	儿	木	11
	働	일할, 노동할	人	火	13		痘	천연두	疒	水	12
	崠	산등성이	山	土	11		竇	구멍, 물길	穴	水	20
	挏	끌	手	木	10		抖	떨, 흔들	手	木	8
	浵	물 깊을	水	水	11		斁	섞을	支	金	17
	湩	젖, 수레 휘장, 흐를	水	水	13		肚	배, 복부	肉	水	9
	烔	불꽃	火	火	9		脰	목	肉	水	13

발음	한자	뜻	부수	자원오행	획수	발음	한자	뜻	부수	자원오행	획수
두	蚪	올챙이	虫	水	10	등	燈	등잔, 등불	火	火	16
	蠹	좀, 쐐기	虫	水	24		藤	姓, 등나무	艹	木	21
	浢	강 이름	水	水	11		騰	달릴, 오를	馬	火	20
	斜	고할, 노랑실	糸	木	10		覩	오래 볼	見	火	19
	荳	민족두리풀	艹	木	13		謄	등산할	言	金	17
	鈄	술그릇	金	金	12		鄧	姓, 고을 이름	邑	土	19
	鏂	술그릇	金	金	15		凳	걸상	几	木	14
	陡	험할	阜	土	15		嶝	자드락길, 비탈길	土	土	15
둔	鈍	무딜, 둔할	金	金	12		滕	물 솟을	水	水	15
	屯	모일, 진칠, 주둔군	山	木	4		磴	돌 비탈길	石	金	17
	遁	달아날, 끊을	辶	土	16		籐	등나무	竹	木	21
	芚	채소 이름	艹	木	10		縢	봉할	糸	木	16
	臋	볼기	肉	水	19		螣	등사(螣蛇)	虫	水	16
	遯	달아날, 피할	辶	土	18		鐙	등잔	金	金	20
	窀	무덤구덩이	穴	水	9	라	邏	순행할	辶	土	26
	迍	머뭇거릴	辶	土	11		羅	(나)姓, 새그물, 비단	网	木	20
둘	乧	둘, 우리나라한자	乙	木	5		螺	소라	虫	水	17
득	得	얻을, 탐할	彳	火	11		摞	정돈할, 다스릴	手	木	15
등	登	오를, 이룰	癶	火	12		喇	나팔	口	水	12
	璒	옥돌	玉	金	17		覶	자세할, 좋게볼	見	火	19
	橙	등자나무	木	木	16		蓏	(나)열매	艹	木	16
	嶝	고개, 비탈길	山	土	15		鑼	(나)징	金	金	27
	等	가지런할, 등급	竹	木	12		砢	(나)돌 쌓일	石	金	10

발음	한자	뜻	부수	자원오행	획수	발음	한자	뜻	부수	자원오행	획수
라	纙	(나) 돈꾸러미	糸	木	25	락	洛	낙수, 강 이름	水	水	10
	儸	(나) 재능 있을	人	火	21		絡	묶을, 그물	糸	木	12
	蘿	무, 미나리	艸	木	25		珞	구슬, 조약돌	玉	金	11
	懶	게으를, 나른할	心	火	20		酪	유즙, 식초	酉	金	13
	剆	칠	刀	金	9		烙	지질	火	火	10
	癩	약물중독	疒	水	21		駱	낙타	馬	火	16
	裸	벌거벗을	衣	木	14		落	떨어질, 흩어질	艸	木	15
	倮	(나) 벗을, 알몸	人	火	10		咯	(낙) 진한유즙	口	水	13
	囉	(나) 소리 섞일	口	水	22		犖	(낙) 얼룩소	牛	土	14
	曪	(나) 햇빛 없을	日	火	23		硌	옥돌, 산 위 큰바위	石	金	11
	瘰	(나) 연주창	疒	水	16		鉻	깎을	金	金	14
	騾	(나) 노새	馬	火	21		濼	강 이름	水	水	18
	贏	(나) 노새	馬	火	23	란	丹	붉을, 정성	丶	火	4
	臝	(나) 벌거벗을	肉	水	23		卵	알, 기를	卩	水	7
	腡	손금	肉	水	15		亂	어지러울	乙	木	13
	剌	수라	刀	金	9		蘭	난초, 목련꽃	艸	木	23
	䯍	쌓을	米	木	18		欄	목란	木	木	21
	欏	돌배나무	木	木	23		爛	빛날, 익을	火	火	21
	蠃	고둥, 다슬기	虫	水	19		瀾	큰물결, 뜨물	水	水	21
	覼	자세할	見	火	21		瓓	옥무늬, 옥광채	玉	金	22
	灘	물 이름	水	水	23		鑭	금빛 나는 모양	金	金	25
	挐	붙잡을	手	木	9		欒	나무 이름	木	木	23
락	樂	즐길, 풍류, (요) 좋아할	木	木	15		鑾	(난) 방울	金	金	27

발음	한자	뜻	부수	자원오행	획수	발음	한자	뜻	부수	자원오행	획수
란	鸞	방울	馬	火	30	람	覽	보살필, 두루볼	見	火	21
	爛	(난) 문채	文	木	21		灆	물 맑을	水	水	21
	欄	(난) 목란	木	木	25		藍	쪽, 남루할	艸	木	20
	攔	(난) 막을	手	木	21		籃	바구니	竹	木	20
	灓	(난) 새어흐를, 적실	水	水	23		濫	넘칠, 번질	水	水	18
	襴	(난) 난삼	衣	木	23		嵐	산 이름, 산바람	山	土	12
	闌	(난) 가로막을	門	木	17		欖	감람나무	木	木	25
	嬾	(난) 게으를	女	土	19		纜	닻줄	糸	木	27
	幱	(난) 내리닫이, 난삼	巾	木	20		攬	잡을, 모을 (擥과 同字)	手	木	25
	瀾	쌀뜨물	水	水	24		擥	잡을, 모을 (攬과 同字)	手	木	18
	讕	어지러울	言	金	19		擊	잡을, 모을 (攬의 俗字)	手	木	14
	圞	둥글	口	水	22		灠	샘 용솟음할	水	水	25
	灡	새어 흐를	水	水	26		襤	누더기	衣	木	21
	籣	동개, 활동	竹	木	23		惏	(남) 탐낼	心	火	12
랄	辣	매울	辛	金	14	랍	拉	꺾을, 데려갈	手	木	9
	剌	어그러질	刀	金	9		臘	납향	肉	水	21
	捋	(날) 어루만질	手	木	11		蠟	밀초	虫	水	21
	辢	(날) 매울	辛	金	14		鑞	(납) 땜납	金	金	23
람	嫏	예쁜 모양	女	土	11	랑	浪	姓, 물결, 파도	水	水	11
	婪	(남) 탐할	女	土	11		烺	빛 밝을	火	火	11
	漤	(남) 과실장아찌	水	水	15		郎	사내, 남편 (郎의 本字)	邑	土	14
	爁	(남) 불 번질	火	火	18		郎	사내, 남편 (郎의 略字)	邑	土	13
	璼	(남) 옥 이름	玉	金	19		朗	밝을, 맑을	月	水	11

빌음	한자	뜻	부수	자원오행	획수	빌음	한자	뜻	부수	자원오행	획수
랑	眼	밝을, 햇볕	日	火	11	래	崍	산 이름	山	土	11
	廊	행랑, 복도	广	木	13		庲	집	广	木	11
	琅	옥 이름, 푸른산호	玉	金	12		棶	푸조나무	木	木	12
	瑯	고을 이름, 옥 이름	玉	金	15		萊	명아주, 묵정밭	艸	木	14
	榔	(낭) 나무 이름	木	木	14		郲	땅 이름	邑	土	15
	庲	(낭) 높을	广	木	10		淶	(내) 강 이름	水	水	12
	閬	(낭) 솟을대문	門	木	15		騋	(내) 큰말	馬	火	18
	硠	(낭) 돌 부딪는 소리	石	金	12		唻	(내) 노래하는 소리	口	水	11
	稂	(낭) 강아지풀	禾	木	12		睞	한눈팔	目	木	13
	莨	(낭) 수크령, 조	艸	木	13	랭	冷	찰, 맑을	冫	水	7
	蜋	(낭) 사마귀 (螂과 同字)	虫	水	13	략	略	간략할, 다스릴	田	土	11
	螂	사마귀 (蜋과 同字)	虫	水	16		掠	노략질할	手	木	12
	騻	(낭) 꼬리 흰	馬	火	17		畧	(약) 다스릴	田	土	11
	狼	이리, 짐승 이름	犬	土	11	량	良	착할, 어질	食	土	7
	娘	(낭) 아가씨	女	土	10		兩	둘, 짝	入	土	8
	嫏	서고	女	土	13		量	헤아릴, 좋을	里	土	12
	桹	광랑나무	木	木	11		涼	서늘할, 도울 (凉의 本字)	水	水	12
	誏	뜬소문	言	金	14		凉	서늘할, 도울 (涼의 俗字)	冫	水	10
래	來	올, 부를 (逨와 同字)	人	火	8		梁	姓, 들보, 다리	木	木	11
	来	올, 부를 (來의 俗字)	木	木	7		糧	양식 (粮과 同字)	米	木	18
	逨	올, 부를 (來와 同字)	走	火	15		粮	양식 (糧과 同字)	米	木	13
	倈	올, 오게 할	人	火	10		輛	수레, 단위	車	火	15
	徠	올, 위로할	彳	火	11		諒	믿을, 어질	言	金	15

발음	한자	뜻	부수	자원오행	획수	발음	한자	뜻	부수	자원오행	획수
	倆	재주, 솜씨	亻	火	10		儷	짝, 부부	人	火	21
	亮	밝을, 도울	亠	火	9		廬	오두막집, 주막	广	木	19
	樑	대들보, 굳셀	木	木	15		櫚	종려나무	木	木	19
	粱	기장, 기장밥	米	木	13		濾	거를, 씻을	水	水	20
	俍	(양) 좋을, 어질	人	火	9		藜	나라 이름	艹	木	21
	騟	(낭) 꼬리 흰말	馬	火	17		曬	(여) 햇살 퍼질	日	火	19
량	喨	(양) 소리가 맑을	口	水	12		礪	거친 숫돌	石	金	20
	晾	볕 쪼일	日	火	12		蠣	굴	虫	水	21
	湸	큰물	水	水	13		驢	나귀, 당나귀	馬	火	26
	悢	(양) 슬퍼할	心	火	11		驪	검을, 나라 이름	馬	火	29
	踉	(양) 뛸	足	土	14		戾	어그러질, 벗어날	戶	金	8
	魎	(양) 도깨비	鬼	火	18	려	儢	(여) 힘쓰지 않을	人	火	17
	勴	도울	力	土	17		厲	(여) 갈	厂	土	15
	旅	나그네, 함께	方	土	10		唳	(여) 울, 새소리	口	水	11
	麗	우아할, 짝	鹿	土	19		梠	(여) 평고대	木	木	11
	慮	생각, 의심할	心	火	15		癘	(여) 창병, 염병	疒	水	18
	勵	힘쓸, 권할	力	土	17		糲	(여) 현미	米	木	21
려	呂	姓, 땅이름	口	水	7		膂	(여) 등골뼈	肉	水	16
	侶	벗할, 동행할	人	火	9		臚	(여) 살갗	肉	水	22
	曤	햇빛	日	火	20		蠡	(여) 좀 먹을	虫	水	21
	孋	짝, 아름다울	女	土	22		邌	(여) 천천히 갈	辶	土	22
	黎	검을, 무리	黍	木	15		鑢	(여) 쇠줄	金	金	23
	閭	마을 문	門	木	15		珕	굴, 석화	玉	金	11

발음	한자	뜻	부수	자원오행	획수	발음	한지	뜻	부수	자원오행	획수
려	沴	해칠	水	水	9		攣	걸릴, 이어질	手	木	23
력	力	힘, 힘쓸	力	土	2		漣	물놀이	水	水	15
	歷	지날, 겪은일	止	土	16		輦	손수레, 나를	車	火	15
	曆	책력, 셀	日	火	16		聯	꿰맬, 이을	車	火	26
	瀝	거를, 받칠	水	水	20		僆	쌍둥이	人	火	13
	礫	조약돌	石	金	20		堜	언덕	土	土	12
	轢	삐걱거릴, 칠	車	火	22	련	變	(연)이룰	大	木	22
	靂	벼락, 천둥	雨	水	24		楝	(연)멀구슬나무	木	木	13
	攊	(역)칠, 때릴	手	木	20		湅	(연)익힐, 단련할	水	水	13
	櫟	(역)상수리나무	木	木	19		臠	(연)저민 고기	肉	水	25
	櫪	(역)말구유	木	木	20		鏈	(연)쇠사슬	金	金	19
	癧	(역)연주창	疒	水	21		鰊	(연)청어	魚	水	20
	轣	(역)갈을, 물레	車	火	23		鰱	(연)연어	魚	水	22
	酈	(역)땅 이름	邑	土	26		憐	불쌍할, 가엾을	心	火	16
	連	맺을, 연결할	辶	土	14		娧	아름다울	女	土	9
	練	단련할, 익힐	糸	木	15		列	줄, 항렬	刀	金	6
	鍊	불릴, 단련할	金	金	17		烈	빛날, 매울	火	火	10
	聯	잇닿을, 연결할	耳	火	17		洌	맑을, 물 이름	水	水	10
련	孌	아름다울	女	土	22	렬	冽	찰	冫	水	8
	戀	사모할, 그리움	心	火	23		栵	산밤나무	木	木	10
	蓮	연밥, 연꽃	艸	木	17		裂	찢을, 무너질	衣	木	12
	煉	불릴, 구울	火	火	13		劣	못할, 적을	力	土	6
	璉	호련, 이을	玉	金	16		捩	(열)비틀	手	木	10

발음	한자	뜻	부수	자원오행	획수	발음	한자	뜻	부수	자원오행	획수
렬	捩	(열) 비틀, 꺾을	手	木	12		岑	(영) 고개 (岭과 同字)	山	土	8
	颲	(열) 사나운 바람	風	木	15		領	옷깃, 거느릴	頁	火	14
렴	廉	姓, 맑을, 청렴할	广	木	13		嶺	고개, 산길	山	土	17
	嬚	맑고 고울	女	土	16		零	떨어질, 이슬비	雨	水	13
	濂	姓, 시내 이름, 싱거울	水	水	17		澪	물 이름	水	水	17
	簾	발, 주렴	竹	木	19		靈	姓, 신령, 영혼	雨	水	24
	斂	姓, 거둘, 저장할	攴	金	17		皊	흰, 영롱한	白	金	10
	殮	염할, 빈소할	歹	水	17		鈴	방울	金	金	13
	瀲	(염) 넘칠	水	水	21		齡	(영) 나이	齒	金	20
	磏	(염) 거친 숫돌	石	金	15		齡	(영) 소금	鹵	水	16
렵	獵	사냥, 사로잡을	犬	土	19		䇥	원추리	竹	木	11
	躐	(엽) 밟을	足	土	22	령	羚	영양	羊	土	11
	鬛	(엽) 갈기, 수염	髟	火	25		翎	깃	羽	火	11
령	伶	영리할 (伶과 同字)	人	火	7		逞	굳셀, 즐거울	辶	土	14
	佟	영리할 (伶과 同字)	人	火	7		朎	(영) 달빛 영롱할	月	水	9
	昤	날빛영롱할	日	火	9		聆	들을, 좇을	耳	火	11
	玲	옥소리	玉	金	10		柃	나무 이름	木	木	9
	姈	여자 슬기로울	女	土	8		砱	돌 구멍	石	金	10
	怜	영리할, 지혜로울	心	火	9		另	(영) 헤어질	口	水	5
	泠	맑을, 깨우칠	水	水	9		欞	(영) 격자창, 처마	木	木	28
	令	하여금, 가령	人	火	5		秢	(영) 벼 처음 익을	禾	木	10
	吟	(영) 속삭일	口	水	8		苓	(영) 도꼬마리	艸	木	11
	岭	(영) 고개 (岑과 同字)	山	土	8		蛉	(영) 잠자리	虫	水	11

발음	한자	뜻	부수	자원오행	획수	발음	한자	뜻	부수	자원오행	획수
	輪	(영)사냥 수레	車	火	12		潞	강이름	水	水	17
	鴒	(영)할미새	鳥	火	16		瀘	강이름	水	水	20
령	囹	옥, 감옥	口	水	8		璐	(노)아름다운 옥	玉	金	17
	坽	험한 언덕	土	土	8		櫨	(노)두공	木	木	20
	詅	팔, 매각할	言	金	12		蕗	(노)감초	艸	木	19
	例	법식, 보기	人	火	8		瓐	(노)비취옥	玉	金	21
	禮	예도, 인사 (礼의 本字)	示	木	18		澇	(노)큰 물결	水	水	16
	礼	예도 (禮의 古字)	示	木	6		潦	(료·요)큰비, 장마	水	水	16
	澧	강이름	水	水	17		嚧	웃을	口	水	19
례	醴	단술, 달	酉	金	20		攎	당길	手	木	20
	隷	붙을, 좇을	隶	水	16		蘆	갈대, 무	艸	木	22
	隸	(예)붙을	隶	水	17	로	輅	수레	車	火	13
	鱧	(예)가물치	魚	水	24		櫓	오동나무	木	木	16
	栵	산밤나무	木	木	10		鹵	소금	鹵	水	11
	路	길, 중요할	足	土	13		矑	눈동자	目	木	21
	露	이슬, 젖을	雨	水	20		鐪	(노)금길	金	金	20
	老	늙을, 어른	老	土	6		撈	잡을, 건져낼	手	木	16
	勞	일할, 힘쓸	力	火	12		壚	(노)흑토(옥토)	土	土	19
로	爐	화로, 향로	火	火	20		滷	(노)소금밭	水	水	15
	魯	둔할, 미련할	魚	水	15		玈	(노)검을	玄	水	11
	盧	姓, 검을, 밥그릇, 화로	皿	水	16		癆	(노)중독	疒	水	17
	鷺	해오라기, 백로	鳥	火	23		窂	(노)우리, 감옥	穴	水	9
	櫓	방패, 노	木	木	19		鸕	(노)가마우지	鳥	火	27

발음	한자	뜻	부수	자원오행	획수	발음	한자	뜻	부수	자원오행	획수
로	艣	(노) 배 젓는 막대기, 노	舟	木	21	록	轆	(녹) 도르래	車	火	18
	艫	(노) 뱃머리	舟	木	22		鷺	(녹) 새 이름	鳥	火	19
	轤	(노) 도르래	車	火	23		濼	강 이름	水	水	19
	鑪	(노) 아교 그릇	金	金	21		甪	사람 이름	用	水	6
	鑪	(노) 화로	金	金	24		騄	말 이름	馬	火	18
	顱	(노) 머리뼈	頁	火	25		摝	흔들	手	木	15
	髗	(노) 머리뼈	骨	金	26	론	論	말할, 고할	言	金	15
	鱸	(노) 농어	魚	水	27		惀	(논) 생각할	心	火	12
	虜	포로, 종 (虜의 本字)	虎	木	13		掄	가릴	水	水	12
	虜	포로, 종 (虜의 俗字)	虎	木	13	롱	瀧	비올, 여울	水	水	20
	擄	노략질할	手	木	17		瓏	옥소리, 바람소리	玉	金	21
록	祿	녹봉, 행복	示	木	13		籠	대그릇, 삼태기	竹	木	22
	錄	기록할, 문서	金	金	16		壟	언덕, 무덤	土	土	19
	綠	초록빛	糸	木	14		朧	흐릿할	月	水	20
	琭	옥	玉	金	13		聾	귀머거리, 어리석을	耳	火	22
	鹿	사슴, 곳집	鹿	土	11		弄	희롱할, 가지고 놀	廾	金	7
	彔	근본, 나무깎을	彐	火	8		儱	(농) 미숙한 모양	人	火	18
	碌	돌모양	石	金	13		攏	(농) 누를	手	木	20
	菉	조개풀, 기록할	艸	木	14		曨	(농) 어스레할, 동틀	日	火	20
	麓	산기슭	鹿	土	19		礱	(농) 숫돌에 갈	石	金	21
	淥	(녹) 거를, 밭을	水	水	12		蘢	(농) 개여뀌	艸	木	22
	漉	(녹) 거를, 밭을	水	水	15		隴	(농) 고개 이름, 언덕	阜	土	24
	簏	(녹) 대 상자	竹	木	17		巃	가파를	山	土	19

제6편 자원오행 성명학字源五行 姓名學 | 298

발음	한자	뜻	부수	자원오행	획수	발음	한자	뜻	부수	자원오행	획수
뢰	雷	姓, 천둥, 우레	雨	水	13	료	寮	동료	宀	木	15
	賴	힘입을, 의뢰할 (賴의 本字)	貝	金	16		燎	밝을, 비출	火	火	16
	頼	힘입을, 의뢰할 (賴의 略字)	頁	火	16		瞭	밝을, 멀	目	木	17
	耒	(뇌)쟁기	耒	土	6		漻	맑고 깊을	水	水	15
	瀨	여울, 급류	水	水	20		聊	귀울, 의지할	耳	火	11
	儡	영락할, 피로할	人	火	17		蓼	여뀌, 나라 이름	艸	木	17
	牢	우리, 둘러쌀	牛	土	7		療	병고칠	疒	水	17
	磊	돌무더기	石	金	15		炓	불빛 환할	火	火	8
	賂	뇌물, 재화	貝	金	13		鄝	나라 이름	邑	土	18
	賚	줄, 하사품	貝	金	15		廖	공허할, 나라 이름	广	木	14
	擂	(뇌)갈, 문지를	手	木	19		嘹	(요)울음소리	口	水	15
	礌	(뇌)바위	石	金	18		嫽	(요)예쁠	女	土	15
	礧	(뇌)바위	石	金	20		撩	(요)다스릴	手	木	16
	籟	(뇌)세 구멍 통소	竹	木	22		暸	(요)밝을	日	火	16
	纇	(뇌)실마디	糸	木	21		潦	(요)큰비, 장마	水	水	16
	罍	(뇌)술독	缶	土	21		獠	(요)밤 사냥	犬	土	16
	蕾	(뇌)꽃봉오리	艸	木	19		繚	(요)감길	糸	木	18
	誄	(뇌)애도할	言	金	13		膋	(요)발기름	肉	水	16
	酹	(뇌)부을	酉	金	14		醪	(요)막걸리	酉	金	18
료	料	될, 헤아릴	斗	火	10		鐐	(요)은	金	金	20
	了	마칠, 깨달을	亅	金	2		飂	(요)바람소리	風	木	20
	僚	벗, 동관	人	火	14		飉	(요)바람, 산들바람	風	木	21
	遼	멀, 늦출	辵	土	19	룡	龍	姓, 용, 임금 (竜의 本字)	龍	土	16

발음	한자	뜻	부수	자원오행	획수	발음	한자	뜻	부수	자원오행	획수
룡	竜	용, 임금 (龍의 古字)	立	金	10	루	螻	땅강아지	虫	水	17
	龒	용, 임금 (龍의 古字)	龍	土	21		髏	해골	骨	金	21
	儱	비틀거릴	亻	火	19		陋	장소 좁을	阜	土	14
루	壘	쌓을	土	土	18		褸	남루할	衣	木	17
	婁	별 이름, 거둘	女	土	11		瘻	부스럼, 혹	疒	水	16
	縷	실, 명주	糸	木	17	류	柳	姓, 버들	木	木	9
	蔞	쑥, 풀 자란 모양	艸	木	17		留	머무를, 더딜	田	土	10
	鏤	아로새길	金	金	19		流	흐를, 구할	水	水	11
	慺	(누)정성스러울	心	火	15		類	착할, 나눌	頁	火	19
	摟	(누)끌어모을	手	木	15		琉	유리 (瑠와 同字)	玉	金	12
	耬	(누)밭갈	耒	土	17		瑠	유리 (琉와 同字)	玉	金	15
	熡	(누)불꽃	火	火	15		漻	맑고 깊을	水	水	15
	嶁	(누)봉우리	山	土	14		瑬	면류관 드림	玉	金	15
	漊	(누)지적지적할	水	水	15		懰	근심할, 예쁠	心	火	19
	謱	(누)곡진할	言	金	18		劉	姓, 이길, 칼	刀	金	15
	漻	물이름	水	水	15		鉚	쇠	金	金	13
	累	묶을, 누끼칠	糸	木	11		鎏	금속	金	金	18
	樓	다락, 포갤	木	木	15		鏐	금	金	金	19
	屢	여러, 번거로울	尸	水	14		硫	유황	石	金	12
	淚	눈물 흘릴	水	水	12		旒	깃발	方	土	13
	漏	샐, 스며들	水	水	15		榴	석류나무	木	木	14
	僂	구부릴	人	火	13		溜	방울져 떨어질, 여울	水	水	14
	嘍	시끄러울	口	水	14		瀏	맑을	水	水	19

발음	한자	뜻	부수	자원오행	획수	발음	한자	뜻	부수	자원오행	획수
류	謬	그릇될, 어긋날	言	金	18	률	律	姓, 법	彳	火	9
	瘤	혹	疒	水	15		栗	밤, 공손할	木	木	10
	榴	(유)석류나무	木	木	16		率	헤아릴, (수)장수, (솔)거느릴	玄	火	11
	縲	(유)포승	糸	木	17		瓅	(율)옥무늬	玉	金	15
	纍	(유)맬	糸	木	21		稛	(율)볏가리	禾	木	15
	遛	(유)머무를	辵	土	17		崒	가파를	山	土	12
	鶹	(유)올빼미	鳥	火	21		慄	두려워할, 떨	心	火	14
륙	六	여섯	八	土	6		溧	(율)강 이름	水	水	14
	陸	姓, 육지, 뭍	阜	土	16		嵂	산 이름	山	土	13
	戮	죽일, 형벌	戈	金	15		哷	소리	口	水	9
	勠	합할	力	土	13	릉	隆	성할, 높을	阜	土	17
륜	倫	인륜, 무리	人	火	10		㥄	(융)뜻	心	火	16
	輪	바퀴, 수레	車	火	15		癃	(율)느른할	疒	水	17
	侖	둥글, 생각할	人	火	8		窿	(율)활꼴	穴	水	17
	踚	날래게 걸을	足	土	15	륵	忇	생각할	心	火	6
	崙	산 이름	山	土	11		玏	옥돌	玉	金	7
	崘	산 이름	山	土	11		勒	굴레, 재갈	力	金	11
	綸	낚싯줄, 실	糸	木	14		肋	갈비, 힘줄	肉	水	8
	圇	(윤)완전할	口	水	11		泐	(늑)돌 갈라질	水	水	9
	淪	물놀이, 잔물결	水	水	12	름	廩	곳집, 녹미	广	木	16
	錀	금, 금색	金	金	16		菻	(늠)쑥, 나라 이름	艸	木	14
	掄	(윤)가릴	手	木	12		凛	의젓할 (凜의 俗字)	冫	水	15
	棆	느릅나무	木	木	12		凜	의젓할 (凜의 本字)	冫	水	15

발음	한자	뜻	부수	자원오행	획수	발음	한자	뜻	부수	자원오행	획수
름	澟	(늠)서늘할	水	水	17	리	莉	말리나무	艸	木	13
	懍	위태할	心	火	17		釐	다스릴 (厘의 本字)	里	土	18
릉	陵	큰언덕, 넘을	阜	土	16		厘	다스릴 (釐의 俗字)	厂	土	9
	綾	비단	糸	木	14		唎	가는소리	口	水	10
	菱	마름, 모날	艸	木	14		浬	해리	水	水	11
	凌	능가할, 깔볼	冫	水	10		犂	밭갈 (犁와 同字)	牛	土	12
	楞	모 (楞와 同字)	木	木	13		犁	밭갈 (犂와 同字)	牛	土	12
	楞	모 (楞와 同字)	木	木	13		釐	(이)바를	支	木	16
	稜	서슬, 모서리	禾	木	13		摛	(이)퍼질, 알릴	手	木	15
	倰	(능)속일	人	火	10		鯉	잉어	魚	水	18
	薐	(능)마름	艸	木	17		裏	속, 내부 (裡와 同字)	衣	木	13
리	利	길할, 좋을	刀	金	7		裡	속, 내부 (裏와 同字)	衣	木	13
	里	마을, 이웃	里	土	7		離	베풀, 걸릴 (离와 同字)	隹	火	19
	理	다스릴, 성품	玉	金	12		离	베풀 (離와 同字)	内	火	11
	梨	배, 배나무	木	木	11		攡	베풀	手	木	23
	李	姓, 오얏	木	木	7		哩	(이)어조사	口	土	10
	吏	아전, 관리	口	水	6		莅	(이)다다를	艸	木	13
	俐	똑똑할 (悧와 同字)	人	火	9		灘	(이)물 이름	水	水	23
	悧	똑똑할 (俐와 同字)	心	火	11		邐	(이)이어질	辵	土	26
	履	신, 밟을	尸	木	15		魑	(이)도깨비	鬼	火	21
	涖	물소리, 임할	水	水	11		黐	(이)끈끈이	黍	木	23
	俚	속될, 상말	人	火	9		漓	(이)스며들	水	水	14
	璃	유리, 구슬 이름	玉	金	16		孋	나라 이름	女	土	22

발음	한자	뜻	부수	자원오행	획수	발음	한자	뜻	부수	자원오행	획수
리	娌	동서	女	土	10	린	藺	골풀, 조약돌	艸	木	22
	鸝	꾀꼬리	鳥	火	30		獜	(인)튼튼할	犬	土	16
	狸	살쾡이, 너구리	犬	土	11		橉	(인)나무 이름	木	木	16
	痢	설사, 이질	疒	水	12		粼	(인)물 맑을	米	木	14
	籬	울타리	竹	木	25		繗	(인)이을	糸	木	18
	罹	근심	网	木	17		燐	(인)도깨비 불	米	木	12
	羸	여윌, 약할	羊	土	19		蟒	(인)반딧불	虫	水	18
	剺	(이)벗길, 칼로 벨	刀	金	13		瞵	(인)사람 이름	日	火	16
	嫠	(이)과부	女	土	14		閦	(인)불꽃	火	火	12
	蜊	(이)찬조개	虫	水	13		斴	(인)물소리	斤	金	16
	螭	(이)교룡	虫	水	17		瞵	(인)눈 빛	目	木	17
	貍	(이)삵, 살쾡이	豸	水	14		嶙	(인)가파를	山	土	15
린	吝	아낄, 탐할	口	水	7		驎	(인)얼룩말	馬	火	22
	鄰	이웃 (隣의 本字)	邑	土	19		躙	(인)짓밟을	足	土	23
	隣	이웃 (鄰의 俗字)	阜	土	20		轔	(인)수레 소리	車	火	19
	潾	맑을, 석간수	水	水	16		闦	새 이름	門	木	16
	璘	옥빛, 옥무늬	玉	金	17		燐	도깨비불, 반딧불	火	火	16
	麟	기린 (麐과 同字)	鹿	土	23		鱗	비늘, 물고기	魚	水	23
	麐	기린 (麟과 同字)	鹿	土	17		躪	유린할, 짓밟을	足	土	27
	撛	구원할	手	木	16	림	林	姓, 수풀	木	木	8
	恡	(인)아낄	心	火	11		棽	무성할	木	木	12
	磷	(인)물 흐르는 모양	石	金	17		琳	아름다운 옥	玉	金	13
	鏻	굳셀	金	金	20		淋	물뿌릴, 장마	水	水	12

발음	한자	뜻	부수	자원오행	획수	발음	한자	뜻	부수	자원오행	획수
림	碄	(임)깊을	石	金	13	마	痲	저릴, 홍역	疒	水	13
	琳	(임)알고자 할	日	火	12	막	莫	없을, (모)서물	艸	木	13
	玲	(임)옥	玉	金	9		幕	장막, 군막	巾	木	14
	臨	임할, 다스릴	臣	火	17		漠	사막, 조용할	水	水	15
	霖	장마	雨	水	16		寞	쓸쓸할	宀	木	14
	痳	(임)임질	疒	水	13		膜	어루만질	肉	水	17
립	立	설, 세울	立	金	5		邈	멀, 경멸할	辵	土	21
	笠	삿갓, 땅 이름	竹	木	11		瞙	(눈이) 흐릴	目	火	16
	粒	낟알, 쌀알	米	木	11		鏌	칼 이름	金	金	19
	砬	돌소리	石	金	10	만	萬	姓, 일만, 많을 (万의 本字)	艸	木	15
	岦	산 우뚝할	山	土	8		万	일만 (萬의 俗字)	一	木	3
마	馬	姓, 말	馬	火	10		曼	길게끌, 길	日	土	11
	麻	姓, 마, 삼베	广	木	11		晚	저물, 늦을	日	火	11
	瑪	옥돌 이름	玉	金	15		卍	만자	十	火	6
	媽	어미	女	土	13		娩	해산할, 순박할	女	土	10
	摩	갈, 문지를	手	木	15		挽	당길, 말릴	手	木	11
	碼	저울추	石	金	15		灣	물굽이	水	水	26
	麼	작을	麻	木	14		饅	만두	食	水	20
	磨	갈, 숫돌에 갈	石	金	16		輓	수레끌	車	火	14
	劘	깎을	刀	金	21		滿	姓, 찰, 가득할	水	水	15
	螞	말거머리	虫	水	16		蔓	넝쿨, 뻗어나갈	艸	木	17
	蟇	두꺼비	虫	水	17		鏋	금, 금정기	金	金	19
	魔	마귀, 악마	鬼	火	21		脕	흠치르르할	肉	水	16

발음	한자	뜻	부수	자원오행	획수	발음	한자	뜻	부수	자원오행	획수
	墁	흙손	土	土	14		抹	바를, 칠할	手	木	9
	槾	흙손	木	木	15		沫	거품, 물방울	水	水	9
	鏝	흙손	金	金	19		襪	버선	衣	木	21
	幔	막	巾	木	14	말	靺	북방종족 이름	革	金	14
	縵	무늬없는 비단	糸	木	17		呇	끝	口	水	10
	謾	속일	言	金	18		帕	머리띠	巾	木	8
	蹣	넘을	足	土	18		秣	꼴	禾	木	10
	鬘	머리의 장식	髟	火	21		望	바랄, 원할 (朢과 同字)	月	水	11
	饅	밥의 윤기, 만두	米	木	17		朢	바랄, 원할 (望과 同字)	月	水	14
	樠	송진	木	木	15		忙	바쁠, 조급할	心	火	7
만	晚	보는 모양	目	木	12		忘	잊을, 다할	心	火	7
	鄤	땅이름	邑	土	18		網	그물, 규칙	糸	木	14
	鰻	뱀장어	魚	水	22		芒	털끝, 바늘	艸	木	9
	瞞	속일	目	木	16		莽	우거질, 잡초 (莾과 同字)	艸	木	12
	巒	뫼	山	土	22	망	莾	우거질, 잡초 (莽과 同字)	艸	木	12
	彎	굽을, 당길	弓	火	22		漭	넓을	水	水	15
	慢	게으를 만	心	火	15		輞	바퀴테	車	火	15
	漫	질펀할, 넘칠	水	水	15		邙	산 이름, 고을 이름	邑	土	10
	蠻	오랑캐, 야만	虫	水	25		茫	아득할, 망망할	艸	木	12
	嫚	업신여길	女	土	14		罔	그물, 잡을	网	木	9
	末	끝, 다할	木	木	5		妄	허망할, 거짓	女	土	6
말	妹	여자의 자	女	土	8		亡	죽일, 망할	亠	水	3
	茉	말리나무	艸	木	11		惘	멍할	心	火	12

발음	한자	뜻	부수	자원오행	획수	발음	한자	뜻	부수	자원오행	획수
망	汒	황급할	水	水	7	매	眛	(눈이) 어두울	目	火	10
	魍	도깨비	鬼	火	18		酶	술밑	酉	金	14
매	每	매양, 각각	母	土	7		霉	곰팡이	雨	水	15
	勱	힘쓸	力	土	15	맥	麥	보리, 매장할	麥	木	11
	買	姓, 살	貝	金	12		脈	맥, 줄기	肉	水	12
	賣	팔	貝	金	15		貉	고요할, 맹수 이름, 북방종족 이름	豸	水	13
	妹	누이, 소녀	女	土	8		陌	두렁, 경계, 길	阜	土	14
	梅	姓, 매화나무	木	木	11		驀	말탈, 뛰어넘을	馬	火	21
	苺	딸기	艸	木	11		貊	맥국(북방종족)	豸	水	12
	楳	매화나무	木	木	13		獏	짐승 이름	豸	水	18
	沬	땅 이름	水	水	9	맹	孟	姓, 맏이, 힘쓸	子	水	8
	莓	나무딸기	艸	木	13		猛	사나울, 용감할	犬	土	12
	埋	묻을, 메울	土	土	10		盟	맹세할, 약속할	皿	土	13
	媒	중매할, 매개할	女	土	12		萌	싹, 비롯할	艸	木	14
	昧	새벽, 동틀무렵	日	火	9		氓	백성	氏	火	8
	枚	줄기, 채찍	木	木	8		甍	용마루	瓦	土	16
	煤	그을음, 먹	火	火	13		甿	백성	田	土	8
	罵	욕할, 꾸짖을	网	火	16		蝱	등에(곤충)	虫	水	9
	邁	갈, 떠날	辵	土	20		盲	소경, 눈멀	目	木	8
	魅	도깨비, 미혹할	鬼	火	15	멱	覓	찾을, 곁눈질	見	火	11
	寐	잠잘, 죽을	宀	木	12		冪	덮을, 막	冖	土	16
	呆	어리석을	口	水	7		幎	덮을	巾	木	13
	玫	매괴, 붉은 옥 이름	玉	金	9	면	綿	이을, 솜	糸	木	14

빌음	한자	뜻	부수	자원오행	획수	빌음	한자	뜻	부수	자원오행	획수
면	棉	목화나무	木	木	12	명	名	이름, 이름날	口	水	6
	免	면할, 해직할	儿	木	7		命	목숨, 운	口	水	8
	勉	힘쓸, 부지런할	力	金	9		明	姓, 밝을	日	火	8
	面	낯, 얼굴	面	火	9		眀	볼	目	木	9
	沔	씻을, 물흐를	水	水	8		洺	명수, 물 이름	水	水	10
	緬	가는 실, 멀	糸	木	15		愐	너그러울	心	火	14
	麵	밀가루 (麵와 同字)	麥	木	15		酩	술취할	酉	金	13
	麪	밀가루 (麵와 同字)	麥	木	20		茗	차싹	艹	木	12
	冕	면류관	日	火	11		詺	이름 붙일	言	金	13
	葂	사람 이름	艹	木	15		鄍	고을 이름	邑	土	17
	俛	힘쓸	人	火	9		蓂	명협풀, 약초 이름	艹	木	16
	湎	빠질	水	水	13		皿	그릇	皿	土	5
	絻	햇솜	糸	木	15		鶶	초명, 새 이름	鳥	火	19
	眄	애꾸눈	目	木	9		瞑	눈감을, 소경	目	木	15
	眠	잠잘, 쉴	目	木	10		螟	마디충, 해충	虫	水	16
	諞	속일	言	金	15		暝	어두울	日	火	14
	愐	부끄러워할	心	火	13		榠	홈통	木	木	12
	湎	물 넘칠	水	水	13		鳴	울, 새울음	鳥	火	14
멸	滅	멸망할, 제거할	水	水	14		冥	어두울, 아득할	冖	木	10
	蔑	업신여길, 버릴	艹	木	17		溟	어두울, 바다	水	水	14
	篾	대껍질	竹	木	17		熐	흉노 마을 이름	火	火	14
	衊	업신여길	血	水	21	메	袂	소매	衣	木	10
명	銘	새길, 기록할	金	金	14	모	模	법, 본보기	木	木	15

발음	한자	뜻	부수	자원오행	획수	발음	한자	뜻	부수	자원오행	획수
모	募	모을, 부를	力	土	13	모	侮	업신여길, 깔볼	人	火	9
	瑁	서옥	玉	金	14		矛	창, 모순될	矛	金	5
	芼	풀우거질	艸	木	10		貌	얼굴, 다스릴	豸	水	14
	橅	법칙, 규범	木	木	16		冒	무릅쓸, 가릴	冂	水	9
	慕	사모할, 생각할	心	火	15		侔	가지런할	人	火	8
	母	어미, 유모	母	土	5		姥	할머니	女	土	9
	毛	姓, 털	手	火	4		媚	강샘할, 노려볼	女	土	12
	暮	저녁, 해질	日	火	15		嫫	추녀	女	土	14
	某	아무, 아무개	木	木	9		悼	탐할	心	火	9
	謨	꾀할, 논할	言	金	18		旄	깃대 장식	方	土	10
	摸	본뜰, 찾을	手	木	15		皃	모양	白	金	7
	牟	姓, 클, 보리	牛	土	6		眊	흐릴	目	木	9
	軞	병거	車	火	11		耄	늙은이	老	土	10
	慔	힘쓸	心	火	15		蝥	해충	虫	水	15
	謀	꾀, 계책	言	金	16		蟊	해충	虫	수	17
	姆	여스승, 맏동서	女	土	8		髳	다팔머리	髟	火	14
	帽	모자	巾	木	12	목	木	姓, 나무	木	木	4
	眸	눈동자, 자세히 볼	目	木	11		睦	姓, 화목할, 공손할	目	木	13
	洴	물가 언덕	水	水	10		穆	공경할, 화할	禾	木	16
	茅	띠	艸	木	11		目	눈, 볼	目	木	5
	耗	줄일, 없앨	耒	木	10		炑	불 활활 붙을	火	火	8
	摹	베낄, 본뜰	手	木	15		牧	기를, 칠, 목장	牛	土	8
	牡	수컷, 왼쪽	牛	土	7		沐	머리감을, 다스릴	水	水	8

발음	한자	뜻	부수	자원오행	획수	발음	한지	뜻	부수	자원오행	획수
목	坶	땅 이름	土	土	8	묘	玅	묘할, 예쁠 (妙와 同字)	日	金	9
	鶩	집오리	鳥	火	20		嫹	아름다울	女	土	15
	苜	거여목	艸	木	11		訬	가냘플	言	金	11
몰	沒	잠길, 죽을	水	水	8		苗	모, 싹, 이을	艸	木	11
	歿	죽을, 끝낼	歹	水	8		廟	사당	广	木	15
몽	夢	꿈, 환상	夕	木	14		昴	별자리 이름	日	火	9
	蒙	어릴, 기운	艸	木	16		杳	어두울, 멀	木	木	8
	朦	풍부할, 큰모양	肉	水	20		渺	아득할, 작을	水	水	13
	幪	덮을	巾	木	17		猫	고양이	犬	土	13
	懞	마음이 어두울	心	火	18		淼	물이 아득할, 넓은 물	水	水	12
	曚	어두울	日	火	18		眇	애꾸눈	目	火	9
	濛	이슬비	水	水	14		藐	멀, 어두울	艸	木	20
	澷	가랑비 올	水	水	18		貓	고양이	豸	水	16
	瞢	(눈이) 어두울	目	火	16		墓	무덤, 묘지	土	土	14
	矇	청맹과니, 소경	目	火	19	무	戊	천간, 무성할	戊	土	5
	艨	싸움배	舟	木	20		茂	풀우거질, 힘쓸	艸	木	11
	雺	안개	雨	水	13		武	건장할, 군셀	止	土	8
	鸏	물새 새끼	鳥	火	25		霧	안개, 어두울	雨	水	19
묘	畝	(무) 밭이랑	田	土	10		娬	아리따울	女	土	11
	描	그릴, 본뜰	手	木	13		嬍	아리따울	女	土	15
	錨	姓, 닻	金	金	17		楙	무성할, 아름다울	木	木	13
	卯	토끼, 무성할	卩	木	5		珷	옥돌 이름	玉	金	13
	妙	묘할, 예쁠 (玅와 同字)	女	土	7		珷	광채나는 옥	玉	金	17

발음	한자	뜻	부수	자원오행	획수	발음	한자	뜻	부수	자원오행	획수
무	碔	옥돌	石	金	13	무	騖	달릴	馬	火	19
	務	힘쓸, 일	力	土	11		繆	삼(麻)열단, 묶을	糸	木	17
	無	없을, 아닐 (无의 本字)	火	火	12	묵	墨	姓, 먹, 검을	土	土	15
	无	없을, 아닐 (無의 古字)	无	水	4		黙	잠잠할, 조용할	黑	水	16
	橆	우거질, 없을	木	木	16		嘿	고요할	口	水	15
	舞	춤, 춤출	舛	木	14	문	門	姓, 문, 집안	門	木	8
	貿	바꿀, 무역	貝	金	12		問	물을, 문안할	口	水	11
	橅	법칙, 규범	木	木	16		聞	姓, 들을, 소문	耳	火	14
	廡	집	广	木	15		文	姓, 글월, 글자	文	木	4
	拇	엄지손가락	手	木	9		汶	물 이름	水	水	8
	畝	(묘) 밭이랑	田	土	10		炆	따뜻할	火	火	8
	撫	어루만질, 누를	手	木	16		紋	무늬, 문채	糸	木	10
	懋	힘쓸, 노력할	心	火	17		璊	붉은 옥	玉	金	16
	墼	언덕	土	土	12		玧	붉은 구슬 (윤)	玉	金	9
	蕪	거칠어질	艹	木	18		抆	닦을	手	木	8
	毋	없을, 아니	毋	土	4		們	들, 무리	人	火	10
	誣	무고할, 깔볼	言	金	14		吻	입술, 입가	口	水	7
	鵡	앵무새	鳥	火	19		雯	구름무늬	雨	水	12
	巫	무당, 의사	工	火	7		妏	낳을	女	土	7
	憮	어루만질	心	火	16		芠	범의귀	艹	木	10
	儛	춤출	人	火	16		紊	어지러울	糸	木	10
	嘸	분명하지 않을	口	土	15		蚊	모기	虫	水	10
	膴	포, 포육	肉	水	18		刎	끊을, 자를	刀	金	6

발음	한자	뜻	부수	자원오행	획수	발음	한지	뜻	부수	자원오행	획수
문	怓	잊을	心	火	11		蘼	천궁	艹	木	23
	懣	번민할	心	火	18		槑	깊이 들어갈	木	木	11
	捫	어루만질	手	木	12		彌	두루, 널리 (弥와 同字)	弓	金	17
물	勿	없을, 말	勹	金	4		弥	두루, 널리 (彌와 同字)	弓	金	8
	物	만물	牛	土	8		楣	문미, 처마	木	木	13
	沕	아득할	水	水	8		湄	물가, 더운물	水	水	13
미	米	姓, 쌀, 미터	米	木	6	미	微	작을, 적을	彳	火	13
	味	맛, 기분	口	水	8		梶	나무끝, 우듬지	木	木	11
	美	아름다울, 예쁠	羊	土	9		瀰	넘칠, 치렁치렁할	水	水	18
	尾	꼬리, 끝	尸	水	7		謎	수수께끼, 헷갈릴	言	金	17
	渼	물이름, 물결	水	水	13		嵄	산, 산이름	山	土	12
	薇	장미, 고비	艹	木	19		嫩	착하고 아름다울	女	土	13
	媺	빛 고울	女	土	12		嫐	착하고 아름다울	女	土	13
	媚	사랑할, 순종할	女	土	12		亹	힘쓸	亠	土	22
	躾	예절	身	火	16		弭	활고자	弓	火	9
	嵋	산이름	山	土	12		敉	어루만질	攴	金	10
	煝	빛날	火	火	13		麋	큰사슴	鹿	土	17
	娓	장황할, 예쁠	女	土	10		瀰	물이 넓을	水	水	21
	洣	강이름	水	水	10		緜	수놓은 쌀알 무늬	糸	木	12
	侎	어루만질	人	火	8		罞	그물	罒	木	11
	瑂	옥돌	玉	金	14		咩	양 울	口	水	9
	溦	물가	水	水	17		塩	담	土	土	12
	采	점점, 두루	宀	木	8		渳	물 흐르는 모양	水	水	11

발음	한자	뜻	부수	자원오행	획수	발음	한자	뜻	부수	자원오행	획수
미	渼	물의 형용	水	水	13	민	砇	옥돌 (珉의 俗字)	石	金	9
	溦	이슬비	水	水	14		碈	옥돌 (珉과 同字)	石	金	14
	蒾	오미자	艸	木	14		潣	물 흘러내릴	水	水	16
	郿	땅 이름	邑	土	16		愍	총명할	心	火	15
	糜	죽	米	木	17		忞	힘쓸 (忟과 同字)	心	火	8
	縻	고삐	糸	木	17		忟	힘쓸 (忞과 同字)	心	火	8
	茮	맛	艸	木	11		岷	산 이름	山	土	8
	薇	장미	艸	木	25		閔	姓,위문할, 근심할	門	木	12
	靡	쓰러질, 쏠릴	非	水	19		敏	민첩할, 총명할	攴	金	11
	迷	미혹할	辵	土	13		頵	강할	頁	火	18
	未	아닐, 못할	木	木	5		憫	근심할, 불쌍히 여길	心	火	16
	黴	곰팡이, 검을	黑	水	23		暋	굳셀, 강할	日	火	13
	眉	눈썹, 언저리	目	木	9		僶	힘쓸	人	火	15
	獼	원숭이	犬	土	21		抿	어루만질	手	木	9
민	民	백성, 별 이름	氏	火	5		緡	낚싯줄, 입을	糸	木	15
	玟	옥돌, 돌 이름	玉	金	9		緍	낚싯줄	糸	木	15
	旻	하늘, 가을하늘	日	火	8		閩	종족 이름	門	木	14
	旼	온화할, 화락할	日	火	8		罠	낚싯줄	网	木	11
	鈱	철판	金	金	13		瑉	옥돌	玉	金	13
	頣	강할, 굳셀	頁	火	14		瑉	옥돌	玉	金	13
	敃	강할, 힘쓸	攴	金	9		盿	볼	目	木	9
	珉	옥돌, 아름다운 돌 (瑉과 同字)	玉	金	10		眠	볼 (면)	目	木	10
	瑉	옥돌 (珉과 同字)	玉	金	14		愍	근심할, 불쌍히 여길	心	火	13

발음	한자	뜻	부수	자원오행	획수	발음	한자	뜻	부수	자원오행	획수
민	鎰	돈꿰미	金	金	17	박	薄	엷을, 가벼울	艸	木	19
	錉	돈꿰미	金	金	16		樸	통나무	木	木	16
	泯	멸할, 다할	水	水	9		箔	발, 금속조각	竹	木	14
	脗	물결 가없는 모양	肉	水	13		粕	지게미	米	木	11
	芪	속대	艸	木	11		亳	땅이름	亠	土	10
	鰵	다금바리, 대구, 민어	魚	水	22		欂	두공	木	木	21
	黽	힘쓸, 노력할	黽	土	13		牔	박공	片	木	14
	悶	번민할, 어두울	心	火	12		鎛	종	金	金	18
	怋	어지러울	心	火	9		鑮	종	金	金	25
밀	密	빽빽할, 비밀	宀	木	11		駮	논박할, 섞일, 얼룩말	馬	火	16
	蜜	꿀	虫	水	14		髆	어깻죽지 뼈	骨	金	20
	樒	침향	木	木	15		撲	칠, 때릴, 넘어질	手	木	16
	謐	고요할, 상세할	言	金	17		剝	벗길, 괴롭힐	刀	金	10
	滵	빨리 흐르는 모양	水	水	15		縛	묶을, 동여맬	糸	木	16
박	珀	호박	玉	金	10		膊	포, 들추어낼	肉	水	16
	泊	배댈, 쉴	水	水	9		雹	누리, 우박	雨	水	13
	拍	손뼉칠, 두드릴	手	木	9		駁	얼룩말, 섞일	馬	火	14
	迫	닥칠, 궁할	辵	土	12	반	半	절반, 가운데	十	土	5
	朴	姓, 나무껍질, 후박나무	木	木	6		般	일반, 돌릴	舟	木	10
	博	넓을	十	水	12		班	姓, 나눌, 차례	玉	金	11
	璞	옥돌, 본바탕	玉	金	17		頒	반포할, 구분	頁	火	13
	舶	큰배, 장삿배	舟	木	11		潘	姓, 물 이름	水	水	16
	鉑	금박	金	金	13		盤	소반, 대야	皿	金	15

발음	한자	뜻	부수	자원오행	획수	발음	한자	뜻	부수	자원오행	획수
반	飯	밥, 먹을	食	水	13	반	拌	버릴, 쪼갤	手	木	9
	槃	생반, 소반	木	木	14		攀	더위잡을	手	木	19
	泮	학교, 녹을	水	水	9		叛	배반할	又	水	9
	盼	눈예쁠	目	木	9		瘢	흉터, 주근깨	广	水	15
	豳	나라 이름	豕	水	17		蟠	서릴, 두를	虫	水	18
	磻	강 이름	石	金	17		媻	비틀거릴	女	土	13
	絆	줄, 얽어맬	糸	木	11		胈	머리클, 나눌	肉	水	10
	礬	명반	石	金	20	발	發	일어날, 펼	癶	火	12
	畔	밭두둑, 물가	田	土	10		馛	향기로울	香	木	16
	潘	물가	水	水	14		拔	뺄, 특출할	手	木	9
	瀊	물이 돌아나갈	水	水	19		炦	불기운	火	火	9
	磐	너럭바위, 이을	石	金	15		髮	머리카락, 터럭	髟	火	15
반	攽	나눌	攴	金	8		鉢	바리때	金	金	13
	搬	옮길, 나를	手	木	14		浡	일어날	水	水	11
	返	돌아올, 바꿀	辶	土	11	발	渤	바다 이름	水	水	13
	伴	동반할, 짝	人	火	7		潑	물뿌릴, 물솟을	水	水	16
	斑	얼룩	文	木	12		勃	갑자기, 성할	力	土	9
	反	되돌릴, 배반할	又	水	4		撥	다스릴, 없앨	手	木	16
	扳	끌어당길	手	木	7		跋	밟을, 넘을	足	土	12
	攀	덜, 옮길	手	木	14		醱	술이 괼	酉	金	19
	胖	클, 편안할	肉	火	11		魃	가물귀신	鬼	火	15
	頖	학교 이름	頁	火	14		哱	어지러울	口	水	10
	蟠	가뢰, 바퀴	虫	水	16		脖	배꼽	肉	水	13

빌음	한자	뜻	부수	자원오행	획수	발음	힌자	뜻	부수	자원오행	획수
발	鈸	방울	金	金	13		塝	땅 두둑	土	土	13
	鵓	집비둘기	鳥	火	18		汸	세차게 흐를	水	水	8
방	訪	찾을, 의논할	言	金	11		舫	배, 뗏목	舟	木	10
	芳	姓, 꽃다울, 향기	艸	木	10		蒡	인동덩굴, 우엉	艸	木	16
	傍	姓, 곁, 의지할	人	火	12		蚌	방합, 씹조개	虫	水	10
	昉	밝을, 때마침	日	火	8		磅	돌소리	石	金	15
	方	모, 방위	方	土	4		房	姓, 방, 집	戶	木	8
	防	둑, 막을	阜	土	12		仿	본뜰, 모방할	人	火	6
	玤	옥돌	玉	金	9		厐	두터울	厂	水	9
	放	내칠, 놓을	攴	金	8		傍	헤맬, 시중들	彳	火	13
	妨	방해할, 거리낄	女	土	7	방	搒	배 저을, 매질할	手	木	14
	倣	본뜰, 의지할	人	火	10		瓬	옹기장	瓦	土	11
방	邦	姓, 나라, 봉할	邑	土	11		梆	목어, 목탁	木	木	11
	坊	동네, 막을	土	土	7		牓	패, 액자	片	木	14
	彷	거닐, 비슷할	彳	火	7		艕	배	舟	木	12
	榜	매, 방목	木	木	14		蟛	방게	虫	水	16
	龐	姓, 클, 높을	龍	土	19		鎊	깎을	金	金	18
	幇	도울 (幫과 同字)	巾	木	17		髣	비슷할, 닮을	髟	火	14
	幚	도울 (幫과 同字)	巾	木	12		魴	방어	魚	水	15
	旁	두루, 널리	方	土	10		尨	삽살개, 섞일, 클	尢	土	7
	枋	다목	木	木	8		滂	비퍼부을	水	水	14
	嗙	웃을	口	水	13		肪	기름, 비계	肉	水	10
	紡	자을, 실	糸	木	10		膀	쌍배	肉	水	16

발음	한자	뜻	부수	자원오행	획수	발음	한자	뜻	부수	자원오행	획수
방	謗	비방할, 헐뜯을	言	金	17	배	俳	광대, 장난	人	火	10
배	杯	잔(盃의 本字)	木	木	8		徘	머뭇거릴	彳	火	11
	盃	잔(杯의 俗字)	皿	木	9		排	밀칠, 물리칠	手	木	12
	倍	갑절, 더할	人	火	10		輩	무리, 동류	車	火	15
	培	북돋을, 다스릴	土	土	11		扒	뺄	手	木	6
	配	짝할, 도울	酉	金	10		賠	물어줄, 배상할	貝	金	15
	背	등, 무리	肉	水	11	백	帛	비단, 풀 이름	巾	木	8
	陪	도울, 모실	阜	土	16		白	姓, 흰, 밝을	白	金	5
	裴	姓, 옷치렁치렁할(裵와 同字)	衣	木	14		百	姓, 일백, 많을	白	水	6
	裵	옷치렁치렁할(裴와 同字)	衣	木	14		伯	맏, 우두머리	人	火	7
	湃	물결이는모양	水	水	13		柏	측백나무, 잣(栢의 本字)	木	木	9
	焙	불에 쬘	火	火	12		栢	측백나무(柏의 俗字)	木	木	10
	蓓	꽃 봉우리	艸	木	17		佰	일백, 백 사람	人	火	8
	貝	(패)조개, 화폐	貝	金	7		苩	성	艸	木	11
	拜	절할, 감사할	手	木	9		珀	(박)호박	玉	金	10
	坏	언덕	土	土	7		趙	급할, 넘칠	走	火	12
	琲	구슬꿰미, 꿸	玉	金	13		魄	넋, 혼	鬼	火	15
	环	구슬	玉	金	9	번	番	차례, 한번들	田	土	12
	蔐	꽃봉오리	艸	木	16		勫	건장할	力	土	14
	胚	아이밸, 어릴	肉	水	11		璠	아름다운 옥	玉	金	17
	褙	속적삼	衣	木	15		煩	번거로울	火	火	13
	偝	곱, 갑절	人	火	9		繁	성할, 번잡할	糸	木	17
	北	달아날, (북)	匕	水	5		蕃	우거질, 번성할	艸	木	18

발음	한자	뜻	부수	자원오행	획수	발음	한지	뜻	부수	자원오행	획수
번	燔	구울, 말릴	火	火	16	범	釩	떨칠	金	金	11
	礏	주살돌 추	石	金	17		笵	법, 범풀	竹	木	11
	藩	덮을, 지킬	艹	木	21		梵	범어(인도고대어)	木	木	11
	幡	기, 표기	巾	木	15		泛	뜰, 띠울	水	水	8
	樊	울타리, 에워쌀	木	木	15		范	모범, 풀 이름	艹	木	11
	飜	날, 뒤집을 (翻과 同字)	飛	火	21		渢	뜰	水	水	15
	翻	날, 뒤집을 (飜과 同字)	羽	火	18		渢	(풍) 소리	水	水	13
	繙	되풀이할	糸	木	18		犯	범할, 어긋날	犬	土	6
	膰	제사 고기	肉	水	18		訉	말 많을	言	金	10
	蘩	산흰쑥, 별꽃	艹	木	23		颿	말 달릴, 빠를	風	木	19
	袢	속옷	衣	木	11	법	法	법, 예의, 도리	水	水	9
벌	伐	칠, 공적	人	火	6		琺	법랑	玉	金	13
	罰	벌줄, 꾸짖을	网	木	15	벽	壁	벽, 울타리	土	土	16
	閥	가문, 공훈	門	木	14		辟	임금	辛	金	13
	筏	뗏목	竹	木	12		璧	옥구슬, 아름다울	玉	金	18
	橃	뗏목, 큰배	木	木	16		闢	열, 물리칠	門	木	21
	罸	죄, 과실	网	木	16		碧	푸를, 푸른옥	石	金	14
범	凡	姓, 무릇, 범상할	几	水	3		甓	벽돌	瓦	土	18
	枫	나무 이름	木	木	7		鷝	가를	田	土	20
	範	법, 본보기	竹	木	15		檗	황벽나무 (蘗과 同字)	木	木	17
	汎	뜰, 넓을	水	水	7		蘗	황벽나무 (檗과 同字)	艹	木	23
	帆	돛, 돛달	巾	木	6		僻	후미질, 치우칠	人	火	15
	氾	넘칠, 떠다닐	水	水	6		劈	쪼갤, 가를	刀	金	15

발음	한자	뜻	부수	자원오행	획수	발음	한자	뜻	부수	자원오행	획수
벽	擘	엄지손가락, 쪼갤	手	木	17	변	胼	굳은 살, 못박힐	肉	水	14
	癖	버릇, 직취	疒	水	18	별	別	나눌, 이별할	刀	金	7
	霹	벼락, 천둥	雨	水	21		馝	향기날	香	木	13
	擗	가슴 칠	手	木	17		莂	씨뿌릴	艸	木	13
	襞	주름	衣	木	19		瞥	잠깐볼	目	木	17
	鷿	논병아리	鳥	火	24		鱉	자라 (鼈과 同字)	黽	土	25
	鼊	거북	黽	土	26		鼈	자라 (鱉과 同字)	魚	水	23
변	變	변할, 달라질	言	金	23		鷩	붉은 꿩	鳥	火	23
	辯	말잘할, 따질	辛	金	21		勍	클, 힘센	力	金	12
	邊	가장자리, 국경	辵	土	22		潎	빨리 흐를	水	水	15
	卞	姓, 법, 조급할	卜	土	4		馩	향기	香	木	17
	弁	고깔, 서두를	廾	木	5		炦	불기운	火	火	9
	便	문득, (편) 소식, 편안할	人	火	9		襒	털어낼	衣	木	18
	辨	판단할, 구별할 (釆과 同字)	辛	金	16		彆	활 뒤틀릴	弓	火	15
	釆	분별할 (辨과 同字)	釆	木	7	병	瓶	병, 항아리	瓦	土	13
	忭	기뻐할	心	火	8		軿	가벼운 수레	車	火	15
	抃	손뼉칠	手	木	8		炳	밝을, 빛날	火	火	9
	籩	제기 이름	竹	木	25		柄	자루, 권세 (棅과 同字)	木	木	9
	賆	더할	貝	金	13		棅	자루 (柄과 同字)	木	木	12
	辮	땋을	辛	金	20		昞	밝을, 빛날 (昺과 同字)	日	火	9
	骿	나란히 할	馬	火	16		昺	밝을 (昞과 同字)	日	火	9
	骿	통갈비	骨	金	18		秉	잡을, 자루	禾	木	8
	鴘	매	鳥	火	16		抦	잡을	手	水	9

발음	한자	뜻	부수	자원오행	획수	발음	한자	뜻	부수	자원오행	획수
	丙	남쪽, 셋째 천간	一	火	5		備	도울	人	火	9
	絣	이을	糸	木	14		報	갚을, 알릴	土	土	12
	鈵	굳을	金	金	13		普	넓을, 클	日	火	12
	兵	무기, 군사	八	金	7		補	도울, 수선할	衣	木	13
	竝	곁, 나란할 (並과 同字)	立	金	10		甫	姓, 클, 많을	用	水	7
	並	나란할 (竝과 同字)	一	金	8		譜	문서, 족보	言	金	19
	屛	병풍, 가릴	尸	水	11		寶	보배, 귀할 (宝의 本字)	宀	木	20
	拼	어우를, 어울릴 (幷의 本字)	于	火	8		宝	보배 (寶의 俗字)	宀	木	8
	并	어우를 (幷의 俗字)	于	火	6		珤	보배 (寶의 俗字)	玉	金	11
병	鉼	판금 (餠의 本字)	金	金	16		珤	보배 (寶와 同字)	玉	金	11
	鉼	판금 (餠의 俗字)	金	金	14		堡	둑, 방축	土	土	12
	併	아우를, 나란할	亻	火	10	보	玜	옥그릇	玉	金	8
	餠	떡, 먹을	食	水	17		輔	덧방나무, 도울	車	火	14
	騈	나란히 할	馬	火	18		賲	보유할	貝	金	16
	苪	풀 이름	艸	木	11		洑	보, 돌아흐를	水	水	10
	邴	고을 이름	邑	土	12		椺	들보	木	木	13
	病	병들, 괴로울	疒	水	10		湺	보	水	水	13
	鉼	두레박	岳	土	14		潽	물	水	水	16
	迸	흩어져 달아날	辶	土	13		靌	보배	雨	水	27
	怲	근심할	心	火	8		鴇	능에	鳥	火	15
	保	보전할, 도울	人	火	9		黼	수, 수놓을	黹	木	19
보	步	걸음, 다닐	止	土	7		睰	바라볼	目	木	12
	步	걸음, 다닐	止	土	8		褓	포대기	衣	木	15

발음	한자	뜻	부수	자원오행	획수	발음	한자	뜻	부수	자원오행	획수
보	菩	보살	艹	木	14		墣	흙덩이	土	土	15
	烳	횃불	火	火	11		垘	보 막을	土	土	9
	溥	넓을(부, 박)	水	水	14		楸	들보	木	木	10
	葆	더부룩할	艹	木	15		楅	뽈막이	木	木	13
	盙	제기 이름	皿	土	12		幞	두건	巾	木	16
	簠	제기 이름	竹	18		濮	강 이름	水	水	18
	莆	풀 이름	艹	木	12		箙	전동	竹	木	14
복	福	복, 착할	示	14		菔	무	艹	木	14
	腹	배, 두터울	肉	水	15	복	蝠	박쥐	虫	水	15
	服	옷, 입을	月	水	8		蝮	살무사	虫	水	15
	復	돌아올, 회복할	彳	火	12		鵩	수리부엉이, 올빼미	鳥	火	19
	複	겹옷, 겹칠	衣	木	15		輻	바퀴살, 모여들	車	火	16
	卜	姓, 점칠, 가릴	卜	火	2		鰒	전복, 오분자기	漁	水	20
	馥	향기	香	木	18		覆	뒤집힐, 반전할	襾	金	18
	鍑	가마솥	金	金	17		僕	종, 마부	人	火	14
	宓	姓, 편안할, 몰래	宀	木	8		匐	길, 엎드릴	勹	金	11
	諨	갖출	言	金	16		伏	엎드릴, 굴복할	人	火	6
	踾	모을	足	土	16		扑	칠, 두드릴	手	木	6
	畐	가득할	田	9	본	本	근본, 뿌리	木	木	5
	澓	돌아 흐를	水	水	16	볼	乶	음역자, 땅이름	乙	木	8
	茯	복령	艹	木	12		烽	봉화, 경계	火	火	11
	蔔	무	艹	木	17	봉	奉	姓, 받들, 드릴	大	木	8
	輹	복토	車	火	16		芃	풀 무성할	艹	木	9

발음	한자	뜻	부수	자원오행	획수	발음	한자	뜻	부수	자원오행	획수
	逢	만날, 영접할	辶	土	14		橰	나뭇가지 끝	木	木	11
	憏	기쁠, 사랑할	心	火	15		韸	북소리	音	金	16
	馩	향기 성할	香	木	17		璠	칼집장식옥	玉	金	13
	嗙	껄껄 웃을	口	水	11		棒	몽둥이, 칠	木	木	12
	妦	아름다울	女	土	7	봉	蓬	쑥, 풀숲	艸	木	17
	峯	봉우리 (峰과 同字)	山	土	10		鋒	칼끝, 첨단	金	金	15
	峰	봉우리 (峯과 同字)	山	土	10		篷	뜸	竹	木	17
	澧	물 이름 (澧과 同字)	水	水	15		縫	꿰멜	糸	木	13
	浲	물 이름 (逢과 同字)	水	水	11		捧	꿰멜	手	木	15
	樥	무성할	木	木	15		付	부칠, 부탁	人	火	5
	蜂	벌	虫	水	13		副	버금, 도울	刀	金	11
봉	封	봉할, 담을	寸	土	9		夫	姓, 지아비, 사내	大	木	4
	鳳	姓, 봉황새	鳥	火	14		扶	도울, 붙들	手	木	8
	俸	녹, 급료	人	火	10		父	아비, 아버지	父	木	4
	捧	받들, 들어올릴	手	木	12		富	풍성할, 부자	宀	木	12
	丰	예쁠	丨	木	4	부	部	나눌, 거느릴	邑	土	15
	夆	이끌	夂	土	7		拊	어루만질	手	木	12
	菶	풀 무성할	艸	木	14		尃	펼	寸	土	10
	鵬	봉새, 봉황	鳥	火	15		砲	옥 무늬	玉	金	10
	熢	연기 자욱할, 화기	火	火	15		琈	옥 문체	玉	金	12
	縫	꿰맬	糸	木	17		婦	며느리, 아내	女	土	11
	崶	산 이름	山	土	12		否	비웃을, 아닐	口	水	7
	捀	받들, 바칠	手	木	11		浮	뜰, 넘칠	水	水	11

발음	한자	뜻	부수	자원오행	획수	발음	한자	뜻	부수	자원오행	획수
부	符	부적, 부신	竹	木	11	부	葖	풀 이름, 갈대청	艸	木	13
	附	붙을, 의지할	阜	土	13		莩	널리 피질	艸	木	13
	府	곳집, 마을, 관청	广	土	8		跗	책상다리, 발등	足	土	11
	腐	썩을	肉	水	14		不	아닐, 클	一	水	4
	負	짐질, 빚질	貝	金	9		俯	구부릴, 숨을	人	火	10
	簿	장부, 회계부	竹	木	19		剖	쪼갤, 가를	刀	金	10
	膚	살갗	肉	水	17		孵	알깔, 기를	子	水	14
	赴	나아갈, 다다를	走	火	9		斧	도끼, 벨	斤	金	8
	賦	구실, 조세	貝	金	15		腑	오장육부	肉	水	14
	孚	미쁠, 기를	子	水	7		賻	부의	貝	金	17
	傅	스승, 후견인	人	火	12		俘	사로잡을	人	火	9
	溥	넓을, 두루 미칠	水	水	14		娝	며느리	女	土	12
	敷	펼, 발표할	攴	金	15		抙	움킬	手	木	8
	復	다시, 대답할	彳	火	12		拊	어루만질	手	木	9
	芙	연꽃, 부용	艸	木	10		掊	그러모을	手	木	12
	咐	분부할	口	水	8		桴	마룻대	木	木	11
	缶	장군	缶	土	6		榑	부상	木	木	14
	釜	가마	金	金	10		浮	물거품	水	水	12
	阜	언덕	阜	土	8		玞	옥돌	玉	金	9
	埠	선창	土	土	11		祔	합사할, 합장할	示	木	10
	駙	곁마, 가까울	馬	火	15		勞	일꾼	力	土	9
	鳧	오리, 산 이름	鳥	火	13		枎	우거질	木	木	8
	艀	작은배	舟	木	13		筟	대청	竹	木	13

발음	한자	뜻	부수	자원오행	획수	발음	한자	뜻	부수	자원오행	획수
부	罘	그물	网	木	10	분	紛	어지러울, 성할, 섞일	糸	木	10
	罦	그물	网	木	13		汾	클, 흐를	水	水	8
	腑	장부	肉	水	11		盆	동이	皿	金	9
	苻	질경이	艸	木	10		昐	햇빛	日	火	8
	苟	귀목풀	艸	木	11		芬	향기로울	艸	木	10
	蔀	빈지문	艸	木	17		吩	뿜을, 명령할	口	水	7
	蚨	파랑강충이	虫	水	10		分	나눌, 쪼갤	刀	金	4
	蜉	하루살이	虫	水	13		棼	마룻대, 삼베	木	木	12
	袘	나들이 옷	衣	木	11		棻	향내 나는 나무	木	木	12
	枎	뗏목	木	木	9		氛	기운	气	水	8
	烰	찔, 부엌	火	火	11		濆	용솟음할	水	水	13
	裒	모을	衣	木	13		濆	뿜을, 솟아나올	水	水	16
	跗	발등	足	土	12		蕡	과실 주렁주렁할	艸	木	18
	鈇	도끼	金	金	12		弁	봉긋한 모양	廾	木	7
	頫	구부릴	頁	火	15		沐	샘솟을	水	水	9
	鮒	붕어	魚	水	16		玢	옥 무늬	玉	金	9
	麩	밀기울	麥	木	15		妢	나라 이름	女	土	7
	訃	부고	言	金	9		犇	달릴	牛	土	12
북	北	북녘, 뒤	匕	水	5		畚	삼태기	田	土	10
	墳	봉분, 클	土	土	15		轒	병거, 전차	車	火	19
분	秎	거둘, 수확할	禾	木	9		粉	가루	米	木	10
	栩	날아오를	羽	火	11		奔	달릴, 달아날	大	木	8
	蕡	기 성한 모양	艸	木	15		忿	성낼	心	火	8

발음	한자	뜻	부수	자원오행	획수	발음	한자	뜻	부수	자원오행	획수
분	焚	불사를, 탈	火	火	12	불	彿	비슷할	彳	火	8
	扮	꾸밀	手	木	8		嵓	산길	山	土	8
	糞	똥, 소제할	米	木	17		祓	푸닥거리할	示	木	10
	賁	클, 날랠	貝	金	12		紱	인끈, 제복	糸	木	11
	雰	안개, 어지러울	雨	水	12		艴	발끈할	色	土	11
	噴	뿜을, 화낼	口	水	15		茀	풀 우거질	艸	木	11
	憤	성낼, 번민할	心	火	16		韍	폐슬	韋	金	14
	奮	떨칠, 성낼	大	木	16		髴	비슷할	髟	火	15
	体	용렬할	人	火	7		黻	수놓을	黹	木	17
	坌	먼지	土	土	7	붕	朋	벗, 무리	月	水	8
	帉	걸레	巾	木	7		鵬	붕새, 큰새	鳥	火	19
	枌	흰느릅나무	木	木	8		棚	시렁, 선반	木	木	12
	砏	큰소리, 천둥소리	石	金	9		硼	붕산	石	金	13
	笨	거칠	竹	木	11		繃	묶을, 감을	糸	木	17
	朌	머리 클	肉	水	10		崩	무너질, 흩어질	山	土	11
	膹	고깃국	肉	水	18		堋	묻을, 진동할	土	土	11
	黺	수놓을	黹	木	16		髼	(머리털) 흐트러질	髟	火	18
	鼢	두더지	鼠	木	17		漰	물결치는 소리	水	水	15
	坋	먼지, 쓸	土	土	7	비	丕	클, 으뜸	一	水	5
불	不	아니, 않을	一	水	4		備	갖출, 준비	人	火	12
	佛	부처, 도울	人	火	7		沸	끓을	水	水	9
	弗	아닐, 빠를	弓	木	5		毗	도울 (毘와 同字)	比	火	9
	拂	떨, 닦을	手	木	9		毘	도울 (毗와 同字)	比	火	9

발음	한자	뜻	부수	자원오행	획수	발음	한자	뜻	부수	자원오행	획수
비	泌	샘물흐르는모양	水	水	9	비	匪	대상자	匚	木	10
	濞	샘 용솟을	水	水	16		緋	붉은빛	糸	木	14
	嚊	클, 큰모양	口	水	19		榧	비자나무	木	木	14
	裨	도울, 보좌할	衣	木	14		毖	삼갈, 근신할	比	火	9
	棐	도울, 도지개	木	木	12		臂	팔	肉	水	19
	祕	신기할, 숨길 (秘의 本字)	示	木	10		菲	엷을, 쇠퇴할	艸	木	14
	秘	신기할 (祕의 俗字)	示	木	10		飛	날, 오를	飛	火	9
	費	없앨, 허비할	貝	金	12		鼻	코	鼻	金	14
	比	견줄, 도울	比	火	4		枇	비파나무, 비파	木	木	8
	非	아닐, 그를	非	木	8		琵	비파	玉	金	13
	悲	슬플, 비애	心	火	12		扉	사립문, 문짝	戶	木	12
	卑	낮을, 천할	十	土	8		譬	비유할, 깨우칠	言	金	20
	婢	첩, 여자종	女	土	11		埤	더할	土	土	11
	碑	비석, 비문	石	金	13		屁	방귀	尸	水	7
	妃	왕비, 짝	女	土	6		芘	풀 이름	艸	木	10
	庀	다스릴	广	木	5		贔	힘쓸	貝	金	21
	奜	클	大	木	11		邶	클	邑	土	12
	霏	눈 내릴	雨	水	16		鄨	고을 이름	邑	土	15
	俾	더할	人	火	10		陴	성가퀴, 도울	阜	土	16
	馡	향기로울	香	木	17		鞴	말 채비할	革	金	19
	伾	힘셀	人	火	7		鼙	마상고, 작은 북	鼓	金	21
	庇	덮을, 의탁할	广	木	7		庳	집 낮을	广	木	11
	匕	비수, 숟가락	匕	金	2		悱	표현 못할	心	火	12

발음	한자	뜻	부수	자원오행	획수	발음	한자	뜻	부수	자원오행	획수
비	椑	술통	木	木	12	비	髀	넓적다리	骨	金	18
	沘	강 이름	水	水	8		肥	살찔, 거름	肉	水	10
	淝	강 이름	水	水	12		粃	쭉정이, 모를, 아닐	米	木	10
	渒	강 이름	水	水	12		翡	물총새	羽	火	14
	濞	물소리	水	水	18		痺	암 메추라기	疒	水	13
	岯	산 이름	山	土	8		砒	비상, 비소	石	金	9
	鄒	고을 이름	邑	土	19		憊	고달플, 피곤할	心	火	16
	柲	자루, 손잡이	木	木	9		斐	오락가락할	文	木	12
	痹	저릴, 마비될	疒	水	13		秕	쭉정이, 더럽힐	禾	木	9
	睤	흘겨볼	目	木	13		脾	지라	肉	水	14
	篦	빗치개, 참빗	竹	木	16		蜚	곤충 이름, 바퀴	虫	水	14
	紕	가선	糸	木	10		誹	헐뜯을, 비방할	言	金	15
	羆	큰곰	网	木	20		鄙	더러울, 인색할	邑	土	18
	腓	장딴지	肉	水	14		批	칠, 때릴	手	木	8
	茀	작은 모양	艸	木	10		仳	떠날, 추할	人	火	6
	萆	비해, 도롱이	艸	木	14		剕	발 벨	刀	金	10
	蚍	왕개미	虫	水	10		圮	무너질	土	土	6
	豼	비휴, 너구리	豸	水	17		妣	죽은 어머니	女	土	7
	轡	고삐, 재갈	車	火	22		狒	비비(원숭이)	犬	土	9
	蓖	아주까리	艸	木	16		狉	삵의 새끼	犬	土	9
	閟	문 닫을	門	木	13		痞	결릴, 답답할	疒	水	12
	騑	곁마	馬	火	18		奰	성낼, 압박할	大	木	18
	騛	빠른 말	馬	火	19	빈	賓	손님, 인도할	貝	金	14

발음	한자	뜻	부수	자원오행	획수	발음	한자	뜻	부수	자원오행	획수
빈	濱	물가, 가까울	水	水	18	빈	臏	종지뼈	肉	水	20
	嬪	아내, 귀녀	女	土	17		矉	찡그릴	頁	火	24
	儐	인도할, 베풀	人	火	16		鬢	살쩍	髟	火	24
	彬	姓, 빛날, 밝을 (份의 本字)	彡	火	11		牝	암컷, 골짜기	牛	土	6
	份	빛날, 밝을 (彬의 古字)	人	火	6		擯	물리칠	手	木	18
	翩	나는 모양	羽	火	20		顰	찡그릴	口	水	19
	邠	나라 이름	邑	土	11		殯	염할	歹	水	18
	斌	빛날, 아롱질	文	木	12		貧	가난할, 구차할	貝	金	11
	頻	자주, 급박할	頁	火	16		矉	찡그릴	目	木	19
	檳	빈랑나무	木	木	18	빙	氷	姓, 얼음	水	水	5
	浜	물가	水	水	11		聘	방문할, 부를	耳	火	13
	繽	성할, 어지러울	糸	木	20		憑	기댈, 의지할	心	火	16
	豳	姓, 나라 이름	豕	水	17		騁	달릴	馬	火	17
	霦	옥광채	雨	水	19		凭	기댈	几	水	8
	贇	예쁠	貝	金	19		娉	장가들, (빙)예쁠	女	土	10
	鑌	강철	金	金	22	사	捨	놓을, 베풀	手	木	12
	馪	향기	禾	木	19		史	姓, 역사, 빛날	口	水	5
	瀕	물가, 임박할	水	水	20		師	스승, 본받을	巾	木	10
	馪	향내	香	木	23		似	같을, 이을	人	火	7
	璸	진주 이름	玉	金	19		社	단체, 사직	示	木	8
	玭	구슬 이름	玉	金	9		賜	줄, 하사할	貝	金	15
	蘋	네가래, 풀 이름	艸	木	22		思	姓, 생각할, 의사	心	火	9
	蠙	진주조개	虫	水	20		事	일, 섬길	亅	木	8

발음	한자	뜻	부수	자원오행	획수	발음	한자	뜻	부수	자원오행	획수
사	司	벼슬, 맡을	口	水	5	사	砂	모래, 주사	石	金	9
	詞	고할, 말씀	言	金	12		糸	가는실	糸	木	6
	四	사방, 넷	口	水	4		紗	깁, 나사	糸	木	10
	巳	뱀, 여섯째	己	土	3		娑	가사, 승복	女	土	10
	士	선비, 일할	士	木	3		徙	옮길, 귀양갈	彳	火	11
	仕	벼슬할, 섬길	人	火	5		奢	사치할, 자랑할	大	木	12
	寺	절, 사찰	寸	木	6		赦	용서할, 사면할	赤	火	11
	使	하여금, 시킬	人	火	8		莎	향부자, 손비빌	艸	木	13
	舍	姓, 집, 관청	舌	火	8		飼	먹일, 기를	食	水	14
	謝	姓, 말씀, 자랑할	言	金	17		駟	별 이름	馬	火	15
	嗣	이을, 상속할	口	水	13		麝	사향노루	鹿	土	21
	私	사사로울, 개인	禾	木	7		柶	숟가락, 윷	木	木	9
	絲	실, 명주실	糸	木	12		梭	북	木	木	11
	蛇	뱀, 별 이름	虫	水	11		渣	강 이름	木	水	13
	斜	비낄, 비스듬할	斗	火	11		瀉	쏟을, 물흐를	水	水	19
	詐	속일, 꾸밀	言	金	12		獅	사자	犬	土	14
	沙	모래, 사막	水	水	8		祠	사당, 제사	示	木	10
	査	조사할	木	木	9		篩	체로 칠	竹	木	16
	寫	베낄, 없앨	宀	木	15		俟	기다릴, 클	人	火	9
	辭	말씀, 하소연할	辛	金	19		蓑	도롱이, 덮을	艸	木	16
	斯	어조사, 이, 즉	斤	金	12		裟	가사, 승려 옷	衣	木	13
	祀	제사, 해	示	木	8		竢	기다릴	立	金	12
	泗	물 이름	水	水	9		笥	상자	竹	木	11

발음	한자	뜻	부수	자원오행	획수	발음	한자	뜻	부수	자원오행	획수
사	些	적을, 조금	二	木	7	사	邪	간사할, 사기	邑	土	11
	傞	춤출	人	火	12		剚	칼 꽂을	刀	金	10
	卸	(짐을) 풀	卩	木	8		汜	지류	水	水	7
	咋	잠깐	口	水	8		痧	곽란(설사)	疒	水	12
	姒	손윗동서	女	土	8		庢	같지 아니할	广	木	8
	楂	뗏목	木	木	13		傷	다할, 떨어질	人	火	17
	榭	정자	木	木	14	삭	削	깎을, 범할	刀	金	9
	涘	물가	水	水	11		爍	빛날, 녹일	火	火	19
	禩	복, 행복	示	木	15		鑠	쇠 녹일, 아름다울	金	金	23
	皻	여드름	皮	金	14		搠	바를	手	木	14
	蜡	납제	虫	水	14		朔	처음, 초하루	月	水	10
	覗	엿볼	見	火	12		數	자주, (수, 촉)	攴	金	15
	駛	달릴	馬	火	15		索	동아줄, 꼴	糸	木	10
	魦	문절망둑(鯊자와 同字)	魚	水	15		槊	창	木	木	14
	鯊	문절망둑(魦자와 同字)	魚	水	18		蒴	딱총나무	艸	木	16
	鰤	방어	魚	水	21	산	山	姓, 뫼	山	土	3
	傪	잘게부술	人	火	15		産	낳을, 생산할	生	木	11
	唆	부추길	口	水	10		產	낳을	生	木	11
	乍	잠깐, 갑자기	丿	金	5		算	셀, 산술	竹	木	14
	伺	엿볼, 찾을	人	火	7		酸	식초, 신기	酉	金	14
	肆	방자할, 극에 달할	聿	火	13		珊	산호, 패옥	玉	金	10
	射	화살같이 빠를, 쏠	寸	土	10		傘	우산, 일	人	火	12
	死	죽을, 끊을	歹	水	6		祘	셀	示	木	10

발음	한자	뜻	부수	자원오행	획수	발음	한자	뜻	부수	자원오행	획수
산	慛	착할	心	火	15	삼	三	석, 셋	一	火	3
	汕	오구, 헤엄치는 모양	水	水	7		森	姓, 성할, 나무 빽빽할	木	木	12
	疝	산증	疒	水	8		參	참여할, 석	厶	火	11
	蒜	달래, 작은마늘	竹	木	16		蔘	인삼, 더덕	艸	木	17
	刪	깎을	刀	金	7		杉	삼나무	木	木	7
	繖	우산	糸	木	18		衫	적삼, 내의	衣	木	9
	鏟	(잔) 대패	金	金	19		滲	스밀, 샐	水	水	15
	霰	싸라기눈	雨	水	20		芟	풀벨, 제거	艸	木	10
	散	흩어질, 펼	攴	金	12		糝	나물죽	米	木	17
	剷	(찬, 잔) 깎을	刀	金	13		釤	낫	金	金	11
	籌	큰 피리	竹	木	17		鬖	헝클어질	髟	火	21
	孿	(련) 쌍둥이	子	水	22	삽	插	꽂을 (揷의 本字)	手	木	13
	橵	산자	木	木	16		揷	꽂을 (揷의 俗字)	手	木	13
	潸	눈물 흐를	水	水	16		鈒	창, 새길	金	金	12
	潸	눈물 흐를	水	水	16		颯	바람소리	風	木	14
	狻	사자	犬	土	11		卅	서른	十	水	4
	訕	헐뜯을	言	金	10		歃	마실	欠	火	13
	姍	헐뜯을	女	土	8		翣	불삽	羽	火	14
살	殺	죽일, 벨	殳	金	11		鍤	가래	金	金	17
	薩	보살	艸	木	20		霅	비올	雨	水	15
	撒	뿌릴, 놓아줄	手	木	16		霎	가랑비	雨	水	16
	乷	음역자	乙	木	8		澁	말더듬을	水	水	16
	煞	죽일, 결속할	火	火	13		唼	쪼아먹을	口	水	11

발음	한자	뜻	부수	자원오행	획수	발음	한자	뜻	부수	자원오행	획수
상	庠	학교	广	木	9	상	瀺	물 맑을	水	水	15
	詳	상세할, 자세할	言	金	13		嫦	항아	女	土	14
	祥	상서로울	示	金	11		墒	새로 일군 땅	土	土	14
	牀	평상, 마루	爿	木	8		峠	고개	山	土	9
	床	평상 (牀의 俗字)	广	木	7		樣	상수리나무	木	木	15
	象	형상, 코끼리	豕	水	12		橡	상수리나무	木	木	16
	謫	헤아릴	言	金	18		懹	성품 밝을	心	火	15
	像	모양, 형상	人	火	14		潒	세찰	水	水	16
	桑	뽕나무	木	木	10		觴	술잔, 잔질할	角	木	18
	狀	형상, 용모	犬	土	8		廂	행랑	广	木	12
	上	위, 높을	一	木	3		孀	과부	女	土	20
	尙	높일, 숭상할	小	金	8		壤	넓고 밝은 땅	土	土	14
	常	姓, 항상, 떳떳할	巾	木	11		嘗	姓, 맛볼, 일찍이	口	水	14
	賞	상줄, 구경할	貝	金	15		裳	치마, 옷	衣	木	14
	商	장사, 헤아릴	口	水	11		霜	서리, 세월	雨	水	17
	相	서로, 도울	目	木	9		翔	높이날, 빙빙돌	羽	火	12
	想	생각할, 희망할	心	火	13		徜	노닐	彳	火	11
	償	갚을, 보답	人	火	17		甞	맛볼	甘	土	13
	恘	생각할	心	火	10		緗	담황색	糸	木	15
	湘	물 이름, 삶을	水	水	13		鏛	방울소리	金	金	18
	晑	정오	日	火	10		磉	주춧돌	石	金	15
	箱	상자, 곳간	竹	木	15		葙	개맨드라미	艹	木	15
	爽	시원할, 날이샐	爻	火	11		鎟	문지를	金	金	16

발음	한자	뜻	부수	자원오행	획수	발음	한자	뜻	부수	자원오행	획수
상	鏛	문지를	金	金	19	생	牲	희생	牛	土	9
	鐌	그릇 꼭시	金	金	20		甥	생질, 자매의아들	生	木	12
	顙	이마	頁	火	19		省	덜, (성) 살필	目	木	9
	鬺	삶을	鬲	水	21		笙	생황	竹	木	11
	傷	상할, 근심	人	火	13		眚	흐릴	目	木	10
	喪	죽을, 초상	口	水	12		鉎	녹	金	金	13
	殤	일찍 죽을	歹	水	15		栍	찌, 찌지	木	木	9
새	塞	변방, 요새	土	土	13		泩	넘칠	水	水	9
	璽	도장, 옥새	玉	金	19		湦	사람 이름	水	水	13
	愢	책선할 (시)	心	火	13	서	舒	펼, 열릴	舌	火	12
	嘥	가득 채울	口	水	20		瑞	상서, 경사	玉	金	14
	賽	굿할	貝	金	17		㬢	밝을	火	火	12
	鰓	아가미	魚	水	20		棲	깃들일, 살 (栖의 本字)	木	木	12
색	色	색, 모양	色	土	6		栖	깃들일 (棲의 俗字)	木	木	10
	索	찾을, 법	糸	木	10		捿	깃들일 (棲와 同字)	手	木	12
	嗇	아낄, 탐낼	口	水	13		胥	서로,함께 (縃와 同字)	肉	水	11
	穡	거둘, 곡식	禾	木	18		縃	서로,함께 (胥와 同字)	肉	水	11
	塞	막힐, 변방	土	土	13		西	姓, 서쪽, 서양	襾	金	6
	槭	앙상할	木	木	15		序	차례, 학교	广	木	7
	濇	꺼칠할	水	水	17		書	쓸, 기록할	曰	木	10
	瀒	깔깔할	水	水	19		敍	차례,베풀 (叙의 本字)	攴	金	11
	蹟	깊숙할	止	土	15		叙	차례 (敍의 俗字)	又	水	9
생	生	낳을, 기를	生	木	5		敘	차례 (敍의 俗字)	攴	金	11

발음	한자	뜻	부수	자원오행	획수	발음	한자	뜻	부수	자원오행	획수
서	徐	姓. 천천히,	彳	火	10	서	耡	호미	耒	金	13
	諝	슬기로울 (諝와 同字)	言	金	16		鉏	호미	金	金	13
	諝	슬기로울 (諝와 同字)	言	金	15		黍	기장쌀	黍	木	12
	㥠	지혜로울	心	火	13		恕	용서할, 어질 (𢖻의 本字)	心	火	10
	庶	여러, 무리, 백성	广	木	11		𢖻	용서할, 어질 (恕의 古字)	心	火	7
	緒	실마리, 나머지	糸	木	15		署	관청, 대신 일볼	网	木	15
	抒	당길, 펼	手	木	8		暑	더위, 여름	日	火	13
	悆	기뻐할	心	火	11		薯	참마, 산약	艸	木	20
	藇	아름다울	艸	木	20		誓	맹서할, 경계할	言	金	14
	嶼	섬, 작은섬 (嶼와 同字)	山	土	17		撕	훈계할	手	木	16
	嶼	섬, 작은섬 (嶼와 同字)	山	土	16		徆	곧게 갈	彳	火	9
	揟	잡을	手	木	13		紓	느슨할	糸	木	10
	曙	새벽, 동이틀	日	火	18		芧	상수리나무	艸	木	10
	湑	거를, 이슬모양	水	水	13		楈	나무 이름	木	木	13
	稰	가을걷이	禾	木	14		汿	도랑	水	水	8
	偦	재주 있을	人	火	11		杼	도랑	水	水	8
	遾	닿을, 이를	辵	土	20		潊	물가	水	水	15
	絮	솜, 헌풀솜	糸	木	12		豫	펼 (미리 예)	豕	水	16
	墅	농막, 들	土	土	14		嫬	여자	女	土	14
	犀	무소, 무소뿔	牛	土	12		壻	사위, 남편 (婿의 本字)	士	木	12
	筮	점대, 점칠	竹	木	13		婿	사위, 남편 (壻의 俗字)	女	土	12
	鋤	호미, 김맬	金	金	15		噬	씹을	口	水	16
	澨	물가	水	水	17		逝	갈, 떠날	辵	土	14

발음	한자	뜻	부수	자원오행	획수	발음	한자	뜻	부수	자원오행	획수
서	鼠	쥐, 근심할	鼠	木	13		祏	위패	示	金	10
석	席	姓, 자리, 지위	巾	木	10		緆	고운 베	糸	木	14
	碩	姓, 클, 충실할	石	金	14		潟	개펄	水	水	16
	奭	姓, 클, 성할	大	火	15	석	矽	규소	石	金	8
	晳	밝을, 분명할 (晰과 同字)	日	火	12		腊	말린 포	肉	水	14
	晰	밝을 (晳과 同字)	日	火	12		蜥	도마뱀	虫	水	14
	錫	주석, 줄	金	金	16		鼫	새앙쥐, 다람쥐	鼠	水	18
	蓆	자리, 넓고 많을	艸	木	16		鉐	놋쇠	金	金	13
	石	姓, 돌, 단단할	石	金	5		裼	웃통 벗을	衣	木	14
	夕	저녁, 밤	夕	水	3		先	姓, 먼저, 나아갈	儿	木	6
	昔	姓, 옛, 오랠	日	火	8		仙	신선, 고상할	人	火	5
	惜	아낄, 가엾을	心	火	12		善	姓, 착할, 길할	口	水	12
	晳	흴, 희고 깨끗할	白	金	13		宣	姓, 베풀, 펼	宀	木	9
	析	나눌, 쪼갤	木	木	8		敾	글 잘쓸	攴	金	16
	釋	姓, 풀, 내놓을	釆	火	20	선	珗	옥돌, 구슬	玉	金	11
	汐	저녁조수, 날물	水	水	7		嫙	예쁠, 아름다울	女	土	14
	淅	쌀일, 빗소리	水	水	12		鐥	복자, 좋은쇠	金	金	20
	碩	주춧돌	石	金	17		譔	가르칠	言	金	19
	秳	섬(十斗)	禾	木	10		亘	베풀	二	木	6
	褯	자리	衣	木	16		洗	(세) 깨끗할	水	水	10
	舄	새 이름	臼	土	12		璿	아름다운 옥	玉	金	18
	檡	나무 이름	木	木	17		線	줄, 실	糸	木	15
	矏	빨리 볼	目	木	13		鮮	姓, 고울, 생선	魚	水	17

발음	한자	뜻	부수	자원오행	획수	발음	한자	뜻	부수	자원오행	획수
선	船	배, 옷깃	舟	木	11	선	煽	부칠, 부추길	火	火	14
	選	가릴, 뽑을	辶	土	19		縇	단단히 잡을	糸	木	15
	旋	돌, 돌릴	方	木	11		扇	사립문, 부채	戶	木	10
	禪	봉선, 고요할	示	木	17		尟	적을	小	水	13
	洒	깊을	水	水	10		屳	신선	山	土	5
	渲	바림, 물적실	水	水	13		歚	고울	欠	火	16
	瑄	도리옥, 구슬	玉	金	14		筅	솔	竹	木	12
	愃	쾌할, 너그러울	心	火	13		綫	줄	糸	木	14
	嬗	물려줄, 아름다울	女	土	16		譱	착할	言	金	20
	墡	백토	土	土	15		鐥	갈이틀	金	金	19
	膳	반찬, 먹을 (饍과 同字)	肉	水	18		鱻	고울, 생선	魚	水	33
	饍	반찬, 먹을 (膳과 同字)	食	水	21		騸	불깔	馬	火	20
	琁	아름다운 옥	玉	金	12		鱓	드렁허리	魚	水	23
	璇	옥 이름, 별 이름	玉	金	16		䁢	눈매 예쁠	目	木	16
	璿	아름다운옥	玉	金	19		繕	기울, 고칠, 다스릴	糸	木	18
	僎	갖출	人	火	14		蟬	매미, 뻗을	虫	水	18
	羨	부러워할	羊	土	13		秈	메벼	禾	木	8
	羡	부러워할(이)	羊	土	12		烍	들불	火	火	10
	銑	무쇠, 끌	金	金	14		暶	밝을	日	火	15
	嬋	고울, 잇닿을	女	土	15		癬	옴, 종기	疒	水	22
	腺	샘	肉	水	15		蘚	이끼	艸	木	23
	詵	많을	言	金	13		跣	맨발	足	土	13
	僊	춤출, 선인	人	火	13		潸	물 이름	水	水	16

발음	한자	뜻	부수	자원오행	획수	발음	한자	뜻	부수	자원오행	획수
선	塇	제사터	土	土	15	설	泄	물샐	水	水	9
	漩	소용돌이 칠	水	水	15		洩	姓, 샐, 폭포	水	水	10
	鄯	나라 이름	邑	土	19		屑	가루, 부스러기	尸	水	10
	銑	가래	金	金	17		舌	혀, 말	舌	火	6
	潹	침, 넘칠	水	水	17		渫	파낼	水	水	13
	嬗	어기기 좋아할	女	土	15		褻	더러울	衣	木	17
설	楔	문설주	木	木	13		齧	물어뜯을	齒	金	21
	說	말씀, 고할	言	金	14		媟	깔볼	女	土	12
	設	베풀, 만들	言	金	11		暬	설만할(무례)	日	火	15
	薛	姓, 맑은대쑥	艸	木	19		紲	고삐	糸	木	11
	卨	姓, 사람 이름 (离과 同字)	内	水	12		揳	없앨	手	木	15
	髙	사람 이름 (离과 同字)	卜	土	11	섬	贍	넉넉할, 구휼할	貝	金	20
	雪	눈, 씻을	雨	水	11		陝	고을 이름	阜	土	15
	契	사람 이름, 쐐기	大	木	9		暹	해돋을, 햇살처럼 나아갈	日	火	16
	蓺	향기로울	艸	木	17		閃	번쩍일, 깜빡일	門	木	10
	偰	맑을, 사람 이름	人	火	11		剡	땅 이름, 벨	刀	金	19
	揲	셀	手	木	13		纖	가늘, 고운 비단	糸	木	23
	抴	셀	手	木	9		孅	가늘	女	土	20
	挈	손에 들	手	木	10		摻	가늘	手	木	15
	爇	불사를	灬	火	19		睒	언뜻 볼	目	木	13
	碟	가죽 다룰	石	金	14		銛	쟁기	金	金	14
	稧	볏짚	禾	木	14		韱	부추	韭	木	17
	枻	도지개	木	木	9		爓	삶을	火	火	16

발음	한자	뜻	부수	자원오행	획수	발음	한자	뜻	부수	자원오행	획수
섬	焭	불타오를	火	火	13	성	成	姓, 이룰, 될	戈	火	6
	殲	죽일, 멸할	歹	水	21		成	姓, 이룰, 될	戈	火	7
	蟾	두꺼비, 달	虫	水	19		城	성곽, 나라	土	土	9
	憸	간사할	心	火	17		城	성곽, 나라	土	土	10
	譣	헛소리	言	金	20		誠	정성, 진실	言	金	13
섭	爕	불꽃, 익힐	火	火	17		誠	정성, 진실	言	金	14
	儢	심복할	人	火	20		盛	성할, 클	皿	火	11
	爔	따뜻할	火	火	22		盛	성할, 클	皿	火	12
	紗	비단	糸	木	14		省	살필, 깨달을	目	木	9
	涉	건널, 돌아다닐	水	水	11		聖	성인, 착할 (聖과 同字)	耳	火	13
	攝	당길, 잡을	手	木	22		聖	성인, 착할 (聖과 同字)	耳	火	13
	欇	첩, 삿자리	木	木	21		晟	밝을(晟과 同字)	日	火	11
	躡	걸을	足	土	24		晟	밝을(晟과 同字)	日	火	10
	躞	밟을	足	土	25		晠	밝을(晟와 同字)	日	火	10
	葉	잎, 땅 이름	艸	木	15		珹	옥 이름	玉	金	12
	灄	강 이름	水	水	22		瑆	옥빛, 빛날	玉	金	14
	囁	소곤거릴	口	水	21		晠	재물, 재화	貝	金	12
	懾	두려워할	心	火	22		姓	성씨, 겨레	女	土	8
	聶	소곤거릴	耳	火	18		性	성품, 마음	心	火	9
	鑷	족집게	金	金	26		娍	아름다울, 헌걸찰	女	土	10
	顳	관자놀이	頁	火	27		星	姓, 별, 세월	日	火	9
	欇	까치콩	木	木	22		聲	소리, 음향	耳	火	17
	鍱	쇳조각	金	金	17		惺	영리할, 깨달을	心	火	13

발음	한자	뜻	부수	자원오행	획수	발음	한자	뜻	부수	자원오행	획수
성	宬	서고, 장서실	宀	木	10	세	笹	조릿대	竹	木	11
	睲	귀 밝을	耳	火	15		貰	빌릴, 세낼	貝	金	12
	胜	비릴	肉	水	11		稅	세금, 징수	禾	木	12
	猩	성성이, 붉은빛	犬	土	13		帨	수건	巾	木	10
	筬	바디, 베틀	竹	木	13		繐	(혜) 베	糸	木	18
	腥	비릴, 군살, 기름	肉	水	15		蛻	허물	虫	水	13
	騂	붉은 말	馬	火	17		忕	사치할	心	火	7
	醒	깰, 술깰, 깨달을	酉	金	16		涗	잿물	水	水	11
	偗	길	人	火	11		銴	구리 녹날	金	金	15
	垶	붉을 흙	土	土	10		說	달랠	言	金	14
	渻	물꼬	水	水	13	소	昭	밝을, 소명할	日	火	9
	煋	더울	火	火	13		珆	아름다운 옥	玉	金	10
	睲	볼, 비출	目	木	14		沼	못, 늪	水	水	9
	窚	서고	穴	水	11		炤	밝을, 비출	火	火	9
	郕	땅 이름	邑	土	14		紹	이을, 소개할	糸	木	11
세	世	인간, 세상	一	火	5		邵	姓, 고을 이름	邑	土	12
	洗	씻을, 깨끗할	水	水	10		韶	풍류 이름, 이을	音	金	14
	細	가늘, 미미할	糸	木	11		小	작을, 짧을	小	水	3
	勢	기세, 무리	力	金	13		少	적을, 조금	小	水	4
	歲	해, 세월	止	土	13		所	바, 연고	戶	木	8
	彗	(혜) 살별	彐	火	11		邵	땅 이름, 아름다울	冂	木	7
	姻	고요할	女	土	9		消	다할, 사라질	水	水	11
	洒	물뿌릴, 씻을	水	水	10		素	姓, 흴, 근본	糸	木	10

발음	한자	뜻	부수	자원오행	획수	발음	한자	뜻	부수	자원오행	획수
	笑	웃을, 웃음 (咲의 本字)	竹	木	10		遡	거스를 (溯와 同字)	辵	土	17
	咲	웃을, 웃음 (笑의 古字)	口	水	9		溯	거스를 (遡와 同字)	水	水	14
	召	姓, 부를, 청할	口	水	5		瀟	강 이름	水	水	21
	愫	정성, 참뜻	心	火	14		篠	조릿대	竹	木	16
	蘇	姓, 차조기	艸	木	22		簫	퉁소	竹	木	18
	燒	불사를, 익힐	火	火	16		蕭	맑은 대쑥	艸	木	18
	疏	소통할 (疎와 同字)	疋	土	12		逍	거닐, 노닐	辵	土	14
	疎	소통할 (疏와 同字)	疋	土	12		銷	녹일, 흩어질	金	金	15
	穌	소생할 (甦의 本字)	禾	木	16		柖	나무 흔들릴	木	木	9
	甦	소생할 (穌의 俗字)	生	水	12		搔	긁을, 마음 움직일	手	木	13
	蔬	푸성귀, 채소	艸	木	17		掃	쓸, 제거할	手	木	12
소	巢	집, 집지을	巛	水	11	소	佋	소목	人	火	7
	劭	힘쓸	力	金	7		埽	쓸	土	土	11
	傃	향할	人	火	12		塐	흙빛을	土	土	13
	霄	하늘 (霄와 同字)	雨	水	15		捎	덜	手	木	11
	霄	하늘 (霄와 同字)	雨	水	19		樔	풀막	木	木	15
	璅	옥돌	玉	金	16		泝	거슬러 올라갈	水	水	9
	衞	깨끗할	行	火	16		筱	가는대	竹	木	13
	鮹	소금	鹵	土	18		箾	퉁소	竹	木	15
	酥	연유	酉	金	12		櫹	다목	木	木	20
	塑	토우(土偶)	土	土	13		漅	호수 이름	水	水	15
	宵	밤, 야간	宀	木	10		瑃	옥 이름	玉	金	12
	梳	빗, 머리빗을	木	木	11		繅	생사로 짠 비단	糸	木	16

발음	한자	뜻	부수	자원오행	획수	발음	한자	뜻	부수	자원오행	획수
소	繅	고치켤	糸	木	17	속	速	빠를, 부를	辶	土	14
	膆	멀띠구니	肉	水	16		涑	비올	水	水	10
	艘	배	舟	木	16		贖	속바칠, 바꿀	貝	金	22
	蛸	갈거미	虫	水	13		束	묶을, 동여맬	木	木	7
	魈	도깨비	鬼	火	17	손	孫	姓, 손자, 후손	子	水	10
	鮹	문어	魚	水	18		巽	손괘, 공손할	己	木	12
	嘯	휘파람불, 읊조릴	口	水	15		愻	겸손할	心	火	14
	焇	녹일	火	火	11		蓀	향풀 이름	艸	木	16
	釗	볼, 힘쓸 (쇠)	金	金	10		飧	저녁밥 (飱의 本字)	食	水	12
	騷	떠들, 긁을	馬	火	20		飱	저녁밥 (飧의 俗字)	食	水	11
	嗉	모이주머니	口	水	13		損	덜, 감소할	手	木	14
	愬	하소연할	心	火	14		遜	姓, 겸손할, 따를	辶	土	17
	翛	날개 찢어질	羽	火	13	솔	帥	통솔자, 거느릴	巾	木	9
	瘙	종기, 부스럼	疒	水	15		率	거느릴, 쫓을	玄	火	11
	訴	하소연할, 알릴	言	金	12		乺	솔	乙	木	9
속	俗	풍속, 버릇	人	火	9		衛	거느릴	行	火	17
	㧭	공경할	手	木	11		達	거느릴	辶	土	18
	涑	헹굴, 강 이름	水	水	11		窣	구멍에서 나올	穴	水	13
	謖	일어설	言	金	17		蟀	벌레 이름	虫	水	14
	遫	빠를	辶	土	18	송	送	보낼, 전송할	辶	土	13
	續	이을, 계속	糸	木	21		頌	칭송할, 기릴	頁	火	13
	粟	좁쌀, 조	米	木	12		㧭	공경할	手	木	11
	屬	붙일, (촉) 이을	尸	木	21		㩳	곧게 세울	手	木	22

발음	한자	뜻	부수	자원오행	획수	한자	뜻	부수	자원오행	획수
송	誦	욀, 여쭐	言	金	14	樹	나무, 세울	木	木	16
	松	姓, 소나무, 향풀	木	木	8	帥	장수, 통솔자	巾	木	9
	訟	시비할, 송사할	言	金	11	修	닦을, 다스릴 (脩와 通字)	人	火	10
	宋	姓, 송나라	宀	木	7	脩	닦을, 다스릴 (修와 通字)	肉	水	13
	淞	물, 강 이름	水	水	12	秀	빼어날, 성할	禾	木	7
	竦	삼갈	立	金	12	洙	姓, 물가, 물 이름	水	水	10
	憁	똑똑할	心	火	17	琇	옥돌, 귀막이	玉	金	12
	悚	두려워할, 당황할	心	火	11	綏	편안할	糸	木	13
	鬆	더벅머리	髟	火	18	賥	재물, 재화	貝	金	15
쇄	刷	인쇄할, 닦은	刀	金	8	羞	바칠, 드릴	羊	土	11
	灑	뿌릴, 끼얹을	水	水	23	搜	찾을, 모을	手	木	14
	殺	빠를, (살) 죽일	殳	金	11	수	袖	소매	衣	木	11
	碎	부술, 깨트릴	石	金	13	水	물, 물길, 홍수	水	水	4
	鎖	쇠사슬, 자물쇠 (鎻의 本字)	金	金	18	手	손, 솜씨, 힘	手	木	4
	鎻	쇠사슬, 자물쇠 (鎖의 俗字)	金	金	18	授	줄, 수여할	手	木	12
	曬	쬘	日	火	23	首	머리, 먼저	首	水	9
	瑣	자질구레할	玉	金	15	壽	목숨, 오래살 (寿의 本字)	士	水	14
	惢	의심할	心	火	12	寿	목숨 (壽의 俗字)	寸	木	7
쇠	衰	약할, 쇠할	衣	木	10	數	셀, 헤아릴	攴	金	15
	釗	사람 이름	金	金	10	隨	따를, 맡길	阜	土	21
수	受	받을, 이을	又	水	8	輸	나를, 옮길	車	火	16
	守	지킬, 보살필	宀	木	6	遂	이룰, 성취할	辶	土	16
	收	거둘, 모을	攴	金	6	銖	무게단위	金	金	14

발음	한자	뜻	부수	자원오행	획수	발음	한자	뜻	부수	자원오행	획수
수	垂	드리울, 변방	土	土	8	수	需	구할, 바랄	雨	水	14
	隋	수나라	阜	土	17		穗	이삭 (穗의 本字)	禾	木	17
	粹	순수할, 온전할	米	木	14		穂	이삭 (穗의 俗字)	禾	木	15
	鵝	소리개	鳥	火	19		繡	수놓을 (綉의 本字)	糸	木	19
	茱	수유나무	艸	木	12		綉	수놓을 (繡의 俗字)	糸	木	13
	岫	산굴, 산봉우리 (峀와 同字)	山	土	8		售	팔	口	水	11
	峀	산굴, 산봉우리 (岫와 同字)	山	土	8		晬	돌	日	火	12
	戍	지킬	戈	金	6		泅	헤엄칠	水	水	9
	璲	패옥	玉	金	18		祟	빌미	示	木	10
	豎	세울 (竪의 本字)	豆	木	15		陲	변방	阜	土	16
	竪	세울 (豎의 俗字)	立	金	13		颼	바람소리	風	木	19
	綬	인끈, 이을	糸	木	14		饈	드릴	食	水	20
	隧	길, 도로	阜	土	21		誰	누구, 무엇	言	金	15
	邃	깊을, 심오할	辵	土	21		須	모름지기, 수염	頁	火	12
	酬	갚을, 보답할	酉	金	13		蒐	꼭두서니	艸	木	16
	蓨	기쁠, 수산	艸	木	15		漱	양치할, 씻을	水	水	15
	讎	원수, 갚을 (讐와 同字)	言	金	23		燧	부싯돌, 봉화	火	火	17
	讐	원수, 갚을 (讎와 同字)	言	金	23		鬚	수염, 동물수염	髟	火	22
	瓏	구슬	玉	金	21		睟	바로 볼	目	木	13
	宿	(숙) 별자리	宀	木	11		睢	물 이름 (濉와 同字)	目	木	13
	汙	헤엄칠	水	水	7		濉	물 이름 (睢와 同字)	水	水	17
	璓	옥 이름	玉	金	18		輚	익힐	至	土	13
	嫂	형수	女	土	13		誸	대답할	言	金	13

발음	한자	뜻	부수	자원오행	획수	발음	한자	뜻	부수	자원오행	획수
수	藪	늪, 덤불	艹	木	21	수	瞍	소경	目	木	15
	嗽	기침할, 양치할	口	水	14		籔	조리	竹	木	21
	圳	밭둑둘레에있는도랑	土	土	6		膵	얼굴윤기	肉	水	14
	嫂	누이	女	土	15		膄	파리할	肉	水	16
	嶲	고을 이름	山	土	16		膸	골수	肉	水	19
	橁	수풀	木	木	12		鄋	나라 이름	邑	土	17
	浽	작은 비	水	水	11		鎪	쇳덩이	金	金	17
	浭	물모양	水	水	12		陏	오이, 풀열매	阜	土	14
	繻	고운명주	糸	木	20		桵	팔모진창, 칠	木	木	8
	狩	사냥할	犬	土	10		揀	차릴	手	木	11
	瘦	여윌, 마를	疒	水	15		誜	말로 전할	言	金	15
	銹	녹슬	金	金	15		譖	남의말을 따를	言	金	20
	雖	비록, 벌레 이름	隹	火	17		倕	무거울	人	火	10
	愁	근심, 염려할	心	火	13		揫	취할	手	木	15
	囚	가둘, 죄인	口	水	5		攡	버릴	手	木	19
	殊	죽을, 베일	歹	水	10	숙	淑	맑을, 착할	水	水	12
	獸	짐승, 포	犬	土	19		琡	옥 이름, 큰홀	玉	金	13
	睡	잘, 졸음	目	木	13		宿	잘, 묵을	宀	木	11
	髓	골수, 마음속	骨	金	23		叔	아재비, 어릴	又	水	8
	叟	늙은이	又	水	10		孰	누구, 어느	子	水	11
	廋	숨길	广	木	13		熟	익을, 이룰	火	火	15
	殳	창	殳	金	4		肅	엄숙할, 공경할	聿	火	13
	溲	반죽할	水	水	14		塾	글방, 사랑방	土	土	14

발음	한자	뜻	부수	자원오행	획수	발음	한자	뜻	부수	자원오행	획수
숙	璹	옥그릇	玉	金	19	순	峋	깊숙할	山	土	9
	櫹	나무우거질	木	木	16		姰	닿을	女	土	9
	夙	일찍, 삼갈	夕	木	6		畇	사귈	田	土	8
	菽	콩, 콩잎	艸	木	14		盾	방패, 피할	目	木	9
	潚	빠를	水	水	16		脣	입술	肉	水	13
	俶	비롯할, 정돈할	人	火	10		巡	순행할, 돌	巛	水	7
	婌	궁녀벼슬 이름	女	土	11		諄	타이를, 정성스러울	言	金	15
	驌	말 이름	馬	火	23		錞	악기 이름	金	金	16
	鷫	신령한 새	鳥	火	24		醇	진한 술, 순수할	酉	金	15
	倏	갑자기	人	火	10		恂	정성, 미쁠	心	火	10
	儵	빠를, 갑자기	人	火	19		循	참될(준)	行	火	16
	埱	땅에서김오를	土	土	11		栒	나무 이름	木	木	10
	稤	숙궁	禾	木	13		橓	무궁화나무	木	木	16
순	淳	姓, 순박할, 맑을	水	水	12		蓴	순채, 부들꽃	艸	木	17
	焞	밝을, 불빛	火	火	12		蕣	무궁화	艸	木	18
	順	姓, 순할, 따를	頁	火	12		詢	자문할, 꾀할	言	金	13
	純	순수할, 온전할	糸	木	10		楯	난간, 방패	木	木	13
	旬	열흘, 두루할	日	火	6		徇	주창할, 호령할	彳	火	9
	洵	멀, 믿을	水	水	10		侚	재빠를	人	火	8
	珣	옥 이름, 옥그릇	竹	金	11		紃	(천) 끈	糸	木	9
	荀	姓, 풀 이름	艸	木	12		駒	말이 달려갈	馬	火	16
	筍	姓, 죽순, 대싹	竹	木	12		鬊	헝클어질	髟	火	19
	舜	姓, 순임금, 무궁화	舛	木	12		鶉	메추라기	鳥	火	19

발음	한자	뜻	부수	자원오행	획수	발음	한자	뜻	부수	자원오행	획수
순	殉	따라죽을, 목숨바칠	歹	水	10	숭	菘	배추	艸	木	14
	循	좇을, 빙빙돌	彳	火	12	쉬	倅	버금, 수령	人	火	10
	馴	길들, 순종할	馬	火	13		淬	담금질할	水	水	12
	瞬	잠깐, 눈깜짝할	目	木	17		焠	담금질	火	火	12
	揗	만질	手	木	13	슬	瑟	큰거문고	玉	金	14
	漘	물가	水	水	15		膝	무릎	肉	水	17
	笋	죽순	竹	木	10		璱	푸른구슬	玉	金	18
	郇	나라 이름	邑	土	13		璱	푸른 구슬	玉	金	16
	眴	졸, 눈감을	目	木	9		瑟	빛 붉고 푸를	靑	木	21
	眴	깜짝할	目	木	11		蝨	이, 참깨	虫	水	15
	脣	광대뼈	肉	水	10		虱	이	虫	水	8
술	戌	개, 열한째 지지	戈	土	6	습	習	익힐, 손에 익을	羽	火	11
	圹	높을	土	土	8		熠	빛날	火	火	15
	述	지을, 이를	辵	土	12		拾	주울, 팔지	手	木	10
	沭	내 이름, 고을이름	水	水	9		濕	축축할	水	水	18
	術	꾀, 계략, 방법	行	火	11		襲	姓, 엄습할	衣	木	22
	鉥	돗바늘	金	金	13		褶	주름, 겹옷	衣	木	17
	絉	끈	糸	木	11		慴	두려워할	心	火	15
	珬	자개	玉	金	11		楫	쐐기	木	木	15
	茂	아술(藥名)	艸	木	12		隰	진펄, 물가	阜	土	22
숭	崇	높일, 존중할	山	土	11	승	承	姓, 이을, 받을	手	木	8
	嵩	높을, 우뚝솟을	山	土	13		昇	姓, 오를, 해돋을	日	火	8
	崧	솟을, 산 이름	山	土	11		丞	받을	水	水	5

발음	한자	뜻	부수	자원오행	획수	발음	한자	뜻	부수	자원오행	획수
승	丞	도울, 이을	一	木	6	시	是	옳을, 바를	日	火	9
	乘	姓, 탈, 오를	丿	火	10		時	때, 기약	日	火	10
	勝	姓, 이길, 나을	力	土	12		施	姓, 베풀, 퍼질	方	土	9
	升	되, 오를	十	木	4		矢	화살, 곧을	矢	金	5
	陞	오를, 나아갈 (阩과 同字)	阜	土	15		市	저자, 시장	巾	木	5
	阩	오를, 나아갈 (陞과 同字)	阜	土	12		示	보일, 알릴	示	木	5
	階	오를, 해 돋을	阜	土	16		詩	시, 풍류	言	金	13
	鬻	오를	鳥	火	19		視	볼, 살필	見	火	12
	丞	정승, 도울	山	土	8		試	시험할, 비교할	言	金	13
	塍	밭두둑	土	土	13		始	처음, 비롯할	女	土	8
	榺	도투마리	木	木	14		恃	믿을, 의지할	心	火	10
	丞	물 이름	水	水	12		侍	모실, 받들	人	火	8
	繩	줄, 새끼	糸	火	19		偲	굳셀, 똑똑할	人	火	11
	僧	중, 승려	人	火	14		諟	바를	言	金	16
	鬅	머리 헝클어질	髟	火	22		柴	姓, 섶, 왜소한 잡목	木	木	9
	蠅	파리, 거미	虫	水	19		偲	(새) 책선할	心	火	13
	呏	갤런(gallon)	口	水	7		禔	편안할	示	木	14
	嵊	산 이름	山	土	13		絁	깁, 가늘	糸	木	11
	枡	되	木	木	8		渻	시내 이름	水	水	9
	丞	빠질	水	水	10		漦	흐를	水	水	15
시	柿	감나무 (柿와 同字)	木	木	9		眂	볼	目	木	9
	柹	감나무 (柿의 俗字)	木	木	9		匙	숟가락, 열쇠	匕	金	11
	柿	감나무 (柿의 本字)	木	木	9		媤	시집	女	土	12

빌음	한자	뜻	부수	자원오행	획수	발음	한사	뜻	부수	자원오행	획수
시	媞	아름다울	女	土	12	시	邿	나라 이름	邑	土	13
	翄	날개	羽	火	10		眎	볼	目	木	10
	榯	나무 곧게 설	木	木	14		屎	똥, 앓을	尸	水	9
	蒔	모종낼, 옮겨심을	艸	木	16		屍	주검	尸	水	9
	徥	슬슬 걸을	彳	火	12		弑	죽일	弋	金	12
	訷	맹세할	言	金	12		嘶	울, 흐느낄	口	水	15
	蓍	시초	艸	木	16		猜	원망할, 의심할	犬	土	12
	諡	시호	言	金	16		豕	돼지	豕	水	7
	啻	뿐, 다만	口	水	12		豺	승냥이	豸	水	10
	塒	홰, 깃	土	土	13		兕	외뿔소	儿	木	7
	枲	모시풀	木	木	9		厮	하인, 종	厂	木	14
	漸	다할	水	水	16		廝	하인, 종	广	木	15
	緦	삼베	糸	木	15		諰	두려워할	言	金	16
	翲	날개	羽	火	14		尸	주검, 시체	尸	水	3
	毸	날개 칠	毛	木	13	식	植	심을, 세울	木	木	12
	豉	(추) 메주, 날쌜	豆	木	11		識	알, 인정할	言	金	19
	釃	(소) 술거를	酉	金	26		食	밥, 음식	食	水	9
	匙	열쇠	金	金	17		式	법, 제도	弋	金	6
	顋	(새) 뺨	頁	火	18		飾	꾸밀, 청소할	食	水	14
	峕	때 (時의 古字)	山	土	9		埴	찰흙, 진흙	土	土	11
	嵵	가까운 산	山	土	12		殖	자랄, 번성할	歹	水	12
	漉	물 이름	水	水	13		湜	물맑을, 엄정할	水	水	13
	澨	빗물	水	水	14		郎	나라 이름	邑	土	17

발음	한자	뜻	부수	자원오행	획수	발음	한자	뜻	부수	자원오행	획수
식	軾	수레난간	車	火	13	신	莘	긴모양, 족도리풀	艸	木	13
	寔	이, 참으로	宀	木	12		璶	옥돌	玉	金	19
	息	숨쉴, 처할	心	火	10		薪	섶나무, 땔나무	艸	木	19
	拭	닦을	手	木	10		侁	걷는 모양	人	火	8
	栻	점기구, 나무판	木	木	10		宸	집, 처마	宀	木	10
	熄	꺼질, 그칠	火	火	14		燼	깜부기불	火	火	18
	篒	대밥통	竹	木	15		辰	날, (진) 별 이름	辰	土	7
	蝕	좀 먹을	虫	水	15		蓋	조개풀	艸	木	20
	媳	며느리	女	土	13		辛	姓, 매울, 고생할	辛	金	7
	鈰	솥	金	金	14		迅	빠를, 신속할	辵	土	10
신	申	姓, 펼, 거듭	田	金	5		訊	물을, 하문할	言	金	10
	信	姓, 믿을, 참될	人	火	9		哂	웃을	口	水	9
	訫	믿을	言	金	11		囟	정수리	口	水	6
	新	姓, 새, 처음	斤	金	13		姺	걸을	女	土	9
	伸	펼, 말할	人	火	7		汛	뿌릴	水	水	7
	晨	새벽, 샛별	日	火	11		贐	예물	貝	金	21
	愼	姓, 삼갈, 진실로	心	火	14		頣	눈 크게 뜨고 볼	頁	火	15
	燊	불꽃모양 성할	火	火	16		駪	많을	馬	火	16
	侁	나아갈	儿	木	12		娠	잉태할	女	土	10
	弞	싱긋 웃을	弓	火	7		甡	모이는 모양	生	木	10
	臣	신하, 하인	臣	火	6		蜃	무명조개, 이무기	虫	水	13
	身	몸, 몸소	身	火	7		腎	콩팥, 단단할	肉	水	14
	紳	큰띠, 다발	糸	木	11		呻	끙끙거릴	口	水	8

발음	한자	뜻	부수	자원오행	획수
신	神	귀신, 정신	示	木	10
	鋠	둥근 무쇠	金	金	15
	滇	성할(전), 고을 이름	水	水	14
	濜	급히흐를 (진) (浕(진)과 同字)	水	水	18
	矧	하물며	矢	金	9
	脤	제육	肉	水	13
실	實	姓, 열매, 가득찰 (实의 本字)	宀	木	14
	実	열매, 가득찰 (實의 俗字)	宀	木	8
	室	집, 방	宀	木	9
	失	잃을, 그릇될	大	木	5
	悉	다할, 남김없을	心	火	11
	蟋	귀뚜라미	虫	水	17
심	愖	정성, 진심	心	火	14
	沈	姓, 잠길	水	水	8
	心	마음, 가운데	心	火	4
	深	깊을, 으슥할	水	水	12
	尋	찾을, 생각할	寸	金	12
	審	살필, 자세할	宀	木	15
	諗	고할	言	金	15
	讅	살필	言	金	22
	瀋	즙, 강 이름	水	水	19
	沁	강 이름, 물적실	水	水	8
	芯	등심초	艸	木	10
심	諶	참, 진실로	言	金	16
	潯	물가, (음) 젖어들	水	水	16
	鄩	고을 이름	邑	土	19
	灊	물 이름	水	水	22
	燖	삶을	火	火	16
	葚	오디	艸	木	15
	鐔	날밑	金	金	20
	鱏	심어	魚	水	23
	甚	심할, 더욱	甘	土	9
	伈	두려워할	人	火	6
십	十	열, 열번	十	水	10
	什	열사람	人	火	4
	拾	열, (습) 주울	水	木	10
쌍	雙	쌍, 짝 (双의 本字)	隹	火	18
	双	쌍, 짝 (雙의 俗字)	又	水	4
씨	氏	각시, 성	氏	火	4
아	我	나, 우리	戈	金	7
	妸	고울	女	土	8
	芽	싹, 조짐 보일	艸	木	10
	雅	맑을,바를	隹	火	12
	娥	어여쁠, 미녀	女	土	10
	婀	아리따울 (娿의 本字)	女	土	11
	娿	아리따울 (婀의 俗字)	女	土	11

발음	한자	뜻	부수	자원오행	획수	발음	한자	뜻	부수	자원오행	획수
아	峨	높을, 봉우리 (峩와 同字)	山	土	10	아	迓	마중할	辵	土	11
	峩	높을, 봉우리 (峨와 同字)	山	土	10		錏	투구 목가림	金	金	16
	碨	바위	石	金	12		鵞	姓, 거위	鳥	火	18
	皒	흰 빛	白	金	12		蛾	나방, 초승달	虫	水	13
	砑	갈, 광택	石	金	9		訝	맞을, 위로할	言	金	11
	娿	동서	女	土	11		鴉	갈까마귀, 검을	鳥	火	15
	椏	가장귀	木	木	12		丫	가닥	丨	火	3
	啊	사랑할	口	水	11		祦	제사 이름, 예쁠	示	木	12
	誐	좋을	言	金	14		綐	가는 비단	糸	木	12
	妸	여자 스승	女	土	8		孲	어린아이	子	水	11
	猗	부드러울	犬	土	12		庌	집, 대청	广	木	7
	疋	바를	疋	土	5		玡	옥같은 뼈	玉	金	9
	枒	가장귀 (야)	木	木	8		琊	홀	玉	金	12
	哦	노래할, 읊조릴	口	土	10		襾	덮을	襾	金	6
	兒	아이, 아기 (児의 本字)	儿	水	8		鈳	작은 도끼	金	金	13
	児	아이, 아기 (兒의 俗字)	儿	水	7		鵝	거위	鳥	火	18
	亞	버금, 동서 (亜의 本字)	二	火	8		俄	갑자기, 기울	人	火	9
	亜	버금, 동서 (亞의 俗字)	二	火	7		啞	벙어리	口	水	11
	阿	姓, 언덕, 구석	阜	土	13		牙	어금니, 무기	牙	金	4
	睋	바랄	目	木	12		疴	(가) 질병	疒	水	10
	衙	마을, 관청	行	火	13		餓	굶주릴	食	水	16
	莪	쑥, 지칭개	艸	木	13	악	岳	姓, 큰산	山	土	8
	筽	죽순, 대순	竹	木	10		渥	두터울, 살뜰할	水	水	13

발음	한자	뜻	부수	자원오행	획수	발음	한자	뜻	부수	자원오행	획수
악	樂	풍류, (락) 즐거울, (요) 좋아할	木	木	15	안	案	책상, 안석 (桉과 同字)	木	木	10
	堊	석회, 백토	土	土	11		桉	책상, 안석 (案과 同字)	木	木	10
	顎	턱, 근엄할	頁	火	18		晏	늦을, 맑을	日	火	10
	鄂	땅 이름	邑	土	16		鴈	불빛	火	火	16
	幄	휘장, 천막	巾	木	12		眼	눈, 볼	目	木	11
	蕚	꽃받침	艸	木	15		岸	언덕, 기슭	山	土	8
	覨	오래볼	見	火	16		按	누를, 어루만질	手	木	10
	諤	곧은 말할	言	金	16		婩	고울	女	土	11
	鶚	물수리	鳥	火	20		矸	깨끗할	石	金	8
	鍔	칼날	金	金	17		侒	편안할	人	火	8
	嶽	큰산, 위엄	山	土	17		餲	배부를	食	水	19
	偓	姓, 악착할	人	火	11		銕	연한 쇠	金	金	16
	愕	놀랄	口	水	9		妟	편안할	女	土	7
	喔	(옥) 닭소리	口	水	12		顔	姓, 얼굴, 안면	頁	火	18
	噩	놀랄, 엄숙할	口	水	16		洝	더운 물	水	水	10
	腭	잇몸, 치은	肉	水	15		雁	姓, 기러기 (鴈과 同字)	隹	火	12
	齶	잇몸, 치은	齒	金	24		鴈	기러기 (雁과 同字)	鳥	火	15
	鰐	악어	魚	水	20		鞍	안장	革	金	15
	握	쥘, 주먹	手	木	13		姲	종용할	女	土	9
	愕	놀랄, 직언할	心	火	13		鮟	아귀, 메기	魚	水	17
	齷	악착스러울	齒	金	24		犴	들개, 감옥	犬	土	7
	惡	악할, 모질	心	火	12	알	謁	아뢸, 뵈올	言	金	16
안	安	姓, 편안할, 즐거울	宀	木	6		斡	관리할	斗	火	14

발음	한자	뜻	부수	자원오행	획수	발음	한자	뜻	부수	자원오행	획수
알	揠	뽑을	手	木	13	암	黯	검을, 슬퍼할	黑	水	21
	穵	구멍	穴	水	6		暗	어두울, 몰래할	日	火	13
	訐	들추어낼	言	金	10		唵	머금을	口	水	11
	頞	콧마루	頁	火	15		狎	익숙할	犬	土	9
	鴶	(길) 뻐꾸기	鳥	火	17		闇	닫힌 문, 어두울	門	木	17
	軋	삐걱거릴	車	金	8		癌	암	疒	水	17
	閼	가로막을, 그칠	門	木	16		喑	잠꼬대	口	水	12
	嘎	새소리	口	水	14		腤	고기 삶을	肉	水	15
	遏	막을, 끊을	辶	土	16	압	鴨	집오리	鳥	火	16
	擨	칠, 잡을	手	木	24		押	누를, 수결	手	木	9
암	庵	암자, 초막	广	木	11		壓	누를, 억압할	土	土	17
	巖	바위, 험할 (岩의 本字)	山	土	23	앙	仰	우러를, 믿을	人	火	6
	岩	바위 (巖의 俗字)	山	土	8		央	가운데, 넓을	大	土	5
	菴	암자, 풀 이름	艹	木	14		昻	밝을, 높을 (昂의 俗字)	日	火	8
	媕	(엄) 머뭇거릴	女	土	12		昂	밝을, 높을 (昻의 俗字)	日	火	9
	嵒	바위, 언덕	山	土	12		訣	슬기로울	言	金	12
	喦	바위	山	土	12		秧	모, 심을	禾	木	10
	晻	어두울	日	火	12		卬	나	卩	木	4
	葊	암자	艹	木	15		坱	먼지	土	土	8
	蓭	암자	艹	木	17		盎	동이	皿	土	10
	諳	외울	言	金	16		柳	말뚝	木	木	8
	頷	(함) 끄덕일	頁	火	16		炴	불빛	火	火	9
	馣	향기로울	香	木	17		柍	가운데	木	木	9

빌음	한자	뜻	부수	자원오행	획수	발음	한자	뜻	부수	자원오행	획수
앙	鞅	가슴걸이, 원망할	革	金	14	애	薆	우거질, 숨을	艸	木	19
	泱	(영) 깊을	水	水	9		藹	우거질	艸	木	22
	鴦	원앙새(원앙 암컷)	鳥	火	16		靄	아지랑이	雨	水	24
	怏	원망할	心	火	9		埃	티끌, 먼지	土	土	10
	殃	재앙, 해칠	歹	水	9		曖	가릴, 흐릴	日	火	17
애	涯	물가, 끝	水	水	12		隘	좁을, 험할	阜	土	18
	厓	언덕, 물가	厂	土	8		哀	슬플, 불쌍히 여길	口	水	9
	艾	쑥, 쑥빛	艸	木	8		僾	어렴풋할	人	火	15
	艾	쑥(예)	艸	木	8		唉	마실, 물어뜯을	口	水	11
	愛	사랑, 사모	心	火	13		噯	숨, 더운기운	口	水	16
	賹	사람 이름	貝	金	15		娭	(희) 여자 종	女	土	10
	礙	거리낄, 방해할 (碍의 本字)	石	金	19		挨	밀칠	手	木	11
	碍	거리낄 (礙의 俗字)	石	金	13		欸	(예, 해) 한숨 쉴	欠	火	11
	焕	빛날	火	火	11		捱	막을	手	木	12
	娭	즐거울	女	土	11		獃	어리석을, 못 생길	犬	土	14
	敱	다스릴	攴	金	14		皚	(의) 흴	白	金	15
	璦	아름다울	玉	金	18		睚	눈초리	目	木	13
	藹	부지런할	言	金	20		曖	가릴, 흐릿할	目	木	18
	唉	그래	口	水	10		靉	(의) 구름낄	雨	水	25
	崖	언덕, 벼랑	山	土	11		騃	(사) 어리석을	馬	火	17
	崕	언덕	山	土	11	액	厄	재앙, 멍에	厂	水	4
	漄	물가	水	水	15		額	이마, 현판	頁	火	18
	磑	맷돌 (외, 마, 개)	石	金	15		液	진액, 겨드랑이	水	水	12

발음	한자	뜻	부수	자원오행	획수	발음	한자	뜻	부수	자원오행	획수
액	扼	누를, 멍에	手	木	8	야	惹	이끌, 끌어당길	心	火	13
	掖	낄, 부축할	手	木	12		椰	야자나무	木	木	13
	腋	겨드랑이	肉	水	14		爺	아비, 아버지	父	木	13
	呝	(애) 닭소리	口	水	8		若	반야	艸	木	11
	戹	좁을	戶	木	5		夜	姓, 밤, 어두울	夕	水	8
	搤	잡을	手	木	14		揶	야유할, 희롱할 (揶와 同字)	手	木	11
	阨	막힐	阜	土	12		擨	야유할, 희롱할 (揶와 同字)	手	木	13
	縊	목 맬	糸	木	16	약	若	같을, 순할	艸	木	11
앵	櫻	앵두나무	木	木	21		約	묶을, 합칠	糸	木	9
	鶯	꾀꼬리	鳥	火	21		藥	약, 치료할	艸	木	21
	鸚	꾀꼬리	鳥	火	25		躍	뽑을	足	土	24
	鸚	앵무새, 앵무조개	鳥	火	28		葯	구리때 잎	艸	木	15
	罌	양병, 병의 총칭	缶	土	20		蒻	부들, 왕골	艸	木	16
	嚶	새소리	口	水	20		弱	어릴, 약할	弓	金	10
	嫈	예쁠, 새색시	女	土	13		爚	(삭) 빛	火	火	21
	罃	물동이	缶	土	16		篛	대 이름	竹	木	16
야	也	姓, 어조사, 또	乙	水	3		籥	피리	竹	木	23
	野	들, 촌스러울 (埜의 本字)	里	土	11		鑰	자물쇠	金	金	25
	埜	들, 촌스러울 (野의 古字)	土	土	11		鸙	댓닭	鳥	火	21
	耶	어조사	耳	火	9		龠	피리	龠	木	17
	冶	불릴, 대장장이	冫	水	7		躍	뛸, 뛰어오를	足	土	21
	倻	땅 이름, 나라 이름	人	火	11		禴	봄 제사	示	木	22
	琊	땅 이름	玉	金	12	양	羊	양, 노닐	羊	土	6

제6편 자원오행 성명학字源五行 姓名學 | 354

발음	한자	뜻	부수	자원오행	획수	발음	한자	뜻	부수	자원오행	획수
양	洋	큰바다	水	水	10	양	蘘	양하, 개맨드라미	艹	木	23
	椋	(량)박달나무	木	木	12		輰	수레	車	火	16
	養	기를, 성장시킬	食	水	15		鑲	거푸집 속	金	金	25
	陽	姓, 볕, 밝을 (昜의 本字)	阜	土	17		禳	제사 이름	示	木	22
	昜	볕, 밝을 (陽의 古字)	日	火	9		釀	술빚을	酉	金	24
	暘	해돋이, 해뜰	日	火	13		孃	아가씨, 어머니	女	土	20
	讓	겸손할, 사양할	言	金	24		羏	강이 길	羊	土	11
	羕	착하고 아름다울	羊	土	9		錫	당노, 땅 이름	金	金	17
	懩	바랄	心	火	20		漾	출렁거릴, 띄울	水	水	15
	諹	칭찬할	言	金	16		徉	노닐	彳	火	9
	壤	고운흙	土	土	20		癢	가려울	疒	水	20
	樣	모양, 본	木	木	15		颺	날릴	風	木	18
	襄	姓, 도울, 오를	衣	木	17		驤	머리들, 뛸	馬	火	27
	楊	姓, 왕버들, 메버들	木	木	13		佯	거짓, 헤맬	人	火	8
	攘	(량)물리칠, 제거할	手	木	21		恙	근심, 걱정할	心	火	10
	揚	오를, 떨칠 (敭의 本字)	手	木	13		瘍	종기, 상처	疒	水	14
	敭	오를, 떨칠 (揚의 古字)	攴	金	13		痒	앓을, 종기	疒	水	11
	瀁	시내 이름, 물모양	水	水	19	어	語	말할, 말씀	言	金	14
	煬	쬘, 말릴	火	火	13		魚	물고기, 생선	魚	水	11
	穰	볏대, 수숫대, 풍족할, 풍년	禾	木	22		漁	姓, 고기잡을	水	水	15
	烊	구울	火	火	10		於	어조사, 살	方	土	8
	眻	눈 아름다울	目	木	11		御	姓, 어거할, 다스릴	彳	火	11
	瀼	흠치르르할	水	水	21		唹	고요히 웃을	口	水	11

발음	한자	뜻	부수	자원오행	획수	발음	한자	뜻	부수	자원오행	획수
어	衛	그칠, 정결할	行	火	16	언	鷗	봉황	鳥	火	20
	圉	마부	口	水	11		堰	방숙, 보막을	土	土	12
	淤	진흙	水	水	12		傿	고을 이름	人	火	13
	圄	감옥, 가둘	口	水	10		匽	눕힐, 쉴	匚	土	9
	瘀	병, 어혈	疒	水	13		讞	평의할	言	金	27
	禦	막을, 감당할	示	木	16		漹	강 이름	水	水	15
	馭	말부릴, 말몰	馬	火	12		鄢	고을 이름	邑	土	18
	齬	어긋날	齒	金	22		郾	고을 이름	邑	土	16
	敔	막을	攴	木	11		鼴	두더지	鼠	木	22
	飫	물릴, 실컷 먹을	食	水	13		鼹	두더지	鼠	木	23
억	億	억, 편안할	人	火	15		偃	쓰러질, 넘어질	人	火	11
	憶	기억할, 생각할	心	火	17		諺	상소리	言	金	16
	繶	끈	糸	木	19		嵃	가파를	山	土	12
	檍	감탕나무	木	木	17	얼	乻	땅 이름	乙	木	9
	臆	가슴, 가슴뼈	肉	水	19		孼	서자, 치장할	子	水	19
	抑	누를, 굽힐	手	木	8		糱	누룩(蘗와 同字)	米	木	22
언	彥	姓, 선비, 클(彦의 本字)	彡	火	9		糵	누룩(糱와 同字)	米	木	23
	彦	선비, 클(彥의 俗字)	彡	火	9		蘖	그루터기, 움	艸	木	23
	言	말씀, 말할	言	金	7		臬	말뚝, 기둥	自	木	10
	焉	어디, 어찌	火	火	11	엄	俺	나, 클	人	水	10
	嫣	아름다울	女	土	14		嚴	姓, 엄할, 군셀(厳의 本字)	口	水	20
	喭	즐길	口	水	14		厳	엄할, 군셀(嚴의 略字)	厂	水	17
	憖	생각할	心	火	15		儼	의젓할, 삼갈	人	火	22

발음	한자	뜻	부수	자원오행	획수	발음	한자	뜻	부수	자원오행	획수
엄	淹	담글, 적실	水	水	12	여	餘	남을, 나머지	食	水	16
	广	집, (광) 넓을	广	木	3		予	줄, 나	亅	金	4
	龑	고명할	龍	土	20		忬	미리	心	火	8
	嶪	산 이름	山	土	11		輿	수레, 무리	車	火	17
	曮	해 다닐	日	火	24		璵	옥	玉	金	19
	罨	(압) 그물	网	木	14		轝	수레	車	火	21
	醃	(암) 절임	酉	金	15		舁	마주 들	臼	土	10
	閹	내시, 환관	門	木	16		洳	강 이름	水	水	10
	奄	문득, 가릴	大	水	8		艅	배 이름	舟	木	13
	掩	가릴, 닫을	手	木	12		茹	먹을, 말기를	艸	木	12
업	業	일, 사업	木	木	13		礜	돌 이름	石	金	19
	嶪	산높을, 웅장할	山	土	16		伃	아름다울	人	火	6
	嶫	험준할	山	土	16		伽	온순할	人	火	8
	鄴	땅 이름	邑	土	20		歟	어조사	欠	火	18
에	恚	성낼	心	火	10		悇	의심스러울	心	火	11
	曀	(예) 음산할	日	火	16	역	繹	풀어낼, 다스릴	糸	木	19
엔	円	화폐단위, 원(圓)의 俗字	冂	土	4		亦	또, 또한, 클	亠	水	6
여	如	같을, 따를	女	土	6		易	바꿀, 역서, (이) 쉬울	日	火	8
	汝	姓, 너, 물 이름	水	水	7		譯	통변할, 통역	言	金	20
	妤	궁녀, 첩	女	土	7		驛	역말, 잇댈	馬	火	23
	與	줄, 남을	臼	土	14		晹	해 밝을	日	火	12
	余	姓, 나, 자신	人	火	7		曎	빛날	日	火	17
	悆	기뻐할	心	火	11		役	부릴, 싸울	彳	火	7

발음	한자	뜻	부수	자원오행	획수	발음	한자	뜻	부수	자원오행	획수
역	疫	염병, 돌림병	疒	水	9	연	姸	고울, 총명할 (姸의 俗字)	女	土	7
	域	나라, 지경	土	土	11		娟	고울, 어여쁠 (娟의 本字)	女	土	10
	逆	거스를, 어길	辵	土	13		娟	고울, 어여쁠 (娟의 俗字)	女	土	9
	嶧	산 이름	山	土	16		涓	시내, 물방울	水	水	11
	懌	기뻐할	心	火	17		沇	물흐를, 물 이름	水	水	8
	減	빨리 흐를	水	水	12		燃	태울, 불사를	火	火	16
	閾	문지방	門	木	16		煙	연기, 그을음 (烟과 同字)	火	火	13
연	然	그러할, 옳을	火	火	12		烟	연기 (煙과 同字)	火	火	10
	研	연구할, 연마할	石	金	11		嬿	姓, 여자모습	女	土	15
	硯	벼루, 매끄러운 돌 (硏과 同字)	石	金	12		嬿	아름다울	女	土	19
	硏	벼루, 매끄러운 돌 (硯과 同字)	石	金	11		衍	넘칠, 순행할	行	火	9
	延	姓, 맞을, 끌	廴	土	7		瓀	옥돌	玉	金	19
	燕	제비, 편안할	火	火	16		均	따를 (균)	土	土	7
	沿	물따라갈	水	水	9		戭	창 (인)	戈	金	15
	軟	연할, 부드러울 (輭의 俗字)	車	火	11		筵	대자리, 좌석	竹	木	13
	輭	연할, 부드러울 (軟의 本字)	車	火	16		瑛	옥돌	玉	金	14
	演	펼, 통할	水	水	15		硬	옥돌	石	金	14
	莚	풀줄기	艸	木	13		鉛	납, 분	金	金	13
	緣	가선, 인연	糸	木	15		兗	오늬, 땅 이름 (兖의 本字)	儿	木	9
	姬	빛날, 예쁠	女	土	10		兖	오늬, 땅 이름 (兗의 俗字)	儿	木	9
	淵	깊을, 못 (渊의 本字)	水	水	12		珚	옥 이름	玉	金	11
	渊	깊을, 못 (淵의 俗字)	水	水	12		宴	잔치, 즐길	宀	木	10
	姸	고울, 총명할 (姸의 本字)	女	土	9		醼	잔치, 연회	酉	金	23

발음	한자	뜻	부수	자원오행	획수	발음	한자	뜻	부수	자원오행	획수
연	嚥	삼킬	口	水	19	연	壖	공지, 빈땅	土	土	17
	曣	청명할	日	火	20		抎	움직일	手	木	8
	堧	빈터	土	土	12		橣	나무 굽을	木	木	12
	椽	서까래	木	木	13		橪	멧대추나무	木	木	16
	讌	이야기할	言	金	23		耎	가냘플	而	水	9
	挻	늘일, 이길	手	木	11		肙	장구벌레	肉	水	9
	縯	당길, 길(長)	糸	木	17		胭	목구멍	肉	水	12
	瀾	깊을	水	水	21		郔	땅 이름	邑	土	14
	囦	못	口	水	7		鄢	땅 이름	邑	土	19
	埏	땅 끝, (선) 이길	土	土	10		鋋	작은 창	金	金	15
	掾	인연	手	木	13		鷰	제비	鳥	火	16
	櫞	구연나무	木	木	19		悁	성낼, (견) 조급할	心	火	11
	涊	물 이름, (유) 흐를	水	水	13	열	熱	더울, 정성	火	火	15
	臙	연지	肉	水	22		悅	기쁠, 즐거울	心	火	11
	蝡	꿈틀거릴	虫	水	20		說	기꺼울, (설) 말씀, (세) 달랠	言	金	14
	鳶	솔개, 연	鳥	火	14		閱	살필, 검열할	門	金	15
	捐	버릴, 바칠	手	木	11		㴰	물흐르는 모양	水	水	16
	涎	침, 점액	水	水	11		咽	목멜, (인) 목구멍	口	水	9
	蜵	장구벌레	虫	水	15		噎	목멜	口	水	15
	渷	물창일할	水	水	14	염	炎	불탈, 불꽃	火	火	8
	瀀	침, 넘칠	水	水	17		染	물들일, 염색할	木	木	9
	㳄	침	水	水	8		鹽	소금, 자반	鹵	水	24
	禪	미상(未詳)	示	木	14		琰	옥갈, 옥홀	玉	金	13

발음	한자	뜻	부수	자원오행	획수	발음	한자	뜻	부수	자원오행	획수
염	艷	고울, 광택 (艷의 本字)	色	土	24	엽	爗	빛날	火	火	20
	艷	고울 (艷의 俗字)	色	土	19		靨	보조개	面	火	23
	焰	불당길, 불꽃	火	火	12		葉	나뭇잎	木	木	9
	苒	풀우거질	艸	木	11		僷	가벼울	人	火	11
	閻	번화한거리, 열	門	木	16		瞱	빛날	目	木	17
	嬮	고요할	女	土	17	영	永	길, 오랠	水	水	5
	冉	나아갈	冂	土	5		英	꽃부리, 영웅	艸	木	11
	懕	편안할	心	火	18		俊	꽃부리	人	火	11
	扊	문빗장	戶	木	12		榮	姓, 영화, 꽃 (栄의 本字)	木	木	14
	檿	산뽕나무	木	木	18		栄	영화, 꽃 (榮의 俗字)	木	木	9
	灩	출렁거릴	水	水	32		荣	영화, 꽃 (榮의 俗字)	艸	木	12
	饜	포식할	食	水	23		泳	헤엄칠	水	水	9
	魘	잠꼬대할	鬼	火	24		詠	읊을, 노래	言	金	12
	黶	사마귀	黑	水	26		映	비출, 밝을 (暎의 本字)	日	火	9
	厭	싫을, 가득 찰	厂	水	14		暎	비출, 밝을 (映의 俗字)	日	火	13
	髥	구레나룻	髟	火	14		渶	물맑을	水	水	13
	檐	문설주, 난간	木	木	14		煐	빛날, 사람 이름	火	火	13
	猒	물릴	犬	土	12		瑩	밝을, 옥빛	玉	金	15
엽	曄	빛날, 성할	日	火	16		瑛	옥빛, 수정	玉	金	14
	葉	姓, 잎, 나뭇잎	艸	木	15		憴	지킬	心	火	21
	燁	빛날	火	火	16		瀯	물소리 (濚과 同字)	水	水	21
	熀	환히 비칠	火	火	14		濚	물소리 (瀯과 同字)	水	水	18
	暈	빛날	日	火	16		盈	찰, 가득할	皿	水	9

발음	한자	뜻	부수	자원오행	획수	발음	한자	뜻	부수	자원오행	획수
영	楹	기둥, 원활할	木	木	13	영	碤	물속 돌	石	金	14
	嬰	어릴, 두를	女	土	17		縈	얽힐	糸	木	16
	營	경영할, 다스릴	火	火	17		贏	남을	貝	金	20
	迎	맞이할	辵	土	11		郢	땅 이름	邑	土	14
	攖	다가설	手	木	21		楧	나무 이름	木	木	9
	蠑	영원 (도롱뇽과 양서류)	虫	水	20		蘡	국화	艸	木	22
	朠	달빛	月	水	13		昋	클(햇빛 대)	日	火	7
	浧	거침없이 흐를	水	水	11		瞏	똑바로 볼	目	火	12
	栐	나무 이름	木	木	9		塋	무덤, 계획할	土	土	13
	咏	노래할	口	水	8		癭	혹, 군더더기	疒	水	22
	嶸	가파를	山	土	17		瀛	바다, 늪속	水	水	20
	潁	강 이름	水	水	15		纓	갓끈	糸	木	23
	瓔	구슬목걸이	玉	金	22		霙	진눈깨비	雨	水	17
	嬴	가득할	女	土	16		贀	(자개를 이어 꿴) 목치장 (앵)	貝	金	14
	穎	이삭, 빼어날	禾	木	16		瞑	눈이 우묵하게 들어갈	目	木	14
	影	형상, 그림자	彡	火	15		霒	깊은 못	雨	水	12
	鍈	방울소리	金	金	17		濴	물 질펀할	水	水	21
	孾	어린아이	子	水	20		禜	재앙막는 제사	示	木	15
	濙	물이 졸졸 흐를	水	水	18		鐄	물릴	金	金	20
	廮	편안할, 고을이름	广	木	20	예	乂	어질, 다스릴	丿	金	2
	韺	풍류 이름	音	金	18		叡	밝을, 슬기로울 (睿의 本字)	又	火	16
	韹	소리	音	金	19		睿	밝을 (叡의 古字)	目	木	14
	謍	작은소리	言	金	17		容	밝을 (睿와 同字)	谷	水	12

발음	한자	뜻	부수	자원오행	획수	발음	한자	뜻	부수	자원오행	획수
예	叡	밝을 (叡의 古字)	土	土	19	예	瘱	고요할	疒	水	16
	芮	姓, 물가, 나라 이름	艸	木	10		郳	나라 이름	邑	土	15
	珥	옥돌	玉	金	10		帠	법	巾	木	9
	詣	이를, 도착할	言	金	13		況	물가	水	水	12
	藝	심을, 재주 (埶와 同字)	艸	木	21		兒	다시 난 이	儿	水	8
	埶	심을, 재주 (藝와 同字)	土	土	11		倪	어린이, 흘겨볼	人	火	10
	芸	재주 (藝의 略字)	艸	木	10		婗	갓난아이	女	土	11
	蓺	재주 (藝와 同字)	土	土	15		曳	끌, 고달플	曰	火	6
	蓺	심을	艸	木	17		霓	무지개	雨	水	16
	豫	姓, 미리, 즐길	豕	水	16		刈	풀벨	刀	金	4
	譽	기릴, 칭찬할	言	金	21		銳	뾰족할, 날카로울	金	金	15
	預	참여할, 미리	頁	火	13		拽	(열) 끌	手	木	10
	嫛	아름다울	殳	金	19		捼	비길	手	木	12
	汭	물굽이	水	水	8		枘	장부, (논) 싹 날	木	木	8
	濊	깊을, 넉넉할	水	水	17		緊	창전대	糸	木	17
	棄	드리울, 꽃술	木	木	16		翳	깃일산	羽	火	17
	蕊	꽃술 (蘂의 本字)	艸	木	18		枻	노 (도지개 설)	木	木	9
	蘂	꽃술 (蕊의 俗字)	艸	木	22		医	활집	匚	土	7
	嫕	유순할	女	土	14		蜺	애매미	虫	水	14
	艾	다스릴	艸	木	8		觬	뿔 굽을	角	木	15
	艾	다스릴	艸	木	8		鷖	갈매기	鳥	火	22
	嬖	다스릴	辛	金	15		麑	사자	鹿	土	19
	羿	사람 이름	羽	火	11		猊	사자	犬	土	11

발음	한자	뜻	부수	자원오행	획수	발음	한자	뜻	부수	자원오행	획수
	裔	후손, 옷자락	衣	木	13		旺	밝을, 대낮	日	火	8
	堄	성가퀴	土	土	11		晤	밝을, 만날	日	火	11
	惢	꽃술 쇄	心	火	12		肝	밝을	月	火	8
	穢	더러울, 거칠	禾	木	18		珸	옥돌, 옥빛	玉	金	12
	囈	잠꼬대	口	水	22		梧	벽오동나무	木	木	11
	嫛	갓난아이	女	土	14		俉	맞이할	人	火	9
	獩	민족 이름	犬	土	17		燠	따뜻할, 위로할	火	火	17
	睨	곁눈질 할	目	木	13		顤	높고 클	頁	火	20
	勩	수고로울	力	土	14		塢	둑, 마을	土	土	13
예	瞖	흐릴	目	木	16		墺	물가, 육지	土	土	16
	薉	거칠	艸	木	19		澳	깊을	水	水	17
	蚋	파리매	虫	水	10	오	浯	강 이름	水	水	11
	詍	엿볼	言	金	15		莫	풀 이름	艸	木	13
	呭	수다스러울	口	水	8		蜈	지네	虫	水	13
	詍	수다스러울	言	金	12		悟	깨달을, 깨우칠	心	火	11
	枘	궁 이름	木	木	8		聱	들을	耳	火	13
	繠	드리워질	糸	木	18		唔	만날	口	水	11
	跇	넘을	足	土	12		逜	깨우칠	辵	土	14
	五	다섯, 다섯 번	二	土	5		珸	옥 이름	玉	金	12
	吾	나, 당신	口	水	7		郚	고을 이름	邑	土	14
오	伍	다섯, 다섯사람	人	火	6		鄔	땅 이름	邑	土	17
	吳	姓, 오나라	口	水	7		汻	물 이름	水	水	8
	午	姓, 낮, 남쪽	十	火	4		圬	흙손	土	土	6

발음	한자	뜻	부수	자원오행	획수	발음	한자	뜻	부수	자원오행	획수
오	箃	버들고리	竹	木	13	오	惡	미워할, (악) 악할	心	火	12
	驁	준마	馬	火	21		懊	한할, 사랑할	心	火	17
	烏	까마귀, 검을	火	火	10		敖	놀, 시끄러울	攴	金	11
	娛	기쁠, 즐거울	女	土	10		熬	볶을, 탈	火	火	15
	奧	속,아랫목	大	木	13		獒	개, 맹견	犬	土	15
	寤	깰, 깨달을	宀	木	14		唔	글 읽는 소리	口	水	10
	鼇	자라, 큰 거북 (鰲의 本字)	龜	水	24		嗷	시끄러울	口	水	14
	鰲	자라 (鼇의 俗字)	魚	水	22		噁	(악) 미워할	口	火	15
	仵	짝	人	火	6		嫯	교만할	女	土	14
	俣	갈래지을	人	火	9		忤	거스를	心	火	8
	窹	부엌	穴	水	16		牾	거스를	牛	土	11
	聱	듣지 아니할	耳	火	17		傲	오만할	心	火	15
	襖	웃옷	衣	木	19		捂	거스를	手	木	11
	迃	굽을	辵	土	11		汙	더러울	水	水	7
	迕	만날, 거스를	辵	土	11		謷	헐뜯을	言	金	18
	遨	놀	辵	土	18		鏖	오살할	金	金	19
	鏊	번철	金	金	19		扙	잴	手	木	8
	隩	물굽이	阜	土	20		扜	활 겨눌	弓	火	6
	鼯	날다람쥐	鼠	木	20	옥	沃	윤택할, 물댈	水	水	8
	誤	그릇될, 잘못할	言	金	14		鈺	보배, 보물	金	金	13
	汚	더러울,추잡할	水	水	7		玉	姓, 옥, 구슬	玉	金	5
	嗚	탄식할, 새소리	口	水	13		屋	집, 주거	尸	木	9
	傲	거만할	人	火	13		鋈	도금	金	金	15

빌음	한자	뜻	부수	자원오행	획수	빌음	한자	뜻	부수	자원오행	획수
옥	獄	옥, 감옥	犬	土	14	온	瘟	염병, 괴로울	疒	水	15
온	昷	온화할, 어질 (昷과 同字)	日	火	10		慍	성낼	心	火	14
	昷	온화할, 어질 (昷과 同字)	日	火	9		韞	감출	韋	金	19
	穩	번성할	禾	木	15	올	兀	우뚝할	儿	木	3
	溫	姓, 따뜻할, 온화할	水	水	14		杌	나무 그루터기	木	木	7
	瘟	따뜻할	日	火	13		嗢	목멜	口	水	13
	蘊	姓, 쌓을, 저축할	艸	木	22		膃	살찔	肉	水	16
	瑥	사람 이름	玉	金	15	옹	邕	화할, 화목할	邑	土	10
	穩	평온할, 곡식 걷어모을 (穩의 本字)	禾	木	19		饔	아침, 조반	食	水	22
	穩	평온할, 곡식 걷어모을 (穩의 俗字)	禾	木	14		雍	姓, 온화할, 누그러질	隹	火	13
	穩	평온할, 곡식 걷어모을 (穩의 俗字)	禾	木	16		擁	안을, 가릴	手	木	17
	榅	기둥	木	木	14		瓮	독, 항아리	瓦	土	9
	馧	향기로울	香	木	19		甕	독, 단지	瓦	土	18
	氲	안온할 (기댈 은)	人	火	16		壅	막을, 북돋을	土	土	16
	氳	기운어릴	气	水	14		廱	학교	广	木	21
	熅	숯불	火	火	14		滃	구름 일	水	水	14
	轀	수레	車	火	17		禺	땅 이름	禸	土	9
	醞	빚을	酉	金	17		罋	항아리	缶	土	19
	媼	할미, 어머니	女	土	13		蓊	장다리	艸	木	16
	媪	할머니	女	土	12		雝	화락할	隹	火	18
	蒕	붕어마름	艸	木	19		顒	엄숙할	頁	火	18
	縕	헌솜, 풍부할	糸	木	16		翁	늙은이, 아비	羽	火	10
	餾	보리 먹을	食	水	19		搑	낄	手	木	14

발음	한자	뜻	부수	자원오행	획수	발음	한자	뜻	부수	자원오행	획수
옹	燰	사람 이름	火	火	13	완	完	완전할, 지킬	宀	木	7
	癰	악창, 등창	疒	水	23		妧	아리따울	女	土	7
	喁	벌름거릴	口	水	12		岏	산뾰족할	山	土	7
	癰	악창	疒	水	18		玩	놀, 익힐	玉	金	9
와	瓦	기와, 질그릇	瓦	土	5		垸	바를, 둑	土	土	10
	臥	누울, 쉴	臣	火	8		浣	씻을, 열흘사이	水	水	11
	渦	소용돌이	水	水	12		莞	왕골, 자리	艹	木	13
	窩	움집, 굴	穴	水	14		琓	서옥, 옥 이름	玉	金	12
	囮	후림새	口	水	7		梡	도마	木	木	11
	媧	날씬할	女	土	11		緩	느릴, 느슨할	糸	木	15
	枙	옹이	木	木	8		琬	홀, 아름다운 옥	玉	金	13
	窊	우묵할	穴	水	10		鋺	저울바탕	金	金	16
	吪	움직일	口	水	7		婠	예쁠, 몸맵시	女	土	11
	萵	상추	艹	木	15		婉	순할, 예쁠	女	土	11
	娃	예쁠 (왜)	女	土	9		睕	빙그레 웃는 모양	口	水	10
	窪	웅덩이, 맑은 물	穴	水	14		椀	주발, 그릇	木	木	12
	蝸	달팽이, 고둥	虫	水	15		碗	주발	石	金	13
	蛙	개구리, 음란할	虫	水	12		豌	완두	豆	火	15
	訛	그릇될, 속일	言	金	11		阮	관문 이름, 월금	阜	土	12
	哇	토할, (규)노래할	口	土	9		頑	완고할, 무딜	頁	火	13
	洼	웅덩이	水	水	10		涴	물 굽이쳐 흐를	水	水	12
	猧	발바리	犬	土	13		翫	가지고 놀, 기뻐할	羽	火	15
	譌	잘못될	言	金	19		杬	어루만질	木	木	8

발음	한자	뜻	부수	자원오행	획수	발음	한자	뜻	부수	자원오행	획수
완	訮	사람 이름	言	金	11	왜	歪	삐뚤, 기울	止	土	9
	宛	굽을, 마치	宀	木	8		矮	키 작을, 짧게 할	矢	金	13
	刓	깎을	刀	金	6		媧	사람 이름	女	土	12
	輐	둥글	車	火	14	외	猥	함부로, 뒤섞일	犬	土	13
	惋	한탄할	心	火	12		愄	마음 착할	心	火	13
	盌	주발	皿	土	10		嵬	높을	山	土	13
	抏	꺾을	手	木	8		巍	높고 큰 모양	山	土	21
	捖	꺾을	手	木	11		外	바깥, 겉	夕	火	5
	脘	위, 밥통	肉	水	13		畏	두려울, 겁낼	田	土	9
	腕	팔, 팔뚝	肉	水	14		偎	가까이할	人	火	11
	忨	희롱할	心	火	8		隗	姓, 높을	阜	土	18
왈	曰	가로, 일컬을	曰	火	4		崴	꾸불꾸불할	山	土	12
왕	王	姓, 임금, 제후	玉	金	4		嵗	높을, (위) 산모양	山	土	12
	往	갈, 이따금	彳	火	8		渨	빠질, (위) 흐릴	水	水	13
	旺	왕성할, 고울	日	火	8		煨	묻은 불	火	火	13
	汪	못, 넓을	水	水	8		碨	(위) 돌 우툴투툴할	石	金	14
	瀇	큰물, 넓을	水	水	12		磈	돌	石	金	15
	晄	빛 고울	日	火	12		聵	귀머거리	耳	火	18
	枉	굽을, 굽힐	木	木	8	요	夭	어릴, 젊을	大	水	4
	瀇	(황) 깊을	水	水	19		堯	姓, 높을, 요임금	土	土	12
	迬	갈	辵	土	12		曜	요일, 해비칠	日	火	18
왜	娃	예쁠	女	土	9		耀	빛날	羽	火	20
	倭	순할, 왜국	人	火	10		妖	아리따울	女	土	7

발음	한자	뜻	부수	자원오행	획수	발음	한자	뜻	부수	자원오행	획수
요	喠	기꺼울, 즐거울	口	水	13	요	嬈	번거로울	女	土	15
	曜	햇빛	日	火	14		幺	작을	幺	水	3
	嶢	높을	山	土	15		徭	역사	彳	火	13
	燿	빛날	火	火	18		徼	돌	彳	火	16
	姚	빛날	火	火	10		澆	물댈	水	水	16
	儌	구할	人	火	15		蕘	땔나무	艸	木	18
	窯	가마, 도기	穴	水	15		遶	두를	辵	土	19
	繇	역사, 따를	糸	木	17		拗	꺾을, 비틀	手	木	9
	繞	두를, 둘러쌀	糸	木	18		擾	어지러울, 흐려질	手	木	19
	姚	예쁠, 멀리	女	土	9		橈	굽힐, 꺾일	木	木	16
	僥	바랄, 요행	人	火	14		約	부절 (맺을 약)	糸	木	9
	凹	오목할	凵	火	5		腰	허리	肉	水	15
	邀	맞을, 부를	辵	土	20		搖	움직일, 별 이름	手	木	14
	要	姓, 구할, 중요할	襾	金	9		垚	사람 이름	土	土	9
	瑤	아름다운 옥	玉	金	15		枖	무성한모양	木	木	8
	窈	그윽할, 고상할	穴	水	10		榣	큰 나무	木	木	14
	謠	노래, 풍설	言	金	17		珧	강요주, 자개	玉	金	11
	饒	넉넉할, 배불리 먹을	食	水	21		遙	멀, 노닐	辵	土	17
	樂	좋아할, (악) 풍류	木	木	15		喓	벌레 소리	口	水	12
	突	깊을, 그윽할	穴	水	9		殀	일찍 죽을	歹	水	8
	偠	날씬할	人	火	11		祅	재앙	示	木	9
	坳	우묵할	土	土	8		窅	움펑눈	穴	水	10
	墝	메마른 땅	土	土	15		鷂	새매	鳥	火	21

발음	한자	뜻	부수	자원오행	획수	발음	한자	뜻	부수	자원오행	획수
요	蟯	요충, 기생충	虫	水	18		榕	목나무	木	木	14
욕	欲	하고자 할, 원할	欠	木	11		槦	나무 이름	木	木	15
	浴	목욕, 깨끗이할	水	水	11		埇	길 돋울, 골목길	土	土	10
	縟	무늬, 채색	糸	木	16		鏞	큰쇠북	金	金	19
	褥	요, 침구	衣	木	16		蓉	연꽃, 나무연꽃	艸	木	16
	溽	젖을	水	水	14		勇	날랠, 용기	力	土	9
	蓐	깔개	艸	木	16		墉	담, 벽	土	土	14
	慾	욕심, 욕정	心	火	15		茸	녹용, 뾰죽날	艸	木	12
	辱	욕될, 굽힐	辰	土	10		硧	숫돌, (동) 갈	石	金	12
용	用	쓸, 행할	用	水	5	용	舂	찧을	臼	土	11
	容	얼굴, 모양	宀	木	10		踴	뛸	足	土	16
	俗	익숙할	人	火	12		宂	한가로울 (冗의 俗字)	宀	木	5
	庸	떳떳할, 항상	广	木	11		冗	한가로울 (宂의 俗字)	冖	木	4
	涌	샘솟을 (湧과 同字)	水	水	11		慂	권할, 억지로 권할	心	火	14
	湧	샘솟을 (涌과 同字)	水	水	13		聳	솟을, 삼갈	耳	火	17
	嫞	예쁠	女	土	13		俑	허수아비	人	火	9
	恿	날랠	心	火	11		傭	품팔이	人	火	13
	溶	흐를, 녹일	水	水	14		踊	뛸, 춤출	足	土	14
	甬	길, 솟을	用	水	7		彧	사나울, 날랠	戈	金	10
	趨	갈, 다닐	走	火	16		嶸	산 이름	土	土	13
	鎔	녹일, 거푸집 (熔의 本字)	金	金	18		慵	게으를	心	火	15
	熔	녹일, 거푸집 (鎔의 俗字)	火	火	14		傛	천치	心	火	15
	瑢	패옥소리	玉	金	15		蛹	번데기, 초파리	虫	水	13

발음	한자	뜻	부수	자원오행	획수	발음	한자	뜻	부수	자원오행	획수
	宇	집, 지붕 (寓의 本字)	宀	木	6		郵	역말, 우편	邑	土	15
	寓	집, 지붕 (宇의 古字)	宀	木	12		偶	무리, 짝시을	人	火	11
	旴	해돋을, 클	日	火	7		優	넉넉할, 부드러울	人	火	17
	雨	비, 비올 (灾와 同字)	雨	水	8		隅	기슭, 모퉁이	阜	土	17
	灾	비, 비올 (雨와 同字)	水	水	7		嵎	산굽이, 가파를	山	土	12
	佑	도울, 도움될	人	火	7		釪	바리때. 요령	金	金	11
	祐	도울, 행복	示	金	10		盂	바리, 사발	皿	金	8
	禹	姓, 하우씨, 펼	内	土	9		祤	복	示	木	14
	右	오른쪽	口	水	5		芋	토란	艸	木	9
	瑀	옥돌	玉	金	14		藕	연뿌리	艸	木	21
	玗	옥돌, 지명	玉	金	8		虞	헤아릴	虍	木	13
우	牛	姓, 소, 별 이름	牛	土	4	우	霧	물소리	雨	水	14
	友	벗, 친구	又	水	4		于	姓, 어조사, 행할	二	水	3
	又	姓, 또, 용서할	又	水	2		堣	땅 이름, 모퉁이	土	土	12
	邘	땅 이름 우	邑	土	10		愚	어리석을	心	火	13
	盓	물 소용돌이	皿	土	11		尤	더욱, 특히	尤	土	4
	俁	클	人	火	9		庽	부칠	广	木	12
	扜	당길	手	木	7		杅	사발	木	木	7
	慪	공경할	心	火	15		竽	피리	竹	木	9
	愉	기뻐할	心	火	13		耦	나란히 갈	耒	木	15
	燠	따뜻할	火	火	17		耰	곰방메(농기구)	耒	金	21
	遇	만날, 대접할	辵	土	16		鍝	톱	金	金	17
	羽	깃, 우성	羽	火	6		㝢	머무를, 숙소	宀	木	12

발음	한자	뜻	부수	자원오행	획수	발음	한자	뜻	부수	자원오행	획수
우	夒	날	亠	火	12	우	玗	움푹들어갈	土	土	6
	吘	화할	口	水	7		憂	근심할, 걱정할	心	火	15
	偊	혼자 걸을	人	火	11		訧	허물	言	金	11
	訏	클	言	金	10		吁	탄식할, (유) 부를	口	水	6
	优	넉넉할, 뛰어날	人	火	6		疣	혹	广	水	9
	鄅	나라 이름	邑	土	16		澞	언덕 사이	水	水	17
	暊	사람 이름	日	火	13		瀀	어살	水	水	19
	禑	고을 이름	示	土	11	욱	旭	빛날, 아침해	日	火	6
	湡	강 이름	水	水	13		昱	햇빛, 빛날	日	火	9
	楀	나무 이름	木	木	13		煜	빛날, 성할	火	火	13
	萭	풀 이름	艸	木	15		郁	姓, 문채날, 향기	邑	土	13
	宇	창	穴	水	8		燠	따뜻할	火	火	17
	盱	쳐다볼	目	木	8		彧	문채, 문채 빛날	彡	火	10
	挧	당길	手	木	7		勖	힘쓸	力	土	11
	逌	걸음	辵	土	13		栯	산앵두	木	木	10
	譃	망령될	言	金	18		稶	서직 무성할 (稢과 同字)	禾	木	13
	踽	외로울	足	土	16		穛	서직 무성할 (稢과 同字)	禾	木	15
	麀	암사슴	鹿	土	13		馘	문채날	彡	火	16
	麌	큰사슴	鹿	土	18		頊	삼갈, 머리 숙일	頁	金	13
	齲	충치	齒	金	24	운	云	이를, 어조사	二	水	4
	迂	길이 멀, 굽을	辵	土	10		夽	높을, 클	大	木	7
	紆	굽을	糸	木	9		賱	넉넉할	貝	金	16
	雩	기우제	雨	水	11		沄	소용돌이칠, 넓을	水	水	8

발음	한자	뜻	부수	자원오행	획수	발음	한자	뜻	부수	자원오행	획수
운	芸	향초 이름, 성한 모양	艸	木	10	운	紜	어지러울	糸	木	10
	雲	姓, 구름, 습기	雨	水	12		媼	여자의 자(字)	女	土	13
	運	움직일, 옮길	辵	土	16		抎	잃을	手	木	8
	韻	음운, 울림	音	金	19		蘊	굼틀거릴	虫	水	16
	煜	노란 모양	火	火	14		鄆	고을 이름	邑	土	16
	鄆	나라 이름	邑	土	17	울	蔚	땅, 고을 이름	艸	木	17
	溳	강 이름	水	水	14		灪	큰 물	水	水	33
	員	더할(원)	口	水	10		乼	땅 이름	乙	土	4
	霣	떨어질	穴	水	15		黦	검을	黑	水	18
	顝	둥글	頁	火	19		菀	자완	艸	木	14
	惲	혼후할	心	火	13		鬱	막힐, 우거질	鬯	木	29
	韵	운, 운치	音	金	13		宛	맺힐(완연할 완)	宀	木	8
	蕓	평지, 겨자풀	艸	木	18	웅	雄	영웅, 수컷	隹	火	12
	耘	김맬, 없앨	耒	木	10		熊	곰, 빛나는 모양	火	火	14
	暈	달무리	日	火	13		儆	다스릴	人	火	13
	橒	나무 무늬	木	木	16	원	元	姓, 으뜸, 근본	儿	木	4
	篔	왕대 (篔과 同字)	竹	木	16		原	근본, 벌판	厂	土	10
	篔	왕대 (篔과 同字)	竹	木	18		源	근원, 이을	水	水	14
	澐	큰물결	水	水	16		垣	담, 별 이름	土	土	9
	妘	성씨, 여자	女	土	7		洹	강 이름, 물흐를	水	水	10
	霣	떨어질	雨	水	18		沅	강 이름	水	水	8
	隕	떨어질, 잃을	阜	土	18		媛	아름다울, 아리따울	女	土	12
	殞	죽을, 떨어질	歹	水	14		杬	나무 이름	木	木	8

발음	한자	뜻	부수	자원오행	획수	발음	한자	뜻	부수	자원오행	획수
원	愿	정성, 착할	心	火	14	원	芫	팥꽃나무	艸	木	10
	苑	나라 동산	艸	木	11		薗	동산	艸	木	19
	願	원할, 하고자 할	頁	火	19		湲	물 흐를	水	水	14
	員	수효, 둥글 (貟과 同字)	口	水	10		謜	천천히 말할	言	金	17
	貟	수효, 둥글 (員과 同字)	貝	水	9		朊	볼	目	木	9
	院	담, 집, 절	阜	土	15		騵	절따말	馬	火	20
	瑗	도리옥, 근옥	玉	金	14		鶢	원추새	鳥	火	19
	嫄	여자 이름	女	土	13		黿	자라	黽	土	17
	鋺	저울바탕	金	金	16		猨	원숭이	犬	土	13
	轅	끌채, 수레	車	火	17		猿	원숭이	犬	土	14
	婉	순할, 예쁠	女	土	11		榬	얼레, 실 감는 도구	木	木	14
	阮	관문 이름	阜	土	12		朊	달빛 희미할	月	水	8
	湲	물흐를, 맑을	水	水	13		鴛	원앙(원앙의 수컷)	鳥	火	16
	爰	이에, 여기에	瓜	木	9		怨	원망, 미워할	心	火	9
	遠	멀, 심오할	辵	土	17		褑	띠, 옷	衣	木	15
	園	동산, 울타리	口	木	13		冤	원통할 (寃의 本字)	冖	木	10
	圓	둥글, 둘레	口	水	13		寃	원통할 (冤의 俗字)	宀	木	11
	援	당길, 취할	手	木	13		蜿	(완) 꿈틀거릴	虫	水	14
	笎	대 무늬	竹	木	10		婘	순직할	女	土	8
	遻	넓은 들판	辵	土	23		蒝	우거진 모양	艸	木	14
	倇	즐거워할	人	火	10		邧	고을 이름	邑	土	11
	袁	姓, 옷치렁거릴	衣	木	10		薳	애기 풀	艸	木	20
	楥	신골, 느티나무	木	木	13	월	泧	큰 물	水	水	9

발음	한자	뜻	부수	자원오행	획수	발음	한자	뜻	부수	자원오행	획수
월	月	달, 한달	月	水	4	위	衞	지킬, 막을 (衛의 俗字)	行	火	15
	越	건널, 넘을	走	火	12		幃	휘장	巾	木	12
	鉞	도끼, 방울소리	金	金	13		葳	둥굴레	艸	木	15
	刖	벨	刀	金	6		闈	문	門	木	17
	粵	어조사	米	木	12		韙	옳을	韋	金	18
위	謂	이를, 고할	言	金	16		餧	먹일	食	水	17
	圍	둘레, 둘러쌀	囗	水	12		煒	붉을, 환할 (휘)	火	火	13
	偉	클, 훌륭할	人	火	11		蝟	고슴도치, 운집할	虫	水	15
	委	맡길, 맡을	女	土	8		蔿	애기풀, 고을 이름	艸	木	18
	暐	햇빛, 빛나는 모양	日	火	13		薳	애기 풀	艸	木	20
	渭	강 이름	水	水	13		洈	물 이름	水	水	9
	韋	姓, 다룸가죽	韋	金	9		潿	물돌아 흐를	水	水	13
	尉	姓, 벼슬, 위로할	寸	土	11		熭	불 빛	火	火	13
	瑋	아름다운 옥	玉	金	14		鄬	땅 이름	邑	土	19
	魏	姓, 위나라, 대궐	鬼	火	18		萎	마를, 시들	艸	木	14
	位	姓, 자리, 벼슬	人	火	7		胃	밥통, 양	肉	水	11
	爲	할, 베풀	爪	金	12		危	위태할, 두려울	卩	水	6
	威	위엄, 세력	女	土	9		違	어길, 다를	辵	土	16
	韡	꽃 활짝 필	韋	金	21		慰	위로할, 울적할	心	火	15
	褘	아름다울, 향낭	衣	木	15		偽	거짓, 속일	心	火	14
	葦	갈대, 작은배	艸	木	13		喟	한숨 쉴	口	水	12
	緯	경위, 씨줄	糸	木	15		熨	찜질할, (울) 다릴	火	火	15
	衛	지킬, 막을 (衛의 本字)	行	火	16		痿	저릴	疒	水	13

발음	한자	뜻	부수	자원오행	획수	발음	한자	뜻	부수	자원오행	획수
위	諉	번거롭게 할	言	金	15	유	臾	잠깐, 만류할	臼	土	9
	逶	구불구불 갈	辶	土	15		萸	수유, 풀 이름	艹	木	15
	骫	굽을	骨	金	13		鍮	놋쇠	金	金	17
유	由	행할, 말미암을	田	木	5		誘	달랠, 가르칠	言	金	14
	有	있을, 얻을	月	水	6		悠	생각할, 멀	心	火	11
	柔	부드러울, 순할	木	木	9		諛	(류)나아갈	言	金	18
	愈	어질, 더욱	心	火	13		庾	姓, 곳집, 노적가리	广	木	12
	裕	넉넉할, 너그러울	衣	木	13		逾	넘을	辶	土	17
	侑	권할	人	火	8		諭	깨우칠	言	金	17
	洧	물 이름	水	水	10		囿	동산	囗	水	9
	宥	너그러울, 용서할	宀	木	9		婑	아리따울	女	土	11
	兪	姓, 대답할 (俞의 本字)	入	火	9		聈	고유할	耳	火	11
	俞	대답할 (兪의 俗字)	人	火	9		婑	짝	女	土	9
	瑜	아름다운 옥	玉	金	14		逌	웃을, 만족할	辶	土	14
	瑈	옥돌	玉	金	13		蕤	꽃	艹	木	18
	釉	곡식, 곡식 무성할	禾	木	10		甤	꽃, 꽃술	生	木	12
	攸	바, 다스릴	攴	金	7		湀	물 이름	水	水	13
	柚	유자나무	木	木	9		瑈	옥 이름	玉	金	14
	濡	젖을, 은혜입을	水	水	18		揉	주무를	手	木	13
	湵	깊을	水	水	13		帷	휘장	巾	木	11
	愉	즐거울, 기뻐할	心	火	13		需	(수)구할	雨	水	14
	釉	윤, 광택	釆	木	12		楡	느릅나무, 옮길	木	木	13
	曘	햇빛	日	火	18		維	바, 이을	糸	木	14

발음	한자	뜻	부수	자원오행	획수	발음	한자	뜻	부수	자원오행	획수
유	儒	선비, 유학	人	火	16	유	褕	고울	衣	木	15
	油	기름	水	水	9		鞣	가죽	革	金	18
	酉	닭, 술	酉	金	7		鮪	다랑어	魚	水	17
	遺	끼칠, 전할	辶	土	19		牖	창	片	木	15
	幼	어릴, 사랑할	幺	火	5		喩	알려줄, 고할	口	水	12
	幽	그윽할, 숨을	幺	火	9		羑	착한 말할	羊	土	9
	惟	꾀할, 생각할	心	火	12		猷	꾀할, 계략	犬	土	13
	游	헤엄칠, 놀	水	水	13		乳	젖, 낳을	乙	水	8
	揄	끌어올릴	手	木	13		腴	비옥한 밭	田	火	14
	楢	무리참나무	木	木	11		猶	오히려, 같을	犬	土	13
	楢	졸참나무	木	木	13		唯	오직, 어조사	口	水	11
	濰	강 이름	水	水	18		遊	놀, 즐길, 여행할	辶	土	16
	鄃	고을 이름	邑	土	16		煣	휘어바로잡을	火	火	13
	蕤	향초 이름	艸	木	13		歈	(류)노래	欠	土	13
	壝	제단, 울타리	土	土	19		燸	따뜻할	火	火	18
	泑	물빛 검을	水	水	9		浟	물 흐르는 모양	水	水	11
	顬	부를	龠	木	26		瀢	물흐르는 모양	水	水	15
	窬	작은 문	穴	水	14		瀢	물고기 놀	水	水	18
	籲	(약) 부를	竹	木	32		趡	달릴	走	火	15
	糅	섞을	米	木	15		孺	젖먹일, 사모할	子	水	17
	緌	갓끈	糸	木	14		嬬	아내	女	土	17
	莠	강아지풀	艸	木	13		蚴	산굽이	山	土	8
	蕔	목이버섯	艸	木	21		櫾	태울	木	木	15

발음	한자	뜻	부수	자원오행	획수
유	諛	아첨할	言	金	16
	踰	넘을, 지나갈	足	土	16
	蹂	밟을, 빠를	足	土	16
	冘	머뭇거릴	冖	木	4
	呦	울	口	水	8
	鼬	족제비	鼠	水	18
	瘉	병나을	疒	水	14
	癒	병나을	疒	水	18
	瘐	근심하여 앓을	疒	水	14
	窳	이지러질	穴	水	15
	腴	살찔, 비옥할	肉	水	15
	蕕	누린내풀	艸	木	18
	蝤	하루살이	虫	水	15
	蚴	꿈틀거릴	虫	水	11
	蚰	그리마	虫	水	11
	黝	검푸른 빛	黑	水	17
	媃	예쁜 체할	女	土	12
	讉	성낼, (퇴) 속일	言	金	23
	糅	잡색비단	糸	木	15
	媮	박대할	女	土	12
육	育	기를, 자랄	肉	水	10
	堉	기름진 땅	土	土	11
	毓	기를	母	土	14
육	肉	고기, 동물의 살	肉	水	6
	儥	팔, 살	人	火	17
	淯	강 이름	水	水	12
윤	尹	姓, 다스릴, 성실할	尸	水	4
	允	姓, 진실로, 마땅할	儿	土	4
	昀	햇빛	日	火	8
	阭	높을	阜	土	12
	玧	붉은구슬	玉	金	9
	潤	윤택할, 꾸밀	水	水	16
	閏	윤달 (閏의 本字)	門	火	12
	閠	윤달 (閏과 同字)	門	火	15
	閏	윤달 (閏의 俗字)	門	火	13
	胤	이을, 맏아들 (侖과 同字)	肉	水	11
	侖	이을 (胤과 同字)	彳	火	11
	贇	예쁠	貝	金	19
	奫	물 깊고 넓을	大	水	15
	鋆	금	金	金	15
	橍	나무 이름	木	木	16
	沇	(연) 흐를	水	水	8
	荺	연뿌리	艸	木	13
	鈗	창	金	金	12
	匀	나눌 (고를 균) (勻과 同字)	勹	金	4
	勻	나눌 (고를 균) (匀과 同字)	勹	金	4

발음	한자	뜻	부수	자원오행	획수	발음	한자	뜻	부수	자원오행	획수
율	汩	흐를, 맑을	水	水	8	은	璁	옥돌	玉	金	15
	聿	붓, 스스로	聿	火	6		銀	은, 돈	金	金	14
	霱	상서로운 구름 (홀)	雨	水	20		垠	언덕, 땅끝	土	土	9
	建	걸어가는 모양	廴	土	13		听	웃을	口	水	7
	燏	빛날	火	火	16		圻	지경	土	土	7
	葎	명아주	艸	木	13		蒑	풀빛 푸른	艸	木	16
	欥	오직	欠	火	8		浪	물가	水	水	10
	潏	물가	水	水	16		蒽	풀 이름	艸	木	16
	颭	큰바람	風	木	13		圁	물 이름	水	水	14
	鴥	빨리 날	鳥	火	16		鄞	땅 이름	邑	土	18
	矞	송곳질할	矛	金	12		嶾	산 높을	山	土	17
융	融	화할, 화합할	虫	水	16		灟	물 이름	水	水	14
	瀜	물 깊고 넓을	水	水	20		濦	강 이름	水	水	18
	絨	융, 고운 베	糸	木	12		檼	대마루, 도지개	木	木	18
	狨	원숭이 이름	犬	土	10		檼	은행나무	木	木	18
	戎	되, 오랑캐	戈	金	6		礍	우렛소리	石	金	15
은	恩	은혜, 덕택	心	火	10		檼	도지개	木	木	17
	訢	기뻐할	言	金	11		蘟	은총, 은인	艸	木	23
	溵	물소리, 강 이름	水	水	14		隱	姓, 숨을, 은미할	阜	土	22
	珢	옥돌	玉	金	11		慇	괴로울, 친절할	心	火	14
	殷	姓, 성할, 많을	殳	金	10		㗊	어리석을	口	水	18
	誾	온화할, 화평할 (闇과 同字)	言	金	15		垽	앙금	土	土	10
	闇	화평할 (誾과 同字)	言	金	19		狺	으르렁거릴	犬	土	11

발음	한자	뜻	부수	자원오행	획수	발음	한자	뜻	부수	자원오행	획수
은	癮	두드러기	疒	水	22	음	崟	험준할	山	土	11
	誾	언쟁할	言	金	10		廕	덮을	广	木	14
	齗	잇몸	齒	金	19		霪	장마	雨	水	19
	憖	억지로	心	火	16	읍	邑	고을, 마을	邑	土	7
	齾	웃을	齒	金	27		泣	울음, 눈물	水	水	9
	億	기댈, 머무를	人	火	16		揖	공경, 예의	手	木	13
	憖	그칠, 머무를	心	火	15		悒	근심할	心	火	11
	憖	삼갈, 슬퍼할	心	火	15		挹	뜰	手	木	11
	繥	꿰맬	糸	木	20		浥	젖을, (압) 흐를	水	水	11
	斦	모탕	斤	金	8	응	應	응할, 받을	心	火	17
을	乙	새, 굽을	乙	木	1		膺	가슴, 안을	肉	水	19
	圪	우뚝할	土	土	6		鷹	매, 송골매	鳥	火	24
	鳦	제비	鳥	火	12		矚	물끄러미 볼	目	木	22
음	音	소리, 말소리	音	金	9		凝	엉길, 추울	冫	水	16
	愔	조용할, 화평할	心	火	13	의	義	옳을, 뜻	羊	土	13
	吟	읊을, 탄식할	口	水	7		議	의논할, 계획할	言	金	20
	飮	마실, 음료	食	水	13		意	뜻, 뜻할	心	火	13
	馨	소리 화할	音	金	20		宜	옳을, 마땅할	宀	木	8
	蔭	그늘	艸	木	17		儀	예의, 본받을	人	火	15
	陰	姓, 응달, 습기	阜	土	16		誼	옳을, 다스릴	言	金	15
	淫	음란할, 간사할	水	水	12		衣	옷, 입을	衣	木	6
	喑	벙어리 (瘖과 同字)	口	水	12		依	의지할, 도울	人	火	8
	噾	벙어리, 크게 외칠 (喑과 同字)	口	水	17		猗	아름다울	犬	土	12

발음	한자	뜻	부수	자원오행	획수	발음	한자	뜻	부수	자원오행	획수
의	娸	여자	女	土	9	의	疑	의심할, 의혹할	人	火	14
	矣	어조사	矢	金	7		澄	눈서리 쌓일	氵	水	12
	醫	의원, 병고칠 (医의 本字)	酉	金	18		劓	코벨	刀	金	16
	医	의원 (醫의 略字)	匸	土	7	이	杝	나무 이름	木	木	7
	擬	헤아릴, 흉내낼	手	木	18		娭	기쁠	女	土	12
	懿	아름다울, 좋을	心	火	22		恞	기꺼울	心	火	10
	禕	아름다울	示	木	14		二	두, 같을	二	木	2
	薿	우거질	艸	木	20		貳	두, 두 마음	貝	金	12
	椅	의나무	木	木	12		佴	두, 버금	人	火	14
	薏	율무, 연밥	艸	木	19		以	써, 까닭	人	火	5
	倚	의지할, 인연할	人	火	10		已	이미, 그칠	己	火	3
	毅	굳셀, 강할	殳	金	15		耳	귀, 성할	耳	火	6
	儗	참람할	人	火	16		而	어조사, 너	而	水	6
	嶷	산 이름	山	土	17		移	옮길, 떠날	禾	木	11
	鄤	땅 이름	邑	土	20		俷	버금, 도움	人	火	8
	鸃	금계	鳥	火	24		廙	공경할	广	木	14
	欵	아!(감탄사)	欠	火	12		妃	아름다울	己	土	9
	漪	잔물결	水	水	15		歋	서로웃을	欠	火	14
	礒	돌모양	石	金	18		珆	옥돌	玉	金	10
	饐	쉴	食	水	21		珥	옥 이름	玉	金	12
	螘	개미	虫	水	16		峓	산 이름	山	土	9
	艤	배를 댈	舟	木	19		沶	물 이름	水	水	10
	蟻	개미, 검을	虫	水	19		洱	강 이름	水	水	10

발음	한자	뜻	부수	자원오행	획수	발음	한자	뜻	부수	자원오행	획수
이	鉺	갈고리	金	金	14	이	彝	떳떳할 (彝의 俗字)	크	火	16
	陑	땅 이름	阜	土	15		咿	선웃음 칠	口	水	9
	羠	고을 이름	羊	土	12		鳦	제비	鳥	火	17
	姬	여자	女	土	9		薙	벨, 깎을	艸	木	12
	珥	귀고리, 햇무리	玉	金	11		弛	늦출, 없앨	弓	金	6
	伊	姓, 저, 어조사	人	火	6		胹	힘줄이 질길	肉	水	12
	尔	너	小	水	5		貽	끼칠, 남길	貝	金	12
	栭	목이버섯	木	木	10		飴	엿	食	水	14
	訑	으쓱거릴	言	金	10		頤	턱	頁	火	15
	迤	비스듬할	辵	土	12		痍	상처, 벨	疒	水	11
	隶	미칠	隶	水	8		夷	오랑캐, 평평할	大	木	6
	易	쉬울, (역) 바꿀	日	火	8		洟	콧물, 눈물	水	水	10
	怡	기쁠, 즐거울	心	火	9		敭	업신여길	攴	金	12
	聉	화할	耳	火	12		栭	두공	木	木	10
	貤	거듭할	貝	金	10		詒	보낼	言	金	12
	薾	번성할	艸	木	20	익	益	더할, 유익할	皿	水	10
	肄	익힐, 노력할	聿	火	13		翊	도울, 공경할	羽	火	11
	苢	질경이	艸	木	11		熤	사람 이름	火	火	15
	邇	가까울	辵	土	20		瀷	강 이름	水	水	21
	姨	이모	女	土	9		謚	웃는 모양, (시) 시호	言	金	17
	異	姓, 다를, 나눌	田	土	11		翌	다음날, 도울	羽	火	11
	爾	너, 어조사	爻	火	14		翼	날개, 공경할	羽	火	17
	彝	떳떳할, 법 (彝의 本字)	크	火	18		弋	주살, 새그물	弋	金	3

발음	한자	뜻	부수	자원오행	획수	발음	한자	뜻	부수	자원오행	획수
익	鷁	익조, 선박	鳥	火	21	인	絪	자리	糸	木	12
	杙	말뚝	木	木	7		茵	자리, 풀 이름	艸	木	12
	檥	이물(배의 머리)	木	木	14		靷	작은북 (鞆과 同字)	日	火	14
	釴	솥귀	金	金	11		鞎	작은북 (靷과 同字)	日	火	14
인	人	사람, 백성, 타인	人	火	2		忍	참을, 강인할	心	火	7
	引	인도할, 이끌	弓	火	4		牣	찰, 가득할	牛	火	11
	仁	姓, 어질, 착할 (忈의 本字)	人	火	4		仞	길, 깊을	人	火	5
	忈	어질 (仁의 古字)	心	火	6		夤	조심할	夕	水	14
	悉	어질 (忈과 同字)	心	火	7		姻	혼인	女	土	12
	因	인할, 연유	囗	水	6		裀	요, 자리	衣	木	12
	認	알, 인정할	言	金	14		蚓	지렁이	虫	水	10
	寅	범, 셋째 지지	宀	木	11		靭	질길, 부드러울 (靷과 同字)	韋	金	12
	茚	씨, 풀 이름	艸	木	10		靷	질길, 부드러울 (靭과 同字)	革	金	12
	印	姓, 도장, 찍을	卩	木	6		鞇	가슴걸이	革	金	13
	牣	가득찰	牛	土	7		刃	칼날, 병장기	刀	金	3
	璌	사람 이름	玉	金	16		堙	막을	土	土	12
	姻	혼인할, 시집	女	土	9		洇	빠질, (연) 막힐	水	水	10
	儿	사람	儿	火	2		禋	제사지낼 (祵과 同字)	示	木	14
	諲	공경할	言	金	16		祵	제사지낼 (禋과 同字)	示	土	11
	氤	기운 성할	气	水	10		咽	목구멍, 삼킬	口	水	9
	濥	물줄기	水	水	18		膶	등심	肉	水	17
	稇	벼꽃	禾	木	11		沏	끈적거릴	水	水	7
	戭	창	戈	金	15		滛	잠길, 막힐	水	水	13

발음	한자	뜻	부수	자원오행	획수
인	鈏	주석	金	金	12
	㧢	의지할	手	木	10
	扨	집을, 작살	手	木	7
	歅	의심할	欠	火	13
일	日	날, 햇빛	日	火	4
	壹	姓, 한, 정성	士	木	12
	劮	기쁠	力	金	7
	一	하나, 첫째	一	木	1
	溢	넘칠, 가득할	水	水	14
	鎰	중량 단위	金	金	18
	馹	역말, 역마	馬	火	14
	佾	춤, 춤출	人	火	8
	佚	편안할, 숨을	人	火	7
	昳	기뻐할	日	火	8
	泆	끓을	水	水	9
	軼	앞지를	車	火	12
	苜	풀 이름	艸	木	10
	浂	물가 언덕	水	水	10
	妷	조카	女	土	8
	逸	달아날, 숨을 (逸의 本字)	辵	土	15
	逸	달아날, 숨을 (逸의 俗字)	辵	土	14
임	任	맡길, 믿을	人	火	6
	壬	아홉째 천간, 짊어질	士	水	4

발음	한자	뜻	부수	자원오행	획수
임	䛘	생각할	言	金	11
	稔	곡식 익을	禾	木	13
	䛣	믿을	言	金	13
	恁	생각할, 당신	心	火	10
	腍	맛 좋을	肉	水	14
	荏	들깨, 누에콩	艸	木	12
	絍	명주, 짤	糸	木	12
	衽	옷섶	衣	木	10
	紝	짤, 베를 짤	糸	木	10
	袵	옷깃	衣	木	12
	銋	젖을	金	金	14
	飪	익힐	食	水	13
	賃	품팔이, 더부살이	貝	金	13
	妊	아이 밸(姙과 同字)	女	土	7
	姙	아이 밸(妊과 同字)	女	土	9
입	入	들, 넣을	入	木	2
	廿	스물 (卄의 本字)	廾	水	4
	卄	스물 (廿의 俗字)	廾	木	3
잉	剩	남을, 더할	刀	金	12
	仍	인할, 거듭할	人	火	4
	芿	새 풀싹	艸	木	10
	媵	줄	女	土	13
	孕	아이 밸, 품을	子	水	5

발음	한자	뜻	부수	자원오행	획수	발음	한자	뜻	부수	자원오행	획수
	字	글자, 글씨	宀	木	6		籽	씨앗	米	木	9
	慈	姓, 사랑, 인자	心	火	14		柘	산뽕나무	木	木	9
	兹	무성할 (玆와 同字)	艸	木	12		泚	강 이름	水	水	10
	玆	무성할, 검을 (兹와 同字)	玄	火	10		粢	기장, 곡식	米	木	12
	滋	번성할, 더할	水	水	14		牸	암소	牛	土	10
	自	스스로, 몸소	自	木	6		秄	북돋울	禾	木	9
	子	아들, 자식	子	水	3		茈	지치, 능소화나무	艸	木	12
	秄	복돋울	禾	木	8		莿	까끄라기	艸	木	14
	姉	손윗누이 (姊의 俗字)	女	土	8		觜	별 이름	角	木	13
	姊	손윗누이 (姊의 俗字)	女	土	8		貲	재물	貝	金	13
	紫	자줏빛	糸	木	11		赭	붉은 흙	赤	火	16
자	資	재물, 자본	貝	金	13	자	鎡	호미	金	金	17
	姿	맵시, 모습	女	土	9		鷀	가마우지	鳥	火	20
	仔	자세할, 새끼	人	火	5		鷓	꿩과의 자고새	鳥	火	22
	磁	자석	石	金	15		藉	깔개, 빌릴	艸	木	20
	蔗	사탕수수, 맛좋을	艸	木	17		茨	가시나무	艸	木	12
	諮	물을, 자문할	言	金	16		褯	(석) 포대기	衣	木	16
	孜	힘쓸	子	水	7		炙	고기 구울	火	火	8
	瓷	사기그릇	瓦	土	11		煮	삶을, 익힐	火	火	13
	孆	너그럽고 순할	女	土	16		咨	물을, 탄식할	口	水	9
	孖	쌍둥이	子	水	6		疵	흠, 결점	疒	水	10
	孶	부지런할, 낳을	子	水	13		雌	암컷, 쇠약할	隹	火	13
	訿	꾀할, 사람 이름	言	金	12		者	놈, 어조사	老	土	10

발음	한자	뜻	부수	자원오행	획수	발음	한자	뜻	부수	자원오행	획수
자	恣	방자할, 멋대로	心	火	10	작	勺	구기	勹	金	3
	刺	찌를, 가시	力	金	8		酌	따를, 취할	酉	金	10
	呰	흠, 하자	口	水	9		岞	산높을	山	土	8
	眥	눈흘길, 볼	目	木	11		柞	조롱나무	木	木	9
	眦	흘길	目	木	11		豹	아롱짐승, 표범	犬	土	7
	胾	고깃점, 산적	肉	水	12		舃	까치, 새 이름	臼	土	12
	蚝	며루, 자방충	虫	水	9		鵲	까치	鳥	火	19
	訾	헐뜯을	言	金	13		嚼	씹을, 맛볼	口	水	21
	頿	코밑수염	頁	火	18		斫	벨, 자를	斤	金	9
	髭	잇수염	髟	火	16		炸	터질, 폭발할	火	火	9
	鮓	생선젓	魚	水	16		怍	부끄러워할	心	火	9
작	綽	너그러울, 여유있을	糸	木	14		斱	벨, 자를	斤	金	13
	作	지을, 이룰	人	火	7		汋	삶을	水	水	7
	昨	어제, 엊그제	日	火	9		圴	흙 자국	土	土	6
	爵	잔, 작위	爪	金	17	잔	殘	해칠, 무너질	歹	水	12
	灼	사를, 밝을	火	火	7		棧	잔도	木	木	12
	焯	밝을	火	火	12		潺	물 흐르는 소리	水	水	16
	妁	얌전할	女	土	8		孱	나약할	子	水	12
	婥	예쁠	女	土	11		盞	잔, 등잔	皿	金	13
	皭	흴, 맑은 모양	白	水	23		剗	(전) 깎을	刀	金	10
	碏	사람 이름	石	金	13		驏	안장 없는 말	馬	火	22
	芍	연밥, 함박꽃	艹	木	9	잠	暫	잠깐, 얼른	日	火	15
	雀	참새, 공작	隹	火	11		岑	봉우리, 높을, 클	山	土	7

발음	한자	뜻	부수	자원오행	획수	발음	한자	뜻	부수	자원오행	획수
잠	簪	비녀, 빠를	竹	木	18	장	臧	착할, 두터울	臣	火	14
	潛	자맥질할, 잠길 (潜의 本字)	水	水	16		樟	녹나무	木	木	15
	潜	잠길 (潛의 俗字)	水	水	16		薔	장미꽃	艸	木	19
	蠶	누에, 누에 칠	虫	水	24		長	姓, 긴, 길이, 오랠	長	木	8
	箴	바늘, 경계할	竹	木	15		章	姓, 글, 문장	立	金	11
	涔	괸물, 큰물	水	水	11		場	마당, 장소	土	土	12
잡	雜	썩을, 썩일	隹	火	18		將	姓, 장수, 나아갈 (将의 本字)	寸	土	11
	卡	지킬	卜	火	5		将	장수, 나아갈 (將의 略子)	寸	土	10
	磼	높을	石	金	17		丈	어른, 길이 단위	一	木	3
	襍	섞일	衣	木	18		帳	휘장, 군막	巾	木	11
	囃	메기는 소리	口	水	21		裝	꾸밀, 화장할	衣	木	13
	眨	깜짝일	目	木	10		奬	권면할, 도울 (獎의 俗子)	大	木	14
장	莊	단정할, 바를 (庄의 本子)	艸	木	13		獎	권면할, 도울 (奬의 本子)	犬	土	15
	庄	단정할 (莊의 俗子)	广	木	6		墙	담장, 경계 (牆과 同字)	土	土	16
	張	姓, 베풀, 넓힐	弓	金	11		牆	담장, 경계 (墙과 同字)	爿	土	17
	壯	군셀, 씩씩할 (壮의 本字)	士	木	7		粧	단장할	米	木	12
	壮	군셀, 씩씩할 (壯의 俗子)	士	木	6		匠	장인, 만들	匚	土	6
	璋	구슬, 반쪽 홀	玉	金	16		嶂	높고 가파른 산	山	土	14
	暲	해돋을, 밝을	日	火	15		廧	담, (색) 소신	广	木	16
	達	밝을	辵	土	18		糚	단장할	米	木	17
	奘	클, 튼튼할	大	木	10		妝	단장할	女	土	7
	漳	강 이름	水	水	15		萇	양도, 장초나무	艸	木	14
	狀	형상, 모양, 용모	犬	土	8		鄣	고을 이름	邑	土	18

발음	한자	뜻	부수	자원오행	획수	발음	한자	뜻	부수	자원오행	획수
장	鏘	금옥소리	金	金	19	장	瘴	장기, 풍토병	疒	水	16
	餦	산자, 유과	食	水	17		牂	숫양	羊	土	10
	仗	무기, 호위, 의지할	人	火	5		麞	노루	鹿	土	22
	檣	돛대	木	木	17		賍	장물, 숨길, 감출	貝	金	21
	蔣	姓, 줄, 진고	艸	木	17		醬	젓갈, 된장, 간장	酉	金	18
	仉	성(姓)	人	火	4	재	才	姓, 재주, 능할	手	木	4
	墇	막을	土	土	14		材	재목, 자질	木	木	7
	嶈	산 높을	山	土	14		在	姓, 있을, 살필	土	土	6
	薔	장미	艸	木	23		栽	심을 (㦮와 同字)	木	木	10
	欌	장롱, 의장	木	木	22		㦮	심을 (栽와 同字)	木	木	9
	漿	미음, 음료	水	水	15		載	실을, 이길	車	火	13
	掌	손바닥, 솜씨	手	木	12		溨	맑을	水	水	13
	藏	감출, 간직할	艸	木	20		宰	재상, 주관할	宀	木	10
	臟	오장, 내장	肉	水	24		梓	가래나무, 목공 (榟와 同字)	木	木	11
	障	막힐, 막을	阜	土	19		榟	가래나무, 목공 (梓와 同字)	木	木	14
	腸	창자, 마음	肉	水	15		再	두, 거듭	冂	木	6
	葬	장사지낼	艸	木	15		哉	어조사	口	水	9
	杖	지팡이, 짚을	木	木	7		財	재물, 처리할	貝	金	10
	偉	놀랄	人	火	13		裁	마를, 마름질	衣	木	12
	獐	노루	犬	土	15		齋	재계할, 집	齋	土	17
	嬙	궁녀	女	土	16		捚	손바닥에 받을	手	木	11
	戕	죽일	戈	金	8		賳	재물	貝	金	16
	牂	암양	爿	木	10		渽	물 이름	水	水	14

발음	한자	뜻	부수	자원오행	획수	발음	한자	뜻	부수	자원오행	획수
재	纔	재주, 근본	糸	木	23	저	貯	저축할, 쌓을	貝	金	12
	縡	일(事)	糸	木	16		佇	기다릴, 오랠	人	火	7
	粂	재계할, 삼갈	夂	土	9		儲	쌓을, 버금	人	火	18
	崽	자식	山	土	12		樗	가죽나무	木	木	15
	扗	있을	手	木	7		渚	물가, 강 이름	木	木	13
	騂	얼룩말	馬	火	20		紵	모시풀, 모시베	糸	木	11
	釮	날카로울	金	金	11		菹	채소절임	艸	木	14
	灾	재앙, 죄악	火	火	7		藷	사탕수수,참마	艸	木	20
	滓	앙금, 때	水	水	14		猪	돼지	犬	土	13
	齎	가져올, 보낼	齊	土	21		楮	닥나무, 종이	木	木	13
	災	재앙, 천벌	火	火	7		箸	젓가락, 대통	竹	木	15
쟁	錚	쇳소리	金	金	16		這	맞이할	辵	土	14
	箏	쟁, 13현의 악기	竹	木	14		褚	솜옷	衣	木	15
	崢	가파를	山	土	11		陼	물가, (도) 담장	阜	土	17
	琤	옥소리	玉	金	13		雎	물수리, 징경이	隹	火	13
	鎗	종소리	金	金	18		低	밑, 낮을	人	火	7
	諍	간할, 다툴	言	金	15		底	밑, 그칠	广	木	8
	爭	다툴, 분명할	爪	火	8		邸	집, 이를	邑	土	12
	猙	흉악할	犬	土	12		宁	쌓을	宀	木	5
저	忯	지혜	心	火	9		岨	돌산	山	土	8
	訏	슬기로울	言	金	12		杼	북, 베틀의 북	木	木	8
	著	지을, 분명할	艸	木	15		柢	뿌리	木	木	9
	苧	모시	艸	木	11		氐	근본, 낮을	氏	火	5

발음	한자	뜻	부수	자원오행	획수	발음	한자	뜻	부수	자원오행	획수
저	潴	웅덩이 (潴와 同字)	水	水	20	적	的	과녁, 표준	白	火	8
	潴	웅덩이 (潴와 同字)	水	水	16		赤	붉을, 벌거숭이	赤	火	7
	牴	부딪칠, 닿을 (觝와 同字)	牛	土	9		適	갈, 이를	辵	土	18
	觝	부딪칠, 닿을 (牴와 同字)	角	木	12		笛	피리, 저	竹	木	11
	罝	짐승그물	网	木	11		摘	추릴, 연주할	手	木	15
	羝	숫양	羊	土	11		寂	고요할, 쓸쓸할	宀	木	11
	苴	속창	艸	木	11		籍	호적, 문서	竹	木	20
	蛆	구더기	虫	水	11		積	쌓을, 모을	禾	木	16
	袛	속적삼	衣	木	11		績	길쌈, 이을	糸	木	17
	詆	꾸짖을	言	金	12		勣	공, 업적	力	土	13
	齟	어긋날	齒	金	20		荻	물억새	艸	木	13
	咀	씹을, 저주할	口	水	8		蹟	행적, 자취	足	土	18
	姐	누이, 교만할	女	土	8		糴	쌀 사들일	米	木	22
	杵	공이, 방망이	木	木	8		菂	연밥	艸	木	14
	狙	원숭이, 교활할	犬	土	9		翟	꿩	羽	火	14
	疽	등창, 종기	疒	水	10		迹	자취, 행적	辵	土	13
	詛	저주할, 맹세할	言	金	12		鏑	살촉	金	金	19
	躇	머뭇거릴, 밟을	足	土	20		跡	발자취, 흔적	足	土	13
	抵	거스를, 거절할	手	木	9		敵	대적할, 원수	攴	金	15
	沮	막을, 방해할	水	水	9		樀	추녀, 처마	木	木	15
적	玓	빛날	玉	金	8		磧	서덜, 모래벌	石	金	16
	滴	물방울, 스밀	水	水	15		覿	볼, 붉을	見	火	22
	迪	나아갈, 이끌	辵	土	12		逖	멀	辵	土	14

발음	한자	뜻	부수	자원오행	획수	발음	한자	뜻	부수	자원오행	획수
적	馰	별박이, 준마	馬	火	13		佺	신선 이름	人	火	8
	吊	조상할, 문안할	口	水	6		專	오로지, 전일할	寸	土	11
	炙	고기 구울	火	火	8		荃	겨자무침	艸	木	12
	樀	망치, 땅 이름	木	木	16		佃	밭갈, 소작인	人	火	7
	商	밑동, 뿌리	口	水	11		塼	벽돌	土	土	14
	謫	귀양갈, 유배될	言	金	18		廛	가게, 터	广	木	15
	嫡	정실, 본처	女	土	14		畑	화전	田	土	9
	狄	오랑캐	犬	土	8		箋	찌지, 글	竹	木	14
	賊	도적, 해칠	貝	金	13		輾	구를, 반전할	車	金	17
전	田	姓, 밭, 심을	田	木	5	전	鈿	비녀	金	金	13
	全	姓, 온전할	入	土	6		鐫	새길	金	金	21
	典	법, 가르침, 맡을	八	金	8		悛	고칠, 중지할	心	火	11
	前	앞, 일찍이	刀	金	9		篆	전자, 도장	竹	木	15
	展	펼, 늘일	尸	水	10		筌	통발	竹	木	12
	傳	전할, 말할	人	火	13		餞	전별할	食	水	17
	栓	나무못, 빗장	木	木	10		電	번개, 전기	雨	水	13
	詮	평론할, 갖출	言	金	13		錢	姓, 돈	金	金	16
	銓	저울질할	金	金	14		甎	벽돌	瓦	土	16
	琠	옥 이름, 귀막이	玉	金	13		畋	밭 갈	攵	金	9
	雋	성, 준걸	隹	火	13		磚	벽돌	石	金	16
	甸	경기	田	火	7		鄽	가게, 집터	邑	土	22
	塡	메울, 채울	土	土	13		鋑	새길	金	金	15
	殿	대궐, 전각	殳	金	13		鈿	가마	金	金	16

발음	한자	뜻	부수	자원오행	획수	발음	한자	뜻	부수	자원오행	획수
전	靛	청대	靑	木	16	전	賟	넉넉할	貝	金	15
	顓	오로지	頁	火	18		沺	수세(水勢)가 광대할	水	水	9
	顚	꼭대기, 정수리	頁	火	19		飦	죽, 된죽	食	水	12
	轉	구를, 회전할	車	火	18		餰	된죽	食	水	18
	嫥	오로지, 아름다울	女	土	14		鬋	귀밑머리 늘어질	髟	火	19
	振	펼, 활짝 펼	手	木	14		鱣	잉어	魚	水	24
	姾	여자가 단정할	女	土	9		瀍	강 이름	水	水	19
	巓	산꼭대기	山	土	22		琠	옥 이름	玉	金	14
	旃	姓, 깃발	方	土	10		鸇	송골매	鳥	火	24
	栴	단향목	木	木	10		澱	앙금, 찌꺼기	水	水	17
	湔	씻을	水	水	13		剪	자를, 가위	刀	金	11
	澶	(단) 물 고요히 흐를	水	水	17		揎	칠, 높이 올릴	手	木	14
	牋	종이, 편지	片	木	12		氈	모전, 양탄자	毛	木	17
	痊	나을, 고칠	疒	水	11		奠	제사지낼	大	木	12
	癜	어루러기	疒	水	18		煎	마음 졸일, 애태울	火	火	13
	籛	姓, 성씨	竹	木	22		顫	떨릴, 놀랄	頁	火	22
	羶	누린내, (형) 향기	羊	土	19		癲	미칠, 지랄병	疒	水	24
	翦	자를, 깎을	羽	火	15		箭	화살	竹	木	15
	腆	두터울	肉	水	14		纏	얽힐, 묶일	糸	木	21
	膞	저민 고기	肉	水	17		戰	姓, 싸울, 경쟁할	戈	金	16
	躔	궤도, 자취	足	土	22		呟	핥을	口	水	7
	輇	상여, 수레	車	火	13		囀	지저귈	口	水	21
	邅	머뭇거릴	辵	土	20		屇	구멍	尸	水	8

발음	한자	뜻	부수	자원오행	획수	발음	한자	뜻	부수	자원오행	획수
전	竱	같을	立	金	16	점	點	점, 점찍을 (点의 本字)	黑	水	17
	洊	흐트러질	水	水	9		点	점, 점찍을 (點의 俗字)	火	火	9
	朘	줄어들	肉	水	13		奌	점, 점찍을 (點의 略字)	大	木	8
	樿	나무 혹	木	木	16		津	나아갈	聿	火	8
	津	나아갈(점)	聿	火	8		漸	번질, 차츰	水	水	15
	戩	다할, 멸할	戈	金	14		鮎	메기	魚	水	16
	揃	자를, 기록할	手	木	13		岾	땅 이름	山	土	8
	靦	부끄러워할	面	火	16		霑	젖을	雨	水	16
절	晢	밝을, 총명할	日	火	11		粘	끈끈할	米	木	11
	浙	강 이름	水	水	11		簟	대자리	竹	木	18
	嵒	산굽이	山	土	7		苫	이엉	艸	木	11
	節	마디, 절제할	竹	木	15		蔪	우거질	艸	木	17
	絕	끊을, 뛰어날 (絶과 同字)	糸	木	12		颭	물결 일	風	木	14
	絶	끊을, 뛰어날 (絶과 同字)	糸	木	12		坫	경계, 한계	土	土	8
	墆	저축할	土	土	14		黏	(염) 차질	黍	木	17
	切	끊을, 저밀	刀	金	4		佔	볼, 엿볼	人	火	7
	折	꺾을, 절단할	手	木	8		墊	빠질	土	土	14
	癤	부스럼	疒	水	20		玷	이지러질	玉	金	10
	竊	훔칠, 도둑	穴	水	22		笘	회초리	竹	木	11
	截	끊을, 다스릴	戈	金	14		蛅	쐐기	虫	水	11
	睫	힐끗 볼	目	火	12		覘	(첨) 엿볼	見	火	12
점	店	가게, 주막	广	木	8	접	接	사귈, 교차할	手	木	12
	占	姓, 점칠, 점	卜	火	5		蝶	나비	虫	水	15

발음	한자	뜻	부수	자원오행	획수	발음	한지	뜻	부수	자원오행	획수
접	摺	접을, 주름	手	木	15		瀞	맑을	水	水	20
	椄	접붙일	木	木	12		情	뜻, 마음속	心	火	12
	楪	마루	木	木	13		靜	고요할, 조용할 (静의 本字)	靑	木	16
	蝶	나비	虫	水	14		静	고요할, 조용할 (靜의 俗字)	靑	木	14
	跕	밟을	足	土	12		淳	물괼, 정지할	水	水	13
	蹀	밟을	足	土	16		涏	곧을	水	水	11
	鰈	(탑) 가자미	魚	水	20		汀	물가, 수렁	水	水	6
정	炡	빛날	火	火	9		玎	옥소리	玉	金	7
	廷	姓, 조정, 공정할	廴	木	7		禎	상서, 행복	示	木	14
	鄭	姓, 나라 이름	邑	土	19		湞	물 이름	水	水	13
	靖	편안할, 고요할	靑	木	13		鼎	솥, 늘어질	鼎	火	13
	靚	단장할, 정숙할	靑	木	15		晶	밝을, 맑을	日	火	12
	訂	바로잡을	言	金	9		埩	밭갈	土	土	11
	婷	예쁠	女	土	12		姃	엄전할	女	土	7
	淨	깨끗할, 맑을	水	水	12		靘	청정할	靑	木	11
	庭	뜰, 조정	广	木	10		晸	해뜨는 모양	日	火	12
	井	우물, 샘	二	水	4		珽	옥 이름, 옥홀	玉	金	12
	正	바를, 바로잡을	止	土	5		挺	빼어날, 너그러울	手	木	11
	政	정사, 법규	攴	金	9		奵	얼굴 좋을	女	土	5
	定	정할, 반드시	宀	木	8		娗	모양 낼	女	土	10
	貞	姓, 곧을, 정조	貝	金	9		竫	편안할	立	金	13
	精	진실, 깨끗할	米	木	14		睛	잘 들을	耳	火	14
	瀞	맑을	水	水	20		柾	나무 바를	木	木	9

발음	한자	뜻	부수	자원오행	획수	발음	한자	뜻	부수	자원오행	획수
	梃	막대기, 지레	木	木	11		眐	똑바로 볼	目	木	7
	檉	위성류	木	木	17		棖	문설주	木	木	12
	淀	얕은 물, 배댈	水	水	12		疔	정, 헌데	疒	水	7
	侹	긴모양, 꼿꼿할	人	火	9		筳	가는 대	竹	木	13
	旌	기, 밝힐	方	木	11		莛	풀줄기	艸	木	13
	頳	아름다울	頁	火	17		証	(증) 간할	言	金	12
	碇	닻, 배 멈출	石	金	13		偵	정탐할, 염탐꾼	人	火	11
	丁	姓, 장정, 넷째 천간	一	火	2		楨	광나무	木	木	13
	頂	꼭대기, 정수리	頁	火	11		灯	열화	火	火	6
	停	머무를, 정해질	人	火	11		矴	바라볼	木	木	10
	艇	거룻배	舟	木	13		靘	검푸른 빛	靑	木	14
정	諚	조정할	言	金	16	정	掟	벌릴, 규정	手	木	12
	亭	정자, 여인숙	亠	火	9		頲	곧을	頁	火	16
	程	姓, 한정, 헤아릴	禾	木	12		幀	그림 족자	巾	木	12
	征	세받을, 찾을	彳	火	8		鉦	징	金	金	13
	整	정돈할	攴	金	16		錠	촛대, 신선로	金	金	16
	町	밭두둑, 경계	田	土	7		鋌	살촉, 쇳덩이	金	金	15
	呈	드릴, 드러낼	口	水	7		釘	못	金	金	10
	桯	탁자, 기둥	木	木	11		穽	함정	穴	水	9
	珽	패옥, 노리개	玉	金	12		酊	술취할	酉	金	9
	娗	단정할	女	土	8		霆	천둥소리	雨	水	15
	婧	(청) 날씬할	女	土	11		綎	띠술	糸	木	13
	赬	붉을	赤	火	16		叮	신신당부할	口	水	5

발음	한자	뜻	부수	자원오행	획수	발음	한자	뜻	부수	자원오행	획수
정	怔	황겁할	心	火	9	정	阸	언덕	阜	土	13
	醒	숙취	酉	金	14		顊	이마	頁	火	17
	遉	엿볼	辵	土	16		鴊	매	鳥	火	16
	睛	눈동자	目	木	13		朾	칠, 두드릴	木	木	6
	佂	황급할	人	火	7		鋥	칼을 갈	金	金	15
	胜	비닐, 날고기	肉	水	11	제	弟	아우, 동생	弓	水	7
	裎	성씨	示	木	12		第	차례, 집	竹	木	11
	窏	조금 찌를	穴	水	7		帝	임금, 제왕	巾	木	9
	窪	널찍한 모양	穴	水	17		媞	안존할, 예쁠	女	土	12
	仃	외로울	人	火	4		儕	동배, 함께	人	火	16
	淨	차가울	冫	水	10		禔	편안할	示	木	14
	圢	밭 고랑	土	土	5		倢	준걸	人	火	11
	寊	사람 이름, 넓은 집	宀	木	12		儠	준걸	人	火	13
	崢	높은 산	山	土	12		姼	예쁠	女	土	9
	掟	가릴	手	木	11		晢	밝을	日	火	11
	揁	당길	手	木	13		題	표제, 이마	頁	火	18
	棖	문배나무	木	木	13		除	계단, 섬돌	阜	土	15
	洪	물 모양	水	水	8		諸	姓, 모든, 말잘할	言	金	16
	泟	붉을	水	水	9		製	지을, 마를	衣	木	14
	矴	닻	石	金	7		提	들, 끌, 당길	手	木	13
	碃	돌 정자	石	金	14		際	만날, 어울릴	阜	土	19
	葶	두루미냉이	艹	木	15		齊	姓, 모두, 엄숙할	齊	土	14
	詀	분부(범)	言	金	15		濟	건널, 구제할 (済의 本字)	水	水	18

발음	한자	뜻	부수	자원오행	획수	발음	한자	뜻	부수	자원오행	획수
제	済	구제할 (濟의 俗字)	水	水	12	제	鯷	메기	魚	水	20
	悌	공경할, 부드러울	心	火	11		臍	배꼽	肉	水	20
	梯	사닥다리, 층계	木	木	11		偙	용모	人	火	9
	劑	약조제할	刀	金	16		渧	강 이름	水	水	12
	薺	냉이	艸	木	20		渧	물방울	水	水	13
	醍	맑은 술	酉	金	16		澕	물가	水	水	15
	霽	날씨 갤	雨	水	22		蹄	올무, 밟을	足	土	16
	荑	싹, 싹틀	艸	木	11		擠	밀칠	手	木	18
	堤	막을, 방죽	土	土	12		猘	(계) 미친 개	犬	土	12
	制	절제할, 금할	刀	金	8		睇	흘깃 볼	目	木	12
	祭	제사, 기고	示	木	11		啼	울, 울부짖을	口	水	12
	瑅	제당, 옥 이름	玉	金	14	조	覜	뵐	見	火	13
	娣	손아래 누이	女	土	10		調	고를, 균형잡힐	言	金	15
	稊	돌피	禾	木	12		造	지을, 만들	辶	土	14
	緹	붉을	糸	木	15		助	도울, 유익할	力	土	7
	蹏	(지) 밟을	足	土	16		昭	밝을	日	火	9
	蹢	굽	足	土	17		照	비칠, 빛날	火	火	13
	躋	오를	足	土	21		眺	밝을	日	火	10
	隮	오를	阝	土	22		嫐	예쁠	女	土	14
	錦	큰 가마	金	金	17		祚	복, 천자의자리	示	金	10
	隄	둑	邑	土	16		趙	姓, 조나라	走	火	14
	韲	회	韭	木	19		組	끈, 짤	糸	木	11
	鮧	메기	魚	水	17		彫	새길, 꾸밀	彡	火	11

발음	한자	뜻	부수	자원오행	획수	발음	한자	뜻	부수	자원오행	획수
	潮	조수, 밀물	水	水	16		糟	전국, 거르지 않은 술	米	木	17
	曹	姓, 마을, 무리 (曹의 本字)	日	金	11		繰	야청빛, (소) 고치 켤	糸	木	19
	曺	마을, 무리 (曹의 俗子)	日	火	10		藻	말, 무늬	艸	木	22
	朝	아침, 알현할	月	水	12		傮	(주) 마칠	人	火	13
	嶆	깊을	山	土	14		刁	조두, (도) 칼	刀	金	2
	奝	클	大	木	11		厝	둘, (착) 섞일	厂	木	10
	兆	조짐, 점괘	儿	火	6		燥	마를	火	火	17
	早	새벽, 이를	日	火	6		操	잡을, 움켜쥘	手	木	17
	租	구실, 세금	禾	木	10		條	곁가지, 유자나무	木	木	11
	趒	갈	辵	土	12		嬥	날씬할	女	土	17
	措	둘, 그만둘	手	木	12		找	채울	手	木	8
조	晁	아침 (朝의 古字)	日	火	10	조	炤	비출 (밝을 소)	火	火	9
	窕	안존할, 고요할	穴	水	11		蔦	담쟁이	艸	木	17
	詔	가르칠, 고할	言	金	12		譟	떠들	言	金	20
	遭	만날, 상봉할	辵	土	18		釣	낚을, 낚시	金	金	12
	棗	대추나무 (棗의 本字)	木	木	12		銚	가래	金	金	14
	枣	대추나무 (棗의 俗子)	二	木	8		鄡	땅 이름	邑	土	20
	槽	구유, 나무통	木	木	15		鍸	불리지 않은 쇠	金	金	16
	漕	수레, 홈통	水	水	15		鼂	아침, 바다거북	黽	土	18
	眺	바라볼, 살필	目	木	11		嘈	들렐	口	水	14
	俎	도마	人	火	9		噪	떠들썩할	口	水	16
	璪	면류관 드림옥	玉	金	18		徂	갈, (저) 겨냥할	彳	火	8
	稠	빽빽할, 고를	禾	木	13		懆	근심할	心	火	17

발음	한자	뜻	부수	자원오행	획수	발음	한자	뜻	부수	자원오행	획수
조	殂	죽을	歹	水	9	조	爪	손톱, 메뚜기	爪	木	4
	澡	씻을	水	水	17		粗	기칠, 쓸지 않은 쌀	米	木	11
	琱	아로새길	玉	金	13		肇	칠, 공격할	聿	火	14
	竈	부엌	穴	水	21		釣	낚시, 낚을, 구할	金	金	11
	筜	조리	竹	木	10		祖	할아비, 근본	示	金	10
	糙	매조미쌀	米	木	17		弔	조상할, 서러울	弓	土	4
	糶	쌀 팔	米	木	25		鳥	새	鳥	火	11
	絩	실 수효	糸	木	12		佻	(요) 경박할	人	火	8
	胙	제육	肉	水	11		條	끈, 줄	糸	木	13
	臊	누린내 날	肉	水	19		皁	하인	白	金	7
	艚	거룻배	舟	木	17		祧	천묘	示	木	11
	蜩	쓰르라미	虫	水	14		啁	비웃을	口	水	11
	誂	꾈	言	金	13	족	族	겨레, 모일	方	木	11
	鯛	도미	魚	水	19		足	발, 뿌리	足	土	7
	鵰	독수리	鳥	火	19		簇	모일, 조릿대	竹	木	17
	珇	옥홀장식	玉	金	10		鏃	살촉	金	金	19
	碉	돌집	石	金	13		瘯	옴	疒	水	16
	蚤	벼룩, 일찍이	虫	水	10	존	存	있을, 보전할	子	水	6
	躁	성급할, 조급할	足	土	20		尊	높을, 공경할	寸	木	12
	阻	험할, 걱정할	阜	土	13		拵	의거할	手	木	10
	雕	독수리	隹	火	16	졸	卒	군사, 무리	十	金	8
	凋	시들, 슬퍼할	冫	水	10		拙	서투를, 못날	手	木	9
	嘲	비웃을, 조롱할	口	水	15		猝	갑자기, 빠를	犬	土	12

빌음	한자	뜻	부수	자원오행	획수	발음	한자	뜻	부수	자원오행	획수
	倧	편안할	彳	火	11		慒	(조) 생각할	心	火	15
	徖	갈, 가르칠	彳	火	12		樅	전나무	木	木	15
	嵕	산우뚝할	山	土	14		瘲	수중다리	广	水	14
	嵸	산우뚝할	山	土	14		蝬	메뚜기	虫	水	17
	鍾	쇠북, 시계	金	金	17		踵	발꿈치, 쫓을, 계승할	足	土	16
	宗	姓, 마루, 근원, 높을	宀	木	8		慫	권할, 놀랄	心	火	15
	種	씨, 혈통	禾	木	14		塜	연못 둑	土	土	12
	鐘	姓, 쇠북, 종	金	金	20		熎	탈, 불타오를	火	火	13
	倧	한배, 신인	人	木	10		鍯	쇠털	金	金	16
	琮	패옥소리	玉	金	13		鬷	가마솥	鬲	土	19
	淙	물소리	水	水	12		褈	거듭	衣	木	15
	嵏	산 이름	山	土	12		潀	물가의 언덕	水	水	16
종	柊	나무, 종엽	木	木	9	종	腫	부스럼, 혹	肉	水	15
	椶	종려나무 (棕과 同字)	木	木	13		終	마지막, 다할	糸	木	11
	棕	종려나무 (椶과 同字)	木	木	12		縱	바쁠, 세로	糸	木	17
	悰	즐거울	心	火	12		伀	허겁지겁할	人	火	6
	綜	모을, 잉아	糸	木	14		佐	姓, 도울, 보좌관	人	火	7
	炂	녹일	火	火	8		座	지위, 자리	广	木	10
	蹤	자취 (踪과 同字)	足	土	18		左	姓, 왼, 왼쪽	工	火	5
	踪	자취 (蹤과 同字)	足	土	15	좌	坐	앉을, 무릎꿇을-	土	土	7
	從	따를, 허락할	彳	火	11		莝	여물	艸	木	13
	孮	자손번성할	子	水	11		挫	꺾을, 결박할	手	木	11
	璁	패옥소리	玉	金	16		剉	꺾을	刀	金	9

발음	한자	뜻	부수	자원오행	획수	발음	한자	뜻	부수	자원오행	획수
좌	痤	부스럼	疒	水	12	주	朱	姓, 붉을	木	木	6
	髽	북상투	髟	火	17		宙	집, 하늘	宀	木	8
죄	罪	허물, 죄	网	木	14		走	달릴, 달아날	走	火	7
주	炷	심지	火	火	9		晝	낮, 땅 이름	日	火	11
	綢	밝을	白	火	13		紂	끈, 말고삐	糸	木	9
	註	주낼, 기록할	言	金	12		紬	명주, 모을	糸	木	11
	珠	姓, 구슬, 진주	玉	金	11		酎	전국술	酉	金	10
	柱	기둥, 버틸	木	木	9		燽	밝을, 드러낼	火	火	18
	周	姓, 두루, 구할	口	水	8		輳	모일	車	火	16
	株	뿌리, 그루	木	木	10		舟	배, 실을	舟	木	6
	鉒	쇳돌	金	金	13		住	머무를, 거처할	人	火	7
	州	고을, 섬	巛	水	6		洲	섬, 물가	水	水	10
	拄	버틸, 세울	手	木	9		胄	맏아들, 핏줄	肉	水	11
	週	돌, 주일	辵	土	15		奏	아뢸, 상소	大	木	9
	逎	굳셀, 다가설 (遒의 同字)	辵	土	16		湊	물 모일, 항구 (湊의 本字)	水	水	13
	遒	굳셀 (遒의 俗字)	辵	土	14		凑	물 모일 (湊의 俗字)	冫	水	11
	姓	예쁠, 사람 이름	女	土	8		詋	빌, 기원할	言	金	12
	做	지을, 만들	人	火	11		絑	붉을	糸	木	12
	廚	부엌, 주방	广	木	15		邾	나라 이름	邑	土	14
	澍	단비, 젖을	水	水	16		椆	나무 이름	木	木	12
	姝	예쁠, 연약할	女	土	9		晭	햇빛	日	火	12
	主	주인, 임금	丶	木	5		絒	댈	糸	木	11
	注	물댈, 따를	水	水	9		珘	구슬	玉	金	11

발음	한자	뜻	부수	자원오행	획수	발음	한자	뜻	부수	자원오행	획수
주	調	아침	言	金	15	주	綢	얽을, 동여맬	糸	木	14
	聕	귀 밝을	耳	火	14		蛛	거미	虫	水	12
	晭	밝을	日	火	12		誅	벨, 멸할	言	金	13
	賍	재물	貝	金	12		躊	머뭇거릴	足	土	21
	籌	살, 산가지	竹	木	20		伷	투구 (胄와 同字)	人	火	7
	鑄	쇠 부어 만들, 인재 양성할	金	金	22		咮	부리, 주둥이	口	水	9
	疇	밭두둑, 경계	田	土	19		婤	얼굴 얌전할	女	土	11
	駐	머무를	馬	火	15		楱	나무 이름	木	木	13
	詋	방자, 다라니	言	金	12		洀	파문	水	水	10
	賙	진휼할	貝	金	15		澍	물돌릴	水	水	12
	趎	사람 이름	走	火	13		睭	깊을	目	木	13
	輈	끌채	車	火	13		粙	벼에 알이 들	米	木	11
	霌	운우 모양	雨	水	16		輖	낮을	車	火	15
	侜	가릴	人	火	8		銂	금칼	金	金	14
	儔	무리	人	火	16		麈	큰사슴	鹿	土	16
	幬	휘장	巾	木	17		呪	빌, 저주	口	水	8
	硃	주사, 붉은 먹	石	金	11		喌	부추길, (촉) 개부를	口	水	15
	籒	주문	竹	木	21		丟	아주 갈	一	木	6
	葤	대주	艸	木	17		尌	하인	寸	木	12
	霔	장마	雨	水	16		鼄	거미	黽	土	19
	冑	투구	冂	火	9		腠	살결	肉	水	15
	侏	난쟁이, 광대	人	火	8		肘	팔꿈치	肉	水	11
	酒	술, 냉수	酉	金	11		蚰	나무굼벵이	虫	水	11

발음	한자	뜻	부수	자원오행	획수	발음	한자	뜻	부수	자원오행	획수
주	裯	홑이불	衣	木	14	준	駿	준마, 뛰어날	馬	火	17
	詶	저주할	言	金	13		雋	영특할, 새살찔	隹	火	13
	啁	비웃을	口	水	11		儁	준걸, 훌륭할	人	火	15
죽	竹	대, 피리	竹	木	6		隼	새매	隹	火	10
	粥	姓, 죽, 사물의 모양	米	木	12		寯	준걸	宀	木	16
준	準	법도, 평평할 (準의 本子)	水	水	14		埻	과녁, 살받이터	土	土	11
	凖	준할 (準의 俗子)	冫	水	12		葰	클, 생강	艸	木	15
	俊	姓, 준걸, 뛰어날	人	火	9		晙	볼	目	木	12
	儁	뛰어날	門	木	18		餕	대궁	食	水	16
	純	순수할, 온화할	糸	木	10		逡	앞설	辵	土	13
	峻	높을, 높고클	山	土	10		鐏	창고 달	金	金	20
	浚	깊을, 취할	水	水	11		懏	똑똑할	心	火	17
	濬	깊을, 개천을 칠 (睿과 同字)	水	水	18		後	물러갈	彳	火	10
	睿	깊을 (濬과 同字)	谷	水	12		僎	돕는 사람 (선)	人	火	14
	晙	밝을, 이를	日	火	11		倬	부유할, 두터울	人	火	11
	焌	불태울	火	火	11		賰	더할	貝	金	14
	准	승인할, 견줄	冫	水	10		踆	마칠	足	土	14
	陵	높을, 가파를 (埈과 同字)	阜	土	15		蹲	쭈그릴	足	土	19
	埈	높을, 가파를 (陵과 同字)	土	土	10		鵔	금계	鳥	火	18
	竣	일 마칠, 물러설	立	土	12		惷	어수선할	心	火	13
	竴	기쁠	立	金	17		皺	주름	皮	金	12
	傮	모일, 공경할	人	火	14		蠢	꿈틀거릴	虫	水	21
	畯	농부, 권농관	田	土	12		樽	술통	木	木	16

발음	한자	뜻	부수	자원오행	획수	발음	한자	뜻	부수	자원오행	획수
준	遵	좇을, 순종할	辵	土	19	즉	喞	두런거릴	口	水	12
	墫	술그릇	土	土	15	즐	櫛	빗, 빗질, 즐비할	木	木	19
	稕	짚단	禾	木	13		騭	수말	馬	火	20
	撙	누를	手	木	16		楫	노, 모을	木	木	13
	綧	어지러울	糸	木	14		葺	기울, 덮을	艸	木	15
	罇	술두루미	缶	土	18	즙	汁	진액, 즙	水	水	6
	趡	걸음이 빠른 모양	走	火	14		檝	배 젓는 노	木	木	17
	夋	천천히걷는 모양	夊	土	7		蕺	삼백초	艸	木	19
	逡	뒷걸음질 칠	辵	土	11		濈	화목할	水	水	17
	鱒	송어	魚	水	23		曾	姓, 일찍, 곧	日	火	12
	峻	가파를	山	土	15		增	더할, 많을	土	土	15
	捘	밀칠	手	木	11		證	증거, 증명할	言	金	19
줄	茁	풀싹, 성할	艸	木	11		贈	줄, 보낼	貝	金	19
	乼	줄(끈)	乙	木	9		甑	시루, 고리	瓦	土	17
	中	가운데, 안쪽	丨	土	4		拯	건질, 구조할	手	木	10
	重	무거울	里	土	9	증	鄫	나라 이름	邑	土	19
	衆	무리	血	水	12		繒	비단, 명주	糸	木	18
중	種	거듭(종)	衣	木	15		烝	김오를, 찔	火	火	10
	仲	버금, 다음	人	火	6		憎	미워할, 미움	心	火	16
	緟	더할	糸	木	15		症	병세	疒	水	10
	眾	무리	目	木	11		蒸	찔, 더울	艸	木	16
즉	卽	곧, 가까울 (即의 俗子)	卩	水	9		嶒	(쟁) 높을	山	土	15
	即	곧, 가까울 (即의 俗子)	卩	木	7		矰	주살, 화살	矢	金	17

발음	한자	뜻	부수	자원오행	획수	발음	한자	뜻	부수	자원오행	획수
증	罾	그물	网	木	18		之	갈, 이를	丿	土	4
지	支	가지, 지탱할	支	土	4		紙	종이, 편지	糸	木	10
	誌	새길, 명심할	金	金	15		恀	믿을	心	火	8
	枝	가지, 버틸	木	木	8		坻	머무를	土	土	7
	知	姓, 알, 깨달을 (䇅와 同字)	矢	金	8		觝	만날 지	角	木	11
	䇅	알 (知와 同字)	矢	金	10		駤	굳셀	馬	火	14
	地	땅, 바탕	土	土	6		劻	굳건할	力	金	6
	池	姓, 못, 연못	水	水	7		禔	복(제, 시)	示	木	14
	沚	물가	水	水	8		遲	늦을, 더딜	辵	土	19
	洔	섬, 물가	水	水	10		旨	뜻, 맛있을	日	火	6
	泜	붙을, 가지런한 모양	水	水	8		芝	지초, 버섯	艸	木	10
	址	터, 토대	土	土	7	지	咫	길이	口	水	9
	扺	손바닥	手	木	8		枳	탱자나무	木	木	9
	阯	터	阜	土	12		漬	담글, 적실	水	水	15
	祉	복	示	木	9		識	적을, 표할(식)	言	金	19
	智	姓, 슬기, 밝을 (䥄와 同字)	日	火	12		贄	폐백	貝	金	18
	䥄	슬기 (智와 同字)	矢	金	16		芷	구리때, 향기풀 뿌리	艸	木	10
	志	뜻, 마음	心	火	7		砥	숫돌	石	金	10
	至	이를, 지극할	至	土	6		持	가질, 잡을	手	木	10
	祇	공경할, 삼갈	示	金	10		止	말, 그칠	止	土	4
	誌	기록할	言	金	14		指	손가락, 가리킬	手	木	10
	厎	숫돌, 갈	厂	土	7		坘	(저) 모래섬	土	土	8
	只	다만, 어조사	口	水	5		墀	지대, 뜰 지	土	土	15

발음	한자	뜻	부수	자원오행	획수	빌음	한자	뜻	부수	자원오행	획수
	楮	주춧돌	木	木	14		輊	이를(진)	至	土	12
	泜	물 이름	水	水	9		袛	가사	衣	木	10
	秪	다만	禾	木	10		覷	자세히 볼	見	火	14
	篪	피리	竹	木	16	지	鷙	새매, 새 이름	鳥	火	15
	軹	굴대 끝	車	火	12		舓	핥을	舌	火	10
	實	이를(열매 실)	宀	木	14		踟	머뭇거릴	足	土	15
	漬	젖을	水	水	16		躓	넘어질	足	土	22
	鮨	젓갈	魚	水	17		直	곧을, 바를	目	木	8
	鷙	맹금	鳥	火	22		職	벼슬, 직분	耳	火	18
	搘	버틸	手	木	14		織	짤, 만들	糸	木	18
	吱	가는 소리	口	水	7	직	稙	올벼, 이를	禾	木	13
지	肢	사지, 팔다리	肉	水	10		稷	기장, 오곡 신	禾	木	15
	脂	기름, 비계	肉	水	12		禝	사람 이름	示	木	15
	蜘	거미	虫	水	14		辰	별 이름, 다섯째 지지	辰	土	7
	摯	잡을, 극진할	木	木	15		眞	姓, 참, 진실할 (真의 本字)	目	木	10
	趾	발, 발꿈치	足	土	11		真	참, 진실할 (眞의 俗字)	目	木	10
	痣	사마귀	疒	水	12		進	나아갈, 오를	辶	土	15
	祇	마침 (기,제)	衣	木	10	진	禛	복 받을	示	木	15
	祇	마침, 다만	示	木	9		賑	규휼할, 넉넉할	貝	金	14
	敊	많을	攴	土	10		鎭	진정할, 편안할	金	金	18
	杫	도마	木	木	8		瑨	아름다운 돌 (瑨의 本字)	玉	金	15
	汥	물나뉘어흐를	水	水	8		瑨	아름다운 돌 (瑨의 俗字)	玉	金	15
	秖	마침, 다만	禾	木	9		璡	옥돌	玉	金	17

발음	한자	뜻	부수	자원오행	획수	발음	한자	뜻	부수	자원오행	획수
진	津	나루, 언덕	水	水	10	진	稹	모일	禾	木	15
	䡄	밝을	臣	火	11		榛	모을	手	木	14
	枃	바디, 사침대	木	木	8		敐	기뻐하는 모양	攴	金	11
	桭	평고대, 대청	木	木	11		儘	다할	人	火	16
	榛	개암나무, 우거질	木	木	14		盡	다할, 마칠 (尽의 本字)	皿	金	14
	蓁	숲, 우거질	艸	木	16		尽	다할, 마칠 (盡의 俗字)	尸	木	6
	診	볼, 진찰할	言	金	12		侲	아이	人	火	9
	陣	진칠, 진영	阜	土	15		珒	옥 이름	玉	金	11
	陳	姓, 늘어놓을	阜	土	16		槇	결 고울	木	木	14
	昣	밝을	日	火	9		靕	바를	靑	木	13
	珍	보배, 진귀할 (珎의 本字)	玉	金	10		敒	(신) 다스릴	攴	金	11
	鉁	보배 (珍과 同字)	金	金	13		塡	누를, 진정할	土	土	13
	珎	보배 (珍의 俗字)	玉	金	10		抮	잡을, 되돌릴	手	木	9
	晉	姓, 나아갈, 억제할 (晋의 本字)	日	火	10		殸	칠, 뛰며 기뻐할	殳	金	11
	晋	나아갈 (晉의 俗字)	日	火	10		畛	두렁길	田	土	10
	敶	베풀	攴	金	15		縉	꽂을, 분홍빛	糸	木	16
	溱	성할, 많을	水	水	14		臻	이를, 미칠	至	土	16
	縝	삼실, 촘촘할	糸	木	16		蔯	더워질	艸	木	17
	眹	진중할	目	木	10		袗	홑옷	衣	木	11
	慎	삼갈	心	火	14		搢	흔들, 떨칠	手	木	14
	瑱	귀막이 옥	玉	金	15		振	떨칠, 떨쳐 일어날	手	木	11
	秦	姓, 진나라, 진벼	禾	木	10		震	벼락칠, 진동할	雨	水	15
	軙	수레, 기러기발	車	火	12		愼	땅 이름 (삼갈 신)	心	火	14

발음	한자	뜻	부수	자원오행	획수	발음	한자	뜻	부수	자원오행	획수
	滇	강 이름 (성할 전)	水	水	14		秩	차례, 쌓아올릴	禾	木	10
	溍	물 이름	水	水	14		晊	클, 밝을	日	火	10
	誫	움직일	言	金	14		姪	조카, 처질	女	土	9
	轃	이를	車	火	17		妷	조카	女	土	8
	塵	먼지, 더러울	土	土	14		佚	어리석을	人	火	8
	螴	설렐	虫	水	17		帙	책	巾	木	8
	趁	(연) 쫓을	走	火	12		垤	개밋둑	土	土	9
	鬒	숱 많고 검을	髟	火	20		絰	질	糸	木	12
	眹	눈동자	目	木	11		蒺	남가새	艸	木	16
	唇	놀랄	口	水	10	질	郅	고을 이름	邑	土	13
진	濜	급히 흐를	水	水	18		鑕	도끼	金	金	23
	砼	돌이 울퉁불퉁한 모양	石	金	10		膣	새살돋을, 음문	肉	水	17
	鷙	백로	鳥	火	21		迭	지나칠	辵	土	12
	紾	비틀	糸	木	11		桎	속박할, 막힐	木	木	10
	聄	고할	耳	火	11		窒	막을, 찰	穴	水	11
	胗	입술이 틀	肉	水	11		叱	꾸짖을, 욕할	口	水	5
	裖	홑옷, 갖출	衣	木	13		嫉	시기할, 미워할	女	土	13
	嗔	성낼, 성한 모양	口	水	13		蛭	거머리	虫	水	12
	殄	다할, 죽을	歹	水	9		跌	넘어질	足	土	12
	疹	홍역, 두창	疒	水	10		疾	병, 근심할	疒	水	10
	瞋	부릅뜰, 성낼	目	木	15		斟	술 따를	斗	火	13
질	瑨	사람 이름	玉	金	20	짐	朕	나	月	火	10
	質	바탕, 근본	貝	金	15		鴆	짐새	鳥	火	15

발음	한자	뜻	부수	자원오행	획수	발음	한자	뜻	부수	자원오행	획수
집	集	모일, 이룰	隹	火	12	차	車	(거) 姓, 수레	車	火	7
	什	세간	人	火	4		此	이, 이에	止	土	6
	潗	샘솟을, 물끓을 (潗과 同字)	水	水	16		借	빌릴, 도울	人	火	10
	潗	샘솟을 (潗과 同字)	水	水	16		姹	소녀, 아리따울	女	土	9
	堲	샘솟을	土	土	15		差	어긋날, 실수	工	火	10
	楫	노저을	木	木	13		硨	옥돌	石	金	12
	輯	화목할, 모일	車	火	16		瑳	깨끗할	玉	金	15
	濈	화목할 (즙)	水	水	17		侘	뽐낼	人	火	8
	鏶	금속판	金	金	20		嵯	우뚝솟을	山	土	13
	戢	많을	十	水	11		磋	갈	石	金	15
	緝	낳을, 모을	糸	木	15		茶	차, 씀바귀	竹	木	12
	執	잡을, 지킬	土	土	11		奲	너그러울	大	木	24
	咠	소곤거릴	口	水	9		齹	소금	鹵	土	21
	戢	거둘	戈	金	13		蹉	넘어질, 실패할	足	土	17
징	澄	맑을	水	水	16		遮	막을, 가로지를	辵	土	18
	徵	부를, 구할	彳	火	15		箚	찌를	竹	木	14
	澂	맑을	水	水	16		嗟	탄식할, 감탄할	口	水	13
	瀓	맑을	水	水	19		叉	깍지, 양갈래	又	水	3
	癥	적취, 어혈	疒	水	20		伣	잴	人	火	8
	瞪	(쟁) 바로 볼	目	木	17		岔	갈림길	山	土	7
	懲	혼날, 징계할	心	火	19		郌	땅 이름	邑	土	18
차	且	또, 그위에	一	木	5		扠	집을	手	木	7
	次	버금, 다음	欠	火	6		扡	벌릴	手	木	10

발음	한자	뜻	부수	자원오행	획수	발음	한자	뜻	부수	자원오행	획수
차	鎈	금빛	金	金	18	찬	巑	높이 솟을	山	土	22
	偖	빌릴	彳	火	11		儹	모을, 땅 이름 (儧의 本字)	人	火	21
	槎	나무 벨	木	木	14		儧	모을, 땅 이름 (儹의 俗子)	人	火	17
착	着	붙을, 부딪칠	目	土	12		欑	모일	木	木	23
	錯	섞일, 버무릴	金	金	16		孂	희고 환할	女	土	22
	捉	잡을, 사로잡을	手	木	11		纘	이을, 모을	糸	木	25
	搾	짜낼	手	木	14		纂	모을, 무늬	糸	木	20
	窄	좁을, 닥칠	穴	水	10		瓚	옥잔, 큰홀	玉	金	24
	鑿	뚫을, 끊을	金	金	28		酇	나라 이름	邑	土	26
	齪	악착할	齒	金	22		鑽	뚫을, 송곳	金	金	27
	戳	찌를	戈	金	18		攢	던질	扌	木	22
	擉	작살	手	木	17		篡	빼앗을 (篡의 本字)	竹	木	16
	斮	깎을	斤	金	14		簒	빼앗을 (篡의 俗子)	竹	木	17
찬	粲	선명할, 깨끗할	米	木	13		餐	먹을, 새참	食	水	16
	賛	도울, 밝힐 (贊의 本字)	貝	金	19		劗	깎을	刀	金	21
	贊	도울, 밝힐 (贊의 俗子)	貝	金	15		爨	부뚜막	火	火	30
	讃	밝을, 도울 (讚의 本字)	言	金	26		趲	놀라 흩어질	走	火	26
	讚	밝을, 도울 (讚의 俗子)	言	金	22		饌	반찬, 차릴	食	水	21
	撰	갖출, 가릴	手	木	16		竄	숨을, 달아날	穴	水	18
	燦	빛날, 찬란할	火	火	17		灒	땀 뿌릴	水	水	23
	璨	옥빛, 찬란할	玉	金	18		欑	볏가리	禾	木	24
	澯	물 맑을	水	水	17	찰	刹	사원, 탑	刀	金	8
	攢	모일	手	木	23		紮	감을, 맬	糸	木	11

발음	한자	뜻	부수	자원오행	획수	발음	한자	뜻	부수	자원오행	획수
찰	札	편지, 공문서	木	木	5	참	欃	살별 이름	木	木	21
	察	살필, 밝힐	宀	木	14		毚	약은 토끼	比	火	17
	擦	비빌, 문지를	手	木	18		譖	참소할	言	金	19
	扎	편지, 뽑을	手	木	5		鏨	(잠) 새길	金	金	19
참	參	참여할, (삼) 셋	厶	火	11		鑱	침	金	金	25
	欪	기쁠	欠	火	10		饞	탐할	食	水	26
	曑	햇살비출	日	火	7		驂	곁마	馬	火	21
	憸	부끄러울 (慚과 同字)	心	火	15		黪	검푸르죽죽할	黑	水	23
	慚	부끄러울 (憸과 同字)	心	火	15	창	昌	姓, 창성할, 착할	日	火	8
	慘	참혹할, 슬플	心	火	15		昶	밝을, 통할	日	火	9
	僭	참람할, 범할	人	火	14		彰	밝을, 뚜렷할	彡	火	14
	塹	구덩이팔	土	土	14		敞	높을, 드러날	攴	金	12
	憯	슬퍼할, 참혹할	心	火	16		蒼	푸를, 무성할	艸	木	16
	懺	뉘우칠	心	火	21		滄	강 이름, 싸늘할	水	水	14
	斬	벨, 끊어질	斤	金	11		暢	펼, 통할	日	火	14
	站	우두커니 설	立	金	10		唱	노래할, 인도할	口	水	11
	讒	참소할, 해칠	言	金	24		窓	창, 굴뚝	穴	水	11
	讖	뉘우칠, 비결	言	金	24		菖	창포	艸	木	14
	儳	어긋날	人	火	19		淐	물 이름	水	水	12
	嶄	가파를	山	土	14		淌	큰 물결	水	水	12
	巉	가파를	山	土	20		倡	사람 이름	日	火	12
	攙	찌를	手	木	21		艙	선창, 선실	舟	木	16
	槧	판	木	木	15		倉	姓, 창고, 곳집	人	火	10

발음	한자	뜻	부수	자원오행	획수	발음	한사	뜻	부수	자원오행	획수
	創	비롯할, 만들	刀	金	12		悄	경황없을	心	火	11
	鎗	그릇	金	金	16		戧	비롯할, 다칠	戈	金	14
	瑒	옥잔, 옥 이름, 황금	玉	金	14		搶	부딪칠	手	木	14
	誯	부를	言	金	15		氅	새털	毛	火	16
	滄	차가울	氵	水	12	창	鬯	술 이름	鬯	水	10
	瑲	옥소리	玉	金	15		鶬	재두루미	鳥	火	21
	窓	창문	穴	水	12		倡	기생, 가무	人	火	10
	蹌	추창할	足	土	17		娼	창녀	女	土	11
	鎗	날카로울	金	金	16		愴	슬퍼할, 어지러울	心	火	14
	閶	문	門	木	16		暢	곡식나지않을	田	木	14
창	廠	헛간, 곳집	广	木	15		采	姓, 캘, 선택할	采	木	8
	漺	문지를	水	水	15		彩	채색, 빛날	彡	火	11
	嵢	산 형세	山	土	13		菜	姓, 나물, 반찬	艸	木	14
	瑒	귀막이 옥	玉	金	13		採	가려낼, 캘	手	木	12
	槍	창, 어지럽힐	木	木	14		埰	영지, 무덤	土	土	11
	漲	물 부를, 가릴	水	水	15		祭	나라 이름	示	木	11
	猖	어지러울,날뛸	犬	土	12	채	婇	여자 이름	女	土	11
	瘡	부스럼, 종기	疒	水	15		琗	빛날	玉	金	13
	脹	배부를, 창자	肉	水	14		砦	울타리	石	金	10
	倀	미칠	人	火	10		釵	비녀, 인동덩굴	金	金	11
	傖	천할	人	火	12		棌	참나무, 원목	木	木	12
	刱	비롯할, 다칠	刀	金	8		睬	주목할	目	木	13
	悵	원망할	心	火	12		寀	동관, 녹봉	宀	木	11

발음	한자	뜻	부수	자원오행	획수	발음	한자	뜻	부수	자원오행	획수
채	蔡	거북, 채나라	艸	木	17	처	悽	슬플, 아플	心	火	12
	綵	비단, 무늬	糸	木	14		凄	쓸쓸할, 차가울	冫	水	10
	寨	울타리	宀	木	14		淒	쓸쓸할	水	水	13
	責	(책) 꾸짖을	貝	金	11		覷	엿볼	見	火	18
	債	빚, 빚질, 빌릴	人	火	13	척	陟	오를, 나아갈	阜	土	15
	茝	어수리	艸	木	12		尺	자, 법도	尸	木	4
책	責	꾸짖을, 책임	貝	金	11		斥	물리칠, 지적할	斤	金	5
	策	꾀, 채찍	竹	木	12		戚	겨레, 도끼	戈	金	11
	柵	목책, 잔교	木	木	9		墌	터 (坧과 同字)	土	土	14
	冊	책, 문서 (册과 同字)	冂	木	5		坧	기지, 터 (墌과 同字)	土	土	8
	册	책, 문서 (冊과 同字)	冂	木	5		倜	대범할, 뛰어날	人	火	10
	箐	책	竹	木	11		滌	씻을, 헹굴	水	水	15
	簀	살평상	竹	木	17		隻	새한마리, 한쪽	隹	火	10
	蚱	메뚜기	虫	水	11		擲	던질, 버릴	手	木	19
	嘖	들렐	口	水	14		拓	주울, 부러뜨릴	手	木	9
	幘	머리쓰개	巾	木	14		堉	메마른땅	土	土	13
	磔	찢을	石	金	15		惕	두려워할	心	火	12
처	妻	아내	女	土	8		捗	(보) 칠	手	木	10
	處	살, 곳 (処와 同字)	虍	土	11		摭	(석) 주울	手	木	15
	処	살, 곳 (處와 同字)	几	木	5		蜴	도마뱀	虫	水	14
	萋	우거질	艸	木	14		䂽	빼낼	石	金	12
	竫	바를	立	金	7		跖	밟을	足	土	12
	郪	땅 이름	邑	土	15		躑	머뭇거릴	足	土	22

발음	한자	뜻	부수	자원오행	획수	발음	한자	뜻	부수	자원오행	획수
척	剔	뼈바를, 깎을	刀	金	10	천	祆	(현) 하늘	示	木	9
	慽	근심할 (慼과 同字)	心	火	15		臶	거듭	至	土	12
	慼	근심할, 슬플 (慽과 同字)	心	火	15		芊	우거질	艸	木	9
	瘠	여월, 파리할	疒	水	15		荐	천거할	艸	木	12
	脊	등뼈	肉	水	12		蒨	꼭두서니	艸	木	16
	蹠	밟을, 나아갈	足	土	18		薦	신칙할	艸	木	18
	刺	찌를, 가시	刀	金	8		灛	내 이름, 쌀 뜨물	水	水	24
천	千	일천, 많을	十	水	3		燀	밥지을	火	火	16
	天	하늘, 조물주	大	火	4		辿	천천히 걸을	辵	土	10
	川	내, 굴	川	水	3		靝	하늘	靑	木	18
	泉	샘	水	水	9	천	踐	밟을, 실천할	足	土	15
	灥	맑은 물줄기 (泉과 同字)	水	水	28		舛	어그러질, 어수선할	舛	木	6
	仟	일천	人	火	5		喘	헐떡거릴, 숨	口	水	12
	阡	언덕, 두렁길	阜	火	11		擅	멋대로, 맘대로	手	木	17
	茜	꼭두서니	艸	木	12		淺	얕을, 옅을	水	水	12
	薦	천거할	艸	木	19		賤	천할, 흔할	貝	金	15
	玔	옥고리, 옥팔찌	玉	金	8		遷	옮길, 바뀔	辵	土	19
	闡	열, 넓힐	門	木	20		俴	얕을	人	火	10
	韆	그네	革	金	24		僎	등질	人	火	14
	穿	뚫을, 구멍	穴	水	9		僵	머뭇거릴	人	火	15
	釧	팔찌	金	金	11		濺	흩뿌릴	水	水	19
	倩	예쁠, 사위	人	火	10	철	哲	밝을, 슬기로울 (喆의 本子)	口	水	10
	洊	이를	水	水	10		喆	밝을, 슬기로울 (哲의 俗子)	口	水	12

발음	한자	뜻	부수	자원오행	획수	발음	한자	뜻	부수	자원오행	획수
철	愍	공경할, 밝을	心	火	11	철	剟	깎을	刀	金	10
	澈	물맑을	水	水	16		啜	먹을	口	水	11
	徹	통할, 환할	彳	火	15		惙	근심할	心	火	12
	撤	걷을, 치울	手	木	16	첨	添	더할, 덧붙일	水	水	12
	瞮	눈 밝을	目	木	17		僉	여럿, 고를	人	火	13
	暶	밝을	日	火	16		沾	더할, 첨가할	水	水	9
	埑	(사리)밝을, 슬기로울	土	土	10		甜	달, 기분 좋을(甛의 俗子)	甘	土	11
	鐵	검은 쇠, 단단할(鉄의 本字)	金	金	21		甛	달, 기분 좋을(甜의 俗子)	甘	土	11
	銕	쇠, 검은 쇠(鉄의 略字)	金	金	14		詹	이를, 도달할	言	金	13
	鉄	쇠, 검은 쇠(鐵의 略字)	金	金	13		簽	쪽지, 서명할	竹	木	19
	綴	맺을, 잇댈	糸	木	14		尖	뾰족할	小	金	6
	凸	볼록할	凵	水	5		灊	땅 이름	水	水	22
	掇	주울	手	木	12		幨	수레휘장	巾	木	16
	歠	들이마실	欠	火	19		檐	처마	木	木	18
	錣	바늘	金	金	16		櫼	쐐기	木	木	21
	飻	탐할	食	水	14		瀸	건수	水	水	21
	餮	탐할	食	水	18		簷	처마	竹	木	19
	轍	바퀴자국, 흔적	車	火	19		襜	수레휘장	示	木	18
	輟	그칠, 꿰맬	車	火	15		瞻	쳐다볼, 우러러볼	目	木	18
	砓	빼낼	石	金	12		燂	불타오를	火	火	13
	橵	대추	木	木	15		籤	제비, 시험할	竹	木	23
	炢	불탈	火	火	11		諂	아첨할	言	金	15
	驖	구렁말(밤색털빛 말)	馬	火	23		忝	더럽힐	小	火	8

발음	한자	뜻	부수	자원오행	획수	발음	한자	뜻	부수	자원오행	획수
첨	惉	가락 어지러울	心	火	12		請	청할, 뵈올 (請과 同字)	言	金	15
첩	帖	표제, 문서	巾	木	8		請	청할, 뵈올 (請과 同字)	言	金	15
	捷	이길, 첩서	手	木	12		聽	들을, 받들	耳	火	22
	牒	글씨판, 계보	片	木	13		廳	관청, 대청	广	木	25
	倢	빠를	人	火	10	청	婧	(정) 날씬할	女	土	11
	怗	고요할	心	火	9		菁	우거질, 화려할	艸	木	14
	婕	궁녀	女	土	11		鯖	청어	魚	水	19
	褺	겹옷	衣	木	17		凊	서늘할	冫	水	10
	堞	성가퀴	土	土	12		圊	뒷간	口	水	11
	疊	겹칠, 포갤	田	土	22		蜻	잠자리	虫	水	14
	睫	속눈썹	目	木	13		鶄	푸른백로	鳥	火	19
	諜	염탐할, 안심할	言	金	16		體	몸, 사지, 모양	骨	金	23
	貼	붙을, 접근할	貝	金	12		替	쇠퇴할	日	火	12
	輒	문득, 갑자기	車	火	14		締	맺을, 연결할	糸	木	15
	妾	첩, 여자종	女	土	8		諟	바른말, 생각	言	金	16
	呫	맛볼	口	水	8		諦	살필, 조사할	言	金	16
	喋	재재거릴	口	水	12	체	嵽	평평할	山	土	14
청	靑	푸를, 젊을 (靑과 同字)	靑	木	8		棣	산 앵두나무	木	木	12
	青	푸를, 젊을 (靑과 同字)	靑	木	8		玼	깨끗할	玉	金	11
	淸	맑을, 선명할 (淸과 同字)	水	水	12		砌	섬돌	石	金	9
	清	맑을, 선명할 (淸과 同字)	水	水	12		蒂	꼭지	艸	木	15
	晴	갤 (晴과 同字)	日	火	12		遞	갈마들, 교대로	辵	土	17
	晴	갤 (晴과 同字)	日	火	12		切	온통, (절) 끊을	刀	金	4

발음	한자	뜻	부수	자원오행	획수	발음	한자	뜻	부수	자원오행	획수
체	剃	머리깎을	刀	金	9	초	誂	재빠를	言	金	11
	涕	눈물, 울	水	水	11		欨	튼튼한 모양	欠	火	9
	滯	막힐, 빠질	水	水	15		抄	가릴, 베낄	手	木	8
	逮	이를, 잡을	辶	土	15		礎	주춧돌	石	金	18
	彘	돼지	彐	水	12		樵	땔나무, 나무할	木	木	16
	殢	(혜) 나른할	歹	水	15		俏	닮을	人	火	9
	髰	머리깎을	髟	火	15		纅	오색빛	糸	木	23
	蔕	꼭지	艸	木	17		焦	그을릴, 땔	火	火	12
	靆	구름낄	雨	水	24		蕉	파초, 땔나무	艸	木	18
	眣	힐끗 볼	目	木	12		楚	姓, 모형(牡荊), 가시나무	木	木	13
	墆	으스름할, 저축할	土	土	14		招	부를, 손짓할	手	木	9
	摯	끌, 掣와 同字	手	木	14		椒	산초나무, 향기로울	木	木	12
	銐	차꼬	金	金	11		稍	볏줄기끝, 작을	禾	木	12
	杕	홀로 서 있을	木	木	7		苕	갈대이삭	艸	木	11
초	初	姓, 처음, 비롯할	刀	金	7		貂	담비	豸	水	12
	草	풀, 초원(艸와 同字)	艸	木	12		酢	초, 신맛 나는	酉	金	12
	艸	풀(草와 同字)	艸	木	6		梢	나무끝, 꼬리	木	木	11
	肖	姓, 닮을, 본받을	肉	水	9		炒	볶을, 시끄러울	火	火	8
	岧	높을	山	土	8		礁	물잠긴 바위	石	金	17
	鈔	아름다울	金	金	11		秒	초, 미묘할	禾	木	9
	硝	초석, 유리	石	金	12		醋	초, 식초	酉	金	15
	襒	선명할, 고운 옷	衣	木	17		僬	밝게 볼	人	火	14
	超	뛰어넘을, 지나갈	走	火	12		嶕	높을	山	土	15

발음	한자	뜻	부수	자원오행	획수	발음	한자	뜻	부수	자원오행	획수
	潐	큰 물 넘쳐흐를	水	水	17		憔	수척할, 애태울	心	火	16
	祒	사람 이름	示	木	10		醮	제사지낼	酉	金	19
	陗	산비탈	阜	土	15		偢	인정없을	人	火	11
	炒	말릴(효)	火	火	6		勦	노곤할	力	金	13
	杪	나무끝	木	木	8		譙	지저귈	口	水	15
	燋	그을릴	火	火	16	초	嫶	야윌	女	土	15
	綃	생사	糸	木	13		峭	가파를	山	土	10
	秒	써레	禾	木	10		怊	슬퍼할	心	火	9
	誚	꾸짖을	言	金	14		悄	근심할	心	火	11
	譙	꾸짖을	言	金	19		愀	(추) 근심할	心	火	13
	趠	넘을	走	火	15		鈔	노략질할	金	金	12
초	軺	수레 이름	車	火	12		促	재촉할, 다가올	人	火	9
	迢	멀	辵	土	13		囑	부탁할, 맡길	口	水	24
	鍬	가래	金	金	17		矗	우거질, 무성할	目	木	24
	鏊	가래	金	金	17		燭	姓, 촛불, 등불	火	火	17
	鞘	칼집	革	金	16		蜀	나라 이름	虫	水	13
	顦	야윌	頁	火	21	촉	矚	비출	日	火	25
	髫	늘어뜨린 머리	髟	火	15		爥	촛불	火	火	25
	鷦	뱁새	鳥	火	23		矚	볼	目	木	26
	妱	여자 이름	女	土	8		蜀	접시꽃	艹	木	19
	齠	이갈	齒	金	20		躅	머뭇거릴	足	土	20
	勦	노곤할, 괴로워할	刀	金	13		髑	해골	骨	金	23
	哨	망볼, 작을	口	水	10		觸	닿을, 범할	角	木	20

발음	한자	뜻	부수	자원오행	획수	발음	한자	뜻	부수	자원오행	획수
촌	寸	마디, 헤아릴	寸	木	3	총	塚	무덤, 산꼭대기 (冢의 俗字)	土	土	13
	村	마을, 시골 (邨의 本字)	木	木	7	찰	撮	취할, 모을	手	木	16
	邨	마을 (村의 古字)	邑	土	11	최	最	가장, 극진할	日	火	12
	忖	헤아릴, 쪼갤	心	火	7		催	재촉할, 일어날	人	火	13
	吋	마디	口	水	6		崔	姓, 높을	山	土	11
총	聰	귀밝을, 민첩할 (聡의 本字)	耳	火	17		嗺	물	口	水	15
	聡	귀밝을 (聰의 略字)	耳	火	14		摧	꺾을	手	木	15
	摠	거느릴	手	木	15		榱	서까래	木	木	14
	總	거느릴, 합할 (総의 本字)	糸	木	17		漼	깊을	手	水	15
	総	거느릴, 합할 (總의 略字)	糸	木	14		璀	빛날	玉	金	16
	蔥	파, 부들	艸	木	17		磪	높을	石	金	16
	寵	사랑할, 은혜	宀	木	19		縗	상복 이름	糸	木	16
	叢	모일, 번잡할	又	水	18		膬	불알	肉	水	13
	漎	합류할	水	水	15	추	秋	姓, 가을, 결실	禾	木	9
	銃	총	金	金	14		追	쫓을, 따를	辵	土	13
	悤	바쁠, 급할	心	火	11		推	천거할, 받들	手	木	12
	漗	물들일	水	水	16		搥	모을	手	木	13
	憁	바쁠	心	火	15		揪	모을	手	木	13
	葱	파	艸	木	15		楸	가래나무,개오동	木	木	13
	樅	우거질	艸	木	17		樞	지도리, 근원	木	木	15
	鏦	창	金	金	19		鄒	나라 이름	邑	土	17
	驄	총이말	馬	火	21		錘	저울눈, 마치	金	金	16
	冢	무덤, 산꼭대기 (塚의 本字)	宀	木	10		趡	움직일	走	火	15

발음	한자	뜻	부수	자원오행	획수	발음	한자	뜻	부수	자원오행	획수
추	塿	흙 쌓을	土	土	11	추	騶	오추마	馬	火	18
	湫	다할, 바다 날	水	水	13		魋	몽치머리	鬼	火	18
	椎	몽치, 망치	木	木	12		雛	비둘기	鳥	火	19
	皺	주름	皮	金	15		鶖	무수리	鳥	火	20
	芻	꼴, 말린풀	艸	木	10		鶵	난새	鳥	火	21
	萩	사철쑥	艸	木	15		麤	거칠	鹿	土	33
	諏	꾀할, 물을	言	金	15		穐	가을	禾	木	21
	趨	달릴, 빨리갈	走	土	17		錐	송곳, 바늘	金	金	16
	酋	묵은술, 숙성할	酉	金	9		抽	뽑을, 뺄	手	木	9
	鎚	쇠망치, 칠	金	金	18		醜	추할, 미워할	酉	金	17
	僦	품삯	人	火	14		墜	떨어질, 잃을	土	土	15
	啾	소리	口	水	12		雛	병아리, 큰새	隹	火	18
	娵	별 이름	女	土	11		驪	기사, 승마	馬	火	20
	帚	빗자루	巾	木	8		鰌	미꾸라지(鰍와 同字)	魚	水	20
	揫	모을	手	木	13		鰍	미꾸라지(鰌와 同字)	魚	水	20
	搥	칠	手	木	14		惆	실심할	心	火	12
	甃	벽돌	瓦	土	14		捶	때릴	手	木	12
	瘳	나을	疒	水	16		箠	채찍	竹	木	14
	簉	버금자리	竹	木	17		縋	매달	糸	木	16
	蒭	꼴	艸	木	16		縐	주름질	糸	木	16
	陬	구석, 모퉁이	阜	土	16		怞	한스러울	心	火	9
	隹	새	隹	火	8	축	蓄	쌓을, 모을	艸	木	16
	鞦	밀치	革	金	18		丑	소, 축시	一	土	4

발음	한자	뜻	부수	자원오행	획수	발음	한자	뜻	부수	자원오행	획수
축	祝	빌, 기원할	示	金	10	출	朮	차조	木	木	5
	畜	쌓을, 모을	田	土	10		秫	차조	禾	木	10
	竺	대나무, 나라 이름	竹	木	8		黜	물리칠, 물러날	黑	水	17
	筑	악기 이름	竹	木	12		泏	물 흘러나올	水	水	9
	蹙	대어들, 쫓을	足	土	18	충	充	가득할, 채울	儿	木	5
	蹴	찰, 밟을	足	土	19		忠	충성, 곧을	心	火	8
	築	쌓을, 집지을	竹	木	16		珫	귀고리	玉	金	11
	逐	쫓을, 물리칠	辵	土	14		沖	빌, 공허할 (冲의 本字)	水	水	8
	縮	다스릴, 옳을	糸	木	17		冲	빌, 공허할 (沖의 俗字)	冫	水	6
	軸	굴대	車	火	12		衷	속마음, 가운데	衣	木	10
	妯	동서	女	土	8		蟲	벌레 (虫의 本字)	虫	水	18
	舳	고물	舟	木	11		虫	벌레 (蟲의 略字)	虫	水	6
	豖	발얽은 돼지걸음	豕	水	8		浺	샘, 물소리	水	水	9
	踧	종종걸음칠	足	土	18		潨	물소리, 소나기	水	水	15
	鼀	두꺼비	黽	土	18		衝	찌를, 향할	行	火	15
	襩	옷 새뜻한 모양	衣	木	17		忡	근심할	心	火	8
춘	媋	여자 이름, 아리따울	女	土	12	췌	萃	모일, 이를	艸	木	14
	春	봄, 화할	日	火	9		揣	헤아릴	手	木	13
	椿	姓, 참죽나무	木	木	13		膵	췌장	肉	水	18
	瑃	옥 이름	玉	金	14		悴	파리할, 근심할	心	火	12
	賰	넉넉할	貝	金	16		贅	혹, 군더더기	貝	金	18
	杶	참죽나무	木	木	8		惴	두려워할	心	火	13
출	出	날, 낳을	凵	土	5		瘁	병들	疒	水	13

발음	한자	뜻	부수	자원오행	획수	발음	한사	뜻	부수	자원오행	획수
췌	顇	야월	頁	火	17	측	惻	슬퍼할	心	火	13
취	取	취할, 도울	又	水	8		昃	기울	日	火	8
	就	이룰, 나아갈	尢	土	12	층	層	계단, 층	尸	木	15
	翠	물총새(암컷), 비취색	羽	火	14		治	다스릴, 다듬을	水	水	9
	聚	모일, 무리	耳	火	14		致	이를, 다할	至	土	10
	炊	불땔	火	火	8		稚	어린 벼, 늦을 (穉와 同字)	禾	木	13
	冣	모을	冖	木	10		穉	어린 벼, 늦을 (稚와 同字)	禾	木	16
	趣	나아갈, 주장할	走	火	15		峙	언덕, 우뚝솟을	山	土	9
	娶	장가들	女	土	11		庤	넓을	广	木	11
취	驟	달릴, 신속할	馬	火	24		夂	큰 도량있을	冂	木	8
	鷲	독수리	鳥	火	23		恀	믿을	心	火	10
	吹	불, 부추길	口	火	7		雉	꿩, 폐백	隹	火	13
	臭	냄새, 썩을	自	水	10	치	馳	달릴, 쫓을	馬	火	13
	醉	술취할	酉	金	15		幟	표기(標旗), 표적	巾	火	15
	橇	썰매	木	木	16		梔	치자나무	木	木	11
	毳	솜털	毛	火	12		輜	짐수레	車	火	17
	嘴	부리, 주둥이	口	水	15		淄	검은빛	水	水	12
	脆	무를, 약할	肉	水	12		緇	검은 비단, 승복	糸	木	14
	測	헤아릴, 잴	水	水	13		蚩	어리석을	虫	水	10
	側	곁, 옆	人	火	11		齒	나이, 이	齒	金	15
측	仄	기울, 우뚝 솟을	人	火	4		値	값, 가치	人	火	10
	廁	뒷간, 기울, 섞일 (厠의 本字)	广	木	12		置	둘, 버릴, 베풀	罒	木	14
	厠	뒷간, 기울, 섞일 (廁의 俗字)	厂	木	11		熾	성할, 기세 왕할	火	火	16

발음	한자	뜻	부수	자원오행	획수	발음	한자	뜻	부수	자원오행	획수
	郗	고을 이름	邑	土	14	치	恥	부끄러울, 욕될	心	火	10
	卮	잔	卩	土	5		哆	입 딱벌릴	口	水	9
	寘	둘	宀	木	13	칙	則	법칙, 본받을	刀	金	9
	畤	제사터	田	土	11		勅	조서, 타이를	力	土	9
	瘂	악할	疒	水	11		飭	경계할, 정비할	食	水	13
	絺	칡베	糸	木	13		敕	칙서	攴	金	11
	菑	묵정밭	艸	木	14	친	嚫	베풀, 시주할	口	水	19
	薙	어린대나무	艸	木	19		親	일가, 몸소	見	火	16
	褫	빼앗을	衣	木	16		櫬	무궁화나무	木	木	20
	豸	벌레	豸	水	7		襯	속옷	衣	木	22
	跱	그칠	足	土	13	칠	七	일곱	一	金	7
치	錙	저울눈	金	金	16		漆	옻칠할	水	水	15
	阤	(타) 무너질	阜	土	11		柒	옻나무, 옻칠	木	木	9
	鯔	숭어	魚	水	19		琛	보배	玉	金	13
	鴟	올빼미	鳥	火	16		賝	보배	貝	金	15
	鴙	꿩	鳥	火	16		砧	다듬잇돌	石	金	10
	鵄	올빼미	鳥	火	17		郴	고을 이름	邑	土	15
	侈	사치할, 거만할	人	火	8	침	鍼	침놓을, 경계할	金	金	17
	嗤	웃을, 비웃을	口	水	13		針	침, 바늘	金	金	10
	痔	치질	疒	水	11		鋟	새길	金	金	15
	癡	어리석을 (痴의 本字)	疒	水	19		浸	담글, 잠길	水	水	11
	痴	어리석을 (癡의 俗字)	疒	水	13		棽	무성할	木	木	12
	緻	빽빽할, 꿰맬	糸	木	16		寢	방, 잠잘	宀	木	14

발음	한자	뜻	부수	자원오행	획수	발음	한자	뜻	부수	자원오행	획수
침	忱	정성	心	火	8	타	媠	헤아릴	女	土	9
	椹	모탕, 과녁	木	木	13		姝	자랑할	女	土	6
	駸	달릴	馬	火	17		坨	비탈질	土	土	8
	沈	잠길, 가라앉을	水	水	8		拕	끌, 당길	手	木	9
	枕	베개, 잠잘	木	木	8		柂	키(배의 키)	木	木	9
	侵	범할, 침노할	人	火	9		沱	물 이름	水	水	9
	寖	잠길	宀	木	13		訑	속일	言	金	12
칩	蟄	동면할, 숨을	虫	水	17		詑	속일	言	金	13
칭	稱	일컬을, 칭찬할	禾	木	14		跎	헛디딜	足	土	12
	秤	저울	禾	木	10		躱	감출	身	火	13
쾌	快	쾌할, 상쾌할	心	火	8		陏	오이, 풀 열매	阜	土	14
	夬	쾌 이름, 터놓을	大	木	4		杕	홀로 서 있을	木	木	7
	噲	목구멍	口	水	16		橾	그루(나무 단위)	木	木	10
타	他	남, 누구	人	火	5		馱	곱사등이	馬	火	15
	打	칠, 때릴	手	木	6		鮀	모래무지	魚	水	16
	妥	온당할, 편히 앉을	女	土	7		鴕	타조	鳥	火	16
	墮	떨어질, 잃을	土	土	15		鼉	악어	黽	土	25
	拖	끌, 풀어놓을	手	木	9		駄	태울, 실을	馬	火	13
	朶	늘어질	木	木	6		駝	낙타, 타조	馬	火	15
	橢	길쭉할 (楕와 同字)	木	木	16		咤	꾸짖을, 슬퍼할	口	水	9
	楕	길쭉할 (橢와 同字)	木	木	13		唾	침뱉을	口	水	11
	舵	키	舟	木	11		惰	게으를, 소홀할	心	火	13
	佗	다를, 편안할	人	火	7		陀	비탈질, 험할	阜	土	13

발음	한자	뜻	부수	자원오행	획수	발음	한자	뜻	부수	자원오행	획수
탁	柝	열, 펼칠	木	木	9	탁	濁	흐릴, 물 이름	水	水	17
	卓	姓, 높을, 뛰어날	十	木	8		拆	터질	手	木	9
	倬	클, 환할	人	火	10		沰	떨어뜨릴	水	水	9
	琸	사람 이름	玉	金	13		涿	칠	水	水	12
	晫	환할, 밝을	日	火	12	탄	坦	너그러울, 평평할	土	土	8
	託	부탁할, 맡길	言	金	10		誕	태어날, 기를	言	金	14
	度	헤아릴, 법도	广	木	9		炭	불똥, 숯	火	火	9
	琢	다듬을, 쫄	玉	金	13		暺	밝을	日	火	16
	踔	뛰어날	足	土	15		憻	평탄할	心	火	17
	侘	헤아릴	心	火	10		攤	펼칠	手	木	22
	橐	전대, 풀무(橐의 本字)	木	木	16		呑	감출, 삼킬	口	水	7
	槖	전대, 풀무(橐의 俗字)	木	木	14		灘	여울, 물가	水	水	23
	拓	밀칠, 넓힐	手	木	9		歎	한숨쉴, 감탄할	欠	金	15
	鐸	목탁, 방울	金	金	21		彈	탄알	弓	金	15
	托	밀, 밀어서 열	手	木	7		嘆	탄식할, 한숨쉴	口	水	14
	濯	씻을, 빛날	水	水	18		憚	꺼릴, 협박할	心	火	16
	矺	나무 이름	石	金	8		綻	터질	糸	木	14
	籜	대껍질	竹	木	22		殫	다할	歹	水	16
	蘀	낙엽	艸	木	22		癱	중풍	广	水	24
	逴	멀	辵	土	15		驒	엽전	馬	火	22
	啄	쫄, 두드릴	口	水	11	탈	脫	벗을	肉	水	13
	坼	터질, 퍼질	土	土	8		奪	잃어버릴, 빼앗길	大	木	14
	擢	뽑을, 제거할	手	木	18		侻	가벼울	人	火	9

발음	한자	뜻	부수	자원오행	획수	발음	한자	뜻	부수	자원오행	획수
탐	耽	즐길, 누릴	耳	火	10		泰	姓, 클, 넉넉할	水	水	9
	探	찾을, 정탐	手	木	12		兌	바꿀, 기쁠	儿	木	7
	貪	탐할, 욕심낼	貝	金	11		台	姓, 별, 기를	口	水	5
	眈	노려볼	目	木	9		胎	아이 밸	肉	水	11
	噴	많을, 소리	口	水	14		邰	태나라	邑	土	12
	忐	맘 허할	心	火	7		鈦	티타늄(금속원소)	金	金	12
	酖	즐길	酉	金	11		態	태도, 모양	心	火	14
탑	塔	탑, 절	土	土	13		珆	용무늬	玉	金	10
	榻	걸상	木	木	14		娧	더딜, 기쁠	女	土	10
	傝	나쁠	人	火	12		迨	이를, 바랄	辵	土	12
	塌	떨어질	土	土	13		脫	기뻐할	肉	水	13
	搨	베낄	手	木	13	태	埭	둑	土	土	11
탕	湯	姓, 물끓일	水	水	13		殆	위태로울	歹	水	9
	帑	금고, 새꼬리	巾	木	8		苔	이끼	艸	木	11
	燙	데울	火	火	16		颱	태풍	風	木	14
	盪	씻을	皿	土	17		孡	아이 밸	子	水	8
	瑒	옥잔	玉	金	14		駘	둔마	馬	火	15
	碭	무늬있는 돌	石	金	14		鮐	복, 복어	魚	水	16
	薚	쓸	艸	木	23		溙	물	水	水	14
	糖	(당) 사탕, 엿	米	木	16		詒	속일	言	金	12
	蕩	씻어버릴	艸	木	18		颬	산들바람	風	木	14
	宕	방탕할	宀	木	8		斄	땅 이름	攴	金	19
태	太	클	大	木	4		駄	탈, 짐 실을	馬	火	14

발음	한자	뜻	부수	자원오행	획수	발음	한자	뜻	부수	자원오행	획수
태	怠	게으를, 느릴	心	火	9	통	桶	통	木	木	11
	笞	볼기칠	竹	木	11		筒	대롱	竹	木	12
	跆	밟을, 유린할	足	土	12		洞	(동)골짜기	水	水	10
	汰	사치할, 흐릴	水	水	8		樋	나무 이름	木	木	15
	炱	그을음	火	火	9		筩	대통	竹	木	13
	忕	사치할	心	火	7		痛	상할, 원통할	疒	水	12
택	宅	집, 정할	宀	木	6		慟	서럽게 울	心	火	15
	澤	姓, 윤택할, 덕택	水	水	17		恫	상심할	心	火	10
	擇	가릴, 고를	手	木	17	퇴	退	물러갈, 그만둘	辶	土	13
	垞	언덕	土	土	9		堆	언덕, 쌓일	土	土	11
탱	撑	버팀목	手	木	16		槌	망치, 던질	木	木	14
	撐	버틸	手	木	16		腿	넓적다리, 정강이	肉	水	16
	牚	버틸	牙	金	12		褪	빛 바랠	衣	木	16
터	攄	펼	手	木	19		頹	무너질, 기울	頁	火	16
토	土	흙, 땅, 뿌리	土	土	3		隤	무너질	阜	土	20
	兔	토끼 (兎의 本子)	儿	火	9	투	投	던질, 줄	手	木	8
	兎	토끼 (兔의 俗子)	儿	木	7		透	통할, 사무칠	辶	土	14
	討	칠, 벌할, 다스릴	言	金	10		鬪	싸울, 다툴	鬥	金	20
	吐	토할	口	水	6		套	덮개	大	木	10
톤	噋	느릿할	口	水	15		妒	강샘할	女	土	8
통	通	통할, 뚫을	辶	土	14		偸	훔칠	人	火	11
	捅	나아갈	手	木	11		妬	강샘할	女	土	7
	統	거느릴, 실마리	糸	木	12		渝	변할	水	水	13

발음	한자	뜻	부수	자원오행	획수	발음	한자	뜻	부수	자원오행	획수
투	骰	주사위	骨	金	14	파	菠	시금치	艹	木	14
퉁	佟	성씨	人	火	7		葩	꽃	艹	木	15
특	特	특별할, 수컷	牛	土	10		鄱	고을 이름	邑	土	19
	慝	사특할, 간사할	心	火	15		嶓	산 이름	山	土	15
	忒	틀릴	心	火	7		壩	방죽	土	土	24
틈	闖	엿볼	門	木	18		罷	파할, 내칠	罓	木	16
파	波	물결, 물결 일	水	水	9		頗	자못, 비뚤어질	頁	火	14
	派	물갈래, 보낼	水	水	10		破	깨트릴, 다할	石	金	10
	琶	비파	玉	金	13		把	잡을, 헤칠	手	木	8
	芭	파초, 꽃	艹	木	10		爬	긁을, 잡을	瓜	木	8
	巴	姓, 땅 이름	己	土	4		跛	절뚝발이	足	土	12
	坡	고개, 제방	土	土	8		叵	어려울	口	水	5
	杷	비파나무	木	木	8		妑	새앙머리	女	土	7
	婆	할미	女	土	11		岥	비탈질	山	土	8
	擺	열릴, 배열할	手	木	19		怕	두려워할	心	火	9
	播	뿌릴, 퍼뜨릴	手	木	16	판	昄	클	日	火	8
	灞	물 이름	水	水	25		判	姓, 판단할, 나눌	刀	金	7
	爸	아비	父	木	8		板	널빤지	木	木	8
	玻	유리	玉	金	10		販	무역할, 장사	貝	金	11
	皤	흴, 불룩할	白	金	17		阪	산비탈, 언덕	阜	土	12
	笆	가시대	竹	木	10		坂	비탈, 둑	土	土	7
	簸	까부를	竹	木	19		瓣	외씨, 꽃잎	瓜	木	19
	耙	써레	耒	土	10		辦	힘쓸, 갖출	辛	金	16

발음	한자	뜻	부수	자원오행	획수	발음	한자	뜻	부수	자원오행	획수
판	鈑	금박	金	金	12	패	敗	깨뜨릴	攴	金	11
	版	널, 조각	片	木	8		烹	삶을	火	火	11
팔	八	여덟	八	金	8		膨	부풀	肉	水	18
	叭	입벌릴, 나팔	口	水	5		彭	姓, 땅 이름	彡	火	12
	捌	깨뜨릴	手	木	11		澎	물소리, 물결 부딪는 기세	水	水	16
	枛	고무래	木	木	6	팽	砰	돌구르는 소리	石	金	10
	汃	물결치는 소리	水	水	6		祊	제사	示	木	9
패	貝	조개, 자재	貝	金	7		蟛	방게	虫	水	18
	湏	물 이름, 물가	水	水	11		蟚	방게	虫	水	18
	佩	찰, 노리개	人	火	8		伻	부릴, 시킬	人	火	7
	牌	호적, 방패	片	木	12	퍅	愊	괴팍할	心	火	13
	壩	방죽	土	土	24		遍	두루	辵	土	16
	稗	피, 일년초 열매	禾	木	13		便	편안할, 소식	人	火	9
	霸	으뜸, 우두머리 (覇의 本字)	雨	水	21		篇	책 편찬할	竹	木	15
	覇	으뜸, 우두머리 (霸의 俗字)	襾	金	19		編	얽을, 엮을	糸	木	15
	孛	살별(혜성)	子	水	7		片	姓, 조각, 쪼갤	片	木	4
	旆	깃발	方	土	10	편	徧	두루, 널리	彳	火	12
	珮	찰, 노리개	玉	金	11		艑	거룻배	舟	木	15
	霈	비쏟아질	雨	水	15		萹	마디풀	艸	木	15
	唄	찬불(讚佛)	口	水	10		褊	좁을	衣	木	15
	沛	늪, 습지	水	水	8		諞	말잘할	言	金	16
	狽	이리	犬	土	11		扁	姓, 치우칠, 넓적할	戶	木	9
	悖	어그러질	心	火	11		偏	치우칠, 편벽될	人	火	11

발음	한자	뜻	부수	자원오행	획수	발음	한자	뜻	부수	자원오행	획수
편	翩	빨리날, 나부낄	羽	火	15	폐	幣	비단, 재물	巾	木	15
	鞭	채찍, 매질할	革	金	18		陛	섬돌	阜	土	15
	騙	속일, 기만할	馬	火	19		廢	폐할, 부서질	广	木	15
	匾	납작할	匚	土	11		弊	해질, 곤할	廾	水	15
	愊	편협할	心	火	13		蔽	덮을, 숨길	艸	木	18
	緶	꿰맬	糸	木	15		閉	닫을, 마칠	門	木	11
	蝙	박쥐	虫	水	15		肺	허파, 부아	肉	水	10
폄	貶	떨어뜨릴, 낮출	貝	金	12		吠	개가 짖을	口	水	7
	砭	돌침	石	金	10		斃	넘어질, 쓰러질	攴	金	18
	窆	하관할	穴	水	10		敝	해어질, 깨질	攴	金	12
평	平	姓, 평탄할, 화평할	于	木	5		猵	짐승 이름	犬	土	12
	評	의논, 헤아릴	言	金	12		獘	넘어질	犬	土	16
	坪	평평할, 면적단위	土	土	8		癈	폐질	疒	水	17
	枰	바둑판, 장기판	木	木	9	포	布	베, 돈	巾	木	5
	泙	물소리	水	水	9		抱	안을, 품을	手	木	9
	匉	큰소리	勹	金	7		包	姓, 쌀꾸러미	勹	金	5
	萍	부평초, 개구리밥	艸	木	14		胞	태보	肉	水	11
	怦	곧을	心	火	9		浦	물가, 개	水	水	11
	苹	개구리밥	艸	木	11		葡	포도, 나라 이름	艸	木	15
	蓱	부평초	艸	木	17		褒	도포, 칭찬할	衣	木	15
	抨	탄핵할	手	木	9		砲	돌쇠뇌, 큰대포	石	金	10
	鮃	넙치	魚	水	16		鋪	펼, 늘어놓을	金	金	15
폐	嬖	사랑할, 친압할	女	土	16		佈	펼	人	火	7

발음	한자	뜻	부수	자원오행	획수	발음	한자	뜻	부수	자원오행	획수
	飽	배부를, 가득찰	食	水	14		拋	던질, 내버릴 (抛의 俗字)	手	木	8
	蒲	부들, 왕골	艸	木	16		暴	사나울, 해롭게 할	日	火	15
	匍	길, 힘다할	勹	木	9		泡	거품, 성할	水	水	9
	匏	바가지	勹	木	11		疱	천연두	疒	水	10
	哺	먹을	口	水	10	포	脯	포	肉	水	13
	圃	밭, 넓을	口	水	10		逋	달아날	辵	土	14
	袍	웃옷, 핫옷	衣	木	11		暴	사나울	日	火	17
	苞	그령, 뿌리	艸	木	11		炮	통째로 구울	火	火	9
	儤	번, 숙직	人	火	17		炰	통째로 구울	灬	火	9
	庖	부엌	广	木	8		暴	사나울, 햇빛쪼일	日	火	15
	晡	신시(申時)	日	火	11		幅	폭, 넓이	巾	木	12
포	誧	도울	言	金	14	폭	曝	쬘	日	火	19
	鉋	대패	金	金	13		瀑	폭포, 소나기	水	水	19
	鞄	혁공	革	金	14		輻	바퀴살	車	火	16
	餔	저녁밥	食	水	16		爆	폭발할, 불길 셀	火	火	19
	鯆	돌고래	魚	水	18		諘	칭찬할	言	金	15
	莆	부들	艸	木	13		表	姓, 겉, 거죽	衣	木	9
	枹	떡갈나무	木	木	9		票	姓, 쪽지, 문서	示	火	11
	捕	사로잡을	手	木	11	표	標	姓, 표할, 적을	木	木	15
	鮑	절인 어물	魚	水	16		翲	나는 모양	羽	火	17
	咆	성을 낼	口	水	8		漂	뜰, 움직일	水	水	15
	怖	두려워할	心	火	9		杓	자루, 별 이름	木	木	7
	抛	던질, 내버릴 (抛의 本字)	手	木	9		驃	(말이) 빠를	馬	火	21

발음	한자	뜻	부수	자원오행	획수	발음	한자	뜻	부수	자원오행	획수
표	俵	나누어줄	人	火	10	품	品	물건, 품수	口	水	9
	聬	들을	耳	火	17		稟	줄, 내려줄	禾	木	13
	瓢	박, 표주박	瓜	木	16	풍	風	바람, 풍속	風	木	9
	儦	가벼울	人	火	13		楓	단풍나무	木	木	13
	嘌	빠를	口	水	14		豐	풍년, 무성할 (豊의 本字)	豆	木	18
	熛	불똥	火	火	15		豊	풍년 (豐의 俗字)	豆	木	13
	縹	휘날릴	糸	木	17		諷	풍자할	言	金	16
	裱	목도리	衣	木	14		馮	姓, 탈, 오를	馬	火	12
	鏢	칼끝장식	金	金	19		瘋	두풍, 문둥병	疒	水	14
	鑣	재갈	金	金	23	피	皮	姓, 가죽, 거죽	皮	金	5
	髟	늘어질	髟	火	10		彼	저것, 저	彳	火	8
	鰾	부레	魚	水	22		疲	피곤할	疒	水	10
	彪	범무늬	彡	火	11		被	이불, 받을	衣	木	11
	豹	표범	豸	水	10		避	피할, 숨을	辶	土	20
	飆	폭풍 (飇와 同字)	風	木	21		披	나눌, 쪼갤	手	木	9
	飇	폭풍 (飆와 同字)	風	木	21		陂	비탈, 고개	阜	土	13
	飄	질풍, 회오리바람	風	木	20		詖	치우칠	言	金	12
	慓	재빠를, 날랠	心	火	15		鞁	가슴걸이	革	金	14
	剽	빠를, 사나울	刀	金	13		髲	다리, 가발	髟	火	15
	勡	으를, 겁박할	力	金	13	픽	腷	답답할	肉	水	15
	嫖	날랠, 음탕할	女	土	14	필	佖	점잖을, 나란히 할	人	火	7
	摽	칠	手	木	15		疋	필, 바를	疋	土	5
	殍	주려죽을	歹	水	11		必	반드시, 오로지	心	火	5

발음	한자	뜻	부수	자원오행	획수	발음	한자	뜻	부수	자원오행	획수
필	匹	필(疋), 짝	匚	水	4	필	鞑	슬갑, 가죽 옷	革	金	20
	筆	붓, 쓸	竹	木	12		韠	슬갑, 가죽 옷	韋	金	20
	弼	姓, 도울, 도지개	弓	金	12		鵯	직박구리	鳥	火	19
	苾	향기로울, 풀 이름	艸	木	11	핍	乏	가난할, 고달플	丿	金	5
	姫	(여자가) 엄전할, 단정할	女	土	8		畐	막을	田	木	9
	馝	향내날	香	木	14		逼	닥칠, 위협할	辵	土	16
	畢	마칠, 편지	田	土	11		偪	핍박할	人	火	11
	泌	샘물 흐르는 모양	水	水	9	하	賀	姓, 하례할, 경사	貝	金	12
	咇	향내 날	口	水	8		何	姓, 어찌, 무엇	人	火	7
	斁	다할, 불 모양	攴	金	15		河	姓, 강물, 운하	水	水	9
	滭	샘 솟을	水	水	12		荷	연꽃, 더할	艸	木	13
	駜	살찔	馬	火	15		夏	姓, 나라 이름, 여름 (昰의 本字)	夊	火	10
	珌	칼장식옥	玉	金	10		昰	여름 (夏의 古字)	日	火	9
	鉍	창자루	金	金	13		下	아래, 내릴	一	水	3
	滭	용솟음할	水	水	15		嘏	복받을, 클	口	水	14
	篳	사립짝	竹	木	17		碬	숫돌, 울퉁불퉁한	石	金	14
	罼	족대	网	木	17		厦	큰집, 처마 (廈의 本字)	广	木	13
	蓽	콩	艸	木	17		廈	큰집, 처마 (厦의 俗字)	厂	木	12
	觱	악기 이름	角	金	16		閜	크게 열릴	門	木	13
	蹕	벽제할	足	土	18		赮	붉을	赤	火	16
	柲	심이 누런 나무(심)	木	木	8		煆	불사를, 더울	火	火	13
	熚	불 활활 탈	火	火	15		蕸	연잎, 갈대	艸	木	19
	邲	땅 이름	邑	土	12		抲	지휘할	手	木	9

발음	한자	뜻	부수	자원오행	획수	발음	한자	뜻	부수	자원오행	획수
하	讚	대답할	言	金	19	학	鶴	두루미 (鶴의 俗字)	鳥	火	10
	岈	땅 이름	山	土	7		翯	(새가) 깨끗하고 윤이 날	羽	火	16
	瘕	기생충병	疒	水	14		皬	흴	白	金	21
	罅	틈	缶	土	17		壑	흙 굳을	土	土	16
	鍜	목 투구	金	金	17		确	자갈땅	石	金	12
	呀	입벌릴	口	水	7		郝	姓, 땅 이름	邑	土	14
	霞	노을, 안개	雨	水	17		鷽	비둘기	鳥	火	24
	菏	무, 늪 이름	艸	木	14		虐	사나울, 해칠	虍	木	9
	瑕	티, 잘못	玉	金	14		謔	희롱거릴	言	金	17
	蝦	새우	虫	水	15		狢	오소리	犬	土	10
	鰕	새우, 도롱뇽	魚	水	20		瘧	학질	疒	水	14
	遐	멀리할, 멀	辵	土	16		謞	간특할, 부르짖을	言	金	17
	嚇	노할	口	水	17	한	韓	姓, 한나라, 한국	韋	金	17
	欱	크게 웃을	欠	火	9		漢	姓, 한수, 은하수	水	水	15
	嗢	웃을	口	水	16		灡	넓을	水	水	16
	憪	속일	心	火	18		澣	빨래할, 열흘	水	水	17
	慀	뜻없을 (자랑할 호)	心	火	15		瀚	넓고 큰 모양	水	水	20
	呵	꾸짖을	口	水	10		翰	날개, 줄기	羽	火	16
학	學	배울, 공부 (学의 本字)	子	水	16		巆	산 높을	山	土	17
	学	배울, 공부 (學의 俗字)	子	水	8		僩	굳셀, 너그러울	人	火	14
	嗃	엄할	口	水	13		嫻	우아할	女	土	15
	壑	산골짜기, 도랑	土	土	17		橌	큰 나무	木	木	16
	鶴	姓, 두루미, 학	鳥	火	21		嫺	우아할	女	土	15

발음	한자	뜻	부수	자원오행	획수	발음	한자	뜻	부수	자원오행	획수
	憪	즐길	心	火	16		閑	막을, 한가할	門	水	12
	捍	막을	手	木	11	한	鷳	흰 꿩	隹	火	18
	暵	말릴	日	火	15		暵	가물	日	火	11
	熯	말릴, 공경할	火	火	15		割	나눌	刀	金	12
	閈	이문(동네입구 문)	門	木	11	할	硈	견고할	石	金	11
	邗	땅 이름	邑	土	10		轄	수레소리,관장할	車	火	17
	嫻	익힐	門	木	16		瞎	애꾸눈	目	木	15
	閒	틈, 사이	門	土	12		咸	姓, 다, 모두	口	水	9
	罕	그물, 드물	网	木	7		含	머금을, 용납할	口	水	7
	釬	팔찌	金	金	11		欦	빙그레 웃을	欠	火	8
	邯	고을 이름 (감)	阝	土	12		函	상자, 편지	凵	木	8
한	寒	추울, 떨릴	宀	水	12		琄	옥돌	玉	金	14
	恨	한할, 뉘우칠	心	火	10		涵	젖을, 잠길	水	水	12
	旱	가물, 물없을	日	火	7		肣	혀, 거둘	肉	水	10
	駻	사나울	馬	火	17	함	菡	연꽃	艸	木	14
	鷳	백한(새 이름)	鳥	火	23		鹹	짤, 소금	鹵	水	20
	銲	땜납	金	金	15		喊	소리, 다물	口	水	12
	鼾	코고는 소리	鼻	金	17		緘	봉할, 새끼	糸	木	15
	汗	땀, 물질펀할	水	水	7		萏	꽃술	艸	木	13
	扞	막을, 거절할	手	木	7		諴	화동할	言	金	16
	忓	방해할	心	火	7		轞	함거, 수레 소리	車	火	21
	限	한계, 경계	阜	土	14		闞	범 소리	門	木	20
	悍	원통할	心	火	11		銜	재갈, 머금을 (啣의 本子)	金	金	14

발음	한자	뜻	부수	자원오행	획수	발음	한지	뜻	부수	자원오행	획수
함	唅	재갈, 머금을 (銜의 俗子)	口	水	11	항	行	항렬	行	火	6
	檻	우리, 감옥	木	木	18		缸	항아리	缶	土	9
	艦	싸움배, 병선	舟	木	20		夯	멜	大	木	5
	陷	함정, 빠질	阜	土	16		炕	마를	火	火	8
합	合	합할, 맞을	口	水	6		蚚	투서함	缶	土	12
	詥	화할	言	金	13		伉	짝, 굳셀	人	火	6
	哈	웃는소리	口	水	9		姮	항아 (嫦의 本子)	女	土	9
	盒	찬합	皿	金	11		嫦	항아 (姮의 俗子)	女	土	14
	闔	문짝, 간직할	門	木	18		恒	항상, 뻗칠 (恆의 俗字)	心	火	10
	陜	땅 이름, 산골짜기	阜	土	15		恆	항상 (恒의 本字)	心	火	10
	閤	쪽문, 규방	門	木	14		巷	마을, 골목	己	土	9
	匌	돌(돌다)	勹	金	8		項	목, 클	頁	火	12
	柙	우리	木	木	9		肮	큰 자개	貝	金	11
	盍	덮을	皿	土	10		航	배다리, 건널	舟	木	10
	郃	고을 이름	邑	土	13		港	항구, 뱃길	氵	水	13
	榼	통(물통)	木	木	14		頏	새 날아 내릴	頁	火	13
	溘	갑자기	水	水	14		降	항복할	阜	土	14
	蛤	대합, 개구리	虫	水	12		肛	똥구멍	肉	水	9
	嗑	입 다물	口	水	13		抗	막을, 올릴	手	木	8
항	亢	오를, 높을	亠	水	4	해	該	그, 해당할	言	金	13
	沆	넓을, 흐를	氵	水	8		偕	함께, 알맞을	人	火	11
	杭	건널, 나룻배	木	木	8		楷	본보기, 본받을	木	木	13
	桁	차꼬, 도리	木	木	10		諧	화할, 고르게 할	言	金	16

발음	한자	뜻	부수	자원오행	획수	발음	한자	뜻	부수	자원오행	획수
해	海	姓, 바다, 클	水	水	11	해	懈	게으를, 느슨해질	心	火	17
	海	姓, 바다, 클	水	水	10		駭	놀랄, 소란스러울	馬	火	16
	亥	돼지, 열두째 지지	亠	水	6		瀣	차가울	水	水	13
	哈	웃을, 기뻐할	口	水	8		袊	잠방이	衣	木	10
	解	풀, 가를	角	木	13		欬	웃음소리	欠	火	10
	奚	어찌, 종족 이름	大	水	10		侅	이상 할, 목이 멜	人	火	8
	賅	족할, 재물	貝	金	13		骸	뼈, 해골	骨	金	16
	咳	포괄할, 기침	口	水	9		害	해칠, 손해	宀	木	10
	垓	지경, 경계	土	土	9		嶰	골짜기	山	土	16
	孩	어린아이, 어릴	子	水	9		廨	관아	广	木	16
	瑎	검은 옥돌	玉	金	14		欯	기침	欠	火	10
	澥	바다 이름	水	水	17		獬	해태	犬	土	17
	晐	갖출	日	火	10		痎	학질	疒	水	11
	祄	하늘이 도울	示	木	9		薤	염교(풀 이름)	艸	木	19
	瀣	이슬 기운	水	水	20		醢	젓갈	酉	金	17
	蟹	게	虫	水	19		頦	아래턱	頁	火	15
	邂	만날, 기뻐하는 모양	辵	土	20		鮭	어채	魚	水	17
	龤	풍류 조화될	龠	木	26		眩	아찔할 (현)	目	木	10
	絯	묶을	糸	木	12	핵	核	씨, 실과	木	木	10
	荄	풀 뿌리	艸	木	12		劾	힘쓸, 노력할	力	水	8
	郂	마을 이름	邑	土	13		翮	깃촉	羽	火	16
	陔	언덕	阝	土	14		覈	핵실할, 실상조사	襾	金	19
	姟	여자 이름 (현)	女	土	8	행	幸	다행, 바랄	干	木	8

발음	한자	뜻	부수	자원오행	획수	발음	한자	뜻	부수	자원오행	획수
행	行	갈, 다닐	行	火	6	향	蕃	나물국	艸	木	15
	婞	강직할	女	土	11	허	許	姓, 허락할, 믿을	言	金	11
	杏	살구나무, 은행	木	木	7		鄦	나라 이름	邑	土	19
	涬	기운	水	水	12		墟	언덕, 옛터	土	土	15
	烆	횃불	火	火	10		虛	빌, 공허할	虍	木	12
	荇	마름	艸	木	12		噓	울, 불	口	水	14
	倖	요행, 간사할	人	火	10		歔	흐느낄	欠	火	16
	悻	성낼	心	火	12	헌	憲	법, 높을	心	火	16
향	向	향할, 나아갈	口	水	6		憿	총명할	心	火	20
	香	향기로울, 향	香	木	9		昍	밝을	日	火	8
	稥	향기	禾	木	14		櫶	나무 이름	木	木	20
	享	누릴, 드릴	亠	土	8		獻	드릴, 바칠	犬	土	20
	珦	옥 이름, 구슬	玉	金	11		輶	초헌, 수레	車	火	16
	鄕	姓, 시골, 마을	邑	土	17		軒	추녀, 난간	車	火	10
	嚮	향할, 권할	口	水	19		巚	봉우리	山	土	23
	晑	밝을	日	火	10		巘	봉우리	山	土	23
	饗	잔치할, 연회할	食	水	22		幰	수레 휘장	巾	木	19
	曏	앞서, 이전에	日	火	17		攇	죌, 비길	手	木	20
	薌	곡식 향내	艸	木	19	헐	歇	쉴, 휴식	欠	金	13
	響	울림, 울리는 소리	音	金	22	험	險	험할, 위태로울	阜	土	21
	麝	사향 사슴	鹿	土	20		驗	증험할, 시험할	馬	火	23
	餉	도시락, 군자금	食	水	15		嶮	험할, 높을	山	土	16
	椺	계수나무	木	木	13		獫	오랑캐 이름	犬	土	17

발음	한자	뜻	부수	자원오행	획수	발음	한자	뜻	부수	자원오행	획수
험	獫	오랑캐 이름	犬	土	24		鉉	솥귀, 활시위	金	金	13
혁	革	가죽, 북	革	金	9		絢	무늬	糸	木	12
	奕	클, 아름다울	大	木	9		呟	소리	口	水	8
	侐	고요할, 쓸쓸할	人	火	8		現	나타날, 친할	玉	金	12
	焃	밝을	火	火	11		絃	악기줄, 새끼	糸	木	11
	焱	(염) 불꽃	火	火	12		賢	어질, 착할	貝	金	15
	赫	붉을, 빛날	赤	火	14		儇	영리할, 빠를	人	火	15
	燁	불태울	火	火	13		譞	지혜, 슬기	言	金	20
	欯	붉을	赤	火	11		仚	신선 (선)	人	火	5
	艳	붉을	赤	火	13		玄	姓, 하늘, 검을	玄	火	5
	爀	빛날, 붉을	火	火	18		弦	시위, 시위울림	弓	木	8
	纅	진한 붉은 빛	赤	火	21	현	顯	나타날, 드러날 (顕의 本字)	頁	火	23
	覤	볼	見	火	14		顕	나타날 (顯의 俗字)	頁	火	18
	弈	바둑	廾	木	9		㬎	나타날 (顯과 同字)	日	火	14
	洫	봇도랑	水	水	10		峴	고개, 산 이름	山	土	10
	鬩	다툴	鬥	金	18		鋗	노구 솥, 냄비	金	金	15
	嚇	노할, 꾸짖을	口	水	17		琄	패옥	玉	金	12
	晛	햇살, 밝을	日	火	11		嬛	경편할, 빠를	女	土	16
	泫	물깊을, 빛날	氵	水	9		灦	물 깊고 맑을	水	水	26
현	炫	빛날, 밝을	火	火	9		陻	한정할	阜	土	15
	玹	옥돌, 옥 이름	玉	金	10		弲	활	弓	木	11
	見	나타날, 이제	見	火	7		梘	땅 이름	木	木	12
	眩	햇빛, 당혹할	日	火	9		衒	선전할, 팔 (眩과 同字)	行	火	11

발음	한자	뜻	부수	자원오행	획수	발음	한자	뜻	부수	자원오행	획수
현	眩	선전할, 팔 (衒과 同字)	貝	金	12	현	胘	소천엽	肉	水	11
	瞏	볼, 눈여겨 볼	目	木	20		莧	비름, 패모	艸	木	13
	嫈	지킬	女	土	11		鼶	범 성낼	虍	木	16
	譞	구할	言	金	22	혈	血	피, 피칠	血	水	6
	鋗	작은 끌	金	金	15		頁	머리	頁	火	9
	睍	불거진 눈	目	火	12		穴	구멍, 틈	穴	水	5
	倪	염탐할	人	火	9		絜	헤아릴	糸	木	12
	眩	아찔할, 현혹할	目	木	10		趐	나아갈	走	火	13
	舷	뱃전	舟	木	11		孑	외로울, 남을	子	水	3
	騢	철총이(검푸른 말)	馬	火	17	혐	嫌	싫어할, 의심할	女	土	13
	痃	근육이 땅기는 병	疒	水	10	협	協	화합할, 도울	十	水	8
	繯	맬	糸	木	19		洽	화할, 윤택할	氵	水	8
	翾	날	羽	火	19		夾	낄, 부축할	大	木	7
	鷰	제비	鳥	火	16		劦	힘 합할	力	土	6
	蜆	도롱이벌레	虫	水	13		頰	뺨, 기분 좋을	頁	火	16
	誢	말다툼할	言	金	14		莢	풀열매, 콩깍지	艸	木	13
	怰	괴로울	心	火	9		俠	호협할, 협사	人	火	9
	縣	매달, 고을	糸	木	16		挾	가질, 낄	手	木	11
	懸	매달, 늘어질	心	火	20		峽	골짜기, 산골	山	土	10
	袨	나들이 옷	衣	木	11		浹	젖을, 물결일	水	水	11
	娹	허리 가늘	女	土	10		脅	갈빗대, 옆구리 (脇과 同字)	肉	水	12
	袨	여자 이름	女	土	8		脇	갈빗대, 옆구리 (脅과 同字)	肉	水	12
	埍	여자 가두는 옥	土	土	10		硤	고을 이름	石	金	12

발음	한자	뜻	부수	자원오행	획수	발음	한자	뜻	부수	자원오행	획수
협	狹	좁을	犬	土	11	형	瞔	볼(현)	目	木	19
	鋏	집게, 가위	金	金	15		滎	실개천, 못 이름	水	水	14
	匧	상자	匚	水	9		瀅	물 이름	水	水	22
	叶	맞을	口	水	5		珩	노리개, 패옥	玉	金	11
	埉	물가	土	土	10		瀅	맑을, 개천	水	水	19
	恊	화합할	心	火	10		娙	여관(女官), 예쁠	女	土	10
	悏	쾌할	心	火	11		迥	멀, 빛날 (逈의 本字)	辵	土	12
	愜	쾌할	心	火	13		逈	멀, 빛날 (迥의 俗字)	辵	土	13
	篋	상자	竹	木	15		陘	지레목, 비탈	阜	土	15
	挾	꺾을	手	木	10		鋞	갈, 문지를	金	金	18
형	亨	형통할, 드릴	亠	土	7		刑	형벌, 본받을	刀	金	6
	兄	맏이, 언니	儿	木	5		螢	개똥벌레, 반디	虫	水	16
	侀	이룰, 모일	人	火	8		敻	멀	攴	金	15
	洞	찰, 깊을, 넓을	氵	水	9		詗	염탐할	言	金	12
	炯	빛날, 밝을	火	火	9		荊	모형나무, 곤장	艸	木	12
	瑩	밝을, 옥빛	玉	金	15		洄	소용돌이 칠	水	水	11
	娙	즐거울	女	土	8		嵤	산 깊은 모양	山	土	13
	形	모양, 형상	彡	火	7		脝	배 불룩할	肉	水	13
	型	본보기, 거푸집	土	土	9		蘅	족두리 풀	艸	木	22
	邢	姓, 나라 이름, 땅	邑	土	11	혜	恵	은혜, 인자할 (惠의 本字)	心	火	12
	衡	저울대, 평평할	行	火	16		惠	은혜 (惠의 略字)	心	火	10
	馨	향기, 향내	香	木	20		傒	은혜	人	火	14
	熒	등불, 밝을	火	火	14		慧	슬기로울, 지혜	心	火	15

빌음	한자	뜻	부수	자원오행	획수	발음	한자	뜻	부수	자원오행	획수
	憓	사랑할, 순종할	心	火	16	혜	醯	식초, 위태로울	酉	金	19
	暳	별 반짝일	日	火	15		號	부를, 부르짖을 (号의 本字)	虎	木	13
	蹊	지름길, 기다릴	足	土	17		号	부를, 부르짖을 (號의 略字)	口	水	5
	兮	어조사	八	金	4		湖	호수, 물	水	水	13
	蕙	혜초, 난초	艸	木	18		浩	넓을, 넉넉할 (澔와 同字)	水	水	11
	彗	쓸, 총명	彐	火	11		澔	넓을 (浩와 同字)	水	水	16
	寭	밝힐	宀	木	15		晧	빛날, 밝을	日	火	11
	譓	슬기로울	言	金	19		皓	밝을, 깨끗할	白	金	12
	匸	감출, 덮을	匸	土	2		昊	하늘, 클, 성할	日	火	8
	詥	진실한 말	言	金	11		淏	맑은모양	水	水	12
	鏸	날카로울	金	金	20		祜	복, 복이 많을	示	木	10
혜	譿	슬기로울, 분별할	言	金	22	호	芐	지황 (芦와 同字)	艸	木	9
	撨	끼워넣을	手	木	14		芦	지황 (芐와 同字)	艸	木	10
	槥	나무 이름	木	木	14		皞	흴, 밝을	白	火	15
	潓	물결	水	水	16		嫭	여자영리할	女	土	11
	鞋	신, 짚신	革	金	15		鎬	姓, 호경, 밝은 모양	金	金	18
	傒	가둘	水	火	12		壕	해자, 도랑	土	土	17
	嘒	작은 소리	口	水	14		壺	질그릇, 병	土	土	12
	徯	기다릴	彳	火	13		滸	물가	水	水	15
	橀	널(작은 관)	木	木	15		顥	클, 빛나는 모양	頁	火	21
	盻	흘겨볼	目	木	9		扈	姓, 뒤따를, 넓을	戶	木	11
	謑	꾸짖을	言	金	17		戶	지게, 지게문	戶	木	4
	橞	나무 이름	木	木	16		犒	호궤할, 위로	牛	火	14

발음	한자	뜻	부수	자원오행	획수	발음	한자	뜻	부수	자원오행	획수
호	鄗	땅 이름	邑	土	17	호	濠	해자, 물 이름	水	水	18
	熇	빛날	火	火	15		灝	넓을	水	水	25
	嫮	아름다울	女	土	14		滬	물 이름	水	水	15
	暭	밝을	日	火	14		皓	흴	白	金	15
	怙	믿을, 의지할	心	火	9		杲	밝을 (고)	木	木	8
	薅	빛	艸	木	17		昈	빛날	日	火	8
	瓳	반호, 벽돌	瓦	金	10		虍	호피무늬	虍	木	6
	乎	어조사	丿	金	5		餬	기식할, 죽	食	水	18
	呼	부를, 숨내쉴	口	水	8		聕	들릴	耳	火	13
	好	좋아할, 아름다울	女	土	6		醐	제호	酉	金	16
	嫭	아름다울	女	土	14		瓠	표주박, 단지	瓜	木	11
	互	서로, 어긋날	二	水	4		葫	마늘, 조롱박	艸	木	15
	胡	姓, 오랑캐, 어찌	肉	火	11		蝴	나비	虫	水	15
	豪	호걸, 귀인	豕	水	14		糊	풀, 풀칠할	米	木	15
	儫	호걸	人	火	16		狐	여우	犬	土	9
	護	보호할, 통솔할	言	金	21		濩	퍼질, 삶을	水	水	18
	琥	호박, 서옥	玉	金	13		毫	가는 털, 조금	手	火	11
	瑚	산호, 호련	玉	金	14		虎	범, 용맹스러울	虍	木	8
	頀	구할, 지킬	音	金	23		嘷	울부짖을	口	水	15
	岵	산	山	土	8		冱	얼	冫	水	6
	弧	활	弓	木	8		鬍	수염	髟	火	19
	縞	명주	糸	木	16		沍	얼	水	水	8
	蒿	쑥, 향기	艸	木	16		滈	장마	水	水	14

발음	한자	뜻	부수	자원오행	획수	발음	한자	뜻	부수	자원오행	획수
호	猢	원숭이	犬	土	13	혼	焜	빛날	火	火	12
	夼	놓을	大	木	5		魂	넋, 마음	鬼	火	14
	峼	산모양(고)	山	土	10		混	섞일, 흐릴	水	水	12
	唃	말 많을	口	水	10		圂	뒷간	口	水	10
	唬	범이 울	口	水	11		溷	흐릴	水	水	13
	嚎	울부짖을	口	水	17		溷	어지러울	水	水	14
	垀	낮은	土	土	8		閽	문지기	門	木	16
	柧	가로막이	木	木	8	홀	惚	황홀할, 흐릿할	心	火	12
	楛	나무 이름	木	木	13		忽	소홀할, 손쉬울	心	火	8
	楜	후추	木	木	13		笏	피리가락	竹	木	10
	滹	강 이름	水	水	15		囫	온전할	口	水	7
	謼	부르짖으며 울	言	金	21	홍	弘	姓, 넓을, 클	弓	火	5
	鍸	제기(제사그릇)	金	金	17		紅	붉을, 연지	糸	木	9
혹	熇	뜨거울, 불꽃 성할	火	火	14		洪	姓, 큰물, 넓을	水	水	10
	或	혹은, 늘, 있을	戈	金	8		鴻	기러기, 번성할	鳥	火	17
	惑	미혹할, 어지러울	心	火	12		泓	깊을, 웅덩이	水	水	9
	酷	독할, 잔인할	酉	金	14		烘	화롯불, 횃불	火	火	10
혼	婚	혼인할, 혼인	女	土	11		虹	무지개	虫	水	9
	倱	완전할	人	火	9		銾	돌쇠뇌, 석궁	金	金	14
	顐	얼굴 둥글	頁	火	19		哄	노랫소리, 떠들썩할	口	水	9
	昏	어두울, 저녁	日	火	8		汞	수은	水	水	7
	渾	물소리, 흐릴	水	水	13		晎	날 밝으려할	日	火	10
	琿	아름다운 옥	玉	金	14		澒	수은	水	水	16

발음	한자	뜻	부수	자원오행	획수
홍	篊	통발	竹	木	15
	鬨	싸울	鬥	金	16
	谾	깊은 골짜기	谷	水	10
	仜	배가 클	人	火	5
	洚	큰 물	水	水	10
	灴	화롯불	火	火	7
	録	종소리	金	金	15
	訌	무너질,어지러울	言	金	10
화	化	화할, 교화할	匕	火	4
	和	姓, 고루, 화할	口	水	8
	花	姓, 꽃, 아름다울	艸	木	10
	貨	재물, 물품	貝	金	11
	話	이야기, 말할	言	金	13
	畫	그림, 그릴 (畵의 本字)	田	土	12
	畵	그림 (畫의 俗字)	田	土	13
	姀	단정할	女	土	8
	訸	화할	言	金	12
	龢	화할	龠	木	22
	華	姓, 빛날, 꽃	艸	木	14
	禾	곡식, 곡물	禾	木	5
	嬅	고울, 여자 이름	女	土	15
	樺	자작나무	木	木	16
	澕	물 깊을	水	水	16
화	火	태울, 불사를	火	火	4
	鞾	가죽신	革	金	13
	俰	화할	人	火	10
	驊	준마	馬	火	22
	⿵几火	불타는 소리	火	火	6
	伙	세간, 불	人	火	6
	杹	목부용	木	木	8
	鉌	방울	金	金	13
	鏵	삽	金	金	19
	禍	재화, 재난	示	木	14
	譁	시끄러울	言	金	19
	嘩	떠들썩할	口	水	15
확	廓	성, 둘레	广	木	14
	確	확실할, 굳을 (碻과 同字)	石	金	15
	碻	확실할 (確과 同字)	石	金	15
	穫	곡식 거둘	禾	木	19
	擴	늘일, 넓힐	手	木	19
	曤	밝을	日	火	20
	攫	붙잡을, 움킬	手	木	24
	矍	두리번거릴	目	木	20
	矡	창	矛	金	25
	礭	회초리	石	金	21
	鑊	가마솥	金	金	22

발음	한자	뜻	부수	자원오행	획수	발음	한자	뜻	부수	자원오행	획수
환	桓	姓, 묘목, 굳셀	木	木	10	환	瑍	환옥	玉	金	14
	奐	성할, 빛날	大	木	9		鍰	무게단위	金	金	17
	渙	찬란할, 풀어질	水	水	13		鬟	쪽진 머리	髟	火	23
	煥	밝을, 불빛	火	火	13		鰥	환어, 홀아비	魚	水	21
	晥	환할, 샛별	日	火	11		患	근심할, 재앙	心	火	11
	驩	기뻐할	馬	火	28		喚	부를, 외칠	口	水	12
	宦	벼슬	宀	木	9		幻	홀릴, 허깨비	幺	火	4
	紈	맺을, 흰 비단	糸	木	9		擐	꿸	水	水	17
	丸	둥글, 알	丶	土	3		轘	환형, 형벌	車	火	20
	換	바꿀, 교역할	手	木	13		峘	큰산	山	土	9
	圜	두를, 둥글	囗	水	16		懁	거스를	心	火	13
	皖	샛별	白	金	12		懽	성급할	心	火	17
	洹	세차게 흐를	水	水	10		澴	소용돌이칠	水	水	17
	鐶	고리, 가락지	金	金	21		芄	왕골	艸	木	9
	歡	기뻐할, 친할	欠	金	22		鋎	칼	金	金	15
	環	도리옥, 옥고리	玉	土	18		讙	시끄러울	言	金	25
	還	돌아올, 돌아갈	辵	土	20	활	活	살릴, 활발할	水	水	10
	懽	기뻐할	心	火	22		闊	트일, 넓을 (濶의 本字)	門	木	17
	睆	가득 찬 모양	目	木	12		濶	트일, 넓을 (闊의 俗字)	水	水	18
	寰	경기 고을, 대궐담	宀	木	16		滑	미끄러울, 부드럽게 할	水	水	14
	瓛	옥홀	玉	金	25		豁	열릴, 통할	谷	水	17
	絙	끈	糸	木	12		猾	교활할	犬	土	14
	豢	기를	豕	水	13		蛞	올챙이	虫	水	12

발음	한자	뜻	부수	자원오행	획수	발음	한자	뜻	부수	자원오행	획수
황	黃	姓, 누를, 누른빛	黃	土	12	황	鍠	종고소리	金	金	17
	晃	밝을, 빛날 (晄과 同字)	日	火	10		皝	엄숙한 모양	白	金	15
	晄	밝을, 빛날 (晃과 同字)	日	火	10		葟	무성할	艹	木	15
	滉	물깊을, 넓을	水	水	14		篁	대숲	竹	木	14
	榥	책상	木	木	14		蝗	누리, 황충	虫	水	15
	艎	배	木	木	13		荒	거칠, 흉년들	艹	木	12
	熿	밝을, 영리할	火	火	14		惶	두려워할	心	火	13
	慌	밝을, 영리할	心	火	14		湟	해자, 빠질	水	水	13
	皇	임금, 비로소	白	金	9		潢	웅덩이	水	水	16
	況	비유할, 모양	水	水	9		遑	허둥거릴, 바쁠	辶	土	16
	凰	봉황새	几	木	11		隍	빌, 공허할	阜	土	17
	堭	당집, 전각	土	土	12		簧	혀, 피리	竹	木	18
	媓	여자 이름	女	土	12		喤	울음소리	口	水	12
	煌	빛날, 환히밝을	火	火	13		怳	멍할	心	火	9
	爌	불밝을	儿	火	21		肓	명치끝	肉	水	9
	奛	밝고 훤할	大	木	11		徨	노닐, 어정거릴	彳	火	12
	熀	빛날	火	火	16		慌	어렴풋할, 황홀할	心	火	14
	璜	서옥, 패옥	玉	金	17	회	茴	회향풀, 약 이름	艹	木	12
	瑝	옥 소리	玉	金	14		淮	강 이름	水	水	12
	貺	줄	貝	金	12		賄	선물, 예물	貝	金	13
	鍠	종소리	金	金	18		回	돌아올, 돌이킬	口	水	6
	幌	휘장	巾	木	13		會	모일, 맞출 (会의 本字)	日	木	13
	恍	황홀할	心	火	10		会	모일 (會의 俗字)	人	火	6

발음	한자	뜻	부수	자원오행	획수	발음	한자	뜻	부수	자원오행	획수
회	廻	돌이킬, 돌아올	廴	水	9	회	蛔	회충	虫	水	12
	晦	그믐, 어두울	日	火	11		徊	노닐	人	火	8
	檜	전나무, 나라 이름	木	木	17	획	劃	그을, 계획할	刀	金	14
	澮	물흐를, 합할	水	水	17		画	그을, 그림	田	土	8
	繪	그림, 그릴 (絵의 本字)	糸	木	19		獲	얻을, 노비	犬	土	18
	絵	그림, 그릴 (繪의 俗字)	糸	木	12		嚄	외칠	口	水	17
	誨	가르칠, 인도할	言	金	14	횡	橫	가로, 난각목	木	木	16
	匯	어음환, 물돌	匚	水	13		竑	넓을	立	金	9
	懷	품을, 가슴	心	火	20		鐄	종, 낫	金	金	20
	恢	넓을, 갖출	心	火	10		鐪	종소리	金	金	22
	洄	돌아 흐를	水	水	10		鈜	쇳소리	金	金	12
	澮	시내 이름	水	水	20		黌	학교	黃	木	25
	鄶	나라 이름	邑	土	20		宖	집울릴, 클	宀	木	8
	盔	주발	皿	土	11		澋	물이 빙돌	水	水	16
	詼	조롱할	言	金	13	효	孝	姓, 효도	子	水	7
	迴	돌아올	辵	土	13		效	본받을, 힘쓸 (効의 本字)	攴	金	10
	頮	세수할	頁	火	16		効	본받을 (效의 俗字)	力	金	8
	鱠	회(생선회)	魚	水	24		曉	밝을, 날샐	日	火	16
	灰	재, 태워버릴	火	火	6		窙	높은 기운	穴	水	12
	徊	노닐, 꽃 이름	彳	火	9		傚	본받을, 배울	人	火	12
	悔	뉘우칠, 후회할	心	火	11		洨	강 이름	水	水	10
	獪	교활할, 어지럽게할	犬	土	17		恔	유쾌할	心	火	8
	膾	회, 회칠	肉	水	19		庨	집이 높은 모양	广	木	10

발음	한자	뜻	부수	자원오행	획수	발음	한자	뜻	부수	자원오행	획수
효	熇	마를, 불꽃	火	火	14	효	淆	뒤섞일, 흐릴	水	水	12
	譹	부를	言	金	18		酵	술밑, 술이괼	酉	金	14
	婋	재치 있을	女	土	11		嚣	들렐, 소리	口	水	21
	皛	나타날, 밝을	白	火	15		梋	치자나무	木	木	12
	歊	김오를	欠	金	14		曉	두려워할	口	水	15
	浤	물 이름, 물가	水	水	11		詨	부르짖을	言	金	13
	崤	산 이름	山	土	11	후	厚	후덕할, 두터울 (垕의 本字)	厂	土	9
	郩	땅 이름	邑	土	15		垕	후덕할, 두터울 (厚의 古字)	土	土	9
	爻	괘, 변할	爻	火	4		侯	과녁, 영주	人	火	9
	斆	가르칠, 교육할	攴	金	20		逅	우연히 만날, 터놓을	辵	土	13
	肴	안주	肉	水	10		煦	따뜻하게 할	火	火	13
효	殽	섞일	殳	金	12		珝	옥 이름	玉	金	11
	餚	섞일	食	水	17		候	姓, 기후, 생각할	人	火	10
	虓	울부짖을	虍	木	10		堠	봉화대, 이정표	土	土	12
	烋	뽐낼	灬	火	10	후	姁	할미, 예쁠	女	土	8
	驍	날랠, 용감할	馬	火	22		芋	클	艸	木	9
	恔	쾌할(교)	心	火	10		后	임금, 왕비	口	水	6
	俲	점잖을	人	火	9		帿	과녁	巾	木	12
	灱	더울	火	火	6		郈	고을 이름	邑	土	13
	哮	큰소리낼, 천식	口	水	10		鄦	땅 이름	邑	土	16
	嚆	울릴	口	水	17		後	姓, 뒤, 뒤질	辵	土	9
	梟	올빼미	木	木	11		煦	불	口	水	12
	潚	물 흐름 멀리 뻗은 모양	水	水	19		垕	두터울	土	土	9

발음	한자	뜻	부수	자원오행	획수	발음	한자	뜻	부수	자원오행	획수
후	篌	공후(악기)	竹	木	15	훈	蘍	향초	艸	木	22
	詡	자랑할	言	金	13		壎	질나팔, 흙 (塤과 同字)	土	土	17
	矦	임금	矢	金	9		塤	흙 (壎과 同字)	土	土	13
	酗	주정할	酉	金	11		纁	분홍빛, 비단	糸	木	20
	餱	건량	食	水	18		輝	빛날	火	火	13
	欨	즐거워할	欠	火	10		燻	연기 낄, 불사를	火	火	18
	喉	목구멍	口	水	12		鑂	금빛 투색할	金	金	22
	吼	울, 아우성칠	口	水	7		暈	무리, 선염	日	火	13
	嗅	냄새 맡을	口	水	13		曛	어스레할	日	火	18
	朽	썩을, 부패할	木	木	6		獯	오랑캐 이름	犬	土	18
	吽	소가 울	口	水	7		葷	매운 채소	艸	木	15
	猴	원숭이	犬	土	13	훌	欻	문득	欠	火	12
	譃	거짓말할	言	金	19	훙	薨	죽을, 무리	竹	木	20
훈	訓	가르칠, 인도할	言	金	10	훤	煊	따뜻할	火	火	13
	勳	공훈, 거느릴 (勛의 本字)	力	火	16		暄	따뜻할, 온난할	日	火	13
	勛	공훈, 거느릴 (勳의 古字)	力	火	12		昍	밝을	日	火	8
	勲	공훈, 거느릴 (勳의 俗字)	力	火	15		愃	너그러울	心	火	13
	焄	연기에 그을릴, 향기날	火	火	11		萱	원추리, 망우초	艸	木	15
	熏	불기운, 그을릴 (熏의 本字)	火	火	14		喧	지껄일, 떠들	口	水	12
	熏	불기운, 그을릴 (熏의 俗字)	火	火	13		烜	마를	火	火	10
	薰	향풀, 향기날 (蘍과 同字)	艸	木	20		諠	잊을, 지껄일	言	金	16
	蘍	향풀, 향기날 (薰과 同字)	艸	木	21		諼	속일	言	金	16
	薫	향풀 (薰의 略字)	艸	木	19		讙	시끄러울	言	金	25

발음	한자	뜻	부수	자원오행	획수	발음	한자	뜻	부수	자원오행	획수
훼	卉	풀, 초목 (卉의 本字)	十	木	6	휴	畦	밭두둑, 지경	田	土	11
	卉	풀, 초목 (卉의 俗字)	十	木	5		携	이끌, 가질, 나눌	手	木	14
	毀	헐, 부술	殳	金	13		髹	검붉은빛	髟	火	16
	芔	풀	艸	木	9		鵂	수리부엉이	鳥	火	17
	虺	살무사	虫	水	9		虧	이지러질	虍	木	17
	燬	불	火	火	17		咻	신음 소리	口	水	9
	喙	부리, 호흡	口	水	12		隳	무너뜨릴	阜	土	23
	毁	헐, 상처날	殳	金	13		攜	끌 (携의 本字)	手	木	22
휘	暉	햇빛, 빛날	日	火	13	휵	慉	기를	心	火	14
	輝	빛날, 일광	火	火	13	휼	恤	구휼할	心	火	10
	煒	빛날	火	火	13		鷸	도요새	鳥	火	23
	輝	빛날, 광휘	車	火	15		卹	진휼할	冂	木	8
	揮	지휘할, 뿜낼	手	木	13		鐍	걸쇠	金	金	20
	彙	무리, 모을	彑	火	13		霱	상서로운 구름 (율)	雨	水	20
	徽	아름다울, 좋을	彳	火	17		譎	속일, 바뀔	言	金	19
	翬	훨훨 날	羽	火	15		遹	삐뚤	辵	土	19
	麾	지휘할	麻	木	15	흉	胸	가슴, 마음	肉	水	12
	諱	꺼릴, 두려워할	言	金	16		凶	재앙, 두려울	凵	水	4
	撝	찢을	手	木	16		兇	흉악할, 두려워할	儿	木	6
	楎	옷걸이, 말뚝	木	木	13		匈	오랑캐, 흉할	勹	金	6
휴	休	쉴, 아름다울	人	火	6		洶	물살 셀	水	水	10
	烋	경사로울, 아름다울	火	火	10		恟	두려워할	心	火	10
	庥	그늘, 쉴	广	木	8		胷	가슴	肉	水	12

발음	한자	뜻	부수	자원오행	획수	발음	한자	뜻	부수	자원오행	획수
흑	黑	검을, 캄캄할	黑	水	12	흘	吃	말더듬을	口	水	6
흔	俙	기쁠	人	火	10	흠	歆	받을, 대접할	欠	火	13
	妡	아름다울	女	土	7		欽	공경할, 근심할	欠	金	12
	欣	기쁠, 좋아할	欠	火	8		鑫	기쁠	金	金	24
	忻	기뻐할	心	火	8		欠	하품	欠	火	4
	憿	기뻐할	心	火	12		廞	벌여놓을	广	木	15
	譆	자랑할	言	金	14	흡	洽	화할, 젖을	水	水	10
	昕	아침, 해돋을	日	火	8		恰	흡족할, 마침	心	火	10
	炘	화끈거릴, 불사를	火	火	8		翕	합할, 거둘	羽	火	12
	掀	당길	手	木	10		吸	숨들이쉴, 마실	口	水	7
	掀	번쩍 들	手	木	12		噏	숨 들이쉴	口	水	15
	焮	태울	火	火	12		歙	들이쉴	欠	火	16
	釁	피 칠할, 틈	酉	金	26		潝	빨리 흐르는 소리	水	水	16
	痕	흉터, 자취	疒	水	11		翖	합할	羽	火	12
	很	패려궂을, 어길	彳	火	9	흥	興	일어날, 지을	臼	土	15
흘	紇	사람 이름	糸	木	9	희	熙	빛날, 일어날 (熙의 俗字)	火	火	13
	訖	이를, 그칠	言	金	10		熙	빛날, 일어날 (熙의 本字)	火	火	13
	屹	산 우뚝솟을	山	土	6		熙	빛날, 일어날 (熙의 俗字)	火	火	14
	迄	이를	辵	土	12		姬	여자, 아가씨 (姬의 本字)	女	土	9
	仡	날랠	人	火	5		姫	여자 (姬의 俗字)	女	土	9
	汔	거의	水	水	7		希	바랄, 드물	巾	木	7
	疙	쥐부스럼	疒	水	8		喜	기쁠, 즐거울	口	水	12
	齕	깨물	齒	金	18		橲	나무 이름	木	木	16

발음	한자	뜻	부수	자원오행	획수	발음	한자	뜻	부수	자원오행	획수
희	憘	성할, 아름다울	心	火	16	희	屭	힘쓸	尸	水	24
	晞	마를, 햇살	日	火	11		睎	바라볼	目	木	12
	烯	불빛	火	火	11		犧	희생	牛	土	20
	僖	즐거울, 기꺼울	人	火	14		稀	성길, 드물	禾	木	12
	熹	성할, 아름다울 (熺와 同字)	火	火	16		噫	느낄, 탄식할	口	水	16
	熺	성할, 아름다울 (熹와 同字)	火	火	16		咥	웃을	口	水	9
	繥	웃을	糸	木	18		唏	훌쩍훌쩍 울	口	水	10
	暿	몹시 더울	日	火	16		嘻	화락할	口	水	15
	禧	복, 길할	示	木	17		悕	원할	心	火	11
	嬉	즐거울, 놀	女	土	15		瑹	사람 이름	玉	金	12
	憙	기뻐할, 좋아할	心	火	16		欷	한숨 쉴	欠	火	11
	熙	빛날, 일어날	灬	水	15		譆	말소리	言	金	14
	義	숨, 화할, 기운	羊	土	16		燨	야화(野火), 들불	火	火	18
	爔	불, 햇빛	火	火	20		豨	돼지	豕	水	14
	曦	햇빛, 빛날	日	火	20		餼	보낼	食	水	19
	譆	감탄할	言	金	19		歖	시시덕거릴	欠	火	17
	戱	놀이, 희롱할 (戲의 本字)	戈	金	17		桸	국자	木	木	11
	戲	놀이, 희롱할 (戲의 俗字)	戈	金	16		熺	들에 난 불	火	火	14
	嫼	기쁠	女	土	17		萒	희나물	艸	木	13
	屺	즐거워할 (이)	己	土	10		誒	탄식할	言	金	14
	歓	갑자기 기뻐할	欠	火	16	히	屎	끙끙거릴 (시)	尸	水	9
	俙	비슷할, 희미할	人	火	9	힐	欯	기뻐할	欠	金	10
	囍	쌍희, 기쁨	口	水	22		詰	물을, 다스릴	言	金	13

발음	한자	뜻	부수	자원 오행	획수
힐	頡	곧은 목	頁	火	15
	黠	영리할	黑	水	18
	犵	오랑캐 이름	犬	土	7
	纈	홀치기염색	糸	木	21
	襭	옷자락 걷을	衣	木	21

제11장

【人名用】 획수별 자원오행 한자사전

일러두기

* 이 책의 [인명용] 종합 한자사전은 대법원에서 지정한 인명용 한자만을 수록하였다. 【 2024.6.11. 기준 9,389자 】

* 여기에 수록된 한자는 되도록 대법원에서 지정한 글자체를 그대로 사용하였으나, 글자체가 지원되지 않는 경우 부득이하게 비슷한 글자체를 사용하였다.

* 인명용 한자는 원칙적으로 대법원에서 지정한 발음으로만 사용할 수 있다. 그러나 첫소리[初聲]가 "ㄴ"또는 "ㄹ"인 한자는 각각 소리 나는 바에 따라 "ㅇ" 또는 "ㄴ"으로 사용할 수 있다. 【 連 = '연' 또는 '련' / 老 = '로' 또는 '노' 】

* 위의 규칙에 따라 한자의 발음을 변경할 경우 '발음오행'은 변경한 실제 발음에 따른다. 【 '연'의 발음오행 = '土' / '련'의 발음오행 = '火' 】

* 인명용 한자 중 동자(同字)·속자(俗字)·약자(略字)의 경우 대법원 규칙으로 인정한 한자만 사용할 수 있다.

* '示'변과 '礻'변, "艹"변과 "⺿"변은 서로 바꾸어 쓸 수 있다. 【 福 = 福, 蘭=蘭 】

획수	발음오행	자원오행	한 자
1	木 ㉠㉣	木	丨(뚫을 곤)
	土 ◎⑧	木	乙(새 을)　　　一(하나 일)
2	木 ㉠㉣	火	冂(멀 경)
		金	几(안석 궤)
	火 ㉡㉢㉤㉥	土	力(힘 력)
		金	乃(이에 내)　　刀(칼 도)　　了(마칠 료)
	土 ◎⑧	木	二(두 이)　　　入(들 입)
		火	人(사람 인)　　儿(사람 인)
		土	匚(감출 혜)
		金	乂(다스릴 예)
		水	又(또 우)
	金 ㉦㉧㉨	火	丁(장정 정)
		金	刁(조두 조)
	水 ㉩㉪㉫	火	卜(점칠 복)
		金	匕(비수 비)

획수	발음오행	자원오행	한 자
3	木 ㄱㅋ	木	干(방패 간)　　巾(수건 건)　　乞(빌 걸)　　廾(받들 공) 丌(책상 기)
		火	工(장인 공)　　弓(활 궁)
		土	己(자기 기)
		水	口(입 구)　　久(오랠 구)
	火 ㄴㄷㄹㅌ	木	大(큰 대)
		土	女(여자 녀)　　土(흙 토)
	土 ㅇㅎ	木	广(집 엄)　　兀(우뚝할 올)　　卄(스물 입)
		火	丫(가닥 아)　　已(그칠 이)
		土	丸(둥글 환)
		金	弋(주살 익)　　刃(칼날 인)
		水	也(어조사 야)　　幺(작을 요)　　于(갈 우)　　下(아래 하) 孑(외로울 혈)
	金 ㅅㅈㅊ	木	士(선비 사)　　上(윗 상)　　丈(어른 장)　　寸(마디 촌)
		火	三(석 삼)
		土	巳(뱀 사)　　山(뫼 산)

획수	발음오행	자원오행	한 자
3	金 (ㅅㅈ ㅊ)	金	勺(구기 작)
		水	夕(저녁 석)　　小(작은 소)　　尸(주검 시)　　子(아들 자) 叉(깍지 차)　　千(일천 천)　　川(내 천)
	水 (ㅁㅂ ㅍ)	木	万(일만 만)
		水	亡(죽일 망)　　凡(무릇 범)
4	木 (ㄱㅋ)	木	夬(터놓을 쾌)
		火	介(끼일 개)　　仇(원수 구)　　今(이제 금)
		土	犬(개 견)
		金	公(귀 공)　　戈(창 과)　　公(세모창 구)　　勾(굽을 구) 勾(모을 구)　　勻(적을 균)　　匀(적을 균)　　斤(도끼 근)
		水	孔(구멍 공)　　及(미칠 급)　　气(기운 기)
	火 (ㄴㄷ ㄹㅌ)	木	內(안 내)　　屯(모일 둔)　　太(클 태)
		火	丹(붉을 단)　　斗(말 두)　　丹(붉을 란)
	土 (ㅇㅎ)	木	卬(나 앙)　　冗(한가로울 용)　　元(으뜸 원)　　尤(머뭇거릴 유) 戶(지게 호)
		火	午(낮 오)　　曰(가로 왈)　　引(인도할 인)　　仁(어질 인) 日(날 일)　　仍(인할 잉)　　化(될 화)　　火(불 화) 幻(홀릴 환)　　爻(괘 효)　　欠(하품 흠)

획수	발음오행	자원오행	한 자
4 金 ⊗⊗ ⊗	土 ◎ⓗ	土	円(원 엔) 牛(소 우) 尤(더욱 우) 壬(땅이름 올) 允(마땅할 윤)
		金	牙(어금니 아) 予(줄 여) 刈(풀벨 예) 王(임금 왕) 勻(나눌 윤) 勻(나눌 윤) 兮(어조사 혜)
		水	厄(재앙 액) 夭(어릴 요) 友(벗 우) 云(이를 운) 月(달 월) 尹(성실할 윤) 壬(북방 임) 廿(스물 입) 亢(오를 항) 互(서로 호) 凶(재앙 흉)
	金 ⓢⓩ ⓩ	木	手(손 수) 升(되 승) 才(재주 재) 爪(손톱 조) 尺(자 척)
		火	心(마음 심) 什(열사람 십) 氏(성씨 씨) 仉(성씨 장) 仃(외로울 정) 什(세간 집) 天(하늘 천) 仄(기울 측)
		土	弔(조상할 조) 中(가운데 중) 支(지탱할 지) 之(갈 지) 止(그칠 지) 丑(소 축)
		金	殳(창 수) 切(끊을 절) 切(온통 체)
		水	四(넉 사) 卅(서른 삽) 少(적을 소) 水(물 수) 双(쌍 쌍) 井(우물 정)
	水 ◎ⓗ ⓜ	木	木(나무 목) 文(글월 문) 丰(예쁠 봉) 夫(지아비 부) 父(아비 부) 片(조각 편)
		火	毛(털 모) 比(견줄 비)
		土	毋(없을 무) 方(모 방) 卞(조급할 변) 巴(땅이름 파)
		金	勿(말 물) 分(나눌 분)

제6편 자원오행 성명학 字源五行 姓名學 | 460

획수	발음 오행	자원 오행	한 자			
4	水 (ㅁ)(ㅂ) (ㅍ)	水	无(없을 무) 匹(짝 필)	反(배반할 반)	不(아닐 부)	不(아니 불)
5	木 (ㄱ)(ㅋ)	木	甲(천간 갑) 卌(쌍상투 관)	夰(놓을 고) 広(넓을 광)	功(일 공)	瓜(오이 과)
		火	巨(클 거)	巧(공교할 교)		
		土	甘(달 감)	丘(높을 구)		
		金	刊(책펴낼 간)	勾(빌 개)		
		水	加(더할 가) 叩(두드릴 고) 句(구절 귀)	可(옳을 가) 尻(꽁무니 고) 叫(부르짖을 규)	去(갈 거) 句(글귀 구)	古(옛 고) 夳(소리높일 구)
	火 (ㄴ)(ㄷ) (ㄹ)(ㅌ)	木	夲(나아갈 도)	圶(둘 둘)		
		火	旦(아침 단) 他(남 타)	代(대신 대)	仝(한가지 동)	令(하여금 령)
		土	奶(젖 내)	奴(종 노)		
		金	立(설 립)			
		水	尼(여승 니) 台(별 태)	叨(탐낼 도)	冬(겨울 동)	另(헤어질 령)
	土 (ㅇ)(ㅎ)	木	厄(좁을 액) 兄(맏 형)	宂(한가로울 용) 夰(놓을 호)	由(행할 유) 禾(곡식 화)	夯(멜 항) 卉(풀 훼)
		火	外(바깥 외) 仞(깊을 인)	凹(오목할 요) 仚(신선 현)	幼(어릴 유) 玄(하늘 현)	以(까닭 이) 弘(넓을 홍)

획수	발음오행	자원오행	한자
5	土 ◎ⓗ	火	仜(배가클 홍)　亿(날랠 흘)
		土	疋(바를 아)　央(가운데 앙)　冉(나아갈 염)　五(다섯 오) 瓦(기와 와)
		金	玉(구슬 옥)　乎(어조사 호)
		水	永(길 영)　用(쓸 용)　右(오른 우)　尔(너 이) 孕(아이밸 잉)　穴(구멍 혈)　叶(맞을 협)　号(부를 호)
	金 ⓈⓍ Ⓧ	木	生(낳을 생)　市(저자 시)　示(보일 시)　失(잃을 실) 宁(쌓을 저)　田(밭 전)　主(주인 주)　且(또 차) 札(편지 찰)　扎(편지 찰)　冊(책 책)　册(책 책) 処(살 처)　朮(차조 출)　充(가득할 충)
		火	仕(벼슬할 사)　仙(신선 선)　世(인간 세)　仔(자세할 자) 卡(지킬 잡)　仗(무기 장)　氐(근본 저)　占(점칠 점) 左(왼 좌)　仟(일천 천)
		土	屳(신선 선)　正(바를 정)　奵(얼굴 정)　圢(밭 정) 出(날 출)　卮(잔 치)
		金	乍(잠깐 사)　石(돌 석)　矢(화살 시)　申(펼 신) 斥(물리칠 척)
		水	史(역사 사)　司(벼슬 사)　召(부를 소)　囚(가둘 수) 丞(받을 승)　叮(신신당부할 정)　只(다만 지)　叱(꾸짖을 질) 凸(볼록할 철)
	水 ⓂⒽ Ⓑ	木	末(끝 말)　目(눈 목)　卯(토끼 묘)　未(아닐 미) 弁(고깔 변)　本(근본 본)　弗(아닐 불)　庀(다스릴 비) 平(평탄할 평)　布(베 포)

획수	발음오행	자원오행	한 자
5 水 ⓜⓑⓟ	火		民(백성 민)　　丙(남쪽 병)　　付(부칠 부)　　必(반드시 필)
	土		皿(그릇 명)　　母(어미 모)　　戊(천간 무)　　半(절반 반) 疋(바를 필)
	金		矛(창 모)　　白(흰 백)　　包(쌀꾸러미 포)　　皮(가죽 피) 乏(가난할 핍)
	水		北(달아날 배)　　北(북녘 북)　　丕(클 비)　　氷(얼음 빙) 叵(어려울 파)　　叭(입벌릴 팔)
6	木 ⓖⓚ	木	圿(땅이름 갈)　　朲(걸 걸)　　夸(자랑할 과)　　机(산사나무 구) 机(책상 궤)
		火	价(착할 개)　　件(사건 건)　　光(빛날 광)　　交(사귈 교) 忻(도울 근)　　伶(풍류이름 금)　　伋(속일 급)　　亘(걸칠 긍) 亙(걸칠 긍)　　仱(자랑할 긍)　　企(꾀할 기)　　伎(재주 기)
		土	艮(괘이름 간)　　奸(범할 간)　　攷(상고할 고)　　曲(굽을 곡) 匡(바를 광)　　臼(절구질할 구)　　圭(홀 규)　　屺(민둥산 기)
		金	共(함께 공)　　劜(뜻 글)
		水	各(각각 각)　　囝(아이 건)　　氿(샘 궤)　　劤(강할 근) 吉(길할 길)
	火 ⓛⓒⓡⓔ	木	年(해 년)　　宅(집 댁)　　礼(예도 례)　　打(칠 타) 朶(늘어질 타)　　宅(집 택)
		火	忉(근심할 도)　　忇(생각할 륵)
		土	劣(못할 렬)　　老(늙을 로)　　耒(쟁기 뢰)　　六(여섯 륙) 妠(자랑할 타)
		金	乭(돌 돌)　　列(줄 렬)

획수	발음오행	자원오행	한 자			
6	火 ⓛⓒ ⓡⓔ	水	多(많을 다) 吏(아전 리)	夛(많을 다) 吐(토할 토)	同(한가지 동)	甪(사람이름 록)
		木	安(편안할 안) 印(도장 인) 兇(흉악할 흉)	宇(집 우) 虍(호피무늬 호)	衣(옷 의) 朽(썩을 후)	夷(오랑캐 이) 卉(풀 훼)
	土 ⓞⓗ	火	仰(우러를 앙) 仵(짝 오) 旭(빛날 욱) 忈(어질 인) 汀(갈 행) 灰(재 회)	伃(아름다울 여) 扝(활 오) 聿(붓 율) 任(맡길 임) 夙(불탈 화) 灯(더울 효)	曳(끌 예) 羽(깃 우) 耳(귀 이) 行(항렬 항) 伙(세간 화) 休(쉴 휴)	伍(다섯 오) 优(넉넉할 우) 伊(저 이) 伉(짝 항) 会(모일 회)
		土	羊(양 양) 圪(우뚝할 을)	如(같을 여) 劦(힘합할 협)	圬(흙손 오) 好(좋아할 호)	圩(움푹들어갈 우) 屹(우뚝솟을 흘)
		金	而(덮을 아) 弛(늦출 이)	刓(깎을 완) 刑(형벌 형)	刖(벨 월) 匂(오랑캐 흉)	戎(오랑캐 융)
		水	穵(구멍 알) 有(있을 유) 合(합할 합) 冱(얼 호)	亦(또 역) 肉(고기 육) 亥(돼지 해) 回(돌아올 회)	旴(탄식할 우) 而(너 이) 向(향할 향) 后(임금 후)	危(위태할 위) 因(인할 인) 血(피 혈) 吃(말더듬을 흘)
	金 ⓢⓩ ⓩ	木	寺(절 사) 守(지킬 수) 自(스스로 자) 杕(칠 정) 竹(대 죽)	糸(가는실 사) 夙(일찍 숙) 庄(전장 장) 朱(붉을 주) 尽(다할 진)	先(먼저 선) 丞(도울 승) 壮(굳셀 장) 舟(배 주) 舛(어그러질 천)	亘(베풀 선) 字(글자 자) 再(두 재) 丟(아주갈 주) 艸(풀 초)
		火	舌(혀 설) 忕(두려워할 심)	成(이룰 성) 灯(열화 정)	旬(열흘 순) 兆(조짐 조)	臣(신하 신) 早(새벽 조)

획수	빌음오행	자원오행	한 자
6	**金** ⓈⓍ Ⓩ	火	仒(허겁지겁 종)　仲(버금 중)　旨(맛있을 지)　次(버금 차) 刅(말릴 초)
		土	色(색 색)　圳(도랑 수)　戌(개 술)　均(흙 작) 匠(장인 장)　在(있을 재)　全(온전할 전)　地(땅 지) 至(이를 지)　此(이에 차)
		金	西(서녘 서)　收(거둘 수)　戍(지킬 수)　式(법 식) 劧(굳건할 지)　尖(뾰족할 첨)
		水	死(죽을 사)　囟(정수리 신)　孖(쌍둥이 자)　吊(조상할 적) 汀(물가 정)　存(있을 존)　州(고을 주)　汁(진액 즙) 吋(마디 촌)　冲(빌 충)　虫(벌레 충)
	水 ⓂⒷ Ⓟ	木	米(쌀 미)　朴(순박할 박)　扒(뺄 배)　帆(돛 범) 扑(칠 복)　朳(고무래 팔)
		火	卍(만자 만)　仿(본뜰 방)　伐(칠 벌)　幷(어우를 병) 伏(엎드릴 복)　仳(떠날 비)　份(빛날 빈)
		土	妄(허망할 망)　牟(클 모)　犯(범할 범)　缶(장군 부) 妃(왕비 비)　圮(무너질 비)　牝(암컷 빈)
		金	刎(끊을 문)
		水	名(이름 명)　百(일백 백)　氾(넘칠 범)　汃(물결소리 팔)
7	**木** ⒼⓀ	木	角(뿔 각)　却(물리칠 각)　杆(지레 간)　匣(작은상자 갑) 杠(깃대 강)　扛(마주들 강)　系(이을 계)　宏(클 굉) 扣(두드릴 구)　局(판 국)　糺(꼴 규)　克(이길 극) 妗(사람이름 금)　杞(버들 기)　庋(시렁 기)　弃(버릴 기)
		火	伽(절 가)　忓(방해할 간)　忋(믿을 개)　更(다시 갱) 車(수레 거)　佉(물리칠 거)　見(볼 견)　冏(빛날 경)

획수	발음오행	자원오행	한 자
7	木 (ㄱㅋ)	火	更(고칠 경) 估(값 고) 灸(뜸 구) 佉(나라이름 구) 佝(곱사등이 구) 忌(꺼릴 기)
		土	坎(구덩이 감) 坑(구덩이 갱) 岭(산이름 겸) 均(고를 균) 妗(외숙모 금) 岌(높을 급) 圾(위태할 급) 圻(경기 기) 岐(갈림길 기) 妓(기생 기)
		金	改(고칠 개) 刦(겁탈할 겁) 刧(겁탈할 겁) 戒(경계할 계) 攻(칠 공) 串(곶 곶) 串(익힐 관) 劬(수고로울 구) 皀(고소할 급)
		水	江(강 강) 劫(위협할 겁) 汧(강이름 견) 囧(빛날 경) 巠(지하수 경) 畚(샛별 계) 告(알릴 고) 谷(골짜기 곡) 困(괴로울 곤) 求(구할 구) 究(궁리할 구) 君(임금 군)
	火 (ㄴㄷㄹㅌ)	木	禿(대머리 독) 豆(콩 두) 杜(아가위 두) 来(올 래) 李(오얏 리) 杕(홀로 타) 托(밀 탁) 兌(바꿀 태) 兎(토끼 토)
		火	佞(아첨할 녕) 但(다만 단) 旲(햇빛 대) 彤(붉을 동) 伶(영리할 령) 伶(영리할 령) 佗(다를 타) 忐(마음허할 탐) 忕(사치할 태) 佟(성씨 통) 忒(틀릴 특)
		土	男(사내 남) 努(힘쓸 노) 妞(아가씨 뉴) 坍(무너질 담) 良(착할 량) 牢(우리 뢰) 里(마을 리) 妥(온당할 타) 妒(강샘할 투)
		金	弄(희롱할 롱) 玏(옥돌 륵) 利(길할 리)
		水	尿(오줌 뇨) 吶(말더듬을 눌) 汏(일 대) 卵(알 란) 冷(찰 랭) 呂(땅이름 려) 吝(아낄 린) 吞(감출 탄)
	土 (ㅇㅎ)	木	厊(집 아) 杌(그루터기 올) 完(완전할 완) 扜(당길 우) 扝(당길 우) 杅(사발 우) 夽(높을 운) 杝(나무이름 이)

획수	발음 오행	자원 오행	한 자			
7	**土** ◎⑤	木	杙(말뚝 익) 杏(살구나무 행)	扔(집을 인) 夾(낄 협)	罕(그물 한) 希(바랄 희)	扞(막을 한)
		火	亜(버금 아) 旴(해돋을 우) 忍(참을 인) 忓(방해할 한)	余(나 여) 佑(도울 우) 佚(편안할 일) 見(나타날 현)	役(부릴 역) 位(자리 위) 何(어찌 하) 形(모양 형)	旲(클 영) 忕(어질 인) 旱(가물 한) 灯(화롯불 홍)
		土	晏(편안할 안) 姸(고울 연) 岏(산뾰족할 완) 邑(고을 읍) 岈(땅이름 하)	犴(들개 안) 均(따를 연) 妖(아리따울 요) 医(의원 의) 亨(형통할 형)	妤(궁녀 여) 医(활집 예) 妘(성씨 운) 牣(가득찰 인) 妡(아름다울 흔)	延(맞을 연) 妴(아리따울 완) 圻(지경 은) 妊(아이밸 임) 犺(오랑캐이름 힐)
		金	我(나 아) 矣(어조사 의)	言(말씀 언) 劮(기쁠 일)	攸(바 유)	酉(닭 유)
		水	児(아이 아) 吾(나 오) 囮(후림새 와) 吘(화할 우) 呀(입벌릴 하) 汞(수은 홍) 汔(거의 흘)	冶(불릴 야) 吳(오나라 오) 吡(움직일 와) 听(웃을 은) 汗(땀 한) 孝(효도 효) 吸(숨들이쉴 흡)	汝(너 여) 汚(더러울 오) 甬(날랠 용) 吟(읊을 음) 含(머금을 함) 吼(울 후)	困(못 연) 汗(더러울 오) 宋(비 우) 汃(끈적거릴 인) 囫(온전할 홀) 吽(소가 울 후)
	金 ⑤⑥⑥	木	私(사사로울 사) 序(차례 서) 秀(빼어날 수) 杖(지팡이 장) 町(똑바로 정) 村(마을 촌)	些(적을 사) 卲(땅이름 소) 寿(목숨 수) 材(재목 재) 即(곧 즉)	杉(삼나무 삼) 束(묶을 속) 児(외뿔소 시) 扗(있을 재) 扠(집을 차)	床(평상 상) 宋(송나라 송) 壯(굳셀 장) 廷(조정 정) 杕(홀로 체)

획수	발음오행	자원오행	한 자			
7	金 (ㅅㅈ ㅊ)	火	似(같을 사)	伺(엿볼 사)	恕(용서할 서)	成(이룰 성)
			忕(사치할 세)	佋(소목 소)	伸(펼 신)	欤(싱긋웃을 신)
			身(몸 신)	作(지을 작)	灼(사를 작)	灾(재앙 재)
			災(재앙 재)	佇(기다릴 저)	低(밑 저)	赤(붉을 적)
			甸(경기 전)	佃(밭갈 전)	佔(볼 점)	佂(황급할 정)
			佐(도울 좌)	走(달릴 주)	住(머무를 주)	伷(투구 주)
			志(뜻 지)	車(수레 차)	㫬(햇살비출 참)	忖(헤아릴 촌)
			吹(불 취)			
		土	辰(날 신)	犳(아롱짐승 작)	岑(봉우리 잠)	妝(단장할 장)
			岊(산굽이 절)	姃(엄전할 정)	町(밭두둑 정)	助(도울 조)
			足(발 족)	坐(앉을 좌)	夋(걷는모양 준)	址(터 지)
			厎(숫돌 지)	坁(머무를 지)	辰(별이름 진)	岔(갈림길 차)
		金	刪(깎을 산)	劭(힘쓸 소)	辛(매울 신)	玎(옥소리 정)
			矴(닻 정)	皁(하인 조)	𢦏(바를 처)	初(처음 초)
			七(일곱 칠)			
		水	汜(지류 사)	汕(오구 산)	汐(저녁조수 석)	汓(헤엄칠 수)
			巡(순행할 순)	听(갤런 승)	豕(돼지 시)	汛(뿌릴 신)
			孜(힘쓸 자)	汋(삶을 작)	吮(핥을 전)	呈(드릴 정)
			疔(헌데 정)	宁(조금 정)	弟(아우 제)	池(못 지)
			吱(가는소리 지)	豸(벌레 치)		
	水 (ㅁㅂ ㅍ)	木	免(면할 면)	扳(끌어당길 반)	杋(나무이름 범)	采(분별할 변)
			岕(봉긋할 분)	扮(걸레 분)	庇(덮을 비)	杓(자루 표)
		火	忙(바쁠 망)	忘(잊을 망)	巫(무당 무)	伴(동반할 반)
			彷(거닐 방)	伯(맏 백)	体(용렬할 분)	佛(부처 불)
			伾(힘셀 비)	伻(부릴 팽)	佈(펼 포)	佖(점잖을 필)
		土	每(매양 매)	牡(수컷 모)	妙(묘할 묘)	妏(낳을 문)
			妨(방해할 방)	坊(동네 방)	尨(삽살개 방)	坏(언덕 배)

획수	발음오행	자원오행	한 자
7	水 (ㅁㅂㅍ)	土	步(걸음 보) 妦(아름다울 봉) 夆(이끌 봉) 妢(나라이름 분) 坌(먼지 분) 坋(먼지 분) 妣(죽은어미 비) 妑(새앙머리 파) 坂(비탈 판)
		金	兒(모양 모) 貝(조개 배) 別(나눌 별) 兵(무기 병) 判(판단할 판) 貝(조개 패) 叵(큰소리 평)
		水	汒(황급할 망) 呆(어리석을 매) 吻(입술 문) 尾(꼬리 미) 汎(뜰 범) 甫(클 보) 否(아닐 부) 孚(미쁠 부) 吩(뿜을 분) 屁(방귀 비) 孛(살별 패) 吠(개짖을 폐)
8	木 (ㄱㅋ)	木	秆(볏짚 간) 居(살 거) 抉(도려낼 결) 届(이를 계) 杲(밝을 고) 果(과실 과) 官(벼슬 관) 卦(걸 괘) 卷(책 권) 糾(끌어모을 규) 扱(미칠 급) 技(재주 기) 祁(성할 기)
		火	佳(아름다울 가) 侃(강직할 간) 忼(강개할 강) 杰(뛰어날 걸) 炔(불피울 결) 炅(빛날 경) 香(성씨 계) 昆(형 곤) 供(이바지할 공) 侉(자랑할 과) 佸(이를 괄) 昖(빛날 광) 炂(뜨거울 광) 侊(클 광) 乖(어그러질 괴) 佼(예쁠 교) 佹(괴이할 궤) 昑(밝을 금) 恀(공경할 기) 炁(기운 기) 忮(해칠 기) 佶(건장할 길) 快(쾌할 쾌)
		土	岇(산이름 가) 坷(평탄치않을 가) 坩(도가니 감) 岬(산허리 갑) 羌(종족이름 강) 岡(산등성이 강) 岠(큰산 거) 姖(산이름 거) 京(서울 경) 坰(들 경) 考(상고할 고) 姑(시어머니 고) 坤(땅 곤) 狂(미칠 광) 坵(언덕 구) 坸(때 구) 岣(산꼭대기 구) 姤(여자이름 구) 屈(굽을 굴) 券(문서 권) 劵(게으를 권) 奇(기이할 기) 歧(갈림길 기)
		金	刻(새길 각) 玕(옥돌 간) 矸(산돌 간) 玒(옥이름 강) 矼(징검다리 강) 庚(일곱째천간 경) 刳(가를 고) 刮(깎을 괄)

획수	발음오행	자원오행	한 자			
8	**木** ㉠㉣	金	具(갖출 구)	玖(옥돌 구)	匊(움킬 국)	刲(찌를 규)
			金(쇠 금)	玘(패옥 기)	其(그 기)	金(쇠 김)
		水	呵(꾸짖을 가)	呿(벌릴 거)	決(결단할 결)	季(끝 계)
			固(굳을 고)	呱(울 고)	孤(외로울 고)	汩(골몰할 골)
			汩(골몰할 골)	空(빌 공)	咎(허물 구)	疚(고질병 구)
			国(나라 국)	穹(하늘 궁)	虬(규룡 규)	囷(곳집 균)
			汲(길을 급)	沂(물이름 기)	汽(증기 기)	肌(근육 기)
	火 ㉡㉢㉤㉥	木	奈(어찌 나)	枏(녹나무 남)	奈(어찌 내)	秊(해 년)
			杻(감탕나무 뉴)	柋(나무이름 대)	東(동녘 동)	枓(두공 두)
			抖(떨 두)	林(수풀 림)	卓(높을 탁)	帑(금고 탕)
			宕(방탕할 탕)	投(던질 투)		
		火	念(생각할 념)	弩(쇠뇌 노)	忸(부끄러울 뉴)	炎(아름다울 담)
			弢(활집 도)	旽(밝을 돈)	侗(정성 동)	來(올 래)
			例(법식 례)	彔(근본 록)	炓(불빛 료)	侖(둥글 륜)
		土	妮(여자종 니)	妲(여자이름 달)	垈(집터 대)	岱(대산 대)
			坮(돈대 대)	毒(해칠 독)	兩(둘 량)	姈(여자슬기로울 령)
			岭(고개 령)	岺(재주 령)	坽(험한언덕 령)	岦(산우뚝할 립)
			坨(비탈질 타)	坼(터질 탁)	坦(너그러울 탄)	妬(강샘할 투)
		金	到(이를 도)	戾(어그러질 려)	矺(나무이름 탁)	
		水	孥(자식 노)	呶(지껄일 노)	沑(물결 뉴)	呢(소곤거릴 니)
			沓(유창할 답)	沌(어두울 돈)	咄(꾸짖을 돌)	冽(찰 렬)
			呤(속삭일 령)	囹(감옥 령)	肋(갈비 륵)	굶(아이 태)
			汰(사치할 태)			

획수	발음오행	자원오행	한자			
8	**土** ◎ ⑧	木	枒(가장귀 아)	柳(말뚝 앙)	艾(쑥 애)	艾(쑥 애)
			扼(누를 액)	抑(누를 억)	抏(움직일 연)	乂(다스릴 예)
			艾(다스릴 예)	枘(장부 예)	枔(궁이름 예)	扷(잴 오)
			杬(옹이 와)	杬(어루만질 완)	宛(굽을 완)	抏(꺾을 완)
			枉(굽을 왕)	枖(무성한모양 요)	盰(쳐다볼 우)	抎(잃을 운)
			宛(맺힐 울)	杬(나무이름 원)	宜(옳을 의)	函(상자 함)
			杭(건널 항)	抗(막을 항)	幸(다행 행)	弦(시위 현)
			弧(활 호)	杲(밝을 호)	虎(범 호)	栢(가로막이 호)
			枙(목부용 화)	弘(집울릴 횡)	麻(그늘 휴)	岬(진휼할 휼)
		火	亞(버금 아)	侒(편안할 안)	昂(밝을 앙)	佯(거짓 양)
			忬(미리 여)	伽(온순할 여)	易(바꿀 역)	炎(불탈 염)
			旿(밝을 오)	肝(밝을 오)	忤(거스를 오)	臥(누울 와)
			忨(희롱할 완)	往(갈 왕)	旺(왕성할 왕)	侑(도울 유)
			昀(햇빛 윤)	欥(오직 율)	依(의지할 의)	佴(버금 이)
			易(쉬울 이)	佾(춤출 일)	欥(기뻐할 일)	欥(빙글웃을 함)
			炕(마를 항)	侅(이상할 해)	昍(밝을 헌)	侐(고요할 혁)
			俐(이룰 형)	昊(하늘 호)	昈(빛날 호)	昏(어두울 혼)
			忽(소홀할 홀)	個(노닐 회)	忬(유쾌할 효)	昍(밝을 훤)
			欣(기쁠 흔)	昕(아침 흔)	炘(화끈거릴 흔)	忻(기뻐할 흔)
		土	妸(고울 아)	妿(여스승 아)	岳(큰산 악)	岸(언덕 안)
			岩(바위 암)	坱(먼지 앙)	厓(언덕 애)	於(살 어)
			坳(우묵할 요)	妴(순직할 원)	委(맡길 위)	岰(산굽이 유)
			姪(조카 일)	姟(여자이름 해)	享(누릴 향)	姛(여자이름 현)
			姁(즐거울 형)	岵(산 호)	坪(낮은 호)	妭(단정할 화)
			画(그을 획)	姁(할미 후)		
		金	矸(깨끗할 안)	軋(삐걱거릴 알)	玗(옥돌 우)	盂(바리 우)
			所(모탕 은)	匌(돌 합)	或(혹은 혹)	効(본받을 효)

획수	발음오행	자원오행	한자			
8	土 ◎ⓗ	水	兒(아이 아)	呝(닭소리 액)	夜(밤 야)	奄(문득 엄)
			沇(물흐를 연)	次(침 연)	咏(노래할 영)	汭(물굽이 예)
			兒(다시난이 예)	呭(수다스럴 예)	汙(물이름 오)	沃(윤택할 옥)
			汪(못 왕)	殀(요절할 요)	雨(비 우)	㝢(집 우)
			沄(소용돌이 운)	沅(강이름 원)	朊(달빛희미할 원)	乳(젖 유)
			呦(울 유)	沇(흐를 윤)	汩(흐를 율)	隶(미칠 이)
			学(배울 학)	沆(넓을 항)	咍(웃을 해)	劾(힘쓸 핵)
			呟(소리 현)	協(화합할 협)	冾(화할 협)	呼(부를 호)
			沍(얼 호)	和(고루 화)	疙(쥐부스럼 흘)	
	金 ⓢ ⓐ ⓐ	木	社(단체 사)	事(일 사)	祀(제사 사)	卸(짐풀 사)
			庎(같지 사)	乷(음역자 살)	牀(평상 상)	抒(당길 서)
			析(나눌 석)	秈(메벼 선)	所(바 소)	松(소나무 송)
			殳(칠 수)	承(이을 승)	枡(되 승)	実(열매 실)
			秄(복돋울 자)	長(길 장)	底(밑 저)	杼(북 저)
			杵(공이 저)	折(꺾을 절)	店(가게 점)	点(점찍을 점)
			定(정할 정)	枣(대추나무 조)	找(채울 조)	宗(마루 종)
			宙(집 주)	枝(가지 지)	抵(손바닥 지)	枤(도마 지)
			直(곧을 직)	枃(바디 진)	帙(책 질)	采(캘 채)
			帖(표제 첩)	靑(푸를 청)	青(푸를 청)	抄(뽑을 초)
			杪(나무끝 초)	帚(빗자루 추)	竺(대나무 축)	杶(참죽나무 춘)
			豸(큰 치)	枕(베개 침)		
		火	使(하여금 사)	舍(집 사)	昔(옛 석)	徇(재빠를 순)
			昇(오를 승)	侍(모실 시)	侁(걷는모양 신)	炙(고기구울 자)
			爭(다툴 쟁)	的(과녁 적)	炙(고기구울 적)	佺(신선이름 전)
			津(나아갈 전)	津(나아갈 점)	征(세받을 정)	徂(갈 조)
			佻(경박할 조)	炂(녹일 종)	侜(가릴 주)	侏(난쟁이 주)
			忯(믿을 지)	侄(어리석을 질)	侘(뽐낼 차)	佽(잴 차)
			昌(창성할 창)	忝(더럽힐 첨)	炒(볶을 초)	隹(새 추)

획수	발음오행	자원오행	한 자
8	**金** ⓈⓍⓏ	火	忠(충성 충) 仲(근심할 충) 炊(불땔 취) 昃(기울 측) 侈(사치할 치) 忱(정성 침)
		土	姒(손윗동서 사) 姍(헐뜯을 산) 狀(형상 상) 姓(성씨 성) 垂(드리울 수) 岫(산굴 수) 峀(산굴 수) 约(사귈 순) 坲(높을 술) 丞(정승 승) 始(처음 시) 姊(손윗누이 자) 姉(손윗누이 자) 怍(얌전할 작) 岝(산높을 작) 狀(형상 장) 岨(돌산 저) 姐(누이 저) 狄(오랑캐 적) 岾(땅이름 점) 坫(경계 점) 姃(단정할 정) 姝(예쁠 주) 坻(모래섬 지) 姪(조카 질) 妻(아내 처) 坧(기지 척) 妾(첩 첩) 岹(높을 초) 佋(여자이름 초) 妯(동서 축)
		金	尙(높일 상) 矽(규소 석) 刷(인쇄할 쇄) 刺(찌를 자) 戕(죽일 장) 玓(빛날 적) 典(법 전) 制(절제할 제) 卒(군사 졸) 知(알 지) 刹(사원 찰) 刱(비롯할 창) 刺(찌를 척) 玔(옥고리 천)
		水	沙(모래 사) 咋(잠깐 사) 疝(산증 산) 㳛(도랑 서) 杼(도랑 서) 受(받을 수) 叔(아재비 숙) 虱(이 슬) 呻(끙끙거릴 신) 沈(잠길 심) 沁(강이름 심) 咀(씹을 저) 屇(구멍 전) 泟(물 정) 周(두루 주) 呪(빌 주) 沚(물가 지) 泜(붙을 지) 汥(나뉘어흐를 지) 呫(맛볼 첩) 豖(돼지걸음 축) 沖(빌 충) 取(취할 취) 沈(잠길 침)
	水 ⓂⒷ⒫	木	帕(머리띠 말) 枚(줄기 매) 盲(소경 맹) 杳(어두울 묘) 門(문 문) 抆(닦을 문) 采(점점 미) 枋(다목 방) 房(방 방) 杯(술잔 배) 帛(비단 백) 抃(손뼉칠 변) 秉(잡을 병) 宝(보배 보) 宓(편안할 복) 甹(땅이름 볼) 奉(받들 봉) 扶(도울 부) 抔(움킬 부) 枎(우거질 부) 奔(달릴 분) 扮(꾸밀 분) 枌(흰느릅나무 분) 非(아닐 비) 枇(비파나무 비) 批(칠 비) 杷(비파나무 파) 爸(아비 파)

획수	발음오행	자원오행	한 자
8 **水** (ㅁㅂㅍ)		木	把(잡을 파)　爬(긁을 파)　板(널빤지 판)　版(널 판) 庖(부엌 포)　抛(던질 포)　枛(심누런나무 필)
		火	氓(백성 맹)　明(밝을 명)　侔(가지런할 모)　炑(불 목) 炆(따뜻할 문)　侎(어루만질 미)　旻(하늘 민)　旼(온화할 민) 忞(힘쓸 민)　忟(힘쓸 민)　昉(밝을 방)　佰(일백 백) 忭(기뻐할 변)　幷(어우를 병)　怲(근심할 병)　昐(햇빛 분) 忿(불사를 분)　彿(비슷할 불)　販(클 판)　佩(찰 패) 彼(저것 피)
		土	妺(여자의 字 말)　妹(누이 매)　呡(백성 맹)　姆(여스승 모) 牧(기를 목)　坶(땅이름 목)　武(건장할 무)　物(만물 물) 岷(봉우리 민)　步(걸음 보)　府(곳집 부)　阜(언덕 부) 岪(산길 불)　卑(낮을 비)　岯(산이름 비)　坡(고개 파) 岥(비탈질 파)　坪(평평할 평)　妼(엄전할 필)
		金	弥(두루 미)　攽(나눌 반)　放(내칠 방)　並(나란할 병) 玭(옥그릇 보)　斧(도끼 부)　八(여덟 팔)
		水	孟(맏이 맹)　沔(씻을 면)　命(목숨 명)　沐(머리감을 목) 沒(잠길 몰)　歾(죽을 몰)　汶(물이름 문)　沕(아득할 물) 味(맛 미)　汸(세차게 방)　泛(뜰 범)　服(옷 복) 咐(분부할 부)　汾(클 분)　氛(기운 분)　朋(벗 붕) 沘(강이름 비)　凭(기댈 빙)　沛(늪 패)　咆(성낼 포) 咇(향내날 필)
9 **木** (ㄱㅋ)		木	架(시렁 가)　枷(도리깨 가)　柯(가지 가)　舸(배말뚝 가) 卻(물리칠 각)　看(볼 간)　竿(장대 간)　柬(가릴 간) 柑(감자나무 감)　贠(사람이름 감)　舡(배 강)　客(손님 객) 拒(막을 거)　抾(잡을 거)　柜(느티나무 거)　建(세울 건) 拾(협박할 겁)　拑(입다물 겸)　扃(문빗장 경)　契(맺을 계)

획수	발음오행	자원오행	한 사			
9	木 ㄱㅋ	木	枯(마를 고)	科(과정 과)	冠(갓 관)	拐(속일 괴)
			拘(잡을 구)	枸(구기자 구)	柩(널 구)	韭(부추 구)
			芎(궁궁이 궁)	舠(힘줄 근)	契(부족이름 글)	紀(벼리 기)
			祈(빌 기)			
		火	衎(즐길 간)	曷(어찌 갈)	皆(함께 개)	炬(횃불 거)
			昛(밝을 거)	怯(겁낼 겁)	俓(지름길 경)	係(걸릴 계)
			狐(날아올 공)	怪(기이할 괴)	俅(공손할 구)	昫(따뜻할 구)
			軍(군사 군)	軌(길 궤)	急(급할 급)	
		土	姦(간사할 간)	姜(굳셀 강)	𤱿(지경 강)	岠(막을 거)
			畎(밭도랑 견)	契(맺을 결)	亰(서울 경)	畊(밭갈 경)
			界(지경 계)	牯(암소 고)	姱(아름다울 과)	姯(아름다울 광)
			㼹(길 광)	姣(예쁠 교)	狗(개 구)	姤(만날 구)
			耉(늙을 구)	垢(티끌 구)	妷(실을 궤)	奎(별이름 규)
			赳(용감할 규)	昀(일굴 균)	졸(술잔 근)	妓(실을 기)
			姞(삼갈 길)			
		金	玪(옥이름 감)	玠(큰홀 개)	軋(하늘 건)	玦(패옥 결)
			勁(힘 경)	剄(목벨 경)	計(셈할 계)	故(옛 고)
			訇(큰소리 굉)	剋(이길 극)	亟(빠를 극)	矜(자랑할 긍)
		水	迦(물이름 가)	峈(울 각)	肝(간 간)	泔(뜨물 감)
			疥(옴 개)	涇(찰 경)	泂(싸늘할 경)	癸(열째천간 계)
			沽(팔 고)	咼(입비뚤을 괘)	眶(말 광)	咬(새소리 교)
			九(아홉 구)	釚(정자이름 구)	㳡(물 굴)	祇(마침 기)
			咭(웃는모양 길)			
	火 ㄴㄷ ㄹㅌ	木	奈(능금나무 나)	拏(잡을 나)	奈(어찌 내)	拈(집어들 념)
			坴(땅이름 늘)	柅(무성할 니)	担(떨칠 단)	抬(들 대)
			栾(누에시렁 대)	度(법 도)	拏(붙잡을 라)	拉(꺾을 랍)
			柃(나무이름 령)	柳(버들 류)	拖(끌 타)	拕(당길 타)

획수	발음오행	자원오행	한 자			
9	**火** ⓝⓓⓡⓔ	木	柂(키 타)	柝(떨칠 탁)	度(헤아릴 탁)	拓(밀칠 탁)
			拆(터질 탁)	眈(노려볼 탐)		
		火	南(남녘 남)	偠(사내 남)	怒(성낼 노)	怩(부끄러울 니)
			昵(친할 닐)	昍(밝을 단)	彖(판단할 단)	怛(슬플 달)
			炟(불붙을 달)	待(기다릴 대)	炵(불꽃 동)	亮(밝을 량)
			俍(좋을 량)	侶(벗할 려)	昤(날빛영롱할 령)	怜(영리할 령)
			律(법 률)	俐(똑똑할 리)	俚(속될 리)	炭(불똥 탄)
			侻(가벼울 탈)	怠(게으를 태)	炱(그을음 태)	兔(토끼 토)
		土	牽(어린 달)	畓(논 답)	峒(곧을 동)	峒(항아리 동)
			峒(산이름 동)	娳(아름다울 렬)	厘(다스릴 리)	娧(헤아릴 타)
			垞(언덕 택)			
		金	段(구분 단)	砎(흰돌 단)	剆(칠 라)	剌(수라 라)
			剌(어그러질 랄)	玲(옥 림)		
		水	耐(견딜 내)	泥(진흙 니)	耑(시초 단)	突(갑자기 돌)
			峒(큰소리칠 동)	肚(배 두)	窀(무덤구덩이 둔)	沴(해칠 려)
			泠(맑을 령)	朎(달빛영롱할 령)	牢(우리 로)	哔(소리 률)
			洓(돌갈라질 륵)	沱(물이름 타)	咤(꾸짖을 타)	沰(떨어뜨릴 탁)
			泰(클 태)	殆(위태로울 태)		
	土 ⓞⓗ	木	押(누를 압)	枙(가운데 앙)	約(묶을 약)	垈(땅이름 얼)
			兖(땅이름 연)	兗(땅이름 연)	染(물들일 염)	葉(나뭇잎 엽)
			栄(영화 영)	栐(나무이름 영)	柍(나무이름 영)	帠(법 예)
			枘(노 예)	屋(집 옥)	拗(꺾을 요)	約(부절 요)
			祅(재앙 요)	芋(토란 우)	竽(피리 우)	紆(굽을 우)
			爰(이에 원)	眅(볼 원)	柔(부드러울 유)	宥(용서할 유)
			柚(유자나무 유)	抲(지휘할 하)	虐(사나울 학)	柙(우리 합)
			祄(하늘이도울 해)	香(향기로울 향)	奕(클 혁)	弈(바둑 혁)
			眄(흘겨볼 혜)	芐(지황 호)	紅(붉을 홍)	奂(성할 환)

획수	발음오행	자원오행	한자			
9	土 ◎⑧	木	宦(버슬 환)	納(맺을 환)	芄(왕골 환)	芋(클 후)
			芔(풀 훼)	紇(사람이름 흘)		
		火	俄(갑자기 아)	昻(밝을 앙)	炴(불빛 앙)	怏(원망할 앙)
			耶(어조사 야)	易(볕 양)	徉(노닐 양)	彦(선비 언)
			彥(선비 언)	衍(넘칠 연)	映(비출 영)	唔(맞이할 오)
			俁(갈래지을 오)	昷(온화할 온)	俑(허수아비 용)	俣(클 우)
			昱(햇빛 욱)	怨(원망 원)	兪(대답할 유)	俞(대답할 유)
			幽(그윽할 유)	怡(기쁠 이)	昰(여름 하)	哬(크게웃을 하)
			炫(빛날 현)	昡(햇빛 현)	俔(염탐할 현)	㤪(괴로울 현)
			頁(머리 혈)	俠(호협할 협)	炯(빛날 형)	怙(믿을 호)
			俒(완전할 혼)	怳(멍할 황)	徊(노닐 회)	俲(점잖을 효)
			侯(과녁 후)	很(패려궂을 흔)	俙(비슷할 희)	
		土	妟(종용할 안)	狎(익숙할 압)	羕(선미(善美)할 양)	匽(눕힐 언)
			姸(고울 연)	娟(고울 연)	瓮(독 옹)	禺(땅이름 옹)
			娃(예쁠 와)	娃(예쁠 왜)	歪(삐뚤 왜)	畏(두려울 외)
			姚(예쁠 요)	垚(사람이름 요)	勇(날랠 용)	禹(하우씨 우)
			垣(담 원)	威(위엄 위)	臾(잠깐 유)	姷(짝 유)
			羑(착한말할 유)	垠(언덕 은)	嫕(여자 의)	𡚁(아름다울 이)
			峓(산이름 이)	姨(여자 이)	姨(이모 이)	姻(혼인할 인)
			姙(아이 임)	缸(항아리 항)	姮(항아 항)	巷(마을 항)
			垓(지경 해)	型(본보기 형)	狐(여우 호)	峘(큰산 환)
			厚(후덕할 후)	垕(땅이름 후)	後(뒤 후)	垕(두터울 후)
			姬(여자 희)	姬(여자 희)		
		金	砑(광택 아)	玡(옥같은뼈 아)	玩(놀 완)	要(구할 요)
			韋(다룸가죽 위)	玧(붉은구슬 윤)	音(소리 음)	革(가죽 혁)
			皇(임금 황)	竑(넓을 횡)	矦(임금 후)	

획수	발음오행	자원오행	한 자			
9	土 ⓞⓗ	水	咢(놀랄 악)	泱(깊을 앙)	殃(재앙 앙)	哀(슬플 애)
			疫(염병 역)	沿(따를 연)	臾(가냘플 연)	蜎(장구벌레 연)
			咽(목멜 열)	泳(헤엄칠 영)	盈(찰 영)	哇(토할 와)
			突(깊을 요)	疣(혹 우)	負(수효 원)	泧(큰물 월)
			洈(물이름 위)	囿(동산 유)	油(기름 유)	泑(물빛검을 유)
			泣(울음 읍)	咿(선웃음칠 이)	咽(목구멍 인)	泆(끓을 일)
			河(강물 하)	咸(모두 함)	哈(웃는소리 합)	肛(똥구멍 항)
			咳(포괄할 해)	孩(어린아이 해)	泫(물깊을 현)	匧(상자 협)
			洞(찰 형)	泓(깊을 홍)	虹(무지개 홍)	哄(노랫소리 홍)
			況(비유할 황)	肓(명치끝 황)	廻(돌이킬 회)	虺(살무사 훼)
			咻(신음소리 휴)	咥(웃을 희)	屎(끙끙거릴 히)	
	金 ⓢⓙⓒ	木	査(조사할 사)	柶(숟가락 사)	衫(적삼 삼)	庠(학교 상)
			相(서로 상)	省(살필 생)	牲(찌 생)	宣(베풀 선)
			契(사람이름 설)	挩(셀 설)	栜(도지개 설)	省(살필 성)
			柖(나무흔들릴 소)	帥(통솔자 솔)	乺(솔 솔)	帥(장수 수)
			盾(방패 순)	紃(끈 순)	盹(졸 순)	柹(감나무 시)
			柿(감나무 시)	枾(감나무 시)	柴(섶 시)	眂(볼 시)
			枲(모시풀 시)	室(집 실)	籽(씨앗 자)	柘(산뽕나무 자)
			秄(북돋울 자)	芍(연밥 작)	柞(조롱나무 작)	哉(심을 재)
			柢(뿌리 저)	抵(거스를 저)	柾(나무바를 정)	帝(임금 제)
			拙(서투를 졸)	柊(나무 종)	柱(기둥 주)	拄(버틸 주)
			紂(끈 주)	奏(아뢸 주)	紸(끈 줄)	祉(복 지)
			枳(탱자나무 지)	祗(마침 지)	祇(마침 지)	抮(잡을 진)
			柵(목책 책)	拓(주울 척)	祆(하늘 천)	芊(우거질 천)
			招(부를 초)	秒(미묘할 초)	秋(가을 추)	抽(뽑을 추)
			柒(옻나무 칠)			
		火	思(생각할 사)	俟(기다릴 사)	徆(곧게갈 서)	性(성품 성)
			星(별 성)	昭(밝을 소)	炤(밝을 소)	俗(풍속 속)

획수	발음오행	자원오행	한자			
9	金 (ㅅㅈㅊ)	火	徇(주창할 순)	是(옳을 시)	信(믿을 신)	昨(어제 작)
			炸(터질 작)	怍(부끄러울 작)	怑(지혜 저)	点(점 점)
			炡(빛날 정)	侹(평탄할 정)	亭(정자 정)	怔(황겁할 정)
			俤(용모 제)	昭(밝을 조)	俎(도마 조)	炤(비출 조)
			炷(심지 주)	胄(투구 주)	俊(준걸 준)	昣(밝을 진)
			侲(아이 진)	昶(밝을 창)	怗(고요할 첩)	欪(튼튼한 초)
			俏(닮을 초)	怊(슬퍼할 초)	促(재촉할 촉)	怞(한스러울 추)
			春(봄 춘)	侵(범할 침)		
		土	峠(고개 상)	牲(희생 생)	城(성곽 성)	姺(고요할 세)
			峋(깊숙할 순)	姰(닿을 순)	施(베풀 시)	昰(때 시)
			姺(걸을 신)	甚(심할 심)	姿(맵시 자)	粂(재계할 재)
			牴(부딪칠 저)	狙(원숭이 저)	畑(화전 전)	姺(여자단정할 전)
			娚(예쁠 제)	姝(예쁠 주)	重(무거울 중)	姪(조카 질)
			垤(개밋둑 질)	姹(소녀 차)	峙(언덕 치)	勅(조서 칙)
		金	砂(모래 사)	削(깎을 삭)	矧(하물며 신)	斫(벨 작)
			前(앞 전)	畋(밭갈 전)	訂(바로잡을 정)	政(정사 정)
			貞(곧을 정)	酊(술취할 정)	剉(꺾을 좌)	砌(섬돌 체)
			剃(머리깎을 체)	酋(묵은술 추)	則(법칙 칙)	
		水	泗(물이름 사)	泩(넘칠 생)	叙(차례 서)	泄(물샐 설)
			沼(늪 소)	唉(웃을 소)	泝(거슬러오를 소)	首(머리 수)
			泅(헤엄칠 수)	沭(내이름 술)	泜(내이름 시)	屎(똥 시)
			屍(주검 시)	食(밥 식)	哂(웃을 신)	咨(물을 자)
			呰(흠 자)	蚱(며루 자)	哉(어조사 재)	沮(막을 저)
			沺(수세 전)	沴(흐트러질 전)	穽(함정 정)	泟(붉을 정)
			殂(죽을 조)	注(물댈 주)	咮(부리 주)	卽(곧 즉)
			咫(길이 지)	泜(물이름 지)	殄(다할 진)	咠(소곤거릴 집)
			泉(샘 천)	穿(뚫을 천)	沾(더할 첨)	肖(닮을 초)
			沏(물 출)	流(샘 충)	治(다스릴 치)	哆(입딱벌릴 치)

획수	발음오행	자원오행	한 자			
9	水 ㅁㅂㅍ	木	抹(바를 말)	芒(털끝 망)	罔(그물 망)	眄(애꾸눈 면)
			明(볼 명)	某(아무 모)	眊(흐릴 모)	拇(엄지손가락 무)
			眉(눈썹 미)	抿(어루만질 민)	旻(볼 민)	拍(손뼉칠 박)
			盼(눈예쁠 반)	拌(버릴 반)	拔(뺄 발)	盃(잔 배)
			拜(절할 배)	柏(측백나무 백)	柄(자루 병)	畐(가득할 복)
			芃(풀무성할 봉)	拊(어루만질 부)	柎(뗏목 부)	粉(거둘 분)
			拂(떨 불)	柲(자루 비)	秕(쭉정이 비)	祊(제사 팽)
			扁(치우칠 편)	枰(바둑판 평)	抨(탄핵할 평)	抱(안을 포)
			匍(길 포)	枹(떡갈나무 포)	抛(던질 포)	表(겉 표)
			風(바람 풍)	披(나눌 피)	畐(막을 핍)	
		火	昧(새벽 매)	面(낯 면)	俛(힘쓸 면)	侮(업신여길 모)
			怓(탐할 모)	昴(별자리이름 묘)	眇(애꾸눈 묘)	弭(활고자 미)
			怋(어지러울 민)	炦(불기운 발)	俖(갑절 배)	便(문득 변)
			炦(불기운 별)	炳(밝을 병)	昞(밝을 병)	昺(밝을 병)
			保(보전할 보)	俌(도울 보)	赴(나아갈 부)	俘(사로잡을 부)
			毗(도울 비)	毘(도울 비)	惢(삼갈 비)	飛(날 비)
			怕(두려울 파)	便(편안할 편)	怦(곧을 평)	怖(두려울 포)
			炮(통째구울 포)	炰(통째구울 포)		
		土	姥(할머니 모)	美(아름다울 미)	勃(갑자기 발)	垘(보막을 복)
			封(봉할 봉)	癸(일꾼 부)	狒(비비 비)	狉(삵의새끼 비)
		金	玫(매괴 매)	勉(힘쓸 면)	玅(땅이름 묘)	玧(붉은구슬 문)
			玟(옥돌 민)	敃(강할 민)	砇(옥돌 민)	珤(옥돌 방)
			环(구슬 배)	負(짐질 부)	玞(옥돌 부)	訃(부고 부)
			盆(동이 분)	砏(큰소리 분)	玢(옥무늬 분)	砒(비상 비)
			玭(구슬이름 빈)			
		水	沫(거품 말)	沬(땅이름 매)	虻(등에 맹)	冒(무릅쓸 모)
			咪(양 울 미)	泯(멸할 민)	泊(배댈 박)	泮(학교 반)
			叛(배반할 반)	厖(두터울 방)	法(법 법)	柄(잡을 병)

획수	발음오행	자원오행	한자			
9	水 ㅁㅂㅍ	水	湓(샘솟을 분)	沸(끓을 비)	泌(샘흐를 비)	波(물결 파)
			泙(물소리 평)	泡(거품 포)	品(물건 품)	泌(샘흐를 필)
10	木 ㄱㅋ	木	家(집 가)	柬(깎을 간)	矼(광저기 강)	衸(잠방이 개)
			芥(티끌 개)	秬(검은기장 거)	祛(쫓을 거)	虔(정성 건)
			桀(홰 걸)	芡(가시연 검)	格(격식 격)	挌(칠 격)
			桂(월계수 계)	庫(곳집 고)	栲(북나무 고)	罟(그물 고)
			拷(칠 고)	拱(당길 공)	栱(두공 공)	括(묶을 괄)
			栝(노송나무 괄)	桄(광랑나무 광)	框(문테 광)	挂(걸 괘)
			紘(갓끈 굉)	校(학교 교)	蕎(짤 구)	宭(여럿 군)
			宮(집 궁)	拳(주먹 권)	袀(군복 균)	根(뿌리 근)
			芹(미나리 근)	衾(이불 금)	芩(풀이름 금)	衿(옷깃 금)
			笒(첨대 금)	級(등급 급)	笈(책상자 급)	芨(말오줌나무 급)
			芰(마름 기)	芪(단너삼 기)	桔(도라지 길)	拮(일할 길)
		火	恪(삼갈 각)	隺(고상할 각)	赶(쫓을 간)	個(낱 개)
			倨(거만할 거)	徑(지름길 경)	倞(굳셀 경)	耿(빛날 경)
			烓(화덕 계)	高(높을 고)	恭(공손할 공)	倥(어리석을 공)
			恐(두려울 공)	倌(수레 관)	恝(걱정없을 괄)	恇(겁낼 광)
			恔(쾌할 교)	晈(달빛 교)	俱(함께 구)	倔(고집셀 굴)
			倦(게으를 권)	鬼(귀신 귀)	耹(소리 금)	起(일어날 기)
			俵(탈 기)			
		土	埆(메마를 각)	迁(구할 간)	鬲(막을 격)	缺(이지러질 결)
			耕(밭갈 경)	埂(구덩이 경)	羔(새끼양 고)	羖(검은암양 고)
			峼(산모양 곡)	狡(교활할 교)	尅(이길 극)	旂(붉은기 기)
			耆(늙은이 기)			
		金	珂(마노 가)	珈(머리꾸미개 가)	珏(쌍옥 각)	剛(굳셀 강)
			兼(겸할 겸)	勍(셀 경)	剄(자자할 경)	皋(언덕 고)
			骨(뼈 골)	貢(바칠 공)	珣(옥돌 구)	矩(곱자 구)

획수	발음오행	자원오행	한 자			
10	**木** (ㄱㅋ)	金	姁(다듬을 구)	勧(게으를 권)	記(기록할 기)	剞(새김칼 기)
			剋(이길 극)			
		水	哿(옳을 가)	哥(노래 가)	痂(헌데딱지 가)	疳(감질 감)
			矼(골이름 강)	豈(어찌 개)	肩(어깨 견)	挈(깨끗할 결)
			哽(목멜 경)	洎(적실 계)	涸(얼 고)	股(넓적다리 고)
			哭(울 곡)	蚣(지네 공)	洸(물솟을 광)	洭(땅이름 광)
			肱(팔뚝 굉)	痀(곱사등이 구)	躬(몸 궁)	屐(나막신 극)
			矜(거둘 금)	肯(옳을 긍)	氣(기운 기)	豈(어찌 기)
			朊(도마 기)			
	火 (ㄴㄷ ㄹㅌ)	木	挐(붙잡을 나)	拿(붙잡을 나)	納(바칠 납)	衲(옷수선할 납)
			袽(옷부드러울 뉴)	袮(아비사당 니)	爹(아비 다)	桃(복숭아 도)
			庩(가라앉은집 도)	挑(휠 도)	桐(오동나무 동)	挏(끌 동)
			斜(고할 두)	芚(채소이름 둔)	庬(높을 랑)	栚(산밤나무 렬)
			挒(비틀 렬)	秎(벼처음익을 령)	栵(산밤나무 례)	栗(밤 률)
			楰(그루 타)	套(덮개 투)		
		火	恬(편안할 념)	倓(고요할 담)	倘(빼어날 당)	徒(무리 도)
			倒(넘어질 도)	烔(더울 동)	倲(어리석을 동)	倮(벗을 라)
			烙(지질 락)	倈(올 래)	倆(재주 량)	烈(빛날 렬)
			料(되 료)	倫(인륜 륜)	倰(속일 릉)	倬(클 탁)
			侘(헤아릴 탁)	耽(즐길 탐)	恫(상심할 통)	
		土	娜(아리따울 나)	娚(오라비 남)	娘(아가씨 낭)	猱(산이름 노)
			島(섬 도)	峹(산이름 도)	娘(아가씨 랑)	旅(나그네 려)
			留(머무를 류)	哩(어조사 리)	娌(동서 리)	娧(더딜 태)
			特(특별할 특)			
		金	玳(대모 대)	砢(돌쌓일 라)	玲(옥소리 령)	蛉(흰 령)
			砱(돌구멍 령)	竜(용 룡)	砬(돌소리 립)	託(부탁할 탁)
			珆(용무늬 태)	討(칠 토)		

획수	발음오행	자원오행	한자			
10	**火** ⓛⓒ ⓡⓣ	**水**	奻(많을 나) 衄(코피 뉵) 洞(골짜기 동) 洛(낙수 락) 唎(가는소리 리)	哪(역귀 나) 疸(황달 달) 凍(얼을 동) 凉(서늘할 량) 洞(골짜기 통)	肭(살찔 눌) 唐(당나라 당) 疼(아플 동) 洌(맑을 렬)	紐(끈 뉴) 洮(씻을 도) 蚪(올챙이 두) 凌(능가할 릉)
	土 ⓞⓗ	**木**	芽(싹 아) 按(누를 안) 芮(물가 예) 栯(산앵두 욱) 笎(대무늬 원) 秞(곡식 유) 捆(의지할 인) 芿(새풀싹 잉) 害(해칠 해) 拹(꺾을 협) 花(꽃 화) 挴(당길 흔)	笋(죽순 아) 秧(모 앙) 芸(재주 예) 芸(향초이름 운) 袁(옷치렁거릴 원) 栮(목이버섯 이) 苷(풀이름 일) 桁(차꼬 항) 眃(아찔할 해) 祜(복 호) 桓(묘목 환)	案(책상 안) 臬(말뚝 얼) 拽(끌 예) 耘(김맬 운) 芫(팥꽃나무 원) 栭(두공 이) 衽(옷섶 임) 航(배다리 항) 核(씨 핵) 芦(지황 호) 庨(집높은 효)	桉(안수 안) 宴(잔치 연) 容(얼굴 용) 紜(어지러울 운) 冤(원통할 원) 芢(씨 인) 紝(짤 임) 衸(잠방이 해) 眩(아찔할 현) 笏(피리가락 홀) 唬(울부짖을 효)
		火	晏(늦을 안) 烟(연기 연) 翁(늙은이 옹) 俒(즐거워할 원) 恁(생각할 임) 恒(항상 항) 欬(기침 해) 軒(추녀 헌) 晎(날밝으려할 홍) 恍(황홀할 황)	烊(구울 양) 倪(어린이 예) 倭(순할 왜) 恩(은혜 은) 夏(여름 하) 恆(항상 항) 烆(횃불 행) 協(화합할 협) 俰(화할 화) 恢(넓을 회)	恙(근심 양) 烏(까마귀 오) 姚(빛날 요) 倚(의지할 의) 恆(항상 항) 晐(갖출 해) 倖(요행 행) 恵(은혜 혜) 晃(밝을 황) 烋(뽐낼 효)	恚(성낼 에) 盈(온화할 온) 彧(문채 욱) 恞(기꺼울 이) 恨(한할 한) 欬(웃음소리 해) 鬲(밝을 향) 烘(화롯불 홍) 晄(밝을 황) 恔(쾌할 효)

획수	발음오행	자원오행	한 자			
10	土 ◎ㅎ	火	候(기후 후)	欨(즐거울 후)	烜(마를 훤)	烋(경사로울 휴)
			恤(구휼할 휼)	恟(두려울 흉)	俙(기쁠 흔)	恰(흡족할 흡)
		土	娥(어여쁠 아)	峨(높을 아)	峩(높을 아)	哦(노래할 아)
			盎(동이 앙)	埃(티끌 애)	娭(여자종 애)	舁(마주들 여)
			姸(빛날 연)	娟(고울 연)	埏(땅끝 연)	娛(기쁠 오)
			邕(화할 옹)	垸(바를 완)	盌(주발 완)	辱(욕될 욕)
			埇(길돋울 용)	邘(땅이름 우)	迂(길이멀 우)	原(근본 원)
			狨(원숭이이름 융)	垽(앙금 은)	狢(오소리 학)	邗(땅이름 한)
			盍(덮을 합)	峴(고개 현)	娊(허리가늘 현)	埍(여자감옥 현)
			峽(골짜기 협)	埉(물가 협)	娙(여자관리 형)	峼(산모양 호)
			配(즐거워할 희)			
		金	訐(들춰낼 알)	弱(어릴 약)	珋(옥돌 예)	㺄(사나울 용)
			祐(도울 우)	訏(클 우)	殷(성할 은)	訔(언쟁할 은)
			珆(옥돌 이)	訑(으쓱거릴 이)	貤(거듭할 이)	玹(옥돌 현)
			瓳(반호 호)	訌(무너질 홍)	效(본받을 효)	訓(가르칠 훈)
			訖(이를 흘)	欯(기뻐할 힐)		
		水	疴(질병 아)	洝(더운물 안)	唉(그래 애)	洋(큰바다 양)
			圄(감옥 어)	俺(나 엄)	洳(강이름 여)	蚋(파리매 예)
			唔(글읽는소리 오)	窊(우묵할 와)	洼(웅덩이 와)	院(빙글웃는모양 완)
			窈(그윽할 요)	宎(움펑눈 요)	員(더할 운)	洹(강이름 원)
			員(수효 원)	洧(물이름 유)	育(기를 육)	垠(물가 은)
			洢(물이름 이)	洱(강이름 이)	洟(콧물 이)	益(더할 익)
			氤(기운성할 인)	蚓(지렁이 인)	洇(빠질 인)	沃(물가 일)
			啊(꾸짖을 하)	肣(혀 함)	海(바다 해)	奚(어찌 해)
			洫(봇도랑 혁)	痃(근육당길 현)	唬(말많을 호)	圂(뒷간 혼)
			洪(큰물 홍)	缸(깊은 홍)	洚(큰물 홍)	洹(세차게흐를 환)
			活(살릴 활)	洄(돌아흐를 회)	洨(강이름 효)	肴(안주 효)
			哮(큰소리낼 효)	洵(물살셀 효)	洽(화할 흡)	唏(훌쩍훌쩍울 희)

획수	발음오행	자원오행	한 자
10	金 (ㅅ)(ㅈ)(ㅊ)	木	師(스승 사) 紗(나사 사) 祠(사당 사) 索(동아줄 삭) 祚(셀 산) 芟(풀벨 삼) 桑(뽕나무 상) 索(찾을 색) 眚(흐릴 생) 栖(깃들일 서) 書(기록할 서) 紓(느슨할 서) 芧(상수리나무 서) 席(자리 석) 秙(섬(十斗) 석) 扇(사립문 선) 挈(손에들 설) 閃(번쩍일 섬) 宬(서고 성) 帨(수건 세) 素(흴 소) 笑(웃을 소) 宵(밤 소) 衰(약할 쇠) 祟(빌미 수) 純(순수할 순) 栒(나무이름 순) 笋(죽순 순) 拾(주울 습) 眎(볼 시) 拭(닦을 식) 栻(점기구 식) 宸(집 신) 甡(모이는모양 신) 神(귀신 신) 芯(등심초 심) 拾(열 십) 眨(깜짝일 잡) 奘(클 장) 牂(암양 장) 栽(심을 재) 宰(재상 재) 栓(나무못 전) 栴(단향목 전) 庭(뜰 정) 眐(바라볼 정) 租(구실 조) 厝(둘 조) 笊(조리 조) 拵(의거할 존) 倧(한배 종) 座(지위 좌) 株(뿌리 주) 純(순수할 준) 拯(건질 증) 紙(종이 지) 芝(지초 지) 芷(구리때 지) 持(가질 지) 指(손가락 지) 秖(다만 지) 祗(마침 지) 衼(가사 지) 眞(참 진) 真(참 진) 眕(진중할 진) 秦(진나라 진) 秩(차례 질) 桎(속박할 질) 挓(벌릴 차) 捗(칠 척) 袑(사람이름 초) 耖(써레 초) 冢(무덤 총) 芻(꼴 추) 秫(차조 출) 衷(속마음 충) 冣(모을 취) 秤(저울 칭)
		火	恦(생각할 상) 晌(정오 상) 徐(천천히 서) 恕(용서할 서) 烍(들불 선) 晟(밝을 성) 晠(밝을 성) 修(닦을 수) 倕(무거울 수) 俶(비롯할 숙) 倏(갑자기 숙) 恂(정성 순) 倅(버금 쉬) 乘(탈 승) 時(때 시) 恃(믿을 시) 翅(날개 시) 息(숨쉴 식) 茲(무성할 자) 恣(방자할 자) 晀(밝을 조) 曹(마을 조) 晁(아침 조) 隼(새매 준) 俊(물러갈 준) 烝(김오를 증) 舐(핥을 지) 晉(나아갈 진) 晋(나아갈 진) 晊(클 질) 朕(나 짐) 借(빌릴 차)

획수	발음오행	자원오행	한 자			
10	金 ⓈⒿⒸ	火	差(어긋날 차)	欨(기쁠 참)	倉(창고 창)	倀(미칠 창)
			倡(기생 창)	倜(대범할 척)	隻(새한마리 척)	倩(예쁠 천)
			俴(얇을 천)	倢(빠를 첩)	恀(믿을 치)	値(값 치)
			恥(부끄러울 치)			
		土	娑(가사 사)	射(쏠 사)	城(성곽 성)	娍(아름다울 성)
			埕(붉을 성)	狩(사냥할 수)	迅(빠를 신)	娠(잉태할 신)
			牸(암소 자)	者(놈 자)	将(장수 장)	牂(숫양 장)
			旃(깃발 전)	娗(모양낼 정)	娣(손아래누이 제)	峻(높을 준)
			埈(높을 준)	紁(많을 지)	畛(두렁길 진)	辿(천천히걸을 천)
			埑(슬기로울 철)	峭(가파를 초)	畜(쌓을 축)	致(이를 치)
		金	剚(칼꽂을 사)	珊(산호 산)	訕(헐뜯을 산)	祏(위패 석)
			珆(아름다운옥 소)	釗(볼 소)	釗(사람이름 쇠)	訊(물을 신)
			酌(따를 작)	剗(깎을 잔)	財(재물 재)	玷(이지러질 점)
			釘(못 정)	祚(복 조)	珇(옥홀장식 조)	祖(할아비 조)
			酎(전국술 주)	砥(숫돌 지)	䂆(알 지)	祇(공경할 지)
			珍(보배 진)	珎(보배 진)	砅(돌울퉁불퉁할 진)	站(우두커니설 참)
			砦(울타리 채)	剔(뼈바를 척)	剟(깎을 철)	祝(빌 축)
			砧(다듬잇돌 침)	針(침 침)		
		水	唆(부추길 사)	朔(처음 삭)	洗(깨끗할 선)	洒(깊을 선)
			洩(샐 설)	屑(가루 설)	洗(씻을 세)	洒(물뿌릴 세)
			涑(비올 속)	孫(손자 손)	洙(물가 수)	殊(죽을 수)
			叟(늙은이 수)	洵(멀 순)	殉(따라죽을 순)	肫(광대뼈 순)
			洆(빠질 승)	豺(승냥이 시)	十(열 십)	沘(강이름 자)
			疵(흠 자)	疽(등창 저)	展(펼 전)	凈(차가울 정)
			蚤(벼룩 조)	凋(시들 조)	洲(섬 주)	洀(파문 주)
			准(승인할 준)	症(병세 증)	洔(섬 지)	肢(사지 지)
			津(나루 진)	唇(놀랄 진)	疹(홍역 진)	疾(병 질)

획수	발음오행	자원오행	한자			
10	金 (ㅅㅈ ㅊ)	水	窄(좁을 착) 哲(밝을 철) 蚩(어리석을 치)	鬯(술이름 창) 淸(서늘할 청)	凄(쓸쓸할 처) 哨(망볼 초)	洊(이를 천) 臭(냄새 취)
	水 (ㅁㅂ ㅍ)	木	秣(꼴 말) 芼(풀우거질 모) 紊(어지러울 문) 紡(자을 방) 芙(연꽃 부) 紛(어지러울 분) 祕(숨길 비) 紕(가선 비) 笆(가시대 파)	眠(잠잘 면) 耗(줄일 모) 眠(볼 민) 舫(배 방) 祔(합사할 부) 芬(향기로울 분) 秘(숨길 비) 芾(작은모양 비)	冥(어두울 명) 紋(무늬 문) 般(돌릴 반) 栢(측백나무 백) 罘(그물 부) 粉(가루 분) 匪(대상자 비) 粃(쭉정이 비)	袂(소매 메) 芨(범의귀 문) 芳(꽃다울 방) 栿(들보 복) 芣(질경이 부) 祓(푸닥거리할 불) 芘(풀이름 비) 芭(파초 파)
		火	馬(말 마) 倍(갑절 배) 俯(구부릴 부)	昧(어두울 매) 俳(광대 배) 俾(더할 비)	們(들 문) 倂(아우를 병) 俵(나누어줄 표)	倣(본뜰 방) 俸(녹 봉) 髟(늘어질 표)
		土	娩(해산할 만) 耄(늙은이 모) 亳(땅이름 박) 峰(봉우리 봉) 耙(써레 파)	邙(산이름 망) 畂(밭이랑 묘) 畔(밭두둑 반) 尃(펼 부) 旆(깃발 패)	埋(묻을 매) 畝(밭이랑 무) 旁(두루 방) 畚(삼태기 분)	旄(깃대 모) 娓(장황할 미) 峯(봉우리 봉) 娉(장가들 빙)
		金	敉(어루만질 미) 配(짝할 배) 釜(가마 부) 玻(유리 파) 砲(돌쇠뇌 포)	珉(옥돌 민) 珀(호박 백) 剖(쪼갤 부) 破(깨트릴 파) 珌(칼장식옥 필)	珀(호박 박) 訊(말많을 범) 砲(옥무늬 부) 砰(돌구르는소리 팽)	剝(벗길 박) 竝(곁 병) 荆(발벨 비) 砭(돌침 폄)
		水	秦(끝 말) 洣(강이름 미)	洺(명수 명) 胮(머리클 반)	洋(물가 모) 哱(어지러울 발)	蚊(모기 문) 蚌(방합 방)

획수	발음오행	자원오행	한 자			
10	水 (ㅁㅂㅍ)	水	肪(기름 방)	病(병들 병)	洑(보 보)	蚨(파랑강충이 부)
			肦(머리클 분)	蚍(왕개미 비)	肥(살찔 비)	派(물갈래 파)
			唄(찬불(讚佛) 패)	窆(하관할 폄)	肺(허파 폐)	哺(먹을 포)
			圃(밭 포)	疱(천연두 포)	豹(표범 표)	疲(피곤할 피)
11	木 (ㄱㅋ)	木	茄(연줄기 가)	袈(가사 가)	舸(큰배 가)	笳(갈잎피리 가)
			苛(매울 가)	耞(도리깨 가)	桷(서까래 각)	桿(나무이름 간)
			秸(짚 갈)	紺(감색 감)	康(편안할 강)	茳(천궁모종 강)
			罡(북두성 강)	苣(상추 거)	袪(소매 거)	觖(서운할 결)
			梗(대강 경)	挭(대개 경)	綆(끌어쥘 경)	桱(나무이름 경)
			㼛(어저귀 경)	械(형틀 계)	挈(새길 계)	苽(줄 고)
			苦(쓸 고)	梏(쇠고랑 곡)	梱(문지방 곤)	袞(곤룡포 곤)
			捆(두드릴 곤)	梡(도마 관)	苟(진실로 구)	毬(공 구)
			捄(담을 구)	梂(도토리받침 구)	寇(도둑 구)	掬(들것 국)
			梮(징 국)	捃(주울 군)	桾(고욤나무 군)	眷(돌아볼 권)
			㮾(극진할 극)	笈(안장 급)	寄(부칠 기)	
		火	假(거짓 가)	偘(굳셀 간)	健(건강할 건)	偈(쉴 게)
			焆(불빛 결)	烱(빛날 경)	頃(밭이랑 경)	烴(따뜻할 경)
			斛(휘 곡)	悃(정성 곤)	規(모범 규)	
		土	勘(헤아릴 감)	埳(구덩이 감)	堈(언덕 강)	崗(언덕 강)
			勘(힘쓸 개)	堅(굳을 견)	牽(당길 견)	婣(연모할 고)
			峼(섬 고)	崑(산이름 곤)	堃(땅 곤)	崐(산이름 곤)
			崆(산이름 공)	區(구역 구)	耉(늙을 구)	耇(늙을 구)
			堀(굴 굴)	崛(우뚝솟을 굴)	婘(예쁠 권)	近(가까울 근)
			菫(진흙 근)	埼(고울 기)	基(터 기)	埼(언덕머리 기)
			崎(험할 기)	箕(키 기)	跂(육발이 기)	
		金	硈(견고할 갈)	強(굳셀 강)	乾(하늘 건)	訣(이별할 결)
			竟(다할 경)	珙(큰옥 공)	釭(살촉 공)	貫(꿰뚫을 관)
			珖(옥피리 광)	硍(돌소리 광)	敎(가르칠 교)	教(가르칠 교)

획수	발음오행	자원오행	한 자			
11	**木** ㄱㅋ	金	皎(달빛 교)	珓(옥산통 교)	救(도울 구)	鈆(금테두를 구)
			珪(서옥 규)	硅(규소 규)		
		水	浘(물빨리흐를 간)	胛(어깨 갑)	盖(덮을 개)	胠(겨드랑이 거)
			涀(강이름 견)	涇(통할 경)	浭(흐를 경)	啓(가르칠 계)
			皋(고할 고)	浤(용솟음할 굉)	夠(모을 구)	胸(멍에 구)
			蚯(지렁이 구)	國(나라 국)	涒(클 군)	圈(우리 권)
			馗(광대뼈 규)	唫(입다물 금)	殑(까무러칠 긍)	飢(주릴 기)
			旣(이미 기)			
	火 ㄴㄷ ㄹㅌ	木	梛(나무이름 나)	挪(옮길 나)	捏(이길 날)	笯(새장 노)
			袒(웃통벗을 단)	帶(띠 대)	袋(자루 대)	捈(궁굴릴 도)
			苳(겨우살이 동)	桐(벼 동)	兜(투구 두)	捋(어루만질 랄)
			桹(광랑나무 랑)	庲(집 래)	梁(들보 량)	梠(평고대 려)
			笭(원추리 령)	苓(도꼬마리 령)	累(묶을 루)	梨(배 리)
			笠(삿갓 립)	粒(낟알 립)	舵(키 타)	苔(이끼 태)
			笞(볼기칠 태)	桶(나아갈 통)	桶(통 통)	
		火	偄(연약할 난)	偦(적을 단)	聃(나라이름 담)	惇(활 돈)
			得(얻을 득)	烺(빛밝을 랑)	眼(밝을 랑)	倈(올 래)
			悢(슬퍼할 량)	翎(깃 령)	聆(들을 령)	聊(귀울 료)
			率(헤아릴 률)	悧(영리할 리)	离(산신 리)	悋(아낄 린)
			偸(훔칠 투)			
		土	那(어찌 나)	埮(평평한땅 담)	堂(집 당)	崬(산등성이 동)
			迍(머뭇거릴 둔)	婪(예쁜모양 람)	婪(탐할 람)	狼(이리 랑)
			崍(산이름 래)	略(간략할 략)	畧(다스릴 략)	羚(영양 령)
			鹿(사슴 록)	婁(별이름 루)	崙(산이름 륜)	崘(산이름 륜)
			狸(살쾡이 리)	埭(둑 태)	堆(언덕 퇴)	
		金	訥(말더듬을 눌)	剬(벨 단)	硐(갈 동)	珞(구슬 락)
			硌(옥돌 락)	琉(굴 려)	勒(굴레 륵)	貪(탐할 탐)
			酖(즐길 탐)			

획수	발음오행	자원오행	한자			
11	火 (ㄴㄷㄹㅌ)	水	涅(개흙 녈)	呶(젖먹일 누)	匿(숨을 닉)	胆(어깨벗을 단)
			蛋(새알 단)	啗(먹일 담)	啖(먹을 담)	涂(칠할 도)
			豚(돼지 돈)	動(움직일 동)	窀(동굴 동)	洞(물깊을 동)
			浢(강이름 두)	浪(물결 랑)	朗(밝을 랑)	唻(노래하는소리 래)
			唳(울 려)	蛉(잠자리 령)	鹵(소금 로)	玈(검을 로)
			流(흐를 류)	圇(완전할 륜)	浰(물소리 리)	浬(해리 리)
			唾(침뱉을 타)	啄(쪼을 탁)	胎(아이밸 태)	
	土 (ㅇㅎ)	木	眼(눈 안)	庵(암자 암)	挨(밀칠 애)	若(반야 야)
			挪(야유할 야)	若(같을 약)	眻(눈아름다울 양)	敔(막을 어)
			挻(늘일 연)	捐(버릴 연)	苒(풀우거질 염)	英(꽃부리 영)
			梧(벽오동나무 오)	捂(거스를 오)	梡(도마 완)	捖(꺾을 완)
			欲(하고자할 욕)	庸(떳떳할 용)	苑(나라동산 원)	寃(원통할 원)
			帷(휘장 유)	桜(무리참나무 유)	挹(뜰 읍)	移(옮길 이)
			苡(질경이 이)	寅(범 인)	秵(벼꽃 인)	捍(막을 한)
			閈(이문 한)	絃(악기줄 현)	弳(활 현)	舷(뱃전 현)
			袨(나들이 현)	挟(가질 협)	扈(뒤따를 호)	瓠(표주박 호)
			凰(봉황새 황)	晃(밝고훤할 황)	梟(올빼미 효)	橲(국자 희)
		火	偓(악착할 악)	焕(빛날 애)	欸(한숨쉴 애)	倻(땅이름 야)
			御(어거할 어)	焉(어디 언)	偃(쓰러질 언)	悆(기뻐할 여)
			悆(의심스러울 여)	軟(연할 연)	悁(성낼 연)	悦(기쁠 열)
			偞(가벼울 엽)	偀(꽃부리 영)	羿(사람이름 예)	晤(밝을 오)
			悟(깨달을 오)	偎(가까이할 외)	偠(날씬할 요)	恿(날랠 용)
			偶(무리 우)	偊(혼자걸을 우)	偉(클 위)	悠(생각할 유)
			聈(고요할 유)	胤(이을 윤)	悒(근심할 읍)	翊(도울 익)
			翌(다음날 익)	恝(찰 인)	悍(원통할 한)	晘(가물 한)
			偕(함께 해)	焃(밝을 혁)	赦(붉을 혁)	晛(햇살 현)
			衒(선전할 현)	悏(쾌할 협)	彗(쓸 혜)	晧(빛날 호)
			胡(오랑캐 호)	毫(가는털 호)	晥(환할 환)	患(근심할 환)

획수	발음 오행	지원 오행	한 자			
11	土 ◎⑧	火	晦(그믐 회)	悔(뉘우칠 회)	焄(연기그을릴 훈)	晞(마를 희)
			烯(불빛 희)	悕(원할 희)	欷(한숨쉴 희)	
		土	婀(아리따울 아)	娿(아리따울 아)	婭(동서 아)	迓(마중할 아)
			堊(석회 악)	姲(고울 안)	娭(즐거울 애)	崕(언덕 애)
			崕(언덕 애)	野(들 야)	埜(들 야)	羕(강이길 양)
			崦(산이름 엄)	域(나라 역)	迎(맞이할 영)	埶(심을 예)
			婗(갓난아이 예)	猊(사자 예)	堄(성가퀴 예)	迃(굽을 오)
			迕(만날 오)	牾(거스를 오)	婐(날씬할 와)	婠(예쁠 완)
			婉(순할 완)	舂(찧을 용)	猛(물소용돌이 우)	珝(고을이름 우)
			勖(힘쓸 욱)	婉(순할 원)	邟(고을이름 원)	尉(위로할 위)
			婑(아리따울 유)	堉(기름진땅 육)	狺(으르렁거릴 은)	崟(험준할 음)
			異(다를 이)	裀(제사지낼 인)	婞(강직할 행)	娹(지킬 현)
			狹(좁을 협)	邢(나라이름 형)	嫭(여자영리할 호)	婚(혼인할 혼)
			盔(주발 회)	婋(재치있을 효)	崤(산이름 효)	畦(밭두둑 휴)
		金	訝(맞을 아)	研(연구할 연)	硯(벼루 연)	珚(옥이름 연)
			敖(놀 오)	訛(그릇될 와)	訰(사람이름 완)	珧(강요주 요)
			釪(바리때 우)	訧(허물 우)	訢(기뻐할 은)	珢(옥돌 은)
			珥(귀고리 이)	釴(솥귀 익)	訨(생각할 임)	釬(팔찌 한)
			硈(견고할 할)	盒(찬합 합)	肮(큰자개 항)	珦(옥이름 향)
			許(허락할 허)	珩(노리개 형)	詥(진실한 혜)	貨(재물 화)
			珝(옥이름 후)	酗(주정할 후)		
		水	啊(사랑할 아)	痷(어린아이 아)	啞(벙어리 아)	唵(머금을 암)
			唲(마실 애)	痒(앓을 양)	魚(물고기 어)	唹(고요히웃을 어)
			圉(마부 어)	涓(시내 연)	涎(침 연)	浧(거침없이흐를 영)
			浯(강이름 오)	晤(만날 오)	浣(씻을 완)	浴(목욕 욕)
			涌(샘솟을 용)	雩(기우제 우)	胃(밥통 위)	唯(오직 유)
			洧(물 유)	蚴(꿈틀거릴 유)	蚰(그리마 유)	胤(이을 윤)

획수	발음오행	자원오행	한자			
11	土 ◎ㅎ	水	浥(젖을 읍)	痍(상처 이)	唈(재갈 함)	海(바다 해)
			痎(학질 해)	胘(소천엽 현)	浹(젖을 협)	泂(소용돌이 형)
			浩(넓을 호)	唬(범이울 호)	淆(물이름 효)	痕(흉터 흔)
	金 ㅅㅈㅊ	木	梭(북 사)	笥(상자 사)	産(낳을 산)	產(낳을 산)
			常(항상 상)	笙(생황 생)	庶(여러 서)	船(배 선)
			旋(돌 선)	絏(고삐 설)	細(가늘 세)	笹(조릿대 세)
			紹(이을 소)	梳(빗 소)	捎(덜 소)	㧦(공경할 속)
			捒(공경할 송)	袖(소매 수)	宿(별자리 수)	捒(차릴 수)
			宿(잘 숙)	眴(깜짝할 순)	絉(끈 술)	絁(깁 시)
			豉(메주 시)	紳(큰띠 신)	紫(자줏빛 자)	眦(눈흘길 자)
			眥(흘길 자)	帳(휘장 장)	梓(가래나무 재)	捚(손에받을 재)
			苧(모시 저)	紵(모시풀 저)	置(짐승그물 저)	苴(속창 저)
			袛(속적삼 저)	笛(피리 적)	寂(고요할 적)	粘(끈끈할 점)
			苫(이엉 점)	笘(회초리 점)	彭(청정할 정)	挺(빼어날 정)
			梃(막대기 정)	旌(기 정)	桯(탁자 정)	捏(가릴 정)
			第(차례 제)	梯(사다리 제)	苐(싹 제)	祭(제사 제)
			組(끈 조)	寙(클 조)	眺(바라볼 조)	條(곁가지 조)
			粗(거칠 조)	祧(천묘 조)	族(겨레 족)	終(마지막 종)
			挫(꺾을 좌)	紬(명주 주)	紸(댈 주)	粙(벼에알들 주)
			捘(밀칠 준)	苗(풀싹 줄)	衆(무리 중)	舓(만날 지)
			桭(평고대 진)	袗(홑옷 진)	振(떨칠 진)	眹(눈동자 진)
			紾(비틀 진)	捉(잡을 착)	紮(감을 찰)	祭(나라이름 채)
			宷(동관 채)	笧(책 책)	苕(갈대이삭 초)	梢(나무끝 초)
			舳(고물 축)	厠(뒷간 측)	廖(넓을 치)	梔(치자나무 치)
		火	斜(비낄 사)	徙(옮길 사)	赦(용서할 사)	參(참여할 삼)
			爽(시원할 상)	徜(노닐 상)	恕(기뻐할 서)	偦(재주있을 서)
			偰(맑을 설)	盛(성할 성)	晟(밝을 성)	偗(길 성)
			彗(살별 세)	焇(녹일 소)	率(거느릴 솔)	悚(두려워할 송)

획수	발음오행	자원오행	한 자			
11	金 ㈈㈇㈉	火	術(꾀 술)	習(익힐 습)	偲(굳셀 시)	晨(새벽 신)
			悉(다할 실)	雀(참새 작)	悛(고칠 전)	晢(밝을 절)
			頂(꼭대기 정)	停(머무를 정)	偵(정탐할 정)	偙(준걸 제)
			晢(밝을 제)	悌(공경할 제)	彫(새길 조)	鳥(새 조)
			悰(편안할 종)	從(따를 종)	做(지을 주)	晝(낮 주)
			晙(밝을 준)	焌(불태울 준)	偆(부유할 준)	晊(밝을 진)
			聄(고할 진)	借(빌릴 차)	參(참여할 참)	倘(경황없을 창)
			彩(채색 채)	阡(언덕 천)	悊(공경할 철)	焎(불탈 철)
			偢(인정없을 초)	悄(근심할 초)	悤(바쁠 총)	側(곁 측)
		土	邪(간사할 사)	狻(사자 산)	卨(사람이름 설)	埽(쓸 소)
			羞(바칠 수)	婌(궁녀벼슬 숙)	埱(땅에김오를 숙)	崇(높일 숭)
			崧(솟을 숭)	埴(찰흙 식)	瓷(사기그릇 자)	婥(예쁠 작)
			將(장수 장)	崢(가파를 쟁)	羝(숫양 저)	專(오로지 전)
			埩(밭갈 정)	婧(날씬할 정)	婤(얼굴얌전할 주)	埻(과녁 준)
			逡(뒷걸음질 준)	趾(발 지)	執(잡을 집)	娼(창녀 창)
			埰(영지 채)	婇(여자이름 채)	處(살 처)	甜(달 첨)
			甛(달 첨)	婕(궁녀 첩)	婧(날씬할 청)	邨(마을 촌)
			崔(높을 최)	埾(흙쌓을 추)	娵(별이름 추)	娶(장가들 취)
			畤(제사터 치)	阤(무너질 치)		
		金	殺(죽일 살)	釤(낫 삼)	祥(상서로울 상)	敍(차례 서)
			敘(차례 서)	珗(옥돌 선)	設(베풀 설)	訟(시비할 송)
			殺(빠를 쇄)	珣(옥이름 순)	珬(자개 술)	匙(숟가락 시)
			訫(믿을 신)	張(베풀 장)	章(글 장)	釮(날카로울 재)
			剪(자를 전)	曹(마을 조)	釣(낚시 조)	珠(구슬 주)
			珘(구슬 주)	硃(주사 주)	酒(술 주)	[illegible](기뻐하는모양 진)
			珒(옥이름 진)	[illegible](다스릴 진)	殿(칠 진)	斬(벨 참)
			釵(비녀 채)	責(꾸짖을 채)	責(꾸짖을 책)	戚(겨레 척)

획수	발음오행	자원오행	한 자			
11	**金** ⓈⓍⓍ	金	釧(팔찌 천)	玼(깨끗할 체)	欽(차꼬 체)	釥(아름다울 초)
			訬(재빠를 초)	玒(귀고리 충)	敕(칙서 칙)	
		水	蛇(뱀 사)	洓(물가 사)	啑(쪼아먹을 삽)	商(장사 상)
			胥(서로 서)	絹(서로 서)	雪(눈 설)	涉(건널 섭)
			胜(비릴 성)	宬(서고 성)	涗(잿물 세)	消(다할 소)
			巢(집 소)	涑(헹굴 속)	飧(저녁밥 손)	售(팔 수)
			涭(작은비 수)	孰(누구 숙)	涔(괸물 잠)	蛆(구더기 저)
			商(밑동 적)	痊(나을 전)	浙(강이름 절)	蛅(쐐기 점)
			涏(곧을 정)	胜(비닐 정)	窕(안존할 조)	胙(제육 조)
			啁(비웃을 조)	孮(자손번성할 종)	胄(맏아들 주)	湊(물모일 주)
			肘(팔꿈치 주)	蚯(나무굼벵이 주)	啁(비웃을 주)	浚(깊을 준)
			胗(입술틀 진)	窒(막을 질)	戡(많을 집)	唱(노래할 창)
			窓(창 창)	蚱(메뚜기 책)	啜(먹을 철)	圊(뒷간 청)
			涕(눈물 체)	痓(악할 치)	痔(치질 치)	浸(담글 침)
	水 ⓂⓑⓅ	木	麻(마 마)	挽(당길 만)	茉(말리나무 말)	梅(매화나무 매)
			苺(딸기 매)	麥(보리 맥)	眸(눈동자 모)	茅(띠 모)
			苜(거여목 목)	苗(모 묘)	茂(풀우거질 무)	樏(깊이들어갈 미)
			梶(나무끝 미)	罞(그물 미)	茉(맛 미)	罠(낚싯줄 민)
			苠(속대 민)	密(빽빽할 밀)	舶(큰배 박)	粕(지게미 박)
			絆(줄 반)	梆(목어 방)	苩(성 백)	袢(속옷 번)
			范(법 범)	梵(범어 범)	范(모범 범)	苪(풀이름 병)
			捀(받들 봉)	桻(나뭇가지 봉)	符(부적 부)	桴(마룻대 부)
			苻(귀목풀 부)	袝(나들이옷 부)	笨(거칠 분)	紱(인끈 불)
			茀(풀우거질 불)	棐(클 비)	庳(집낮을 비)	捌(깨뜨릴 팔)
			苹(개구리밥 평)	閉(닫을 폐)	匏(바가지 포)	袍(웃옷 포)
			苞(그령 포)	捕(사로잡을 포)	被(이불 피)	苾(향기로울 필)
		火	晚(저물 만)	覓(찾을 멱)	冕(면류관 면)	軞(병거 모)
			悗(잊을 문)	徘(머뭇거릴 배)	焙(횃불 보)	烽(봉화 봉)

획수	발음 오행	자원 오행	한 자			
11	水 (ㅁㅂㅍ)	火	烰(찔 부)	翃(날아오를 분)	彬(빛날 빈)	悖(어그러질 패)
			烹(삶을 팽)	偏(치우칠 편)	晡(신시 포)	票(쪽지 표)
			彪(범무늬 표)	偪(핍박할 핍)		
		土	曼(길게끌 만)	娬(아리따울 무)	務(힘쓸 무)	返(돌아올 반)
			邦(나라 방)	旊(옹기장 방)	培(북돋을 배)	婦(며느리 부)
			埠(선창 부)	趺(책상다리 부)	舻(발끈할 불)	崩(무너질 붕)
			堋(묻을 붕)	婢(첩 비)	埤(더할 비)	邠(빛날 빈)
			婆(할미 파)	狽(이리 패)	匾(납작할 편)	畢(마칠 필)
		金	眇(가냘플 묘)	敏(민첩할 민)	班(나눌 반)	訪(찾을 방)
			釩(떨칠 범)	珤(보배 보)	珵(보배 보)	匐(길 복)
			副(버금 부)	貧(가난할 빈)	販(무역할 판)	珮(찰 패)
			敗(깨뜨릴 패)			
		水	望(바랄 망)	問(물을 문)	渳(물흐르는모양 미)	胖(클 반)
			浡(일어날 발)	背(등 배)	胚(아이밸 배)	屛(병풍 병)
			唪(껄껄웃을 봉)	浲(물이름 봉)	浮(뜰 부)	胕(장부 부)
			浜(물가 빈)	浿(물이름 패)	胞(태보 포)	浦(물가 포)
			殍(주려죽을 표)			
12	木 (ㄱㅋ)	木	間(사이 간)	稈(짚 간)	茛(미나리아재비 간)	絳(진홍색 강)
			掆(들어올릴 강)	棡(가로대 강)	開(열 개)	凱(즐길 개)
			据(일할 거)	結(맺을 결)	卿(벼슬 경)	卿(벼슬 경)
			棨(창 계)	稁(볏짚 고)	觚(술잔 고)	袴(바지 고)
			裍(곤룡포 곤)	棍(몽둥이 곤)	控(고할 공)	猓(긴꼬리원숭이 과)
			椁(덧널 곽)	棺(널 관)	筈(오늬 괄)	筐(광주리 광)
			絖(고운솜 광)	茪(초결명 광)	掛(걸 괘)	絓(걸릴 괘)
			罣(걸 괘)	閎(마을문 굉)	絞(목맬 교)	椇(헛개나무 구)
			掬(움킬 국)	椈(노송나무 국)	捲(걷을 권)	棬(나무그릇 권)
			菫(딸기 규)	筋(힘줄 근)	給(넉넉할 급)	掑(단단히 기)
			棋(바둑 기)	掎(끌 기)	棊(바둑 기)	棄(버릴 기)

획수	발음오행	자원오행	한 자			
12	木 ⓒⓔ	火	街(거리 가)	軻(수레 가)	徦(이를 가)	斝(술잔 가)
			傕(사람이름 각)	欿(서운할 감)	悾(정성 강)	傋(어리석을 강)
			焵(칼날 강)	愆(허물 건)	傑(뛰어날 걸)	傔(시중들 겸)
			景(볕 경)	煢(근심할 경)	悸(두근거릴 계)	雇(품살 고)
			聒(떠들썩할 괄)	傀(클 괴)	惓(삼갈 권)	晷(그림자 귀)
			惊(이익될 금)	幾(기미 기)	朞(돌 기)	
		土	嫀(고울 가)	跏(책상다리할 가)	迦(부처이름 가)	堪(견딜 감)
			嵌(산깊을 감)	邯(땅이름 감)	嵁(울퉁불퉁할 감)	距(떨어질 거)
			猏(성급할 견)	堺(경계 계)	堦(섬돌 계)	堝(도가니 과)
			邱(언덕 구)	逑(짝 구)	厥(그것 궐)	猉(강아지 기)
			攲(기울 기)			
		金	訶(꾸짖을 가)	殼(껍질 각)	敢(굳셀 감)	酣(흥겨울 감)
			强(굳셀 강)	剴(알맞을 개)	硜(돌소리 갱)	鈐(비녀장 겸)
			豣(뀔 견)	硬(굳을 경)	詁(주낼 고)	酤(계명주 고)
			辜(허물 고)	䄅(연마할 과)	款(정성 관)	球(지구 구)
			珺(아름다운옥 군)	詘(굽힐 굴)	貴(귀할 귀)	鈞(고를 균)
			戟(창 극)	棘(가시나무 극)	釿(도끼 근)	欺(속일 기)
		水	喝(더위먹을 갈)	淦(물이름 감)	喀(토할 객)	痙(힘줄당길 경)
			胯(사타구니 고)	蛩(메뚜기 공)	蛬(귀뚜라미 공)	涫(끓을 관)
			胱(방광 광)	喬(높을 교)	窖(움 교)	蛟(상어 교)
			淈(얼룩거릴 국)	窘(막힐 군)	淈(흐릴 굴)	淃(물돌아흐를 권)
			淇(강이름 기)	期(기약 기)	蛣(장구벌레 길)	喫(마실 끽)
	火 ⓛⓒ ⓔⓔ	木	捺(누를 날)	捻(비틀 념)	茶(차 다)	荼(마름 다)
			答(대답할 답)	棠(팥배나무 당)	棹(노 도)	稌(찰벼 도)
			掉(흔들 도)	掏(가릴 도)	椡(개오동나무 도)	棟(마룻대 동)
			荳(쑥갓 동)	絧(베이름 동)	等(가지런할 등)	絡(묶을 락)
			稂(강아지풀 랑)	棶(푸조나무 래)	掠(노략질할 략)	裂(찢을 렬)
			捩(비틀 렬)	掄(가릴 륜)	棆(느릅나무 륜)	粦(도깨비불 린)

획수	발음오행	자원오행	한 자			
12	**火** ㉡㉢ ㉣㉤	木	棽(무성할 림)	探(찾을 탐)	統(거느릴 통)	筒(대롱 통)
		火	赧(얼굴붉힐 난)	怒(허출할 녁)	惗(사랑할 녑)	惔(탈 담)
			毯(담요 담)	悳(덕 덕)	悳(클 덕)	悼(슬퍼할 도)
			惇(도타울 돈)	焞(어스레할 돈)	登(오를 등)	惏(탐낼 람)
			晾(볕쪼일 량)	輪(사냥수레 령)	勞(일할 로)	惀(생각할 론)
			閔(불꽃 린)	琳(알고자할 림)	晫(환할 탁)	傝(나쁠 탑)
		土	旐(깃발날릴 나)	婻(예쁠 남)	堵(담장 도)	埃(굴뚝 돌)
			阧(물문 두)	嵐(산이름 람)	量(헤아릴 량)	堜(언덕 련)
			崒(가파를 률)	犁(밭갈 리)	犂(밭갈 리)	跎(헛디딜 타)
			邰(태나라 태)	迨(이를 태)	跆(밟을 태)	
		金	鈕(단추 뉴)	短(짧을 단)	覃(미칠 담)	貸(빌릴 대)
			盜(훔칠 도)	敦(도타울 돈)	童(아이 동)	鈄(술그릇 두)
			鈍(무딜 둔)	琅(옥이름 랑)	硠(돌부딪는소리 랑)	鈴(팔 령)
			琉(유리 류)	硫(유황 류)	理(다스릴 리)	詑(속일 타)
			鈦(티타늄 태)	詒(속일 태)	掌(버틸 탱)	
		水	喇(나팔 나)	胅(성질 나)	喃(재잘거릴 남)	甯(편안할 녕)
			猱(앞발없는짐승발 뇌)	淖(진흙 뇨)	能(능할 능)	窞(깊은모양 다)
			單(하나 단)	噉(넉넉할 담)	淡(묽을 담)	淘(씻을 도)
			屠(잡을 도)	涷(소나기 동)	胴(창자 동)	痘(천연두 두)
			喇(나팔 라)	淶(강이름 래)	涼(서늘할 량)	喨(소리맑을 량)
			淥(거를 록)	掄(가릴 론)	淚(눈물흘릴 루)	淪(물놀이 륜)
			痢(설사 리)	淋(물뿌릴 림)	涿(칠 탁)	痛(상할 통)
		土 ㉥㉦	木	椏(가장귀 아)	睋(바랄 아)	祦(제사이름 아)	牁(가는비단 아)
			幄(휘장 악)	揑(막을 애)	掖(낄 액)	椋(박달나무 양)
			掩(가릴 엄)	茹(먹을 여)	椻(나무굽을 연)	扊(문빗장 염)
			茱(영화 영)	瞑(똑바로볼 영)	挽(비길 예)	椀(주발 완)

획수	발음오행	자원오행	한 자			
12	土 ◎ⓣ	木	茸(녹용 용)	寓(집 우)	廆(부칠 우)	寓(머무를 우)
			粤(어조사 월)	幃(휘장 위)	釉(윤 유)	庾(곳집 유)
			猶(꽃 유)	絨(융 융)	椅(의나무 의)	黃(벨 이)
			絪(자리 인)	茵(자리 인)	裀(요 인)	壹(한 일)
			荏(들깨 임)	絍(명주 임)	衽(옷깃 임)	厦(큰집 하)
			絯(묶을 해)	荄(풀뿌리 해)	荇(마름 행)	虛(빌 허)
			絢(무늬 현)	睍(땅이름 현)	絜(헤아릴 혈)	荊(모형나무 형)
			睆(가득찬모양 환)	絙(끈 환)	荒(거칠 황)	茴(회향풀 회)
			絵(그림 회)	椇(치자나무 효)	帿(과녁 후)	掀(번쩍들 흔)
			睎(바라볼 희)	稀(성길 희)		
		火	雅(맑을 아)	惡(악할 악)	雁(기러기 안)	腌(어두울 암)
			馭(말부릴 어)	晹(해밝을 역)	然(그러할 연)	焰(불당길 염)
			惢(꽃술 예)	惡(미워할 오)	惋(한탄할 완)	旺(빛고울 왕)
			傛(익숙할 용)	寯(날 우)	雄(영웅 웅)	越(건널 월)
			惟(꾀할 유)	閏(윤달 윤)	鳦(제비 을)	欹(감탄사 의)
			聏(화할 이)	軼(앞지를 일)	項(목 항)	悻(성낼 행)
			焱(불꽃 혁)	睍(불거진눈 현)	惠(은혜 혜)	傒(가둘 혜)
			惑(미혹할 혹)	焜(빛날 혼)	惚(황홀할 홀)	徨(노닐 황)
			傚(본받을 효)	勛(공훈 훈)	欻(문득 훌)	惞(기뻐할 흔)
			焮(태울 흔)	翕(합할 흡)	翖(합할 흡)	
		土	猗(부드러울 아)	媕(머뭇거릴 암)	嵓(바위 암)	喦(바위 암)
			阨(막힐 액)	堰(방죽 언)	嶃(가파를 언)	堧(빈터 연)
			猒(물릴 염)	跇(넘을 예)	媼(할머니 온)	阮(관문이름 완)
			迬(갈 왕)	媧(사람이름 왜)	崴(꾸불꾸불할 외)	嵬(높을 외)
			堯(높을 요)	嵎(산굽이 우)	堣(모퉁이 우)	媛(아름다울 원)
			阮(관문이름 원)	媃(예쁜체할 유)	嬩(박대할 유)	阭(높을 윤)
			猗(아름다울 의)	嫛(기쁠 이)	羠(고을이름 이)	迤(비스듬할 이)
			婣(혼인 인)	堙(막을 인)	閒(틈 한)	邯(고을이름 한)

획수	발음오행	자원오행	한 자			
12	土 ◎⑧	土	缿(투서함 항)	逈(멀 형)	壺(질그릇 호)	畫(그림 화)
			黃(누를 황)	堭(당집 황)	媓(여자이름 황)	堠(봉화대 후)
			迄(이를 흘)			
		金	硪(바위 아)	皒(흰빛 아)	珴(홀 아)	䄎(슬기로울 앙)
			琊(땅이름 야)	硯(벼루 연)	詠(읊을 영)	詍(수다스럴 예)
			珸(옥돌 오)	琷(옥이름 오)	琬(서옥 완)	硧(숫돌 용)
			爲(할 위)	鈗(창 윤)	矞(송곳질할 율)	貳(두 이)
			珤(옥이름 이)	貽(끼칠 이)	敡(업신여길 이)	詒(보낼 이)
			靭(질길 인)	靫(질길 인)	鈏(주석 인)	剩(남을 잉)
			賀(하례할 하)	确(자갈땅 학)	割(나눌 할)	現(나타날 현)
			琄(패옥 현)	詃(선전할 현)	硤(고을이름 협)	詗(염탐할 형)
			皓(밝을 호)	訸(화할 화)	皖(샛별 환)	貺(줄 황)
			鈜(쇳소리 횡)	殽(섞일 효)	欽(공경할 흠)	琋(사람이름 희)
		水	喔(닭소리 악)	啽(잠꼬대 암)	涯(물가 애)	液(진액 액)
			淤(진흙 어)	淹(담글 엄)	淢(빨리흐를 역)	淵(깊을 연)
			淵(못 연)	胭(목구멍 연)	霙(깊은 영)	睿(밝을 예)
			淣(물가 예)	喁(벌름거릴 옹)	渦(소용돌이 와)	蛙(개구리 와)
			涴(물굽이흐를 완)	汪(큰물 왕)	喓(벌레 요)	雲(구름 운)
			圍(둘레 위)	喟(한숨쉴 위)	喩(알려줄 유)	淯(강이름 육)
			淫(음란할 음)	暗(벙어리 음)	澄(눈서리쌓일 의)	胹(힘줄질길 이)
			寒(추울 한)	閑(막을 한)	涵(젖을 함)	喊(소리 함)
			蛤(대합 합)	涬(기운 행)	脅(갈빗대 협)	脇(옆구리 협)
			淏(맑은모양 호)	混(섞일 혼)	喚(부를 환)	蛞(올챙이 활)
			喤(울음소리 황)	淮(강이름 회)	蛔(회충 회)	窙(높은기운 효)
			淆(뒤섞일 효)	煦(불 후)	喉(목구멍 후)	喧(지껄일 훤)
			喙(부리 훼)	胸(가슴 흉)	胷(가슴 흉)	黑(검을 흑)
			喜(기쁠 희)			

획수	발음오행	자원오행	한 자
12	金 (人)(天) (天)	木	捨(놓을 사) 絲(실 사) 奢(사치할 사) 森(성할 삼) 廂(행랑 상) 甥(생질 생) 棲(깃들일 서) 捿(깃들일 서) 絮(솜 서) 黍(기장쌀 서) 壻(사위 서) 筅(솔 선) 稅(세금 세) 掃(쓸 소) 粟(좁쌀 속) 巽(손괘 손) 授(줄 수) 茱(수유나무 수) 楄(수풀 수) 荀(풀이름 순) 筍(죽순 순) 舜(순임금 순) 茂(아술 술) 植(심을 식) 寔(이 식) 桩(나아갈 신) 玆(무성할 자) 粢(기장 자) 茈(지치 자) 茨(가시나무 자) 棧(잔도 잔) 粧(단장할 장) 掌(손바닥 장) 裁(마를 재) 觝(닿을 저) 荃(겨자무침 전) 筌(통발 전) 牋(종이 전) 奠(제사지낼 전) 絕(끊을 절) 絕(끊을 절) 晢(힐끗볼 절) 接(사귈 접) 椄(접붙일 접) 程(한정 정) 棖(문설주 정) 掟(벌릴 정) 幀(그림족자 정) 裎(성씨 정) 竀(사람이름 정) 稊(돌피 제) 睇(흘깃볼 제) 措(둘 조) 棗(대추나무 조) 絩(실수효 조) 尊(높을 존) 棕(종려나무 종) 絑(붉을 주) 椆(나무이름 주) 尌(하인 주) 粥(죽 죽) 畯(볼 준) 絰(질 질) 茶(차 차) 採(가려낼 채) 棌(참나무 채) 茝(어수리 채) 策(꾀 책) 茜(꼭두서니 천) 荐(천거할 천) 掇(주울 철) 捷(이길 첩) 棣(산앵두나무 체) 晣(힐끗볼 체) 草(풀 초) 椒(산초나무 초) 稍(볏줄기끝 초) 推(천거할 추) 椎(몽치 추) 捶(때릴 추) 筑(악기이름 축) 厠(뒷간, 기울 측) 棽(무성할 침)
		火	傞(춤출 사) 覗(엿볼 사) 傘(우산 산) 翔(높이날 상) 舒(펼 서) 焤(밝을 서) 晢(밝을 석) 晰(밝을 석) 惜(아낄 석) 盛(성할 성) 傃(향할 소) 惢(의심할 쇄) 晬(돌 수) 須(모름지기 수) 焞(밝을 순) 順(순할 순) 循(좇을 순) 焠(담금질 쉬) 視(볼 시) 徥(슬슬걸을 시) 焯(밝을 작) 覘(엿볼 점) 情(뜻 정) 晶(밝을 정) 晸(해뜨는모양 정) 傱(갈 종) 悰(즐거울 종) 晭(햇빛 주)

획수	발음 오행	자원 오행	한 자
12	**金** (ㅅ)(ㅈ) (ㅊ)	火	晭(밝을 주)　曾(일찍 증)　智(슬기 지)　軹(굴대끝 지) 軫(수레 진)　趁(쫓을 진)　集(모일 집)　唱(사람이름 창) 傖(천할 창)　悵(원망할 창)　悽(슬플 처)　惕(두려워할 척) 惙(근심할 철)　惉(가락어지럴 첨)　晴(갤 청)　晴(갤 청) 替(쇠퇴할 체)　超(뛰어넘을 초)　焦(그을릴 초)　軺(수레이름 초) 最(가장 최)　惆(실심할 추)　軸(굴대 축)　悴(파리할 췌) 毳(솜털 취)
		土	犀(무소 서)　婿(사위 서)　舃(새이름 석)　羨(부러워할 선) 媟(깔볼 설)　邵(고을이름 소)　疏(소통할 소)　疎(소통할 소) 述(지을 술)　勝(이길 승)　阩(오를 승)　媤(시집 시) 媞(아름다울 시)　嵨(가까운산 시)　猜(원망할 시)　舃(까치 작) 場(마당 장)　崽(자식 재)　猙(흉악할 쟁)　邸(집 저) 迪(나아갈 적)　跕(밟을 접)　婷(예쁠 정)　嵿(높은산 정) 媞(안존할 제)　堤(막을 제)　猘(미친개 제)　赳(갈 조) 猝(갑자기 졸)　嵕(산이름 종)　堫(연못 종)　竣(일마칠 준) 畯(농부 준)　阯(터 지)　趆(이를 지)　迭(지나칠 질) 跌(넘어질 질)　着(붙을 착)　猖(어지러울 창)　跖(밟을 척) 辿(거듭 천)　堞(성가퀴 첩)　婚(여자이름 춘)　就(이룰 취)
		金	詞(고할 사)　詐(속일 사)　斯(어조사 사)　竢(기다릴 사) 散(흩어질 산)　鈒(창 삽)　琁(아름다운옥 선)　珹(옥이름 성) 貹(재물 성)　貰(빌릴 세)　酥(연유 소)　訴(하소연할 소) 琑(옥이름 소)　竦(삼갈 송)　琇(옥돌 수)　弑(죽일 시) 詖(맹세할 시)　尋(찾을 심)　詐(꾀할 자)　貯(슬기로울 저) 貯(저축할 저)　詆(꾸짖을 저)　詛(저주할 저)　珽(옥이름 정) 珵(패옥 정)　証(간할 정)　詔(가르칠 조)　鈟(낚을 조) 註(주낼 주)　賍(재물 주)　詋(방자 주)　詍(빌 주) 皴(주름 준)　診(볼 진)　詫(방자 주)　硨(옥돌 차)　敞(높을 창)

획수	발음오행	자원오행	한자			
12	金 ㅅㅈㅊ	金	創(비롯할 창)	晢(빼낼 척)	晢(빼낼 철)	貼(붙을 첩)
			硝(초석 초)	酢(초 초)	鈔(노략질할 초)	
		水	痧(곽란 사)	象(형상 상)	喪(죽을 상)	淅(쌀일 석)
			善(착할 선)	卨(사람이름 설)	甦(긁어모을 소)	飧(저녁밥 손)
			淞(물 송)	溲(물모양 수)	淑(맑을 숙)	淳(순박할 순)
			淬(담금질할 쉬)	㴍(물이름 승)	啻(다만 시)	殖(자랄 식)
			深(깊을 심)	胾(고깃점 자)	殘(해칠 잔)	孱(나약할 잔)
			飦(죽 전)	淨(깨끗할 정)	淀(얕은 물 정)	済(구제할 제)
			淛(강이름 제)	啼(울 제)	朝(아침 조)	淙(물소리 종)
			痤(부스럼 좌)	蛛(거미 주)	淍(물돌릴 주)	準(준할 준)
			容(깊을 준)	衆(무리 중)	喞(두런거릴 즉)	脂(기름 지)
			痣(사마귀 지)	蛭(거머리 질)	淐(물이름 창)	淌(큰문결 창)
			凔(차가울 창)	窗(창문 창)	脊(등뼈 척)	喘(헐떡거릴 천)
			淺(얕을 천)	喆(밝을 철)	添(더할 첨)	喋(재재거릴 첩)
			淸(맑을 청)	清(맑을 청)	彘(돼지 체)	貂(담비 초)
			啾(소리 추)	脆(무를 취)	淄(검은빛 치)	
	水 ㅁㅂㅍ	木	晩(보는모양 만)	莽(우거질 망)	莾(우거질 망)	茫(아득할 망)
			寐(잠잘 매)	棉(목화나무 면)	茗(차싹 명)	椧(홈통 명)
			帽(모자 모)	捫(어루만질 문)	[illegible](수놓은쌀무늬 미)	閔(민망할 민)
			斑(얼룩 반)	幇(도울 방)	舽(배 방)	排(밀칠 배)
			筏(뗏목 벌)	棅(권세 병)	䀢(바라볼 보)	莆(풀이름 보)
			茯(복령 복)	捧(받들 봉)	棒(몽둥이 봉)	富(풍성할 부)
			捬(어루만질 부)	掊(그러모을 부)	棼(마룻대 분)	棻(향내나는나무 분)
			棚(시렁 붕)	棐(도울 비)	扉(사립문 비)	椑(술통 비)
			婓(오락가락할 비)	斌(빛날 빈)	牌(호적 패)	幅(폭 폭)
			筆(붓 필)			
		火	惘(멍할 망)	無(없을 무)	悶(번민할 민)	發(일어날 발)
			傍(곁 방)	焙(불에쬘 배)	[illegible](급할 백)	普(넓을 보)

획수	발음오행	자원오행	한 자			
12	水 (ㅁㅂㅍ)	火	復(돌아올 복)	傅(스승 부)	復(다시 부)	焚(불사를 분)
			備(갖출 비)	悲(슬플 비)	悱(표현못할 비)	彭(땅이름 팽)
			徧(두루 편)	馮(탈 풍)		
		土	媒(중매할 매)	猛(사나울 맹)	媢(강샘할 모)	堥(언덕 무)
			媄(빛고울 미)	媚(사랑할 미)	嵋(산이름 미)	嵄(산 미)
			堳(담 미)	迫(닥칠 박)	跋(밟을 발)	防(둑 방)
			番(차례 번)	邴(고을이름 병)	報(갚을 보)	堡(둑 보)
			盙(제기이름 보)	崶(산이름 봉)	媍(며느리 부)	跗(발등 부)
			犇(달릴 분)	邳(클 비)	跛(절뚝발이 파)	阪(산비탈 판)
			猵(짐승이름 폐)	邲(땅이름 필)		
		金	買(살 매)	貿(바꿀 무)	勆(클 별)	鈇(도끼 부)
			琈(옥문체 부)	賁(클 분)	費(없앨 비)	鈑(금박 판)
			貶(떨어뜨릴 폄)	評(의논 평)	敝(해어질 폐)	詖(치우칠 피)
			弼(도울 필)			
		水	脈(맥 맥)	貊(맥국 맥)	淼(물아득할 묘)	雯(구름무늬 문)
			博(넓을 박)	涪(물거품 부)	雰(안개 분)	淝(강이름 비)
			渼(강이름 비)	痞(결릴 비)	聚(샘솟을 필)	
13	木 (ㄱㅋ)	木	椵(나무이름 가)	幹(줄기 간)	揀(가려낼 간)	楬(팻말 갈)
			閘(물문 갑)	揩(닦을 개)	粳(메벼 갱)	筥(둥구미 거)
			莒(감자 거)	楗(문빗장 건)	揵(멜 건)	揭(높이들 게)
			絹(비단 견)	掔(끌 견)	筧(대홈통 견)	經(경서 경)
			莖(줄기 경)	綆(두레박줄 경)	裍(걷어올릴 곤)	稞(보리 과)
			寬(너그러울 관)	祼(강신제 관)	筦(다스릴 관)	觥(뿔잔 굉)
			絿(급할 구)	裘(갖옷 구)	觳(당길 구)	裙(치마 군)
			掘(팔 굴)	揆(헤아릴 규)	楑(망치 규)	楏(호미자루 규)
			筠(대나무 균)	極(다할 극)	廑(겨우 근)	禁(금할 금)
			琪(돌 기)	祺(복 기)		

획수	발음오행	자원오행	한 자

<table>
<tr><td rowspan="5"></td><td></td><td rowspan="5">火</td><td colspan="4"></td></tr>
</table>

획수	발음오행	자원오행	한 자			
13	**木** ㄱㅋ	火	暇(겨를 가)	感(느낄 감)	憬(겨물 경)	燛(불 경)
			傾(기울 경)	悙(근심할 경)	熒(외로울 경)	髡(머리깎을 곤)
			較(견줄 교)	鳩(비둘기 구)	傴(구부릴 구)	輂(수레 국)
			睠(돌볼 권)	煃(불꽃 규)	暌(어길 규)	頍(머리들 규)
			僅(겨우 근)	禽(날짐승 금)	頎(헌걸찰 기)	趌(성내달릴 길)
		土	嫁(시집갈 가)	跭(세울 강)	畺(지경 강)	塏(높고건조할 개)
			建(세울 건)	犍(불친소 건)	嵥(높을 걸)	趌(뛸 결)
			慊(산높을 겸)	嵠(시내 계)	跫(발자국소리 공)	跨(타넘을 과)
			适(빠를 괄)	塊(흙덩어리 괴)	媿(부끄러울 괴)	郊(성밖 교)
			舅(시아버지 구)	媾(화친할 구)	群(무리 군)	麂(큰노루 궤)
			跪(꿇어앉을 궤)	邽(고을이름 규)	跬(반걸음 규)	郄(틈 극)
			僅(부지런할 근)	跟(발꿈치 근)	畸(뙈기밭 기)	
		金	賈(값 가)	戡(칠 감)	鉀(갑옷 갑)	鉅(강할 거)
			鉗(칼 겸)	敬(공경할 경)	磬(돌두드림소리 경)	賈(장사 고)
			鼓(북 고)	鼓(북 고)	鈷(다리미 고)	琨(옥돌 곤)
			誇(자랑할 과)	琯(옥피리 관)	誆(속일 광)	詿(그르칠 괘)
			鉤(갈고리 구)	詬(꾸짖을 구)	詭(속일 궤)	靳(가슴걸이 근)
			琴(거문고 금)	碁(바둑 기)	琪(옥이름 기)	琦(클 기)
		水	湨(늪이름 가)	脚(다리 각)	渴(목마를 갈)	減(덜 감)
			湝(출렁출렁흐를 개)	渠(개천 거)	湕(물이름 건)	嗛(겸손할 겸)
			脛(정강이 경)	痼(고질 고)	窠(보금자리 과)	窟(움 굴)
			湀(물솟을 규)	嗜(즐길 기)		
	火 ㄴㄷ ㄹㅌ	木	揇(잡을 남)	楠(녹나무 남)	椴(자작나무 단)	裯(복 도)
			荼(씀바귀 도)	督(살펴볼 독)	荳(콩 두)	莊(민족두리풀 두)
			亂(어지러울 란)	廊(행랑 랑)	莨(수크령 랑)	睞(한눈팔 래)
			粮(양식 량)	粱(기장 량)	楝(멀구슬나무 련)	廉(맑을 렴)
			虜(포로 로)	虜(포로 로)	祿(녹봉 록)	楞(모릉)

획수	발음오행	자원오행	한 자
13	火 ⓛⓒ ⓡⓔ	木	楞(모 릉) 稜(서슬 릉) 莉(말리나무 리) 裏(속 리) 裡(속 리) 莅(다다를 리) 楕(길쭉할 타) 搨(베낄 탑) 筩(대통 통)
		火	煖(따뜻할 난) 暖(따뜻할 난) 煗(따뜻할 난) 暔(나라이름 남) 寗(편안할 녕) 惱(괴로워할 뇌) 煓(빛날 단) 戣(해돋을 대) 睹(새벽 도) 頓(조아릴 돈) 桐(붉을 동) 働(일할 동) 煉(불릴 련) 健(쌍둥이 련) 輅(수레 로) 僂(구부릴 루) 躱(감출 타) 馱(태울 타) 惰(게으를 타)
		土	迺(이에 내) 猱(원숭이 노) 農(농사 농) 嫋(예쁠 뇨) 亶(믿음 단) 當(당할 당) 塘(못 당) 塗(진흙 도) 跳(밟을 도) 逃(달아날 도) 郎(사내 랑) 娘(서고 랑) 路(길 로) 旒(깃발 류) 勠(합할 륙) 嵂(산이름 률) 陀(비탈질 타) 塔(탑 탑) 塌(떨어질 탑) 退(물러갈 퇴)
		金	誆(붙잡을 나) 碓(방아 대) 鈽(낚싯바늘 동) 酪(유즙 락) 鈴(방울 령) 碌(돌모양 록) 琭(옥 록) 賂(뇌물 뢰) 誄(애도할 뢰) 鉚(쇠 류) 剺(벗길 리) 琳(아름다운옥 림) 琳(깊을 림) 詫(속일 타) 琸(사람이름 탁) 琢(다듬을 탁)
		水	湳(강이름 남) 湍(여울 단) 蜑(오랑캐이름 단) 湛(즐길 담) 痰(가래 담) 渡(건널 도) 湩(젖 동) 脰(목 두) 酪(진한유즙 락) 螂(사마귀 랑) 滰(큰물 량) 湅(익힐 련) 零(떨어질 령) 雷(천둥 뢰) 蜊(참조개 리) 痳(임질 림) 脫(벗을 탈) 湯(물끓일 탕) 脫(기뻐할 태) 渝(변할 투)
	土 ◎ⓗ	木	莪(지칭개 아) 握(쥘 악) 揠(뽑을 알) 睚(눈초리 애) 椰(야자나무 야) 爺(아비 야) 揶(희롱할 야) 楊(왕버들 양) 揚(오를 양) 業(일 업) 艅(배이름 여) 莚(풀줄기 연) 筵(대자리 연) 椽(서까래 연) 搋(인연 연) 楹(기둥 영) 裔(후손 예) 睨(곁눈질할 예) 莫(풀이름 오) 筽(버들고리 오)

획수	발음 오행	자원 오행	한 자			
13 土 ⓞⓗ	土 ⓞⓗ	木	奧(속 오)	莞(왕골 완)	虞(헤아릴 우)	楀(나무이름 우)
			稢(서직 욱)	援(당길 원)	楥(신골 원)	葦(갈대 위)
			裕(넉넉할 유)	揉(주무를 유)	楡(느릅나무 유)	揄(끌어올릴 유)
			楢(졸참나무 유)	葰(향초이름 유)	蕎(강아지풀 유)	筼(연뿌리 윤)
			葎(명아주 율)	颰(큰바람 율)	揖(공경 읍)	稔(곡식 임)
			荷(연꽃 하)	廈(큰집 하)	閜(크게열릴 하)	莟(꽃술 함)
			楷(본보기 해)	解(풀 해)	楿(계수나무 향)	莧(비름 현)
			莢(풀열매 협)	號(부를 호)	楛(나무이름 호)	楜(후추 호)
			換(바꿀 환)	楻(배 황)	幌(휘장 황)	會(모일 회)
			揮(지휘할 휘)	楎(옷걸이 휘)	蒶(희나물 희)	
		火	衙(마을 아)	愕(놀랄 악)	暗(어두울 암)	愛(사랑 애)
			惹(이끌 야)	暘(해돋이 양)	煬(쬘 양)	傿(고을이름 언)
			煙(연기 연)	暎(비출 영)	煐(빛날 영)	預(참여할 예)
			聱(들을 오)	傲(거만할 오)	媼(따뜻할 온)	雍(온화할 옹)
			燊(사람이름 옹)	頑(완고할 완)	煨(마음착할 외)	煨(묻은불 외)
			徭(역사 요)	傭(품팔이 용)	惆(기뻐할 우)	愚(어리석을 우)
			瑀(사람이름 우)	煜(빛날 욱)	惲(혼후할 운)	暈(달무리 운)
			㷉(다스릴 웅)	暐(햇빛 위)	煒(붉을 위)	煟(불빛 위)
			愈(어질 유)	愉(즐거울 유)	煣(휘어바로잡을 유)	閏(윤달 윤)
			愔(조용할 음)	意(뜻 의)	肄(익힐 이)	歅(의심할 인)
			煆(불사를 하)	頏(새날아내릴 항)	煂(불태울 혁)	赩(붉을 혁)
			趐(나아갈 혈)	愜(쾌할 협)	徯(기다릴 혜)	聕(들릴 호)
			煥(밝을 환)	換(거스를 환)	煌(빛날 황)	惶(두려워할 황)
			煦(따뜻하게할 후)	熏(불기운 훈)	煇(빛날 훈)	暈(무리 훈)
			煊(따뜻할 훤)	暄(따뜻할 훤)	愃(너그러울 훤)	暉(햇빛 휘)
			輝(빛날 휘)	煒(빛날 휘)	彙(무리 휘)	歆(받을 흠)
			熙(빛날 희)	熙(빛날 희)		
		土	阿(언덕 아)	嫛(예쁠 앵)	逆(거스를 역)	塋(무덤 영)

획수	발음오행	지원오행	한자			
13	土 ◎⑧	土	塢(둑 오)	媼(할미 온)	猧(발바리 와)	猥(함부로 외)
			嵬(높을 외)	媭(예쁠 용)	嵱(산이름 용)	逪(걸음 우)
			麀(암사슴 우)	郁(문채날 욱)	媇(여자의字 운)	嫄(여자이름 원)
			猨(원숭이 원)	猷(꾀할 유)	猶(오히려 유)	歈(노래 유)
			逮(걸어가는모양 율)	義(옳을 의)	媵(줄 잉)	郃(고을이름 합)
			郋(마을이름 해)	嫌(싫어할 혐)	逈(멀 형)	嵤(산깊은모양 형)
			猢(원숭이 호)	畵(그림 화)	迴(돌아올 회)	逅(우연히 만날 후)
			郈(고을이름 후)	猴(원숭이 후)	塤(흙 훈)	
		金	鉝(작은도끼 아)	碍(거리낄 애)	敭(오를 양)	鉛(납 연)
			琰(옥갈 염)	詣(이를 예)	鈺(보배 옥)	琬(홀 완)
			碗(주발 완)	矮(키작을 왜)	頊(삼갈 욱)	韵(운 운)
			鉞(도끼 월)	骪(굽을 위)	瑈(옥돌 유)	靷(가슴걸이 인)
			誀(믿을 임)	賃(품팔이 임)	詥(화할 합)	該(그 해)
			賅(족할 해)	歇(쉴 헐)	鉉(솥귀 현)	琥(호박 호)
			話(이야기 화)	靴(가죽신 화)	鉌(방울 화)	賄(선물 회)
			詼(조롱할 회)	詨(부르짖을 효)	詡(자랑할 후)	毁(헐 훼)
			毀(헐 훼)	詰(물을 힐)		
		水	蛾(나방 아)	渥(두터울 악)	瘀(병 어)	飫(물릴 어)
			涀(물이름 연)	渶(물맑을 영)	朠(달빛 영)	蜈(지네 오)
			嗚(탄식할 오)	嗢(목멜 올)	脘(위 완)	渨(빠질 외)
			嗂(기꺼울 요)	湧(샘솟을 용)	蛹(번데기 용)	湡(강이름 우)
			湲(물흐를 원)	園(동산 원)	圓(둥글 원)	渭(강이름 위)
			湋(물돌아흐를 위)	痿(저릴 위)	滵(깊을 유)	湵(물이름 유)
			游(헤엄칠 유)	飮(마실 음)	湮(잠길 인)	飪(익힐 임)
			嗃(엄할 학)	嗑(입다물 합)	港(항구 항)	湝(차가울 해)
			蜆(도롱이벌레 현)	脝(배불룩할 형)	湖(호수 호)	渾(물소리 혼)
			溷(흐릴 혼)	煥(찬란할 환)	豢(기를 환)	湟(해자 황)
			滙(어음환 회)	嗅(냄새맡을 후)		

획수	발음오행	자원오행	한 자
13	**金** ㅅㅈ ㅊ	**木**	莎(향부자 사) 裟(가사 사) 榹(뗏목 사) 揷(꽂을 삽) 挿(꽂을 삽) 揟(잡을 서) 筮(점대 서) 楈(나무이름 서) 鼠(쥐 서) 晰(빨리볼 석) 楔(문설주 설) 揲(셀 설) 睒(언뜻볼 섬) 筬(바디 성) 搔(긁을 소) 筱(가는대 소) 綏(편안할 수) 綉(수놓을 수) 睟(바로볼 수) 睢(물이름 수) 睡(잘 수) 廋(숨길 수) 稤(숙궁 숙) 楯(난간 순) 揗(만질 순) 翄(날개칠 시) 莘(긴모양 신) 觜(별이름 자) 莊(단정할 장) 裝(꾸밀 장) 渚(물가 저) 楮(닥나무 저) 荻(물억새 적) 揃(자를 전) 楪(마루 접) 靖(편안할 정) 艇(거룻배 정) 筳(가는대 정) 莛(풀줄기 정) 楨(광나무 정) 綎(띠술 정) 睛(눈동자 정) 揨(당길 정) 楟(문배나무 정) 提(들 제) 稠(빽빽할 조) 絛(끈 조) 椶(종려나무 종) 莝(여물 좌) 椆(나무이름 주) 睭(깊을 주) 稕(짚단 준) 楫(노 즙) 稙(올벼 직) 賮(바를 진) 裖(홑옷 진) 楫(노저을 집) 粲(선명할 찬) 睬(주목할 채) 牒(글씨판 첩) 睫(속눈썹 첩) 楚(모형 초) 綃(생사 초) 揫(모을 추) 揪(모을 추) 楸(가래나무 추) 揫(모을 추) 椿(참죽나무 춘) 揣(헤아릴 췌) 稚(어린벼 치) 寘(둘 치) 絺(칡베 치) 椹(모탕 침) 寖(잠길 침)
		火	肆(방자할 사) 煞(죽일 살) 歃(마실 삽) 想(생각할 상) 傷(상할 상) 愢(책선할 새) 惰(지혜로울 서) 暑(더위 서) 愃(쾌할 선) 僎(춤출 선) 煔(불타오를 섬) 聖(성인 성) 聖(성인 성) 惺(영리할 성) 煋(더울 성) 傋(날개찢어질 소) 頌(칭송할 송) 愁(근심 수) 肅(엄숙할 숙) 馴(길들 순) 愢(책선할 시) 軾(수레난간 식) 煮(삶을 자) 雌(암컷 자) 傽(놀랄 장) 載(실을 재) 雎(물수리 저) 馰(별박이 적) 傳(전할 전) 雋(성 전) 輇(상여 전) 煎(마음졸일 전) 鼎(솥 정) 儕(준걸 제) 覜(뵐 조) 照(비칠 조)

획수	발음 오행	자원 오행	한 자			
13 **金** ⓢⓩ ⓩ		**火**	僬(마칠 조) 輈(끌채 주) 債(빚 채) 催(재촉할 최) 馳(달릴 치)	煄(탈 종) 雋(영특할 준) 僉(여럿 첨) 惴(두려워할 췌)	晭(밝을 주) 惷(어수선할 준) 煔(불타오를 첨) 惻(슬퍼할 측)	趎(사람이름 주) 斟(술따를 짐) 愀(근심할 초) 雉(꿩 치)
		土	嘗(맛볼 상) 跣(맨발 선) 塐(흙빛을 소) 郇(나라이름 순) 塒(홰 시) 勣(공 적) 阩(언덕 겅) 郅(고을이름 질) 塉(메마른땅 척) 跱(그칠 치)	塞(변방 새) 猩(성성이 성) 送(보낼 송) 嵩(높을 숭) 邿(나라이름 시) 迹(자취 적) 阻(힘힐 조) 嫉(시기할 질) 迢(멀 초)	塞(막힐 색) 歲(해 세) 嫂(형수 수) 塍(밭두둑 승) 媳(며느리 식) 跡(발자취 적) 迥(잃실 군) 嵯(우뚝솟을 차) 塚(무덤 총)	羨(부러워할 선) 塑(토우 소) 馴(익힐 수) 嵊(산이름 승) 猪(돼지 저) 塡(메울 전) 塡(누믈 신) 嵢(산형세 창) 追(쫓을 추)
		金	剷(깎을 산) 鉏(호미 서) 誠(정성 성) 酬(값을 수) 鉥(돗바늘 술) 資(재물 자) 斮(벨 작) 詮(평론할 전) 婧(편안할 정) 誂(꾈 조) 誅(벨 주) 瑲(귀막이 창) 剿(노곤할 초)	詳(상세할 상) 鉐(놋쇠 석) 勢(기세 세) 詶(대답할 수) 詩(시 시) 貲(재물 자) 盞(잔 잔) 瑱(옥이름 전) 碇(닻 정) 碉(돌집 조) 詶(저주할 주) 琗(빛날 채) 勦(노곤할 초)	鉎(녹 생) 晢(희고깨끗할 석) 碎(부술 쇄) 琡(옥이름 숙) 試(시험할 시) 訾(헐뜯을 자) 琤(옥소리 쟁) 殿(대궐 전) 鉦(징 정) 琮(패옥소리 종) 鉁(보배 진) 琛(보배 침)	鋤(호미 서) 詵(많을 선) 竪(세울 수) 詢(자문할 순) 新(새 신) 碏(사람이름 작) 賊(도적 적) 鈿(비녀 전) 琱(아로새길 조) 鉒(쇳돌 주) 戢(거둘 집) 詹(이를 첨)

획수	발음오행	자원오행	한 자			
13	**金** (ㅅㅈ ㅊ)	水	嗣(이을 사)	渣(강이름 사)	湘(물이름 상)	嗇(아낄 색)
			渻(사람이름 생)	湑(거를 서)	渲(바림 선)	尟(적을 선)
			渫(칠 설)	痟(물꼬 성)	蛻(허물 세)	蛸(갈거미 소)
			嗉(모이주머니 소)	窣(구멍에서나올 솔)	脩(닦을 수)	脣(입술 순)
			漇(물이름 시)	湜(물맑을 식)	蜃(무명조개 신)	脤(제육 신)
			孳(부지런할 자)	湔(맑을 재)	電(번개 전)	湔(씻을 전)
			腏(줄어들 전)	淳(물괼 정)	湞(물이름 정)	渧(물방울 제)
			湊(물모일 주)	嗔(성낼 진)	嗟(탄식할 차)	淒(쓸쓸할 처)
			蜀(나라이름 촉)	脧(불알 최)	湫(다할 추)	瘁(병들 췌)
			測(헤아릴 측)	嗤(웃을 치)	痴(어리석을 치)	飭(경계할 칙)
	水 (ㅁㅂ ㅍ)	木	莫(없을 막)	楳(매화나무 매)	莓(나무딸기 매)	幎(덮을 멱)
			睦(화목할 목)	描(그릴 묘)	楙(무성할 무)	楣(문미 미)
			馝(향기날 별)	蒯(씨뿌릴 별)	補(도울 보)	楺(들보 보)
			楅(뿔막이 복)	縫(꿰멜 봉)	艀(작은배 부)	莩(풀이름 부)
			莑(널리퍼질 부)	筟(대청 부)	罦(그물 부)	裒(모을 부)
			睥(흘겨볼 비)	閟(문닫을 비)	稗(피 패)	莆(부들 포)
			稟(줄 품)	楓(단풍나무 풍)	豊(풍년 풍)	
		火	煤(그을음 매)	愐(부끄러워할 면)	煝(빛날 미)	微(작을 미)
			暋(굳셀 민)	惛(근심할 민)	頒(반포할 반)	徬(헤맬 방)
			煩(번거로울 번)	鳧(오리 부)	聘(방문할 빙)	愎(괴팍할 퍅)
			愊(편협할 편)	僄(가벼울 표)		
		土	媽(어미 마)	盟(맹세할 맹)	募(모을 모)	猫(고양이 묘)
			媄(선미할 미)	媺(선미할 미)	迷(미혹할 미)	黽(힘쓸 민)
			媻(비틀거릴 반)	塝(땅두둑 방)	瓶(병 병)	迸(흩어져달아날 병)
			附(붙을 부)	陂(비탈 피)		
		金	酩(술취할 명)	詺(이름붙일 명)	珷(옥돌이름 무)	碔(옥돌 무)
			鈱(철판 민)	瑉(옥돌 민)	瑉(옥돌 민)	鉑(금박 박)
			鉢(바리때 발)	鈸(방울 발)	琲(구슬꿰미 배)	琺(법랑 법)

획수	발음오행	자원오행	한자			
13	水 ㅁㅂㅍ	金	辟(임금 벽)	賆(더할 변)	鈵(굳을 병)	琫(칼집장식옥 봉)
			硼(붕산 붕)	碑(비석 비)	琵(비파 비)	琶(비파 파)
			鉋(대패 포)	剽(빠를 표)	勡(으를 표)	鉍(창자루 필)
		水	痲(저릴 마)	貊(고요할 맥)	湎(빠질 면)	㴐(물넘칠 면)
			雺(안개 몽)	渺(아득할 묘)	渼(물이름 미)	湄(물가 미)
			渳(물의형용 미)	湣(물결없는모양 민)	雹(누리 박)	飯(밥 반)
			渤(바다이름 발)	脖(배꼽 발)	嗙(웃을 방)	湃(물결이는모양 배)
			渢(소리 범)	湺(보 보)	蜂(벌 봉)	蜉(하루살이 부)
			湓(용솟음할 분)	痹(저릴 비)	痺(암메추리 비)	脯(포 포)
14	木 ㄱㅋ	木	榎(개오동나무 가)	菏(늪이름 가)	閣(문설주 각)	搉(두드릴 각)
			榦(줄기 간)	綱(벼리 강)	箇(낱 개)	裾(자락 거)
			㨜(서로도울 건)	搴(빼낼 건)	睷(눈으로셀 건)	榤(홰 걸)
			搹(쥘 격)	槏(문설주 겸)	箝(끼울 겸)	禊(계제사 계)
			綮(발고운비단 계)	睾(못 고)	菰(줄풀 고)	箍(테 고)
			槀(마를 고)	槁(마를 고)	緄(띠 곤)	搰(팔 골)
			榾(등걸 골)	箜(공후 공)	槓(지렛대 공)	寡(적을 과)
			菓(과일 과)	裹(쌀 과)	廓(둘레 곽)	管(주관할 관)
			菅(난초 관)	綰(얽을 관)	罫(줄 괘)	槐(홰나무 괴)
			槗(외나무다리 교)	構(얽을 구)	搆(얽을 구)	榘(모날 구)
			廏(마구간 구)	廐(마구간 구)	菊(국화 국)	𥳔(대의뿌리 국)
			綣(정다울 권)	匱(다할 궤)	閨(규수 규)	菌(버섯 균)
			菫(제비꽃 근)	榿(오리나무 기)	綺(비단 기)	箕(키 기)
			旗(기 기)	綦(연둣빛비단 기)	綥(연둣빛 기)	萁(콩깍지 기)
			緊(감길 긴)			
		火	愨(성실할 각)	愷(즐거울 개)	暟(비출 개)	愾(성낼 개)
			朅(갈 걸)	覡(박수 격)	歉(흉년들 겸)	慊(불만스러울 겸)
			輕(가벼울 경)	暠(흴 고)	僙(위엄스러울 광)	魁(으뜸 괴)

획수	발음오행	자원오행	한자
14	**木** ㉠㉡	火	愧(부끄러워할 괴) 僑(높을 교) 暞(밝을 교) 爃(횃불 구) 躬(몸 궁) 睽(사팔눈 규) 覠(크게볼 균) 暣(볕기운 기) 愭(공손할 기) 僛(취해춤출 기)
		土	嫌(편안할 강) 降(내릴 강) 羫(양갈빗대 강) 迲(갈 겁) 甄(질그릇 견) 境(지경 경) 郠(고을이름 경) 逕(좁은길 경) 郜(나라이름 고) 嶠(우뚝솟을 교) 嫗(할머니 구) 嶇(험할 구) 跼(구부릴 국) 郡(고을 군) 嫢(가는허리 규) 嫤(고울 근) 墐(매흙질할 근) 墍(맥질할 기)
		金	歌(노래 가) 碣(비 갈) 竭(다할 갈) 監(볼 감) 瑊(옥돌 감) 毃(부딪칠 격) 輕(똑똑할 경) 誡(경계할 계) 誥(고할 고) 敲(두드릴 고) 銙(대구 과) 銧(라듐 광) 誆(속일 광) 鉸(가위 교) 輑(틀 군) 劂(새김칼 궤) 銶(가래쇠 귀)
		水	嘉(아름다울 가) 嘏(클 가) 腔(속빌 강) 腒(날짐승 거) 潔(깨끗할 결) 溪(시내 계) 渧(물이름 계) 瘈(미칠 계) 膏(살찔 고) 滑(어지러울 골) 夥(많을 과) 嘐(닭울 교) 嘄(웃는소리 교) 溝(도랑 구) 嘔(노래할 구) 蜷(구부릴 권) 兢(삼갈 긍) 蜝(방게 기)
	火 ㉡㉢㉣㉤	木	稬(찰벼 나) 馜(진한향기 니) 緂(선명할 담) 搪(뻗을 당) 對(대답할 대) 睹(볼 도) 萄(포도 도) 搯(꺼낼 도) 菟(호랑이 도) 搗(찍을 도) 菄(채소이름 동) 凳(걸상 등) 裸(벌거벗을 라) 摿(잡을 람) 榔(나무이름 랑) 萊(명아주 래) 綠(초록빛 록) 菉(조개풀 록) 廖(공허할 료) 榴(석류나무 류) 綸(낚싯줄 륜) 菻(쑥 름) 綾(비단 릉) 菱(마름 릉) 潾(물맑을 린) 槖(전대 탁) 綻(터질 탄) 奪(잃어버릴 탈) 榻(걸상 탑) 颱(태풍 태) 颭(산들바람 태) 槌(던질 퇴)

획수	발음오행	자원오행	한자			
14	火 ㄴㄷㄹㅌ	火	寧(편안할 녕)	德(베풀 덕)	慆(기뻐할 도)	僮(아이 동)
			領(옷깃 령)	僚(벗 료)	慄(두려워할 률)	態(태도 태)
			駄(탈 태)			
		土	嫩(어릴 눈)	臺(돈대 대)	途(길 도)	嶋(섬 도)
			逗(머무를 두)	犖(얼룩소 락)	郎(사내 랑)	踉(뛸 량)
			連(맺을 련)	逞(굳셀 령)	嶁(봉우리 루)	陋(장소좁을 루)
			嫠(과부 리)	陏(오이 타)	通(통할 통)	透(통할 투)
		金	詘(기뻐할 노)	瑙(마노 노)	閙(시끄러울 뇨)	端(바를 단)
			瑖(옥돌 단)	靼(다룸가죽 달)	酴(술밑 도)	鞀(노도 도)
			銅(구리 동)	鉻(깎을 락)	辣(매울 랄)	辢(매울 랄)
			誏(뜬소문 랑)	酹(부을 뢰)	誕(태어날 탄)	瑒(옥잔 탕)
			碭(무늬있는 탕)	骰(주사위 투)		
		水	溺(빠질 닉)	團(둥글 단)	溏(진창 당)	滔(물넘칠 도)
			圖(그림 도)	蝀(무지개 동)	屢(여러 루)	嘍(시끄러울 루)
			溜(방울져떨어질 류)	溧(강이름 률)	漓(스며들 리)	貍(삵 리)
			嘆(탄식할 탄)	嗿(많을 탐)	溙(물 태)	
	土 ㅇㅎ	木	菴(암자 암)	搤(잡을 액)	罨(그물 엄)	褍(미상(未詳) 연)
			槏(문설주 염)	榮(영화 영)	䁐(눈우묵들어갈 영)	睿(밝을 예)
			寤(깰 오)	穏(평온할 온)	榲(기둥 온)	㨣(길 옹)
			搖(움직일 요)	榣(큰나무 요)	榕(목나무 용)	禑(복 우)
			菀(자완 울)	榬(얼레 원)	蒝(우거진모양 원)	萎(마를 위)
			維(바 유)	緌(갓끈 유)	蔭(덮을 음)	禕(아름다울 의)
			廙(공경할 이)	榏(뱃머리 익)	禋(제사지낼 인)	菏(무 하)
			菡(연꽃 함)	閤(쪽문 합)	榼(통 합)	稥(향기 향)
			㨙(끼워넣을 혜)	榽(나무이름 혜)	華(빛날 화)	禍(재난 화)
			廓(성 확)	榥(책상 황)	篁(대숲 황)	携(이끌 휴)

획수	발음오행	자원오행	한 자
14 **土** ◎ⓗ		**火**	斡(관리할 알)　鳶(솔개 연)　髯(구레나룻 염)　熀(환히비칠 엽) 熅(숯불 온)　慍(성낼 온)　輐(둥글 완)　暚(햇빛 요) 僥(바랄 요)　熔(녹일 용)　慂(권할 용)　熉(노란모양 운) 熊(곰 웅)　愿(정성 원)　僞(거짓 위)　腴(비옥한밭 유) 慇(괴로울 은)　疑(의심할 의)　馶(두 이)　歋(서로웃을 이) 爾(너 이)　鞅(작은북 인)　鞇(작은북 인)　馹(역말 일) 僴(굳셀 한)　赫(붉을 혁)　覡(볼 혁)　鼰(나타날 현) 熒(등불 형)　僡(은혜 혜)　犒(호궤할 호)　暠(밝을 호) 熇(뜨거울 혹)　魂(넋 혼)　熀(밝을 황)　愰(밝을 황) 慌(어렴풋할 황)　熇(마를 효)　熏(불기운 훈)　慉(기를 휵) 熙(빛날 희)　僖(즐거울 희)　熺(들에난불 희)
		土	獃(어리석을 애)　嫣(아름다울 언)　與(줄 여)　郔(땅이름 연) 郢(땅이름 영)　嬡(유순할 예)　嫛(갓난아이 예)　勩(수고로울 예) 逜(깨우칠 오)　鄔(고을이름 오)　嫯(교만할 오)　獄(감옥 옥) 墉(담 용)　踊(뛸 용)　猿(원숭이 원)　逌(웃을 유) 毓(기를 육)　逸(달아날 일)　郝(땅이름 학)　限(한계 한) 嫦(항아 항)　降(항복할 항)　陔(언덕 해)　嫭(아름다울 호) 嫮(아름다울 호)　猾(교활할 활)
		金	誐(좋을 아)　鞅(가슴걸이 앙)　敱(다스릴 애)　語(말할 어) 瑌(옥돌 연)　碝(옥돌 연)　說(기꺼울 열)　瑛(옥빛 영) 碤(물속돌 영)　賏(목치장 영)　誤(그릇될 오)　碨(우툴두툴할 외) 瑀(옥돌 우)　瑗(도리옥 원)　瑋(아름다운옥 위)　瑜(아름다운옥 유) 誘(달랠 유)　瑈(옥이름 유)　銀(은 은)　鉺(갈고리 이) 認(알 인)　銋(젖을 임)　碬(숫돌 하)　瑕(티 하) 瑊(옥돌 함)　銜(재갈 함)　瑎(검은옥돌 해)　誢(말다툼할 현) 瑚(산호 호)　酷(독할 혹)　琿(아름다운옥 혼)　鉷(돌쇠뇌 홍) 瑍(환옥 환)　瑝(옥소리 황)　誨(가르칠 회)　劃(그을 획)

획 수	발음 오행	지원 오행	한 자			
14	土 ◎⊕	金	歊(김오를 효)	酵(술밑 효)	誵(자랑할 흔)	誒(탄식할 희)
			誹(말소리 희)			
		水	嘎(새소리 알)	腋(겨드랑이 액)	瘍(종기 양)	嫣(즐길 언)
			漹(물창일할 연)	厭(싫을 염)	蜺(애매미 예)	嗷(시끄러울 오)
			溫(따뜻할 온)	氳(기운어릴 온)	滃(구름일 옹)	窩(움집 와)
			窪(웅덩이 와)	腕(팔 완)	溽(젖을 욕)	溶(흐를 용)
			霤(물소리 우)	溳(강이름 운)	殞(죽을 운)	源(근원 원)
			滾(물흐를 원)	蜿(굼틀거릴 원)	需(구할 유)	窬(작은문 유)
			瘉(병나을 유)	瘐(근심해앓을 유)	溵(물소리 은)	圖(물이름 은)
			慇(물이름 은)	飴(엿 이)	夤(조심할 인)	溢(넘칠 일)
			脀(맛좋을 임)	蝦(복받을 하)	瘊(기생충병 하)	瘧(학질 학)
			溘(갑자기 합)	噓(울 허)	滎(실개천 형)	嘒(작은소리 혜)
			豪(호걸 호)	滈(장마 호)	溷(어지러울 혼)	滑(미끄러울 활)
			滉(물깊을 황)	豨(돼지 희)		
	金 ⓐⓧ ⓧ	木	榭(정자 사)	摋(바를 삭)	槊(창 삭)	算(셀 산)
			颯(바람소리 삽)	裳(치마 상)	稰(가을걷이 서)	緆(고운베 석)
			褐(웃통벗을 석)	綫(줄 선)	稧(볏짚 설)	緤(비단 섭)
			睲(볼 성)	損(덜 손)	搜(찾을 수)	粹(순수할 수)
			綬(인끈 수)	菽(콩 숙)	菘(배추 숭)	滕(도투마리 승)
			禔(편안할 시)	榯(나무곧게설 시)	厮(하인 시)	實(열매 실)
			莿(까끄라기 자)	綽(너그러울 작)	奬(권면할 장)	萇(양도 장)
			榟(가래나무 재)	箏(쟁 쟁)	菹(채소절임 저)	菂(연밥 적)
			箋(찌지 전)	搌(펼 전)	搷(칠 전)	颭(물결 점)
			精(진실 정)	靜(고요할 정)	禎(상서 정)	靘(검푸른빛 정)
			禔(편안할 제)	製(지을 제)	種(씨 종)	綜(모을 종)
			罪(허물 죄)	綢(얽을 주)	裯(홑이불 주)	綧(어지러울 준)
			禔(편안할 지)	榰(주춧돌 지)	實(이를 지)	搘(버틸 지)
			榛(개암나무 진)	搸(모을 진)	槙(견고울 진)	搢(흔들 진)

획수	발음오행	자원오행	한 자
14	**金** ⓈⓍ Ⓧ	**木**	箚(찌를 차)　槎(나무벨 차)　搾(짜낼 착)　察(살필 찰) 菖(창포 창)　槍(창 창)　搶(부딪칠 창)　賜(곡식안날 창) 菜(나물 채)　綵(비단 채)　寨(울타리 채)　幘(머리쓰개 책) 萋(우거질 처)　綴(맺을 철)　菁(우거질 청)　掣(끌 체) 總(거느릴 총)　榱(서까래 최)　搥(칠 추)　箠(채찍 추) 萃(모일 췌)　緇(검은비단 치)　置(둘 치)　菑(묵정밭 치) 寢(방 침)　稱(일컬을 칭)
		火	翣(불삽 삽)　像(모양 상)　僎(갖출 선)　煽(부칠 선) 愫(정성 소)　愬(하소연할 소)　愻(겸손할 손)　僧(중 승) 翄(날개 시)　熄(꺼질 식)　愼(삼갈 신)　愖(정성 심) 慈(사랑 자)　臧(착할 장)　翟(꿩 적)　睛(잘들을 정) 趙(조나라 조)　肇(칠 조)　晭(귀밝을 주)　僔(모일 준) 僎(돕는사람 준)　趚(걸음빠른모양준)　駁(굳셀 지)　覩(자세히볼 지) 愼(삼갈 진)　愼(땅이름 진)　僭(참람할 참)　彰(밝을 창) 暢(펼 창)　愴(슬퍼할 창)　僢(등질 천)　輒(문득 첩) 僬(밝게볼 초)　聡(귀밝을 총)　僦(품삯 추)　翠(물총새 취) 聚(모일 취)
		土	獅(사자 사)　嫦(항아 상)　墑(새로일군땅 상)　壖(넓고밝은땅 상) 墅(농막 서)　嬃(여자 서)　逝(갈 서)　嫙(예쁠 선) 郕(땅이름 성)　逍(거닐 소)　速(빠를 속)　隋(오이 수) 塾(글방 숙)　嶂(높고가파른산장)　墇(막을 장)　嶈(산높을 장) 這(맞이할 저)　逖(멀 적)　嫡(정실 적)　塼(벽돌 전) 嫥(오로지 전)　㙑(저축할 절)　墊(빠질 점)　齊(모두 제) 造(지을 조)　嫶(예쁠 조)　嶆(깊을 조)　嵸(산우뚝할 종) 嵷(산우뚝할 종)　逎(굳셀 주)　郮(나라이름 주)　踆(마칠 준) 塵(먼지 진)　塹(구덩이팔 참)　嶃(가파를 참)　墌(터 척) 嵽(평평할 체)　墆(으스름할 체)　甃(벽돌 추)　逐(쫓을 축) 郗(고을이름 치)

획수	발음오행	자원오행	한 자			
14	**金** ⓈⓍ Ⓩ	金	皼(여드름 사)	酸(식초 산)	瑞(상서 서)	誓(맹서할 서)
			碩(클 석)	瑄(도리옥 선)	銑(무쇠 선)	說(말씀 설)
			碟(가죽다룰 설)	銛(쟁기 섬)	誠(정성 성)	瑆(옥빛 성)
			說(달랠 세)	韶(풍류이름 소)	誦(욀 송)	銖(무게단위 수)
			瑟(큰거문고 슬)	鉽(솥 식)	銓(저울질할 전)	瑑(옥이름 전)
			戩(다할 전)	截(끊을 절)	酲(숙취 정)	碇(돌정자 정)
			瑅(제당 제)	銚(가래 조)	銂(금칼 주)	朘(더할 준)
			誌(기록할 지)	賑(규휼할 진)	盡(다할 진)	誫(움직일 진)
			斲(깎을 착)	瑒(옥잔, 옥이름 창)	飺(비롯할 창)	銕(쇠 철)
			誚(꾸짖을 초)	銃(총 총)	瑃(옥이름 춘)	
	水	飼(먹일 사)	蜡(납제 사)	嘗(맛볼 상)	腊(말린포 석)
			蜥(도마뱀 석)	溯(거스를 소)	蜶(벌레이름 솔)	壽(목숨 수)
			需(구할 수)	嗽(기침할 수)	溲(반죽할 수)	脺(얼굴윤기 수)
			澌(빗물 시)	飾(꾸밀 식)	腎(콩팥 신)	滇(성할 신)
			滋(변성할 자)	溨(물이름 재)	滓(앙금 재)	腆(두터울 전)
			蜨(나비 접)	嘈(들렐 조)	蜩(쓰르라미 조)	瘇(수중다리 종)
			準(법도 준)	蜘(거미 지)	溱(성할 진)	滇(강이름 진)
			溍(물이름 진)	滄(강이름 창)	脹(배부를 창)	嘖(들렐 책)
			蜴(도마뱀 척)	飻(탐할 철)	蜻(잠자리 청)	
	水 ⓂⒷ Ⓟ	木	麼(작을 마)	幕(장막 막)	寞(쓸쓸할 막)	幔(막 만)
			網(그물 망)	萌(싹 맹)	綿(이을 면)	夢(꿈 몽)
			舞(춤 무)	蒾(오미자 미)	閩(종족이름 민)	箔(발 박)
			髆(박공 박)	槃(쟁반 반)	搬(옮길 반)	擊(덜 반)
			榜(매 방)	搒(배저을 방)	牓(패 방)	裴(옷치렁할 배)
			裵(옷치렁할 배)	閥(가문 벌)	絣(이을 병)	菩(보살 보)
			福(복 복)	箙(전동 복)	萉(무 복)	菶(풀무성할 봉)
			榑(부상 부)	裨(도울 비)	緋(붉은빛 비)	榧(비자나무 비)

획수	발음오행	자원오행	한 자			
14 水 ㉣㉥㉦		木	菲(엷을 비)	蕈(비해 비)	菠(시금치 파)	萍(부평초 평)
			褾(목도리 표)	馝(향내날 필)		
		火	輓(수레끌 만)	慲(너그러울 명)	暝(어두울 명)	鳴(울 명)
			熌(흉노 명)	髦(다팔머리 모)	聞(들을 문)	頣(강할 민)
			駁(얼룩말 박)	頖(학교이름 반)	髣(비슷할 방)	輔(덧방나무 보)
			僕(종 복)	鳳(봉황새 봉)	翡(물총새 비)	頗(자못 파)
		土	墁(흙손 만)	嫚(업신여길 만)	陌(두렁 맥)	嫫(추녀 모)
			墓(무덤 묘)	勴(건장할 번)	缾(두레박 병)	逢(만날 봉)
			逋(달아날 포)	嫖(날랠 표)		
		金	靺(북방종족 말)	酶(술밑 매)	銘(새길 명)	瑁(서옥 모)
			誣(무고할 무)	瑂(옥돌 미)	瑉(옥돌 민)	碈(옥돌 민)
			碧(푸를 벽)	鉼(판금 병)	鈸(폐슬 불)	鼻(코 비)
			賓(손님 빈)	誧(도울 포)	鞄(혁공 포)	鞁(가슴걸이 피)
		水	望(바랄 망)	滅(멸망할 멸)	溟(어두울 명)	貌(얼굴 모)
			濛(이슬비 몽)	濈(이슬비 미)	蜜(꿀 밀)	澗(물가 반)
			滂(비퍼부을 방)	胼(굳은살 변)	溥(넓을 보)	腐(썩을 부)
			溥(넓을 부)	孵(알깔 부)	腑(오장육부 부)	腓(장딴지 비)
			脾(지라 비)	蜚(곤충이름 비)	飽(배부를 포)	嘌(빠를 표)
			瘋(두풍 풍)			
15 木 ㉠㉢		木	稼(심을 가)	葭(갈대 가)	葛(칡 갈)	褐(털옷 갈)
			蝎(나무좀 갈)	瞌(밝을 개)	槩(평미레 개)	漑(씻을 개)
			槪(대개 개)	憬(비단 경)	稽(머무를 계)	稿(볏짚 고)
			靠(기댈 고)	穀(곡식 곡)	槲(떡갈나무 곡)	褌(잠방이 곤)
			閫(문지방 곤)	槨(덧널 곽)	寬(너그러울 관)	廣(넓을 광)
			摳(걷을 구)	權(권세 권)	葵(해바라기 규)	槻(물푸레나무 규)
			樛(휠 규)	槿(무궁화 근)		

획수	발음오행	자원오행	한 자
15	**木** ㄱㅋ	火	價(값 가)　駕(멍에 가)　慳(아낄 간)　慷(강개할 강) 僵(넘어질 강)　慨(분개할 개)　駏(버새 거)　儉(검소할 검) 鴃(때까치 격)　慶(경사 경)　熲(빛날 경)　駉(살질 경) 儆(경계할 경)　慣(버릇 관)　輨(굿대 관)　駒(망아지 구) 歐(토할 구)　趜(곤궁할 국)　懂(근심할 근)
		土	羯(불깐양 갈)　踞(웅크릴 거)　踝(복사뼈 과)　郭(성곽 곽) 嬌(아리따울 교)　嶠(높을 교)　逵(큰길 규)　嬀(성씨 규) 嶔(높고험할 금)　嶬(높을 기)　畿(경기 기)
		金	磕(돌부딛는소리 개)賡(이을 갱)　劍(칼 검)　磎(시내 계) 鞏(묶을 공)　課(매길 과)　瑰(구슬이름 괴)　銶(끌 구) 毆(때릴 구)　鋦(꺽쇠 국)　劇(심할 극)　諅(속일 기)
		水	漮(빌 강)　漑(물댈 개)　漧(하늘 건)　腱(힘줄 건) 漀(그릇에물따를 경)　澆(거를 경)　滾(흐를 곤)　蝌(올챙이 과) 餃(경단 교)　漚(담글 구)　窮(다할 궁)　漌(맑을 근)
	火 ㄴㄷㄹㅌ	木	槎(차나무 다)　緞(비단 단)　幢(기 당)　觰(뿔심 대) 稻(벼 도)　董(바를 동)　摞(정돈할 라)　樂(즐길 락) 落(떨어질 락)　閬(솟을대문 랑)　樑(대들보 량)　黎(검을 려) 閭(마을문 려)　練(단련할 련)　颲(사나운바람 렬)　摝(흔들 록) 寮(동료 료)　摟(끌어모을 루)　樓(다락 루)　稤(볏가리 률) 履(신 리)　摛(퍼질 리)　樋(나무이름 통)
		火	鼐(가마솥 내)　駑(둔할 노)　儂(나 농)　暱(친할 닐) 僡(근심할 단)　儋(멜 담)　德(덕 덕)　趡(올 래) 輬(수레 량)　慮(생각 려)　輦(손수레 련)　慺(정성스럴 루) 熡(불꽃 루)　輪(바퀴 륜)　駝(곰사등이 타)　駝(낙타 타) 駘(둔마 태)　慟(서럽게울 통)　慝(사특할 특)

획수	발음오행	자원오행	한 자			
15	**火** ⓃⓄ ⓇⓉ	土	壜(술단지 담)	郯(나라이름 담)	踏(밟을 답)	鄛(마을 당)
			墩(돈대 돈)	陡(험할 두)	嶝(고개 등)	墱(자드락길 등)
			郲(땅이름 래)	厲(갈 려)	嫽(예쁠 료)	踚(날래게걸을 륜)
			嶙(가파를 린)	墮(떨어질 타)	踔(뛰어날 탁)	逴(멀 탁)
		金	說(떠볼 나)	碾(맷돌 년)	談(말씀 담)	瑭(옥이름 당)
			瑫(옥이름 도)	鋀(술그릇 두)	瑯(고을이름 랑)	諒(믿을 량)
			磏(거친숫돌 렴)	論(말할 론)	磊(돌무더기 뢰)	賚(줄 뢰)
			瑠(유리 류)	劉(이길 류)	瑬(면류관 류)	戮(죽일 륙)
			瑮(옥무늬 률)	歎(한숨쉴 탄)	彈(탄알 탄)	
		水	腦(뇌 뇌)	潭(이슬많을 단)	腶(약포 단)	嘾(가득삼킬 담)
			噉(먹을 담)	嘟(칭찬할 도)	滕(물솟을 등)	膒(손금 라)
			漤(과실장아찌 람)	漣(물놀이 련)	魯(둔할 로)	滷(소금밭 로)
			漉(거를 록)	漻(맑고깊을 료)	嘹(울음소리 료)	漊(물이름 루)
			潔(물이름 루)	漏(샐 루)	漻(맑고깊을 류)	瘤(혹 류)
			凛(의젓할 름)	凜(의젓할 름)	噋(느릿할 톤)	
	土 Ⓞⓗ	木	樂(풍류 악)	蕚(꽃받침 악)	葊(암자 암)	葯(구리때잎 약)
			樣(모양 양)	緣(가선 연)	葉(잎 엽)	禜(재앙막는제사 영)
			舷(뿔굽을 예)	穩(변성할 온)	萵(상추 와)	緩(느릴 완)
			樂(좋아할 요)	槦(나무이름 용)	耦(나란히갈 우)	萬(풀이름 우)
			稶(서직 욱)	褑(띠 원)	褘(아름다울 위)	緯(경위 위)
			葳(둥굴레 위)	萸(수유 유)	糅(섞을 유)	褕(고울 유)
			牖(창 유)	牖(태울 유)	緌(잡색비단 유)	瞎(애꾸눈 할)
			緘(봉할 함)	蕃(나물국 향)	篋(상자 협)	憓(밝힐 혜)
			槥(널 혜)	葫(마늘 호)	糊(풀 호)	篊(통발 홍)
			葟(무성할 황)	箜(공후 후)	葷(매운채소 훈)	萱(원추리 훤)
			麾(지휘할 휘)	厥(벌여놓을 흠)		

획수	발음오행	자원오행	한 자
15	土 ◎ⓗ	火	鴉(갈까마귀 아) 鴈(기러기 안) 頞(콧마루 알) 僾(어렴풋할 애) 億(억 억) 憶(생각할 언) 熱(더울 열) 影(형상 영) 熬(볶을 오) 噁(악 오) 憿(오만할 오) 豌(완두 완) 翫(가지고 놀 완) 傲(구할 요) 慾(욕심 욕) 慵(게으를 용) 憃(천치 용) 慪(공경할 우) 憂(근심할 우) 衛(지킬 위) 慰(위로할 위) 熨(찜질할 위) 趣(달릴 유) 閏(윤달 윤) 憖(그칠 은) 憖(삼갈 은) 儀(예의 의) 頤(턱 이) 熤(사람이름 익) 嬮(뜻없을 하) 暵(말릴 한) 熯(말릴 한) 頦(아래턱 해) 儇(영리할 현) 慧(슬기로울 혜) 暳(별반짝일 혜) 皞(흴 호) 熇(빛날 호) 皛(나타날 효) 勳(공훈 훈) 輝(빛날 휘) 翬(훨훨날 휘) 頡(곧은목 힐)
		土	嬿(여자모습 연) 藝(재주 예) 郳(나라이름 예) 獒(개 오) 嶢(높을 요) 墝(메마른땅 요) 嬈(번거로울 요) 郵(역말 우) 院(담 원) 逶(구불구불갈 위) 陑(땅이름 이) 逸(달아날 일) 嫺(우아할 한) 嫻(우아할 한) 陜(땅이름 합) 墟(언덕 허) 睍(한정할 현) 陘(지레목 형) 嫿(고울 화) 郩(땅이름 효) 興(일어날 흥) 嬉(즐거울 희)
		金	鞍(안장 안) 賹(사람이름 애) 磑(맷돌 애) 皚(흴 애) 醃(절임 엄) 戭(창 연) 鋋(작은창 연) 閱(살필 열) 瑩(밝을 영) 銳(뾰족할 예) 說(엿볼 예) 嬖(다스릴 예) 鋈(도금 옥) 瑥(사람이름 온) 磈(돌 외) 瑤(아름다운옥 요) 瑢(패옥소리 용) 諉(번거롭게할 위) 鋆(금 윤) 誾(온화할 은) 璁(옥돌 은) 磤(우렛소리 은) 誼(옳을 의) 毅(굳셀 의) 戭(창 인) 銲(땜납 한) 賢(어질 현) 鋗(노구 솥 현) 鋧(작은끌 현) 鋏(집게 협) 瑩(밝을 형) 敻(멀 형) 鞋(신 혜) 皜(흴 호) 鋐(종소리 홍) 確(확실할 확) 碻(확실할 확) 鋎(칼 환) 皝(엄숙한모양 황)

획수	발음오행	자원오행	한 자			
	土 ◎⑧	水	腭(잇몸 악)	腤(고기삶을 암)	漄(물가 애)	養(기를 양)
			漾(출렁거릴 양)	漁(고기잡을 어)	漹(강이름 언)	演(펼 연)
			蝡(장구벌레 연)	噎(목멜 열)	穎(강이름 영)	瘟(염병 온)
			蝸(달팽이 와)	窯(가마 요)	腰(허리 요)	賱(떨어질 운)
			蝟(고슴도치 위)	滺(물흐르는모양 유)	窳(이지러질 유)	腴(살찔 유)
			蝤(하루살이 유)	潿(물깊고넓을 윤)	漪(잔물결 의)	蝦(새우 하)
			漢(한수 한)	餉(도시락 향)	滸(물가 호)	滬(물이름 호)
			蝴(나비 호)	嘷(울부짖을 호)	滹(강이름 호)	嘩(떠들썩할 화)
			蝗(누리 황)	嘵(두려워할 효)	噏(숨들이쉴 흡)	熈(빛날 희)
			嘻(화락할 희)			
15	金 ⓘⓧ ⓩ	木	寫(베낄 사)	禠(행복 사)	箱(상자 상)	樣(상수리나무 상)
			緗(담황색 상)	葙(개맨드라미 상)	槭(앙상할 색)	緒(실마리 서)
			署(관청 서)	線(줄 선)	縇(단단히잡을 선)	揳(찌어질 설)
			摻(가늘 섬)	葉(잎 섭)	樔(풀막 소)	箾(통소 소)
			豎(세울 수)	蓚(기쁠 수)	穂(이삭 수)	瞍(소경 수)
			摍(취할 수)	褶(쐐기 습)	緦(삼베 시)	廝(하인 시)
			箮(대밥통 식)	審(살필 심)	葚(오디 심)	箴(바늘 잠)
			樟(녹나무 장)	葬(장사지낼 장)	著(지을 저)	樗(가죽나무 저)
			箸(젓가락 저)	褚(솜옷 저)	摘(추릴 적)	樀(추녀 적)
			㕓(가게 전)	篆(전자 전)	箭(화살 전)	節(마디 절)
			摺(접을 접)	靚(단장할 정)	葶(두루미냉이 정)	緹(붉을 제)
			槽(구유 조)	樅(전나무 종)	種(거듭 종)	廚(부엌 주)
			葰(클 준)	種(거듭 중)	緟(더할 중)	葺(기울 즙)
			摯(잡을 지)	稷(기장 직)	禝(사람이름 직)	禛(복받을 진)
			稹(모일 진)	瞋(부릅뜰 진)	緝(낳을 집)	槧(판 참)
			廠(헛간 창)	摭(주울 척)	樶(대추 철)	締(맺을 체)
			蔕(꼭지 체)	摠(거느릴 총)	葱(파 총)	摧(꺾을 최)
			樞(지도리 추)	萩(사철쑥 추)	層(계단 층)	幟(표기 치)

획수	발음오행	자원오행	한자			
15	金 ㅅㅈㅊ	火	駟(별이름 사)	駛(달릴 사)	傞(잘게부술 사)	㦧(착할 산)
			慡(성품밝을 상)	奭(클 석)	暶(밝을 선)	暬(설만할 설)
			睲(귀밝을 성)	熟(익을 숙)	熠(빛날 습)	慴(두려워할 습)
			頣(눈크게뜨고볼 신)	暫(잠깐 잠)	暲(해돋을 장)	翦(자를 전)
			慒(생각할 종)	慫(권할 종)	駐(머무를 주)	輖(낮을 주)
			儁(준걸 준)	鴲(새매 지)	鴆(짐새 짐)	徵(부를 징)
			慙(부끄러울 참)	慚(부끄러울 참)	慘(참혹할 참)	慼(근심할 척)
			慽(근심할 척)	儃(머뭇거릴 천)	徹(통할 철)	輟(그칠 철)
			髰(머리깎을 체)	趠(넘을 초)	髫(늘어뜨린머리 초)	憁(바쁠 총)
			趡(움직일 추)	衝(찌를 충)	趣(나아갈 취)	
		土	𡼏(깊숙할 색)	墡(백토 선)	嬋(고울 선)	墠(제사터 선)
			嫸(어기기좋아할 선)	陝(고을이름 섬)	嬃(누이 수)	陞(오를 승)
			奬(권면할 장)	獐(노루 장)	除(계단 제)	踪(발자취 종)
			週(돌 주)	陖(가파를 준)	墫(술그릇 준)	嶟(가파를 준)
			增(더할 증)	嶒(높을 증)	墀(지대 지)	踟(머뭇거릴 지)
			進(나아갈 진)	陣(진칠 진)	𡐭(샘솟을 집)	郪(땅이름 처)
			陟(오를 척)	踐(밟을 천)	逮(이를 체)	嶕(높을 초)
			陗(산비탈 초)	嫶(야윌 초)	墜(떨어질 추)	郴(고을이름 침)
		金	賜(줄 사)	數(자주 삭)	賞(상줄 상)	磉(주춧돌 상)
			鋤(호미 서)	諝(슬기로울 서)	銴(구리녹날 세)	銷(녹일 소)
			瑣(자질구레할 쇄)	賥(재물 수)	數(셀 수)	誰(누구 수)
			銹(녹슬 수)	𧩓(말로전할 수)	諄(타이를 순)	醇(진한술 순)
			鋠(둥근무쇠 신)	諗(고할 심)	磁(자석 자)	諍(간할 쟁)
			敵(대적할 적)	鋑(새길 전)	賟(넉넉할 전)	鋌(살촉 정)
			諚(분부 정)	鋥(칼갈 정)	調(고를 조)	調(아침 주)
			賙(진휼할 주)	鋕(새길 지)	瑨(아름다운옥 진)	瑨(아름다운옥 진)
			敶(베풀 진)	瑱(귀막이옥 진)	質(바탕 질)	瑳(깨끗할 차)
			磋(갈 차)	贊(도울 찬)	誯(부를 창)	瑲(옥소리 창)

획수	발음오행	자원오행	한 자			
15	金 (人)(ㅈ) (ㅊ)	金	磔(찢을 책)	賤(천할 천)	諂(아첨할 첨)	請(청할 청)
			請(청할 청)	醋(초 초)	皺(주름 추)	諏(꾀할 추)
			醉(술취할 취)	齒(나이 치)	琛(보배 침)	鋟(새길 침)
		水	鯊(문절망둑 사)	滲(스밀 삼)	霅(비올 삽)	潒(물맑을 상)
			殤(일찍죽을 상)	潊(물가 서)	腺(샘 선)	漩(소용돌이 선)
			腥(비릴 성)	霄(하늘 소)	潚(호수이름 소)	嘯(휘파람불 소)
			瘙(종기 소)	漱(양치할 수)	瘦(여월 수)	湻(물가 순)
			蝨(이 슬)	澌(흐를 시)	嘶(울 시)	蝕(좀먹을 식)
			漳(강이름 장)	漿(미음 장)	腸(창자 장)	滴(물방울 적)
			漸(번질 점)	蝶(나비 접)	霆(천둥소리 정)	滭(물가 제)
			漕(수레 조)	嘲(비웃을 조)	腫(부스럼 종)	嗾(부추길 주)
			膇(살결 주)	漬(담글 지)	震(벼락칠 진)	漒(문지를 창)
			漲(물부를 창)	瘡(부스럼 창)	滌(씻을 척)	瘠(여윌 척)
			滯(막힐 체)	殢(나른할 체)	噍(지저귈 초)	潨(합류할 총)
			嘬(물 최)	漼(깊을 최)	潀(물소리 충)	嘴(부리 취)
			漆(옻칠할 칠)			
	水 (ㅁ)(ㅂ) (ㅍ)	木	摩(갈 마)	萬(일만 만)	槾(흙손 만)	橉(송진 만)
			緬(가는 실 면)	麪(밀가루 면)	葂(사람이름 면)	緜(햇솜 면)
			瞑(눈감을 명)	模(법 모)	摸(본뜰 모)	摹(베낄 모)
			廟(사당 묘)	廡(집 무)	緡(낚싯줄 민)	緍(낚싯줄 민)
			樒(침향 밀)	褙(속적삼 배)	幡(기 번)	樊(울타리 번)
			罰(벌줄 벌)	範(법 범)	褓(포대기 보)	葆(더부룩할 보)
			複(겹옷 복)	樥(무성할 봉)	撻(꿰멜 봉)	麩(밀기울 부)
			蕡(기성한모양 분)	葩(꽃 파)	篇(책편찬할 편)	編(엮을 편)
			艑(거룻배 편)	蒿(마디풀 편)	褊(좁을 편)	緶(꿰맬 편)
			幣(비단 폐)	廢(폐할 폐)	葡(포도 포)	褒(도포 포)
			標(표할 표)	摽(칠 표)		

획수	발음오행	자원오행	한 자
		火	慢(게으를 만) 輞(바퀴테 망) 魅(도깨비 매) 慕(사모할 모) 暮(저녁 모) 慎(힘쓸 모) 憫(총명할 민) 僶(힘쓸 민) 髮(머리카락 발) 魃(가물귀신 발) 輩(무리 배) 魄(넋 백) 僻(후미질 벽) 彆(활비틀릴 별) 輧(가벼운수레 병) 鴇(능에 보) 憉(기쁠 봉) 鳻(봉새 봉) 熢(연기자욱할 봉) 駙(곁마 부) 頫(구부릴 부) 髴(비슷할 불) 翩(빨리날 편) 暴(사나울 포) 暴(사나울 폭) 熛(불똥 표) 慓(재빠를 표) 髲(다리 피) 駜(살찔 필) 煇(활활탈 필)
15 水 ㅁ ㅂ ㅍ		土	勱(힘쓸 매) 嫹(아름다울 묘) 嫵(아리따울 무) 憮(분명치않을 무) 墨(먹 묵) 墣(흙덩이 복) 部(나눌 부) 墳(봉분 분) 郫(고을이름 비) 嶓(산이름 파) 陛(섬돌 폐)
		金	瑪(옥돌이름 마) 碼(저울추 마) 賣(팔 매) 誮(속일 면) 盤(소반 반) 磐(너럭바위 반) 磅(돌소리 방) 賠(물어줄 배) 劈(쪼갤 벽) 鋒(칼끝 봉) 賦(구실 부) 敷(펼 부) 誹(헐뜯을 비) 鋪(펼 포) 諘(칭찬할 표) 鞑(다할 필)
		水	漠(사막 막) 滿(찰 만) 漫(질펀할 만) 漭(넓을 망) 霉(곰팡이 매) 蟊(해충 모) 嘿(고요할 묵) 滵(빨리흐른모양밀) 瘢(흉터 반) 魴(방어 방) 汎(뜰 범) 潎(빨리흐를 별) 腹(배 복) 蝠(박쥐 복) 蝮(살무사 복) 漨(물이름 봉) 噴(뿜을 분) 漰(물결치는소리붕) 霈(비쏟아질 패) 蝙(박쥐 편) 弊(해질 폐) 漂(뜰 표) 腷(답답할 픽) 潷(용솟음할 필)
16 木 ㄱ ㅋ		木	橄(감람나무 감) 穅(겨 강) 蓋(덮을 개) 褰(걷어올릴 건) 縑(합사비단 겸) 蒹(갈대 겸) 褧(홑옷 경) 縘(맬 계) 樺(만연할 고) 篙(상앗대 고) 糕(떡 고) 縠(주름비단 곡) 撗(채울 광) 廥(여물광 괴) 蒯(황모 괴) 橋(다리 교) 撟(들 교) 糗(볶은쌀 구) 蒟(구장 구) 篝(배롱 구) 撅(옷걷을 궤) 樻(나무이름 궤) 撌(당길 귀) 橘(귤나무 귤) 襜(복 기) 機(틀 기)

획 수	발음 오행	자원 오행	한 자			
16	**木** ㄱㅋ	火	慤(성실할 각)	憨(어리석을 감)	憩(쉴 게)	暻(경치 경)
			燛(밝을 경)	憬(깨달을 경)	頸(목줄기 경)	髻(상투 계)
			鵠(자고 고)	髺(묶을 괄)	燆(불꽃 교)	憍(교만할 교)
			憒(심란할 궤)	曁(함께 기)		
		土	墾(개간할 간)	嶱(산험할 갈)	壃(지경 강)	踺(밟을 건)
			甄(땅이름 견)	過(지날 과)	嬌(사람이름 교)	陶(가득찰 국)
			獗(사납게날뛸 궐)	郋(땅이름 규)	黅(누른빛 금)	冀(바랄 기)
		金	諫(고칠 간)	鋼(강철 강)	彊(굳셀 강)	鋸(톱 거)
			劒(칼 검)	骼(뼈 격)	磬(경쇠 경)	璄(옥빛 경)
			鞕(단단할 경)	璟(옥이름 경)	錮(땜질할 고)	錕(구리 곤)
			錧(쟁기 관)	骹(발회목 교)	璆(아름다운옥 구)	甌(사발 구)
			錈(쇠굽을 권)	瑾(아름다운옥 근)	錦(비단 금)	璂(옥 기)
			錡(솥 기)	錤(호미 기)		
		水	澗(산골물 간)	噶(맹세할 갈)	澉(싱거울 감)	黔(검을 검)
			膈(흉격 격)	潔(깨끗할 결)	霍(빠를 곽)	盥(대야 관)
			舘(객사 관)	噭(부르짖을 교)	龜(거북 구)	窶(가난할 구)
			潰(무너질 궤)	龜(나라이름 귀)	潙(강이름 규)	窺(엿볼 규)
			龜(터질 균)	噤(입다물 금)	器(그릇 기)	噲(목구멍 쾌)
		火 ㄴㄷ ㄹㅌ	木	襦(나무무성할 나)	撚(비틀 년)	橈(어지러울 뇨)	艃(뿔밑동 다)
			糖(사탕 당)	撞(칠 당)	橞(더기 덕)	導(이끌 도)
			醦(향내날 도)	篤(도타울 독)	橦(나무이름 동)	橙(등자나무 등)
			縢(봉할 등)	蓏(열매 라)	橯(오동나무 로)	撈(잡을 로)
			撩(다스릴 료)	橊(석류나무 류)	廩(곳집 름)	釐(바를 리)
			撛(구원할 린)	橉(나무이름 린)	闉(새이름 린)	橢(길쭉할 타)
			橐(전대 탁)	糖(사탕 탕)	撑(버팀목 탱)	撐(버틸 탱)
			襑(빛바랠 퇴)			

획수	발음 오행	자원 오행	한 자
16	**火** ⓁⒸ ⓇⒺ	火	儜(괴로워할 녕)　懝(마음좋을 니)　燀(뜨거울 단)　曇(흐릴 담) 瞠(바라볼 당)　儓(하인 대)　覩(볼 도)　暾(아침해돋을 돈) 燉(불빛 돈)　曈(해뜰 동)　憧(그리워할 동)　頭(머리 두) 燈(등잔 등)　駱(낙타 락)　曆(책력 력)　憐(불쌍할 련) 鴒(할미새 령)　賴(힘입을 뢰)　燎(밝을 료)　瞭(밝을 료) 憹(뜻 륭)　璘(사람이름 린)　燐(도깨비불 린)　鴕(타조 타) 暺(밝을 탄)　憚(꺼릴 탄)　燙(데울 탕)　頹(무너질 퇴)
		土	耨(김맬 누)　壇(제터 단)　達(통달할 달)　道(길 도) 都(도읍 도)　陶(질그릇 도)　遁(달아날 둔)　歷(지날 력) 嫌(맑고고울 렴)　獠(밤사냥 료)　龍(용 룡)　陸(육지 륙) 陵(큰언덕 릉)　獜(튼튼할 린)
		金	諾(대답할 낙)　諵(수다스럴 남)　磚(같을 단)　錟(창 담) 錭(쇳덩이 도)　賭(걸 도)　勳(자랄 동)　璉(호련 련) 錄(기록할 록)　賴(힘입을 뢰)　錀(금 륜)　璃(유리 리) 獜(물소리 린)
		水	噥(소곤거릴 농)　餒(주릴 뇌)　潭(깊을 담)　導(길 도) 潡(큰물 돈)　潼(강이름 동)　朣(달떠오를 동)　縢(등사 등) 瘰(연주창 라)　螂(사마귀 랑)　膂(등골뼈 려)　齡(소금 령) 隷(붙을 례)　盧(검을 로)　澇(큰물결 로)　潦(큰비 로) 獠(큰비 료)　髎(발기름 료)　瘻(부스럼 루)　潾(맑을 린) 霖(장마 림)　鮀(모래무지 타)　殫(다할 탄)　鮐(복 태) 腿(넓적다리 퇴)
	土 ⓄⒽ	木	闕(가로막을 알)　縊(목맬 액)　蒻(부들 약)　篛(대이름 약) 禦(막을 어)　閹(내시 엄)　閾(문지방 역)　橪(멧대추나무 연) 閻(변화한거리 염)　穎(이삭 영)　縈(얽힐 영)　橤(드리울 예) 瞖(흐릴 예)　穩(평온할 온)　縕(헌솜 온)　蓊(장다리 옹) 橈(굽힐 요)　縟(무늬 욕)　褥(요 욕)　蓐(깔개 욕)

획수	발음오행	자원오행	한자			
16	土 ㅇ ㅎ	木	蓉(연꽃 용) 蒑(풀빛푸른 은) 廨(관아 해) 縞(명주 호) 寰(경기고을 환)	橒(나무무늬 운) 蒽(풀이름 은) 縣(매달 현) 蒿(쑥 호) 橫(가로 횡)	篔(왕대 운) 橌(큰나무 한) 馦(범 성낼 현) 閽(문지기 혼) 撝(찢을 휘)	橍(나무이름 윤) 嫻(익힐 한) 橞(나무이름 혜) 樺(자작나무 화) 橲(나무이름 희)
		火	覦(오래볼 악) 鴦(원앙새 앙) 燕(제비 연) 曄(빛날 엽) 儖(안온할 온) 鴛(원앙 원) 獝(빨리날 율) 彛(떳떳할 이) 憪(즐길 한) 憲(법 헌) 衡(저울대 형) 頮(세수할 회) 歙(들이쉴 흡) 曦(몹시더울 희)	鴈(불빛 안) 輰(수레 양) 輭(연할 연) 爗(빛날 엽) 徼(돌 요) 衞(지킬 위) 憖(억지로 은) 煆(붉을 하) 駭(놀랄 해) 輚(초헌 헌) 憓(사랑할 혜) 曉(밝을 효) 憘(성할 희) 憙(기뻐할 희)	頷(끄덕일 암) 衛(그칠 어) 燃(태울 연) 曅(빛날 엽) 趥(갈 용) 儒(선비 유) 億(기댈 은) 翯(깨끗하고윤날 학) 翮(깃촉 핵) 鷎(제비 현) 儫(호걸 호) 勳(공훈 훈) 熹(성할 희) 歖(갑자기기뻐할희)	鴨(집오리 압) 曀(음산할 에) 鷰(제비 연) 叡(밝을 예) 馘(문채날 욱) 燏(빛날 율) 儗(참람할 의) 翰(날개 한) 歔(흐느낄 허) 頰(뺨 협) 熿(빛날 황) 髹(검붉은빛 휴) 熺(성할 희)
		土	鄂(땅이름 악) 嶪(산높을 업) 墺(물가 오) 鄅(나라이름 우) 違(어길 위) 蹂(밟을 유) 陷(함정 함) 遑(허둥거릴 황)	遏(막을 알) 嶫(험준할 업) 壅(막을 옹) 踽(외로울 우) 郰(고을이름 유) 陰(응달 음) 嶰(골짜기 해) 鄇(땅이름 후)	罃(물동이 앵) 嶧(산이름 역) 踊(뛸 용) 運(움직일 운) 遊(놀 유) 遐(멀리할 하) 嶮(험할 험) 羲(숨 희)	鄢(고을이름 언) 嬴(가득할 영) 遇(만날 우) 鄆(고을이름 운) 踰(넘을 유) 壑(흙군을 학) 嬛(경편할 현)

획수	발음오행	자원오행	한자			
16	土 (○,ㅎ)	金	鎁(투구목가림 아)	諤(곧은말할 악)	銵(연한쇠 안)	謁(아뢸 알)
			諳(외울 암)	敭(칭찬할 양)	諺(상소리 언)	鋺(저울바탕 완)
			賱(넉넉할 운)	鋺(저울바탕 원)	謂(이를 위)	諛(아첨할 유)
			劓(코벨 의)	璌(사람이름 인)	諲(공경할 인)	諴(화동할 함)
			諧(화할 해)	骸(뼈 해)	醐(제호 호)	鬨(싸울 홍)
			諠(잊을 훤)	諼(속일 훤)	諱(꺼릴 휘)	戱(희롱할 희)
		水	餓(굶주릴 아)	噩(놀랄 악)	噯(숨 애)	餘(남을 여)
			澲(물흐르는모양 엽)	豫(미리 예)	瘱(고요할 예)	霓(무지개 예)
			窹(부엌 오)	膃(살찔 올)	澆(물댈 요)	澐(큰물결 운)
			螶(굼틀거릴 운)	潤(윤택할 윤)	潏(물가 율)	融(화할 융)
			凝(엉길 응)	螘(개미 의)	嗃(웃을 하)	學(배울 학)
			澖(넓을 한)	螢(개똥벌레 형)	㯡(물결 혜)	澔(넓을 호)
			澒(수은 홍)	澕(물깊을 화)	圜(두를 환)	潢(웅덩이 황)
			澋(물이빙돌 횡)	潝(빨리흐르는소리 흡)	憶(느낄 희)	
	金 (ㅅ,ㅈ) (ㅊ)	木	篩(체로칠 사)	蓑(도롱이 사)	蒴(딱총나무 삭)	蒜(달래 산)
			橵(산자 산)	撒(뿌릴 살)	橡(상수리나무 상)	撕(훈계할 서)
			蓆(자리 석)	褯(자리 석)	膳(눈매예쁠 선)	穌(소생할 소)
			篠(조릿대 소)	繅(생사로짠비단 소)	艘(배 소)	蓀(향풀이름 손)
			樹(나무 수)	蒐(꼭두서니 수)	橚(나무우거질 숙)	橓(무궁화나무 순)
			蒔(모종낼 시)	蓍(시초 시)	褯(포대기 자)	廧(담 장)
			縡(일 재)	積(쌓을 적)	檌(망치 적)	靛(청대 전)
			檈(나무혹 전)	靜(고요할 정)	儁(준걸 준)	樽(술통 준)
			撙(누를 준)	蒸(찔 증)	篪(피리 지)	蓁(숲 진)
			縝(삼실 진)	縉(꽂을 진)	蒺(남가새 질)	撰(갖출 찬)
			篡(빼앗을 찬)	蒼(푸를 창)	艙(선창 창)	閶(문 창)
			蒨(꼭두서니 천)	撤(걷을 철)	幨(수레휘장 첨)	樵(땔나무 초)
			撮(취할 촬)	縗(상복이름 최)	蒭(꼴 추)	縋(매달 추)

획수	발음오행	자원오행	한자			
16 (ㅅㅈㅊ)	金	木	縐(주름질 추)	蓄(쌓을 축)	築(쌓을 축)	橇(썰매 취)
			穉(어린벼 치)	襀(빼앗을 치)	緻(빽빽할 치)	
		火	歚(고을 선)	暹(해돋을 섬)	燅(삶을 섬)	燒(불사를 소)
			衞(깨끗할 소)	輸(나를 수)	徇(참될 순)	駒(말달려갈 순)
			燊(불꽃성할 신)	駪(많을 신)	燖(삶을 심)	赭(붉은흙 자)
			髭(윗수염 자)	靦(부끄러워할 전)	頳(붉을 정)	頲(곧을 정)
			鴶(매 정)	儕(동배 제)	雕(독수리 조)	輳(모일 주)
			儔(무리 주)	憎(미워할 증)	儘(다할 진)	輯(화목할 집)
			憯(슬퍼할 참)	氅(새털 창)	燀(밥지을 천)	瞮(밝을 철)
			燋(그을릴 초)	憔(수척할 초)	熾(성할 치)	鴟(올빼미 치)
			鴙(꿩 치)	親(일가 친)		
		土	嶼(섬 서)	嬗(물려줄 선)	遂(이룰 수)	陲(변방 수)
			雟(고을이름 수)	陞(오를 승)	嬨(너그럽고순할 자)	墻(담장 장)
			嬙(궁녀 장)	甎(벽돌 전)	蹀(밟을 접)	遉(엿볼 정)
			踶(밟을 제)	隄(둑 제)	蹄(올무 제)	踵(발꿈치 종)
			遒(군셀 주)	麈(큰사슴 주)	陳(늘어놓을 진)	臻(이를 진)
			陬(구석 추)			
		金	鋿(문지를 상)	諝(슬기로울 서)	錫(주석 석)	敾(글잘쓸 선)
			璇(옥이름 선)	醒(깰 성)	璑(옥돌 소)	錞(악기이름 순)
			璱(푸른구슬 슬)	諟(바를 시)	諡(시호 시)	諰(두려워할 시)
			諶(참 심)	諮(물을 자)	璋(구슬 장)	賊(재물 재)
			錚(쇳소리 쟁)	磧(서덜 적)	錢(돈 전)	磚(벽돌 전)
			鋋(가마 전)	戰(싸울 전)	餺(갈 전)	諄(조정할 정)
			整(정돈할 정)	錠(촛대 정)	諸(모든 제)	劑(약조제할 제)
			醍(맑은술 제)	錭(불리지않은쇠 조)	璁(패옥소리 종)	鍐(쇠털 종)
			嬌(슬기 지)	錯(섞일 착)	錩(그릇 창)	鋹(날카로울 창)
			錣(바늘 철)	諜(염탐할 첩)	諟(바른말 체)	諦(살필 체)

획수	발음오행	자원오행	한자			
16	金 (ㅅㅈㅊ)	金	鞘(칼집 초)	璀(빛날 최)	磪(높을 최)	錘(저울눈 추)
			錐(송곳 추)	賰(넉넉할 춘)	錙(저울눈 치)	
		水	潸(눈물흐를 산)	潹(눈물흐를 산)	霎(가랑비 삽)	澁(말더듬을 삽)
			潒(세찰 상)	澦(펼 서)	噬(씹을 서)	潟(개펄 석)
			潨(물이름 선)	膆(멀떠구니 소)	膄(파리할 수)	潚(빠를 숙)
			澌(다할 시)	潯(물가 심)	鮓(생선젓 자)	潺(물흐르는소리 잔)
			潛(자맥질할 잠)	潜(잠길 잠)	瘴(장기 장)	潴(웅덩이 저)
			鮎(메기 점)	霑(젖을 점)	潮(조수 조)	噪(떠들썩할 조)
			瘯(옴 족)	潀(물가언덕 종)	澍(단비 주)	霌(운우모양 주)
			霔(장마 주)	餕(대궁 준)	滍(젖을 지)	濈(샘솟을 집)
			潗(샘솟을 집)	澄(맑을 징)	澂(맑을 징)	餐(먹을 찬)
			澈(물맑을 철)	潨(물늘릴 총)	瘳(나을 추)	
	水 (ㅁㅂㅍ)	木	瞞(속일 만)	蓂(명협풀 명)	橅(법칙 모)	穆(공경할 목)
			蒙(어릴 몽)	橆(우거질 무)	橅(법칙 무)	撫(어루만질 무)
			樸(통나무 박)	撲(칠 박)	縛(묶을 박)	馞(향기로울 발)
			撥(다스릴 발)	蒡(인동덩굴 방)	蓓(꽃봉오리 배)	橃(뗏목 벌)
			罰(죄 벌)	幞(두건 복)	奮(떨칠 분)	黺(수놓을 분)
			篦(빗치개 비)	蓖(아주까리 비)	播(뿌릴 파)	罷(파할 파)
			蒲(부들 포)	瓢(박 표)		
		火	瞙(흐릴 막)	罵(욕할 매)	瞢(어두울 몽)	憮(어루만질 무)
			儛(춤출 무)	躾(예절 미)	憫(근심할 민)	駮(논박할 박)
			燔(구울 번)	駢(나란히할 변)	鴘(매 변)	輹(복토 복)
			輻(바퀴살 복)	憤(성낼 분)	憊(고달플 비)	儐(인도할 빈)
			頻(자주 빈)	憑(기댈 빙)	輻(바퀴살 폭)	
		土	甍(용마루 맹)	冪(덮을 멱)	䣆(땅이름 미)	陪(도울 배)
			壁(벽 벽)	踿(모을 복)	陴(성가퀴 비)	遍(두루 편)
			嬖(사랑할 폐)	獘(넘어질 폐)	逼(닥칠 핍)	

획수	발음오행	자원오행	한자			
16	水 (ㅁ)(ㅂ)(ㅍ)	金	磨(갈 마)	謀(꾀 모)	璊(붉은옥 문)	錉(돈꿰미 민)
			辨(판단할 변)	鉼(판금 병)	賮(보유할 보)	諨(갖출 복)
			鞛(북소리 봉)	辦(힘쓸 판)	諞(말잘할 편)	諷(풍자할 풍)
			觱(악기이름 필)			
		水	螞(말거머리 마)	脕(흠치르르할 만)	螟(마디충 명)	貓(고양이 묘)
			默(잠잠할 묵)	潤(물흘러내릴 민)	膊(포 박)	潘(물이름 반)
			螌(가뢰 반)	潑(물뿌릴 발)	螃(방게 방)	膀(쌍배 방)
			潽(물 보)	澓(돌아흐를 복)	鮒(붕어 부)	濆(뿜을 분)
			瀵(샘용솟을 비)	霏(눈내릴 비)	澎(물소리 팽)	鮃(넙치 평)
			餔(저녁밥 포)	鮑(절인어물 포)		
17	木 (ㄱ)(ㅋ)	木	檟(개오동나무 가)	瞰(내려다볼 감)	撼(흔들 감)	橿(나무이름 강)
			糠(겨 강)	縫(포대기 강)	襁(포대기 강)	據(의지할 거)
			檢(검사할 검)	撿(검사할 검)	闃(고요할 격)	檄(격문 격)
			擊(부딪칠 격)	縛(명주 견)	闋(문닫을 결)	檠(도지개 경)
			橄(등경대 경)	擎(높이들 경)	擷(들 경)	穎(홑옷 경)
			罽(물고기그물 계)	觳(뿔잔 곡)	撾(칠 과)	穚(벼이삭팰 교)
			屨(신 구)	颶(구풍 구)	簋(제기이름 궤)	檎(능금나무 금)
			擒(사로잡을 금)	禨(조짐 기)	箕(대나무 기)	
		火	懇(정성 간)	歛(줄 감)	憾(한할 감)	憼(공경할 경)
			暻(밝을 경)	轂(바퀴통 곡)	顆(낟알 과)	鴰(재두루미 괄)
			曒(밝을 교)	鵁(해오라기 교)	覯(만날 구)	懃(은근할 근)
			覬(바랄 기)			
		土	艱(어려울 간)	蹇(절 건)	遣(보낼 견)	磬(빌 경)
			階(섬돌 계)	嶠(땅이름 교)	遘(만날 구)	
		金	謌(노래 가)	磵(산골물 간)	講(강론할 강)	鍵(열쇠 건)
			謇(떠듬거릴 건)	鍥(새길 결)	謙(겸손할 겸)	璟(옥빛 경)
			璭(광낼 곤)	鍋(냄비 과)	磺(돌소리 광)	璝(구슬이름 괴)

획수	발음오행	지원오행	한 자			
17	**木** ㉠㉵	金	矯(바로잡을 교)	磽(메마른땅 교)	購(살 구)	鞫(공 국)
			璣(구슬 기)	磯(물가 기)		
		水	癎(간기 간)	癇(간기 간)	殭(굳어질 강)	激(과격할 격)
			黚(얕은금향빛 겸)	谿(시내 계)	窾(빌 관)	館(객사 관)
			馘(귀벨 괵)	膠(아교 교)	鮫(상어 교)	麯(누룩 국)
	火 ㉡㉣ ㉥㉦	木	檀(박달나무 단)	檀(박달나무 단)	撻(매질할 달)	橽(물샐 달)
			擔(멜 담)	襌(담제 담)	橖(의자 당)	闍(망루 도)
			瞳(눈동자 동)	闌(가로막을 란)	蓮(연밥 련)	擄(노략질할 로)
			簏(대상자 록)	瞭(밝을 료)	蓼(여뀌 료)	縷(실 루)
			蔞(쑥 루)	褸(남루할 루)	縲(포승 류)	薐(마름 릉)
			罹(근심 리)	瞵(눈빛 린)	擇(가릴 택)	
		火	憺(편안할 담)	駺(꼬리흰 랑)	駺(꼬리흰말 량)	儢(힘쓰지않을 려)
			聯(잇닿을 련)	儡(영락할 뢰)	懍(위태할 름)	臨(임할 림)
			燀(평탄할 탄)			
		土	嬭(젖 내)	嬲(희롱할 뇨)	遝(뒤섞일 답)	隊(무리 대)
			蹈(밟을 도)	壔(성채 도)	獨(홀로 독)	勴(도울 려)
			勵(힘쓸 려)	嶺(고개 령)	耬(밭갈 루)	遛(머무를 류)
			隆(성할 륭)	麐(기린 린)	盪(씻을 탕)	
		金	鍛(쇠불릴 단)	戴(느낄 대)	鍍(도금할 도)	斁(섞을 두)
			膡(등산할 등)	磴(돌비탈길 등)	璒(옥돌 등)	鍊(불릴 련)
			斂(거둘 렴)	璐(아름다운옥 로)	璘(옥빛 린)	磷(물흐르는모양 린)
		水	嚀(간곡할 녕)	濃(무성할 농)	癉(앓을 단)	澾(미끄러울 달)
			澹(담백할 담)	螳(사마귀 당)	黛(눈썹먹 대)	螺(소라 라)
			濂(시내이름 렴)	殮(염할 렴)	澪(물이름 령)	澧(강이름 례)
			隸(붙을 례)	潞(강이름 로)	癆(중독 로)	療(병고칠 료)

획수	발음오행	자원오행	한 자			
17	火 (ㄴㄷㄹㅌ)	水	螻(땅강아지 루)	癃(느른할 륭)	窿(활꼴 륭)	澟(서늘할 름)
			螭(교룡 리)	濁(흐릴 탁)	澤(윤택할 택)	
	土 (ㅇㅎ)	木	菴(암자 암)	馣(향기로울 암)	闇(닫힌문 암)	龠(피리 약)
			襄(도울 양)	檍(감탕나무 억)	縯(당길 연)	曄(빛날 엽)
			藝(심을 예)	繄(창전대 예)	擁(안을 옹)	繇(역사 요)
			蔚(땅 울)	闈(문 위)	檃(도지개 은)	蔭(그늘 음)
			薃(빛 호)	闊(트일 활)	檜(전나무 회)	虧(이지러질 휴)
			禧(복 희)			
		火	鴰(뻐꾸기 알)	曖(가릴 애)	騃(어리석을 애)	憶(기억할 억)
			輿(수레 여)	曎(빛날 역)	懌(기뻐할 역)	營(경영할 영)
			翳(깃일산 예)	燠(따뜻할 오)	聱(듣지않을 오)	懊(한할 오)
			輼(수레 온)	聳(솟을 용)	燠(따뜻할 우)	優(넉넉할 우)
			燠(따뜻할 욱)	轅(끌채 원)	儥(팔 육)	應(응할 응)
			鴯(제비 이)	翼(날개 익)	駻(사나울 한)	轄(수레소리 할)
			懈(게으를 해)	赑(앞서 향)	駽(철총이 현)	鴻(기러기 홍)
			懁(성급할 환)	燬(불 훼)	徽(아름다울 휘)	鵂(수리부엉이 휴)
			歊(시시덕거릴 희)			
		土	嶽(큰산 악)	壓(누를 압)	陽(볕 양)	壖(빈땅 연)
			壓(고요할 염)	嬰(어릴 영)	嶸(가파를 영)	獩(민족이름 예)
			鄔(땅이름 오)	遙(멀 요)	隅(기슭 우)	鄖(나라이름 운)
			遠(멀 원)	黿(자라 원)	逾(넘을 유)	嬬(아내 유)
			嶾(산높을 은)	嶷(산이름 의)	罅(틈 하)	壑(산골짜기 학)
			羶(산높을 한)	獬(해태 해)	鄉(시골 향)	獫(오랑캐이름 험)
			蹊(지름길 혜)	壕(해자 호)	鄗(땅이름 호)	隍(빌 황)
			獪(교활할 회)	壎(질나팔 훈)	嬉(기쁠 희)	
		金	鍔(칼날 악)	鍚(당노 양)	鍈(방울소리 영)	嚶(작은소리 영)
			醞(빚을 온)	謠(노래 요)	鍝(톱 우)	謜(천천히말할 원)

획수	발음오행	자원오행	한 자			
17	**土** ◎ⓗ	金	鍮(놋쇠 유)	諭(깨우칠 유)	謚(웃는모양 익)	鍜(목투구 하)
			謔(희롱거릴 학)	謞(간특할 학)	韓(한나라 한)	馯(코고는소리 한)
			醢(젓갈 해)	謑(꾸짖을 혜)	鍸(제기 호)	鍰(무게단위 환)
			璜(서옥 황)	鍠(종고소리 황)	戲(놀이 희)	
		水	鮟(아귀 안)	癌(암 암)	嚴(엄할 엄)	湕(침 연)
			霙(진눈깨비 영)	濊(깊을 예)	澳(깊을 오)	澞(언덕 우)
			餧(먹일 위)	鮪(다랑어 유)	嬬(젖먹일 유)	黝(검푸른빛 유)
			噾(벙어리 음)	膶(등심 인)	霞(노을 하)	嚇(노할 하)
			澣(빨래할 한)	澥(바다이름 해)	鮭(어채 해)	嚇(노할 혁)
			嚎(울부짖을 호)	擐(꿸 환)	澴(소용돌이칠 환)	豁(열릴 활)
			澮(물흐를 회)	嚆(외칠 획)	餚(섞일 효)	嚍(울릴 효)
	金 ⓢⓩ ⓩ	木	簅(큰피리 산)	蔘(인삼 삼)	糝(나물죽 삼)	檡(나무이름 석)
			襌(봉선 선)	蔎(향기로울 설)	褻(더러울 설)	鐵(부추 섬)
			蔬(푸성귀 소)	繅(고치켤 소)	穗(이삭 수)	蓴(순채 순)
			瞚(잠깐 순)	褶(주름 습)	蔗(사탕수수 자)	糚(단장할 장)
			檣(돛대 장)	蔣(줄 장)	績(길쌈 적)	氈(모전 전)
			蔪(우거질 점)	黏(차질 점)	檉(위성류 정)	糟(전국 조)
			操(잡을 조)	蔦(담쟁이 조)	糙(매조미쌀 조)	艚(거룻배 조)
			簇(모일 족)	縱(바쁠 종)	幬(휘장 주)	蔟(대주 주)
			檝(배젓는노 즙)	蔯(더워질 진)	瞪(바로볼 징)	擉(작살 착)
			簒(빼앗을 찬)	蔡(거북 채)	簀(살평상 책)	擅(멋대로 천)
			瞮(눈밝을 철)	褻(겹옷 첩)	蔕(꼭지 체)	襊(선명할 초)
			總(거느릴 총)	蔥(파 총)	蓯(우거질 총)	簉(버금자리 추)
			縮(다스릴 축)	襡(고운옷 축)		
		火	儩(다할 사)	償(갚을 상)	憸(간사할 섬)	燮(불꽃 섭)
			聲(소리 성)	騂(붉은말 성)	魈(도깨비 소)	衞(거느릴 솔)
			憁(똑똑할 송)	燧(부싯돌 수)	雖(비록 수)	頴(아름다울 정)

획수	발음오행	자원오행	한자			
17	金 (ㅅㅈ ㅊ)	火	頲(이마 정)	燥(마를 조)	懆(근심할 조)	鬌(북상투 좌)
			駿(준마 준)	儁(똑똑할 준)	轃(이를 진)	燦(빛날 찬)
			儧(모을 찬)	毚(약은토끼 참)	燭(촛불 촉)	聰(귀밝을 총)
			頮(야윌 체)	輜(짐수레 치)	鴟(올빼미 치)	駸(달릴 침)
		土	嶼(섬 서)	遡(거스를 소)	遜(겸손할 손)	隋(수나라 수)
			鄋(나라이름 수)	鄎(나라이름 식)	牆(담장 장)	齋(재계할 재)
			隄(물가 저)	蹄(굽 제)	嬈(날씬할 조)	甑(시루 증)
			蹉(넘어질 차)	蹌(추창할 창)	遰(갈마들 체)	鄒(나라이름 추)
			趨(달릴 추)			
		金	謝(말씀 사)	鍤(가래 삽)	賽(굿할 새)	磶(주춧돌 석)
			鐥(가래 선)	鍱(쇳조각 섭)	謖(일어설 속)	鏉(쇳덩이 수)
			鍉(열쇠 시)	鎡(호미 자)	爵(잔 작)	磼(높을 잡)
			輾(구를 전)	鍗(큰가마 제)	鍾(쇠북 종)	罇(기쁠 준)
			矰(주살 증)	璡(옥돌 진)	礁(물잠김바위 초)	鍬(가래 초)
			鏨(가래 초)	醜(추할 추)	鍼(침놓을 침)	
		水	霜(서리 상)	嗇(꺼칠할 색)	澨(물가 서)	鮮(고울 선)
			漇(침 선)	濉(물이름 수)	膝(무릎 슬)	蟋(귀뚜라미 실)
			餦(산자 장)	餞(전별할 전)	澶(물고요히흐를 전)	膞(저민고기 전)
			澱(앙금 전)	點(점 점)	窴(넓찍한모양 정)	鯷(메기 제)
			澡(씻을 조)	螽(메뚜기 종)	濈(화목할 즙)	鮨(젓갈 지)
			螴(설렐 진)	膣(새살돋을 질)	濈(화목할 집)	澯(물맑을 찬)
			濋(큰물넘칠 초)	黜(물리칠 출)	蟄(동면할 칩)	
	水 (ㅁㅂ ㅍ)	木	蔓(넝쿨 만)	縵(무늬없는비단 만)	糢(밥의 윤기 만)	蔑(업신여길 멸)
			篾(대껍질 멸)	幪(덮을 몽)	繆(묶을 무)	糜(죽 미)
			麋(고삐 미)	幫(도울 방)	蓓(꽃봉우리 배)	繁(성할 번)
			檗(황벽나무 벽)	擘(엄지손가락 벽)	擗(가슴칠 벽)	瞥(잠깐볼 별)
			馞(향기 별)	蔔(무 복)	薜(향기성할 봉)	縫(꿰맬 봉)

획수	발음오행	자원오행	한 자
17 水 ㉤㉭㉮		木	蓬(쑥 봉)　篷(뜸 봉)　蔀(빈지문 부)　糞(똥 분) 獖(두더지 분)　黻(수놓을 불)　繃(묶을 붕)　馡(향기로울 비) 漭(부평초 평)　縹(휘날릴 표)　篳(사립짝 필)　罼(족대 필) 蓽(콩 필)
		火	懋(힘쓸 무)　騁(달릴 빙)　儦(번 포)　暴(사나울 포) 飄(나는모양 표)　聜(들을 표)
		土	鄍(고을이름 명)　麋(큰사슴 미)　嬪(아내 빈)
		金	錨(닻 묘)　珷(광채나는옥 무)　彌(두루 미)　謎(수수께끼 미) 鍲(돈꿰미 민)　謐(고요할 밀)　璞(옥돌 박)　磻(강이름 반) 謗(비방할 방)　磻(주살돌 번)　璠(아름다운옥 번)　鍑(가마솥 복) 賻(부의 부)　嶓(휘 파)
		水	蟇(두꺼비 마)　膜(어루만질 막)　蟊(해충 모)　濔(물가 미) 豳(나라이름 반)　餅(떡 병)　膚(살갗 부)　貔(비휴 비) 豳(나라이름 빈)　癈(폐질 폐)
18 木 ㉠㉡		木	擱(놓을 각)　簡(글 간)　襁(포대기 강)　闓(열 개) 擧(들 거)　蕖(연꽃 거)　瞼(눈꺼풀 검)　繭(고치 견) 蘾(어저귀 경)　瞽(소경 고)　蕎(메밀 교)　瞿(볼 구) 闕(대궐 궐)　蕨(고사리 궐)　櫃(함 궤)　繢(수놓을 궤) 穖(갈 기)
		火	鵑(두견새 견)　鵛(새이름 경)　雞(닭 계)　翺(날 고) 鵠(고니 곡)　騍(암말 과)　鸛(황새 관)　翹(꼬리 교) 覲(뵐 근)　騏(천리마 기)　騎(기병 기)
		土	隔(막을 격)　鹽(염지 고)　壙(들판 광)　鄥(고을이름 교) 舊(옛 구)　歸(돌아갈 귀)　麕(노루 균)　隙(틈 극) 隑(사다리 기)

획수	발음오행	자원오행	한 자			
18	木 ㉠㉡	金	鞈(가죽신 갑)	鏗(굳셀 강)	鎧(갑옷 개)	鞬(동개 건)
			鍥(새길 결)	鎌(낫 겸)	璥(경옥 경)	謦(기침 경)
			鎤(종고소리 굉)	曒(깨끗할 교)	謳(노래할 구)	鞫(국문할 국)
			謹(삼갈 근)	礏(산우뚝솟을 급)		
		水	鯁(생선뼈 경)	嚙(깨물 교)	龜(거북 구)	軀(몸 구)
			龜(거북 귀)	竅(구멍 규)	龜(터질 균)	蟣(서캐 기)
	火 ㉢㉣ ㉤㉥	木	穠(꽃나무무성할 농)	檽(나무이름 누)	簞(대광주리 단)	蕈(지모 담)
			擡(들어올릴 대)	檯(나무이름 대)	櫂(노 도)	擣(찧을 도)
			檮(등걸 도)	艟(배 동)	董(황모 동)	臝(쌓을 라)
			擥(잡을 람)	糧(양식 량)	禮(예도 례)	繚(감길 료)
			繗(이을 린)	擢(뽑을 탁)	蕩(씻어버릴 탕)	闖(엿볼 틈)
		火	懦(나약할 나)	嚉(무성할 대)	懟(원망할 대)	燾(비출 도)
			爁(불번질 람)	騋(큰말 래)	魎(도깨비 량)	轆(도드래 록)
			騄(말이름 록)	儱(미숙한모양 롱)		
		土	獰(모질 녕)	遯(달아날 둔)	鄝(나라이름 료)	壘(쌓을 루)
			釐(다스릴 리)			
		金	斷(끊을 단)	瑭(귀고리옥 당)	礑(밑바닥 당)	礌(바위 뢰)
			醪(막걸리 료)	謱(곡진할 루)	謬(그릇될 류)	鎏(금속 류)
		水	饋(풀보기잔치 난)	濘(진창 녕)	瀰(치렁치렁할 니)	膩(기름질 니)
			餳(엿 당)	濤(물결 도)	濼(강이름 락)	濫(넘칠 람)
			癘(창병 려)	鯉(잉어 리)	燐(반딧불 린)	濯(씻을 탁)
	土 ㉦㉧	木	曖(가릴 애)	颺(날릴 양)	檿(산뽕나무 염)	蕊(꽃술 예)
			穢(더러울 예)	縈(드리워질 예)	繞(두를 요)	蕘(땔나무 요)
			蕓(평지 운)	篔(왕대 운)	蔿(애기풀 위)	蕤(꽃 유)
			蕕(누린내풀 유)	檼(대마루 은)	檼(은행나무 은)	擬(헤아릴 의)
			檻(우리 함)	闔(문짝 합)	蕙(혜초 혜)	簧(혀 황)
			繢(웃을 희)			

획수	발음오행	자원오행	한 자
18	土 ⊙ⓗ	火	鵝(거위 아) 鵝(거위 아) 顎(턱 악) 顔(얼굴 안) 額(이마 액) 歟(어조사 여) 厴(편안할 염) 雝(화락할 옹) 顒(엄숙할 옹) 聵(귀머거리 외) 曜(요일 요) 燿(빛날 요) 魏(위나라 위) 曘(햇빛 유) 燸(따뜻할 유) 彝(떳떳할 이) 㦶(속일 하) 鷳(흰꿩 한) 爀(빛날 혁) 顯(나타날 현) 燻(연기낄 훈) 曛(어스레할 훈) 燨(들불 희)
		土	隘(좁을 애) 鄢(고을이름 언) 遨(놀 오) 甕(독 옹) 隗(높을 외) 麌(큰사슴 우) 隕(떨어질 운) 鄞(땅이름 은) 環(도리옥 환) 獲(얻을 획) 獯(오랑캐이름 훈)
		金	璦(아름다울 애) 韺(풍류이름 영) 謷(헐뜯을 오) 鎔(녹일 용) 謣(망령될 우) 趪(옳을 위) 謻(나아갈 유) 鞣(가죽 유) 醫(의원 의) 礒(돌모양 의) 鎰(중량단위 일) 鬩(다툴 혁) 鎣(갈 형) 鎬(호경 호) 鎤(종소리 황) 譹(부를 효) 齕(깨물 흘)
		水	濴(물소리 영) 濚(물졸졸흐를 영) 癰(악창 옹) 蟯(요충 요) 霣(떨어질 운) 黝(검을 울) 濡(젖을 유) 濰(강이름 유) 㶒(물고기놀 유) 鼬(족제비 유) 癒(병나을 유) 濦(강이름 은) 嚚(어리석을 은) 濱(물줄기 인) 濠(해자 호) 餬(기식할 호) 濩(퍼질 호) 濶(트일 활) 餱(건량 후) 黠(영리할 힐)
	金 ⒮ⓩ ⓩ	木	繖(우산 산) 觴(술잔 상) 穡(거둘 색) 鼫(새앙쥐 석) 繕(기울 선) 繐(베 세) 簫(퉁소 소) 蕭(맑은대쑥 소) 蕣(무궁화 순) 簪(비녀 잠) 襍(섞일 잡) 簟(대자리 점) 擠(밀칠 제) 儁(뛰어날 준) 繒(비단 증) 罾(그물 증) 織(짤 직) 擦(비빌 찰) 蕆(신칙할 천) 藊(하늘 천) 檐(처마 첨) 襜(수레휘장 첨) 瞻(쳐다볼 첨) 蕉(파초 초)
		火	曙(새벽 서) 聶(소곤거릴 섭) 鬆(더벅머리 송) 顋(뺨 시) 燼(깜부기불 신) 雙(쌍 쌍) 頿(코밑수염 자) 雜(썩을 잡)

획수	발음오행	자원오행	한자
18	金 ㅅㅈㅊ	火	儲(쌓을 저) 顓(오로지 전) 轉(구를 전) 題(표제 제) 燽(밝을 주) 鵕(금계 준) 職(벼슬 직) 覰(엿볼 처) 騅(오추마 추) 魋(몽치머리 추) 雛(병아리 추)
		土	䴛(소금 소) 遫(빠를 속) 𨕖(거느릴 솔) 遧(밝을 장) 鄣(고을이름 장) 適(갈 적) 蹟(행적 적) 遭(만날 조) 鼂(아침 조) 蹤(자취 종) 罇(술두루미 준) 遮(막을 차) 䣜(땅이름 차) 蹠(밟을 척) 蹙(대어들 축) 蹜(종종걸음칠 축) 鼀(두꺼비 축)
		金	鎟(방울소리 상) 謪(헤아릴 상) 瓗(아름다운옥 선) 鎖(자물쇠 쇄) 鎻(자물쇠 쇄) 璲(패옥 수) 瓗(옥이름 수) 璱(푸른구슬 슬) 醬(젓갈, 된장 장) 鎗(종소리 쟁) 謫(귀양갈 적) 璪(면류관 조) 贄(폐백 지) 鎭(진정할 진) 鎈(금빛 차) 戳(찌를 착) 璨(옥빛 찬) 礎(주춧돌 초) 鎚(쇠망치 추) 鞦(밀치 추) 贅(혹 췌)
		水	鯊(문절망둑 사) 膳(반찬 선) 蟬(매미 선) 鮹(문어 소) 濕(축축할 습) 濜(급히흐를 신) 癜(어루러기 전) 餰(된죽 전) 濟(건널 제) 濬(깊을 준) 濜(급히흐를 진) 竄(숨을 찬) 餮(탐할 철) 叢(모일 총) 蟲(벌레 충) 膵(췌장 췌)
	水 ㅁㅂㅍ	木	蕪(거칠어질 무) 蕃(우거질 번) 繙(되풀이할 번) 撇(털어낼 별) 簠(제기이름 보) 馥(향기 복) 蕡(과실주렁할 분) 奰(성낼 비) 檳(빈랑나무 빈) 擯(물리칠 빈) 蔽(덮을 폐) 豐(풍년 풍)
		火	魍(도깨비 망) 懞(마음어두울 몽) 曚(어두울 몽) 懣(번민할 문) 䫉(강할 민) 鵓(집비둘기 발) 翻(날 번) 駢(나란히할 병) 鬅(흐트러질 붕) 騑(곁마 비)
		土	蹣(넘을 만) 鄤(땅이름 만) 甓(벽돌 벽) 鄙(더러울 비) 蹕(벽제할 필)

획수	발음오행	자원오행	한 자			
18 水 ㅁㅂㅍ		金	謾(속일 만)	謨(꾀할 모)	鎛(종 박)	鎊(깎을 방)
			璧(옥구슬 벽)	骿(통갈비 변)	覆(뒤집힐 복)	髀(넓적다리 비)
			鞭(채찍 편)	斃(넘어질 폐)		
		水	貘(짐승이름 맥)	濛(가랑비올 몽)	膴(포 무)	瀰(넘칠 미)
			蟠(서릴 반)	膰(제사고기 번)	癖(버릇 벽)	濮(강이름 복)
			膹(고깃국 분)	濞(물소리 비)	濱(물가 빈)	殯(염할 빈)
			膨(부풀 팽)	蟚(방게 팽)	蟛(방게 팽)	鯆(돌고래 포)
19 木 ㄱㅋ		木	薑(생강 강)	羂(올무 견)	薊(삽주 계)	繫(맬 계)
			櫜(활집 고)	關(빗장 관)	檜(띠매듭 괴)	麴(누룩 국)
			闚(엿볼 규)	襟(옷깃 금)		
		火	顈(밝을 강)	鶊(꾀꼬리 경)	鵾(댓닭 곤)	曠(밝을 광)
			爌(불빛환할 광)	廲(빌 광)	趫(재빠를 교)	騤(말건강할 규)
		土	疆(지경 강)	羹(국 갱)	麔(큰사슴 경)	獷(사나울 광)
			壞(무너질 괴)	蹻(발돋움할 교)	蹶(넘어질 궐)	麒(기린 기)
		金	鏹(돈 강)	鏗(금옥소리 갱)	鏡(거울 경)	轎(가마 교)
			鞲(깍지 구)	譏(나무랄 기)		
		水	蠍(전갈 갈)	鯨(고래 경)	鯤(고니 곤)	餽(보낼 궤)
	火 ㄴㄷㄹㅌ	木	禰(아비사당 니)	薝(치자나무 담)	襠(잠방이 당)	禱(빌 도)
			牘(편지 독)	櫝(함 독)	廬(오두막집 려)	櫚(종려나무 려)
			櫟(상수리나무 력)	簾(발 렴)	櫓(방패 로)	蕗(감초 로)
			攊(갈 뢰)	蕾(꽃봉우리 뢰)	攄(펼 터)	
		火	難(어려울 난)	覴(오래볼 등)	覶(자세할 라)	曞(햇살퍼질 려)
			騄(새이름 록)	儱(비틀거릴 룡)	類(착할 류)	懰(근심할 류)
			離(베풀 리)	轔(수레소리 린)		

획수	발음오행	자원오행	한 자
19	**火** (ㄴㄷ ㄹㅌ)	土	鄲(나라이름 다)　鄲(나라이름 단)　壜(항아리 담)　犢(송아지 독) 鄧(고을이름 등)　懶(게으를 란)　麗(우아할 려)　獵(사냥 렵) 壚(흑토 로)　麓(산기슭 록)　壟(언덕 롱)　龐(가파를 롱) 遼(멀 료)　羸(여월 리)　鄰(이웃 린)
		金	譚(이야기 담)　鏜(종고소리 당)　韜(감출 도)　鼗(땡땡이 도) 韜(감출 도)　䜌(어지러울 란)　瓓(옥이름 람)　鏈(쇠사슬 련) 鏤(아로새길 루)　鏐(금 류)　鑠(땅이름 태)
		水	膿(고름 농)　膽(쓸개 담)　螳(사마귀 당)　餳(엿 당) 瀆(도랑 독)　臀(볼기 둔)　贏(고둥 라)　嚧(웃을 로) 濼(강이름 록)　瀏(맑을 류)
	土 (ㅇㅎ)	木	薆(우거질 애)　繶(끈 억)　繹(풀어낼 역)　橼(구연나무 연) 薉(거칠 예)　襖(웃옷 오)　穩(평온할 온)　醞(향기로울 온) 薀(붕어마름 온)　擾(어지러울 요)　薗(동산 원)　薏(율무 의) 艤(배를댈 의)　蕸(연잎 하)　薤(염교 해)　薌(곡식향내 향) 櫶(수레휘장 헌)　繯(맬 현)　矎(볼 형)　穫(곡식거둘 확) 擴(늘일 확)　繪(그림 회)　薰(향풀 훈)
		火	顒(둥글 운)　願(원할 원)　鵷(원추새 원)　翾(날 현) 鬍(수염 호)　顐(얼굴둥글 혼)
		土	嬿(아름다울 연)　鄼(땅이름 연)　艶(고울 염)　叡(밝을 예) 魕(사자 예)　甕(항아리 옹)　遶(두를 요)　鄬(땅이름 위) 遺(끼칠 유)　壝(제단 유)　鄦(나라이름 허)　遹(삐뚤 휼)
		金	礙(거리낄 애)　璵(옥 여)　礖(돌이름 여)　瓀(옥돌 연) 營(소리 영)　䕏(아름다울 예)　鏊(번철 오)　鏖(오살할 오) 韞(감출 온)　譌(잘못될 와)　鏞(큰쇠북 용)　韻(음운 운) 贇(예쁠 윤)　闦(화평할 은)　齗(잇몸 은)　譮(대답할 하) 覈(핵실할 핵)　譓(슬기로울 혜)　醯(식초 혜)　鏵(삽 화) 譁(시끄러울 화)　譃(거짓말할 후)　譎(속일 휼)　譆(감탄할 희)

획 수	발음 오행	자원 오행	한 자			
19	土 ⓞⓗ	水	饐(배부를 안)	瀁(시내이름 양)	臆(가슴 억)	蘖(서자 얼)
			嚥(삼킬 연)	饂(보리먹을 온)	瀇(깊을 왕)	瀀(어살 우)
			霪(장마 음)	膺(가슴 응)	蟻(개미 의)	蟹(게 해)
			嚮(향할 향)	瀅(맑을 형)	膾(회 회)	滶(물멀리뻗은모양효)
			餼(보낼 희)			
	金 ⓢⓙ ⓙ	木	薛(맑은대쑥 설)	繡(수놓을 수)	颼(바람소리 수)	擻(버릴 수)
			繩(줄 승)	薪(섶나무 신)	薔(장미꽃 장)	虀(회 제)
			繰(야청빛 조)	櫛(빗 즐)	葴(삼백초 즙)	擲(던질 척)
			薦(천거할 천)	簽(쪽지 첨)	簷(처마 첨)	蜀(접시꽃 촉)
			寵(사랑할 총)	薙(어린대나무 치)		
		火	爍(빛날 삭)	顙(이마 상)	爇(불사를 설)	鵻(소리개 수)
			儵(빠를 숙)	鬊(헝클어질 순)	鶉(메추라기 순)	鼆(오를 승)
			鵲(까치 작)	顚(꼭대기 전)	鬋(귀밑머리 전)	鵰(독수리 조)
			懲(혼날 징)	儳(어긋날 참)	歠(들이마실 철)	轍(바퀴자국 철)
			鶄(푸른백로 청)	雛(비둘기 추)		
		土	選(가릴 선)	鄯(나라이름 선)	獸(짐승 수)	鄩(고을이름 심)
			障(막힐 장)	羶(누린내 전)	鄭(나라이름 정)	際(만날 제)
			鬷(가마솥 종)	疇(밭두둑 주)	鼄(거미 주)	蹲(쭈그릴 준)
			遵(좇을 준)	鄫(나라이름 증)	遲(늦을 지)	遷(옮길 천)
			蹴(찰 축)			
		金	辭(말씀 사)	鏟(대패 산)	鐋(문지를 상)	璽(도장 새)
			譔(가르칠 선)	璿(아름다운옥 선)	鏇(갈이틀 선)	剡(땅이름 섬)
			璹(옥그릇 숙)	識(인정할 식)	璶(옥돌 신)	鏘(금옥소리 장)
			鏑(살촉 적)	鏃(살촉 족)	證(증거 증)	贈(줄 증)
			識(표할 지)	贊(도울 찬)	譖(참소할 참)	鏨(새길 참)
			譙(꾸짖을 초)	醮(제사지낼 초)	鏦(창 총)	

획수	발음오행	자원오행	한 자			
19	金 (ㅅㅈ ㅊ)	水	瀉(쏟을 사)	瀒(깔깔할 색)	蟾(두꺼비 섬)	霄(하늘 소)
			髓(골수 수)	蠅(파리 승)	瀋(즙 심)	瀍(강이름 전)
			臊(누린내날 조)	鯛(도미 조)	澂(맑을 징)	濺(흩뿌릴 천)
			鯖(청어 청)	緇(숭어 치)	癡(어리석을 치)	嚫(베풀 친)
	水 (ㅁㅂ ㅍ)	木	薇(장미 미)	薄(엷을 박)	攀(더위잡을 반)	颿(말달릴 범)
			襞(주름 벽)	黼(수 보)	簿(장부 부)	馪(향기 빈)
			矉(찡그릴 빈)	擺(열릴 파)	簸(까부를 파)	瓣(외씨 판)
		火	鵬(초명 명)	矇(청맹과니 몽)	鵡(앵무새 무)	騖(달릴 무)
			鵩(수리부엉이 복)	轒(병거 분)	鵬(봉새 봉)	騛(빠른말 비)
			騙(속일 편)	曝(쬘 폭)	爆(폭발할 폭)	鵯(직박구리 필)
		土	龐(클 방)	鄪(고을이름 비)	鄱(고을이름 파)	
		金	鏌(칼이름 막)	鏋(금 만)	鏝(흙손 만)	醱(술이괼 발)
			譜(문서 보)	鞴(말채비할 비)	贇(예쁠 빈)	璸(진주이름 빈)
			覇(으뜸 패)	鏢(칼끝장식 표)		
		水	霧(안개 무)	靡(쓰러질 미)	瀊(물돌아나갈 반)	嚭(클 비)
			臂(팔 비)	霦(옥광채 빈)	顠(찡그릴 빈)	瀑(폭포 폭)
20	木 (ㄱㅋ)	木	繾(곡진할 견)	蓴(순채 경)	繼(이을 계)	藁(마를 고)
			攑(주울 군)	闠(성시바깥문 궤)		
		火	覺(깨달을 각)	轗(가기힘들 감)	騫(이지러질 건)	鵾(봉황 곤)
			礜(갈기 기)			
		土	遽(급할 거)	匶(널 구)	勸(권할 권)	夔(조심할 기)

획수	발음 오행	자원 오행	한 자
20	**木** ㄱㄲ	**金**	鏹(돈 강) 醵(술잔치 갹) 瓊(옥 경) 警(경계할 경) 競(겨룰 경) 鞹(무두질한가죽 곽) 礦(쇳돌 광) 鐀(다할 궤) 璣(구슬 기)
		水	黥(자자할 경) 嚳(고할 곡) 饉(흉년들 근)
	火 ㄴㄷ ㄹㅌ	**木**	糯(찰벼 나) 羅(비단 라) 欄(내리닫이 란) 藍(남루할 람) 籃(바구니 람) 攊(칠 력) 櫪(말구유 력) 櫨(두공 로) 攎(당길 로) 攏(누를 롱) 飂(바람소리 료)
		火	騰(달릴 등) 懶(게으를 라) 曥(햇빛 려) 爐(화로 로) 曨(어스레할 롱)
		土	獺(수달 달) 蘴(거룻배 돈) 隣(이웃 린) 隤(무너질 퇴)
		金	醲(진한술 농) 鐃(징 뇨) 鐓(창고달 대) 鐙(등잔 등) 礪(거친숫돌 려) 礫(조약돌 력) 齡(나이 령) 醴(단술 례) 鏴(금길 로) 礨(바위 뢰) 鐐(은 료) 鏻(굳셀 린) 鬪(싸울 투)
		水	臑(팔꿈치 노) 黨(무리 당) 竇(구멍 두) 濾(거를 려) 瀝(거를 력) 鰊(청어 련) 露(이슬 로) 瀘(강이름 로) 瀧(비올 롱) 朧(흐릿할 롱) 瀨(여울 뢰)
	土 ㅇㅎ	**木**	廮(편안할 영) 鼯(날다람쥐 오) 薳(애기풀 원) 蓫(애기풀 위) 繼(꿰맬 은) 薿(우거질 의) 薾(번성할 이) 闞(범소리 함) 艦(싸움배 함) 櫶(나무이름 헌) 攇(절 헌) 瞱(볼 현) 馨(향기 형) 矍(두리번거릴 확) 薰(향풀 훈) 纁(분홍빛 훈) 薨(죽을 훙)
		火	鶚(물수리 악) 懩(바랄 양) 鷗(봉황 언) 曣(청명할 연) 爗(빛날 엽) 顁(높고클 오) 耀(빛날 요) 驈(절따말 원)

획수	발음오행	자원오행	한자
20	土 (◎ ⓗ)	火	憶(총명할 헌) 懸(매달 현) 曤(밝을 확) 轘(환형 환) 懷(품을 회) 爔(불 희) 曦(햇빛 희)
		土	罌(양병 앵) 壤(고운흙 양) 孃(아가씨 양) 龑(고명할 엄) 鄴(땅이름 업) 隩(물굽이 오) 邀(맞을 요) 嶬(땅이름 의) 邇(가까울 이) 邂(만날 해) 麝(사향사슴 향) 獻(드릴 헌) 還(돌아올 환) 鄶(나라이름 회) 犧(희생 희)
		金	藹(부지런할 애) 譯(통변할 역) 贏(남을 영) 鐛(물릴 영) 馨(소리 음) 議(의논할 의) 譞(지혜 현) 鐬(날카로울 혜) 鐄(종 횡) 斅(가르칠 효) 鐍(걸쇠 휼)
		水	鰐(악어 악) 嚶(새소리 앵) 癢(가려울 양) 嚴(엄할 엄) 蠕(꿈틀거릴 연) 蠑(영원 영) 瓔(어린아이 영) 瀛(바다 영) 霔(상서로운구름 율) 瀜(물깊고넓을 융) 鰕(새우 하) 瀚(넓고큰모양 한) 鹹(짤 함) 瀣(이슬기운 해) 澮(시내이름 회) 霱(상서로운구름 휼)
	金 (ⓐ ⓒ ⓒ)	木	薩(보살 살) 薁(아름다울 서) 薯(참마 서) 櫯(다목 소) 繻(고운명주 수) 藎(조개풀 신) 藉(깔개 자) 藏(감출 장) 藷(사탕수수 저) 籍(호적 적) 薺(냉이 제) 籌(살 주) 纂(모을 찬) 闡(열 천) 觸(닿을 촉) 櫬(무궁화나무 친)
		火	釋(풀 석) 騸(불깔 선) 儴(심복할 섭) 騷(떠들 소) 鷀(가마우지 자) 駽(얼룩말 재) 騭(수말 즐) 鬒(숱많고검을 진) 鶖(무수리 추) 騶(기사 추)
		土	孀(과부 상) 遾(닿을 서) 孅(가늘 섬) 躇(머뭇거릴 저) 邅(머뭇거릴 전) 鄵(땅이름 조) 躁(성급할 조) 巉(가파를 참) 躅(머뭇거릴 촉)
		金	鐺(그릇꼭지 상) 鐥(복자 선) 譱(착할 선) 贍(넉넉할 섬) 譫(헛소리 섬) 譸(남의말따를 수) 鐔(날밑 심) 齟(어긋날 저) 譟(떠들 조) 鐘(쇠북 종) 鐏(창고달 준) 瓆(사람이름 질) 鏶(금속판 집) 齠(이갈 초)

획수	발음오행	자원오행	한 자			
20	金 (ㅅㅈ ㅊ)	水	霰(싸라기눈 산) 潴(웅덩이 저) 瀞(맑을 정) 鰌(미꾸라지 추)	嚵(가득채울 새) 癤(부스럼 절) 鯷(메기 제) 鰍(미꾸라지 추)	鰓(아가미 새) 鰈(가자미 접) 臍(배꼽 제)	饈(드릴 수) 瀞(맑을 정) 癥(적취 징)
	水 (ㅁㅂ ㅍ)	木	麵(밀가루 면) 羆(큰곰 비)	艨(싸움배 몽) 繽(성할 빈)	藐(멀 묘) 飄(질풍 표)	寶(보배 보)
		火	鶩(집오리 목)	翻(나는모양 빈)		
		土	邁(갈 매)	嬖(가를 벽)	避(피할 피)	
		金	髆(어깻죽지뼈 박) 韠(슬갑 필)	鐢(명반 반) 韠(슬갑 필)	辮(땋을 변)	譬(비유할 비)
		水	饅(만두 만) 蠙(진주조개 빈)	朦(풍부할 몽) 臏(종지뼈 빈)	鰒(전복 복)	瀕(물가 빈)
21	木 (ㄱㅋ)	木	攓(뽑을 건)	纊(솜 광)		
		火	騫(훨훨날 건) 轟(울릴 굉)	鷄(닭 계) 驅(달릴 구)	顧(돌아볼 고) 鷇(새새끼 구)	鶻(송골매 골)
		土	巋(가파를 규)			
		金	齦(깨물 간)	譴(꾸짖을 견)	齩(깨물 교)	
		水	鹻(소금기 감) 鰭(지느러미 기)	灡(우물샘솟을 계) 饑(굶주릴 기)	癨(곽란 곽)	饋(먹일 궤)
	火 (ㄴㄷ ㄹㅌ)	木	闥(문 달) 爛(문채 란)	藤(등나무 등) 攔(막을 란)	籐(등나무 등) 襤(누더기 람)	欄(목란 란) 藜(나라이름 려)

획수	발음 오행	자원 오행	한 자
21	火 ⓁⓉ ⓇⓉ	木	糲(현미 려)　　瀘(눈동자 로)　　艪(노 로)　　纇(실마디 뢰) 飀(바람 료)　　纍(맬 류)
		火	儺(공손한모양 나)　曩(앞서 낭)　　儸(재능있을 라)　　騾(노새 라) 覶(자세할 라)　　爛(빛날 란)　　覽(보살필 람)　　儷(짝 려) 鶹(올빼미 류)　　魑(도깨비 리)
		土	罍(술독 뢰)　　龏(용 롱)
		金	鐺(쇠사슬 당)　　瓐(비취옥 로)　　鑪(아교그릇 로)　　瓏(옥소리 롱) 礱(숫돌에갈 롱)　　髏(해골 루)　　鐸(목탁 탁)
		水	黮(검을 담)　　癩(약물중독 라)　　瀾(큰물결 란)　　灆(물맑을 람) 臘(납향 랍)　　蠟(밀초 랍)　　蠣(굴 려)　　蠡(좀먹을 려) 癧(연주창 력)　　瀲(넘칠 렴)
	土 ⓞⓗ	木	櫻(앵두나무 앵)　藥(약 약)　　攘(물리칠 양)　　攖(다가설 영) 藝(심을 예)　　廱(학교 옹)　　藕(연뿌리 우)　　薷(목이버섯 유) 薰(향기날 훈)　　纈(홀치기염색 힐)　襭(옷자락걷을 힐)
		火	鶯(꾀꼬리 앵)　　爚(빛 약)　　鷊(댓닭 약)　　轝(수레 여) 憼(지킬 영)　　驁(준마 오)　　鷂(새매 요)　　鷁(익조 익) 鶴(두루미 학)　　轞(함거 함)　　赩(진한붉은빛 혁)　顥(클 호) 爌(불밝을 황)
		土	躍(뛸 약)　　巍(높고큰모양 외)　險(험할 험)
		金	譽(기릴 예)　　耰(곰방메 우)　　韡(꽃활짝필 위)　　皭(흴 학) 護(보호할 호)　　譹(부르짖으며울 호)　礭(회초리 확)　　鐶(고리 환)
		水	黯(검을 암)　　瀼(흠치르르할 양)　瀯(깊을 연)　　瀯(물소리 영) 瀴(물질펀할 영)　饒(넉넉할 요)　饐(쉴 의)　　瀷(강이름 익) 鰥(환어 환)　　嚻(들렐 효)

획수	발음오행	자원오행	한 자			
21	金 (ㅅ)(ㅈ) (ㅊ)	木	欇(첩 섭)	續(이을 속)	屬(붙일 속)	藪(늪 수)
			籔(조리 수)	藮(빛붉고푸를 슬)	纏(얽힐 전)	籒(주문 주)
			攙(찌를 참)	欃(살별이름 참)	櫼(쐐기 첨)	龝(가을 추)
		火	鬖(헝클어질 삼)	鷏(백로 진)	儹(모을 찬)	懺(뉘우칠 참)
			驂(곁마 참)	鶬(재두루미 창)	䫓(야윌 초)	驄(총이말 총)
			鶵(난새 추)			
		土	麝(사향노루 사)	隨(따를 수)	隧(길 수)	邃(깊을 수)
			齎(가져올 재)	躋(오를 제)	躊(머뭇거릴 주)	醝(소금 차)
		金	齧(물어뜯을 설)	瓍(구슬 수)	贐(예물 신)	贓(장물 장)
			鐫(새길 전)	劗(깎을 찬)	鐵(검은쇠 철)	
		水	鰤(방어 사)	鬺(삶을 상)	饍(반찬 선)	殲(죽일 섬)
			囁(소곤거릴 섭)	瀟(강이름 소)	嚼(씹을 작)	囃(메기는소리 잡)
			囀(지저귈 전)	竈(부엌 조)	蠢(꿈틀거릴 준)	饌(반찬 찬)
			瀸(건수 첨)			
	水 (ㅁ)(ㅂ) (ㅍ)	木	襪(버선 말)	欂(두공 박)	藩(덮을 번)	闢(열 벽)
			飇(폭풍 표)	飈(폭풍 표)		
		火	魔(마귀 마)	鬘(머리장식 만)	驀(말탈 맥)	翻(날 번)
			驃(표절따 표)			
		土	邈(멀 막)	獼(원숭이 미)		
		金	劘(깎을 마)	辯(말잘할 변)	贔(힘쓸 비)	轡(마상고 비)
		水	瀎(업신여길 멸)	瀰(물넓을 미)	霹(벼락 벽)	霸(으뜸 패)
22	木 (ㄱ)(ㅋ)	木	欅(느티나무 거)	藿(콩잎 곽)	欋(잎무성할 구)	權(권세 권)
			蘄(풀이름 기)			

획수	발음오행	자원오행	한 자
22	**木** (ㄱㅋ)	火	爟(봉화 관) 驕(교만할 교) 鷗(갈매기 구) 懼(놀랄 구)
		土	龕(감실 감) 龔(공손할 공)
		金	鑑(거울 감) 鑒(거울 감) 韁(고삐 강) 競(다툴 경) 龥(이숫을 곤) 戳(창 구)
		水	鱇(아귀 강) 鰹(가물치 견) 灌(물댈 관) 濯(물이름 구) 鯢(복어 규)
	火 (ㄴㄷㄹㅌ)	木	欒(이룰 련) 蘆(갈대 로) 艫(뱃머리 로) 籠(대그릇 롱) 蘢(개여뀌 롱) 籟(세구멍통소 뢰) 藺(골풀 린) 籜(대껍질 탁) 蘀(낙엽 탁) 攤(펼칠 탄)
		火	儻(뛰어날 당) 轢(삐걱거릴 력) 聾(귀머거리 롱) 驎(얼룩말 린) 驔(엽전 탄)
		土	罎(항아리 담) 儷(짝 려) 邌(천천히갈 려) 孌(아름다울 련) 躐(밟을 렵) 孋(나라이름 리)
		金	韃(종족이름 달) 讀(읽을 독) 讀(구절 두) 瓓(옥무늬 란)
		水	囊(주머니 낭) 饕(탐할 도) 囉(소리섞일 라) 圞(둥글 란) 臚(살갗 려) 鰱(연어 련)
	土 (ㅇㅎ)	木	藹(우거질 애) 禴(봄제사 약) 穰(볏대 양) 禳(제사이름 양) 鼴(두더지 언) 糵(누룩 얼) 蘡(국화 영) 蕊(꽃술 예) 蘊(쌓을 온) 矓(물끄러미볼 응) 蘅(족두리 형) 龢(화할 화) 蘍(향초 훈) 攜(끌 휴)
		火	儼(의젓할 엄) 鷖(갈매기 예) 懿(아름다울 의) 驊(준마 화) 懽(기뻐할 환) 驍(날랠 효)

획수	발음오행	자원오행	한 자
22	土 ⓞⓗ	土	隱(숨을 은)
		金	齬(어긋날 어) 瓔(구슬목걸이 영) 響(울림 향) 譞(구할 현) 譓(슬기로울 혜) 鑊(가마솥 확) 歡(기뻐할 환) 鑅(종소리 횡) 鑂(금빛투명할 훈)
		水	臙(연지 연) 癭(혹 영) 囈(잠꼬대 예) 鰲(자라 오) 饔(아침 옹) 癮(두드러기 은) 饗(잔치할 향) 灐(물이름 형) 囍(쌍희 희)
	金 ⓢⓙⓒ	木	攝(당길 섭) 欇(까치콩 섭) 蘇(차조기 소) 㩳(곧게세울 송) 襲(엄습할 습) 欌(장롱 장) 糴(쌀사들일 적) 籛(성씨 전) 藻(말 조) 攛(던질 찬) 襯(속옷 친)
		火	⿰火聶(따뜻할 섭) 懾(두려워할 섭) 鬚(수염 수) 鬙(머리헝클어질 승) 鷓(자고새 자) 驏(안장없는말 잔) 覿(볼 적) 顫(떨릴 전) 鷙(맹금 지) 聽(들을 청)
		土	隰(진펄 습) 麞(노루 장) 廛(가게 전) 巓(산꼭대기 전) 躔(궤도 전) 隮(오를 제) 躓(넘어질 지) 巑(높이솟을 찬) ⿰女贊(희고환할 찬) 躑(머뭇거릴 척) 疊(겹칠 첩)
		金	贖(속바칠 속) 讅(살필 심) 鑄(쇠부어만들 주) 齪(악착할 착) 讚(밝을 찬)
		水	孿(쌍둥이 산) 癬(옴 선) 灄(강이름 섭) 灊(물이름 심) 竊(훔칠 절) 霽(날씨갤 제) 瀸(땅이름 첨)
	水 ⓜⓑⓟ	木	蘋(네가래 빈)
		火	彎(굽을 만) 轡(고삐 비)
		土	巒(뫼 만) 亹(힘쓸 미) 邊(가장자리 변)

획수	발음오행	자원오행	한 자
22 水 ⑩⑪		金	鑌(강철 빈)
		水	鰻(뱀장어 만)　　鰵(다금바리 민)　　鰾(부레 표)
23	木 ㉠㉾	木	籧(대자리 거)　　蘧(패랭이꽃 거)　　鼸(두더지 겸)　　羈(굴레 기)
		火	驚(놀랄 경)　　鷱(작은비둘기 고)
		金	瓘(옥이름 관)　　鑛(쇳돌 광)
		水	蠲(밝을 견)　　蠱(독 고)　　癯(여윌 구)
	火 ㉡㉢㉣㉤	木	欏(돌배나무 라)　　蘭(난초 란)　　欒(나무이름 란)　　襴(난삼 란) 籣(동개 란)　　攣(걸릴 련)　　攦(베풀 리)　　穲(끈끈이 리) 薑(쓸 탕)
		火	曪(햇빛없을 라)　　鸁(노새 라)　　轣(갈을 력)　　戀(사모할 련) 鷺(해오라기 로)　　轤(도드래 로)
		土	麟(기린 린)　　躪(짓밟을 린)
		金	鑞(땜납 랍)　　鑢(쇠줄 려)
		水	臝(벌거벗을 라)　　灆(물이름 라)　　灓(새어흐를 란)　　灑(물이름 리) 鱗(비늘 린)　　灘(여울 탄)
	土 ⑥⑧	木	籥(피리 약)　　蘘(양하 양)　　鼴(두더지 언)　　蘖(누룩 얼) 蘖(그루터기 얼)　　纓(갓끈 영)　　藒(은총 은)
		火	驛(역말 역)　　靨(보조개 엽)　　鷳(백한 한)　　驗(증험할 험) 顯(나타날 현)　　鬟(쪽진머리 환)　　鷸(도요새 휼)

획수	발음오행	자원오행	한 사			
23	土 ◎ⓗ	土	巖(바위 암)	邍(넓은들판 원)	巚(봉우리 헌)	巀(봉우리 헌)
			隳(무너뜨릴 휴)			
		金	醼(잔치 연)	讌(이야기할 연)	讉(성낼 유)	頀(구할 호)
		水	饜(포식할 염)	癰(악창 옹)		
	金 ⓢⓙ ⓩ	木	蘚(이끼 선)	纖(가늘 섬)	薔(장미 장)	纔(재주 재)
			攢(모일 찬)	欑(모일 찬)	籤(제비 첨)	龝(오색빛 초)
		火	曬(쬘 쇄)	驌(말이름 숙)	驖(구렁말 철)	鷦(뱁새 초)
			鷲(독수리 취)			
		金	鑠(쇠녹일 삭)	讎(원수 수)	讐(원수 수)	髓(골수 수)
			鑕(도끼 질)	體(몸 체)	髑(해골 촉)	
		水	鱓(드렁허리 선)	灑(뿌릴 쇄)	鱏(심어 심)	皭(흴 작)
			鱒(송어 준)	灒(땀뿌릴 찬)	黲(검푸르죽죽할 참)	
	水 ⓜⓑ ⓟ	木	蘪(천궁 미)	蘩(산흰쑥 번)	蘗(황벽나무 벽)	馪(향내 빈)
		火	鷩(붉은꿩 별)			
		金	變(변할 변)	鑣(재갈 표)		
		水	黴(곰팡이 미)	鼈(자라 별)		
24	木 ⓖⓚ	木	攪(어지러울 교)			
		火	衢(네거리 구)			
		土	罐(두레박 관)			

획수	발음오행	자원오행	한자
24	木 ㉠㉡	金	贛(줄 공)
	火 ㉢㉣㉤㉥	木	韠(관대할 다)
		火	爔(밝을 당)
		土	隴(고개이름 롱)
		金	鑪(화로 로)
		水	蠹(좀 두) 灡(쌀뜨물 란) 靂(벼락 력) 靈(신령 령) 鱧(가물치 례) 癱(중풍 탄)
	土 ㉦㉧	木	攦(칠 알) 攫(붙잡을 확)
		火	曮(해다닐 엄) 魘(잠꼬대할 염) 鷹(매 응) 䴊(금계 의) 鷽(비둘기 학)
		土	躐(뽑을 약) 艶(고울 염) 玁(오랑캐이름 험)
		金	齶(잇몸 악) 齷(악착스러울 악) 讓(겸손할 양) 釀(술빚을 양) 齲(충치 우) 鑫(기쁠 흠)
		水	靄(아지랑이 애) 鹽(소금 염) 鰲(자라 오) 繪(회 회) 屭(힘쓸 희)
	金 ㉨㉩㉪	木	欜(너그러울 차) 欑(볏가리 찬) 矗(우거질 촉)
		火	鷫(신령한새 숙) 鸇(송골매 전) 驟(달릴 취)
		土	躞(걸을 섭)

획수	발음오행	자원오행	한 자
24	金 (ㅅㅈㅊ)	金	瓚(옥잔 찬)　　讒(참소할 참)　　懺(뉘우칠 참)　　韆(그네 천)
		水	蠶(누에 잠)　臟(오장 장)　鱣(잉어 전)　癲(미칠 전) 灛(내이름 천)　靉(구름낄 체)　囑(부탁할 촉)
	水 (ㅁㅂㅍ)	火	鷿(논병아리 벽)　矉(찡그릴 빈)　鬢(살쩍 빈)
		土	壩(방죽 파)　壩(방죽 패)
25	木 (ㄱㅋ)	木	矙(엿볼 감)
		火	觀(볼 관)　羈(굴레 기)
		金	髖(허리뼈 관)
	火 (ㄴㄷㄹㅌ)	木	纛(둑 독)　　纙(돈꾸러미 라)　　蘿(무 라)　　欄(목란 란) 欖(감람나무 람)　攬(잡을 람)　籬(울타리 리)
		火	鬣(갈기 렵)　顱(머리뼈 로)
		土	鼉(악어 타)
		金	钂(밝을 당)　鑭(금빛나는모양 란)
		水	黵(문신할 담)　灠(샘 람)　臠(저민고기 련)
	土 (ㅇㅎ)	木	黌(학교 횡)
		火	鸎(꾀꼬리 앵)

획수	발음오행	자원오행	한 자
25	土 ⓞ ⓗ	金	鑰(자물쇠 약)　　鑲(거푸집속 양)　　㰫(창 확)　　瓛(옥홀 환) 讙(시끄러울 환)　讙(시끄러울 훤)
		水	靉(구름낄 애)　　灝(넓을 호)
	金 ⓢ ⓩ ⓩ	木	糶(쌀팔 조)　　纘(이을 찬)　　廳(관청 청)
		火	矚(비출 촉)　　爥(촛불 촉)
		土	躡(밝을 섭)
		金	鑱(침 참)
	水 ⓜ ⓑ ⓟ	木	蘼(장미 미)　　籩(제기이름 변)
		火	鸏(물새새끼 몽)
		土	鼈(자라 별)
		金	鏄(종 박)
		水	蠻(오랑캐 만)　　灞(물이름 파)
26	木 ⓖ ⓚ	木	夔(조심할 기)
		金	鑵(두레박 관)　　𩿨(제비 구)
	火 ⓛ ⓒ ⓔ ⓣ	火	驢(나귀 려)　　虆(이을 련)

획수	발음오행	자원오행	한 자
26	火 ⓛⓒⓩⓔ	土	邐(순행할 라)　　鄺(땅이름 력)　　邐(이어질 리)
		金	髗(머리뼈 로)
		水	灤(새어흐를 란)
	土 ⓞⓗ	木	籲(부를 유)　　龤(풍류조화될 해)
		金	釁(피칠할 흔)
		水	黶(사마귀 염)　　灦(물깊고맑을 현)
	金 ⓢⓩⓩ	木	矚(볼 촉)
		火	趲(놀라흩어질 찬)
		土	酇(나라이름 찬)
		金	鑷(족집게 섭)　　釃(술거를 시)　　讚(밝을 찬)
		水	饞(탐할 참)
	水 ⓜⓑⓟ	土	鼊(거북 벽)
		水	灣(물굽이 만)
27	木 ⓖⓚ	火	顴(광대뼈 관)　　驥(천리마 기)
	火 ⓛⓒⓩⓔ	木	纜(닻줄 람)

획수	발음오행	자원오행	한 자
27	火 (ㄴㄷ ㄹㅌ)	火	鸕(가마우지 로)
		土	躙(유린할 린)
		金	讜(곧은말 당)　鑼(징 라)　鑾(방울 란)
		水	黷(더럽힐 독)　鱸(농어 로)
	土 (ㅇㅎ)	火	驤(머리들 양)
		金	讞(평의할 언)　釿(웃을 은)
	金 (ㅅㅈ ㅊ)	火	顳(관자놀이 섭)
		金	鑽(뚫을 찬)
	水 (ㅁㅂ ㅍ)	水	寶(보배 보)
28	木 (ㄱㅋ)	金	钁(괭이 곽)
		水	灨(강이름 공)
	火 (ㄴㄷ ㄹㅌ)	木	櫺(격자창 령)
		火	戇(어리석을 당)
	土 (ㅇㅎ)	火	鸚(앵무새 앵)　驩(기뻐할 환)

획수	발음오행	자원오행	한 자
28	金 ⓢⓩ ⓩ	金	鑿(뚫을 착)
		水	灥(맑은물줄기 천)
29	木 ⓖⓚ	火	鸛(황새 관)　　　鸜(구관조 구)
		水	鑵(사람이름 관)
	火 ⓛⓒⓡⓔ	火	驪(검을 려)
	土 ⓞⓗ	木	鬱(막힐 울)
30	火 ⓛⓒⓡⓔ	火	鸞(방울 란)　　　鸝(꾀꼬리 리)
	金 ⓢⓩ ⓩ	火	爨(부뚜막 찬)
32	土 ⓞⓗ	木	籲(부를 유)
		水	灩(출렁거릴 염)
33	土 ⓞⓗ	水	灪(큰물 울)
	金 ⓢⓩ ⓩ	土	麤(거칠 추)
		水	鱻(고울 선)

제12장

81 수리 해설

1획   기본격(基本格) - 삼양회춘지상(三陽回春之象)

홀수이며 양수이다. 1획수는 모든 숫자의 시작이며 기본이 되므로 분리(分離)되지 않고 자연의 모든 생기를 흡수하여 새로운 희망(希望)과 부귀영화(富貴榮華)를 누리게 되는 수리이다. 우주 본원의 으뜸을 가리키니 만물이 소생하는 기상으로 유의유덕(有意有德)하며 고귀한 인격은 세상사를 통달하고 발전하여 부귀와 명예가 몸에 따르게 되는 대길한 수이며 새로운 일을 고안해 내는 일이나 과학적이고 창조적인 분야에 적합한 수리이다.

2획   분산격(分散格) - 제사분리지상(諸事分離之象)

둘로 분리(分離)가 되는 수리이다. 따라서 자신의 타고난 재능을 발휘하여 성공하고 부귀영화를 누릴 수는 있겠으나 마무리에 약하고 하는 일마다 공허(空虛)하며 조업을 파산하게 된다. 부부 인연이 박하여 자녀와 생리사별(生離死別)하며 가정을 망실하고, 역경을 당하며 고향을 떠나 객지에서 고독과 수심으로 허송세월하게 된다. 고독하고 번뇌하며 실천력이 미약하여 일생동안 불안(不安)하게 되는 운의 수리이다.

3획 발전격(發展格) - 시생만물지상(始生.萬物之象)

지혜가 뛰어나고 재치가 있어 가정이나 사회생활을 하는데 있어 아무런 장애와 지장을 받지 않고 발전하는 수리이다. 자성이 영준(英俊)하여 도량(度量)이 바다와 같다. 명철한 두뇌는 용감무쌍한 과단성(果斷性)으로 활동적인 천성에 대업을 이루고 입신양명(立身揚名)하여 만인이 부러워하는 지도적 인물이 될 수 있다. 지모(智謀)와 함께 결단력(決斷力)과 실천력이 있으므로 노력을 게을리 하지 않으면 크게 대성하는 운의 수리이다.

4획 풍파격(風波格) - 동서각비지상(東西各飛之象)

시작은 있으나 매사가 용두사미(龍頭蛇尾)가 되는 격으로 이익이 생기면 사방으로 흩어지는 해(害)로운 수리이다. 그러므로 노력을 기울여도 그 대가가 적으며 시간 손실과 경제적인 낭비가 많다. 성격(性格)은 온유하나 결단이 부족하다. 근면하게 노력하여 성공은 하겠으나 오래 가지 못하고 실패의 고배를 맛보게 되며 배우자와도 불화 하여 이별하게 되고 패가망신(敗家亡身)하는 수라 하겠다. 예기치 않은 재앙을 당하기도 하므로 항상 강인한 정신력과 의지력을 배양함을 요구하는 운의 수리이다.

5획   복덕격(福德格) – 성공순리지상(成功順理之象)

매우 길한 수리이다. 성격이 온후하여 대외적인 활동에 길하고 지와 덕이 겸비하였고 배우지 않아도 자습으로 이치를 터득할 수 있다. 조달용문(早達龍門)하고 내활외활(內活外活)하며 천하에 양명부귀(揚名富貴)하고 만인의 장이 될 수 있다. 어디를 가든 중심에 서게 되고 지도자의 역할을 잘 감당해 나갈 수 있는 지도력을 지녔으며 두터운 신망(信望)을 받는 존재가 되는 수리이다.

6획   순성격(順成格) – 풍부순성지상(豊富順成之象)

조상의 풍부한 가업을 안전하게 계승(繼承)받을 수 있는 수리이다. 천성이 온후하며 독실하고 지덕이 건실하여 화기(和氣)가 자래하니 부귀와 영화를 누릴 것이다. 확고부동한 신념과 인내력이 강하며 불요불굴의 노력으로 자신의 명예(名譽)와 재물(財物)을 지키고 폭넓은 인간관계와 끊임없는 실천력으로 성공을 이룬다. 나아가 사회적으로 능력(能力)을 인정을 받고 안으로는 부부해로하고 복록(福祿)이 가득한 수리이다.

7획　독립격(獨立格) - 강건전진지상(剛健前進之象)

　　독립(獨立)과 인내(忍耐)의 수리로서 대장부의 지조가 철석과 같아 모든 일이 대범하게 이루어지고 순조롭게 진행된다. 기상이 하늘 높이 치솟는 정열과 노력은 타인의 추앙(推仰)을 받게 되고 그 위력이 강하여 많은 사람들이 따르게 된다. 나아가 초지일관 목적을 달성하여 타의 모범(模範)이 되는 한편 남의 의견을 존중하고 화합(和合)에 힘쓰므로 온유함과 관대함이 드러나 존경(尊敬)받는 인물로 더욱 발전할 수 있는 운의 수리이다.

8획　개척격(開拓格) - 자력발전지상(自力發展之象)

　　외유내강(外柔內剛)한 성품을 지녔으며 강한 의지로 초지일관(初志一貫) 노력하는 수리이다. 아무리 힘든 고난(苦難)과 역경(逆境)이 닥쳐도 강인한 정신력으로 이겨내며 대업을 성취한다. 독단적(獨斷的)인 노력과 행동으로 주변 사람을 이끌어 가는 리더의 기질이 있다. 의지가 강건하여 독립심과 실행능력이 남달리 돋보이는 동시에 반드시 노력한 만큼의 성과(成果)가 나타나 부귀하게 된다. 화평(和平)한 인생을 이루는 길한 수리이다.

9획 궁박격(窮迫格) - 대재무용지상(大材無用之象)

시작은 있으나 끝이 없는 격으로 불길한 수리다. 타고난 지혜로 큰 꾀를 세워 민첩한 수완과 영준(英俊)한 기질로 대업을 완수하고 부귀영화(富貴榮華)로 명진사해를 하다가 중도에 좌절을 당하거나 성공은 있겠으나 매사가 수포로 돌아가는 등 비참한 환경에 처하게 된다. 부부와 불화하여 이중생활이 아니면 이별(離別)을 면치 못하게 되며 자손에 근심이 많게 되고 화란(禍亂)이 많고 풍파가 많은 흉한 수리이다.

10획 공허격(空虛格) - 만사허무지상(萬事虛無之象)

재능이 있어도 소득(所得) 없는 일에 분주하고 어느 정도 발전을 이룬 뒤에는 더 이상의 성공(成功)을 이루기 어려운 불길한 수리이다. 모든 일에 능력이 풍부하여 재치(才致)와 기량이 풍성하여 일은 잘 벌이지만 의욕(意慾)만 앞서 만족한 결과를 얻기 어렵다. 육친(六親)의 덕이 없고 사교성은 민첩하나 결단력이 부족하여 언제나 좋은 기회를 잃게 되니 대개는 타향에 전전하여 온갖 산고를 겪고 형액·불구·질병 등 흉운을 겪게 되는 불길한 수리이다.

11획　신성격(新盛格) - 신왕재왕지상(身旺財旺之象)

　　매사가 순조롭고 스스로 노력하고 개척(開拓)하는 일마다 좋은 결과를 맺게 되는 길한 수리이다. 사회적 기반을 닦고 대성하여 주변으로부터 두터운 신망(信望)을 얻는다. 사고력이 깊으며 성실하며 자립심이 강하니 한 번 목적한 바는 끝까지 이루는 진취적(進取的)인 기상이 있으니 가문을 일으켜 번창하게 하는 대길 수이다. 부부가 해로하고 자녀가 가문을 빛내니 매사 순조로워 축복(祝福)과 번영(繁榮)을 이루는 길한 수리이다.

12획　박약격(薄弱格) - 박약고독지상(薄弱孤獨之象)

　　신중하고 사색적이며 감성은 풍부하지만 현실성(現實性)이 떨어지는 수리이다. 이처럼 소극적(消極的)인 면으로 인해 의지가 약하여 일의 진행이 미흡하며 어려운 처지에 놓일 가능성이 크다. 재치와 기량이 있으나 결정적인 순간에 매듭을 엮어내지 못하여 좌절(挫折)을 당하거나 바라던 바를 이루기가 매우 어려우므로 파란(波瀾) 많은 생활이 예상된다. 심신이 연약하여 주변 사람들에게 피해의식(被害意識)을 느끼는 등 매우 고독한 삶을 살게 되고 부부간의 정도 박(薄)약한 흉한 수리이다.

13획   총명격(總明格) - 입신양명지상(立身揚名之象)

두뇌가 상당히 명철(明哲)하고 사고력(思考力)이 깊으며 이지적이다. 처세술(處世術)에 능통하고 재주가 뛰어나 주변의 부러움을 한 몸에 받는 길한 수리이다. 탁월(卓越)한 지략(智略)으로 대업을 이루고 천하를 호령하는 등 대 성공의 길한 수리이니 많은 사람을 통솔하고 사회적인 명성(名聲)을 얻게 된다. 응사유공(應事有功)하여 입신양명하니 가문의 발전과 영예(榮譽)가 있고 행복한 가정생활을 영위하는 수리이다.

14획   이산격(離散格) - 파난실패지상(波亂失敗之象)

일시적인 성공은 이루겠으나 매사가 분리(分離)되는 흉한 수리다. 지혜가 출중하고 능력은 갖추고 있으나 그 진가를 발휘하기 어렵다. 노력에 비해 대가가 적고 공이 없으니 매사가 뜻대로 이루어지기 힘들다. 가정에 파탄(破綻)이 생기고 부부와 자녀와의 생리사별(生離死別)이 있는 불길한 수리이며 혹은 타향에서 천신만고 하여 고독·번민·실패·곤고·병약 등의 흉운을 면하기 어려운 운의 수리이다.

15획 통솔격(統率格) - 만물통합지상(萬物統合之象)

지(智)와 덕(德)을 겸비하니 주변의 신망(信望)이 두터워 많은 사람들로부터 추앙(推仰)을 받아 사회적인 명성과 신뢰를 얻게 되는 대길 수리이다. 부귀지존(富貴至尊)에 부귀쌍전(富貴雙全)하여 대업을 이루니 수복(壽福)이 무궁하다. 한 번 맡은 일은 반드시 성공적으로 이루어 내고 그 능력을 발휘하게 되므로 어디를 가든지 그 명성(名聲)이 그치지 않는다. 가정이 평화롭고 사회에서 상하의 신망(信望)을 받으며 안락한 삶을 살게 되는 대길 수리이다.

16획 덕망격(德望格) - 온후유덕지상(溫厚有德之象)

강유겸전(剛柔兼全)한 운성으로 인망과 재록이 풍성한 격이라 대업을 성취하여 부귀공명(富貴功名)하는 천부의 행복을 누리는 수이다. 자력(自力)으로 성공을 이루고 매사에 인정이 많아 주변의 도움이 끊이지 않는다. 사회적인 발전과 명성을 이루고 흉운을 피하고 길운만을 맞이하는 기회를 가지며 주변의 조력(助力)으로 큰일을 성사하게 된다. 천성이 인자하므로 천복으로 가문이 번창하는 대길의 수리이다.

17획 건창격(健暢格) - 만사통달지상(萬事通達之象)

큰 뜻과 큰 계획을 품고 모든 난관(難關)을 극복 매진하여 초지일관(初志
一貫)으로써 대사를 완수하며, 끈기로 결국 자립 대성하니 만인의 존중(尊
重)과 존경(尊敬)을 한 몸에 받는 대길의 수리다. 의지가 강하고 매사가 적
극적으로 진행하니 일단 시작을 하면 반드시 원하는 바를 성취하는 불굴
의 기상이 있다. 관록(官祿)이 좋고 명예(名譽)와 부귀(富貴)를 같이 겸비하
니 세상에 부러울 것이 없는 길운의 수리이다.

18획 발전격(發展格) - 진취발전지상(進取發展之象)

강한 의지로써 능히 대업을 수행하여 부귀영달(富貴榮達)하며 뭇사람의
존경을 받아 사회적으로 상당한 지위에 군림하여 양명사해(揚名四海)하는
길격이다. 굳은 신념과 의지로 극복하여 배가의 성공을 이룬다. 생각하는
바가 원대하고 그 포부와 기상이 출중하니 만사가 순탄하며 공명을 떨쳐
일신이 고귀한 지위에 올라 탁월한 실력을 발휘하게 되는 대길 수리이다.

19획 고난격(苦難格) - 봉학상익지상(鳳鶴傷翼之象)

　　뛰어난 지모로 대업을 성취할지라도 일시적인 성공에 불과하며 중도에 실패하니 안타깝다. 부부의 인연이 박약하고 육친이 부덕(不德)하며 심지어는 형화(刑禍)·조난·처자의 생사이별 등의 흉운을 초래하는 흉격이다. 재주가 뛰어나도 예상치 않은 일로 인해 좌절을 당하거나 허망(虛妄)해 지는 경우가 발생하여 고통을 당한다. 부부가 해로하기 힘들고 자녀운도 불길하며 매사에 마무리가 약하다.

20획 허망격(虛望格) - 만사공허지상(萬事空虛之象)

　　일시적인 성공이 있을지라도 모든 일이 쇠퇴하고 운기(運氣)가 공허하다. 심신이 허약하고 육친(六親)이 부덕(不德)하며 혹은 부부 자녀간에 생사이별이 있고 형액·변사등 단명에 이르는 흉운의 수이다. 삶이 적막하며 매사가 수포로 돌아가니 좋은 자질과 재능이 있어도 빛을 발하기 어렵다. 한 시도 편할 날이 없으니 심신이 고달프고 매사가 허망(虛妄)하므로 일생을 고독하고 어렵게 살아가는 매우 흉한 수리이다.

21획 두령격(頭領格) - 만인앙시지상(萬人仰視之象)

대업을 완수하여 부귀공명(富貴功名)하는 대길 운으로서 탁월한 지모(智謀)와 덕량(德量)은 만인의 사표(師表)가 되고 신망을 한 몸에 받기에 부족함이 없다. 매사에 의지(意志)가 확고하고 의욕적(意慾的)이며 진취적이므로 목적(目的)한 바를 성공으로 이끌어내는 지략(智略)이 뛰어나다. 넓은 포부와 기상은 물론 약자에게는 인정을 베풀어 세인(世人)들의 존경을 받기에 부족함이 없다. 재물과 명예를 겸비(兼備)하게 되는 길 수리이다.

22획 중절격(中折格) - 신상위변지상(身上危變之象)

열심히 하려는 의지(意志)는 좋으나 일시적 성공(成功)은 얻을 수 있으나 매사에 중도 좌절하게 되는 격이다. 실패·곤고·형액·조난·역경에 처하며 가정생활이 불길하여 처자와 상별하게 된다. 심지어는 자신이 질병에 시달리거나 단명(短命)하게 되는 불길한 수리이다. 성격이 편협(偏狹)하고 독립심(獨立心)이 결여되어 있어 추진력이 미흡하다. 학생의 경우 학업을 중도에서 포기하게 되거나 전반적으로 정체되어 운이 하락하게 되는 불길한 수리이다.

23획 융창격(隆昌格) - 행복공명지상(幸福功名之象)

명철한 두뇌와 탁월한 덕량(德量)으로 비천한 가운데서도 일약 출세하여 영도적 지위와 권세를 획득하는 길격이다. 그 권위(權威)가 왕성하며 대중의 신뢰와 존경을 받아 부귀와 명예를 누린다. 뜻이 원대하니 넓은 도량(度量)과 이해심으로 주변 사람들을 이끌어 가므로 인기와 명망(名望)이 높다. 인내심(忍耐心)과 성실성(誠實性)의 발현이 뛰어나므로 반드시 큰 뜻을 이루어 널리 이름을 날릴 수 있는 대길의 수이다.

24획 입신격(立身格) - 등천축재지상(登天蓄財之象)

두뇌가 뛰어나고 인화력(人和力)이 출중하여 주변의 신망(信望)을 한 몸에 얻는 길격이다. 지모(智謀)와 재략(才略)이 출중하여 대업을 완수하고 그 공명(功名)이 천하에 알려지는 대길수이다. 독립심이 강하고 외유내강(外柔內剛)한 성품으로 실속을 추구하여 많은 재물을 축재(蓄財)하니 부귀영달(富貴榮達)하고 안락하게 된다. 인생의 크고 작은 목표를 달성해 나가고 부부가 백년해로하며 자녀 또한 가문을 빛내게 되는 길 수리이다.

안강격(安康格) - 순풍발전지상(順風發展之象)

추진력(推進力)이 우수하고 능란한 수완으로 대업을 달성하고 제사(諸事)가 형통한다. 가정이 화평(和平)하고 부부가 해로하며 자손이 번성하며 안정적인 가정생활을 이끌어 갈 수리이다. 일생(一生)을 큰 변화나 어려움 없이 성실(成實)함과 긍정적 노력으로 평탄한 삶을 살게 된다. 뜻을 품으면 학업을 이루고 명예와 재물(財物)을 겸득(兼得)하며 대인관계가 원만하여 많은 사람들의 존경까지 받는 길 수리이다.

26획 시비격(是非格) - 평지풍파지상(平地風波之象)

영웅 수리로써 위대한 발전을 얻을 수 있으나 파죽지세(破竹之勢)와 같이 공명(功名)과 대성은 일시적이요, 운명이 풍전등화(風前燈火)와 같으니 파란이 중중(重重)하여 허무한 세월을 돌이켜 탄식하게 되는 수이다. 육친(六親)의 덕(德)이 없고 외롭게 인생을 홀로 걸어가게 되며 인간관계에 장애가 많이 생기며 성공을 이룬다 하여도 반대로 크게 실패를 맛볼 수 있으니 불행이 연이어 풍파(風波)가 닥치게 되는 흉한 수리이다.

27획　중단격(中斷格) - 매사좌절지상(每事挫折之象)

강한 자부심(自負心)과 추진력(推進力)으로 매사에 전진하며 최선을 다하지만 노력한 만큼의 대가(代價)를 얻기 힘든 수리다. 원하는 목적을 이루는 과정에서 중도에 좌절(挫折)되는 일이 많고 실패·곤고·조난· 형액· 불구·단명 등 흥망성쇠(興亡盛衰)의 파탄(破綻)이 중첩(重疊)되는 운이다. 성공을 이룬다 하여도 다시 실패를 맛보게 되므로 독단적(獨斷的)인 사고를 줄이고 주변 사람들과의 원만한 관계를 유지해 나가는 노력을 게을리 하면 안 된다.

28획　파란격(波亂格) - 일엽편주지상(一葉片舟之象)

만경창파(萬頃蒼波)에 일엽편주(一葉片舟)와 같은 운명으로 변란이 많으며 일신에 영화가 있으면 가정에 재앙(災殃)이 생기게 되며 가정이 평안하면 일신에 신고(身故)가 속출하게 되는 불길한 수리다. 활동은 왕성하고 영웅호걸(英雄豪傑)처럼 이름을 떨칠 수도 있겠지만 예상치 못한 난관에 부딪혀 파란만장(波瀾萬丈)한 삶을 살게 되는 일이 허다하다. 모진 세파에 시달려 뜻대로 되는 일이 없으니 이상과 현실사이에서 고민하고 방황하게 되는 흉격의 수리이다.

29획 성공격(成功格) - 신록유실지상(新綠有實之象)

　왕성한 활동력(活動力)과 투지로써 대업을 달성하여 부귀·장수·안락등을 누리며 사회적으로 상당한 지위를 획득하게 되는 명망(名望)이 있는 수이다. 재주가 뛰어나고 지혜가 출중하니 처세술(處世術)에 능하여 재산과 권력을 함께 얻을 수 있다. 일관된 정진으로 초지일관(初志一貫)하여 전진·발전을 이루어 부귀영달(富貴榮達)하게 되며 세상에 그 명성(名聲)을 널리 알리게 되니 자손 대까지 번영하게 되는 길한 수리다.

30획 부몽격(浮夢格) - 무정세월지상(無情歲月之象)

　길과 흉이 반반인 수리이다. 일시적인 대성은 기할 수 있으나 불운이 시작되면 그 난(難)을 예측키 어렵다. 매사가 분명치 못하고 우왕좌왕(右往左往)하다가 타향객지에서 고독(孤獨)과 수심을 면키 어려운 수이다. 한 번 대성을 이루면 일생에 한번은 크게 좌절하게 된다. 명석한 두뇌와 왕성한 활동력을 지녔고 매사를 의욕적(意慾的)으로 진행하지만 결국 모든 것이 한순간에 사라져버리게 되니 예상치 못한 액운(厄運)이 겹치게 된다.

31획 흥성격(興盛格) - 자립영화지상(自立榮華之象)

　대내·외적으로 발전이 있고 견실(堅實)하고 자주적인 정신(精神)으로 성공적인 삶을 살게된다. 의지(意志)가 곧고 바르며 통찰력(通察力)이 우수하여 대인관계도 원만하다. 지도자(指導者)적인 자질을 겸비하였으니 능히 만인을 통솔하고 다스리기에 부족함이 없는 길한 수리이다. 지략(智略)이 뛰어나 세인들의 존경(尊敬)과 추앙(推仰)을 받고 부귀(富貴)와 명성(名聲)을 모두 누릴 대길 수리이다.

32획 강령격(康寧格) - 의외형복지상(意外亨福之象)

　순풍에 돛단배 격으로 때를 만나 생재(生財)하여 경제생활의 기반을 확립하며 제사(諸事)가 형통하여 수복강령하는 대길 운이다. 윗사람의 후원을 얻어 순조로운 성공을 이루거나 인생에 큰 전환점(轉換點)을 이룰만한 은인을 만나 대성공의 기회를 얻게 되어 사회적인 대성을 이룬다. 하는 일마다 좋은 결실을 만들어 내니 그 명성(名聲)이 날로 발전을 이루고 존경받는 인물이 된다.

33획 왕성격(旺盛格) – 욱일승천지상(旭日昇天之象)

결단력(決斷力)이 출중하고 특이하게 두각을 나타내며 대지대업(大志大業)을 달성하여 권세가 충천하니 만인의 추앙(推仰)을 받으며 명성이 천하를 진동한다. 자신감과 긍정으로 성공을 이끌고 뛰어난 재능과 지모(智謀)로서 윗사람에게 능력을 인정받는다. 성격이 강하고 투명하여 사회공익 정신이 강하며 대인관계의 폭이 바다와 같고 큰 덕을 쌓아 만인을 통솔하는 훌륭한 지도자의 인물이 된다.

34획 파멸격(破滅格) – 재해풍파지상(災害風波之象)

파멸(破滅)의 운으로서 불의의 재화(災禍)가 속출하여 만사가 저해되며 화란(禍亂)을 초래한다. 일시적인 성공도 실패로 이어지고 부부가 해로하기 어렵고 자녀와 상별하게 되거나 심지어는 형액·패가망신 등의 흉운이 속출되는 운의 수이다. 파괴(破壞)와 파멸(破滅)로 파란만장(波瀾萬丈)한 인생을 살게 되고, 타고난 천성이 밝고 명랑하여 주변의 도움을 받게 되지만 성공 후에는 반드시 실패가 따르게 되는 불길한 수이다.

35획 태평격(泰平格) - 만물평화지상(萬物平和之象)

　자기 분수에 합당한 천부(天賦)에 근면하며 충직, 성실하게 선심일관(善心一貫)하여 유익한 사업에 안과종사(安過從事)하고, 행복, 부귀, 장수하는 길 상수이다. 성품이 온순하고 대인관계가 원만하여 두터운 신망(信望)을 받게 되고 지모(智謀)와 지략(智略)이 뛰어나서 사회적으로도 큰 발전을 이루기에 전혀 손색이 없다. 가정생활이 원만하고 부부운이 좋아 서로를 아끼고 사랑해주니 가정이 발전하고 자손에게까지 그 영화로움이 미치게 되는 길한 수리다.

36획 실패격(失敗格) - 골육상쟁지상(骨肉相爭之象)

　의협(義俠)적인 영웅 운으로서 인생이 파란곡절이 심하다. 혹 만인이 부러워하는 권세에 이를 수는 있으나 자만하면 변동(變動)과 극쇠를 내포한 희비쌍곡(喜悲雙曲)을 이루게 되고 변화무쌍(變化無雙)의 생을 살게 되며 파멸할 수 있는 운수이다. 타고난 명석함과 뛰어난 지략이 있다하나 운이 도와주지 못하니 재난(災難)을 면하기 어렵다. 재운이 미약하니 늘 근심과 걱정이 떠날 날이 없으며 의협심(義俠心)으로 인해 패가망신(敗家亡身)하는 지경에 이르게 되는 흉한 수리다.

37획 태공격(泰功格) - 유의유덕지상(有義有德之象)

강호(剛豪)한 과단성으로 능히 천하의 어려운 일을 선도(善導), 처리하고 대업을 성취하여 명성이 사해에 진동하는 영웅운으로서 천부(天賦)의 행복과 부귀영예를 향수 하는 대길 수이다. 지모와 지략이 탁월하고 매사가 공평무사(公平無私)하니 주변으로부터 아낌없는 신망을 얻는다. 부귀와 명성이 함께 따르니 결코 아쉬울 것이 없다. 재물이 풍요로우며 자손이 번창하고 가정이 평화로우니 부귀영화롭고 이름을 사해에 떨치게 되는 대길 수리이다.

38획 복록격(福綠格) - 학사입신지상(學士立身之象)

천재적 재능(才能)과 명철한 두뇌는 문학·예술·창작 발명 등의 방면으로 대단한 발달을 이루는 선진적 인물로서 입신양명(立身揚名)하고 부귀공명(富貴功名)하는 대길 수이다. 언제나 무(無)에서 유(有)를 창작(創作)해 내는 창조적(創造的)인 능력이 우수하고 목적의식(目的意識)이 뚜렷하여 매사에 안정적인 발전을 이룬다. 학식(學識)과 덕망으로 평탄한 인생을 살고 사회적으로도 두터운 신망(信望)을 얻는 길한 수리다.

39획 안태격(安泰格) - 안락다복지상(安樂多福之象)

　천성(天性)이 고결(高潔)하여 인격적 존경을 받게 되며 모든 일을 현철(賢哲)하게 계획하고 처리하는 민활(敏活)성이 있어 파죽지세(破竹之勢)로 성공하게 되며 부귀영예가 따르고 일령지하(一令之下)에 만민을 통솔하는 격이다. 사회적으로 출세를 보장받으며 가정적으로도 복록이 따르게 되니 부부사이에 정이 좋으며 자손이 대대로 형통함을 누리게 된다. 모든 면에 지혜와 인내로 자신의 성공을 이루고 안락한 인생을 누리게 된다.

40획 무상격(無常格) - 도로무공지상(徒勞無功之象)

　일시적인 대성은 기할 수 있으나 운기(運氣)가 공허하고 변화무쌍하다. 모든 일이 도로무공(徒勞無功)하니 가석(可惜)하다. 조업(祖業)은 지키기 어렵고 투기적 허욕으로 패가망신하는 운의 수이다. 인덕(人德)이 부족하여 하는 일마다 실패를 면하기 어렵고 주변 사람으로 인해 금전적인 어려움을 겪게되는 일이 허다하다. 노력한 만큼의 대가를 이루기 어렵고 겉은 좋아 보여도 실속이 없어 항상 손해를 면하기 어려운 불길의 수리다.

41획　고명격(高名格) - 명진사해지상(名振四海之象)

　준수한 인품으로 현출(顯出)하여 제중(濟衆)의 대망(大望)을 품고 실천하는 운의 수리다. 지도자(指導者)의 자질이 풍부하고 대망의 포부를 지녔으며 사회적인 명망과 인기를 한 몸에 얻을 수 있는 길격이다. 강한 의지와 담력을 지니고 있으며 재물과 덕망까지 함께 갖추고 있으므로 세인의 존경(尊敬)을 받아 명성을 얻으니 지도자로서 능력을 발휘하는 동시 가화만사성(家和萬事成)을 이루게 되는 길 수리이다.

42획　실의격(失意格) - 진퇴고고지상(進退苦孤之象)

　성품이 완강하여 굽힐 줄 모르니 대인관계(對人關係)가 원만하지 못하다. 편견이 심하고 스스로를 힘겹게 하므로 가족 간의 인연 또한 박(薄)하다. 잦은 변동으로 한 곳에 오래 머물기 힘들고 질병(疾病)과 형액(刑厄) 등을 모면하기 어려운 흉수다. 타고난 지혜와 지모가 출중하여도 호운(好運)을 만나기 어렵고 노력한 일에 비해 결과가 미흡하므로 매사에 중도 좌절하는 일이 많다. 실천력이 없어 결정적인 기회를 잘 놓치는 등 일에 시작은 있어도 끝맺음이 항상 아쉬운 흉수다.

43획 산재격(散財格) - 육친무덕지상(六親無德之象)

일시적(一時的)인 성공으로 행복한 듯하나 내면은 곤고하고 정신착란(精神錯亂)으로 실의하여 불의의 재난, 산재의 파란(波瀾)을 당하게 된다. 겉은 화려하고 좋아 보여도 내면세계는 부실하고 실속이 없어 손해보는 일을 많이 당하므로 주변 사람들에게 이용을 잘 당하는 흉운이다. 비록 지혜(智慧)와 모략(謀略)이 뛰어나다 하여도 의지가 약하고 결단력이 없어 사소한 일에도 고민에 휩싸여 큰 일을 이루어 내기 어려우니 매사에 중도 장애가 많이 있게 된다.

44획 파멸격(破滅格) - 모사불성지상(謀事不成之象)

일생동안 끊임없는 곤액(困厄)으로 평탄하지 못한 삶을 살게 된다. 일시적인 성공을 이룰 수는 있어도 하루아침에 파멸(破滅)할 수도 있는 수리로서 제사(諸事)가 쇠패하니 병난·불구·피살·돌발급변·가정이산·단명 등의 흉운이 늘 암시되어 있는 흉격이다. 신경이 예민하여 창의력(創意力)은 있어 보이나 기초가 불안하여 일을 진행하여도 끝까지 진행되는 일이 드물고 일이 잘 진행된다 하더라도 예기치 못한 돌발사고로 인해 공사가 허망해지는 흉수다.

45획 　현달격(顯達格) - 명월광채지상(明月光彩之象)

　지모(智謀)가 뛰어나게 경륜이 깊고 순풍에 돛을 달고 잔잔한 물결을 저어 가는 것과 같다. 대지대업을 성취하고 일세에 관절(冠絶)한 명성과 영예가 무비하며 특히 달세(達世)의 선견지명이 있어 만인의 사표(師表)가 되는 길격이다. 고귀한 인격으로서 타인의 신망과 지덕으로 모든 일을 현명하게 처리하여 마침내 대의 대성하게 되니 그 명성이 미치지 않는 곳이 없다.

46획 　부지격(不知格) - 암행심야지상(暗行深夜之象)

　자립대성이 어렵고 모든 일이 부운지격(浮雲之格)과 같이 허무한 결과로써 어두운 밤에 길을 가는 나그네와 같아 답답함과 수심으로 자탄만을 거듭할 뿐으로 불길한 수이다. 또한 병약과 고독(孤獨)으로 단명(短命)하기까지 이르는 불행을 암시하는 흉수이다. 비록 포부와 이상이 있다한들 의지가 약하고 실천력과 융통성이 부족하니 발전을 이루기 매우 어렵다. 깊은 수심에서 벗어나지 못해 홀로 고독한 여생을 보내게 되는 흉수다.

47획　득세격(得世格) - 일악천금지상(一握千金之象)

　　준걸(俊傑)한 영웅(英雄)이 때를 얻어 재명(才名)과 권세를 사해에 떨치는 길운으로서 제사(諸事)가 순조 발전하여 재산이 풍부하고 자손만대 번창하는 대길 수이다. 굳은 성품과 더불어 온유한 심성을 같이 겸비했으므로 주변 사람들로부터 신망(信望)을 얻으며 군계일학(群鷄一鶴)의 타고난 지도자적 재능을 발휘한다. 맡은바 책임을 완수하고 매사에 성실하고 정직하게 충성을 다하므로 순조로운 발전과 함께 권세와 명예를 함께 얻게 되는 매우 길한 수리다.

48획　유덕격(有德格) - 식록유덕지상(食綠有德之象)

　　모든 일이 순조롭게 발전하는 운이 있으며 지모(智謀)와 재능(才能)이 가득하여 천하지사를 호령하게 되며 만인의 지도자가 될 수 있다. 한평생을 태평 성대하게 보내게 되며 때가 오면 세사를 받아 덕으로 치정하게 되어 백성들은 태평으로 세월을 즐기게 되는 길수라 하겠다. 물고기가 물을 만나 힘차게 헤엄을 치고 있는 격이니 만사가 원하는 대로 이루어지고 실패가 없으며 부부가 화합하고 자손이 번성하게 된다.

49획　흉망격(凶妄格) - 변화성패지상(變化成敗之象)

　　일성일패(一盛一敗)격으로 대성하면 실패하고 실패하면 다시 성공하여 길흉의 변화가 상반되는 운성으로 대길하고 흉한즉 대흉으로 전락되는 운의 수이다. 비록 특출하고 영특한 재능으로 자수성가를 한다 하여도 다시 실패를 맛보게 되는 변화무쌍(變化無雙)한 운의 수리다. 심리상태가 불안정하고 자신감이 결여되기 쉬우므로 쉽게 좌절을 당하게 된다. 주거 이동이 잦고 직업 변동도 잦으므로 매사가 불안정한 흉수이다.

50획　불행격(不幸格) - 미래혼미지상(未來昏迷之象)

　　위인(爲人)이 혼매(昏昧)하여 자립 불능하고 타력으로 간혹 소성(小成)은 있으나 풍전등화와도 같이 위험한 불행이 초래되며 심신이 허약하고 병난과 고액을 야기하여 결국 단명까지 하게 되는 흉수이다. 다른 사람의 도움으로 성공을 거둔다 하여도 뿌리 약한 나무와 같으니 성공이 오래 지속되기는 어렵다. 말년으로 갈수록 고독하고 실패를 거듭하여 급기야는 패가망신(敗家亡身)하여 불행한 생을 보내게 되는 흉격이다.

51획 만성격(晚成格) - 대기만성지상(大器晚成之象)

진출(進出)하는 기상이 강건하고 위인이 정직하여 처음 난경을 극복하여 나가면 대업(大業)을 성취하게 되며 안과세월(安過歲月)하게 된다. 또한 자손의 운에 있어서도 공명을 떨치게 되고 명예가 세상에 거듭나게 된다. 진취적이며 자립심이 강하여 큰 성공을 이룰 수 있으며 준수한 인품으로 대망(大望)을 품고 실천하는 기상이다. 지도자(指導者)의 자질이 풍부하여 세상을 호령하고 부부와 자식까지 번성하는 길격이다

52획 능통격(能通格) - 전진형통지상(前進亨通之象)

자성(資性)이 영준(英俊)하여 사물처리에 능하고 대업을 창립하여 자수성가하여 명영투철(明英透徹)하여 대사를 성취 할 수 있으며 대학자나 정치가를 배출할 수 있는 길 수리이다. 선견지명이 있어 큰 일을 도모함에 있어 그 지혜로움을 따를 자가 없으며 어떤 어려움에 봉착하더라도 절망하는 법이 없이 불굴(不屈)의 정신으로 이겨낸다. 경영하는 일들이 해가 거듭할수록 배가성장을 이루니 그 명성이 온 세상에 가득하게 되는 길한 수리이다.

53획 불화격(不和格) - 불화쟁론지상(不和爭論之象)

겉으로 볼 때는 평온해 보이나 실속이 없는 외부내빈격(外富內貧格)이며 의지가 견고하지 못하다. 길변파가(吉變破家)로 망신하게 되며 완강한 성질이 있어 목적은 달성하나 박약 불합의 흉수이다. 생각과 행동이 일치하기 어렵고 성품이 심약하여 현실적인 것과 거리가 먼 이상주의적(理想主義的)인 발상에 사로잡혀 진척되는 일이 없다. 삶에 굴곡(屈曲)이 심하여 부부 생리사별(生離死別)·횡액·수술 등의 불길한 일을 당하게 되는 흉운의 수리이다.

54획 패망격(敗亡格) - 패가망신지상(敗家亡身之象)

분투성과 완강한 운성은 일시적인 성공을 기할 수 있으나 도로무공이요, 운로가 불행하여 근심과 고난이 끊일 사이 없으니 패가망신(敗家亡身)·혹은 형액(刑厄)·불구·변사 등의 흉운이 초래되는 흉운의 수이다. 지혜가 남다르고 그 용모가 출중하여 대업을 이룬다 하더라도 모든 것이 일시에 사라지는 격이므로 역경을 피하기 어려운 수리다. 계획하는 일마다 장애가 생기고 근심과 걱정이 끊이지 않는 흉격의 수리다.

55획 불안격(不安格) - 만사불성지상(萬事不成之象)

매우 융성한 운인 듯하나 용동수중(龍動水中)격으로서 재화(災禍)가 있어 매사 불안정하며 이별의 비애 등 수난을 피하기 어려운 수리이다. 겉보기에는 화려하고 아무런 근심과 걱정이 없어 보여도 실패로 인한 우울증(憂鬱症)에 시달리게 되고 절망에 빠지기 쉽다. 역경이 닥칠 때는 인내력이 부족하여 쉽게 좌절하고 성급한 결단을 내려 일시에 무너져 버리는 결과를 초래하기 쉬우므로 파산·병고·재화의 위협을 모면하기 어려운 흉격이다.

56획 부족격(不足格) - 부족부진지상(不足不振之象)

모든 일에 실행력이 부족하며 진취성(進就性)이 박약하고 하는 일마다 실패가 거듭되는 흉격의 수리이다. 자립정신이 전혀 없어 일찍이 타향에서 많은 신고와 고통 끝에 행복할 수도 있겠으나 대개는 욕대심소(慾大心小)하여 뜬구름에 한숨이 서리게 되는 격이므로 매사가 순조롭지 못하여 끝에 가서는 병고와 재난으로 패가망신(敗家亡身)하게 되는 흉수다. 의지가 박약하고 인내력(忍耐力)이 부족한 데다 주변의 도움조차 받기 어려우니 일평생을 고난(苦難)과 고통 속에 머물게 되는 흉수이다.

57획 　노력격(努力格) – 성취대기지상(成就大起之象)

굳은 의지(意志)와 불굴의 정신으로 매사 하는 일마다 형통(亨通)함을 도모하게 되는 길한 수리이다. 자성(資性)이 강의(剛毅)한 재질이 천부(天賦)되어 대달(大達)할 운으로 부귀영화를 누리게 된다. 어려움과 고난은 잠시이며 이를 극복한 뒤에는 반드시 대업을 도모하게 되니 꾸준한 노력과 불굴의 정신으로 마침내 번영(繁榮)을 이루게 된다. 가정에 만복(萬福)이 깃들고 부부가 유정하며 자손에게까지 부귀와 영화가 미치게 되는 길격의 수리이다.

58획 　후복격(後福格) – 우후향화지상(雨後香花之象)

성패(成敗) 파란이 심하여 길흉이 겹치는 운으로서 꾸준한 인내와 노력으로 결국 성공 영달하는 운이다. 처음에는 고난과 역경으로 고생(苦生)을 모면하기는 어렵지만 인내와 끈기로 극복을 하게 되고 말년으로 갈수록 그동안 노력(努力)한 일들이 아름답게 결실을 맺어주니 대기만성격이라 할 수 있다. 처음과 끝이 초지일관(初志一貫)으로 한결같으니 한 번 맡은 일은 끝까지 책임을 다하므로 결국 행복한 여생을 마치게 되는 길한 수리이다.

59획 불우격(不遇格) - 매사불우지상(每事不遇之象)

의지가 박약하고 인내력(忍耐力)이 부족하므로 모든 일이 불성(不成)이요 재화가 속출해서 역경에 빠지며 가산을 탕진하는 비운의 수리이다. 가족 간의 인연이 박약하여 전혀 도움을 받을 수 없으며 오히려 불화(不和)가 잦아 손실과 파산의 지경에 이르게 된다. 한 번의 재난이 생기면 그것을 극복하기도 전에 다른 역경(逆境)으로 더욱 힘들게 되니 아무리 노력을 하여도 역경을 이겨내기 어렵다. 고독하게 생을 마감하게 되고 병고(病苦)에 시달리게 되는 흉격의 수리이다.

60획 재화격(災禍格) - 상하동요지상(上下動搖之象)

매사가 무계획적이며 중심 없는 격으로서 하는 일이 불성하다. 또한 망망대해(茫茫大海)에 외로운 쪽배 격이므로 화란(禍亂)을 헤아리기 어려운 수로서 실패·곤고·형액·피하·병약·단명 등의 흉재(凶災)를 초래하는 운의 수이다. 결국 어느 한 자리에 안주하지 못하고 심한 이동과 변동으로 고통을 당하고 실패를 거듭하게 된다. 한 가지 일이라도 꾸준하게 진행하기 어려우며 가족 간의 인연 또한 박(薄)하여 일생을 외롭고 고독하게 지내게 되는 흉수이다.

61획 영화격(榮華格) - 개화만발지상(開花萬發之象)

　　견고한 지조와 매사에 결단성이 있고 재치가 출중하여 대지대업을 순성(順成)하고 상하의 신망을 얻게 되며 능히 목적을 달성하게 되니 부귀안정(富貴安定)하다. 사회적인 신망(信望)이 돈독하여 만인의 사표(師表)가 되고 주변의 신망을 얻어 사회적인 명성을 얻게 되는 길한 수리이다. 재물과 명예를 겸비(兼備)하게 되니 사업으로 대성을 이룬 뒤 정치계에 진출하게 되어 노력한 만큼의 만족스런 결과를 얻을 수 있게 된다.

62획 막막격(寞寞格) - 일생신고지상(一生辛苦之象)

　　운기(運氣)가 쇠퇴하여 만사가 불성이요 사회적 권위와 신용도 타락하여 패가망신(敗家亡身)하고 병약·곤고 등이 따르게 되는 흉운의 수이다. 하는 일마다 실패를 거듭하고 사회적으로는 신망(信望)을 얻기 어려우니 심신이 고달프다. 산 너머 산이라 힘겹게 성공을 이루면 예기치 못한 재앙(災殃)으로 사면초가(四面楚歌)에 막막함이 가중되니 일생이 답답하고 파란만장(波瀾萬丈)한 비운의 생을 살게 된다. 부부 생리사별(生離死別)하고 먼 타향에서 무위도식하는 삶을 산다.

63획   길상격(吉祥格) - 만사발전지상(萬事發展之象)

경영하는 모든 일이 순조로이 발전하여 목적을 달성하고 명예(名譽)와 행복을 누리는 행운의 길 상수이다. 고난이 닥치더라도 인내(忍耐)와 끈기로 이겨내며 노력에 비해 그 결실이 풍요로우니 마음만 먹으면 못 이룰 일이 없다. 기품과 재략(才略)이 뛰어나고 부귀와 공명을 함께 얻을 수 있는 길한 격이므로 일생동안 행운이 따르게 된다. 사방에는 도움을 주기 위해 기다리는 귀인(貴人)들로 가득하니 영화로운 삶을 살 수 있는 길한 수리이다.

64획   고행격(苦行格) - 매사만운지상(每事滿雲之象)

꽃봉오리가 찬 서리를 만난 격으로서 운기(運氣)가 쇠퇴하여 좋은 계획을 세워도 모두 실패(失敗)하고 패가망신·재난이 끊일 새 없으니 병난·단명 등 흉운의 수리이다. 의욕(意慾)만을 앞세워 일을 진행하니 일의 시작은 있으나 끝마무리가 어렵고 무리한 결단력으로 중대사를 그르치게 되니 한평생 굴곡(屈曲)이 심한 생을 살게 된다. 실패가 계속되므로 근심과 질병이 떠날 줄 모르고 재산과 명예의 손실을 겪게 된다.

65획 달성격(達成格) - 순풍항해지상(順風航海之象)

해가 충천한 격으로 제사(諸事)가 형통하여 금과 옥이 집에 가득하고 사회적으로 상당한 지위에서 만인을 지휘하며 가문이 번창하는 수복강녕(壽福康寧)한 대길상의 수이다. 성품이 온화하고 마음이 너그럽고 신의(信義)와 성실(誠實)로서 주변 사람들의 신망을 받으니 모든 일들이 뜻하는 대로 잘 풀려가고 재물과 명예가 부족하지 않다. 부부가 유정하고 자손까지 복을 받으니 한 평생을 평탄하고 행복하게 보내게 되는 길격이다.

66획 망망격(茫茫格) - 진퇴양난지상(進退兩難之象)

어두운 밤에 행인이 등불을 잃은 격이니 진퇴양난(進退兩難)에 전도가 암담하여 재화가 속출하고 가정불안·패가망신·병약·곤고 등이 따른다. 매사에 계획성이 없으므로 착오가 생기고 끝까지 마무리되는 일이 없으니 하는 일마다 장애(障碍)가 생겨 제대로 진행되는 일이 없다. 부부간의 불화(不和)가 끊이지 않고 일치하기가 어렵다. 의지가 약하여 주변의 도움만을 구하니 스스로 노력하여 극복하고자 하는 자세가 빈약하다.

67획   성장격(成長格) - 승승장구지상(乘勝長驅之象)

모든 난관을 돌파하여 세사(世事)에 통효(通曉)하니 경영하는 일이 순조롭게 발전한다. 천부의 행운으로 가도흥왕·부귀행복을 누리는 길상의 행운수이다. 지와 덕을 겸비하니 하는 일마다 순조로운 발전을 이루고 만사가 형통(亨通)하다. 주변의 신망까지 얻어 귀인의 도움으로 경영하는 일들이 대성을 이루게 되니, 자수성가(自手成家)하여 풍성한 재물로 부귀영화를 일평생 누리게 되는 길한 수리이다.

68획   발명격(發明格) - 명실상부지상(名實相符之象)

명리적두뇌로 사물에 대한 궁리가 세밀하여 창의적(創意的)인 발명의 특질로 창작발명에 대성을 기하여 전진발전하며 가정의 기초를 확립하여 행복을 누리는 길상의 운수이다. 무(無)에서 유(有)를 창출해내는 능력이 우수하고 실속 있게 일을 처리해 나가므로 주변으로부터 인정을 받는다. 건실(健實)하고 근면한 노력으로 하는 일들이 거듭 성공을 이루니 부귀영화(富貴榮華)가 따르게 되고 가정이 안정되니 천하에 부러울 것이 없는 길한 수리이다.

궁박격(窮迫格) – 고목풍운지상(枯木風雲之象)

시작은 그럴듯하나 점차 운이 쇠퇴하여 모든 일이 불안전(不安全)하고 파란(波瀾)이 돌출하니 상하좌우(上下左右)에 인덕이 없어 의지할 대상이 없다. 가족이 뿔뿔이 흩어져 사는 등 부부가 융화하지 못하고 가족이 화합하지 못해 고독하게 되고 병약·고난·자살·단명 등 악운 중의 악운을 유도하는 수이다. 마음이 항상 불안하고 근심이 끊이지 않으니 의지가 박약하고 우유부단(優柔不斷)하여 제대로 일을 처리할 능력을 상실하는 흉격이다.

70획 공허격(空虛格) – 몰락멸지지상(沒落滅之之象)

암울한 성품에 매사에 자신감(自信感)이 결여되어 있고 주변에 늘 걱정거리가 생긴다. 부부 운마저 악인연을 만나 서로 원수(怨讐)처럼 생각하는 등 형액·불구·횡사·단명의 비참한 운세를 유도하는 수이다. 계획하는 일마다 제대로 진행되는 일이 없으며 사방을 둘러보아도 적막할 뿐 한숨이 그칠 날이 없다. 선조(先祖)의 덕이 없으며 부모 형제와의 인연도 박(薄)하니 일찍부터 객지에서 떠돌아다니면서 고생하는 곤궁(困窮)한 운이다.

71획 견실격(堅實格) - 선고후감지상(先苦後甘之象)

착실한 성품에 용모가 준수(俊秀)하고 사교적이다. 장래성이 밝으며 사회적으로 덕망과 능력을 인정받아 출세를 한다. 가정적으로 모범적(模範的)인 배우자 상이 되어 다복하고 부부애로 가득 차있으니 만인의 부러움과 존경을 한 몸에 받는다. 비록 선천운(先天運)이 빈약하여 초년에 역경(逆境)을 겪을 수 있으나 능히 극복해 내고 자수성가(自手成家)하여 대업을 이루니 말년을 향할수록 만사가 대길하는 운수이다.

72획 상반격(相半格) - 길흉상반지상(吉凶相半之象)

외행내흉격(外幸內凶格)으로서 길흉이 상반이요 선부후곤(先富後困)이라. 전반은 행복하나 흉운으로 빠져드는 운의 수이다. 그러나 극단적(極端的)인 인생의 반전은 없이 무난하고 소탈한 삶을 살게 되는 경우도 있다. 처음엔 뜻하는 바대로 만사가 진행이 되어 순탄한 여정을 보내게 되지만 중반 이후부터는 돌발적(突發的)인 사고와 재난으로 그 동안 이루어 놓은 부와 명예가 한 순간에 실추(失墜)되는 일이 생기게 되는 흉한 상수이다.

73획 평범격(平凡格) - 행복길상지상(幸福吉祥之象)

실천력(實踐力)과 인내력(忍耐力)이 부족하여 대업은 이루나 자연의 복지를 향수하고 있는 고로 생애가 무난하고 평길(平吉) 안과 하는 운의 수이다. 비록 지혜와 용기와 결단력이 부족하다 하여도 평범함을 추구하고 작은 행복 속에서 만족한 삶을 영위하므로 무난하고 평탄한 삶을 살게 된다. 그러나 자신의 능력 이외의 일을 욕심을 내어 진행하면 패가망신(敗家亡身)하고 형액(刑厄)을 면하기 어려우니 자숙(自肅)하고 자족하는 마음을 가져야 한다.

74획 우매격(愚昧格) - 일생신고지상(一生身苦之象)

다방면으로 재주는 풍부하나 부침과 동요(動搖)가 많아 재능이 사멸되고 일에 실패가 많다. 뜻하지 않는 불의의 재액(災厄)과 사고로 웅지(雄志)를 펴 볼 수도 없는 운이 야기되며 한평생을 무위도식(無爲徒食)하게 되는 등 변란·변고·횡액·조난·불구 등을 유도한다. 지모가 부족하고 매사가 무계획 속에서 즉흥적으로 진행이 되니 실패를 당하여 고난을 면하기 어렵다. 소비가 심하고 지출이 과다하니 일생을 빈천(貧賤)하게 살게 되는 흉격의 수리이다.

75획 안길격(安吉格) - 개문복래지상(開門福來之象)

타고난 심성이 온유유덕(溫柔有德)하고 지적이며 냉철한 사고력이 겸비되어 있으므로 매사에 능수 능란하여 스스로 대성하고 만인의 신망을 얻는다. 적극적인 모습보다는 소극적이지만 실속을 차릴 줄 알며 신중한 자세를 잃지 않는다. 사회적으로 안정된 기반을 만들 수 있으며 다정다감한 부부애로 백년해로(百年偕老) 할 수 있다. 분수를 지킬 줄 알고 끊임없이 자신을 되돌아보고 성찰하는 자세로 살면 자손이 잘 되는 등 매사가 순조롭다.

76획 후길격(後吉格) - 선흉후길지상(先凶後吉之象)

조상으로부터 물려받는 유산(遺産)이 없고 육친(六親)이 무덕(無德)하고 가진 것 하나 없는 빈손에서 끈기 있는 노력으로 생활의 기초가 확립된다. 초년에는 곤궁하고 좌절을 피할 수 없지만 인내로서 극복하여 말년으로 갈수록 추진하는 업무도 발전하고 금전 운도 상승하여 대내외적 안정 속에 복록(福祿)을 누리게 된다. 가세도 흥왕(興旺)하고 부부 해로하는 선흉후길(先凶後吉)의수이다.

77획 활성격(活盛格) - 춘성회춘지상(春城回春之象)

초년에는 고생을 모면하기 어려우나 점차로 발전(發展)하는 상으로 변한다. 사색적(思索的)이고 치밀한 계산력과 판단력이 출중한 성품이다. 꾸준히 노력하는 자세를 인정받고 경영하는 일마다 귀인(貴人)의 도움이 그치지 않으므로 위기를 지혜롭게 극복하여 큰 성공을 이룬다. 중년부터는 순조로운 성공운(成功運)이 지속되어 뜻한 바를 성취하고 부귀현달(富貴顯達)하는 운세 속에 효성이 지극한 자손을 두며 부부 백년해로(百年偕老)하는 대길수이다.

78획 무력격(無力格) - 공성후퇴지상(功成後退之象)

타고난 재능으로 초년(初年)에는 어느 정도 성공을 이루고 재물과 명예를 얻겠으나 중반으로 갈수록 운이 쇠퇴하여 곤란한 일을 당하게 되니 심신이 고달프다. 재치(才致)가 있고 성품이 섬세하여 주변에 따르는 사람이 많지만 도움을 줄만한 귀인(貴人)은 없다. 실천력이 부족하여 목적 달성이 용이하지 않고 점차 운세가 쇠퇴(衰退)하여 금전적 고충을 겪고 인간적 갈등을 일으킨다. 가정적으로 이별수는 없으나 부부간에 언쟁이 심하고 자손 덕도 적다.

79획   불신격(不伸格) - 궁극불신지상(窮極不伸之象)

행운이 따르지 않으므로 뜻을 이루지 못하고 중도에 좌절(挫折)하거나 질병(疾病)으로 단명하게 되는 흉격이다. 정신이 혼미하고 의지가 박약하여 자립이 힘들며 병고가 있어 활동을 제대로 못하는 형상(形象)이다. 아무리 노력을 하여도 그 결과는 불만족스럽거나 이익보다는 손실이 크니 매사가 퇴보(退步)하고 경제적 고충을 겪게 된다. 부부 운마저 불길해 생리사별(生離死別)이 있게 되고 교통사고·횡액·조난·단명 등 흉운을 유도하는 흉격의 수리이다.

80획   종말격(終末格) - 구사일생지상(九死一生之象)

애써 이룬 일들이 좋은 결실을 맺기 어렵다. 일생동안 고난(苦難)이 끊이지 않으니 생각이 좁고 고집이 강해 타인(他人)과 융화(融和)하기 어렵고 운세마저 밝은 태양에 먹구름이 끼는 형상이니 뜻하는 일이 제대로 이루어지지 않는다. 인덕(人德)과 금전 복이 없으며 부부가 한집에 같이 산다고 해도 남남과 같은 형상이다. 자신의 분수를 지키고 과욕을 삼가면 재물이 풍족하지 못하더라도 행복한 삶을 영위할 수 있을 것이다.

81획 환희격(還喜格) - 청룡등룡지상(靑龍登龍之象)

　자획수 중 가장 최극수로서 양수인 1로 다시 환원(還元)되는 수리이다. 시작하면 크게 성공을 이룰 수 있는 수리이며 운기력이 왕성하고 매사에 경사가 따른다. 명예를 실추했다 하더라도 회복(回復)할 수 있고 새롭게 시작하더라도 성공을 보장받을 수 있다. 인내(忍耐)와 끈기로서 성공을 하는 격이므로 주변 사람들로부터 인정을 받으며 칠전팔기(七顚八起)의 불굴의 정신으로 화(禍)를 복(福)으로 바꾸는 등 자립정신(自立精神)이 투철하다.

제13장

발음오행 해설

◎ 木木木 - 입신출세격(立身出世格)

매사가 순조롭고 성공이 따르니 향상 발전하고 뜻하는 바를 성취해 나간다. 부모형제와 화목하고 가정에 만복이 자래하니 자손 운과 재물 운이 순탄하다.

◎ 木木火 - 입신출세격(立身出世格)

신중하고 총명하니 경영하는 일들이 순풍에 돛 단 듯 순조롭다. 부모님께 효도하고 만인에게 도움을 받으니 평생 부귀영화를 누리며 태평성대를 이룬다.

◎ 木木土 - 고난신고격(苦難辛苦格)

건강이 허약하여 질병에 시달리며 매사가 순조롭지 못하여 고통을 받겠지만 귀인의 도움으로 위기를 모면하고 자수성가하여 근근득실한다. 부부운은 불화가 잦다.

◎ 木木金 - 고난신고격(苦難辛苦格)

진취적인 기상이 있기는 하지만 부모형제와 무정하고 성공운이 불안정하다. 인덕이 부족하고 부부운 또한 박정하니 불화가 잦고 금전적인 손실이 많이 발생한다.

◎ 木木水 - 성공발전격(成功發展格)

운기가 좋고 재복이 왕성하니 성공 발전이 순조롭다. 부모 형제와 화목하고 자손이 번창하며 재물과 명예를 사해에 떨치고 입신양명하니 일생이 평탄하다.

◎ 木火木 - 춘산화개격(春山花開格)

향상하고 발전하는 길격이니 부모 형제와 화목하고 부부가 백년해로하니 일평생 부귀영화를 누린다. 모든 일이 형통하고 귀인의 도움으로 경영하는 일이 평탄하다.

◎ 木火火 - 고목봉춘격(枯木逢春格)

성공은 이루겠으나 끝까지 지키기 어려우니 인내력이 부족하다. 불같은 기질로 인해 실수를 많이 저질러 실패를 맛보겠으나 큰 불행은 없다. 부모형제 화목하고 부부가 화락한다.

◎ 木火土 - 대지대업격(大志大業格)

천성이 바르니 의리를 중요시 여기고 비범한 기상을 지녔다. 가정이 화목하여 부부가 해로하고 자손에게는 효도를 받는다. 부귀영화와 더불어 건강과 장수의 천복을 누린다.

◎ 木火金 - 평지풍파격(平地風波格)

인덕이 없으니 부모형제와 불화하고 독좌탄식(獨坐歎息)한다. 자손이 불효하고 일시적인 성공은 도모할 수 있겠으나 운기가 불안하여 불행해지니 일생동안 질병으로 신고가 끊이지 않는다.

◎ 木火水 - 선부후빈격(先富後貧格)

도모하는 일마다 장애가 따르고 질병에 시달리니 심신이 고달프다. 뜻밖에 재앙으로 재산을 탕진하고 부부와 불화하여 천리타향의 외로운 신세를 면하기 어렵다.

◎ 木土木 - 사고무친격(四顧無親格)

신경이 예민하니 매사가 불안정하고 변동이 잦다. 경영하는 일마다
공허해지고 일신에 질병이 잦으니 걱정 근심이 끊이지 않는다. 부
모와 떨어져 먼 타향에서 방랑하게 된다.

◎ 木土火 - 골육상쟁격(骨肉相爭格)

초년운이 고달프니 부모 형제와 불화하고 타향에서 고생을 한다.
매사가 진전이 없으며 일평생 고난이 끊이지 않고 타향에서 객사할
운이다.

◎ 木土土 - 속성속패격(速成速敗格)

성공과 흥망의 변동이 심하니 인내력이 없고 심지가 약하다. 부모
의 유산까지 파산시켜 일생을 가난하게 보내게 되며 부부의 정 또
한 박하여 가정을 원만히 이루기 어렵다.

◎ 木土金 - 패가망신격(敗家亡身格)

실천력과 결단력이 부족하여 성공을 이루기 어렵다. 초년에는 발전
을 이룰 수 있겠으나 만사가 여의치 못하며 일의 장애가 끊이지 않
고 객지에서 고생을 하게되는 격이다.

◎ 木土水 - 고목낙엽격(枯木落葉格)

의지력이 없고 인내심이 부족하여 성공을 하여도 지키기 어렵다.
조상의 유업을 파산시키니 신고를 면할 날이 없다. 부부와 상별하
고 질병으로 일생을 마감한다.

◎ 木金木 - 골육상쟁격(骨肉相爭格)

겉보기는 화려하나 매사에 실속이 없고 금전적인 손실이 많다. 성공운이 불안정하고 자립심이 없으니 도모하는 일마다 지연이 속출하다. 조실부모하고 단명한다.

◎ 木金火 - 독좌탄식격(獨坐歎息格)

성공운이 미흡하고 불안정하니 일의 시작은 있겠으나 마무리가 흐지부지하니 매사에 장애가 속출하다. 가정에 불화가 그치지 않고 고독과 수심에 찬 인생을 살게 된다.

◎ 木金土 - 초실후득격(初失後得格)

초년운이 불길하여 고통이 심하고 좌절을 맛보겠으나 중년이후부터는 발복 하여 사업에 성공을 이루고 부모에게 효도하며 부부가 백년해로하게 된다.

◎ 木金金 - 불화쟁론격(不和爭論格)

매사가 불길하니 노력을 해도 성공을 이루기 어렵고 시비 구설에 휘말리는 결과를 초래한다. 결혼 후에는 자손으로 인한 근심을 면하기 어렵고 재물 손실과 관재수가 있다.

◎ 木金水 - 만사불성격(萬事不成格)

성공운이 불안정하니 열심히 노력을 하여도 결과가 미진하다. 가정에 파란이 끊이지 않고 겉보기는 좋으나 실속이 없어 재물손실이 많으니 차츰 재산이 줄고 몰락에 이른다.

◎ 木水木 - 부귀쌍전격(富貴雙全格)

경영하는 일마다 순조로운 발전을 이루니 만사가 태평하고 순탄하다. 금전운이 순탄하여 입신양명에 이르고 가정이 화목하니 부모에게 효도하고 만대에 이르기까지 번창한다.

◎ 木水火 - 속성속패격(速成速敗格)

일생이 급변급화하니 결국 몰락하게 된다. 일시적인 성공은 이루겠으나 운이 불행하니 조실부모하고 가정에는 신고가 끊이지 않고 형제가 분산하는 등 일생이 파란만장하다.

◎ 木水土 - 조기만패격(早期晩敗格)

하는 일마다 장애가 속출하니 초년에는 부모의 여덕으로 평안하나 중년 이후부터는 실패가 잦고 신고가 끊이지 않는다. 부부사이에 애정이 화합되지 못하니 이별하거나 사별하게 된다.

◎ 木水金 - 어변용성격(魚變龍成格)

기초가 튼튼하여 대업을 완성하여 일평생 무병장수 한다. 지와 덕이 겸비하고 출세가 빠르며 안락한 생활을 영위할 수 있고 명예와 금전운이 창성하다.

◎ 木水水 - 대부대귀격(大富大貴格)

판단력과 추진력이 강해 하는 일들이 발전하며 매사가 적소성대(積小成大)되니 가업이 번창하고 가족이 화목하니 부부가 백년해로하고 자손이 번창하게 된다.

◎ 火木木 - 부귀안태격(富貴安泰格)

활동력이 왕성하고 주변 사람들의 끊임없는 조력으로 하는 일마다 대성을 이룬다. 일평생 부귀영화가 함께 하고 명예를 떨치며 부부 정이 각별하고 가문이 번창한다.

◎ 火木火 - 용득봉운격(龍得逢雲格)

성공운이 순조로우니 매사가 큰 어려움 없이 성공을 거두게 된다. 가정이 원만하고 자손이 대대로 번창하니 태평안과하며 매사 대성의 결실을 이루니 욱일승천한다.

◎ 火木土 - 만화방창격(萬化方暢格)

부모가 후덕하니 초년부터 큰 성공을 이룬다. 한 가지 일을 시작하면 끝까지 목적을 달성하여 출세가 빠르며 명진사해하니 부부가 유정하고 자손들까지 영화로운 삶을 살게 된다.

◎ 火木金 - 선고후파격(先苦後破格)

실천보다 행동이 앞서 실수가 많고 주변 환경의 변화가 잦으니 주거가 불안정하고 매사 중도에서 좌절되는 경우가 많다. 가정 운이 불길하니 부부가 생리 사별한다.

◎ 火木水 - 자수성가격(自手成家格)

대인관계가 원만하므로 하는 일마다 순조롭고 원하는 목적을 달성하게 된다. 일생 금전적인 걱정을 하지 않으며 입신 양명하여 태평안과하는 대길 격이다.

◎ 火火木 - 성공발전격(成功發展格)

주변의 굳건한 신망 속에서 경영하는 일마다 대성을 이루게 되니 매사가 순탄하다. 부귀와 명예를 겸비하고 부부가 백년해로하니 장수하고 자손이 번창한다.

◎ 火火火 - 조기만패격(早期晚敗格)

천성이 화끈하고 불같아 용맹스러운 기상은 있으나 인내력이 부족하여 매사가 용두사미 격이 된다. 융화력이 부족하여 독단으로 치닫는 경우가 많고 실패와 좌절이 끊이지 않는다.

◎ 火火土 - 만화방창격(萬化方暢格)

온순 중후한 성품으로 도모하는 일들이 순조롭다. 화목한 가정을 이루고 부부가 백년해로하며 맡은 바 책임을 다하여 출세가도를 달리는 등 일생이 평탄하다.

◎ 火火金 - 백모불성격(百謨不城格)

일시적인 성공은 이룰 수 있겠으나 신경이 예민하고 인내력이 부족하여 실패를 많이 당하게 된다. 불의의 재난으로 재산 손실을 당하거나 주변 사람들로 인한 고생을 면하기 어렵다.

◎ 火火水 - 평지풍파격(平地風波格)

부모형제덕이 부덕하며 매사에 실패가 많이 따른다. 신경질적인 면이 강하여 주변 사람들과 화합하기 힘들고 부부가 백년해로하기 어렵다.

◎ 火土木 - 강상풍파격(江上風波格)

도량이 넓고 이해심이 출중하여 대인관계가 원만하나 운로가 불안정하므로 금전적인 손실이 많아 일생 가난을 면키 어렵다. 부부사이에는 이별수가 있고 항상 다툼이 끊이지 않는다.

◎ 火土火- 춘일방창격(春日方暢格)

지혜와 덕망을 갖추었으며 성품이 원만하다. 확고한 성공운이 보장되어 있으므로 입신양명하고 부부가 유정하여 백년해로하게 되며 자손에게 복록(福祿)이 따르게 된다.

◎ 火土土 - 만화방창격(萬化方暢格)

예의바르고 매사에 인내력이 탁월하다. 일생이 평탄하고 큰 어려움과 산고 없이 원하는 목적을 조기 달성하여 사회적인 신망을 얻고 출세가도를 달리게 된다.

◎ 火土金 - 입신대길격(立身大吉格)

신용을 중요시 여기므로 주변의 신망을 한 몸에 받는다. 일생이 평탄하고 순조로우며 재물과 명성을 얻어 만복대길하고 가정이 화평하여 근심 걱정 없는 삶을 산다.

◎ 火土水 - 심신파란격(心身波亂格)

강직하고 청빈한 삶을 추구하므로 금전적인 면에서는 고생을 당하게 된다. 인덕이 없고 평지풍파에 시달려 실패를 거듭하게 되며 가정에 근심이 떠나지 않는다.

◎ 火金木 - 개화풍란격(開花風亂格)

부모형제덕이 박정하니 가정 환경이 복잡하며 분쟁이 심하다. 자손에게 근심이 생기고 겉보기에는 좋으나 속은 비어 있으니 매사가 실속 없이 공허하다.

◎ 火金火 - 무주공산격(無主空山格)

자수성가하여 일시 성공은 이룰 수 있겠으나 속성속패(速成速敗)하여 매사가 공으로 돌아간다. 직업과 주거가 불안정하니 금전적인 손실이 가중되고 일생 가난에 허덕인다.

◎ 火金土 - 선고후길격(先苦後吉格)

일생 번민(煩悶)이 많고 근심이 떠날 날이 없다. 초년에는 부모 유덕으로 조기성공을 이루겠으나 중년 이후부터는 매사가 실속이 없어 성공하기 어려우니 부부 정마저 박(薄)하다.

◎ 火金金 - 사고무친격(四顧無親格)

뜻밖의 재난으로 고초를 당하고 부모 덕이 없어 초년부터 고생이 심하다. 운의 흐름이 불안정하여 인생 또한 성공과 실패가 잦으니 수심 많은 인생을 살게 된다.

◎ 火金水 - 개화무실격(開花無實格)

초년에는 부모의 덕으로 어려움 없이 성장하겠으나 중년 이후부터는 뜻밖에 재난을 당하게 되므로 실패와 좌절을 겪는다. 재앙이 많은 운으로 부부정도 박(薄)하다.

◎ 火水木 - 의외재란격(意外災難格)

일평생 파산과 신병으로 고생을 면키 어렵다. 부모 형제 덕이 박정하니 매사를 스스로의 힘으로 개척해야 하니 노력에 비하여 결실이 없고 고달픈 인생이 된다.

◎ 火水火 - 유아독존격(唯我獨尊格)

활동적이며 밝고 명랑하지만 자기 중심적 사고방식이 강하다. 하는 일마다 실패가 연속이며 한 가지 일도 제대로 마무리하기 어려우므로 일생 경제적 고통이 따른다.

◎ 火水土 - 선고후파격(先苦後破格)

매사가 활동적이고 사교적인 면이 강한 반면 신망을 얻지 못한다. 가정이 불화하고 단명의 흉운이 따르게 되고 심신이 박약하여 스스로 고난을 자처하게 된다.

◎ 火水金 - 무주공산격(無主空山格)

자신만만하게 일을 처리해 나가지만 노력에 비해 성과가 부족하고 부모형제덕까지 박하니 일찍부터 객지에서 고생을 한다. 하는 일마다 결실을 보기 어렵고 실패가 거듭된다.

◎ 火水水 - 개화풍란격(開花風亂格)

강한 신념을 소유하고 있지만 생각이 짧고 행동이 앞서는 경향이 강해 실패가 많다. 불의의 재난을 당하고 일을 벌이기만 하고 마무리에 약하므로 좌절을 겪게 된다.

◎ 土木木 - 허명무실격(虛名無實格)

매사에 실속이 없어 손실을 당하는 격이니 내면적인 갈등이 심하다. 노력한 만큼의 대가가 적게 나타나고 외화내곤(外華內困)한 삶을 살게 되고 경영하는 일들이 일사불성(一事不成)이 된다.

◎ 土木火 - 운중지월격(雲中之月格)

형제지간 의리가 없고 부모의 덕이 부덕하니 초년 고생을 면하기 어렵다. 중년부터는 점진적인 발전을 이루고 매사가 순탄하여 원하는 목적을 달성하게 된다.

◎ 土木土 - 고목낙엽격(枯木落葉格)

자기 주관이 뚜렷하고 성실히 노력하는 자세에 비하여 실패가 잦고 하는 일마다 중도에 좌절된다. 일평생 경제적인 고통에 시달림을 받으며 순조롭지 못한 파란만장한 삶을 산다.

◎ 土木金 - 선빈후고격(先貧後苦格)

자립심이 부족하고 자기 위주의 생활을 하게 되므로 결국 큰 실패를 맛보게 된다. 부모 덕이 박정하고 부부지간 무정하니 일생 불행하다. 주거와 직업 변동이 잦다.

◎ 土木水 - 유두무미격(有頭無尾格)

정직하고 융화력이 뛰어나지만 자만심이 강하여 하는 일마다 배신을 당하거나 난관을 만나 실패와 좌절을 맛보게 된다. 파란곡절(波瀾曲折)이 교차되는 기구한 삶을 살게 된다.

◎ 土火木 - 일광춘성격(日光春城格)

인생이 순조롭고 매사에 성공운이 따르니 윗사람의 조력으로 출세 가도를 달린다. 노력한 만큼의 대가를 얻게 되고 부귀쌍전(富貴雙全) 하는 운을 만나 일평생 걱정이 없다.

◎ 土火火 - 춘일방창격(春日方暢格)

명랑한 성품에 창의력이 넘치고 안정감 속에서 지속적인 발전을 누리게 된다. 시작이 순조롭고 도모하는 일마다 대성을 이루니 상하 좌우의 협조와 신망이 끊이지 않는다.

◎ 土火土 - 입신출세격(立身出世格)

매사 순조롭고 조상 덕으로 초년이 행복하다. 외교수완이 능란하고 점진적인 발전으로 대지대업을 성취하니 사방에서 명성을 얻고 평생 부귀영화가 따른다.

◎ 土火金 - 고난자성격(苦難自城格)

일신이 고독하고 매사가 순탄치 못하니 초년에는 큰 어려움이 없더라도 중년 이후에는 불의의 재난을 당하고 주변 사람들에게 배신을 당하는 등 굴곡이 심한 인생을 살게 된다.

◎ 土火水 - 진퇴양난격(進退兩難格)

시작은 있으되 끝이 없으니 하는 일마다 낭패를 당한다. 금전적인 갈등을 많이 겪고 수입 보다 지출이 많으므로 금전적인 어려움이 끊이지 않는다.

◎ 土土木 - 선고후패격(先苦後敗格)

조실부모하여 초년부터 고생을 많이 하고 편협적이고 융통성이 없
는 성품으로 인해 주변 사람들로부터 따돌림을 당한다. 노력한 만
큼의 결실이 없어 경제적인 고충이 따른다.

◎ 土土火 - 금상유문격(錦上有紋格)

초년은 큰 어려움 없이 평탄한 삶을 살게 되고 생각지 않은 횡재가
있어 일확천금을 얻게 된다. 부부가 유정하여 가정이 행복하고 자
손까지 영화가 미치게 된다.

◎ 土土土 - 일경일고격(一慶一苦格)

부모형제 유정(有情)하고 위기를 잘 모면하여 성공을 이룬다. 대인관
계가 원만하여 주변으로부터 아낌없는 신망을 얻겠으나 기쁨과 슬
픔이 반반이다.

◎ 土土金 - 고원회춘격(古園回春格)

성공운이 순조롭고 매사가 평탄하니 전도가 양양하며 부귀와 명예
를 얻게 된다. 사회적으로 신망을 얻고 대기만성(大器晚成)을 이루어
가정이 화평하고 부부가 해로한다.

◎ 土土水 - 사고무친격(四顧無親格)

독단적인 경향이 강하고 인덕이 박하여 주변의 도움을 받을 길이 없다. 성
공운이 희박하고 노력에 비해 대가가 적고 고독 단신으로 방랑생활을 하
게 된다.

◎ 土金木 - 봉학상익격(鳳鶴傷翼格)

실속이 없어 하는 일마다 결말이 나쁘다. 어느 정도의 노력으로 성공을 이룰 수는 있지만 결국 수포로 돌아가니 허망하다. 금전적인 고충이 일생을 따라 다닌다.

◎ 土金火 - 골육상쟁격(骨肉相爭格)

부부의 불화로 인해 골육상쟁(骨肉相爭) 하니 일생 수심이 끊이지 않는다. 경제적인 고난 속에서 주거와 직업의 변화가 많고 늘 곤란한 일이 생기며 방탕한 배우자를 만난다.

◎ 土金土 - 일광춘풍격(日光春風格)

일생동안 경사가 끊이지 않고 주변 사람들에게 두터운 신망을 받는다. 어떤 일을 하든지 귀인의 도움이 따르게 되고 순조로운 성공의 길을 걷고 대부대귀(大富大貴)하게 된다.

◎ 土金金 - 유곡회춘격(幽谷回春格)

강인한 의지와 굳건한 정신력으로 하는 일마다 성공을 이룬다. 대인관계가 원만하고 상부상조가 잘 이루어지니 매사에 명망을 얻고 이름을 사해(四海)에 널리 알리게 된다.

◎ 土金水 - 금상유문격(錦上有紋格)

적소성대하여 자수성가(自手成家)로 대업을 이루며 평생 영화롭게 지낸다. 기백이 넘치고 활동력이 왕성하니 사회적으로 출세를 한다. 부부가 백년해로하고 고귀한 자녀를 두게 된다.

◎ 土水木 - 노이무공격(勞而無功格)

어떤 일을 하여도 뜻하는 바대로 성취하기 어렵고 금전적 고충이 끊이지 않는다. 인덕이 없으니 주변 사람들로 인해 피해를 당하고 부모형제와 떨어져 객지에서 고생이 심하다.

◎ 土水火 - 풍파절목격(風波折木格)

뜻하지 않은 재난으로 일생이 황폐해지니 금전적인 고통을 면하기 어렵다. 좋은 기회를 놓치고 망연자실(茫然自失)하니 허송세월을 보내게 된다.

◎ 土水土 - 패가망신격(敗家亡身格)

결단력이 부족하니 기회를 놓치기 쉽다. 매사 실속 없이 바쁘기만 하니 하는 일마다 용두사미가 되어 버린다. 주거 변동과 직장 이직이 많으니 일생이 불안정하다.

◎ 土水金 - 사고무친격(四顧無親格)

매사에 불평불만이 많고 초년 운이 불안정하여 하는 일마다 장애가 따른다. 금전적인 갈등이 심하고 심한 고통과 번민 속에서 일생을 살게 되는 등 굴곡이 심하다.

◎ 土水水 - 일장춘몽격(一場春夢格)

운세가 안정되지 못하고 매사가 변화무쌍(變化無雙)하니 성공과 실패가 매번 교차한다. 성공을 이루더라도 어렵게 이루게 되고 실패는 쉽게 다가오니 일생이 파란만장(波瀾萬丈)하다.

◎ 金木木 - 추풍낙엽격(秋風落葉格)

외유내강하고 형제 무덕(無德)하니 천신만고 끝에 성공을 이루더라
도 곧 실패하게 되고 인내력이 부족하여 좋은 기회를 잡지 못한다.
부부간 의견충돌이 심하여 해로하기 힘들다.

◎ 金木火 - 한산공가격(寒山空家格)

조실부모하니 초년운이 불길하고 속성속패(速成速敗)하니 겉은 화평
하나 내면은 고독하고 슬프다. 하는 일마다 중도에 좌절이 많고 예
기치 못한 재난을 당해 금전적 손실이 크다.

◎ 金木土 - 심신과로격(心身過勞格)

성공과 실패의 기복이 심해 심신이 불안정하여 근심걱정이 떠나지
않는다. 분주하게 일하지만 실속이 없고 가정운마저 불길하니 가산
이 줄고 부부간 충돌이 심하다.

◎ 金木金 - 유전실패격(流轉失敗格)

의지력과 인내력이 약하여 심신이 불안정하다. 부모형제덕이 박하
고 주거 변화가 많고 재물이 모이지 않으니 일생에 금전적인 고통
이 끊이지 않는다.

◎ 金木水 - 고통난면격(苦痛難免格)

매사가 불길하여 중도에 재난이 생긴다. 동분서주하나 실효를 거두
지 못하니 잎만 무성한 격이다. 가족이 합심하여 근신하면 액을 면
하고 대기만성을 이룰 수 있다.

◎ 金火木 - 욕구불만격(欲求不滿格)

조실부모하여 부모덕이 없고 금전적인 고충이 일생을 따라다니므로 신변이 괴롭다. 중도에 실패가 잦고 질병으로 고생하고 사고를 당할 위협이 늘 있다.

◎ 金火火 - 병고신음격(病苦呻吟格)

극단적인 성품으로 인해 주변과의 마찰이 심하다. 중도에 실패가 많고 실속 없는 일에 분주하니 매사가 허망하다. 부부사이에 언쟁이 끊이지 않고 불행하다.

◎ 金火土 - 입신양명격(立身揚名格)

부모 형제가 화목하고 부부애가 각별하니 하는 일마다 순조롭고 재물이 불어나지만 예기치 않은 재앙으로 가산이 탕진하고 가정에 파란이 속출한다.

◎ 金火金 - 조기만패격(早期晩敗格)

초년에는 부모덕으로 무난한 여생을 보내지만 중년부터 고생이 심하여 타향에서 고생하다 객사하게 된다. 경제적인 고통이 끊이지 않고 배우자와도 불화가 심하다.

◎ 金火水 - 무주공산격(無主空山格)

매사가 평탄하지 못하고 불행하니 부모 형제에 형액(刑厄)이 미치고 불구 자손을 얻어 수심이 그치지 않는다. 병약한 배우자를 만나거나 일생을 고독하게 보낸다.

◎ 金土木 - 평지풍파격(平地風波格)

부모형제운이 박정하여 초년부터 고생이 심하고 매사 도로무공(徒勞無功)이다. 자존심이 강하고 매사 의욕적이나 운이 불안정하니 하는 일마다 성공을 이루기 어렵다.

◎ 金土火 - 고목봉춘격(枯木逢春格)

고목이 봄을 맞이한 격이니 매사가 순탄하고 풍요로운 결실을 맺게 된다. 가정이 화목하고 부귀·안정을 누리니 사회적인 신망이 끊이지 않는다.

◎ 金土土 - 입신출세격(立身出世格)

만인이 부러워 할만큼 출세 가도를 달리니 순풍에 배를 몰고 가는 격이다. 건실한 배우자를 만나 재물을 쌓아 가고 말년까지 영화로운 삶을 살게 된다.

金土金 - 의외득재격(意外得財格)

초년운이 매우 길하여 조기출세(早期出世)하고 순탄한 성공을 이루게 되고 뜻하지 않은 횡재를 만나 부귀영화를 누린다. 부부가 유정(有情)하고 건강하게 장수한다.

◎ 金土水 - 재변재난격(災變災難格)

일생동안 재앙이 끊이지 않으니 성공과 실패가 반복되는 과정 속에서 하는 일마다 구설과 풍파가 잦다. 부부운과 자녀 운이 박복하니 말년이 고독하다.

◎ 金金木 - 평생병고격(平生病苦格)

가정이 불화하니 매사가 불길하고 뜻밖에 재난을 당하니 고초를 면하기 어렵다. 초년 부모덕으로 인해 일시 편안하나 중년부터는 고생이 끊이지 않는다.

◎ 金金火 - 패가망신격(敗家亡身格)

독단적인 면이 강하고 매사가 용두사미(龍頭蛇尾)격이다. 금전적인 갈등과 구설이 잦고 가정에 불화가 끊이지 않으니 자손덕이 박하고 부부가 이별한다.

◎ 金金土 - 대지대업격(大志大業格)

천성이 결백하고 의지가 강해 외교적인 능력이 있어 만인을 통솔해 나간다. 주변의 신망이 두텁고 부모형제가 화목하니 일생동안 부귀공명(富貴功名)이 따라 다닌다.

◎ 金金金 - 고독재난격(孤獨災難格)

형액을 당하거나 재산을 탕진하고 병고에 신음하는 등 일생동안 불길한 일이 이어진다. 부부가 생리사별하고 육친(六親)이 무덕하니 초년부터 객지에서 고생을 한다.

◎ 金金水 - 발전향상격(發展向上格)

천품이 강인하고 초년운이 튼튼하니 주변에 귀인의 도움으로 출세가도를 달리고 사회적인 명성을 얻게 된다. 부부가 화락하고 영특한 자손을 얻게 된다.

◎ 金水木 - 발전성공격(發展成功格)

성공운이 순조롭고 부모 형제가 화합하니 명성이 사해에 떨치게 된다. 평탄하게 성공하고 재수가 상승하니 출세가도를 달리게 된다.

◎ 金水火 - 선무공덕격(善無功德格)

일을 도모하는 데 있어 장애가 속출하고 상극·상쟁하게 되니 하는 일마다 공으로 돌아간다. 부부가 불합하고 노력에 대한 결실이 없어 경제적인 고통이 심하다.

◎ 金水土 - 불의재난격(不意災難格)

일시 성공은 있겠으나 불의의 재화가 속출하여 가재를 탕진당하고 경제가 어려워지니 금전적 갈등이 많다. 하는 일마다 끝맺음이 없으니 매사가 허탈하다.

◎ 金水金 - 부귀공명격(富貴功名格)

성공이 순조롭고 만사가 형통하며 부모 형제가 화합하니 자손 만대에 이르러 공명(功名)이 높다. 만인의 존경을 받으며 헌신적인 협조를 하는 일마다 대성하니 일생이 평탄하다.

◎ 金水水 - 발전평안격(發展平安格)

인덕이 많아 주변 사람의 도움을 얻어 도모하는 일들이 성공을 이룬다. 부모형제가 상생하여 협조해 주니 안팎으로 평탄하다. 자손에 영화가 따르고 일생이 순탄하다.

◎ 水木木 - 만화방창격(萬化方暢格)

성품이 온화하고 이해심이 깊으니 공명을 세우기 부족함이 없다. 부모형제와 더불어 화목하고 부부가 다정하니 자손 대에 이르기까지 부귀영화를 누린다.

◎ 水木火 - 입신출세격(立身出世格)

판단력이 빠르고 기회 포착에 민감하니 성공운이 좋다. 사회적으로 출세를 하고 명예와 재물을 얻으니 부부가 화목하고 가운이 번창한다. 영리한 자손을 얻는다.

◎ 水木土 - 망망대해격(茫茫大海格)

주변과 유대관계가 좋아 일시적인 성공은 이루겠으나 예기치 못하는 재앙을 만나 고초를 면하기 어렵다. 초년은 고생을 하지 않으나 결국 가산을 탕진하고 타향에서 객이 된다.

◎ 水木金 - 일길일흉격(一吉一凶格)

부모형제 무덕(無德)하고 일생이 파란곡절(波瀾曲折)이다. 부부가 상별(相別)하니 재혼을 하게 되거나 속성속패하여 패가망신하니 금전적인 고통이 심하다.

◎ 水木水 - 청풍명월격(淸風明月格)

천성이 강직하고 두뇌가 영달(榮達)하니 덕망 있는 성품을 지녔다. 매사가 초지일관(初志一貫)하여 한 번 품은 뜻은 성사시켜 나가게 되므로 자립 대성한다.

◎ 水火木 - 병난신고격(病難辛苦格)

초년운이 불길하니 조실부모(早失父母)하고 형제지간 무정하다. 부부사이에 자식이 없으니 일생 고독하고 생활의 안정이 어려워 금전적인 갈등이 끊이지 않는다.

◎ 水火火 - 일엽편주격(一葉片舟格)

초년운이 튼튼하여 조기출세를 이룰 수 있으나 중년에는 실패가 잦고 하는 일마다 백전백패(百戰百敗)하니 매사에 실속이 없다. 부부싸움이 잦고 자식 덕이 박하다.

◎ 水火土 - 선빈후곤격(先貧後困格)

일의 시작은 있겠으나 마무리되는 일이 없고 중도에 좌절을 많이 겪는다. 판단력이 미흡하고 기회 포착이 미숙하여 일을 그르치는 경우가 많이 생긴다.

◎ 水火金 - 심신파란격(心身波亂格)

부모운이 박하고 형제와의 불화가 그치지 않으니 심신이 고달프다. 부부가 해로하기 어렵고 중년에는 사업에 실패를 하여 일생 금전적인 고초와 질병으로 시달린다.

◎ 水火水 - 선무공덕격(善無功德格)

심신이 나약하여 도모하는 일들을 종잡을 수 없고 부산하다. 부모운이 박하고 부부가 무정하니 자식을 얻기 힘들고 일평생 질환으로 고생한다.

◎ 水土木 - 풍전등화격(風前燈火格)

부모덕으로 초년에는 평안하게 지낼 수 있겠으나 매사가 허영에 차 있고 편견된 마음으로 가득하기 때문에 초지일관하는 마음이 없다. 일생 실패가 연속적으로 따른다.

◎ 水土火 - 낙마실족격(落馬失足格)

초년운이 불길하니 부모 형제가 객지 산재로 고독하고 자식이 있으나 무덕하니 평생 근심과 우환이 떠나질 않는다. 불안정과 재난이 겹쳐 주거환경 변화가 잦다.

◎ 水土土 - 강상풍파격(江上風波格)

모든 일에 장애가 다르고 실속이 없으니 재물 손실이 심하다. 노력한 만큼의 대가를 바라기 어려우니 고생만 가중되는 격이다. 가정 불화가 잦고 말년에는 고독하다.

◎ 水土金 - 선고후안격(先苦後安格)

천부적인 재능은 있으나 매사 소극적이고 고지식하므로 결정적인 기회를 잘 놓친다. 초지일관하지 못하여 용두사미가 되며 중반부터는 경제적인 곤란이 심하다.

◎ 水土水 - 병난신고격(病難辛苦格)

부모덕이 부족하여 초년에 고생이 심하고 성공운이 불안정하여 하는 일마다 장애와 고초가 따른다. 성공을 이루어도 곧바로 실패를 하게 되므로 일생동안 수심이 가득하다.

◎ 水金木 – 암야행인격(暗夜行人格)

선천적으로 기초가 불안정해 재앙을 피할 수 없다. 수리가 좋으면 큰 재앙은 모면하겠지만 부모형제가 부덕하고 일생 질병으로 고통당하고 단명한다.

◎ 水金火 – 개화광풍격(開花狂風格)

언행이 일치하지 못하고 자기 분수를 모르므로 성공을 이루기 어렵다. 실속 없이 금전적인 지출이 많아 경제적인 안정을 이루기 어렵고 일생이 적막하다.

◎ 水金土 – 발전성공격(發展成功格)

활동적이며 친화력이 우수하니 주변으로부터 신망을 얻어 입신출세한다. 가정이 화목하여 부부가 유정(有情)하고 자녀가 효도를 다하니 일생 평탄한 삶을 살게 된다.

◎ 水金金 – 순풍순성격(順風順成格)

도모하는 일마다 순조롭고 대성을 이룬다. 인품이 고귀하고 매사에 주도면밀하니 부모 형제와 부부가 안락하며 자손 대까지 번창하며 부귀 장수한다.

◎ 水金水 – 어변용성격(魚變龍成格)

학문에 발달을 크게 이루니 사회적인 지위와 명성을 얻어 입신양명의 길을 걷는다. 자손에게 영화가 있고 부귀영화(富貴榮華)가 따르니 후세까지 명성을 떨친다.

◎ 水水木 - 만경창화격(萬景暢花格)

천성이 맑고 명랑하며 고집과 자존심이 강하므로 꾸준히 노력하면 성공과 발전을 이룰 수 있다. 주거와 직업이 안정되어 일생 큰 어려움 없이 무난한 삶을 보내게 된다.

◎ 水水火 - 고독단명격(孤獨短命格)

일생 고난과 실패가 분분하니 질병으로 단명한다. 초년 고생은 면할 길이 없으며 성공을 이루더라도 곧바로 실패를 하게 되니 일생이 편굴(偏屈)하다.

◎ 水水土 - 백모불성격(百謨不成格)

치밀한 계획을 세우더라도 달성하지 못하는 등 매사에 중도 좌절하는 격이다. 병난과 신고로 패가 망신하고 조실부모하여 항상 수심에 쌓이니 매사가 허망하다.

◎ 水水金 - 춘일방창격(春日芳暢格)

결단력이 강하고 자수성가하여 대업을 이루니 부귀영화가 따른다. 가정이 화목하니 부부가 유정하고 자손에게 이르기까지 부귀영화가 가득하다.

◎ 水水水 - 평지풍파격(平地風波格)

예상치 못한 일로 가산이 탕진(蕩盡) 당하고 의탁할 곳이 없으니 심신이 고달프다. 질병이나 실패로 인하여 부부사이에 불화가 따르니 일생이 굴곡(屈曲)이 심하고 고독하다.

부록

국어의 로마자 표기법

[2000년. 7월. 7일. 문화관광부, 국립어학연구원 고시자료 중 일부발췌]

국어의 로마자 표기는 국어의 표준 발음법에 따라 적는 것을 원칙으로 한다.
로마자 이외의 부호는 되도록 사용하지 않는다.

1. 모음은 다음 각 호와 같이 적는다.

〈단모음〉

ㅏ	ㅓ	ㅗ	ㅜ	ㅡ	ㅣ	ㅐ	ㅔ	ㅚ	ㅟ
a	eo	o	u	eu	i	ae	e	oe	wi

〈이중모음〉

ㅑ	ㅕ	ㅛ	ㅠ	ㅒ	ㅖ	ㅘ	ㅙ	ㅝ	ㅞ	ㅢ
ya	yeo	yo	yu	yae	ye	wa	wae	wo	we	ui

◆ 'ㅢ'는 'ㅣ'로 소리 나더라도 ui로 적는다.

　　예) 광희문 Gwanghuimun

2. 자음은 다음 각호와 같이 적는다.

〈파열음〉

ㄱ	ㄲ	ㅋ	ㄷ	ㄸ	ㅌ	ㅂ	ㅃ	ㅍ
g, k	kk	k	d, t	tt	t	b, p	pp	p

〈파찰음〉			〈마찰음〉			〈비음〉			〈유음〉
ㅈ	ㅉ	ㅊ	ㅅ	ㅆ	ㅎ	ㄴ	ㅁ	ㅇ	ㄹ
j	jj	ch	s	ss	h	n	m	ng	r, l

◈ 'ㄱ, ㄷ, ㅂ'은 모음 앞에서는 'g, d b'로, 자음 앞이나 어말에서는 'k, t, p'로 적는다.
　（ [ ] 안의 발음에 따라 표기함）

〈보기〉

구미 Gumi	영동 Yeongdong	백암 Baegam
옥천 Okcheon	합덕 Hapdeok	호법 Hobeop
월곶[월곧] Wolgot	벚꽃[벋꼳] beotkkot	한밭[한받] Hanbat

◈ 'ㄹ'은 모음 앞에서는 'r'로, 자음 앞이나 어말에서는 'l'로 적는다.
　단, 'ㄹㄹ'은 'll'로 적는다.

〈보기〉

구리 Guri	설악 Seorak	칠곡 Chilgok
임실 Imsil	울릉 Ulleung	대관령[대괄령] Daegwallyeong

◎ 한글이름 영어철자쓰기

ㄱ		가 ga	각 gak	간 gan	갈 gal	감 gam	갑 gap	강 gang	강전 gangjeon	개 gae	객 gaek
갱 gang	갸 gyak	거 geoh	건 geon	걸 geol	검 geom	겁 geop	게 ge	격 gyeok	견 gyeon	결 gyeol	겸 gyeom
경 gyeong	계 gye	고 go	곡 gok	곤 gon	골 gol	공 gong	곳 got	과 gwa	곽 gwak	관 gwan	괄 gwal
광 gwang	괘 gwae	괴 goe	굉 goeng	교 gyo	구 gu	국 guk	군 gun	굴 gul	궁 gung	궉 gwok	권 gwon
궐 gwol	궤 gwe	귀 gwi	규 gyu	균 gyun	귤 gyul	극 geuk	근 geun	글 geul	금 geum	급 geup	긍 geung
기 gi	긴 gin	길 gil	김 gim	끽 ggik							
ㄴ		나 na	낙 nak	난 nan	날 nal	남 nam	남궁 namgung	납 nap	낭 nang	내 nae	녀 nyeo
년 nyeon	념 nyeom	녕 nyeong	노 no	농 nong	뇨 nyo	누 nu	눈 nun	눌 nul	뇌 noe	뉴 nyu	능 neung
니 ni	닉 nik										
ㄷ		다 da	단 dan	달 dal	담 dam	답 dap	당 dang	대 dae	댁 daek	덕 deok	도 do
독 dok	독고 dokgo	돈 don	돌 dol	동 dong	동방 dongbang	두 du	둔 dun	득 deuk	등 deung		
ㄹ		라 ra	락 rak	란 ran	랄 ral	람 ram	랍 rap	랑 rang	래 rae	랭 raeng	략 ryak
량 ryang	려 ryeo	력 ryeok	련 ryeon	렬 ryeol	렴 ryeom	렵 ryeop	령 ryeong	레 rye	로 ro	록 rok	론 ron
롱 rong	뢰 roe	료 ryo	룡 ryong	루 ru	류 ryu	륙 ryuk	륜 ryun	률 ryul	륭 ryung	륵 reuk	름 reum
릉 reung	리 ri	린 rin	림 rim	립 rip							
ㅁ		마 ma	막 mak	만 man	말 mal	망 mang	망절 mangjeol	매 mae	맥 mak	맹 maeng	멱 myeok
면 myeon	멸 myeol	명 myeong	메 mye	모 mo	목 mok	몰 mol	몽 mong	묘 myo	무 mu	묵 muk	문 mun
물 mul	미 mi	민 min	밀 mil								
ㅂ		박 bak	반 ban	발 bal	방 bang	배 bae	백 baek	번 beon	벌 beol	범 beom	법 beop
벽 byeok	변 byeon	별 byeol	병 byeong	보 bo	복 bok	본 bon	볼 bol	봉 bong	부 bu	북 buk	분 bun
불 bul	붕 bung	비 bi	빈 bin	빙 bing							
ㅅ		사 sa	사공 sagong	삭 sak	산 san	살 sal	삼 sam	삽 sap	상 sang	쌍 ssang	새 sae
색 saek	생 saeng	서 seo	서문 seomun	석 seok	선 seon	선우 seonwu	설 seol	섬 seom	섭 seop	성 seong	세 se
소 so	소봉 sobong	속 sok	손 son	솔 sol	송 song	쇄 shae	쇠 shoe	수 su	숙 suk	순 sun	술 sul
숭 sung	슬 seul	습 seup	승 seung	시 si	씨 ssi	식 sik	신 sin	실 sil	심 sim	십 sip	

ㅇ		아 a	악 ak	안 an	알 al	암 am	압 ap	앙 ang	애 ae	액 aek	앵 aeng
야 ya	약 yak	양 yang	어 eo	어금 eogeum	억 eok	언 eon	얼 eol	엄 eom	업 eop	엔 en	여 yeo
역 yeok	연 yeon	열 yeol	염 yeom	엽 yeop	영 yeong	예 ye	오 o	옥 ok	온 on	올 ol	옹 ong
와 wah	완 wan	왈 wal	왕 wang	왜 wae	외 oe	요 yo	욕 yok	용 yong	우 wu	욱 wuk	운 wun
울 wul	웅 wung	원 won	월 wol	위 wi	유 yu	육 yuk	윤 yun	율 yul	융 yung	은 eun	을 eul
음 eum	읍 eup	응 eung	의 eoi	이 yi	익 yik	인 in	일 il	임 im	입 ip	잉 ing	
ㅈ		자 ja	작 jak	잔 jan	잠 jam	잡 jap	장 jang	장곡 janggok	재 jae	쟁 jaeng	저 jeo
적 jeok	전 jeon	절 jeol	점 jeom	접 jeop	정 jeong	제 je	제갈 jegal	조 jo	족 jok	존 jon	졸 jol
종 jong	좌 jwa	죄 joe	주 ju	죽 juk	준 jun	줄 jul	중 jung	즉 jeuk	즐 jeul	즙 jeup	증 jeung
지 ji	직 jik	진 jin	질 jil	짐 jim	집 jip	징 jing					
ㅊ		차 cha	착 chak	찬 chan	찰 chal	참 cham	창 chang	채 chae	책 chaek	처 cheo	척 cheok
천 cheon	철 cheol	첨 cheom	첩 cheop	청 cheong	체 che	초 cho	촉 chok	촌 chon	총 chong	촬 chwal	최 choe
추 chu	축 chuk	춘 chun	출 chul	충 chung	췌 chwe	취 chwi	측 cheuk	층 cheung	치 chi	칙 chik	친 chin
칠 chil	침 chim	칩 chip	칭 ching								
ㅋ		쾌 kwae									
ㅌ		타 ta	탁 tak	탄 tan	탈 tal	탐 tam	탑 tap	탕 tang	태 tae	택 taek	탱 taeng
터 teo	토 to	통 tong	퇴 toe	투 tu	트 teuk						
ㅍ		파 pa	판 pan	팔 pal	패 pae	팽 paeng	퍅 pyak	편 pyeon	폄 pyeom	평 pyeong	폐 pye
포 po	폭 pok	표 pyo	품 pum	풍 pung	피 pi	필 pil	핍 pip				
ㅎ		하 ha	학 hak	한 han	할 hal	함 ham	합 hap	항 hang	해 hae	핵 haek	행 haeng
향 hyang	허 heo	헌 heon	헐 heol	험 heom	혁 hyeok	현 hyeon	혈 hyeol	혐 hyeom	협 hyeop	형 hyeong	혜 hye
호 ho	혹 hok	혼 hon	홀 hol	홍 hong	화 hwa	확 hwak	환 hwan	활 hwal	황 hwang	황보 hwangbo	회 hoe
획 hoek	횡 hoeng	효 hyo	후 hu	훈 hun	훙 hung	훤 hwon	훼 hwe	휘 hwi	휴 hyu	휼 hyul	흉 hyung
흑 heuk	흔 heun	흘 heul	흠 heum	흡 heup	흥 heung	히 hi	힐 hil				

한자 부수 도표

부수	이름	부수	이름	부수	이름	부수	이름	부수	이름	부수	이름
				文	글월문	生	날생	舟	배주	面	낯면
				斗	말두	用	쓸용	艮	간괘간	革	가죽혁
				斤	날근변	田	밭전	色	빛색	韋	가죽위
一	한일	大	큰대	方	모방변	疋	짝필	艸	초두밑	韭	부추구
丨	뚫을곤	女	계집녀	无	[旡]이미기방	疒	병질엄	虍	범호밑	音	소리음
丶	점주, 불똥주	子	아들자	日	날일변	癶	필발머리	虫	벌레훼	頁	머리혈
丿	삐칠별	宀	갓머리	曰	가로왈	白	흰백	血	피혈	風	바람풍
乙	새을	寸	마디촌	月	달월변	皮	가죽피	行	다닐행	飛	날비
亅	갈고리궐	小	작을소	月	[肉]육달월	皿	그릇명	衣	옷의	食	먹을식
二	두이	尢	절름발이왕	木	나무목	目	눈목	襾	덮을아	首	머리수
亠	돼지해머리	尸	주검시	欠	하품흠	矛	창모	見	볼견	香	향기향
人	[亻]사람인변	屮	왼손좌	止	그칠지	矢	화살시	角	뿔각	馬	말마
儿	어진사람인	山	뫼산	歹	죽을사변	石	돌석	言	말씀언	骨	뼈골
入	들입	巛	[川]개미허리	殳	갖은등글월문	礻	[示]보일시	谷	골곡	高	높을고
八	여덟팔	工	장인공	毋	말무	禸	자귀유	豆	콩두	髟	터럭발밑
冂	멀경몸	己	몸기	比	견줄비	禾	벼화	豕	돼지시	鬥	싸울투
冖	민갓머리	巾	수건건변	毛	털모	穴	구멍혈	豸	갖은돼지시	鬯	술창
冫	이수변	干	방패간	氏	각시씨	立	설립	貝	조개패	鬲	솥력
几	안석궤	幺	작을요	气	기운기밑	罒	[网]그물망	赤	붉을적	鬼	귀신귀
凵	위터진입구	广	엄호밑	水	물수	衤	[衣]옷의	走	달릴주	魚	물고기어
刀	[刂]칼도변	廴	민책받침	火	불화	竹	대나무죽	足	발족	鳥	새조
力	힘력	廾	[艸]스무입발	灬	[火]불화발	米	쌀미	身	몸신	鹵	소금밭로
勹	쌀포몸	弋	주살익	爪	[爫]손톱조	糸	실사	車	수레거	鹿	사슴록
匕	비수비	弓	활궁변	父	아비부	缶	장군부	辛	매울신	麥	보리맥
匚	터진입구	彐	[彑]튼가로왈	爻	점괘효	网	그물망	辰	별신	麻	삼마
匸	터진에운담	彡	터럭삼	爿	장수장변	羊	양양	辵	책받침	黃	누를황
十	열십	彳	두(중)인변	片	조각편	羽	깃우	邑	고을읍	黍	기장서
卜	점복	忄	[心]심방변	牙	어금니아	老	늙을로	酉	닭유	黑	검을흑
卩	[㔾]병부절	扌	[手]재방변	牛	[牜]소우	而	말이을이	釆	분별할변	黹	바느질할치
厂	민엄호밑	氵	[水]삼수변	犬	개견	耒	쟁기뢰	里	마을리	黽	맹꽁이맹
厶	마늘모	犭	[犬]개사슴변	王	[玉]구슬옥	耳	귀이	金	쇠금	鼎	솥정
又	또우	阝	[邑]우부방	耂	[老]늙을로엄	聿	붓율	長	길장	鼓	북고
口	입구	阝	[阜]좌부변	艹	[艸]초두	肉	고기육	門	문문	鼠	쥐서
囗	큰입구	心	마음심	辶	[辵]책받침	臣	신하신	阜	언덕부	鼻	코비
土	흙토	小	[心]밑마음심	玄	검을현	自	스스로자	隶	미칠이	齊	가지런할제
士	선비사	戈	창과	玉	구슬옥	至	이를지	隹	새추	齒	이치
夂	뒤쳐져올치	戶	지게호	瓜	오이과	白	절구구	雨	비우	龍	용룡
夊	천천히걸을쇠	支	지탱할지	瓦	기와와	舌	혀설	靑	푸를청	龜	거북구
夕	저녁석	攴	[攵]등글월문	甘	달감	舛	어그러질천	非	아닐비	龠	피리약

자원오행성명학
字源五行 姓名學
제6판

春光 김기승

약 력

경기대학교 직업학석사. 직업학박사
국제문화대학원대학교 교육학박사
연세대학교 법학전공 석사
현)국제뇌교육종합대학원대학교 동양학과 교수
글로벌사이버대학교 동양학과 겸임교수
국제문화대학원대학교 명리철학과 교수
경기대학교 국제문화대학원 동양학과 교수
현)사단법인 한국작명가협회 고문
현)과학명리학회 회장

저 서

산음 자평진전, 명리학정론(상·하), 자평 만세력, 자원오행성명학,
명리와 직업선택, 현대사주 심리학, 명리학사, 명리진로학습코칭,
십성의 기질과 사회성, 고금명인명감, 궁통보감, 적천수천미, 명리약언,
음양오행의 역사와 원리, 과학명리, 영어이름 짓기 사전,
놀라운 선천지능, 타고난 재능이 최고의 스펙이다, 격국용신 정해,
명리직업상담론, 명리상담사를 위한 직업정보 가이드, 사주심리치료학,
사주심리와 인간경영, 성공하는 이름짓기 사전 등

시집 - 당신의 정원, 목련화에게, 봄 햇살, 별의 그리움, 꿈꾸는 시간, 들꽃향기
에세이 - 세상의 두 얼굴 꽃과 곰팡이, 더 기프트

연락처

이메일 kbs4984@hanmail.net

Ⓝ 성공하는 이름짓기 연구원 명운당 Ｑ

제6판

字源五行
자원오행
성명학

초 판 1쇄 발행 2014년 4월 2일
제6판 1쇄 발행 2024년 9월 3일

지은이 김기승

펴낸이 방성열

펴낸곳 다산글방

출판등록 제313-2003-00328호

주소 서울특별시 마포구 동교로 36

전화 02) 338-3630

팩스 02) 338-3690

E-mail dasanpublish@daum.net

홈페이지 www.iebook.co.kr

내용문의 kbs4984@hanmail.net

ISBN 979-11-6078-316-2 03150